지방총독 속주
갈리아 총독 관할구
일리리쿰 총독 관할구
이탈리아 총독 관할구
동방 총독 관할구
트라키아
다키아
흑해
폰투스
네오카이사리아
세르디카
하드리아노폴리스
콘스탄티노폴리스
강그라
세바스테
안키라
칼케돈
니사
카이사리아
니코메디아
카파도키아
테살로니카
키지쿠스
니케아
나지안주스
사모사타
티아나
사시마
신나다
몹수에스티아
에데사
아시아
이코니움
타르수스
히에라폴리스
에페소
안티오키아
아카이아
셀레우키아
살라미스
티루스
보스트라
카이사리아
히에로솔리마
팔레스티나
마케도니아
아시아
동방
이집트
페트라
알렉산드리아

세계공의회사 총서 02

Les conciles de Éphèse et Chalcédoine 431 et 451
Pierre-Thomas Camelot

에페소 · 칼케돈 공의회

피에르 토마 카믈로 지음
황 치 헌 옮김

Les conciles de Éphèse et Chalcédoine
by Éditions de L'orante, Paris

Translated by HWANG CHIHON

IMPRIMATUR

Suvon, die 20 Mensis Maii, 2020
+ Matthias I. H. RI
Episcopus Suvonensis

에페소 · 칼케돈 공의회
Les conciles de Éphèse et Chalcédoine

교회인가 : 2020년 5월 20일 수원교구
인　　쇄 : 2020년 5월 22일
발　　행 : 2020년 5월 25일

지 은 이 : 피에르 토마 카믈로
옮 긴 이 : 황 치 헌
펴 낸 이 : 곽 진 상
펴 낸 곳 : ⓒ수원가톨릭대학교 출판부
등　　록 : 1990년 1월 13일 제90-1호
주　　소 : 경기도 화성시 봉담읍 왕림1길 67
전　　화 : 031-290-8814

인　　쇄 : 하상출판사
주소 · 수원시 장안구 이목로 39
등록 · 제10-51-9 6-1-3호
전화 · 031-243-1880 / **팩스** · 031-248-4842

ISBN : 978-89-7396-068-2
978-89-7396-057-6(세트)

값 : 30,000원

02 SCU Series of History of Ecumenical Concils

Les conciles de Éphèse et Chalcédoine
Pierre Thomas Camelot, O. P.

에페소 · 칼케돈 공의회

피에르 토마 카믈로 지음
황 치 헌 옮김

수원가톨릭대학교 출판부

□ 목차 □

약어표

서론

에페소 공의회 17

제1장 공의회의 교훈적이며 정신적인 배경 19
 테오토코스(θεοτόκος): 하느님의 어머니이신 마리아 19
 그리스도의 일치성의 신비 21
 신비와 그에 대한 문제 23
 그리스도 안에 일치를 강조 25
 그리스도의 영혼에 관한 문제 27
 이원론적 그리스도론 32

제2장 네스토리우스와 키릴루스 37
 콘스탄티노폴리스 총대주교 네스토리우스 37
 신학의 결함 39
 콘스탄티노폴리스와 로마와 이집트에서 네스토리우스와 관련한 동요 46
 키릴루스, 알렉산드리아의 총대주교 51
 사람이 되신 말씀에 관한 신학 53
 본성과 위격 56
 키릴루스와 네스토리우스와 교황 첼레스티노 59

제3장 에페소 공의회 ······ 66
공의회 소집 ······ 66
에페소 도착 ······ 70
공의회 개최 ······ 73
제1회기: 네스토리우스의 폐위 ······ 78
안티오키아의 요한 주교의 도착과 동방 주교들의 교회회의 ······ 84
로마 사절단의 도착과 공의회의 재개 ······ 85
황실 경호대장 요한의 등장, 키릴루스와 멤논과 네스토리우스 체포 ······ 89
마지막 신학적 협상과 공의회 해산 ······ 90

제4장 에페소 공의회 교의 ······ 93
합법적인 에페소 공의회 ······ 93
네스토리우스의 단죄 ······ 96
교의적인 정의가 있었는가? ······ 98
마리아, "하느님의 어머니" ······ 102
433년의 합의, 교회의 공동 신앙 ······ 106

칼케돈 공의회 ······ 113

제1장 에페소 이후 에페소로부터: 에우티케스 ······ 115
키릴루스에 반대하는 동방인들의 저항 ······ 115
키릴루스의 추종자들 사이의 동요 ······ 117
총대주교 프로클루스의 「아르메니아인들에게 보낸 서한 (Tomus ad Armenios)」 ······ 120

에데사의 이바스 주교 123
키루스의 테오도레투스 주교 125
테오도레투스의 신학:「에라니스테스」 127
수도자 에우티케스 129
콘스탄티노폴리스 교회회의와 에우티케스에 대한 단죄 131
에우티케스의 저항 134
에페소 제2차 공의회의 소집 136

제2장 교황 레오와 그가 플라비아누스 총대주교에게 보낸 서한, 에페소 강도 공의회 140
교황, 수도원장 에우티케스의 오류 140
총대주교 플라비아누스에게 보낸 교서 144
교황 레오의 신학 147
에페소 강도 공의회(449년 8월) 155
교황에게 항소 163
교황 레오의 반응 165

제3장 칼케돈 공의회 169
새로운 공의회를 향한 길 169
니케아로 공의회가 소집됨 173
칼케돈으로 공의회가 옮겨짐 176
제1회기: 총대주교 플라비아누스의 복권 178
제2회기: 새로운 신앙 정식을 위한 노력 184
제3회기: 디오스코루스의 면직 186
제4회기: 개인적인 문제들 189
제5회기: 교의에 대한 정의 192
제6회기: 황제에 의한 승인 197

제4장 칼케돈 공의회의 교의 결정 ········· 200
신앙정식에 대한 분석과 출처 ········· 200
칼케돈 공의회의 신학 ········· 205
칼케돈 공의회의 교의 ········· 209

제5장 공의회 마지막 회기. 칼케돈 공의회의 규정들, 교황과 공의회 ········· 216
재치권의 경계 설정. 예루살렘 총대주교직의 등장 ········· 216
테오도레투스 주교의 복권 ········· 218
에데사의 이바스 주교 문제 ········· 221
칼케돈 공의회 규정들 ········· 222
칼케돈 공의회 입법의 의미와 중요성 ········· 225
항소 사건에 대한 상급 법원으로서 콘스탄티노폴리스 주교와 칼케돈 공의회 규정 제28조 ········· 229
로마 사절단의 항의 ········· 234
교황에게 보내는 공의회 서한 ········· 238
교황 레오와 공의회 ········· 242
교황에 의한 공의회 승인 ········· 245

결론 ········· 248
칼케돈 공의회의 결과 ········· 248
칼케돈 공의회 교의에 대한 저항 ········· 250
황제의 정치 ········· 254
칼케돈 공의회 신학의 영향 ········· 259
교황과 황제 ········· 264
사도좌 ········· 269
교황과 공의회 ········· 274

부록 279

원문 · 번역문

I. 알렉산드리아의 키릴루스가 네스토리우스에게 보낸 둘째 서한(430년 1-2월) 280

II. 네스토리우스가 키릴루스에게 보낸 둘째 서한 (430년 6월 15일) 290

III. 키릴루스가 네스토리우스에게 보낸 셋째 서한 (430년 11월) 304

IV. 네스토리우스에 대한 면직 판결(431년 6월 22일) 336

V. 에페소 공의회 교령(431년 7월 22일) 338

VI. 안티오키아의 요한이 키릴루스에게 보낸 서한 (433년 초) 340

VII. 키릴루스가 안티오키아의 요한 주교에게 보낸 서한 (433년 초) 348

VIII. 레오 교황이 콘스탄티노폴리스의 주교 플라비아누스에게 보낸 서한(449년 6월 13일) 364

IX. 칼케돈 공의회 교의 결정 386

X. 칼케돈 공의회 규정 398

XI. 레오 교황이 칼케돈 공의회에 보낸 서한 (453년 3월 21일) 422

XII. 에페소 공의회 1500주년 기념 회칙「진리의 빛(*Lux veritatis*)」 (1931년 12월 25일) 426

XIII. 칼케돈 공의회 1500주년 기념 회칙「영원한 왕이신 그리스도 (*Sempiternus Rex Christus*)」(1951년 9월 8일) 440

연대표 490

참고문헌 안내 497

인명 · 내용 색인 507

역자후기 521

역자소개 524

저자소개 525

약어표

AAS	Acta Apostolicae Sedis (Rom 1909ff.)
ACO	Acta Conciliorum Oecumenicorum, ed. E. Schwartz (Berlin 1914ff.)
BKV	Blibliothek der Kirchenväter, Reihe I und II (Kempten 1911ff.)
D[DH]	Enchiridion Symbolorum, ed. H. Denzinger – A. Schönmetzer (Barcelona [32]1963); 현재 DH (H. Denzinger – Peter Hünermann) 하인리히 덴칭거, 『신경, 신앙과 도덕에 관한 규정 · 선언 편람』, 한국천주교중앙협의회, 2017.
DThC	Dictionnaire de théologie catholique (Paris 1903ff.)
LThK	Lexikon für Theologie und Kirche (Freiburg [2]1957 ff.)
NR	Der Glaube der Kirche in den Urkunden der Lehrverkündigung, hrsg. von J. Neuner und H. Roos (Regensburg [2]1948) (가톨릭교회의 교리 문헌에 나타난) 그리스도교 신앙, 안소근, 신정훈, 최대한 옮김, 가톨릭출판사, 2017.
PG / PL	Patrologia Graeca und Latina, ed. J. P. Migne
PO	Patrologia Orientalis, ed. R. Graffin et F. Nau (Paris 1903ff.)
RAC	Reallexikon für Antike und Christentum, hrsg. von Th. Klauser (Stuttgart 1941ff.)
ZkTh	Zeitschrift für Katholische Theologie(Innsbruck 1877ff.)

서론

5세기의 공의회들과 그리스도론적인 문제

그리스도교 교의의 발전사에서 4세기는 삼위일체와 관련된 커다란 쟁점의 시대로 보여진다. 헬레니즘적 사고에 익숙해진 견해에 따라, 말씀(Logos)을 성부 하느님과 창조된 세상 사이의 중간에 위치시켜 하느님의 첫 번째 피조물로 만든 아리우스의 오류에, 교회는 니케아 공의회(325년)에서 말씀이 성부의 본질과 같으시고, 성부와 같이 영원하시며 모든 점에서 똑같다는 결정으로 답하였다. 그 후에 성령과 관련하여 똑같은 문제가 생겼을 때, 콘스탄티노폴리스 공의회(381년)는 마케도니우스파 혹은 "성령신성부인론파(*Pneumatomachi*)"를 단죄했다. 삼위일체 교의에 대한 큰 윤곽이 이제부터 잡혀졌다. 동시에 오래전부터 교회 안에 관례가 되었던 공의회 제도는 새로운 의미를 얻게 되었다. 황제의 명령으로 "온 땅에 사는(*oikumene*)" 주교들은 처음으로 니케아에 모였다. 그것이 첫 번째 세계적인 공의회였으며, 역사와 제도, 심지어 교회의 신학을 위해서 결정적인 중요성을 가질 것이었다.

5세기에는 또 다른 신앙의 신비에 관한 오랜 논쟁이 새롭게 펼쳐졌다. 그것은 육화한 말씀이며 하느님-인간이신 그리스도의 신비이다. 이 두 가지 신비와 그것들이 그리스도교의 사상에 제기한 문제들 사이에는 결코 우연적이지 않은 연관성이 존재한다. 영원하며 변함이 없고 고난을 겪을 수 없는 말씀이 시간 안에서 사람이 되었고, 인간의 모든 처지와 고난과 죽음에 굴복하였다는 것. 이것은 이미 니케아에서 명확하게 공식화된 그리스도교 신앙의 기본적인 명제이다.

"저희는 믿나이다.

또한 하느님의 아들, 우리 주 예수 그리스도... 저희 구원을 위하여 내려오시어 육이 되시고 인간이 되셨으며, 고난을 겪으시고... 부활하셨으며..."(DH 125)

예전에는 성부 하느님과 성자 사이의 구별과 동시에 하나의 신성 안에 두 분이 똑같음을 고수하는 것이 중요했다면, 이제는 그리스도의 두 본성 안에서 그분의 일치성을 지켜야 하고, 그리스도가 하느님의 아들이며 동시에 마리아의 아들임에도 불구하고 단지 아들은 한 분이라는 것을 강조해야 했으며, 그리스도가 한 분이시며 참 하느님이시고 참 인간임을 고백해야 했다. 이 이중의 신비에 두 가지 오류가 대응하였다. 하나는 그리스도의 일치성을 위태롭게 한 네스토리우스의 오류이며, 정반대의 의미에서, 또 다른 하나는 에우티케스의 오류로서 인성을 신성 안에 흡수하게 하는 위험이 있었다. 연달아서 에페소 공의회(431년)는 그리스도 안에 단 하나의 위격만이 있다는 가르침으로 네스토리우스를 단죄했고, 칼케돈 공의회(451년)는 그리스도께서 두 본성 안에 한 분이시며, 완전한 하느님이시고 완전한 인간이라는 정의로 에우티케스를 단죄했다.

이러한 설명은 물론 아주 간략하지만, 실제로 사안은 훨씬 복잡했다. 신학적 어휘를 명확히 하고 통일시키는 데 오랜 노력이 필요했다. "본성"과 "위격"이라는 단어들과 개념들은 논쟁을 벌이는 당사자들에게 항상 같은 의미로 이해되지 않았다. 게다가 이 신학적 수고는 연구실의 고요함과 한적함 안에서 이루어지지 않고, 동요와 격렬한 논쟁의 흥분 속에서 이루어졌으며, 매우 인간적으로 보이는 역사적인 배경에서 이루어졌다. 야망과 개인적인 경쟁심, 대도시의 수도대주교 사이의 대립, 황제의 개입 등이 있었으며, 이 모든 것은 공의회에서는 무거운 짐을 의미하였다. 게다가 낯부끄러운 난동으로 변한 공의회 회기들, 주교들의 폐위, 투옥, 추방, 논쟁들이 있었고, 이것들은 곧바로 이교로 이끌었으며 제국과 신앙의 일치를 위협하였다.

이 모든 역사적인 정보에 대해서 우리는 아주 잘 알고 있으며, 니케아 공의회 역사에 대한 것보다 훨씬 잘 알고 있다. 우리는 고대 역사가인 소크라테스, 테오도레투스, 에바그리우스 스콜라스티쿠스의 보도들을 가지고 있을 뿐만 아니라, 에페소 공의회와 칼케돈 공의회의 문서들도 보존하고 있다. 그 모임들의 아주 생동감 있는 모습을 전해주는 회기의 의사록, 개입, 토론, 심지어 존경할 만한 주교들끼리 주고받은 고함과 모욕들이 그것들이다. 또한 우리가 우여곡절이 많은 이 모든 역사의 배경이 되고, 말하자면, 그 교훈적이며 정신적인 깊이를 주는 상당한 양의 서한들, 연설들, 신학적이거나 논쟁적인 논문들도 아울러 갖고 있음을 덧붙일 수 있다. 자주 생긴 그것도 유감스러운 돌발 상황에 대해서는 아니더라도, 확실히 역사가는 교회로 하여금 지상에서의 순례를 계속 하게하는, 인간들을 이끄는 열정과 관심에 대해서는 간과할 수 없다. 그러나 역사가는 최면에 걸린 것같이 단지 역사의 대수롭지 않은 일들만 응시해서는 안 되고, 더 높은 전망대에서 관찰해야 할 것이며, 편파적으로 말하지 않도록 사건의 경과에 대해서 너무 좁고 단편적인 시각을 갖지 않아야 할 것이다.

그러므로 이 역사의 흐름 안에서 서로 상치되는 다양한 의견들이 있었다는 것이 제시되어야 할 것이며, 교의 발전의 각 단계가 명시되어야 할 것이다. 동시에 우리 구원의 모든 신비에 관해 제기된 문제들의 종교적인 의미도 그때마다 상기되어야 할 것이며, 그런 다음 교회의 생활에 미치는 공의회들의 파급효과와 공의회 제도 자체의 발전, 로마주교가 이때에 행한 역할, 그리고 증대되는 사도좌의 권위가 언급되어야 할 것이다. 또한 위대한 인물인 키릴루스와 교황 대레오의 진면목을 살펴야 할 것이다… 마지막으로 무엇보다도 저 주교회의 가운데에 계시는 그리스도와 그분의 성령의 보이지 않는 현존을 잊어버려서는 안 된다. "사제들의 모임은 성령의 현존을 증거한다.(Spritus sancti testatur praesentiam congregatio sacerdotum)"라는 글은 교황 첼레스티노가 에페소 공의회에 써서 보낸 글이다. 이리저리 동요하는 인간의 이면에, 말하자면 암암리에, 사람들은 역사의 흐름 속에 교회를 부단히 이끄시고 생명을 주시는 그리스도의 현존을 세상 끝날까지 그분의 교회에서 보게 될 것이다.

에페소 공의회

제1장 공의회의 교훈적이며 정신적인 배경

제2장 네스토리우스와 키릴루스

제3장 에페소 공의회

제4장 에페소 공의회 교의

러시아 정교회의 "표징의 하느님의 어머니" 이콘.
"그러므로 주님께서 몸소 여러분에게 표징을 주실 것입니다.
보십시오, 젊은 여인이 잉태하여 아들을 낳고 그 이름을 임마누엘이라 할 것입니다."(이사 7,14)

※ 역주. https://iconreader.wordpress.com/2010/12/10/the-theotokos-of-the-sign-icon.

제1장

공의회의 교훈적이며 정신적인 배경

테오토코스(Θεοτόκος): 하느님의 어머니이신 마리아

428년 4월 10일 콘스탄티노폴리스 교회는 총대주교로 네스토리우스를 선출했지만, 그해 말경 심각한 결과를 가져올 것이라고 어느 누구도 예측할 수 없었던 한 논쟁으로 동요되었다. 새로운 총대주교는 이단자들을 반대하여 그의 열정을 불사르면서, **테오토코스**(Θεοτόκος), 곧 하느님을 낳은 분이라는 칭호로 예수의 어머니 마리아를 그들의 신심 안에서 공경했던 그리스도인들을 반대하였다. 네스토리우스는 이 **테오토코스**라는 말에 반대하여 설교하게 하였고, 그 자신도 그것에 반대하여 설교하였다. 그는 이렇게 질문하였다. "그렇다면 결국 하느님에게 어머니가 있는 것인가?".[1] 콘스탄티노폴리스 수도에서 사람들은 서서히 동요되었다. 그러나 네스토리우스는 고집을 부렸고 자신을 방어했으나

1) ACO I, V, 1, 29; 참조: F. Loofs, *Nestoriana*, Halle, 1905, 253.

아주 어설펐다. 그는 사람들이 **테오토코스**(Θεοτόκος), 곧 "하느님을 낳은 분"이라고 부르지 않고, **테오도코스**(Θεοδόκος), 곧 "하느님을 잉태한 분"이라고 부르는 것에는 인정했다. 왜냐하면 하느님 아버지만이 하느님을 낳았기 때문이다.[2] 사람들은 단지 한 단어, 그것도 한 개의 글자, 곧 't'와 'd'를 두고 싸우려 했던 것인가?

그럼에도 **테오토코스**라는 말은 이미 오랫동안 그리스도교 관용어로 널리 사용되었다. 이 말은 한 파피루스에 처음으로 나타난다. 이 파피루스에는 "가장 오래된 그리스어 마리아 응답송"이 보존되어 있으며, 거기에는 이미 우리가 바치는 기도인 "**Sub Tuum**"이 있고, 그 안에는 이미 ***Θεοτόκος***의 호격으로 ***Θεοτόκοε***, 곧 라틴어로 **sancta Dei genitrix** 에게 바치는 기도가 나온다.[3] 그다음에 테오토코스라는 말은 무엇보다도 오리게네스, 알렉산드리아의 알렉산데르, 아타나시우스, 카이사레아의 에우세비우스, 예루살렘의 키릴루스, 에피파니우스, 디디무스... 등에서 읽혀진다. 이미 배반자 율리아누스 황제는 "그리스도인들이 끊임없이 마리아를 하느님의 어머니(Θεοτόκος)라고 부른다."[4]고 지적하였고,

---

2) ACO I, V, 1, 31; Loofs, Ibid. 276.

3) 참조: P. F. Mercenier, "L'antienne mariale grecque la plus ancienne", *Le Muséon* 52, 1939, 229-253. 이 파피루스는 아마도 3세기의 작품으로 여겨진다. 참조: *Encicl. Cattolica*, XI, 1468이하; 슈테크뮐러(O. Stegmüller)는 그것에 대해 의심쩍어 한다. *ZkTh* 74, 1952, 76-82.

그리스어 텍스트: 'Υπὸ τὴν σὴν εὐσπλαγχνίαν, καταφεύγομεν, Θεοτόκοε. Τὰς ἡμῶν δἱκεσίας, μὴ παρίδης ἐν περιστάσει, ἀλλ' ἐκ κινδύνων λύτρωσαι ἡμᾶς, μόνη Ἁγνή, μόνη εὐλογημένη.

라틴어 텍스트: Sub túum praesídium confúgimus, **sáncta Déi Génitrix**, nóstras deprecatiónes ne despícias in necessitátibus sed a perículis cúnctis líbera nos semper, Vírgo gloriósa et benedícta.

천주의 성모여, 당신 보호에 우리는 피난하나이다. 어려울 때에 우리의 간절한 기도들을 외면하지 마소서. 항상 모든 위험에서 우리를 구하소서. 영화롭고 복되신 동정녀시여!

4) 알렉산드리아의 키릴루스, 『율리아누스 황제 반박』, I, 8: PG 76, 901.

나지안주스의 그레고리우스는 이미 오래 전의 전통을 요약하며 다음과 같이 기술하였다. "누구든지 성 마리아가 하느님의 어머니(Θεοτόκος)가 아니라고 생각한다면, 그는 신성 밖에 있는 것이다...".[5] 위에 언급된 이름들을 보면 이 표현은 알렉산드리아에 기원을 두는 것 같다. 그러나 이 표현은 이집트를 벗어나, 콘스탄티노폴리스와 시리아에까지 퍼져 있었다. 따라서 안티오키아의 요한 총대주교는 곧바로 그의 친구인 네스토리우스에게, 이 말은 "수많은 교부들에 의해 만들어졌고 쓰여졌으며 말해졌다."고 서한을 보냈다.[6]

따라서 네스토리우스는 옛날부터 전해져 내려온 신심의 유산과 신앙의 유산에 반대한 것이다. 그러므로 이것은 단어를 두고 벌어진 논쟁이나 한 주교와의 말다툼에 관한 것이 아니었다. 네스토리우스의 연설과 저서들을 읽으면 아주 분명하게 보여지듯이, 여기에서는 육화(incarnatio)에 대한 신학 전반에 관한 것이었다.

그 밖에도 이 문제는 소급되는 또 다른 뿌리가 있었고, 이제 시작되는 토론들의 의미를 분명히 밝히기 위해서 그것을 짧게 상기하는 것은 중요하다.

그리스도의 일치성의 신비

예수는 하느님이며 인간이다. 그는 마리아의 아들이며, "육으로는 다윗의 후손"이다. 그러나 그는 "거룩한 영으로는 힘을 지니신 하느님의 아드님으로 확인되신"(로마 1,3-4) 분이다. "말씀이 사람이 되셨다."(요한 1,14), "그분께서는 하느님의 모습을 지니셨지만 하느님과 같

5) 나지안주스의 그레고리우스, 『서한』, 101: PG 37, 177.

6) 안티오키아의 요한, 『네스토리우스에게 보낸 서한』: PG 77, 1456; ACO I, I, 1, 95.

음을 당연한 것으로 여기지 않으시고, 오히려 당신 자신을 비우시어 종의 모습을 취하시고 사람들과 같이 되셨다."(필리 2,6-7). 복음서와 사도들의 서한들, 곧 신약성경에서 이와 관련한 더 많은 본문들을 제시할 수 있다. 따라서 이 모든 것은 하느님의 유일한 외아드님께서 인간이시며, 모든 점에서 그의 형제들과 같은 분(히브 2,17)임을 보여준다. 구유에 있었고 십자가에 달렸던 예수는 한 처음에 하느님과 함께 계셨던 말씀이시며, 성부 하느님의 외아드님이지만, 그 자신도 하느님으로서 영원히 찬미받으실 분이다(로마 9,5).

이것은 가장 원초적인 신앙의 실재이며, 초기부터 교부들의 가르침에 반영되었고,[7] 그리스도의 신성을 위태롭게 하는 부적당한 모든 해석에 반대하여 교부들에 의해 보호된 것이다. 3세기 초에 양자설(입양설)을 주장하는 첫 번째 사람 중의 한 사람인 아르테몬에 반대하여 첫 번째 익명의 저자는 유스티누스, 밀티아데스, 타티아누스, 클레멘스와 많은 교부들의 저서에서 그리스도는 하느님이라고 말하고 있음을 상기시킨다. 그는 이어서 다음과 같이 말한다. "이레네우스와 멜리토와 그 밖의 다른 이들의 책들을 모르는 사람이 누가 있습니까? 그래서 신앙 안에 있는 형제들이 초기부터 쓴 수많은 찬미가와 찬송가들은 하느님의 말씀이신 그리스도께서 하느님이심을 노래하고 말합니다."[8]

또한 니케아 공의회(325년)도 여러 가지 논쟁들이 있었던 3세기의 그리스도인의 삶을 성찰한 후 다음과 같은 신앙을 고백할 수 있었다.

---

7) 참조: 안티오키아의 이냐티우스, 『에페소인들에게 보낸 서한』, 7,2: BKV 35, 120. "한 분의 의사가 계십니다. 육체적으로나 영적으로 한 분이시며, 태어나셨지만 태어나지 않으셨고, 육으로 변화하시는 한 분 하느님이시며, 죽음 안에서 참 생명이시고, 마리아에게서 나셨으나 하느님에게서 나셨고, 처음에는 고난을 겪을 수 있었으나 그다음에는 고난을 겪을 수 없으신 분이 우리 주 예수 그리스도이십니다."

8) 에우세비우스, 『교회사』, V, 28,4-5: BKV 2. R. 2. Bd. 258.

> "한 분이신 하느님, 전능하신 아버지를 ... 저희는 믿나이다.
> 또한 하느님의 아들, 한 분이신 주 예수 그리스도, ...
> 저희 인간 때문에, 저희 구원을 위하여 내려오시어 육이 되시고 인간이 되셨으며, 고난을 겪으시고 사흗날에 부활하셨으며, 하늘에 올라가셨음을... 믿나이다." DH(125)

같은 분이신 예수 그리스도는 성부 하느님의 외아드님이시고, 동정녀 마리아에게서 육화하시고 인간이 되신 후에 태어나셨으며, 고난을 겪으시고, 죽으셨으며 부활하신 분이다. 유일하신 **예수 그리스도는 하느님이며 인간**이시라는 것은 그리스도교 신앙의 본질적인 것이며, 이제부터 장엄한 문서로 기록되었다. 이 문서는 또한 세례 때의 신앙고백의 응답을 형성한다. 그 이후에 사람들은 구속력을 가진 신앙규범으로 언제나 항상 이것을 관련시킨다. "니케아 신앙"은 교회의 신앙이다.[9)]

신비와 그에 대한 문제

그러나 그리스도교 사상이 이 신비에 반응하는 것은 당연한 일이다. 그리스도교 사상은 이 신비를 설명하려고 시도하며, 가능한 한 그것을 명확하게 하는 정식들 안에서 이해하기 쉽게 표현하려고 한다. 이제 육화에 대한 교의의 진보와 발전을 그 모든 우회로를 통해 추적하는 것은 흥미로운 일일 것이다. 여기에서 우리는 단지 에페소 공의회 이전 사건에 대한 이해를 위해서, 그리고 공의회 때 변화무쌍한 사건들에 대

---

9) 참조: P.-Th. Camelot O. P., "Symboles et Magistère", *Divinitas* 5, 1961, 607-622.

한 이해를 위해서 필요한 것만을 고려할 것이다.

사람들은 이 신비를 두 가지 반대 방향에서 접근할 수 있다는 것을 즉시 알게 된다. 말씀이 육이 되었다. 바로 이 예수 그리스도는 인간이며 하느님이시다. 이때에 우리는 먼저 말씀이 어떻게 육과 일치되었는지 그 점에서부터 출발할 수 있고, 그다음 말씀이 취한 인성을 살펴볼 수 있다. 하지만 또한 반대로 그리스도 안에서 마리아의 아들과 하느님의 아들을 분리하여 살펴볼 수 있으며, 그다음 이 둘이 어떻게 유일한 한 분이신 그리스도를 형성하는지 물을 수 있다. 일치성을 강조하는 그리스도론은 강조점을 이원론에 두는 다른 그리스도론과 병행한다. 하나는 위에서, 곧 요한 복음의 서문과 같이, 하느님과 함께 계셨고 육이 된 말씀에서부터 시작되고[말씀-육, lógos-sárx 그리스도론, 알렉산드리아 학파], 다른 하나는 감히 말하자면, 아래에서부터, 곧 복음에 나오는 인간 실재에서부터 시작된다[말씀-인간, lógos-ánthropos 그리스도론, 안티오키아 학파]. 이 둘은 모두 복음에서 말하는 것에 근거를 두고 있고 그것으로 정당화한다. 둘 다 합리적이다.

그러나 조건이 있다. 이 두 개의 그리스도론이 신비의 다른 면을 배제하는 일방적인 정식과 체계를 표현한다면, 그 신학들은 출발점에서 합리적이라 하더라도 오류가 된다. 예를 들면, 예수 안에서 인간적인 것과 신적인 것을 서로 분리하고 그렇게 그리스도를 나누는 방법으로 예수 안에서 인간적인 것과 신적인 것을 구별할 수는 있다. 그러나 또한 무엇보다도 육이 된 말씀의 일치를 살펴볼 수 있다. 그렇게 한다면 그리스도를 단지 가현적인 몸으로만 인정한 초세기의 가현론으로 되돌아가지 않더라도, 적어도 그리스도께서 우리의 구원을 위해 취하신 육의 온전함을 오해하는 위험이 어떻게든지 생기게 된다. 곧 *lógos-sárx* 그리스도론에서는 말씀이 인간본성을 취하되 이성적 영혼이 결여된 본성을 취하게 되고 그 영혼 대신에 말씀이 자리하게 되며, 의지와 행동을 주관하는 단 하나의 원리(말씀)만이 있게 되는 위험이 있다(아폴리나리스). 그러나 *lógos-ánthropos* 그리스도론에서는 육을 취하는 말씀(Logos assumens)과 말씀에 의해 취해진 인간(homo assumptus)이 있으며, 그리스도의 신성을 그의 인성으로부터 구분해서 십자가에서 죽음의 주체를 예수의 신성이 아니라 예수의 인성이라고 주장한다(테오도루스). 진리와 오류 사이의 경계는 구별하기가 힘들 정도로 아주 미세하다.

그리스도 안에서 일치를 강조

그리스도 안에 두 본성의 일치를 강조하는 그리스도론은 확실히 교회의 가장 오래된 전승에 속한다. 예를 들면 안티오키아의 이냐시우스는 "하느님의 피" "하느님의 고난" "마리아의 모태 안에 잉태되신 하느님"에 대해서 말하고 있다.[10] 마찬가지로 리옹의 이레네우스는 폴리카르푸스를 거쳐 사도 성 요한에게로 소급하는 소아시아 교회의 전승을 말하고 있다. 이레네우스는 복음서들을 참조한다. "요한은 단지 한 분이시며 같으신 하느님의 말씀만을 알고 있으며, 이 말씀은 외아드님으로서, 우리 구원을 위해 육이 된 분이시다... 또한 마태오도 한 분이시며 같으신 예수 그리스도만을 알고 있다." 이어서 이레네우스는 영지주의자들에게 다음과 같이 말한다. "영지를 핑계로 한쪽에 예수를, 다른 쪽에는 그리스도를 세우며, 그리스도와 구별하여 말씀을... 나누고 하느님의 아들을 잘게 분할하는 이들은 모두 구원계획에서 벗어나 있다." 그리고 다른 곳에서는 이렇게 말한다. "요한은 한 분이신 전능하신 하느님과 한 분이신 외아드님, 육이 되셨고 우리 가운데에 사셨

---

10) BKV 35, 117. 139. 124.

던 예수 그리스도를 설교하였다."[11]

이렇게 일치를 강조하는 것은 알렉산드리아 신학에서는 전형적이었다. 오리게네스의 생각 자체는 아니지만, 그의 정식들은 여기서 두 개의 다른 방향으로 움직였는데, 그중 하나는 아타나시우스의 신학이다. 알렉산드리아의 주교 아타나시우스의 생각은 말씀(Logos)을 중심으로 한다. 그 말씀은 그의 인간적인 육 안에서 현존하시며, 그 육에 생명을 주신다. 아타나시우스는 그의 첫 번째 작품에서부터 강력하게 그리스도의 일치에 대해서 말한다. 동정녀에게서 태어나서 먹고 마시며, 고난을 겪으시고 죽는 이는 인간이 아니라 하느님의 말씀이다. 그의 기적과 그의 죽음과 그의 부활을 통하여 "그리스도는 자신이 하느님이며 하느님의 아들임을 알게 한다.".[12] 아타나시우스에게 그리스도는 "하느님을 품은 인간"(ἄνθρωπος σαρκοφόρος)이 아니라, "육신을 지니신 하느님"(Θεὸς σαρκοφόρος)이다.[13] 알렉산드리아의 주교인 키릴루스의 신학 또한 일치를 강조하였다. 이에 대해서는 나중에 더 살펴볼 것이다.

이렇게 육이 된 말씀의 일치를 강하게 강조하는 그러한 신학의 가치와 종교적 깊이는 아무리 강조해도 지나치지 않는다. 왜냐하면 여기에서는 그리스도 신비의 핵심 부분이 관건이며 따라서 우리의 신앙과 우리의 구원과 관계되기 때문이다. 오래 전에 사람들은 이것에 대해 아주 적절하게 표현하였다.

"아마도 그리스도의 위격 일치의 의미보다 더 확실한 종교적 의미를 갖는 교의는 없을 것이다. **바로 그분이** 동시에 나의 형제이고 나의 하느님이라는 것은 그리스도교의 온전한 기쁨과 깊이를 이룬다. 동정

11) 이레네우스, 『이단 반박』, III, 16,2.3.4.8; 17,4; I, 9,2: BKV 3, 273-276. 277이하. 280이하. 285. 29이하.

12) 아타나시우스, 『말씀의 육화』, 18-19: BKV 31, 104-107.

13) 아타나시우스, 『하느님 말씀의 육화와 아리우스파 반박』, 8: PG 26, 996c.

녀에게서 태어나시고 십자가에 달린 몸이 참으로 하느님의 몸이라는 것은 바로, 내가 참으로 무한한 사랑으로 사랑받을 것이라는 증거이다. 반대로 나를 위해 태어나시고 죽으신 분이 하느님이 아니라면, 키릴루스가 올바로 말한 대로, '모든 신적인 신비는 사라질 것이다.'[14]"[15]

그리스도의 영혼에 관한 문제

그러나 이 신학은 일치에 강조를 두면서 모든 논쟁의 계기가 될 까다로운 문제에 직면했다. 사도 요한은 말씀이 육(σὰρξ, caro)이 되었다고 가르쳤다. 단어의 성경적 의미에서 "육"은 의심할 여지없이, 키릴루스가 기술하듯, 인간 전체의 본성을 말한다. "우리가 실로 육에 대해서 말한다면, 그렇게 우리는 마치 인간에 대해서 말하는 것이다."[16] 육이란 몸과 영혼으로 이루어진 인간 전체이다. 그런데 여기에 실제 어려움이 있는 것이 아니다. 어려움은 신적인 말씀과 인간 본성의 결합에서부터 시작하고, 어떻게 그 결합이 가능한지 설명하려고 할 때에 비로소 시작된다. 한 가지 설명이 저절로 떠오를 수 있었다. 영혼이 몸과 결합되어 있듯이, 말씀은 육과 결합되어 있다. 영혼이 몸을 위해선 생명과 움직임과 행동의 원리이듯이, 또한 말씀도 인간 본성의 그러한 원리이다. 아타나시우스는 말씀이 그리스도의 몸 안에 있고 그 몸에 생명을 불어넣어 준다고 말한다. 말씀이 세상 안에 있고 모든 존재에게 생명을 불어넣어 주는 것과 같다.[17] 이러한 개념의 출발점은 스토

---

14) 알렉산드리아의 키릴루스, 『그리스도는 한 분이시다』: PG 75, 1265B.

15) P. Rousselot, *La religion chrétienne Christus, manuel d'histoire des religions*, Paris 1912, 1070.

16) 『서한』, 46: PG 77, 240; ACO I, I, 6, 158.

17) 아타나시우스, 『말씀의 육화』 17: BKV 31, 103.

아 학파로부터 영향을 받은 인간론이다. 사실 신학이 철학에게서 도움을 구한다는 것은 정상이다. 그러나 문제가 되는 것은 이 철학이 모든 점에서 확실하고 균형이 잡혀 있지 않다는 데에 있다.

말하자면 그리스도 안에서 말씀이 생명과 행동의 유일한 원리라면, 앞서 언급했듯이 말씀이 인간 영혼의 자리를 차지하게 된다. (ψυχή는 식물의 혼을 뜻하며, νοῦς는 이성을 지닌 영혼[정신]을 뜻한다.) 따라서 예수 안에 인간 영혼의 존재를 부인하려고 시도할 수 있는 것이다. 그러나 확실히 성 아타나시우스는 그렇게 멀리 나아가지는 않았다. 362년 알렉산드리아 교회회의에서 그는 구세주가 전적으로 영혼도 없고 감각도 없고 지성도 없는 몸을 가지고 있지 않다고 말했다. 왜냐하면 구세주가 우리를 위해 인간이 되었는데 지성이 없는 몸을 가진다는 것은 불가능하기 때문이라는 것이다. "말씀은 육이 되었을 뿐만 아니라 인간이 되었다."[18] 따라서 아타나시우스가 그의 신학적 체계 안에서는 예수의 인간 영혼을 위한 자리를 거의 인정하지 않았다고 말할 수 있다. 그럼에도 아타나시우스가 예수의 인간 영혼의 존재를 부인했다는 것은 결코 아니다.

그러나 일부 사람들은 예수의 인간 영혼의 존재를 부인하는 지경에까지 이르렀다. 아리우스파에게 있어서 로고스는 성부 하느님 아래에 있다. 로고스는 세상이 창조될 때 하느님의 도구가 되기 위해 무에서 창조되었고 시대 안에서 창조되었다. 로고스는 육을 취하면서 인간이 되었고, 위에서 언급한 영혼학에 따라 로고스는 육의 움직임과 행동의 원리가 된다. 이러한 시각에서부터 그리스도에게 인간 영혼이 있다고 가정할 필요가 없어졌다. 인간 영혼의 모든 역할을 맡는 것은 말씀 자체이며, 모든 감정을 느끼고, 태어나며, 고난을 겪고 죽는 것도 말씀 자체이다. 그런데 말씀은 변할 수 없고 고난을 겪을 수 없다.[19]

---

18) 아타나시우스, 『안티오키아 신자들에게 보낸 서책』, 7: PG 26, 804이하.

19) 참조: DH 125. 니케아 신경 마지막 부분의 파문문. "하느님의 아드님께서 창조

따라서 말씀은 하느님과 같을 수 없고 하느님과 같은 본질일 수 없다. 영혼과 몸의 결합에 따라서 말씀과 육의 결합을 이해한다면, 육과 함께 하나의 유일한 본성만을 형성하는 말씀은 실제로 하느님이라는 것을 인정할 수 없게 된다. 이러한 관점에서 아리우스주의는 삼위일체론적인 오류이며 마찬가지로 그리스도론적인 오류이다.[20] 정확히 말하자면 그러한 그리스도론은 아리우스에게서 발견되지 않고, 오히려 아리우스파인 아마세아의 아스테리우스나 에우노미우스에게서 발견된다.

이제 아리우스의 적이며, 아타나시우스의 친구이자 니케아 정통신앙의 확고한 옹호자인 시리아 라오디케아의 주교 아폴리나리스는 그의 입장에서 아리우스주의의 그리스도론을 답습하는 일이 생겼다. 우리가 살펴보았듯이, 아리우스주의의 그리스도론에서 말씀은 하느님이 아니다. 왜냐하면 그리스도 안에서 말씀은 모든 인간적인 감정에 종속되기 때문이다. 아폴리나리스의 경우, 나자렛 예수는 하느님이다. 왜냐하면 말씀이 나자렛 예수와 함께 몸소 태어나고 고난을 겪으며 죽기 때문이다. 그리스도는 실제로 하느님이며, 그뿐 아니라 "하느님께서 그 안에 사시는 인간"이다(ἄνθρωπος ἔνθεος). 그것으로써 나자렛 예수는 우리를 구원할 수 있는 것이다. "한 인간의 죽음으로 죽음을 없앨 수 있는 것이 아니다. 그러므로 하느님 자신이 죽었다는 것은 분명하다."[21] 이것은 그 자체로 적절하고 전적으로 정통신앙의 정식이다. 그러나 아폴리나리스는 아리우스주의의 명제를 곡해하면서, 아리우스주의의 전제와 내적인 오류도 답습하였다.

위에서 이미 언급하였듯이, 이러한 신학은 어떤 철학적인 논리적

되었거나 변할 수 있거나 달라질 수 있다고 말하는 이들을 가톨릭교회는 파문한다."

20) 참조: A. Grillmeier, *Chalkedon I*, 74-77.

21) Fragment 14. 95; 참조: H. Lietzmann, *Apollinaris von Laodicea und seine Schule*, Tübingen, 1904, 209. 229.

귀결에 근거했다. 아폴리나리스는 아리우스파처럼, 육이 된 말씀이신 그리스도의 일치를 위격(persona), 자립적 존재(subsistentia)의 영역이 아니라, 본성과, 생명의 원리와 행동의 원리에서 찾았다. 오직 하나의 본성을 형성하는 몸과 영혼으로 이루어진 인간 안에는 또한 유일한 행동의 원리인 영혼이 있다. 이 영혼은 스스로 움직이며 몸을 움직이게 한다. 마찬가지로 그리스도 안에는 하나의 행동의 원리만이 있으니, 그것이 로고스이다. 그리스도 안에 이성을 지닌, 한 영혼이 있다면, 로고스는 유일한 행동의 원리가 안 될 것이다. 그러므로 말씀 자체는 육의 영혼이어야 하고, 그 육과 함께 **하나**의 구체적인 존재, 곧 **하나**의 본성으로 합쳐져야 할 것이다.[22] 따라서 육이 된 하느님 말씀의 **한** 본성(μία φύσις τοῦ Θεοῦ λόγου σεσαρκωμένη)에 대해 말할 수가 있는 것이다.

그러나 아폴리나리스의 신학은 예수의 인간 본성을 훼손하는 중대한 단점이 있었다. 성경이 육에 대해서 이야기 할 때는 몸과 영혼으로 이루어진 전체 인간을 뜻한다고 우리는 기억하였다. 성경의 언어를 모르는 채 개념의 명확성과 신학적인 엄격함을 표현한다는 것은 성경 자체에 불충실하는 것이다. 위의 경우 복음 전체의 구체적인 사실성을 오해하며, 예수의 거룩한 영혼과 인간적인 마음에 대해 복음이 우리에게 계시하는 것을 모조리 간단하게 무시하게 된다.

이러한 신학에 반대하여 교부들은 우리가 오늘날 그것에 대해 올바로 감지를 못할 수도 있는 논증을 전개하는 것을 좋아했다. 여기에서도 우리의 구원이 관건이다. 말씀이 우리의 인성을 취함으로써 말씀은 인성을 구원하고 신격화한다. 하지만 그러기 위해서 말씀은 몸과 영혼으로 이루어진 전체 인간을 취해야 하는데, 나지안주스의 그레고리우스의 말에 따라, "취해지는 것만이 구원되기 때문이다."[23] 그러므

---

22) 참조: P. Th. Camelot, *Chalkedon I*, 240 이하.

23) 나지안주스의 그레고리우스, 『서한』, 107: PG 37, 181. "Nam quod assumptum

로 말씀은 영혼과 지성과 감각을 갖춘 한 몸을 취한 것이 틀림없다. 아타나시우스에 의하면, 곧 "몸뿐이 아니라 영혼까지도 말씀 안에서 구원되었다." 따라서 예수 안에 인간 영혼을 부인한다면, 우리 구원의 실현성 전체가 위태롭게 된다.

4세기의 교부들은 아폴리나리스의 오류를 강하게 반박하였다. 바실리우스, 나지안주스의 그레고리우스의 서한들과, 바실리우스의 동생인 니사의 그레고리우스의 중요한 논문은 라오디케아 주교인 아폴리나리스의 근본적인 오류를 완전히 밝혀 주었다. 살라미스의 에피파니우스 주교는 그가 374-377년경 편집한 이단자목록에 아폴리나리스의 이름을 집어넣었다. 다른 한편, 우리는 362년 알렉산드리아 교회회의가 아폴리나리스를 개인적으로 겨냥하지 않고 어떻게 그리스도론 문제에 대한 입장을 취했는지를 보았다. 아타나시우스 또한 아폴리나리스와 계속해서 친교를 맺고 있었다. 교황 다마소 재위 기간 중 377년과 382년에 있었던 로마 교회회의들은 하느님의 말씀이 육 안에서 인간의 이성적이며 정신적인 영혼을 대신한다고 말하는 이들을 재차 여러 번 단죄하였다(DH 159; NR 603/7). 381년 콘스탄티노폴리스 공의회도 이번에는 명백하게 "아폴리나리스파"들을 단죄하였다(DH 151).

그럼에도 아폴리나리스와 그의 추종자들은 계속해서 그들의 가르침을 퍼트리는 것을 포기하지 않았다. 그들은 이제부터 유명한 이름들로 자신들의 본심을 감추었다. 아폴리나리스주의의 저서들은 기적가 그레고리우스와 아타나시우스와 교황 율리오의 이름들로 퍼졌다. 그러나 고대인들은 그러한 위경(僞經)들에 대해 우리들보다 덜 꼼꼼했다. 6세기에야 비로소 그것이 사기임이 밝혀졌으며, 키릴루스는 "육이 된 하느님 말씀의 유일한 본성"이라는 아폴리나리스의 정식이 아타나시

---

non est, curationis est expers: quod autem Deo unitum est, hoc quoque salutem consequitur."[확실히 취해지지 않은 것은 구원과 아무런 관련이 없다. 그러나 하느님과 결합된 것은 이것 또한 구원을 얻는다].

우스에게서 유래된 것이라고 반복하여 말하였다. 이것에 대해서는 앞으로 더 살펴볼 것이다.

이원론적 그리스도론

아폴리나리스의 신학은 그리스도 안에 일치를 엄격하게 강조하였다. 그것에 반대하여 그의 강경한 적대자들 중에 어떤 이들은 지나치게 이원론을 중심에 놓는 신학을 주장했다. 여기서는 안티오키아 신학자들인 타르수스의 디오도루스와 몹수에스티아의 테오도루스에 대해서 말하고자 한다.

안티오키아 학파와 알렉산드리아 학파를 서로 비교하는 일은 쉽고도 평이한 일이다. 곧 이성주의와 신비주의, 자구적인 성경주석과 우의적인 성경주석, 두 본성(dyophysitisch)을 강조하는 그리스도론과 단성론(Monophysismus). 이러한 간단하고 편리한 도식은 때로는 단순화의 위험을 포함하며, 미묘한 차이를 고려하여 이해하는 것이 적절해 보인다. 아무튼 위에서 언급한 두 명의 주교, 곧 디오도루스와 테오도루스는 아주 훌륭한 성경주석가들이었다. 박식하고 날카로운 통찰력을 가진 그들은 성경 본문의 자구적 의미와 신학적 이해력이 미치는 범위에 관심을 가졌다. 몹수에스티아의 테오도루스는 시리아 교회에서는 전형적인 성경주석가였다. 안티오키아 학파의 사람들 중에 가장 위대한 요한 크리소스토무스가 타르수스의 디오도루스의 제자였고, 의심할 여지없이, 기록으로 남겨진 성 바오로 서간의 훌륭한 강해의 저자였다는 것을 잊지 말아야 한다.

안티오키아의 그리스도론은 복음서의 사실들을 주의 깊게 관찰한 결과, 정확히 알렉산드리아의 그리스도론과 정반대의 입장을 취했다. 이러한 정반대의 입장을 아주 도식적으로 표현하자면 이렇다. 알렉산드리아 학파는 먼저 육이 된 **말씀**을 고려하였고, 안티오키아 학파는 **신-인**을 고려하였다. 따라서 안티오키아 학파의 신학자들은 그리스도의 영혼을 부인하는 아폴리나리스를 강하게 반대하였다. 예를 들어 몹수에스티아의 테오도루스는 다음과 같이 이야기하였다.

> "그리스도께서는 몸뿐만이 아니라 영혼도 취하셨다... 그러므로 우리 주님은 이 영혼이 먼저 죄로부터 구원되도록 필연적으로 영혼을 취하신 것이다... 따라서 그리스도께서 한 영혼을 취하셨다는 것을 인정하지 않는 것은 커다란 정신착란이다."

이어서 예수의 인간적인 **본성**과, 성령에 의해서 살며 움직이고 은총과 덕과 재능을 갖춘 그의 거룩한 영혼의 모든 심리적인 풍부함에 대한 아주 정확한 분석이 뒤따른다.

> "그는 취해진 완전한 인간이며, 그 안에 하느님의 말씀이 거처하신다. 그는 그의 인간적인 본성으로는 모든 면에서 완전했다."[24)]

따라서 테오도루스는 본성들, 곧 신성과 인성을 명백히 구별한다. 이것은 확실히 그의 신학의 공로이며, 칼케돈 공의회의 결정을 위한 길을 준비해 주었다.

그러나 이렇게 잘 구별하는 때에는 나누고 분리할 위험이 있다. 그리고 예수의 인간 **본성**의 확고함을 너무 강조하게 되면, 예수의 인간 본성을 하나의 자립적인 위격(persona=πρόσωπον)으로 여기는 경향이 생긴다. 그리고 "본성"과 "위격"이라는 개념들이 아직 충분히 명확하

---

24) 몹수에스티아의 테오도루스, 『교리교육에 관한 강해』, V, 11.14.15.17.

게 가다듬어 지지 않았기 때문에 이러한 위험은 더욱 커졌다. 정확히 말하자면, 사실 디오도루스는 "두 명의 아들", 곧 하느님의 아들과 마리아의 아들을 말하기까지 하였다. 그러나 테오도루스는 그러한 표현들을 거부하고 명백하게 그리스도의 일치를 주장했다. "위격의 결합(unio personae[προσώπου ἡ ἕνωσις])은 본성들의 상이성을 훼손하지 않는다.". "따라서 본성들의 혼합도 없고, 위격들 안에 본성을 거스르는 분리도 없다. 그러므로 본성들을 혼합하지 않고 본성들의 특성을 유지한다면, 위격이 나뉘지 않음을 알게 된다." "본성들의 차이가 있음에도 불구하고, 그리스도 안에 어떠한 결합이 존재할 수 있었는지를 그대들은 알게 될 것이다." "우리는 결코 분리되지 않는 이러한 결합에 대한 지식을 보존해야 한다... 사실 본성들의 구별은 완전한 결합을 파괴하지 않고, 이 완전한 결합은 본성들 사이의 구별을 파괴하지도 않는다."[25] 물론 "결합"이란 말 자체가 그러한 생각을 암시하게 하지만, 그리스도의 이 일치는 두 본성의 결합의 결과인 것으로 보인다. 여기에 아마도 두 개의 그리스도론적인 개념 사이의 대립관계가 가장 두드러진다. 알렉산드리아 학파는 처음에는, 그 자체에서 고유한 자립적 존재를 지니지 않는 한 본성을 취하는, 인간이 되는 말씀의 유일한 위격을 보았다(말씀-육). 반대로 테오도루스는 두 개의 완전한 본성들(인간-신), 심지어 두 개의 위격(πρόσωπα)에서 출발하며, 두 위격의 결합은 공통된 위격(πρόσωπον)으로, 곧 그리스도의 위격(πρόσωπον)으로 이어진다. 따라서 우리는 그의 "교리교육에 관한 강해(*Liber ad baptizandos*)"에서 다음과 같은 글을 읽게 된다.

"하느님의 뜻에 따라 이루어진 본성들의 밀접한 결합 때문

---

25) 몹수에스티아의 테오도루스, 『육화론』, VIII; V: PG 66, 981. 970; 『요한 복음 주해』, XIII, 14; 『교리교육에 관한 강해』, VIII, 13.

에 단지 한 분의 아들만이 있다... 성경은 본성들에 대하여 다양하게 이야기 하고 있지만, 일어난 밀접한 결합 때문에 유일한 위격(πρόσωπον)을 가르친다."[26]

이때에 오히려 그리스도의 유일한 위격은 신중하게 구별되는 두 본성들의 결합의 결과인 것처럼만 보이며, 단순히 육이 된 말씀이신 하느님의 외아들과 동일시되지 않는다.

테오도루스를 이단자로 만드는 것은 잘못된 것이다. 왜냐하면 네스토리우스와 관련된 위기상황이 발생하기 전, 테오도루스는 428년 교회와 화해를 하고 죽었기 때문이다. 에페소 공의회에서는 그의 이름도 디오도루스의 이름도 언급되지 않았다. 그러나 육이 된 말씀의 유일한 위격에 상응하는 지위를 부여할 능력이 없었던 신학의 위험들과 중요한 결함들을 간과해서는 안 된다. 여기에는 이미 전체 네스토리우스주의의 싹이 내포되어 있으며, 이러한 경솔한 정식들을 경계해야 하지만, 테오도루스가 네스토리우스 이전에도 네스토리우스파였다고 말하는 것은 과장이 아닐 것이다.

이러한 그리스도론의 결과는 마리아가 하느님의 어머니, 곧 테오토코스(Θεοτόκος)라고 말하는 것을 부정한다는 것이다. 디오도루스는 마리아에게서 태어난 인간이 하느님 말씀의 **성전**이 되었다고 단정적으로 말한다. 따라서 하느님의 말씀이 마리아의 아들이라고 말할 수 없다는 것이다. 테오도루스는 어쩌면 더욱 미묘한 차이를 보일지 모르지만, 그에게 근본적으로 명확한 것은 다음과 같다.

"마리아가 한 인간의 어머니(ἀνθρωποτόκος=hominipara)인가 아니면 하느님의 어머니(Θεοτόκος=Deipara)인가 우리에게 묻는다면, 우

26) 몹수에스티아의 테오도루스, 『교리교육에 관한 강해』, III, 10; VI, 3.

리에게 그녀는 인간의 어머니이면서 하느님의 어머니 둘 다이며, 하나는 실제의 본성상, 다른 하나는 관계를 통해서이다. 그녀는 본성상 한 인간의 어머니이며, 한 인간이 마리아의 태중에 있었고 그 태중에서 나왔기 때문이다. 그녀는 하느님의 어머니이며, 그녀가 낳은 인간 안에 하느님이 계셨기 때문이다...".[27] "하느님께서 동정녀에게서 태어나셨다고 말하는 것은 정신 나간 것이다... 마리아에게서 태어난 분은 인간[다윗의 씨에서 나온 분]이다."[28]

네스토리우스 또한 다르게 이야기 하지 않았다. 그래서 우리는 다시금 논쟁의 출발점에 와 있다. 그것은 중대한 문제였으며, 본질적으로 종교적 가치에 대한 문제였다.

---

27) 몹수에스티아의 테오도루스, 『육화론』, XV: PG 66, 992.
28) 몹수에스티아의 테오도루스, 『아폴리나리스 반박』: PG 66, 993이하.

제2장
네스토리우스와 키릴루스

콘스탄티노폴리스 총대주교 네스토리우스

콘스탄티노폴리스 주교좌에 있었던 요한 크리소스토무스의 두 번째 후계자인 시신니우스가 사망한 후, 테오도시우스 2세 황제는 두 명의 경쟁자인 지원자를 배제한 채, 안티오키아에서 온 신부인 네스토리우스를 총대주교좌에 오르게 하였다. 30년 전에 크리소스토무스도 넥타리우스가 사망한 후(397년) 같은 방법으로 수도의 주교로 임명되었다. 네스토리우스의 과거 경력에 대해서는 알려진 바가 거의 없다. 그는 시리아 에우프라텐시스의 게르마니치아 출신이며 안티오키아로 와서[1] 수도자가 되었고 사제품을 받았다. "그는 아름다운 목소리를 가졌고 말을 잘 했기 때문에, 사람들은 그가 성경을 해석할 수 있는 능력이

---

1) 네스토리우스가 실제로 381년 이후에 태어났다면, 392년에 이 도시의 주교였던 몹수에스티아의 테오도루스의 제자가 결코 될 수 없었을 것이다.

있다고 여겼다.” 이것은 역사가 소크라테스가 439년 이후에 쓴 말이다. 그는 분명히 그에 대한 정보들을 확실한 출처에서만 얻고 객관적인 진술을 하려고 노력했으며, 네스토리우스에 대해서는 엄격했다. 그의 판단에 의하면 새로운 총대주교는 경솔했고 감정적이며 허영심이 강했다. 소크라테스는 계속해서 이렇게 서술한다.

> “그는 천성적으로 말을 잘했기 때문에 박식하다고 여겨졌다. 실제로 그는 어떤 교육도 받지 않았으며, 옛 해설가들의 책을 연구할 필요가 없다고 여겼다. 그의 능변이 그를 현혹시켰으며, 선인들 저서를 세심하게 읽는 것을 중요하게 여기지 않고, 자신이 다른 모든 이보다 뛰어나다고 생각했다.”[2)]

아돌프 폰 하르낙은 교회로부터 단죄된 이단자에게 선입견을 가진 사람으로 비난받지 않지만, 그럼에도 그는 네스토리우스에 대해서는 아주 엄격하다. 네스토리우스는 “좀 자만심이 강한 설교가였으며 허풍떠는 이교도의 적이었고 분별없는 저돌적인 사람이었지만, 그렇다고 기품이 없는 사람은 아니었다...”[3)] 요컨대 그는 행실이 바른 사람이었고, 훌륭한 설교자이며 능변가였지만, - 심지어 네스토리우스의 몇 개의 연설들은 나중에 요한 크리소스토무스의 강론으로 분류되기도 함 - 무분별한 그의 허영심, 충동적인 성격과 신중하지 못한 경솔함이 그를 망쳐놓았다. 소크라테스는 게다가 네스토리우스에 대한 이야기가 끊임없이 온 세상을 자극했고 흥분시켰다고 부연 설명한다.[4)]

---

2) 소크라테스, 『교회사』, VII, 29.32: PG 67, 804.809.

3) A. v. Harnack, *Lehrbuch der Dogmengeschichte* II^4, Tübingen, 1920, 355.

4) 소크라테스, Ibid. VII, 32: PG 67, 812C.

신학의 결함

우리가 이미 말한 것처럼, 논쟁 전체의 원인이 된 것은 테오토코스(Θεοτόκος)였다. 소크라테스는 네스토리우스 혼자서 이 말을 도깨비인 것처럼 두려워했다고 유머 있게 기술했다. 그러나 그것은 단어를 놓고 벌어진 논쟁 이외의 문제였고, 오히려 문제가 된 것은 단지 그 신심에 대한 총대주교의 불신이었다. 그 신심의 신학적 기초는 그에게 너무 불확실해 보였다. 네스토리우스의 강론들을 라틴어로 번역한 마리우스 메르카토르는 강론들 중에서 첫 번째 것에 대해 다음과 같이 언급한다.

> "이것은 성당에 있는 백성에게 한, 신심 없는 그의 첫 번째 강론이다. 그는 이 강론에서 주님의 육화에 관해 불행한 오류에 빠졌다."[5)]

사실 문제가 된 것은 육화와, 극단에 이른 안티오키아 그리스도론이었다. 참된 마리아 신심은 육화 신학을 전제로 하기 때문이다.

선입견 없이 네스토리우스의 신학에 대해서 말하는 것은 쉽지 않을 수 있다. 키릴루스가 그에게 반대하여 강하게 투쟁하고 에페소에서 승리를 획득한 이후부터, 폐위된 총대주교는 어떤 이들의 눈에는 키릴루스의 희생자이다. 사람들은 여전히 그를 희생자라고 편들었고 그의 복권을 위해 애썼다. 이제 우리는 이 이단자를 비방하려고 하거나, 5세기의 그의 적처럼 그의 "불경"과 그의 "신성모독"에 대해서 말하고자 하지 않는다. 오히려 네스토리우스의 그리스도론을 설명하려는 시

---

5) 참조: ACO I, V, 1, 29.

도를 해야 할 것이다. 곧 네스토리우스의 그리스도론이 특히 위기를 초래한 그의 강론과 저서에 얼마나 객관적으로 표현되어 우리에게 보여 지는지 설명하고자 한다. 왜냐하면 에페소 공의회의 역사적이며 교의적인 기원을 설명하기 위하여 그의 강론과 저서의 본문들을 우선적으로 근거로 삼는 것이 적절하기 때문이다. 그의 생애 말경, 칼케돈 공의회가 임박했을 때, 네스토리우스는 추방 중에 장황하게 옹호문을 작성하였는데, 그것은 "다마스쿠스의 헤라클리데스의 책"이었다.[6] 그 책에서 네스토리우스는 그의 가르침의 정당함을 증명하였다. 그는 그의 가르침이 레오 대교황의 가르침 안에서 발견된다고 믿었다. 아마도 그 작품이 그의 사고 안에서나 적어도 표현방법에서 어느 정도 발전되었을지라도, 기본적인 성향은 동일하게 유지되었다는 것이다. 따라서 네스토리우스는 그 책에서, 테오토코스(Θεοτόκος)가 결코 교부들에 의해 사용되지 않았다고 여전히 주장한다. 어쨌든 이 책은 에페소 공의회에서 단죄된 책이 아니었다.

확실히 도릴래움의 에우세비우스 주교와 마리우스 메르카토르는 네스토리우스가 사모사타의 파울루스를 제자로 삼았다고 한다. 파울루스는 그리스도 안에는 단지 한 인간, 곧 하느님께서 양자로 삼았거나 하느님의 아들이라는 품위를 위한 그의 공로 때문에 들어 높이신 순수한 인간(purus homo)만이 있음을 보았다. 그러나 그들이 이미 목록이 작성되고 분류된 옛 이단 가운데 새로운 가르침을 끼어 넣으려는 유혹에 굴복했다는 것을 두려워해야 한다. 최근의 저자들도 가끔 이러한 유혹에 무너졌다. 실제로 네스토리우스는 그리스도가 순수한 인간이라고 말하지 않았다. 그는 바오로가 그리스도를 '하느님'으로 부른다는 점과(참조: 로마 9,5), 그리스도께서는 변화하지 않는 하느님이라고 그리

---

6) 1910년 P. Bedjan에 의해서 시리아 역본으로 된 이 책이 다시 발견되었다. 프랑스어 역본은 F. Nau에 의해서 1910년 파리에서 출간되었으며, 영어 역본은 G. R. Driver와 L. Hodgson에 의해 1925년 옥스퍼드에서 출간되었다.

스도인들에게 설교해야 한다는 점을 기억하고 있었다.[7] 그러나 네스토리우스는 저서에서 두 본성을 주의 깊게 구별하여 보려고 했다.

> "성서에서 주님의 구원계획(oeconomia)[8]을 언급하는 곳에는 모두 그리스도의 신성이 아니라 그리스도의 인성의 탄생과 죽음을 인정한다. 따라서 엄밀히 그것을 표현하기 위해서는 하느님의 어머니, 테오토코스(Θεοτόκος)가 아니라 그리스도의 어머니, 동정녀이신 크리스토토코스(Χριστοτοκος)라고 불러야 한다..."

성경의 인용구들을 길게 나열한 후 그는 덧붙여 이렇게 말한다.

> "수많은 다른 문장들은 성자의 신성이 비로소 얼마 전에 태어났다거나 육체적인 고난을 겪을 수 있다고 생각해서는 안 된다는 것을 인류에게 증명한다. 오히려 신성의 본성과 결합된 것은 바로 육이다."[9] "하느님은 십자가에 못 박힌 육과 결합하셨지만, 그분은 그 육과 함께 고난을 겪지 않으셨다."[10]

그러므로 마리아도 신성을 낳지 않았다. 신성이 9개월 동안 한 여인의 모태에 품어졌으며, 신적인 말씀이 기저귀를 차게 되었고, 혹은 고난을 겪으셨으며, 죽었고, 묻혔다고 말할 수 없다.

---

7) 참조: ACO I, V, 1, 32; F. Loofs, *Nestoriana*, Halle, 1905, 254.

8) 그리스 교부들이 "구원경륜"에 대하여 말할 때는, 바오로와 같이, "육화 신비"를 가리켜서 말하는 것이다.

9) 네스토리우스, 『키릴루스에게 보낸 두 번째 서한』, 430년 여름: PG 77, 53; ACO I, I, 1, 30이하; Loofs, *Nestoriana*, 177이하

10) ACO I, V, 1, 58; Loofs, Ibid. 262.

> "나는 죽었으며 묻힌 하느님을 흠숭할 수 없다."[11] "마리아는 신성의 도구인 한 인간을 낳았다".[12]

사실 이렇게 네스토리우스는 고난을 겪을 수 없고, 변화하지 않는 신성을 고난과 죽음에 굴복하는 인성과 명백히 구분하였으며, 두 본성을 서로 혼동하거나 혼합하는 것을 거부했다. 그러나 두 본성을 완전히 갈라놓으려는 의도는 없었다. 그는 두 명의 "아들"에 대해서 말하거나, "그리스도를 나누거나", 그리스도 안에 "다른 두 존재"를 보려고 하지 않았다. "하느님 말씀인 분과 그분께서 그 안에 태어나신 인간은 서로 다른 두 존재가 아니다."[13] 그러나 그는 어떻게 그리스도의 일치를 표현했을까, 보다 정확히 말해서, 어떻게 두 본성의 결합을 표현했을까?

테오토코스(Θεοτόκος)에 반대하여 행한 첫 번째 강론에서 네스토리우스는 다음과 같이 말하였다.

> "잉태한 이 때문에 나는 잉태된 이를 공경하고, 보이지 않는 분 때문에 나는 보이는 분을 흠숭한다. 보이지 않는 하느님은 보이는 분과 나눌 수 없다. 따라서 나도 나누어지지 않는 그분의 명예와 품위를 가르지 않는다... 우리는 본성들을 나누지만 흠숭은 일치시킨다. 우리는 그분께서 이중으로 계시고, 한 분으로써 그분을 흠숭한다고 고백하고자 한다. 그분은 본성들 안에 이중으로 계시지만, 일치에 의해(secundum unitatem) 한 분이시다."[14]

---

11) ACO I. V. 1, 38; Loofs, Ibid. 337이하.

12) ACO I. V. 1, 30; Loofs, Ibid. 252.

13) Loofs, Ibid. 224.

14) ACO, I, I, 1, 35. 37; Loofs, Ibid. 262. 276.

그는 이런 말도 한다.

> "우리는 그리스도를 육에 따라 하느님으로 부르는데, 그리스도께서 신적인 말씀과 이룬 결합 때문이다. 하지만 우리는 모습을 드러내는 것이 인간이라는 것을 알고 있다... 두 분을 선포하는 바오로 사도의 말을 들어보자. 그에 의하면 그리스도는 육으로는 유다인 출신이며, 하느님으로서 그분은 만물 위에 계신다.(로마 9,5) 바오로는 우선 인간을 고백하고, 그다음 우리에게 드러난 것을 하느님으로 말하는데 그것은 하느님과의 결합 때문이다. 이는 그리스도교가 한 인간을 흠숭한다고 믿지 않게 하기 위함이다. 그러므로 우리는 두 본성을 혼동하지 않으면서 두 본성의 결합(συνάφεια)을 간직하려 하며, 인간 안에 하느님을 고백하고 신적인 결합(θείᾳ συνάφεια) 때문에 전능하신 하느님과 함께 흠숭 받으시는 인간을 공경하고자 한다."[15]

이러한 본문들과 다른 많은 본문들을 읽어보면, 네스토리우스에게서 그리스도 안에 신성과 인성의 일치는 아주 피상적이라는 인상을 받지 않을 수 없다. 그것은 성전과 그 성전에 머무는 신성과의 일치이며, 의복과 그 의복을 입고 있는 인간과의 일치이며, 도구와 그 도구를 사용하는 사람과의 일치이다. 예수는 하느님으로 일컬어지는데, 그가 자신의 품위와 권위에 따라 말씀과 결합되었기 때문이다. 여전히 네스토리우스를 가장 잘 이해하는 비평가중 하나는 순수한 영혼학적 일치에 대해 말했다.[16]

15) 키릴루스, 『네스토리우스 반박』, II, 14: PG 76, 109; ACO I, I, 6, 52.

16) E. Amann, *DThG* XI, 151.

이제 네스토리우스가 아마도 지나친 열의에 의해 사로잡힌 모든 비약적인 표현들을 넘어서 그의 신학의 내적 영감을 밝혀내고 그 표현들을 본질적인 선으로 되돌리려 한다면, 그가 그리스도의 문제를 일치의 측면에서가 아니라 오히려 이원론의 측면에서 접근하고 본성들을 아주 강하게 구별한다는 것을 쉽게 보게 된다. 반대로 그는 본성(natura)과 위격(persona)을 명확하게 구별하지 못한다. 그래서 그가 마리아는 하느님의 어머니이고 하느님께서 고난을 겪으셨다고 듣는다면, 그는 그것을 마리아는 신성의 어머니이고 신적인 본성이 죽음과 고난을 겪는다고 이해하는 것이다. 그러나 그것은 그가 분명히 인정할 수 없는 것이었다. 이러한 혼동으로 또 다른 결과가 나오게 된다. 그가 그리스도 안에 두 본성에 대해서 말할 때, 그는 두 본성들을 두 개의 자립적인 주체로, 곧 두 개의 위격으로 이해하는 경향이 있다. 아폴리나리스의 그리스도론에서처럼, 안티오키아 그리스도론에서의 약점은 본성을 독립적인 전체로 간주하는 데에서 시작된다는 점이다. 두 개의 본성이 있기 때문에 두 개의 위격이 있다고 이해하는 것이다.

실제로 네스토리우스가 즐겨 사용하는 프로소폰(πρόσωπον=Persona)이라는 표현을 형이상학적 의미에서 자립적인 위격 혹은 히포스타시스라고 이해하기보다는 "인격성(personalitas)"으로 이해해야 한다. 오늘날 사람들이 심리학에서 말하는 인격성이나 윤리학에서 말하는 인격성을 말하는 것과 같다. 그러나 네스토리우스가 본성들을 인성과 신성으로 구별하고 그 두 본성들이 한 프로소폰으로 결합된다고 주장한다면, 두 본성들의 결합을 이루게 하는 이 프로소폰이 도대체 무엇인지를 묻는 것은 당연하다. 그리스도의 일치가 단지 두 개로 나누어져 존재하는 본성들의 결합의 끝이며 결과이어야 하는가? 한 영국 신학자는 네스토리우스 그리스도론의 약점, 혹은 더 좋게 말하면 근본적인 결함을 정확히 이렇게 묘사했다.

"네스토리우스는 그가 감탄할 만한 현실주의로 구별한 그리스도의 두 본성들을 다시 유일한, 명확히 이해된 인격으로 결합시킬 수 있는 사람이 아니다."[17)]

네스토리우스는 인성의 행동들과 고난, 달리 표현하면, "인간 예수"의 행동들과 고난이 하느님 말씀이신 분의 위격과 관련되어야 한다는 점을 간과했다. 이원론적인 그의 신학은 실제로 부득이 그리스도의 일치를 위태롭게 하는 결과를 초래했다. 우리가 이미 인용한 바 있는 아만(Amann)은 네스토리우스의 신학을 "불충분하고" "위험스럽다"고 비평하며, 그 다음 세기에 정해졌고 이미 키릴루스에 의해 기초가 세워졌으며 마침내 칼케돈 공의회에서 첫 번째 명확한 정식을 찾게 된 교회의 가르침과 그의 신학은 근본적으로 다르다고 생각한다. 그는 다음과 같이 부연 설명한다.

"특히 네스토리우스의 단편 글들을 읽을 때면, 줄타기를 한다는 인상을 아주 자주 받게 된다. 그러나 신학자들의 신앙뿐만 아니라, 평범한 사람의 신앙에 그와 같은 힘든 평형운동을 너무 자주 요구하는 것은 적절하지 않다."[18)]

일부 저자들이 그러하듯이, 네스토리우스가 실제로 네스토리우스주의자였다는 것을 부인하려 한다면, 그것은 명확히 증거를 보여주고 있는 본문에 반대된다는 것이다.

이러한 신학은 그리스도인들의 감각과 강하게 충돌하였다. 왜냐하면 그리스도인들은 그들에게는 너무 섬세한 구별들에 신경 쓰기보

---

17) G. L. Prestige, *Fathers and Heretics*, London, 1940, 143.

18) E. Amann, DThC XI, 154.

다는 오히려 마리아를 하느님의 어머니로 공경하기를 좋아했기 때문이다. 그들은 그리스도 안에 인간적인 것을 신적인 것과 분리하는 것을 용납할 수 없었다. 사도 토마스처럼 그들에게 예수는 아주 단순히 "나의 주님이요 나의 하느님"(요한 20,28)이었다. 더구나 이 신학은 우리 구원의 신비 전체를 위태롭게 하였다. 예수의 육신이 하느님의 육신이 아니라면, 그것은 우리에게 영원한 생명을 줄 수가 없는 것이다. 십자가에서의 죽음이 하느님의 죽음이 아니라면, 이 하느님은 우리를 죽음에서 구할 수가 없는 것이다. 이제 시작된 논쟁에서 뒤센느는 "형이상학적인 실천"[19]만을 너무 가볍게 살펴보았다. 그것은 전적으로 우리 구원에 관한 것이었다.

콘스탄티노폴리스와 로마와 이집트에서 네스토리우스와 관련한 동요

그리스도교 백성의 감각은 이 점에서 속지 않았다. 콘스탄티노폴리스에서 테오토코스(Θεοτόκος) 명칭에 반대하는 네스토리우스의 강론들이 불러일으킨 놀라움과 추문에 대해서는 이미 언급되었다. 곧바로 혼란과 동요가 일어났다. 신자들과 수도자들은 그들을 가차 없이 물리치는 총대주교를 반대했다. 돌발사건이 빈번하게 일어났다. 어느 날 하기아 소피아 성당 문에 비방문(contestatio)이 걸렸는데, 그 비방문에는 네스토리우스의 가르침이 사모사타의 파울루스의 명제와 동일시되었다. 총대주교는 그 비방문에서 공공연히 이단자로 비난받았으며, 그가 감히 "한 분은 성부로부터 모든 시대 이전에 낳음을 받은 외아들이며, 다른 한 분은 동정녀 마리아가 낳으신 분으로, 주 예수 그리스도는 한 분

19) L. Duchesne, *Histoire ancienne de l'Eglise III*, 324.

이며 같은 분이 아니다."라고 말하는 사람으로 파문에 처해졌다. 이미 소크라테스는 이러한 비교가 부당했다고 알아차렸지만, 수긍을 하며, 총대주교의 불행한 가르침이 사람들에게 준 인상을 잘 표현했다. 이 벽보의 저자는 평신도였다고 하며, 변호사로서(scholasticus), 나중에 도릴래움의 주교가 된 에우세비우스였다.

얼마 후, 네스토리우스가 다시금 자신이 좋아하는 주제에 대해서 강론하였을 때, 에우세비우스는 성당 한가운데에서 다음과 같은 말로 그의 말을 중단시켰다.

"영원하신 말씀은 육으로 한 여인에게서 태어나셨습니다."

참석자들 가운데 큰 소동이 일어났다. 어떤 사람들은 소리를 내면서 이 훼방꾼을 찬성하였으며, 어떤 사람들은 그에게 욕하였고, 총대주교는 날카로운 말로 그를 반박하며, 심지어 "참 신앙의 정의를 우리에게 준 거룩한 교부들을 공격"[20]하기까지 하였다.

그러나 네스토리우스는 테오토코스(Θεοτόκος)에 반대하는 자신의 과도한 열정을 조금도 진정시키려 하지 않았다. 또 어느 날 자신의 주교좌를 얻을 수 없어서 콘스탄티노폴리스에 상주해 있었던 시지쿠스의 프로클루스 주교가 총대주교가 있는 "대성당"안에서 강론을 하였다. 강론이 암시하는 바를 추론한다면, 그 날은 아마도 동정녀 마리아의 축일, 곧 주님 탄생 예고 축일(3월 25일)인 것 같다.[21] 요한 크리소스토

---

20) 키릴루스, 『네스토리우스 반박』, I,5: PG 76, 109; ACO I, I, 6, 52: 에바그리우스, 『교회사』, I, 9: PG 86, 2445.

21) 이 축일이 실제로 이미 6세기 이전에 거행되었다는 것을 전제로 한다. 그 밖에도 이 에피소드가 언제 일어났는지는 정확히 알 수 없다. 슈바르츠(E. Schwartz)는 430년 3월 25일로 추정한다(ACO I, I, 6, 7). 리챠드(M. Richard)는 431년으로 보고 있다(*Mélanges de Science Relig*. 2, 1945, 255-258). 이에 대한 반대 의

무스 총대주교가 또 다시 말을 하는 것이 아닌가하며 사람들이 착각할 정도로 웅변적인 말로. 프로클루스 주교는 육화의 신비를 상기시켜 주었으며, "하느님의 거룩한 어머니"인 마리아의 위대함을 찬양하였다. "하느님은 동정녀의 모태에서 사셨으며" "하느님은 한 여인에게서 태어나셨습니다."[22] 그러고나서 프로클루스는 다음과 같이 덧붙여 말했다. "그리스도는 점차로 하느님이 되신 것이 아닙니다. 오히려 우리는 그분께서 자비에 의하여 인간이 되셨음을 믿습니다. **우리는 신이 된 인간이 아니라, 육이 된 하느님을 선포합니다.**" 이보다 더 정확하게, 상반된 두 가지 신학을 서로 대립시킬 수 있는 것은 없었다. 당연히 이러한 발언들은 총대주교의 마음에 들지 않았다. 총대주교는 여느 때처럼 자신의 차례가 되어 말을 하면서, 망설임 없이 프로클루스에게 답변하였고, 자신의 청중들에게 하느님이신 말씀의 품위를 욕되게 할 수 있는 과장된 신심에 대해 경고하였다. 어느 누가 하느님께서 마리아에게서 태어나셨다고 말한다면, 그는 이교도의 중상모략과 아리우스의 오류에 빌미를 주는 것이라는 것이다.

> "저는 태어나시고 죽으셨으며 묻히신 하느님을 흠숭할 수 없습니다."[23]

나지안주스의 그레고리우스 혹은 요한 크리소스토무스 시대 때 콘스탄티노폴리스에서 일어난 일을 기억한다면, 쉽게 흥분하는 이 도시에서, 그들의 총대주교를 찬성하고 반대하는 요란스런 입장표명을 할 준비가 늘 되어 있었던 성직자들과 수도자들과 신심 깊은 여성들과

견은 다음을 참조하라. G. Jouassard, *Maria I*, Paris, 1949, 133, 각주 49.

22) PG 65, 680; ACO I, I, 6, 103.

23) ACO I, V, 1, 37; Loofs, *Nestoriana*, 337이하.

평신도들 계층에서 싸움이 어느 정도까지 번질 수 있었는지 추측할 수 있을 것이다. 나중에 이 수도에 왔지만 곧 그 수가 아주 많아진 수도자들이 특히 그러했다. 은거 생활을 하는 것이 수도자들에게는 적합해 보이지만 많은 수의 수도자들이 거리와 광장에 자주 모습을 드러냈으며 그들의 신학적 교육 수준은 보여주려고 내세우는 고행과 떠들썩한 열정과 항상 일치하지는 않았다.

그러나 흥분의 상태는 콘스탄티노폴리스에만 국한되지 않았다. 네스토리우스는 422년 9월 10일부터 로마주교가 된 첼레스티노와 연락하고 있었고, 펠라기우스파인 율리아누스 주교와 첼레스티우스 문제로 그와 서신 왕래를 하고 있었다. 이제 네스토리우스는 테오토코스(Θεοτόκος)에 관해 일어난 논쟁에 대하여 교황에게 알렸으며, 아리우스와 아폴리나리스의 타락과 유사한 새로운 오류를 비난하였고, 크리스토토코스(Χριστοτόκος)에 관한 자신의 고유한 가르침을 아주 명백하게 설명해 주었다.[24] 후에 도릴래움의 주교가 된 에우세비우스도 네스토리우스의 네 개의 강론을 로마로 보냈으나, 성당 문에 붙인 자신의 비방문에 게시했던 문장들은 빼놓았다. 나중에 교황이 된 부제 레오는 이 강론 원문들과 네스토리우스의 서한을 자신의 친구인 빅토르 수도회 요한 카시아누스에게 보내어 심사하고 논박하도록 하였다. 마르세이유의 성 빅토르 수도회 원장이었던 요한 카시아누스는 그리스어에 능통하였고, 요한 크리소스토무스 시대 때 콘스탄티노폴리스에 살았었기 때문에 이 작업을 완벽하게 수행할 수 있는 자격이 있는 사람이었다.[25]

일반적인 교회사의 관점에서 보면, 콘스탄티노폴리스와 로마 사이에, 네스토리우스와 첼레스티노 사이에 서한 왕래에 주의를 기울일

24) ACO I, II, 3, 12-14.

25) 참조: 카시아누스, 『육화론』, 서론: PL 50, 9.

필요가 있다. 두 수도와, 총대주교와 교황 사이의 관계는 오랫동안 지속되어 왔고 잦았으며 밀접했다. 그러나 네스토리우스의 서한에 대한 교황 첼레스티노의 답신이 사람들을 많이 기다리게 했다는 것은 주목할 만하며 동시에 대단한 의미를 지니고 있다. 교황 첼레스티누스의 답신은 먼저 라틴어로 번역되어야 했을 것이다. 따라서 네스토리우스는 답신의 지체에 대해 격한 어조로 불평을 한 것이다.[26] 상대의 언어에 대한 무지는 나중에 동방교회와 서방교회를 갈라놓는 불일치의 많은 이유 중의 하나가 되었다.

마지막으로 지켜보아야 할 것은 교황 첼레스티노는 키릴루스가 개입하기 전에 먼저 네스토리우스를 통해서 이러한 과정들을 알게 되었다는 것이다.[27] 그러므로 네스토리우스에 대한 적대감을 처음으로 드러낸 것은 키릴루스가 아니었다.

그 논쟁이 일으킨 소용돌이는 이집트에까지 느껴질 정도였다. 알렉산드리아와 콘스탄티노폴리스 사이의 관계는 마찬가지로 잦았지만 항상 좋은 것은 아니었다. 테오필루스의 조카이며 그의 후계자인 알렉산드리아의 총대주교 키릴루스(재위 412-444년)는 자신의 명성이 381년 콘스탄티노폴리스 공의회가 명예 수위권을 부여한 "새로운 로마", 곧 콘스탄티노폴리스의 명성보다 점점 더 줄어드는 것을 보아야 했다. 따라서 이제 알렉산드리아가 수도의 교회적인 사안들에 대해 간섭하려는 시도를 했다는 것은 이해할 만하다. 이미 알렉산드리아의 페트루스의 경우가 그러했던 것처럼, 키릴루스는 나지안주스의 그레고리우스에 반대하여 찬탈자 막시무스 주교를 지원한 적이 있다. 마찬가지로 테오필루스가 요한 크리소스토무스를 폐위시킬 때 한 역할을 상기할

26) 첼레스티노, 『서한』, 7. 13,2: PL 50, 442. 471; ACO I, II, 3, 7. 14.

27) 참조: J. Jouassard, "Sur les décisions des conciles géneéraux des IVe et Ve siècles dans leurs rapport avec la primauteé romaine", *Istina* 30, 1957, 485-496, 여기서는 492 각주 13.

필요가 있다("참나무 교회회의", 403년)[28]. 키릴루스에게는 수도 콘스탄티노폴리스에서 일어난 모든 일에 대해 황궁에서 그에게 소식을 전해 주는 사신(apokrisiaires)들이 있었다. 그들을 통해서 네스토리우스의 강론이 불러일으킨 소동이 이집트에까지 번져 나간 것이다. 주교들은 불안해했고, 사막에 있는 수도자들조차 혼란에 빠졌다.

428년 말경 키릴루스 주교는, 매년 그러했던 것처럼, 429년에 있을 사순시기와 부활축일 날짜를 정하기 위해 이집트 주교들에게 서한을 보냈다. 키릴루스는 수도자들에게도 서한을 보냈으며, 네스토리우스에 대해서는 일언반구 없이, 이 기회에 육화와 테오토코스(Θεοτόκος)에 대한 자신의 가르침을 아주 확고하게 설명하였다.[29] 몇 달이 지난 후, 429년 여름이 끝나갈 무렵, 키릴루스는 네스토리우스에게 직접 서한을 보내, 이집트에까지 그리고 심지어 로마에까지 다다른, 그의 가르침에 대한 악표양의 소문들에 대해 알려달라고 하면서 그의 입장표명을 요청하였다.[30] 그러나 키릴루스는 네스토리우스로부터 그리스도인의 절제를 권고하는 다소 거만한 답신만을 받았다.[31] 그래서 둘 사이의 결투가 시작되었다.

키릴루스, 알렉산드리아의 총대주교

키릴루스 총대주교의 적수들 중의 한 사람은 우리에게 이미 알려진, 바로 네스토리우스 총대주교였다. 키릴루스에 대해서 말하는 것

---

28) 역주. 전부 참나무로 지어진 황궁에서 교회회의가 열렸기 때문에 붙여진 이름.

29) 키릴루스, 『수도자들에게 보낸 서한 1』: PG 77, 9–40; ACO I, I, 1, 10–23; 『부활절 강해』, 17: PG 77, 768–789.

30) 키릴루스, 『서한』, 3: PG 77, 40–44; ACO Ibid. 23–25.

31) 키릴루스, 『서한』, 3: PG 77, 44; ACO Ibid. 25.

은 어려운 일일지 모른다. 피해자의 편을 들고 그의 명예를 회복시키려는 유혹을 받는 사람은 키릴루스를 가차 없이 평가하려는 경향이 있다. 왜냐하면 키릴루스가 그들에게는 박해자처럼 보인다고 믿기 때문이다. “네스토리우스의 비극”[32]이라고 부르는 것에서 키릴루스는 좋은 역할을 맡지 못했다. 이미 네스토리우스는 자신을 반대하는 알렉산드리아 총대주교의 음모에 대해 격렬하게 불평하였다. 그러나 키릴루스의 성격 중에 어떤 것은 네스토리우스와 당대의 그의 추종자들과 현대의 추종자들에게 어느 정도 옳다고 인정받은 것같이 보여 진다는 것을 받아들여야 한다. 때때로 키릴루스에게 “절제”가 부족했다는 것은 부인할 수 없으며, 그것은 키릴루스의 적이 그에게 충고하는 바였다. 콘스탄티노폴리스의 사안에 대한 그의 독단적인 간섭, 에페소 공의회에서 증명해 준 그의 조급함과 성급함은 우리를 놀라게 할 수 있으며, 그의 많은 음모들은 우리에게 심지어 악한 표양이 될 수도 있다. 기꺼이 우리는 옛 사람인 틸레몽의 판단을 반복하고자 한다. “키릴루스는 거룩한 사람이지만, 그의 모든 행동들이 마찬가지로 거룩하다고는 말할 수 없다.”[33]

그러나 한 가지는 확실한 것처럼 보인다. 그의 성격의 결함이 무엇이었든, 진리에 대한 걱정과 믿음을 향한 열망만이 성 키릴루스를 움직였다는 것이다. 텍스트 안의 어느 것도 그가 권력욕이 강한 사람이었다는 비난을 정당화하지 않으며, 콘스탄티노폴리스에 대한 주도권을 알렉산드리아가 가지도록 하고, 그의 적들을 제압하고 말살하려

---

32) 이것은 네스토리우스를 위한 변호서의 제목이다. 그의 친구인 백작 이레네우스가 편찬하였다. 뒤센느(L. Duchesne)가 이 제목을 넘겨받았다.(*Histoie ancienne de l'Eglise III*, Kap. 10). 비가톨릭 역사가들은 네스토리우스에 대해 지극히 관대하다. 그에 반해 키릴루스, 곧 그의 신학과 그의 성격에 대해서는 일반적으로 아주 엄격하다.

33) L. S. Le Nain de Tillemont, *Mémoires pour servir à l'Histoire Ecclésiastique XIV*, Paris, 1709, 541.

는 의도는 어디에도 보이지 않는다. 물론 키릴루스는 에페소 공의회에서 너무 많은 조급함을 보여주었지만, 나중에는 인내와 강단을 보여주었으며, 신앙 때문에 투옥되었다.

확실히 키릴루스 주교는 네스토리우스에게 엄격했다. 그러나 우리가 재고해야 할 433년의 협상들에서, 키릴루스는 반응을 할 때 절제함을 보여줄 줄 알았고, 평화 때문에 그에게 소중한, 하지만 논란이 될 여지가 있는 정식들을 포기할 줄 알았다. 그는 에페소 공의회에서 그의 주적이었던 네스토리우스와 화해하기 위해 자신을 반대하는 다른 이들을 받아들였다. 그가 평화 조약 체결에 기뻐할 수 있었다는 것은 전적으로 진실이다.

요컨대 키릴루스는 설교가이며 사목자로서, 그리고 성경주석가이며 신학자로서 네스토리우스를 훨씬 능가하는 사람이었다.

사람이 되신 말씀에 관한 신학

성 키릴루스의 신학이 표현한 단어는 네스토리우스의 단어와 달랐을 뿐만 아니라, 이렇게 이야기해도 좋다면, 그들의 정신적인 분위기와 그들이 숨 쉬는 환경도 아주 달랐다. 키릴루스는 처음부터 본성들의 이원성에서 시작하지 않았고, 영원으로부터 존재하시고 때가 되어 사람이 되신 말씀의 유일한 위격(persona)에서부터 시작했다. 그 출발점은 요한복음 제1장이었다.

> "말씀이 사람[육]이 되시었다."(요한 1,14)

키릴루스가 여하한 아폴리나리스주의를 강력히 거부한다는 것을 잘 이해하도록 하자. 키릴루스에게는 이 "육"이 온전한, 이성을 지닌 영혼을 부여받은 인성이기 때문이다.

> "신성과 관련해서 성부 하느님의 말씀이 완전하신 것과 마찬가지로, 인성과 관련해서 성부 하느님의 말씀은 완전하시다. 하느님이신 말씀은 영혼이 없는 육이 아니라, 오히려 이성을 지닌 영혼에 의해 생명력을 받은 육을 받아들이셨다."[34]

이 육화로 말씀 안에서 변화나 변형이 뒤따른다는 것은 아니며, 말씀은 변함이 없이 고난을 겪지 않은 채 그대로 남아 있다. 육화는 한 본성이 다른 본성으로 변화된다는 것을 의미하지 않는다. 인성은 신성에 흡수되지 않고, 오히려 혼합과 혼동을 내포하지 않는 이 결합 후에도 그대로 유지된다.[35] 키릴루스는 본성들을 혼합시키는 것을 항상 거부하였다. 그는 사실 단성론자가 아니다.

그렇게 "형언할 수 없고 표현할 수 없는"[36] 이 결합을 어떻게 설명해야 할까? 신비에 대해서는 네스토리우스보다 확실히 더 많은 감각을 가진 키릴루스에게 자주 떠오른 말은 이 말이다. 키릴루스는 또한 전승에 대한 감각이 있었고, 그에게는 확고부동한 사실인 그리스도의 일치 교리를 선사해 준 니케아 공의회에 근거를 두었다. 태어나고 고난을 겪은 인간이 되신 분은 **하느님의 말씀**이다.

그러므로 키릴루스는 그에게 어떻게든지 그리스도의 일치를 위태롭게 만드는 것처럼 보이는 모든 설명들을 거부하였다. 그는 단순한 내재(內在, ἐνοικησις, inhabitatio), 결합(συναφεία, coniunctio)이나 연결[37], 혹은

---

34) 키릴루스, 『De recta fide ad reginas』, 13: PG 76, 1221; ACO I, I, 5, 70.

35) 키릴루스, 『서한』, 46, 2: PG 77, 241; ACO I, I, 6, 159이하.

36) 키릴루스, 『서한』, 4: PG 77, 45; ACO I, I, 1, 26; 『서한』, 46: PG 77, 241; ACO I, I, 6, 160.

37) 키릴루스, 『서한』, 17: PG 77, 112; ACO Ibid. 36.

"인간을 취하심"에 대해서 말하려고 하지 않았다.

> "말씀이 육이 되었고, 그 말씀은 네스토리우스가 의미하는 바와 같이 한 인간을 취한 것이 아니다."[38)]

아마도 여기서 우리는 두 그리스도론 사이의 차이점과 상반된 입장을 가장 잘 볼 수 있을 것이다. 테오도레투스는 나중에 그것에 대해 다음과 같이 기술하였다.

> "하느님의 말씀이 육이 되신 것이 아니라, 육을 취하셨으며 우리 가운데 사셨습니다."[39)]

키릴루스는 안티오키아에서 통용되던 이 표현들이 그리스도의 인성에 하나의 고유한 자립존재(subsistantia)를 인정하여, 마치 그 존재가 말씀의 고유한 위격과 따로 떨어져서 존재하는 것처럼 이해했다.

그것과는 반대로 키릴루스에게는 두 본성의 결합이 "위격에 따라"(καθ' ὑπόστασιν) 혹은 "본성에 따라"(καθ' φύσιν) 이루어진다. 그것은 바로 본성적인 결합이다. 이러한 표현들은 오늘날에도 완전히 가라앉지 않은 수많은 논쟁의 출발점이며, 심지어 아직도 없애지 못한 이교의 원인이다. 우리는 키릴루스가 이해한 의미 안에서, 그리고 당시 논쟁을 이해하는데 필요한 정도에서 이 정식들을 이해하자.

---

38) 키릴루스, 『서한』, 48: PG 77,236; ACO Ibid. 155.

39) 참조: 키릴루스, 『테오도레투스 반박 열두 파문문 변론』, I: PG 76, 392: ACO I, I, 6, 109.

본성과 위격

이 말들은 오래 전부터 신학의 소재가 되었다. 삼위일체의 신비와 관련해서, 세 명의 위대한 카파도키아 신학자들의 노력으로 **본질(οὐσία)**과 **위격(ὑπόστασις)**이 명확하게 구별되었다. **하나의 본질과 세 위격(μία οὐσία, τρεῖς ὑποστάσει)**. 그때부터 이것은 한 분이시며 삼위로 계시는 하느님의 신비를 표현한 고전적인 정식이었다. 아타나시우스는 362년에 이미 이 정식을 인정하였으며, 키릴루스는 이 정식을 늘 사용하였다. 그러나 이상하게도 삼위일체에 관해 논할 때 널리 통용된 이러한 정확한 구별을 그리스도의 신비에 적용할 생각을 한 사람은 하나도 없었다. 그리스도도 한 분이시며 동시에 두 분이시기 때문이다. 지금 우리가 하는 것처럼, 하나의 히포스타시스 혹은 하나의 위격과, 두 본성이라고 그 정식을 바꿔 말하기에 충분했을 것이다. 그러나 정반대였다. 사람들은 여기에서 일반적으로 본성이라는 뜻을 가진 **피시스(φύσις)**라는 개념을 사용했으며, **피시스(φύσις)**와 **히포스타시스(ὑπόστασις)를 동등한 것**으로 간주하였다. 키릴루스와 같은 알렉산드리아인들에게 이 두 개념은 구체적이며, 스스로 존재하는, 곧 자존하는 개별적 존재(individuum)이며, 자립하며 존재하는 **위격(persona)**을 뜻했다. 키릴루스에게는 육이 된 말씀 안에는 하나의 히포스타시스(ὑπόστασις)만이 있으며 그러므로 하나의 퓌지스(φύσις)만이 있고, 그것이 **"육이 된 하느님 말씀의 한 *φύσις*"**(μία φύσις τοῦ Θεοῦ λόγου σεσαρκῶμένη)인 것이다. 안티오키아인들도 *φύσις*와 *ὑπόστασις*를 구분하지 않았다. 하지만 그들은 이 말들을 구체적이며, 존재하는 **실체(substantia)**의 의미와 동일시하였다. 그리스도 안에는 두 *φύσις*가 있고, 그러므로 두 *ὑπόστασις*가 있는데, 하나의 위격(προσώπον) 안에 있다는 것이다. 전문용어의 모호함과 형이상학의 불충분함이 논쟁 전체의 기반이 되었다.

이러한 관점에서 키릴루스의 신학과 정식들을 이해할 수 있을 것이다. 사람이 되신 말씀이신 예수 안에 한 분의 그리스도, 한 분의 주님, 한 분의 자존체, 하나의 위격만이 있으며, 곧 그 말씀은 사람이 되기 전과 후에도 변함이 없다. 마리아의 아들, 예수 그리스도는 하느님의 말씀이신 아드님과 똑같은 하나의 히포스타시스이다(ὑπόστασις). 반대로, 예수의 인성은 그자체로 존재한다는 것이 아니라, 말씀 안에서만, 말씀을 통해서만 존재한다. 마리아의 모태에서 예수의 인성은 그 말씀의 히포스타시스(ὑπόστασις) 혹은 *φύσις*와 결합되었다. 인간이 서로 독립적으로 존재하지 않고 하나의 인간만을 형성하는 두 개의 다른 실재로 구성되어 있는 것과 마찬가지로, 그리스도 안에는 단 하나의 *φύσις* 내지 위격(ὑπόστασις)이 있으며, 곧 육이 된 말씀의 위격이다. 예수 안에는 단 하나의 *φύσις*만이 있으며, 그것이 육이 된 하느님 말씀의 한 *φύσις*"(μία φύσις τοῦ Θεοῦ λόγου σεσαρκωμένη)인 것이다.

키릴루스는 그의 의견에 따르면 아타나시우스로 소급되는 이 말들을 반복해서 사용한다. 실재로 이 말들은 이미 언급하였지만, 아폴리나리스로부터 유래한다. 그러나 이 정식을 성급히 "단성론적"이라고 주장해서는 안 된다. 또한 이 정식을 키릴루스를 옹호하는 일부 사람들처럼 과소평가해서도 안 되며, "실재적인" 결합의 의미에서 "본성적인" 결합처럼 축소시켜서도 안 된다. 이 정식은, 우리가 바로 전에 여기서 설명하려고 했던 바와 같이, 키릴루스가 이해한 바대로 이해해야 한다. 참으로 실재적인 그리스도의 인성은 말씀의 유일한 히포스타시스(ὑπόστασις)이나 *φύσις*안에서만 존재하며 실재한다. 그리스도의 인성은 말씀의 인성이다. 이 신학은 이미 위격적 결합에 대한 신학으로 향하여 있다. 그러나 그 정식들은 오해를 불러일으킬 계기를 줄 수 있었다는 것을 인정해야 한다.

육이 된 말씀의 이 *φύσις*는 그리스도의 인성을 지지하고 행동하게 한다. 그러므로 예수의 모든 인간적인 행동들은 육이 된 말씀의 위격과 연관이 있어야 한다.[40] 키릴루스는 "**말씀**은 그 육으로 고난을 겪었다."고 말하였지, "그리스도의 육이 고난을 겪었다."고 말한 적이 없다.[41] 그는 복음의 이야기에서 신적인 말씀과 관련된 것과 인간과 관련된 것을 구분하는 것을 거부한다.[42] 그래서 그것은 수많은 혼란의 원인이 될 수 있었으며, 7세기에야 비로소 완전히 제거될 수 있었다.

그러나 이제 예수의 "육"이 말씀의 육이라면, 그 육은 신적이며 생명을 주는 것이고 신격화되는 것이다. 육화 신학은 성체성사 신학과 밀접히 연결되어 있다.[43] 무엇보다도, 예수가 위격에 따라 하느님의 말씀과 같은 똑같은 분이라면, 결국 예수의 어머니 마리아는 또한 말씀의 어머니이며 하느님의 어머니, 곧 **테오토코스**(Θεοτόκος)이다.[44] 논쟁의 시작부터 키릴루스는 이 테오토코스의 옹호자였고, 그가 마리아의 하느님 모친성에 대한 불굴의 수호자(assertor invictus)였다는 전승은 틀린 것은 아니다.[45]

무엇보다도 전문용어의 모호함에서 자라난 결점이 있었더라도, 키릴루스 신학의 형이상학적 가치와 그 신학에 숨을 불어넣어 주고 영을 불어넣어 준 위대한 종교적 영감에 찬사를 보내야 한다. 사람이 되

---

40) 키릴루스, 『서한』, 17: PG 77, 115B; 파문문 4; Ibid. 120 CD; ACO I, I, 1, 38. 41; DH 255.

41) 키릴루스, 『서한』, 4: PG 77, 45-48; ACO Ibid. 26-28; DH 251b; 참조: 『서한』, 17: PG 77, 113; 파문문 12: Ibid. 121D; ACO Ibid. 37; DH 263.

42) 키릴루스, 『서한』, 17: PG 77, 116; 파문문 4; Ibid. 120; ACO Ibid. 38; DH 255.

43) 키릴루스, 『서한』, 17: PG 77, 113: 파문문 11: Ibid. 121; ACO Ibid. 37; DH 262.

44) 키릴루스, 『서한』, 1(이집트 수도자들에게 보낸 서한): PG 77, 13-16; ACO Ibid. 11이하. 『부활절 강해』, 17: PG 77, 775. 『서한』, 17: PG 77, 119이하: ACO Ibid. 40; DH 252.

45) 키릴루스, 『여러 강해』, 17: PG 77, 1093; 참조: G. Jouassard, *Maria I*, 132, 각주 47.

신 말씀의 일치를 심각하게 손상시킬 위험이 있었던 안티오키아 신학 이상으로, 키릴루스의 신학은 우리 구원의 신비에 대한 감각과 마찬가지로, 그리스도의 신비에 대한 감각과 그에 대한 존경심을 보존하였다. 실제로 키릴루스의 신학에 대한 교정은 아니더라도 적어도 균형을 잡아 준 칼케돈 공의회의 결정에 따라, 키릴루스의 신학은 교회의 공식 신학이 되었다.

키릴루스와 네스토리우스와 교황 첼레스티노

그러므로 키릴루스 주교는 이집트에서 정신들을 혼란시키는 소식들과 마찬가지로 콘스탄티노폴리스로부터 받은 소식들에 불안해하였다. 따라서 그는 네스토리우스 주교에게 그의 가르침에 대한 입장표명을 요구하는 책임을 맡았다. 우리가 살펴보았듯이, 네스토리우스 주교는 그에 거절하는 답장을 보냈다. 이 사안이 거기에서 멈출 수 없었음은 분명하다.

이듬해 초에(430년 1월 혹은 2월), 키릴루스 주교는 다시금 네스토리우스 주교에게 서한을 보냈다.[46] 키릴루스 주교는 자신에 관해 콘스탄티노폴리스에 떠도는 소문들을 일소한 후에, 육화와 **테오토코스**(Θεοτόκος)에 대한 가톨릭 가르침을 상세히 설명해 주었다. 이 서한은 가장 중요한 교의적 문서로 나중에 에페소 공의회에서 구속력 있는 것으로 선언되었다. 네스토리우스 주교는 몇 달 후에야 비로소 답장을 보냈다.[47] 그의 서한은 그의 신학을 상당히 절제 있게 설명한 것이었으며, 그가 공개적으로 주장한 것보다는 그가 생략하거나 부인한 것을

46) PG 77, 44-49; ACO I, I, 1, 25-28.
47) PG 77, 49-57; ACO Ibid. 29-32.

통해 더 중요해졌다. 그 서한은 두 본성 사이의 구별을 주장하고, 그 본성들이 하나의 위격(prosopon)으로 결합되었다고 주장한다. 그 위격은 일치의 원리로서 두 본성들의 결합의 결과인 듯 보여진다. 따라서 네스토리우스 주교는 이제 키릴루스를 논박하면서, 신적인 본성 자체가 고난을 겪을 수 있으며 변할 수 있고, 태어났으며 죽었다고 키릴루스가 말하려고 한 점에서 그에게 아폴리나리스주의의 혐의를 돌렸다. 그러므로 마리아를 **테오토코스**(Θεοτόκος)로 불러서는 안 되고, **크리스토토코스**(Χριστοτόκος)라고 불러야 한다는 것이다.

그사이에 키릴루스 주교는 열렬한 활동을 전개해 나갔다. 그는 그의 적을 상대할 지지자들을 찾기 위해 도처에 서한을 보냈다. 그는 동방 주교 중의 원로인 베로아의 아카키우스 주교에게 서한을 보냈는데, 당시 아카키우스 주교는 거의 110살이었다.[48] 그 외에도 예루살렘의 유베날 주교[49]와 게다가 황제와 황후 에우도키아와 테오도시우스 황제의 누이인 풀케리아, 마지막으로 아르카디아 공주와 마리나 공주에게도 보냈다. 똑같은 내용을 담고 있는 이 서한은 육화에 대한 순수한 소논문이었다. 그의 명제를 뒷받침하기 위해 키릴루스 주교는 교부들에게서 자료를 모았고, 네스토리우스의 강론에서도 발췌하였다. 그는 "네스토리우스의 신성모독에 관하여"[50]라는 다섯 권의 책을 저술하였다. 그리고 무엇보다도 그는 430년 여름에 로마 주교, 곧 교황 첼레스티노에게 서한을 보냈다. 그는 사안 전체를 아주 상세히 교황에게 제출하였다(주지하는 바와 같이, 교황은 이미 그 이전에 네스토리우스로부터 그 일에 대해 알게 되었다). 게다가 키릴루스 주교는 그에게 자신이 모은 교부들의 자료와 네스토리우스 가르침에 대한 설명문(commonitorium)도 보냈다.[51]

---

48) 키릴루스, 『서한』, 14: PG 77, 97; ACO Ibid. 98.

49) 키릴루스, 『서한』, 16: PG 77, 104이하; ACO Ibid. 96-98.

50) PG 76, 9-248; ACO I, I, 6, 18-106.

이 서한을 받은 첼레스티노 교황은, 그와 같은 상황에서 통상적으로 행해진 관습과 같이, 430년 8월 로마에서 교회회의를 소집하였다. 이 로마 교회회의는 당시 사도좌의 권위를 드러내는 기관이며 표현이었다.[52] 이 교회회의는 네스토리우스를 단죄하였고, 파문의 위협 아래 그에게 10일 이내에 철회할 것을 요구하였다. 첼레스티노 교황은 이 사실에 대하여 키릴루스 주교와 네스토리우스 주교, 콘스탄티노폴리스의 성직자들과 백성들, 그리고 여러 동방의 주교들에게 알렸다(430년 8월 11일). 콘스탄티노폴리스의 성직자들에게 보내는 서한에서 교황은 다음과 같이 네스토리우스의 가르침을 요약하였다. "그는 우리 주 그리스도 안에서 신성과 인성을 나누고, 어떤 때는 그리스도를 오로지 인간으로 만들고, 어떤 때는, 그가 적합하다고 생각하면, 그리스도에게 하느님과의 결합(societas)을 인정한다." 네스토리우스에게 보낸 서한의 어조는 특별히 근엄했다. 교황은 콘스탄티노폴리스 주교가 하느님이신 말씀과 관련하여 보편적인 신앙이 고백한 것과 다른 것을 가르치려 한다고 질책하였으며, 다음과 같은 말로 서한을 끝맺었다.

> "그대는 이것이 우리의 판결임을 명백히 아셔야 합니다. 그리스도에 관하여 로마교회와 알렉산드리아 교회, 그리고 전체 가톨릭교회가 주장하는 것을 마찬가지로 지극히 거룩한 콘스탄티노폴리스 교회가 그대 앞에서 주장하는 바, 그대가 그것을 설교하지 않는다면, 그리고 그대가 우리 회의에 대해서 알게 된 이후 10일 이내에 공개적으로 그리고 서면으로, 존엄한 성경이 결합하는 것을 분리시키려는, 허위적인 새로운 것을 단죄하지

51) 키릴루스, 『서한』, 11: PG 77, 80-89; ACO I, I, 5, 10-12.

52) 참조: H. Marot, "Les conciles romains des IVe et Ve siècles et le développement de la primauté", *Istina* 30, 1957, 435-462.

않는다면, 그대는 전체 가톨릭교회의 친교에서 배제될 것임을 알아야 합니다."

첼레스티노 교황은 자신의 이름과 사도좌의 권위로 이 판결을 실행하는 임무를 키릴루스 주교에게 맡겼다.

11월에야 비로소 키릴루스 주교는 교회회의를 알렉산드리아로 소집하였다. 이는 이미 로마에서 이루어진 네스토리우스에 대한 단죄를 갱신하기 위해서였다. 키릴루스 주교는 네스토리우스 주교에게 세 번째 서한을 보냈다.[53] 그는 네스토리우스에게 로마의 결정에 대하여 상기시킨 후, 육화에 대한 참 신앙에 대해서 상세히 설명하였으며, 그가 얼마 전에 회람으로 돌린 '12개의 파문문'(希 Κεφαλαια, 羅 capitula, 獨 Anathematismen)에 그 신앙을 요약하였다. 이제 네스토리우스는 이것에 동의해야 한다는 것이다. 여기에서 키릴루스 주교는 단지 철회에 대해서만 이야기한 교황의 훈령들을 넘어선 것으로 보인다. 그가 네스토리우스 주교에게 알렉산드리아 신학의 정식들을, 곧 "위격에 따른 결합" "본성적인 결합"이라는 정식들을 강요하려고 한 것은 경솔한 짓이었다. 당연히 그것은 안티오키아 경향의 추종자들에게서 격렬한 반대에 부딪혔다. 네스토리우스 주교는 즉시 그의 친구들인 안티오키아의 요한 주교, 키루스의 테오도레투스 주교, 사모사타의 안드레아스 주교에게 이 본문을 전해 주었다. 그가 이제 키릴루스를 아폴리나리스주의에 빠진 사람으로 고소하는 것은 더 이상 어려운 일이 아니었다. 네스토리우스 주교는 12월 12일과 13일의 강론에서 그렇게 행하였다. 그러나 이미 테오도시우스 황제가 공의회를 소집하려는 의향을 밝힌 터였다.[54]

---

53) PG 77, 105-112; ACO I, I, 1, 33-42.

54) 키릴루스에게 보낸 이 서한에는 아주 근엄한 어조가 담겨져 있다. 참조: ACO I,

테오도시우스 2세 황제는 보잘것없는 아르카디우스 황제[55]의 아들로 408년부터 황제였다. 그는 그의 조부인 대 테오도시우스 황제의 성격을 닮지 않았다. 역사가들은 그가 신심이 깊고 신앙에 열성적이며 교육을 잘 받은 사람이었다는 것에는 같은 의견이다. 그렇게 그는 콘스탄티노폴리스에 고등 교육기관을 세우려고 노력했으며(425년), 자신의 이름을 단 법전을 편찬하게 하였다. 그러나 역사가들은 그가 무능했고 의지가 약했으며 결정력이 없는 정치가였다고 표현한다. 그가 일곱 살에 황제가 되었기 때문에, 그는 자신의 누이인 풀케리아의 영향을 받았으며, 그녀는 414년부터 416년까지 섭정을 행하였다. 그다음에 테오도시우스 2세 황제는 421년에 결혼한 자신의 부인인 에우도키아의 영향을 받았다. 이후 이 부부 사이는 틀어졌으며, 부정으로 고발당한 에우도키아는 예루살렘으로 되돌아갔다. 당시에 환관 크리사피우스는 허약한 황제 옆에서 이미 막강한 권력을 행사하였다. 그는 나중에 이 역사에 다시 나오게 될 것이다. 이 황궁에서의 음모들과 여인들의 적대관계 가운데에서 이제 신학적 논쟁들이 전개되어야 했다.

외교정책에서 황제는 심각한 어려움을 가지고 있었다. 페르시아인들이 국경을 위협해 왔다. 421년과 422년 사이에 벌어진 전쟁의 승리로 조약이 체결되었으며, 100년 동안 제국의 가장자리인 이 국경 지역에 평화가 보장될 수 있었다. 그러고나서 훈족들이 도나우 강에 침입해 쳐들어 왔다. 441년 그들은 비잔틴 군사들에 의해 억류되었다가

I, 1, 73. 공의회 소집에 대한 다른 암시는 네스토리우스가 교황 첼레스티노에게 보낸 서한에 있다(ACO I, V, 182). 이 서한은 F. 루프스에 의하면 430년 여름에 발송된 것이다. 네스토리우스는 이 서한에서 "테오토코스"를 받아들일 준비가 되어있다고 밝힌다.

55) "아르카디우스 황제는 408년 5월 1일, 일찍이 실제로 살았던 사람이 아닌 것처럼 사망하였다." G. Bardy, in: Fliche-Martin, *Histoire de l'Église*, IV, 150. L. 뒤센느는 아르카디우스 황제와 그의 동생 호노리우스와 관련하여 "규방의 생기 없는 꽃들"에 대하여 이야기한다(*Histoire ancienne III*, 1).

돈을 지불하고서 풀려났으며, 그로 인해 콘스탄티노폴리스는 그들을 국경에서 물리칠 수 있었다. 그렇게 동방은 서방이 부러워할 수 있는 평화를 누렸다.

에페소 공의회

위 그림은 프랑스 리옹의 노트르담 드 푸르비에르(Notre Dame de Fourvière) 대성당 안에 있으며, 그림 중간에 성자 예수 그리스도를 안고 계시는 성모 마리아와 바로 오른편에 알렉산드리아의 키릴루스 주교가 있다.

※ 역주. https://es.wikipedia.org/wiki/Concilio_de_Éfeso#/media/Archivo:Christian_council_of_Ephèsus_in_431.jpg.

제3장
에페소 공의회

공의회 소집

테오도시우스 2세 황제는 430년 11월 19일자 서한으로 현재의 어려움들을 없앰으로써 교회 안에 안정과 평화를 확고하기 위해 모든 주교들이 모이는 공의회를 소집한다는 자신의 결정을 키릴루스 주교에게 알렸다. 황제는 이미 모든 수도대주교들에게 서한을 보냈으며 그해 오순절에(431년 6월 7일) 에페소로 이들을 소집했다. 이들 수도대주교들은 그들의 부주교들을 대동해서 출석해야 했다.

> "이 일은 본인에게 아주 소중한 일이기 때문에, 본인은 허가 없이 불참하는 사람을 용납하지 않습니다. 참석하지 않는 사람은 하느님 앞에서 그리고 본인 앞에서도 변명의 여지가 없습니다."[1]

이후에 테오도시우스 황제는 회의에 모인 주교들에게, 공의회를 소집하기 위해 다름 아닌 에페소를 선택한 이유를 직접 설명하였다. 이 도시는 육로와 해로로 쉽게 접근할 수 있으며, 그곳에 머무는 사람들을 위해 필요한 생필품과 수입품 모든 것을 풍부히 제공해 주기 때문이다. 그래서 주교들은 황제가 이 공의회를 위해 정한 목표에 쉽게 도달할 수 있게 될 것이다.[2)]

황제가 그렇게 지체 없이 주교들을 소집했다는 것은 결국 그가 순전히 자신의 전임자들의 모범을 따랐다는 것이다.[3)] 콘스탄티누스 황제는 자신의 절대적 권력으로 아를르 교회회의와 니케아 공의회와 티루스 교회회의를 소집하였으며, 콘스탄티우스 황제는 사르디카 교회회의를, 콘스탄스 황제는 셀레우키아-리미니 교회회의를, 테오도시우스 1세 황제는 381년 콘스탄티노폴리스 공의회를 소집한 바 있다. 오시우스나 아타나시우스, 아카키우스, 우르사키우스, 발렌스가 그렇게 했던 것처럼, 아마도 네스토리우스도 공의회의 소집을 제안한 것 같다. 그러나 이 공의회의 소집을 발의하고 결정한 사람은 여하튼 황제였다. 황제는 자신의 직무가 그에게 위임한 의무를 실행하려는 의식을 가지고 있었다. 그리스도교 군주로서 교회의 평화와 일치를 지키는 일은 그의 몫이었다. 방금 인용한 소집 서한은 이러한 그의 확신을 고결하고 의미 있는 말로 다음과 같이 표현하였다.

---

1) ACO I, I, 1, 114-116.

2) Ibid. I, I, 3, 31. 틸레몽은 다음과 같이 부연한다. "하느님의 어머니와 그의 아드님과 관계된 것이기 때문에, 다른 어느 곳보다 바로 에페소에서 이분들을 공경했다는 것은 다행스런 일이 되었다. 공의회가 열린 이 도시의 대성당은 마리아에게 봉헌된 성당으로 심지어 '하느님의 어머니'라는 이름을 가진 성당이었기 때문이다.

3) 황제에 의한 공의회들의 소집에 대해서는 다음을 참조: P. Th. Camelot, *Das Konzil und die Konzile*, Stuttgart, 1962, 59-61.

“나의 제국의 번영은 종교에 달려있습니다. 이 두 개의 것은 서로 밀접한 관계를 가지고 있습니다. 이것들은 서로 경쟁하고, 다른 것의 성장으로부터 이익을 얻습니다. 그렇게 참 종교는 정의의 의무가 있으며, 국가는 동시에 신앙과 종교와 정의의 의무가 있습니다. 하느님께서는 통치하도록 나를 임명하셨으니, 나는 우리 백성의 종교와 현세의 행복 사이를 잇는 자연적인 연결고리입니다. 그렇게 나는 하느님과 인간 사이에 중개자의 직무를 수행하면서, 두 질서의 조화가 깨지지 않도록 그것을 지키고 유지하고 있습니다. 나는 국가의 관심사를 돌보면서 하느님의 섭리를 섬기고 있습니다. 그리고 나는 항상 나의 백성들이 경건하게 살도록 돌보고 애쓰고 있으면서, 두 영역에 나의 마음을 두고 있습니다. 왜냐하면 나는 다른 하나에 마음을 두지 않으면서 다른 하나만 생각할 수 없기 때문입니다. 그러나 무엇보다도 나는 하느님께서 요구하시는 만큼, 교회의 사안을 존중하려고 애쓰고 있습니다. 나는 교회 안에 평화와 일치가 어떠한 침해를 받지 않고 유지되고, 종교가 흠이 없으며, 성직자의 행실과 활동이 나무랄 데 없기를 바라는 마음이 간절합니다. 그러므로 나는 이 행복한 처지가 하느님 사랑과 이웃 사랑을 통해서 실현되고 확고해질 것이라고 확신합니다. 그래서 나는 현재의 상태가 모든 주교들의 회의를 요구하고 있음을 누차 나 스스로에게 말한 것입니다...”[4)]

테오도시우스 황제의 이 단언과, 첼레스티노 교황이 431년 5월 8일에 그에게 써 보낸 내용과 비교할 수 있다.

---

4) ACO I, I,1, 114-116.

"신앙과 관련된 일은 제국과 관련된 일보다 폐하께서 더 소중히 여겨야 할 일입니다. 인자하신 폐하께서는 온 세상의 안전보다는 교회의 평화에 더 관심을 가지셔야 합니다. 하느님 대전에서 더 소중한 것을 우선적으로 지키면 폐하께서는 모든 것에서 성공하실 것입니다."[5]

교황 첼레스티노도 초대받았다. 아를르 교회회의(314년) 이후, 교황들은 공의회에 참석하기 위해 더 이상 로마를 떠나려고 하지 않았다. 그 대신 첼레스티노 교황은 자신의 대리자인 사절단을 보냈다.

"저는 이 회의에 불참하는 것이 아닙니다. 왜냐하면 저는 도처에 흩어져 있을지라도 저와 같은 신앙으로 결합된 이들 가운데에서 빠질 수 없기 때문입니다... 저는 몸으로 할 수 없는 것처럼 보이는 것은 정신적으로 할 것입니다."[6]

아우구스티누스 주교도 또한 초대받았다. 사람들이 특별히 그의 참석을 원했기 때문이다. 그러나 그는 공의회가 개최되기 4개월 전에(430년 8월 28일) 선종하였다. 그 밖에도 황제의 서한들은 431년 부활절에야 비로소(4월 19일) 아프리카에 도착했다. 서한을 받고 공의회 소집을 알게 된 사람 중에 카르타고의 카프레올루스 주교가 있었다. 그러나 반달족의 점령으로 아프리카 주교들은 공의회에 참석하는 데에 방해를 받게 되었고, 정해진 날짜에 에페소에 도착하기에는 출발이 너무 늦었다. 카프레올루스 주교는 이러한 상황을 전말서에 써서 공의

---

5) 첼레스티노, 『서한』, 18,2: PL 50, 511이하; ACO I, II, 25.

6) 키릴루스 주교에게 보낸 431년 5월 7일자 서한: PL 50, 501이하; ACO Ibid. 26.

회에 보냈다. 그는 자신을 대신하여 부제 바술라를 공의회에 참석하게 하였다.[7]

이 사건은 여기서 재검토할 만한 가치가 있다. 이것은 심지어 멀리 동방에까지 아우구스티누스가 누렸던 특별한 명성을 증언하고 있다. 또한 이와 같은 주교회의들이 직면할 수밖에 없었던 금전적인 어려움들을 보여주고 있으며, 더 심각한 것은, 당시 그리스도교의 한 세계가 다른 한 세계에 대해 알고 있는 지식이 얼마나 부족했는지를 보여주고 있다. 실제로 에페소 공의회에서 서방을 대표한 이들은 로마 교황사절단 외에 단지 카르타고의 부제와 일리리아의 주교뿐이었다.

에페소 도착

부활절 이후 주교들은 육로와 해로를 이용해 길을 떠났다. 로마에서 교황 첼레스티노는 자신의 사절단으로 아르카디우스 주교와 프로엑투스 주교 및 필리푸스 신부를 임명하였다. 그들은 모든 토론에 참석할 의무가 있었고, 게다가 교황에 의해 이미 결정된 사항이 이행되었는지 살펴봐야 했으며, 사도좌의 권위가 존중받도록 신경을 써야 했다. 다른 한편으로 그들은 키릴루스 주교와 일치하여 행동해야 했으며 그의 모든 결정들을 따라야 했다. 토론이 있을 경우, 그들은 논쟁에 휘말리지 말고 개진된 의견들을 심사해야 했다.[8] 그렇게 그들의 사명과 권위는 명확했고 확고하게 명시되었다.

7) ACO I, I, 2, 52–54.

8) 431년 5월 8일자 서한들: PL 50, 503. 505–511. 511이하: ACO I, II, 25. 21–24. 25이하.

교황 첼레스티노는 사절단을 임명한 그날, 임박해 있는 공의회에 서한을 보내 화합과 일치와 기도를 권고하였다. "공동기도를 주님께 바치십시오."(Sit oratio communis ad Dominum). 교황은 테오도시우스 황제에게도 서한을 보내, 교회 안에 평화가 깨트려지지 않도록 요청하였다. 그 전날에 교황은 키릴루스 주교에게 서한을 보냈으며 마찬가지로 중용을 지키도록 충고해 주었다.[9]

테오도시우스 황제는 자기 쪽에서는 에페소에 황실 경호대장(comes domesticorum)을 보내어, 모임에서 질서가 유지되도록 돌보고, 특별히 평신도와 수도자들이 고함소리로 혼란을 일으키지 않도록 그들을 쫓아내는 일을 맡겼다.[10]

키릴루스 주교는 40명이 넘는 이집트 주교들과 함께 알렉산드리아로부터 배를 타고 왔다. 이 주교들의 숫자는 확실히 테오도시우스 황제의 칙령(Sacra)이 예상한 숫자보다 조금 더 많았다. 그 밖에도 키릴루스 주교는 성직자와 수도자들로 이루어진 수많은 수행원단을 데리고 왔다. 그는 여행길에 들린 로도스섬에서 그의 여행에 관해 교구 신부들에게 보고하기 위해 다음과 같은 서한을 보냈다.

> "우리 모두의 구원자이신 그리스도의 은총과 인자하심으로 우리는 잔잔한 순풍을 타고 이 넓고 광활한 바다를 건너왔습니다. 그래서 어떤 두려움이나 위험한 고비 없이 횡단을 한 후, 이제 로도스 섬에 안전하게 도착했습니다. 그러므로 우리는 하느님께 영광을 드리며, 그분께 빚진 감사의 기도를 바치면서 예언자와 함께 이 목소리로 외칩니다. '당신께서는 오만한 바다를

---

9) PL 50, 501이하; ACO Ibid. 26이하; 참조: E. Caspar, *Geschichte des Papsttums I*, Tübingen, 1930, 406, 각주 4.

10) ACO I, I, 1, 120이하.

다스리시고 파도가 솟구칠 때 그것을 잠잠케 하십니다.'"(시편 89.10)[11]

에페소에 도착한 후, 성령강림 대축일 며칠 전에 키릴루스 주교는 한 번 더 교구 신부들에게 서한을 보냈다.[12] 네스토리우스 주교는 이미 그곳에 와 있었다. 마찬가지로 에페소 주교인 멤논과 소아시아의 수많은 주교들과 필리피의 플라비아누스 주교와 마케도니아 주교들도 있었다. 6월 12일, 공의회의 개회일로 예정된 날로부터 닷새가 지난 후, 예루살렘의 유베날 주교가 열다섯 명 정도의 팔레스티나 주교들과 함께 에페소에 도착했다. 이제 전부 다 합쳐서 대략 150명에서 160명의 주교들이 그곳에 있었다.

그러나 지각자도 있었다. 로마 사절단은 아직도 여행 중이었다. 그 밖에도 사람들은 안티오키아 총대주교 요한과 시리아의 주교들을 여전히 기다리고 있었는데, 이들은 육로로 힘든 길을 지나서 결국은 도착했다. 안티오키아 총대주교 요한은 그의 연착에 대해서 설명하기 위해 서한을 보냈다. 그들은 30일 동안 여행 중이었으며 몇몇 주교들이 병에 걸렸다는 것이다. 또한 짐을 나르는 동물들이 죽었으며... 아직도 다섯 개에서 여섯 개 정도의 숙박지가 남아 있지만, 곧 도착하도록 서두를 것이라는 내용의 서한이었다.[13]

---

11) 키릴루스, 『서한』, 20: PG 77, 128; ACO Ibid. 116.

12) 키릴루스, 『서한』, 21: PG 77, 129; ACO Ibid. 117.

13) 『서한』, 22: PG 77, 132; ACO Ibid, 119.

공의회 개최

기다리는 이 시간 동안 에페소에서의 상황은 점점 더 악화되었다. 날씨는 무더웠고, 몇몇 주교들은 병에 걸렸으며, 심지어 선종한 주교들도 몇몇 있었다.[14] 사람들은 참을성이 없어졌고 동요되었으며 말들이 많아졌다. **테오토코스**의 옹호자와 반대자들은 대립만을 격화시킬 수 있는 발언을 했다. 네스토리우스 주교의 주장들은 특별히 악표양을 보였으며, 이 주장들을 나중에 공의회에서 멜리테네의 아카키우스 주교와 앙키라의 테오도투스 주교가 퍼뜨리고 다녔다. 그래서 키릴루스 주교는 갑자기 6월 21일 공의회를 개최하기로 결정하였으며, 그 다음 날 자신의 동료들을 소집하였다.

사람들은 키릴루스 주교가 로마 사절단과 특히 안티오키아 사람들의 도착을 기다리지도 않고 이러한 주도권을 잡고 소송을 시작하려 한 점에서 그를 매우 비난하였다. 왜냐하면 안티오키아 사람들은 말할 것도 없이 네스토리우스의 편을 드는 사람들이었기 때문이다. 결국 키릴루스 주교는 큰 어려움 없이 자기편의 사람들을 다수로 만들었다. 여기에서 경솔하고 분별없는 주도적인 행동과 권력 남용, 심지어 무력 사용에 대해서 말하는 것은 어렵지 않다. 그러기 위해서 현대의 역사가에게 의지할 필요는 없다. 노인이 된 네스토리우스 주교가 나중에 추방 중에 내뱉은 쓰라린 불평만을 기억해도 될 것이다.

> "그[키릴루스] 자신이 법정 전체였다. 왜냐하면 그가 말한 것을 동시에 모든 사람들도 따라 말했기 때문이다. 의심의 여지없이 그는 본인이 직접 법정을 대표했다... 그는 자신의 마음에 드는 이들을 여기저기서 불러 모았으며 본인을 직접 법정으로 만

14) 참조: ACO I, I, 2, 8.

들었다. 나는 공의회를 소집한 키릴루스에 의해 소환되었다. 의장직을 맡은 키릴루스에 의해. 도대체 누가 재판관이었는가? 키릴루스였다. 누가 고소인이었는가? 키릴루스였다. 누가 로마 주교였는가? 키릴루스였다. 키릴루스는 그야말로 모든 것이었다."[15]

그러나 네스토리우스 주교 외에도 알렉산드리아 주교인 키릴루스는 그의 주교좌의 중요성과 그의 개인적인 명성 때문에 공의회의 의장직을 맡을 가장 중요하고 가장 적격의 인물이었음을 염두해 두어야 한다. 우리가 앞에서 보았듯이, 안티오키아의 요한 주교는 자신의 연착에 대해 양해를 구하는 서한을 키릴루스 주교에게 보냈다. 그 밖에도 키릴루스 주교는 1년 전 첼레스티노 교황으로부터 받은 권한을 행사할 수 있었다. 사실 이 권한은 네스토리우스로 하여금 철회하도록 강요하는 판결의 집행에만 관련된다고 이의를 제기하는 사람이 있을지도 모른다. 그러나 실제로 교황은 5월 7일자 서한을 키릴루스 주교에게 보냈는데, 그가 공의회에서 교황을 대표하는 사람이었기 때문이다. 마찬가지로 첼레스티노 교황사절단은 키릴루스 주교와 협의하여 행동하고 그가 결정한 모든 것을 따르도록 지침을 받았다.[16] 실제로 제1회기 회의록에는 키릴루스의 이름이 로마인들의 교회의 거룩하고 존경하는 주교인 첼레스티노 이름 대신 주교명단의 첫 자리에 올려져 있다. 그렇다고 성 키릴루스가 급히 서둘러서 일을 처리하고, 심지어 신중하지 못한 행동을 하였다고 생각할지 모른다. 그러나 실제로는 우리가 권력 남용이라고 말할 수 있는 것은 보이지 않는다.[17]

---

15) *Le Livre d'Héraclide de Damas*, ed. F. Nau, Paris, 1910, 1.

16) 첼레스티노, 『서한』, 17: PL 50, 503; ACO I, II, 25.

17) 키릴루스가 나중에 그것에 대해서 진술한 설명을 올바로 인용하는 것은 어려운 일이다. 그에 따르면 몇몇 시리아 수도대주교들이 그들의 동료 주교들보다 미

물론 공의회를 개최하겠다는 이 발의는 사람들을 놀라게 할 수 있었다. 그래서 여러 지방에서 온, 특히 소아시아에서 온 68명의 주교들은 키릴루스 주교에게 아주 강력히 항의를 했는데, 그리스어로 된 공의회문서에는 이것에 대한 언급을 하지 않고 넘어갔다. 그 항의는 다음과 같다. "존경하는 주교님들은 몇몇 사람들이 급히 서둘러 감행한 모든 행동들이 그들의 대담함과 오만함에 반대하는 주 그리스도와 신성한 규범들에 의해 바꾸어지게 될 것임을 알기를 바랍니다."[18]

황실 경호대장은 이제 자기 쪽에서 개입을 하여, 황제의 명령이라고 지적하면서 공의회가 사적인 공의회가 되지 않도록 요한 주교와 동방의 주교들의 도착을 기다릴 것을 명령조로 요구하였다.[19] 그러나 사람들은 그의 말을 듣지 않았다.

리 서둘렀고, 그들보다 일찍 에페소에 도착하였다는 것이다. 거기서 그들은 요한의 이름으로, 공의회가 더 이상 지체되어서는 안 되고, 일을 즉시 시작하자는 요청을 하였다; 알렉산드리아의 키릴루스, 『테오도시우스 황제에게 변론』, 18: PG 76, 416; ACO I, I,3, 83. 키릴루스가 덧붙인 자료들은 몇 가지 어려움을 야기시킨다. 이것은 L. 뒤센느가 이미 파악한 바이다(*Histoire ancienne III*, 353, 각주, 4). 그러나 키릴루스의 진정성을 묻기 전에 그가 그 일에 대해 더 이상 정확히 기억해 내지 못했거나 그 일들을 서로 혼동했다는 것을 생각하는 것이 바람직하다.

18) ACO I, IV, 27이하.

19) Ibid. 32.

에페소 마리아 대성당의 폐허

이 대성당은 350년 전에 용도의 정확한 목적이 알려져 있지 않은, 비종교적인 건물, Museion의 잔해 위에 세워졌다. 반원형의 벽감이 있고 그 앞에 원형의 홀이 있는, 중랑 하나와 측랑 둘로 된 거대한 성당이었다. 에페소 공의회는 이 성당에서 열렸다. 7세기에 에페소 주교좌는 요한 성당으로 옮겨졌으며, 중세기까지 마리아 대성당은 장례가 이루어지는 성당으로 존속했다. 대성당의 잔해는 1920년대에 오스트리아 고고학회의 발굴로 발견되었으며, 1986년부터 고고학적인 연구가 재개되었다.

※ 역주. https://de.wikipedia.org/wiki/Marienkirche_(Ephesos)#/media/Datei:Marienkirche_Ephesos_3.jpg.

주님 탄생 예고와 탄생

에페소 공의회 이후 식스토 3세 재위기간에 세워진 로마의 산타 마리아 마죠레 성당의 아치형의 문은 육화 교리와 동정 마리아를 모자이크로 기린다. 일부는 정경 복음에서, 일부는 위경에서 그림의 내용을 가져왔다. 주님 탄생 예고장면에서, 마리아는 천사들 사이의 옥좌에 앉아 있으며, 비잔틴 공주의 복장을 하고 있다. 손에는 자홍색의 실타래를 들고 있다. 위경에 따르면 이것은 성전에서 마리아에게 주어졌으며, 그녀는 그녀를 수행하는 여인들로부터 여왕으로 불려졌다. 그 아래의 모자이크에는 예수 그리스도의 탄생과 동방박사의 경배 장면이 그려져 있다.

※ 역주. https://upload.wikimedia.org/wikipedia/commons/f/f2/Annunciation_on_the_triumphal_arch_of_santa_maria_maggiore_in_rome.png.

제1회기: 네스토리우스의 폐위

이러한 항의에도 불구하고 그 다음 날 431년 6월 22일, 월요일, 키릴루스 주교와 예루살렘의 유베날 주교, 에페소의 멤논 주교를 중심으로 대략 150명의 주교들이 "마리아 성당이라고 부르는 대성당"[20]에 모였다. 황실 경호대장은 급히 달려와 재차 항의를 하였다. 주교들은 그에게 공의회를 소집한 테오도시우스 황제의 서한을 읽도록 요구하였다. 황실 경호대장은 그들의 요구를 받아들여 황제의 칙령(Sacra)을 낭독했다. 이 문서의 낭독은 공의회의 공식적인 개회 행동으로 여겨졌다. 그러므로 이제부터 회의는 합법적으로 열리는 공의회로 간주될 수 있었으며, 따라서 주교들은 더 이상 지체하지 않고 작업을 시작할 수 있었다. 황실 경호대장은 되돌아가지 않을 수 없었다. 그는 나중에 사람들이 자신을 독단적이며 폭력적으로 문밖으로 내쫓았다고 불평하였다. 바로 그날 그는 공의회에 강력한 항의서를 보냈고 황제에게는 그 사본을 보내게 하였다.[21]

네스토리우스 주교조차 그곳에 없었다. 그는 여섯 명 혹은 일곱 명의 주교들과 함께 전날 그가 받은 소환에 따를 것을 거부했다. 이제 그는 피고인이 되었으며, 법정에 나와서 그가 말했다고 하는 이단적인

---

20) "마리아라고 부르는 성당"이라는 이 표현이 이상하게 보일 수 있다. 그러나 이 성당이 동정녀 마리아께 봉헌된 성당이라는 것이 확실해 보인다. 이 대성당의 잔해는 아직 보존되어 있다. 회의 석상 중간에 복음서가 옥좌 위에 놓여져 있었다는 것을 주목하자. 이것은 그리스도께서 몸소 공의회에 참석하고 계신다는 것을 암시하는 것이다. 참조: 교황 첼레스티노에게 보낸 주교들의 보고서: ACO I, I, 3, 4.

21) 그리스어로 된 공의회 문서들은 이 중대한 돌발 상황을 은폐하였다. 공의회 문서에 의하면, 황제의 서한은 순서에 입각해 공의회 서기관을 통해 낭독된 것처럼 보여질 수 있는 것 같다. 참조: ACO I, I, 2, 8. 우리는 이 문서들을 황실 경호대장의 서한에 있는 진술로 보완해야 한다. 그 진술은 루스티쿠스의 *Synodicum*에 있다.

발언들에 대한 의혹에 대해 무죄를 증명해야 했다. 주교 대표단이 네스토리우스가 묵었던 집으로 두 번 보내졌다. 그들은 문을 막고 있는 군인들에 의해 포위되었다. 네스토리우스는 나타나지 않았고, 모든 주교가 모일 때까지 가지 않을 것이라고 말했다.

이러한 거절이 회의록에 받아들여진 후, 이제 교의적 문제에 관한 토론이 시작되었다. 이 모든 일에서 주요 역할을 한 예루살렘의 유베날 주교는 거룩한 규정에 따라 "니케아 신앙"을 낭독하도록 요청했다. 왜냐하면 이 신앙은 문제가 되는 가르침을 판단해야 할 규범이기 때문이었다. 318명 교부들의 신경(Credo)이 낭독된 후, 서기장(primicerius notariorum)이며 공의회 서기관의 직무를 맡은 알렉산드리아의 페트루스 신부는 네스토리우스에게 보낸 키릴루스의 서한을 낭독하도록 제안하였다.[22]

이 서한이 낭독된 후 키릴루스 주교는 처음으로 개입하여, 이 서한이 정통신앙적인지 그리고 거룩한 (니케아)공의회와 일치하는지 선언할 것을 공의회에 요청하였다. 그러자 유베날 주교가 맨 먼저, 그다음 모든 주교들이 차례로 키릴루스의 서한이 니케아 신앙과 부합하며, 그 신앙이 그들의 신앙임을 선언하였다.[23] 따라서 성 키릴루스의 서한은 장엄하게 공의회에서 승인을 받았으며, 이 공의회는 그 서한에서 자신의 고유한 신앙의 표현을 찾아냈다.

아마시아의 팔라디우스 주교의 제의로, 이제 공의회는 키릴루스에게 보낸 네스토리우스의 답신과 관련하여 똑같은 행동을 취하였다.[24] 문서가 낭독되었고 주교들의 투표가 이어졌다. 차례로 모든 주

---

22) PG 77, 44-49; ACO I, I, 1, 25-28.

23) ACO I, I, 2, 13-31. 이것은 공개적인 기명 투표를 말한다. 이러한 소송은 로마 원로원의 것에서 차용한 것이다. 이것은 이미 256년 카르타고 교회회의에서 입증되었으며, 우리는 그 공의회로부터 87명의 주교들의 투표용지를 가지고 있다. 참조: P. Batiffol, *Études de liturgie et d'archéolgie chrétienne*, Paris, 1919, 84.

교들은, 일부는 격한 소리로, 네스토리우스의 가르침은 신성모독적이며 니케아 신앙에 위배된다고 선언하였으며, 마침내 큰소리로 네스토리우스는 불경하며, 네스토리우스는 이단자라며 파문했다. 아마시아의 팔라디우스 주교는 이 서한에 담긴 신성모독적인 말을 들었을 때 귀를 막지 않을 수 없었다. 그는 한 마디 말도 할 수 없을 만큼 거의 마비상태가 되어 몸이 굳어졌다.[25)]

그러나 그것으로 모든 것이 끝난 것이 아니었다. 유베날 주교의 제의로 공의회는 이제 네스토리우스에게 보낸 교황 첼레스티노의 서한을 들었다. 그다음 페트루스 신부는 그가 네스토리우스에게 보낸 키릴루스의 다른 서한도 가지고 있다는 점을 상기시켜 주었다. 그는 파문문이 첨가된 세 번째 서한을 가리켜서 말한 것이다.[26)] 필리피의 플라비아누스 주교가 그 서한도 읽도록 요구했다. 이번에는 키릴루스가 개입하지 않았다. 사실 그 서한은 표결에 부치지 않았지만, 첼레스티노 교황의 서한과 함께 공의회 문서에 속하게 되었다. 그 서한을 콘스탄티노폴리스로 가져와 네스토리우스에게 넘기도록 위임을 받은 주교들은 이제, 어떻게 그들이 그 임무를 수행하였는지(430년 11월 30일), 네스토리우스 총대주교가 그 다음 날에야 비로소 그들을 되돌려 보낸 후 어떻게 문을 걸어 잠갔는지 설명하였다.

그다음 멜리테네의 아카키우스 주교와 앙키라의 테오도투스 주교는 그들이 에페소에 도착한 이후 네스토리우스 주교가 그들과 나눈 대화에서 무엇을 말하였는지 보고하도록 요구받았다. 그래서 두 주교는 총대주교와의 친분보다 먼저 참 신앙에 대한 우려를 표하면서, 네스토리우스 주교가 실제로 아주 신성모독적인 말을 했고, 그가 하느님은

---

24) PG 77, 49-57; ACO I, I, 1, 29-32.

25) ACO Ibid. 31-36.

26) PG 77, 105-112; ACO Ibid. 35-42.

동정녀로부터 태어났으며 젖을 먹었다고 말해서는 안 되며, 두 달 혹은 세 달된 하느님에 대해서도 이야기해서는 안 된다고 주장했다고 설명해 주었다. 고난을 겪은 아들은 다른 아들이며, 하느님의 말씀은 또 다른 아들이라는 것이다.[27]

공의회 서기관은 그 밖에도 그의 문서들 중에 교부들의 문헌집과 키릴루스가 작성한 네스토리우스 연설집에서 발췌한 모음집을 갖고 있었다. 그는 이것들을 낭독한 다음, 필리피의 플라비아누스 주교에게 이 문서들을 공의회 문서로 받아들이도록 제의하였다. 카르타고의 카프레올루스 주교의 양해서한도 마찬가지로 공의회 문서로 받아들여졌다.[28]

마침내 판결선고가 다음과 같은 말로 내려졌다.

> "매우 존경받는 네스토리우스는 우리의 소환에 응하지 않았으며, 우리가 그에게 보낸 거룩하고 경건한 주교들을 맞아들이지 않았다. 그래서 우리는 결국 그의 신성모독을 조사하지 않을 수 없었다. 우리는 그의 서한들과 저서들에 나오는 내용을 낭독했으며 그다음에 그가 얼마 전에 이 도시에서 한 말도 알게 되었다. 이로써 우리는, 그가 불경한 것을 생각하고 가르쳤다고 미루어 살필 수 있었다. 법규들이 이를 이렇게 결정하고, 로마의 주교이자 지극히 거룩한 아버지이며 동료 주교인 첼레스티노도 서한에서 비슷하게 판결했기에, 마침내 우리는 애통해하면서 그에게 다음과 같은 엄중한 판결을 내린다. 우리 주 예수 그리스도께서는 지금 이 거룩한 교회회의를 통해, 당신을 모독한 네스토리우스가 주교직과 사제의 모든 모임에서 제명되었다

27) ACO Ibid. 36-38.

28) Ibid. 39-54.

고 확정하셨다."

이 판결에 197명의 주교들이 서명하였고, 그중에 일부 주교들은 뒤늦게야 비로소 서명할 수 있었다. 이 사실은 당사자에게 아주 강경한 어조의 서한으로 알려졌다.

> "하느님의 은총으로 그리고 지극히 신심이 깊고 거룩한 황제의 명령으로 에페소 시에서 열린 거룩한 교회회의가 새로운 유다스인 네스토리우스에게 보냄. 그대는 불경한 가르침을 설교하였고 법규에 불순종하였기 때문에 거룩한 교회회의에서 이 달 6월 22일 폐위되었으며, 더 이상 교회에서 지위를 가지지 못함을 알지어다."[29]

긴 여름 내내 지속된 제1회기가 끝난 후 결국 공의회는 해산될 수 있었다. 키릴루스 주교는 알렉산드리아의 성직자와 백성들에게 보낸 서한에서 모든 감정을 다음과 같이 표현했다.[30]

> "키릴루스는 사랑과 그리움으로 연결되어 있는 알렉산드리아의 사제들과 부제들과 백성들에게 주님 안에서 인사를 드립니다.
>
> 본래 저는 사랑하는 여러분에게 이 사건들에 대해서 좀 길게 설명해야 했지만, 사절단이 재촉하는 바람에 짧게 여러분들에게 서한을 보냅니다. 여러분은 거룩한 교회회의가 파우니 달(6월 22일) 18일 하느님의 어머니(테오토코스), 마리아 성당이라 부

---

29) Ibid. 54-64.

30) 키릴루스, 『서한』, 24: PG 77, 237; ACO Ibid. 117이하.

르는 에페소의 대성당에서 열렸으며, 하루 종일 지속된 한 회기가 끝난 후, 우리가 드디어 불행한 네스토리우스를 면직하고 주교직에서 제명하였음을 아시길 바랍니다. 그는 단죄되었으며 감히 거룩한 교회회의에 나타나지 못했습니다.

200명 이상의 주교들이 모였습니다. 그 도시의 모든 백성들은 이른 시간부터 늦게까지 그곳에 있었으며, 거룩한 교회회의의 판결을 기다렸습니다. 사람들이 불행한 사람의 폐위에 대해 알게 되었을 때, 모든 사람은 한 목소리로 거룩한 교회회의를 축하해 주고 하느님께 영광을 드리기 시작했습니다. 왜냐하면 신앙의 적이 실각하였기 때문입니다. 우리가 성당에서 나왔을 때, 사람들은 횃불을 들고 우리를 숙소에까지 동행해 주었습니다. 그때는 이미 저녁이 되었기 때문입니다. 기쁨은 어디에서나 넘쳐났고 도시 전체가 불을 밝혔습니다. 부인들은 우리 앞에서 분향하며 걸어갔습니다. 주님께서는 당신의 이름을 모독하는 이들에게 당신의 전능을 보여주셨습니다.

우리가 폐위문서 작성 작업을 끝내면 하느님의 은총으로 급히 서둘러 여러분에게 되돌아갈 것입니다. 모두들 기뻐하시고 우리 구세주의 은총으로 건강하십시오. 사랑하는 형제 여러분, 여러분에 대한 그리움으로 야위어 가는 저는 여러분들에게 주님 안에서 건강을 기원합니다."[31]

그러나 실제로 상황은 그리 좋지 않았으며 그때야 비로소 어려운 일들이 생겨나기 시작했다. 곧 네스토리우스 주교와 그의 추종자들은 저 "야만적인 회의"에 반대하여 황제에게 격렬한 항의를 하였다. 그

---

31) 이렇게 많이 내용이 언급된 이 서한에서 마리아에 대한 어떠한 암시도 없다는 것은 주목할 만하다.

들은 무엇보다도 그 회의의 책임을 에페소 주교인 멤논에게 전가하였다.[32] 다른 한편 황실 경호대장은 칙령을 반포하였는데, 그 칙령에서 그는 일어난 일에 대해 항의하였으며, 내려진 결정이 합법적이거나 유효하지 않다고 주장하였다. 그는 또한 이 일에 대하여 테오도시우스 황제에게 보고하였다.[33]

안티오키아의 요한 주교의 도착과 동방 주교들의 교회 회의

6월 26일 마침내 안티오키아의 요한 주교가 시리아 주교들과 함께 도착했을 때, 상황은 더 악화되었다. 그 주교들은 말에서 내려오지 않은 채, 여전히 길의 먼지로 온통 뒤덮여 있었다. 이때 키릴루스 주교의 특사가 와서 그동안 일어난 일들에 대해 설명해 주었다. 요한 주교는 그 일들을 듣기를 거부하였고, 즉시 그가 내린 숙소에서 공의회를 개최하였다. 이 대립 공의회는 키릴루스와 멤논 주교를 면직시키고 다른 주교들도 개과천선할 때까지 파문시켰다. 이 면직 판결에 약 50명의 주교들의 서명하였다.[34] 또한 요한 주교는 황제와 황후, 콘스탄티노폴리스의 성직자와 원로원과 백성들에게 보고서를 보냈다.

431년 6월 말 에페소에는 서로를 파문하며 서로 경쟁하는 두 공의회의 곤혹스러운 광경이 펼쳐졌다. 주먹이 오가는 싸움도 벌어졌다. 동방 주교들은 그들이 성 요한 성당에서 기도하려고 했을 때 문이 닫혀 있는 것을 알았으나, 주교의 종들이 몽둥이와 돌로 자신들을 쫓아

32) ACO I, I, 5, 13–15.

33) ACO I, IV, 33.

34) 그리스어 문서에는 42명이 서명하였으며, 루스티쿠스의 라틴어 번역본에는 53명이 서명하였다. 참조: ACO I, I, 5, 119–124.

냈다고 말했다. 이때에 심지어 부상자가 생겼다는 것이다.[35)]

황실 경호대장의 보고에 대한 응답으로 테오도시우스 황제는 6월 29일자 답서에서 6월 22일에 일어난 모든 것은 무효라고 선언했다. 이 답서에서 황제는 주교들이 에페소를 떠나는 것을 금지하였고, 그 사건을 조사하고 더 이상의 혼란을 예방하는 책임을 맡은 고위 관리의 도착을 발표하였다.[36)]

로마 사절단의 도착과 공의회의 재개

7월 1일 교황 첼레스티노의 대리인들이 도착했다. 공의회는 7월 10일 로마 사절단이 참석한 가운데 새롭게 열렸고, 그 장소는 멤논 주교의 주교관이었다. 로마 사절단은 공의회에 보내는 첼레스티노 교황의 서한을 낭독하도록 하였는데, 먼저 라틴어로 쓰여진 서한을 낭독하도록 하였고, 그다음 그리스어로 번역된 서한을 낭독하도록 하였다. 왜냐하면 "라틴어를 모르는 우리의 형제들인 거룩한 주교들이 많이 있기 때문"이었다.

사람들은 "신앙의 보호자"인 첼레스티노 교황과 키릴루스에게 갈채를 보냈다. 첼레스티노 교황은 공의회와 키릴루스와 같은 생각을 하기 때문이다. 한 사람은 공의회의 신앙이고, 한 사람은 **전 그리스도교회**의 신앙이다.[37)] 필리푸스 신부는 "거룩하시며 복되신 우리 교황"의 동의 하에 신앙 안에서 이러한 만장일치를 이룬 것에 대해 주교들에게

35) Ibid. 124-127.

36) ACO I, I, 3, 9이하.

37) Ibid. 53-57. 주교들의 이 환호 의미와 중요성에 대해서는 다음을 참조: *Das Konzil und die Konzile*, 78. 각주 88; Th. Klauser, in: *RAG I*, 216-233, 특히 225이하.

감사의 말을 전하였다. “교황 성하께서는 복되신 사도 베드로가 사도들의 머리이듯이, 온 신앙의 머리이심을 아주 잘 알고 계십니다.”[38] 로마 사절단은 지금까지 일어난 일에 대한 보고를 요청하였다. 사람들은 그들에게 6월 22일자 회기의 회의록을 넘겨주었다.

그 다음 날 7월 11일 로마 사절단은 그사이에 문서들을 살펴보았으며 네스토리우스의 면직 판결을 읽었다. 그들은 이 판결을 명시적으로 승인하였고, 장엄하게 네스토리우스의 면직을 선포하였으며 이어서 판결선고에 서명하였다.[39] 프로옉투스 주교는 “네스토리우스가 단죄되었음을 자신의 권위로 결정하였다.” 그리고 이어서 필리푸스 신부는 제1차 바티칸 공의회(DH 3056)[40]에서 다시 되풀이될 다음의 말을 하였다.

> “사도들의 으뜸이며, 신앙의 기둥이요, 가톨릭교회의 기반인 거룩하고 지극히 복된 베드로는 인류의 구원자이시며 구속주이신 우리 주 예수 그리스도로부터 천국의 열쇠를 받았다는 것을 의심하는 사람은 아무도 없을 뿐만 아니라, 이는 세기를 거쳐서 알려져 있는 사실이다. 그는 그의 후계자들 안에 오늘날까지 그리고 항상 영구히 살아 있고 다스린다.”

이것은 6월 22일의 판결문에 대한 사도좌의 명시적 승인이다. 이는 키릴루스도 분명히 인정한 바이다.

---

38) ACO I, I, 3, 58.

39) Ibid. 60-63.

40) 교황 특사 필리푸스가 431년 7월 11일, 에페소 공의회 제3회기에서 한 연설문(ACOe 1/I/III, 6027-33, Nr. 10631 / MaC 4,1295B-1298A / HaC 1,1477B).

> "로마 사절단은 사도좌와 경건하고 거룩한 서방 주교들의 교회회의의 자리를 대표하기 위해서 임명되었으며, 따라서 그들은 거룩하고 경건한 첼레스티노 주교의 이름으로 이미 결정된 것을 승인한 것이다."

이 말은 신학과, 공의회와 관련된 교회의 가르침을 위해 아주 중요한 말이다. 교황의 사절단은 서방 전체의 주교직을 대표한다. 그러므로 그들의 참석으로 동방과 서방의 일치가 입증되는 것이며, 따라서 이 공의회가 세계공의회(oecumenicum concilium)가 되기에 충분한 것이다. 혹은 카르타고의 카프레올루스 주교의 다음의 말로도 충분하다. 네스토리우스는 "사도좌의 권위와 주교들의 만장일치의 판결선고로" 단죄되었다.[41]

7월 16일에 "마리아라고 부르는 성당에서" 새로운 회기가 열렸다. 키릴루스 주교와 멤논 주교의 제의로 공의회는 안티오키아의 요한 주교에 대해 관심을 두어야 했다. 그래서 사람들은 네스토리우스 주교에게 적용한 것과 같은 동일한 절차를 따랐다. 두 번이나 사절단이 요한 주교에게 보내졌으나 그때마다 그들은 면회를 허락받지 못한 채 다시 되돌아 왔다. 7월 17일, 세 번째로 사절단이 보내졌지만 마찬가지로 거절당했다. 따라서 공의회는 대략 30명의 주교들과 함께 요한 주교를 파문하였다. 그 주교들 중에는 키루스의 테오도레투스 주교가 특별히 언급할 만하다. 반면 네스토리우스 주교에 의해 면직된 성직자들은 이제 다시 복직되었다.[42]

여섯 개 규정에는 어떻게든지 네스토리우스 주교와 펠라기우스파 첼레스티우스의 오류를 추종하는 모든 이들도 동시에 단죄되었다.

41) ACO I, II, 64.

42) ACO I, I, 3, 24이하.

사람들은 황제에게 보낸 한 서한에서 요한 주교와 동방 주교들에 대한 판결을 소식을 알렸다.[43] 다른 한 서한은 첼레스티노 교황에게 보내졌으며 공의회에서 일어난 일에 대한 정확한 보고 내용이 담겨 있었다.[44]

7월 22일로 또 다른 한 회기의 일정이 정해졌다. 이 회기에서는 두 번째 사안을 해결해야 했는데 이것은 네스토리우스 주교와 어느 정도 관련이 있는 사안이었다. 필라델피아(리디아, 참조: 묵시 1,11)에서 사람들은 교회로 되돌아 온 이단자들에게, 특히 네스토리우스를 추종한 이들에게 콘스탄티노폴리스에서 유래하는 신경을 고백하도록 요구하였다. 이 신경은 필라델피아 교회 경리 담당자인 카리시우스 신부에 의해 공의회에 알려졌는데, 그는 이 신경이 몹수에스티아의 테오도루스 주교가 만든 것으로 제시하였다.[45] 공의회는 이 신경을 단죄하였고 동시에 니케아 신경과 다른 신경 정식을 작성하는 것을 금하였다.[46] 마지막으로 공의회는 장엄하게 네스토리우스의 불경한 가르침을 추종하는 이들에 대한 단죄를 선언하였다.[47] 다시금 모든 주교들은 이 판결 선고에 서명하였다. 키릴루스 주교가 맨 먼저 서명하였으며, 그다음 아르카디우스, 유베날, 프로엑투스 주교와 필리푸스 신부가 서명하였다. 로마 사절단은 라틴어로 서명하였다.

---

43) ACO I, I, 1, 27–30.

44) ACO I, I, 3, 5–9.

45) ACO I, I, 7, 95–100; 참조: 키릴루스, 『서한』, 72(프로클루스에게 보낸 서한): PG 77, 345; ACO I, V, 315

46) 이 결정이 칼케돈에서 신앙 결정의 적들에 의해 어떻게 이용되었는지 보게 될 것이다. 에페소의 금지는 말할 것도 없이 그의 역사적 맥락 안에서 보아야 한다. 그것으로 교리의 모든 발전적 계승이 금지되는 것은 아니었다. 참조: M. Jugie, “Le décret du Concile sur la forumule de foi et la polémique anticatholique en Orient”, *Echos d'Orient* 34, 1931, 257–270; 참조: *Chalkedon III*, 909.

47) ACO I, I, 5, 107이하.

황실 경호대장 요한의 등장, 키릴루스와 멤논과 네스토리우스 체포

이제 사람들은 공의회가 끝났고 더 이상 기다려야 할 이유가 없고, 주교들은 해산할 수 있으리라고 생각할 수 있었다. 그러나 유감스럽게도 그렇게 되지 않았다. 동방 주교들의 "공의회"는 여전히 열리고 있었고, 유일한 합법적인 공의회로 여기고 있었다. 그 대립 공의회는 키릴루스 주교와 아울러 그의 공의회를 파문하였으며 황제에게 항소하였다. 황제는 수사를 시작하겠다고 알렸다.

8월 초에 오늘날 재무부 장관격(comes sacrarum largitionum)인 요한이 두 공의회의 주교들에게 보내는 황제의 서한을 가지고 에페소에 도착했다. 첼레스티노 교황의 이름이 첫 번째로 언급이 되는 이 서한은 네스토리우스 주교와 키릴루스 주교와 멤논 주교를 면직시켰고, 주교들에게 "평화와 일치"[48] 안에서 그들의 고향으로 되돌아갈 것을 권유했다. 교섭이 실패로 돌아가고 키릴루스 주교의 추종자들의 거센 항의가 이어지자, 요한은 그 다음 날 네스토리우스 주교와 키릴루스 주교와 멤논 주교를 구금하게 했으며, 주교들은 엄중히 감시를 받으며 각자 자신이 머물러 있는 곳에 있어야 했다. 그래서 멤논 주교는 자신의 주교좌에 갇힌 죄인의 처지가 되었다.[49] 도대체 적대자들 중 누가 옳고 그른지를 알아내려는 시도를 하지 않고, 논쟁을 중재하기 위한 경찰 조치에 의해 어떻게 적대자들이 체포되는 일이 일어나게 되었는지 놀랄 만하다.

---

48) ACO I, I, 3, 31이하.

49) ACO I, IV, 53이하.

마지막 신학적 협상과 공의회 해산

이제 콘스탄티노폴리스에서 항의들, 서한들, 사절단들, 법정 음모들과 과정들이 복잡하게 얽힌 역사가 시작되었다. 이 모든 것을 상세히 다루지는 않을 것이다. 그것들 모두가 공의회와 직접적인 관계를 가진 것이 아니기 때문이다. 키릴루스 주교는 개인적으로 그리고 다른 사람을 통해서 공주들과 궁정의 고위 인사들을 중재하였으며, 그들에게 선물과 금을 보냈다. 키릴루스의 수석부제이며 비서인 에피파니우스가 콘스탄티노폴리스의 새로운 주교인 막시미아누스에게 보낸 한 서한에는 교섭해야 할 인물들의 목록과 여기저기 보낸 선물 목록(Eulogien)이 들어 있다. 값비싼 비단과 양탄자, 상아로 만든 가구와 타조 가죽, 그리고 많은 양의 금들이다.[50] 같은 시간 칼케돈에서는 신학적인 회의가 열렸다.

그사이 에페소에서는 동방 주교들이 황제의 대리자에게 신앙고백을 했다는 것을 기억해 두어야 한다. 그들은 이 신앙고백에서 다음과 같이 선언하였다.[51]

> "그러므로 우리는, 우리 주 예수 그리스도께서 하느님의 외아들이시며, 완전한 하느님이시고 이성적 영혼과 육체를 지닌

---

50) Ibid. 222-225. 이 사실은 키릴루스에 대한 인상을 아주 강하게 불리하게 만든다. 위에서 언급한 틸레몽의 소견은 이것과 관련되어 있다.

51) ACO I, I, 7, 70. 간혹 "에페소 신경"으로 표현되는 이 본문을 작성할 때 키루스의 테오도레투스 주교의 공동작업을 생각하는 저자들이 옳을 수 있다. 어쨌든 테오도레투스 주교는 몇 달 후 동방의 수도자들에게 보낸 한 서한에서 이 본문의 상당량의 부분을 글자 그대로 반복했다(『서한』 151: PG 83, 1420). 그가 이 서한에서 위에서 인용한 구절 중 테오토코스와 관련된 마지막 부분을 생략했다는 것을 주목해야 한다. 참조: H. Diepen, *Les Trois Chapitres au Concile de Chalcédoine*, Oosterhout, 1953, 35이하. 디이펜이 이 본문에 테오도레투스가 공동작업을 했다는 것에 이론을 제기하는 것은 너무 지나치다.

완전한 인간이시며, 〈모든〉시대 이전에 신성에 따라 아버지에게서 나셨으며, 마지막 날에 우리 때문에, 우리 구원을 위해 인성에 따라 동정녀 마리아에게서 태어나셨고, 바로 이분이 신성에 따라서는 성부와 본질이 같으시며, 인성에 따라서는 우리와 본질이 같으심을 고백합니다. 두 본성이 일치되었기 때문입니다. 그래서 우리는 한 분의 그리스도, 한 분의 아들, 한 분의 주님을 고백합니다. 이 일치는 혼합된 것이 아니라는 이해를 바탕으로 우리는 거룩한 동정녀를 하느님의 어머니라고 고백합니다. 하느님이신 말씀이 육과 인간이 되셨으며, 잉태된 순간부터 그녀에게서 취한 성전을 자신과 일치시켰기 때문입니다.

주님에 대한 복음서들과 사도들의 진술에 관해 말하자면, 우리는 신학자들이 어떤 진술들은 한 위격에 해당되는 것이기 때문에 (두 본성에) 공통적으로 연관시키고, 또 다른 진술들은 두 본성에 해당되는 것이기 때문에 구분하여, 하느님께 부합되는 것은 그리스도의 신성의 의미로 전하고, 열등한 것은 그리스도의 인성의 의미로 전하고 있음을 알고 있습니다."(DH 272-273)

이것은 문제의 본질에 대한 중요한 양보였다. 그러나 고유한 신학적인 어려움들은 여전히 제거되지 않았으니, 동방 주교들은 키릴루스의 파문문들에 대한 단죄를 요구한 것이다. 하지만 그들은 성공하지 못했다.

마침내 9월, 테오도시우스 황제는 공의회의 해산을 선언하였고, 주교직에서 면직된 것으로 여겨진 키릴루스와 멤논을 제외하고 주교들에게 고향으로 되돌아갈 것을 권유했다.[52] 또 다른 칙령은 주교들이 곧 떠날 수 있도록 허용했다.[53] 그러나 키릴루스 주교는 기다리지 않

52) ACO I, IV, 68이하.

고 탈출에 성공했다.[54] 10월 30일에 그는 알렉산드리아에 도착했고, 개선 행렬 속에서 도시 전체로부터 환영받았다. 네스토리우스 주교는 안티오키아에 있는 자신의 수도원으로 쫓겨났고, 콘스탄티노폴리스의 주교좌에는 그의 후임으로 막시미아누스가 오르게 되었다. 네스토리우스 주교가 안티오키아에서도 계속해서 소동을 벌였기 때문에, 사람들은 그를 이두매아의 페트라로 추방하였으며, 몇 년 후에는 리비아 사막의 대 오아시스로 보냈다. 그는 그곳에서 451년경까지 살았다.

53) ACO I, I, 7, 81.

54) Ibid. 85.

제4장
에페소 공의회 교의

합법적인 에페소 공의회

에페소 공의회에 대해서 공정하게 평가하기가 쉽지 않다. 현대의 역사가들의 평가를 읽으면, 그들의 평가가 얼마나 많이 엇갈려 있는지 놀랍다. 어떤 역사가들은 그저 공의회의 한심한 사건들만을 바라보며, 그 사건들의 사소한 점이나 비열한 점을 늘어놓으며 자기만족에 빠진다. 또 어떤 역사가들은 449년의 공의회보다 더 가치가 없는 "에페소 강도 공의회"를 이야기한다. 또 다른 역사가들은 431년 에페소 공의회에서 혐오적인 이단에 대한 참 진리의 명백한 승리와 **테오토코스**(Θεοτόκος)의 영광스러운 고양과 마리아의 하느님 모친성에 대한 영예로운 정의를 보고 있다.

실재는 아마도 이러한 체계적인 비난이나 정당한 변론보다 더 복잡할 것이다. 오히려 역사가는 한쪽이든 다른 한쪽이든, 다소 자의적인 단순화에 직면해 있지 않은지 묻는다.

우리는 위에서 사실을 묘사하였으며, 텍스트의 영향력을 축소하거나 과장하려하지 않고 텍스트를 엄격하게 파악하려 했다. 상황들을 비관적으로 표현하거나,[1] 이 역사 전체 안에서 교회의 "인간적인, 너무나 인간적인" 면을 노골적으로 드러내는 것이 쉬웠을 것이다. 교회 정치나, 때에 따라서 정말 어설픈 황제 정치의 갈팡질팡하는 모습, 혹은 결국에는 형편없는 말다툼에 지나지 않은 교리 논쟁을 강조할 수 있었을 것이다. 대부분의 동방인들은 **테오토코스**(Θεοτόκος)를 받아들이는데 있어서 아무런 어려움을 겪지 않았다. 네스토리우스 주교 자신도 결국에는 그에 동의하였다. 사람들은 키릴루스 주교의 개인적인 야망과 개인적인 적대감과 독단적인 행동 및 경쟁관계에 있는 두 공의회의 애석한 광경들을 부각시킬 수도 있었다. 그러나 이제 에페소의 합법적인 공의회는 어떤 공의회인가? 그리고 결실이 없는 것처럼 보이는 토론들은 어떤 긍정적인 결과를 냈는가? 그 토론들이 그리스도교 교의의 발전을 위해 기여한 것은 무엇인가? 주교들은 서로 파문하였다. 네스토리우스 주교는 면직되었고 추방되었다. 사실 무엇인가를 정의할 의도가 없었던 것은 아닌가? 실제로 무엇이 정의되었는가?

먼저 첫 번째 질문, 곧 어떤 공의회가 에페소의 진정한 공의회였는가에 대한 질문에 답은 이것이다. 키릴루스 주교가 앞서 언급한 조건들을 갖추고 6월 22일에 열었던 공의회를 생각할 수 있다. 모든 주교들이 아직 도착하기도 전에 서둘러 개회했다는 것, 불운한 황실 경호대장으로 하여금 황제의 서한을 낭독하도록 강요했다는 것, 허위의 과반수로 어려움 없이 판결이 내려졌다는 것. 그러나 안티오키아의 요

1) 예를 들어, L. 뒤센느는 이러한 유혹에 빠졌고 심지어 자신이 옳다고 느끼고 있다. *Histoire ancienne III*, Kap. 10. 그는 키릴루스에 대한 자신의 혐오와, 알렉산드리아의 "파라오"가 기획한 "비극"의 희생자인 네스토리우스에 대한 자신의 동정을 숨기지 않는다.

한 주교와 동방 주교들의 공의회를 합법적인 공의회로 생각할 수도 있다. 이 공의회는 적어도 자칭 진리와 정의를 회복시킨 공의회라고 말할 수 있었으며, 황실 경호대장과 황제의 지원을 받을 수 있었다. 마지막으로 이 공의회는 요한 장관이 개입했을 때, 키릴루스의 공의회보다 더 융통적이며 유화적인 정신을 증명해 주었다.

키릴루스 주교의 행동이 논란의 여지고 있고 오늘날 우리가 느끼기에 악표양적이라는 것은 어느 누구도 부인할 수 없다. 그러나 그가 주최한 회의 결정들의 유효성에 대해서는 두 가지 사항을 고려해야 한다. 먼저 첫 번째로 키릴루스 주교는 첼레스티노 교황의 대리인으로 행동하였다는 것이다. 그 다음에는 무엇보다 교황 첼레스티노의 사절단이 에페소에 도착하자마자 곧바로 키릴루스와 합류하였고 그에게 교황의 서한을 건네주었다. 로마 사절단의 참석은 키릴루스의 공의회에 전세계적인 성격을 보장하기에 충분하였는데, 반면 동방 주교들의 공의회에는 그러한 전세계적인 성격이 없었다. 그렇게 키릴루스의 공의회는 교황과의 친교가 있었고, 요한의 공의회는 교황과의 친교가 없었다.[2] 그리고 키릴루스의 공의회만 장엄하게 승인을 받았는데, 432년 7월 27일 첼레스티노 교황이 선종했기 때문에, 이제는 더 이상 그가 아니라 그의 후계자 식스토 3세에 의해서 승인을 받았다.[3]

아래의 관점이 더 첨가되어야 할 것이다. 역사의 의미와 교회사를 고려한다면, 교회는 항상 키릴루스의 공의회 안에서 자신을 재인식하였고, 그 공의회 안에서 자신의 신앙의 표현을 알아보았다. 우리는 여기에서 고대의 문서로 제한하고자 한다. 대레오 교황의 말씀과 칼케돈 공의회의 문서에서 나온 문장을 인용하는 것으로 충분할 것이다. “고인이 되신 복된 키릴루스 주교가 의장직을 수행한 제1차 에페소 공의

2) ACO I, I, 3, 5-9.

3) Ibid. I, I, 7, 143-145; PL 50, 583-589.

회를 통해서 네스토리우스에 반대하여 결정된 것은 남아 있기를 바랍니다."[4] "우리는 돌아가신 복되신 로마의 첼레스티노와 알렉산드리아의 키릴루스 주교의 권위에 따라 일찍이 에페소에서 거행된 거룩한 교회회의의 규정들과 모든 신앙 정식들을 지키고 있습니다…".[5] 이러한 견해는 그것에 대한 모든 논쟁을 종식시키기에 충분할 것이다.

네스토리우스의 단죄

그러나 다른 문제가 아직 남아 있다. 공의회는 과연 교의를 정의하였는가? 공의회에서 나온 유일한 공식적인 문서는 네스토리우스의 면직이고, 후에는 안티오키아의 요한 주교와 그의 추종자들에 대한 단죄이다. 공의회의 오랜 논쟁을 총결산한다면, 실제로 네스토리우스에 대한 몇 줄 안 되는 면직 판결 외에는 아무것도 없다. 그래서 공의회는 긍정적인 결과로 순전히 징계적이며, 이른바 교회정치적 성격의 단순한 결정을 내놓았다고 생각할 수 있을 것이다.

하지만 콘스탄티노폴리스의 총대주교인 네스토리우스가 정말 존경받는 사람이었고, 사생활이나 주교직을 수행하는 데에 있어서 악표양을 준 적이 없다는 것을 유념해야 한다. 사람들은 그가 연설에서 정도를 이탈하여 빗나갔고, 이단자들을 아주 열심히 추종했다는 것에 대해서만 비난할 수 있었다. 따지고 보면, 이 모든 것은 크리소스토무스가 그의 적들로부터 비난받은 것에 비하면 덜 심각하다. 그러므로 왜 네스토리우스가 면직되었는지 의문이 생긴다. 그러기 위해서 온 제국의 고위성직자들과 로마 주교의 대리자를 모이게 하고, 심지어 저 멀

---

4) 레오, 『서한』, 93: PL 54, 939; ACO II, IV, 52.

5) 칼케돈 공의회 결정: ACO II, I, 2, 127.

리 아프리카에서 아우구스티누스를 오게 할 만한 가치가 정말 있었는가? 혹은 자신의 경쟁자를 누르려는 데에 항상 마음을 쓴 키릴루스의 전임인 알렉산드리아의 테오필루스 주교처럼, 그의 조카인 키릴루스의 야망이 이루어지도록 도와주는 데에만 그친 것은 아니었는가?

그러나 우리가 언급한 바와 같이, 테오도시우스 황제가 이 공의회를 소집하도록 한 것은 네스토리우스 자신의 권유였으며, 결국에는 공의회가 총대주교에게 등을 돌리게 되었다. 이 공의회에서는 **테오토코스(Θεοτόκος)**에 대한 장엄한 승인과 마찬가지로, 키릴루스의 파문문들에서 작성된 것에 대한 단죄가 관건이었다. 그 밖에도 우리는 알렉산드리아와 콘스탄티노폴리스 사이에 야망의 실현이나 영향력 확대를 목적으로 하는 적대관계를 암시할 수 있는 그 어떤 것도 공의회의 텍스트들 안에서나 사건들 안에서 찾지 못했다는 것을 강조했다. 이미 25년전 알렉산드리아의 테오필루스 주교와 콘스탄티노폴리스의 요한 크리소스토무스 주교 시대에서와 마찬가지로 교회정치적인 음모에 대해서는 별 얘기가 없었다.

모든 사안에서 본질적인 것은 사실 네스토리우스 주교에 대한 면직 판결이다. 그리고 이것은 아마도 우리에게 답을 가져다줄지도 모른다. 사실 네스토리우스 주교는 "그리스도를 모욕했다"는 이유로 "불경한 견해와 강론 때문에" 면직되었다. 7월 11일 회기에서 로마 사절단 필리푸스 신부는 6월 22일에 일어난 사건들을 조사한 후에, 공의회가 "수 세기 동안 오늘날까지" 보존되어 온 가톨릭 신앙이 언제나 흔들리지 않고 머물도록 하기위해 모였다는 것을 인지했다. 그리고 프로엑투스 주교는 네스토리우스가 신앙의 적이며 진리의 왜곡자로서 파렴치한 그의 주장들이 복음과 사도들의 가르침에 위배되었기 때문에 단죄되었다고 선언하였다.[6] 따라서 네스토리우스 주교는 실제로 교리상의

6) Ibid. I, I, 3, 61이하.

이유로 단죄된 것이다.

교의적인 정의가 있었는가?

그러나 네스토리우스 주교가 그의 가르침 때문에 단죄되었다는 것은 무엇을 뜻하는가? 네스토리우스가 "그리스도를 모욕했기" 때문에 공의회가 그를 면직시켰다면, 그것은 아주 포괄적이고 너무 부정적인 표현이다. 그것은 7월 17일 회기에서 선포된 규정들도 마찬가지이다. 우리는 이 교리상의 이유가 무엇인지 더 자세히 살펴보고, 그리스도교 교의의 발전을 위한 공의회의 가르침과 긍정적인 기여는 무엇인지 그에 대한 답을 찾으려고 한다.

실제로 공의회는 성령 안에서 니케아에 모인 교부들이 정의한 그것과 다른 "신앙"을 제시하거나 작성할 생각을 하지 않았다. "니케아 신앙"은 언젠가 나타날 수 있는 모든 오류들을 없애고 억누르기에 충분한 것이 틀림없었다. 마찬가지로 동방인들은 에페소 공의회 다음에 열린 회의에서 우리가 이미 언급한 신앙 정식 안에서 그들의 신앙을 고백했고, 니케아 신앙에 어떠한 수정을 가하는 것을 인정하지 않았다. 키릴루스 주교도 베로아의 아카키우스 주교에게 이런 설명을 하였다. "우리는 오로지 참 신앙 때문에 공의회를 개최하였으며, 참 신앙에 대해서 니케아 교부들이 정의한 것을 이 공의회 때 재확인하였습니다. 그래서 우리는 이 위대하고 거룩한 공의회가 나무랄 데 없는 신앙에 대한 정확하고 잘 다듬어진 정의를 선포한 것에 대해 만장일치로 경의를 표했습니다."[7] 이 사실은 고대 교회가 항상 첫 번째 세계공의회, 곧 니케아 공의회의 특별한 권위를 인정했다는 것을 나타낸다.

---

7) Ibid. I, I, 7, 142.

에페소 공의회는 신경도 교리적인 규정도 내놓지 않았다. 그러나 공의회가 실제로 생각한 것은 무엇인지 그것에 대한 긍정적이고 확실한 표현을 전해 주는 것이 바로, 공의회에서 낭독되고 장엄하게 승인을 받은 키릴루스의 서한이다. 이 책의 부록에 그의 서한이 온전히 게재되어 있다. 여기서는 단지 중요한 진술만을 제시하고자 한다.[8)]

말씀의 본성(φύσις)은 결코 육이 되기 위해 변화를 겪지 않았다. 말씀은 위격에 따라(καθ' ὑπόστασιν) 이성적인 영혼으로 살아있는 육과 결합하였다. 말씀은 자신을 사람의 아들이라 불렀는데, 이는 단지 그의 의지 또는 원의가 아니고, 또한 위격을 취함으로써만 이루어진 것도 아니다. 서로 다른 본성들은 오히려 진정한 일치로 결합되었으며, 그 두 본성에서 **한 분**이신 그리스도, **한 분**이신 성자가 발하신 것이다. 본성들의 구별은 결합에 의해 없어지지 않았으며, 형언할 수 없는 신성과 인성의 일치로 우리를 위해 한 분이신 그리스도께서 나신다. 말씀 자체는 동정녀에게서 나셨는데, 말씀이 그분의 육의 본성을 온전히 자신의 것을 취했기 때문이다. 말씀의 본성이 고난을 겪으신 것이 아니다. 그러나 그분 자신의 몸이 고난을 겪었기 때문에, 말씀이 고난을 겪었고 우리를 위해 죽으셨다고 말할 수 있는 것이다. 우리는 한 분이신 그리스도와 주님을 말하지만, 그렇다고 우리가 말씀과 함께 있는 인간을 흠숭한다는 것이 아니다. 오히려 우리는 단지 한 분이신 그리스도를 흠숭한다. 위격에 의한 결합을 거부한다면, 두 명의 아들에 대해서 이야기해야 할 것이다. 성경은 말씀이 인간의 위격(προσοπον)과 결합되었다고 말하지 않고, 말씀이 육이 되었다고 말한다. 그러므로 교부들도 마리아를 하느님의 어머니, 곧 **테오토코스**(Θεοτόκος)라고 표현하는 것이다.

공의회는 이 위대한 키릴루스의 신학의 모든 명제들을 자신의 것

8) Ibid. I, I, 25-28; PG 77, 44-49. 부록 원문 · 번역문 1.

으로 삼았다. 의심의 여지없이 알렉산드리아의 주교인 키릴루스는 네스토리우스의 주장에 반대하여 이 명제들을 명백하게 표현하였다. 하지만 이 긴 텍스트의 모든 문장, 모든 단어가 사실 트렌토 공의회와 제1차 바티칸 공의회의 정의들처럼 명시적으로 공의회에서 승인을 받았다고 말할 수 없다. 트렌토 공의회와 제1차 바티칸 공의회의 모든 문장들은 오랜 기간 동안 세심하게 토론이 이루어진 이후에야 비로소 받아들여졌다. 그러나 네스토리우스의 경우와 텍스트의 세부사항은 예외로 생각해야 한다. 텍스트 안에 많은 표현들은 나중에 더 설명이 필요하고 더 정확한 이해가 필요하다. 그런 후에야 키릴루스의 서한 전체가 공의회의 진정한 신앙을 나타낸다고 말할 수 있다. 그리고 에페소 공의회 이후 전체 가톨릭 전승은 에페소 공의회의 신앙을 넘겨받았다. 심지어 우리는 칼케돈 공의회의 정의가 키릴루스의 서한에서 특징적인 정식 일부를 되풀이하는 것을 보게 될 것이다.

이제 네스토리우스에게 보낸 키릴루스의 세 번째 서한이 공의회에서 낭독되었고, 그 서한에는 **파문문들(Anathematismen)**이 첨부되었다. 따라서 이제 우리는 공의회가 파문문들도 포함해서 이 서한을 승인하였고 구속력 있는 것으로 선언하였는지 문제를 제기해야 한다.

이것에 대해서 아마도 너무 격렬하게 벌어졌을 것 같은 논쟁에 들어가지 않고 단순히 텍스트에 머문다면, 분명한 것이 두 가지가 있다. 첫 번째 서한이 낭독된 후에 키릴루스는 공의회에 분명하게 그것에 대한 공의회의 의견을 물어보았고, 공의회는 이미 언급했듯이 장엄한 형식으로 이를 선포하였다. 이때에 키릴루스는 아무 말도 하지 않았고, 공의회도 어떠한 반응을 보이지 않았다. 또한 그것에 대한 투표도 없었다. 회기의 회의록에는 단순히, 이 서한이 낭독된 후 필리피의 플라비아누스 주교의 요청대로 공의회 문서에 포함되었다고 쓰여 있다.[9)]

9) ACO I, I, 2, 36.

어떤 사람들은 키릴루스가 여기에서 파문문이 들어 있는 텍스트에 대한 토론을 피하기를 원했다고 주장한다.[10] 텍스트의 표현들이 어떤 주교들의 비위를 건드릴 수 있었기 때문이라는 것이다. 가능성이 있는 말이다. 왜냐하면 파문문들이 오히려 테오토코스나 네스토리우스의 면직보다 오랫동안 동방 주교들의 강렬한 반대에 부딪혔다는 것을 이미 살펴보았기 때문이다. 키릴루스가 어떤 의도를 가졌든 그의 침묵에 대한 해석이 어떠하든, 에페소 공의회가 앞의 서한들과 같은 방법으로 그 파문문들을 승인했다고 말할 수 없다.

물론 공의회는 서한들과 파문문들을 거부하지 않았다. 그렇다고 그 서한이 파문문들과 함께 공의회 문서에 첨부되었다는 사실을 끌어대서, 그것이 공의회에 의한 일종의 승인이라고 보아서는 안 된다. 네스토리우스의 연설에서 키릴루스가 발췌한 것도 공의회 문서에 받아들여졌기 때문이다. 그리고 그 서한은 중요한 문서였기 때문에 단순히 그 자체로 거기에 있을 수 있었다. 그렇기는 하지만 전체 사건의 경과, 전후관계, 공의회의 환경과 분위기를 고려한다면, 파문문들이 공의회의 의도를 전체적으로 반영한다는 것으로 받아들여도 된다. 이때에는 물론 더 자세한 이해를 필요로 하는 키릴루스의 몇몇 정식들을 제쳐두어야 한다. 나중에 우리는 칼케돈 공의회를 통해 파문문들이 받아들였는지에 대한 논란의 여지가 많은 문제에 대해 짧게 다루게 될 것이다. 그러나 당분간 이 문제를 남겨두도록 하자. 어쨌든 확실한 것은 제2차 콘스탄티노폴리스 공의회가 이 파문문들이 에페소 공의회에서 유래했다는 이유로 그것들을 간직하고 있었다는 것이다.[11] 마찬가지로 에페소 공의회가 정의한 바와 같이, 파문문들이 전체 전승에 의해 가톨릭 신앙의 표현으로 간주되었다는 것은 확실하다.[12]

---

10) G. Jouassard, *Maria I*, 129. 각주 34.

11) Mansi, IX, 327.

아래의 사실들을 고려하지 않는다면, 그것은 교회 전승의 의미처럼 역사의 의미에 불충실한 것처럼 보인다. 곧 교회의 살아있는 전승은 그 기원과 본래 가치에 대해 토론할 수 있는 문서를 채택하지만, 그 문서 안에서 교회는 실제로 논쟁의 여지가 있을 수 있는 요소들을 담고 있는 모든 것을 명확히 하면서 자신의 신앙 표현을 식별한다는 것이다.

마리아, "하느님의 어머니"

공의회는 **테오토코스(Θεοτόκος)**도 정의했는가?

문서들과 텍스트들에 엄격한 까다로운 비판은 텍스트의 범위를 과도하게 늘리는 것에 대한 두려움 때문에 텍스트의 미묘한 차이 없이 말하려고 하지 않을 것이다. 공의회 논쟁에 대한 보도를 통독한다면, 공식적인 의미에서 하느님의 모친성(divina maternitas)에 대한 교의 정의를 찾을 수 없다.[13] 그렇지만 여기서는 맥락과 전체적인 분위기를 고려해

12) 디이펜은 그의 마지막 작품에서, 파문문들이 에페소 공의회의 정의가 아니라고 올바로 제시한다(*Douze Dialogues de Christologie ancienne*, Rom, 1960, 234). 그럼에도 그는 파문문들이 실제로 말하고자 하는 것보다 더 많은 것을 본문에서 찾아내려고 하는 것 같이 보인다. 왜냐하면 그는 "이 파문문들은 네스토리우스가 서명해야 했던 정식이다. 공의회는 대이단자를 면직시켰는데, 그가 이 요구를 따르려고 하지 않았기 때문이다."라고 부연설명하기 때문이다.(Ibid; 참조, 82-94). 실제로 "네스토리우스가 이 정식에 서명해야 했다."는 것에 대한 암시는 어디에서든 찾아볼 수 없다.

13) 교황 비오 11세가 에페소 공의회 1500주년을 장엄하게 거행할 의도를 밝히는 교서에서, 교황은 공의회를 통한 마리아의 하느님 모친성에 대한 장엄한 결정(solmeniter decretum)을 여러 번 언급한다(AAS 23, 1931, 10-12). 그와는 달리 교황은 1931년 12월 25일, 회칙 「*Lux veritatis*」에서 하느님 모친성의 교의는 에페소 공의회가 정의한 바와 같이, 오로지 위격적 결합의 교리의 불가피한 귀결이라고 말한다. 이 교서에서 "결정"에 대한 암시는 찾을 수 없다; Ibid. 511이하.

야 한다. 성 키릴루스는 다음과 같이 기술하며 아주 적절하게 그것을 표현한다. "신앙에 대한 이 모든 논쟁은 우리가 거룩한 동정녀가 하느님의 어머니라는 것을 굳게 확신했기 때문에 시작되었습니다."[14] 확실히 네스토리우스는 공의회가 열린 시점에서 이미 몇 달 동안 테오토코스에 대한 자신의 완강한 태도를 포기하고, 몇 가지 설명을 첨가하면서 그것을 받아들일 준비가 되어있다고 선언했다. "내가 보기에, 나는 테오토코스라는 말을 사용하기를 원하는 사람들을 반대하지 않는다. 단 아폴리스나리스와 아리우스의 어리석음을 모방하여 그 말이 본성들의 혼합을 의미하는 것처럼 해석하지 않는 한에서이다."[15] 그럼에도 논쟁 전체를 야기시킨 것이 테오토코스에 대한 그의 거절이었다는 것은 사실이다. 비록 그가 그 말의 사용을 양보했을지라도, 그의 그리스도론은 하느님의 모친성의 심오한 의미를 이해할 수 없었다. 그리고 단죄된 것은 사실 그의 그리스도론이었다.

다른 한편, 공의회 신앙의 표현으로 여겨도 되는 성 키릴루스의 서한은 하느님의 말씀이 육에 따라 모태에서 태어났다는 것을 가르치며, 또한 거룩한 교부들은 거룩한 동정녀를 테오토코스(Θεοτόκος)라고 부르는 것을 두려워하지 않았다는 것을 상기시켜준다. 왜냐하면 그녀에게서 거룩한 몸이 태어났기 때문이며, 말씀은 위격에 따라(καθ' ὑποστασιν) 거룩한 몸과 결합하였기 때문이다. 따라서 말씀은 동정녀에게서 육에 따라 태어났다고 말할 수 있다는 것이다.[16] 예를 들어 이것이 첫 번째 파문문에 대한 진정한 승인인 것처럼, 엄밀한 의미로 말하자면, 공식적인 정의가 아니다. 하지만 그것이 위격적인 결합의 신비와 연결된, 마리아의 하느님 모친성에 대한 명백한 가르침임을 부정할

14) 『서한』, 39(433년 안티오키아의 요한 주교에게 보낸 서한): PG 77, 177; ACO I, I, 4, 18.

15) ACO I, II, 13; I, V, 182.

16) 참조: PG 77, 44-49; ACO I, I, 1, 25-28.

수는 없다. 마리아의 하느님의 모친성에 대한 명확한 교리는 교의사의 관점에서 우리에게 아주 중요하다. 에페소 공의회가 테오토코스, 곧 하느님의 어머니에 대한 그리스도교 공경을 위해 책임을 떠맡았을 뿐만 아니라, 그것에 대한 교의적 기반을 사람이 되신 말씀의 신비로 제시하였기 때문이다.

여기서 우리는 다음과 같이 조르즈 주아사르(Georges Jouassard)와 전적으로 같은 의견이다. "장엄한 선포 하에 정식으로 이루어지는 정의를 생각한다면, 실제로 하느님의 모친성은 에페소에서 장엄하게 선포되지 않았다. 에페소 공의회에서는 그러한 정의들이 전혀 없었다. 에페소 공의회에서는 오히려 체계적으로 일관성 있게 니케아 신경에 그 어떤 것도 덧붙이는 것을 거부하였다. 그러나 **공의회의 결정들이 하나의 정의와 같은 가치를 갖는다는 견해에서 볼 때, 에페소 공의회는 결코 오류에 빠지지 않았다**. 이른바 네스토리우스의 단죄는 거룩한 동정녀가 그녀의 영예를 해치려는 이들에게 대해 승리했다는 인상을 준다. 따라서 그 이후로 어느 누구도 교회 내에서 마리아의 **테오토코스**라는 호칭을 부인한 적이 없다."[17)]

첼레스티노의 후계자인 식스토 3세(432-440년)는, 공의회가 열린 에페소에 있는 "대성당"이 마리아에게 봉헌된 것과 마찬가지로, 리베리오 교황(352-366년)의 명령으로 세워진, '바실리카 리베리아나'라고 부르는 '산타 마리아 마조레' 대성당을 개축하면서, 그 대성당을 마리아에게 봉헌하였다.[18)] 아치형 후진의 모자이크는 육화 교의와 동정녀

---

17) Maria I, 135; 강조는 우리에게서 시작한다. 각주에 이런 말이 첨가된다. "그러므로 엄격한 교회법적인 관점에서, 에페소 공의회에서 하느님 모친성에 대한 교의가 정의되었다고 말할 수 없다. 그러나 실제로는 그와 같은 일이 이루어졌다. 테오토코스는 곧 키릴루스가 네스토리우스에게 보낸 두 번째 서한(부록 원문 · 번역문 1)에서 명시적으로 가톨릭 교리로 정해진 것이고, 이 서한은 공의회의 장엄한 승인을 얻었다."

18) "VIRGO MARIA TIBI SIXTUS NOVA TEMPLA DICAVI."(동정녀 마리아여,

산타 마리아 마조레 대성당

※ 역주. https://upload.wikimedia.org/wikipedia/commons/b/b3/Apse_mosaic_SM_Maggiore.jpg.

마리아를 찬미한다. 에페소 공의회를 승인한 식스토 3세 교황이 에페소 공의회 교의를 이미지와 색과 빛의 조합으로 곧 시각적으로 그리스도교 백성에게 보여주려고 한 것이 분명하다.[19]

식스토가 당신께 새로운 성전들을 봉헌하였습니다). 참조: G. de Rossi, *Inscript. christ. II*, Rom, 1888, 71; G. Wilpert, "La proclamazione Efesina e i mosaici della basilica di S. Maira Maggiore", *Analecta Sacra Tarraconensia* 7, 1931, 197-213.

19) 참조: 비오 11세 회칙 「*Lux Veritatis*」, AAS 23, 1931, 515: 부록 원문 · 번역문 XII.

433년의 합의, 교회의 공동 신앙

이러한 긍정적 결과는 그 중요성을 무시할 수 없다. 우리는 이 결과를 교회 전승의 빛으로 살펴보았으며, 이후의 교회 전승의 발전은 그 기원들을 밝혀준다. 431년 가을, 테오도시우스 황제가 공의회의 해산을 선언하고 주교들이 각자 고향길에 올랐을 때, 이 결과는 아직 눈에 띄지 않았다. 여전히 상황은 혼란스러웠다. 의심할 여지없이 키릴루스 주교는 알렉산드리아에서 열렬한 환영을 받았고, 네스토리우스 주교는 면직되었으며 콘스탄티노폴리스 총대주교좌에는 다른 사람이 대신 앉게 되었다. 그러나 안티오키아의 요한 주교와 동방 사람들은 그들의 입장을 고수했는데 그들 스스로 승리자라고 여길 수 있었기 때문이다. 하지만 무엇보다도 갈등상태에 있는 안티오키아와 알렉산드리아의 신학적 사상 사이의 대립은 되돌릴 수 없는 채로 남게 되었다.

여기서는 에페소 공의회와 직접적인 관계가 없는 상세한 역사에 대해서는 다루지 않고, 참석했던 모든 사람들의 진지한 노력들을 짧게 언급하고자 한다. 안티오키아의 요한 주교의 끈질긴 청원, 존경스런 베로아의 아카키우스 주교와 고행수도자 성 시메온(St. Simeon Stylite)의 활동, 에메사의 파울루스 주교의 알렉산드리아 파견, 키릴루스 주교의 선의와 그가 이제부터 보여주는 화해의 정신, 이 모든 것이 마침내 433년 4월 합의를 이끌어냈다.

안티오키아의 요한 주교는 키릴루스 주교에게 서한을 보내 화합과 일치에 대한 그의 바람을 표명하였고, 동방주교들의 만장일치의 신앙을 표현하는 하나의 선언문을 제안하였다.[20] 이 서한의 본문은 이미 언급한, 동방주교들이 테오도시우스 황제에게 보낸 서한을 다시 반복한다. 그 내용은 다음과 같다. "두 본성이 일치되었기 때문입니다...,

---

20) 참조: 부록 원문 · 번역문 6.

이 일치는 혼합된 것이 아니라는 이해를 바탕으로 우리는 거룩한 동정녀를 하느님의 어머니(Θεοτόκος)임을 고백합니다. 하느님이신 말씀이 육이 되고 인간이 되었기 때문입니다."[21]

우리는 이 정식이 아마도 키루스의 테오도레투스 주교로부터 유래된 것 같다고 이미 언급했다. 이 정식은 육화와 마리아의 하느님 모친성에 대한 신앙을 아주 간단하게 밝힌다.[22] 그런데 안티오키아의 요한 주교는 다음과 같이 대단한 의미를 지니는 설명을 추가한다.

> "주님에 대한 복음서들과 사도들의 진술에 관해 말하자면, 우리는 신학자들이 어떤 진술들은 한 위격에 해당되는 것이기 때문에 (두 본성에) 공통적으로 연관시키고, 또 다른 진술들은 두 본성에 해당되는 것이기 때문에 구분하여, 하느님께 부합되는 것은 그리스도의 신성의 의미로 전하고, 열등한 것은 그리스도의 인성의 의미로 전하고 있음을 알고 있습니다."

사실 본성들을 구별해야 한다는 것이다. 혹은 그가 자구적으로 말했듯이, 키릴루스의 네 번째 파문문과 직접적으로 상치되는, "각 본성들에 관한 복음서의 주장들을 구별"해야 한다는 것이다. 그런데 이 본성들을 유일한 위격(prosopon)과 관련시키면서 결합된 것으로 보아야 한다는 것이다. 이것은 안티오키아인들의 의미 있는 양보이다.[23]

마침내 동방주교들도 네스토리우스를 단죄하였고 그의 면직을 받

---

21) ACO I, I, 7, 70.

22) 여기서는 요한 주교가 네스토리우스파처럼 균형을 맞추는 인간의 어머니(Anthropokokos)를 덧붙이지 않고, 테오토코스에 대해서 말하고 있다는 것을 주목하라.

23) 뒤센느는 아무런 이유 없이 이러한 부연설명의 의미를 과소평가한다. 이것은 "단지 사정에 따라" 첨가되었다는 것이다. *Histoire ancienne III*, 377.

아들였다.[24] 키루스의 테오도레투스 주교만이 유일하게 칼케돈 공의회까지 네스토리우스를 저버리고 단죄하기를 거부하였다.

키릴루스 주교는 요한 주교의 제안에 열광적으로 찬성하였다. "하늘은 기뻐하고 땅은 용약할지어다..." 그는 직접 동방주교들의 정식을 넘겨받았으며, 성서구절에 대한 긴 주석을 첨부하였다. 이제 그는 "하나의 본성" "본성적 결합" "위격에 따라"와 같이 논쟁적인 표현을 더 이상 사용하지 않았으며, 3년 전 네스토리우스의 동의를 강요하려 했던 자신의 파문문들을 더 이상 암시하지 않았다.[25]

교황 식스토는 키릴루스와 요한 주교에게 진심 어린 축하의 서한을 보냈다. 교황은 신경을 언급하지 않고, 네스토리우스에 대해서만 이야기하였는데, "강론에서, 그리스도가 인간으로만 태어났다고 주장하면서 육화의 신비를 간단히 없앤" 사람으로 네스토리우스를 표현하였다.[26] 이 축하 인사는 적어도 암묵적으로 일치를 이루는데 기여한 그 정식에 대한 승인이었다.[27] 18년 후 칼케돈 공의회는 키릴루스의 서한을 구속력 있는 것으로 선언하였고, 교의적인 가치가 있는 한 문서로서 권위를 부여하였다. 그러나 이 서한이 세계공의회를 통해 그와 같이 구속력 있는 것으로 선언되지 않았을지라도, 에페소 공의회에서 내려진 정의들과 똑같은 중요성을 가지고 있다. 왜냐하면 이 서한은 학파들 간의 논쟁들을 제거하였고, 사람이 되신 하느님 말씀과 **테오토코스**에 대한 교회의 보편적인 신앙을 표현하였기 때문이다.

하지만 우리는 에페소 공의회가 신학자들이나 역사가들에게 해결해달라고 맡긴 문제들과, 이 "애통하고 복잡한 비극"을 공평하게 평가

---

24)『서한』, 38: **PG** 77, 172이하; **ACO I, I**, 4, 7-9.

25)『서한』, 39: **PG** 77, 173-181; **ACO Ibid.** 15-20; 참조: 부록 원문 · 번역문 **VII**.

26)『서한』, 51-52: **PG** 77, 277-286; **ACO I, II**, 107-110.

27) 식스토,『서한』, 5와 6: **PL** 50, 602-610; **ACO I, II**, 107이하; 108-110.

하는 어려움을 숨기지 않으려 한다. 뒤센느의 이 말은 공의회에 대하여 많은 역사가들이 받은 인상을 잘 반영해 준다.

그러나 보수에는 다음과 같이 아주 다른 의견을 가지고 있었다.

> "에페소 공의회는 소송과정의 질서가 가장 잘 잡혀 있으며 운영이 가장 잘 된 공의회 중의 하나이기 때문에 그 어디에서도 가톨릭교회의 위엄을 그보다 더 잘 보여주는 것은 없다. 그리고 이 거룩한 공의회가 이렇게 만족할 만한 성공을 거둔 것은 특별히 키릴루스의 중용과 능력에 기인한다. 하지만 우리는 고대와 현대의 이단자들이 [에페소]공의회와 그 지도자였던 키릴루스를 헐뜯기 위해 그 어떤 것도 잊어버리지 않았다는 것을 이미 언급한 바 있다."[28]

오늘날에도 여전히 많은 학자들이, 심지어 모두 이단적이지 않은, 훌륭한 학자들이, 이 모든 사건들 안에서 키릴루스의 행실과 그때문에 공의회 자체도 엄격히 판단하고, 게다가 비방하는 경향이 있다는 것은 사실이다.

그러나 보수에는 너무 낙관적이지 않았는가? 그는 "질서가 가장 잘 잡혀 있는 소송과정" "운영이 가장 잘 된 공의회" "키릴루스의 중용"에 대해서 말했다. 보수에가 여기서, 우리가 말하려고 한 보도 과정 안에서 알게 된 것과 같이, 부정할 수 없는 사실들에 대해 눈을 감은 듯한 인상을 받는다. 미숙함, 혹은 오류 특히 실수에 대한 공개적인 고백이 확실히 진리에 더욱 맞지 않는가. 그렇다면 이 "비극"의 주인공들이 더 많은 역량을 보여주었고 더 많은 "중용"을 가지고 행동했었다면, 많은 고통스러운 복잡한 일들과 재앙적인 결과들을 피할 수 있

---

28) Bossuet, *Remarques sur l'Histoire des Conciles de M. Dupin* (ch. II).

었다고 솔직히 말해야 되지 않는가.

그러나 이 사안을 너무 외부적인 관점에서 보는 것은 잘못된 일이다. 교회사는 내면에서만 판단할 수 있는 신앙의 눈으로 비로소 올바르게 그 완전한 진리를 인식할 수 있다. 그런 다음에 사건들의 새로운 차원이 드러나며, 사건들이 겉으로는 연관성이 없어도 교회 생활의 지속성과 가톨릭교회의 위대함이 깊이 보여진다. 트렌토 공의회 역사가인 후베르트 예딘은 공의회들에서 너무 자주 역할을 맡은 정치적인 영향들을 암시하면서, "피상적인 역사관만"이 정치적인 영향들 안에서 공의회사의 본질적인 것을 본다고 언급하며, 다음과 같이 덧붙인다.

> "그러나 끊임없이 변화하는 겉모습에도 남아 있는 것을 간과하는 것이 결코 피상적이 아닐 것이다. 그리스도라는 몸의 머리와 지체들의 협력은 공동 신앙의 고백 안에서, 그리고 그리스도의 선교 명령과 사목 명령이 사도들과 그 후계자들에게 맡긴 과제를 해결함에서 남아 있는 것이다."[29]

그런 다음 예딘은 사도들에게 한 예수의 말씀을 상기시킨다. "내가 너희에게 명령한 모든 것을 가르쳐 지키게 하여라. 보라, 내가 세상 끝 날까지 언제나 너희와 함께 있겠다."

에페소 공의회 혹은 니케아 공의회나 트렌토 공의회 혹은 제1차 바티칸 공의회에서는 본질적으로 무류적인 교회 교도직의 행사가 관건이었다. 비록 테오도시우스 2세 황제가 네스토리우스 주교의 발의로 공의회를 소집했을지라도, 그리고 키릴루스 주교가 월권하여 심의를 열었고, 동방인들의 도착을 기다리지 않고 혹은 첼레스티노 교황의 사절단을 기다리지 않고, 그다음에는 네스토리우스의 말을 듣지도 않

29) H. Jedin, *Kleine Konziliengeschichte*, Freiburg, 1959, 127이하.

고 그를 단죄하였을지라도 말이다. 예딘은 트렌토 공의회와 제1차 바티칸 공의회 동안 벌어진 격정적인 논쟁들을 암시하며 다음과 같이 덧붙인다. "공의회들에서 자주 너무 인간적으로 일이 행해지는 것은 공의회 권위에 대한 반대가 아니라 단지 공의회의 자유에 대한 확인이다."[30] 우리는 다음과 같이 덧붙이고자 한다. 그리고 그것은 교회의 신비를 위한 표징이라는 것.

우리가 이러한 접근을 허용한다면, 교회의 인간적인 모습, 혹은 게다가 너무 인간적인 교회의 나약함을 고백하기를 거부하는 교회사의 무의식적인 단성론적인 견해에 대해 말할 수 있을 것이다. 그다음에는 네스토리우스적인 견해도 있을 것이다. 이 견해는 이 역사 안에서 단지 "인간적인, 너무나 인간적인" 모습을 보며, 따라서 그것이 예수에 의해 약속된 성령이 중단 없이 내재하고 그의 생명을 불어넣어 주시는, 예수 그리스도의 교회의 역사라는 것을 잊어버리게 된다.

에페소에서 이러한 인간적이고 동시에 신적인 역사는 가장 고귀한 종교적 가치들과 우리 구원의 실현성과 관련된, 하나의 교의적 정의를 만들도록 이끌었다. 키릴루스의 신학은 인간이 되신 말씀의 신비를 가장 훌륭히 표현하고 있다는 바로 그것 때문에 승리를 거두었다고 말할 수 있을 것이다.[31]

---

30) Ibid. 129.

31) 이번에는 뒤센느가 더 좋은 충고를 하였다. 그는 네스토리우스의 이성주의와 윤리주의에, "키릴루스의 신학이 숨쉬는 영"을 적절하게 대립시켰다. "그리스도의 일치를 위한 그의 열정은 동방의 신비주의에 깊은 뿌리를 두고 있었거나", 그리스도의 신앙과 신심 안에서는 그보다 더 나았다. *Églises séparées*, Paris, 1896, 38-40.

칼케돈 공의회

제1장 에페소 이후 에페소로부터: 에우티케스

제2장 교황 레오와 그가 플라비아누스 총대주교에게 보낸 서한, 에페소 강도 공의회

제3장 칼케돈 공의회

제4장 칼케돈 공의회의 교의 결정

제5장 공의회 마지막 회기. 칼케돈 공의회의 규정들, 교황과 공의회

※ 역주. 옥좌에 앉으신 하느님의 어머니(Θεοτόκος) 와 아기 예수, 동방교회 이콘.
https://i.pinimg.com/originals/b0/6d/05/b06d05ddd839d2afe401a5b845495844.jpg.

에페소 이후 에페소로부터: 에우티케스

키릴루스에 반대하는 동방인들의 저항

안티오키아의 요한 주교와 키릴루스 주교[1]가 433년 4월 서로 교환한 서한들은 불화를 해결하려는 솔직한 바람과 실제로 양측의 선한 의지에서 나온 합의에 대한 증거이다. 그보다 더한 것은, 이 서한들이 육화에 대한 보편타당한 신학을 위한 작업에서의 진정한 진보를 의미한다는 것이다. 여기서는 네스토리우스에 반대하여 그리스도의 일치가 확인되었고, 아폴리나리스에 반대하여 두 본성의 실재가 확인되었다. 혼합이 없이 결합으로 "두 본성은 결합되었다." 단지 한 분의 그리스도, 한 분의 아드님, 한 분의 주님만이 계시며, 그분은 신성에 따라서는 성부와 본질이 같으시며, 인성에 따라서는 우리와 본질이 같으시다. 그리스도의 일치가 분명히 밝혀져서 그것에 대한 더 이상 의문의

1) PG 77, 172-181; ACO I, I, 1, 7-9; 15-20.

여지가 없게 된 것은 키릴루스 덕분이며, 반면, 두 본성과 두 본성의 활동을 분명하게 구별했다는 공로는 의심의 여지없이 동방인들이 받아야 한다.

그러나 그것으로 모든 것이 끝난 것이 아니었다. 신학적인 용어는 여전히 혼동의 위험을 숨기고 있었다. 특히 "하나의 본성"(mia physis)이라는 키릴루스의 정식은 심각한 오해를 일으키고, 심지어 위험한 위기를 야기할 위험이 있었다. 게다가 갈등의 분위기는 여전히 오랫동안 가라앉지 않았다. 많은 사람들이 자신의 입장을 완강히 고집했고 계속해서 저항했다.

그래서 동방인들은 키릴루스 주교와 그의 파문문들에 반대하는 태도를 굽히지 않았다. 예를 들어 히에라폴리스의 알렉산데르 주교가 그러한 사람이었다(Mabug). 그는 베로아의 아카키우스 주교에게 보낸 서한에서 자신의 놀라움을 다음과 같이 표현했다. "키릴루스가 그리스도의 유일한 하나의 본성(natura)을 가르치고, 그 본성이 변화할 수 있으며 심지어 죽기까지 한다고 여긴다면, 그는 이단자입니다… 거룩한 동정녀에게서 나셨고(왜냐하면 신이며 인간이신 분은 한 분의 아드님이고, 한 분의 그리스도이며, 한 분의 주님이기 때문입니다.), 인성으로는 고난을 겪으셨고, 십자가에서 죽으셨으며 말씀의 신성에 따라 죽은 이들 가운데에서 부활하신 그리스도께서 다음과 같이 말씀하셨다는 것을 그가 인정하길 바랍니다. '이 성전을 무너뜨려라. 그러면 내가 삼일 안에 이 성전을 다시 세울 것이다…'"

"키릴루스는 실제로, 하느님의 말씀이 변하지 않고 그분의 고유한 본성상 고난을 겪을 수 없다고 말합니다. 그러나 그는 '하느님의 말씀이 육이 되었지, 한 인간을 받아들인 것이 아니라'고 말하면서, 기만할 생각으로 다시금 고난에 대한 생각을 끌어들입니다. 그는 하느님의 말씀이 육화(oikonomia)되기 전에 고난을 겪을 수 없었고 육화 후에는 고난을 겪을 수 있는 것처럼, 하느님의 말씀이 인간이 되었다고 말하면서 거의 모든 그의 파문문들에서 그것을 말하고 있습니다. 그는 하느님의 말씀이 그 자체로 고난을 겪으실 수 없으나, 인간이 되신 후에는 인간과 같이 고난을 겪으셨다고 말하고 있습니다."[2]

"취해진 인간"의 신학과 "육이 된 말씀"의 신학사이의 이러한 대립은 매우 대단한 의미를 지닌다.

얼마 후 시리아에서 동요가 일어나서 왕궁은 엄격한 조치를 취하게 되었다. 일부 주교는 네스토리우스와 그의 가르침에 대한 충성 때문에 추방을 당해야만 했다. 따라서 히에라폴리스의 알렉산데르 주교도 이집트로 유배되었다.

키릴루스의 추종자들 사이의 동요

다른 한편, 키릴루스 주교의 친구들은 키릴루스가 이제는 두 본성의 결합을 가르치고 있다는 것에 놀라워했다. 예를 들어 그의 첫째가는 추종자인 멜리테네의 아카키우스 주교는 에페소에서 네스토리우스의 강력한 적대자였다. 키릴루스 주교는 이제 "결합 이후의 두 본성"에 대해 말했으며, 이 본성들은 각각 고유한 활동을 행사한다는 것이다. 그리고 그는 그중 한 본성은 고난을 겪고, 반면 다른 본성은 고난을 겪을 수 없다고 가르쳤다는 것이다. 그의 추종자들에게 그것은 "한 본성"에 대한 가르침에 충실하지 못한 것과 다름이 없었으며, 결국에는 "그리스도를 쪼개는 것"으로 이해되었다.[3]

여기서는 그리스도 단성론인 에우티케스주의 전체의 싹이 내포되어 있다. 이 단성론은 키릴루스의 정식들, 특히 "한 본성"의 정식으로

2) Synodicon, 57(145): PG 84, 666이하; ACO I, IV, 18.

3) Ibid. 83(172): PG 84, 693; ACO Ibid. 118.

곧이 곧대로 충실하게 유지되고 있었는데, 아카키우스는 이제 이 정식들이 언급이 되지 않는 것을 보고 놀라워했다. 그 밖에도 그 놀라움에는 네스토리우스의 오류로 되돌아가는 것은 아닌지, 본성들의 속성의 차이를 구분함으로써 그리스도를 나누는 것은 아닌지에 대한 걱정이 있었으며, 결국 각 본성이 고유한 활동을 행사한다는 것을 인정하기를 거부한다는 뜻이 있었다. 우리는 여기서 키릴루스의 정식들에 대한 완고한 추종이 어떻게 새로운 오류를 일으키게 되는지 보게 된다.

키릴루스는 그것에 대해 그에게 질문을 던진 아카키우스 주교와 디오카이사레아의 숙첸수스 주교에게 보낸 답서에서 상세하게 설명하였다. 아카키우스에게 보낸 서한의 내용은 다음과 같다.

> "우리는 두 본성의 결합을 가르치지만, 우리는 솔직히 한 분의 그리스도, 한 분의 아드님, 한 분의 주님을 고백합니다. 왜냐하면 말씀이 성경에 따라 육이 되었으며, 경륜적이며(oikonomike) 형언할 수 없는, 똑같지 않은 두 실재의 만남이 이루어졌으며, 나눌 수 없는 결합으로 이끌었다고 우리는 주장하기 때문입니다... 우리가 한 분의 아드님과 주 예수 그리스도를 형성하는 두 실재를 우리의 이해력으로 관찰한다면, 서로 결합된 두 본성들에 대해 말하게 됩니다. 그러나 우리는 결합이 이루어진 후 두 본성 안에서의 분리는 그때부터 중지되나, 아드님의 본성은, 인간이며 육이 된 유일한 분에게 속하기 때문에 여전히 하나임을 믿습니다. 그러나 우리는 신성과 인성이 그 자연적인 특성에서는 동일하지 않다는 의미에서 본성들이나 위격들의 다양성을 이해해야 합니다... 어떻게 육화가 이루어졌는지 그 방법을 찾으려 할 때, 인간 정신은 두 실재가 혼합 없이 형언할 수 없는 결합 안에서 연결되었다는 것을 보게 됩니다. 그러나 인간 정신은 두 실재의 서로의 결합을 믿기 때문에 그 결합을 결

코 분리하지 않습니다. 인간 정신은 이 두 실재에서 단지 한 분의 하느님, 한 분의 아드님, 한 분의 그리스도이시며 주님이 나셨음을 믿고 굳게 인정하고 있습니다…"[4]

비슷한 정식들은 디오카이사레아의 숙첸수스 주교에게 보낸 첫 번째 서한에서도 나타난다.

> "단지 한 분의 그리스도, 한 분의 아드님, 한 분의 주님만이 계시며, 바로 그분은 영원에서부터 성부 하느님으로부터 신적이며 형언할 수 없는 방법으로 나셨고, 마지막 때에 육으로는 동정녀 마리아에게서 태어나셨습니다… 성부 하느님의 말씀은 이해할 수 없으며 형언할 수 없는 방법으로 이성적인 영혼을 가진 몸과 결합하셨고 그 여인에게서 태어나셨으며 인간으로 모습을 드러내셨습니다… 그분은 때로는 육화에 상응하여 인간적인 방식으로 인간으로서 말씀하시고, 때로는 하느님으로서 신적인 권능을 가지고 말씀하십니다. 두 본성들은 혼합이나 변함이 없이 분리할 수 없는 결합 안에서 만났습니다… 이 일치는 두 본성에서 이루어졌습니다… 결합 이후에 우리는 본성들을 더 이상 서로 나눌 수 없으며…, 오히려 우리는 교부들처럼 한 분의 아드님, **육이 된 하느님 말씀의 한 본성**(**μίαν φύσιν τοῦ Θεοῦ Λόγου σεσαρκωμένην**)[unam naturam Dei Verbi incarnatam]에 대해 말하게 됩니다. 그분은 인간이 되셨고, 네스토리우스가 믿는 것처럼, 한 인간을 받아들이지 않았습니다…"[5]

4) 『서한』, 40: PG 77, 192이하; ACO I, I, 4, 25이하.
5) 『서한』, 45: PG 77, 229-236; ACO Ibid. 152-155.

키릴루스는 두 본성을 구별하지만 분리하지 않고, 그리고 두 본성을 결합하지만 혼합하지 않는다. 그것에 대해서 안티오키아의 요한 주교에게 보낸 서한에서 다음과 같이 밝혔다. 그리스도는 때로는 하느님으로서, 때로는 인간으로서 말씀하시고 행동하신다. "교부들"의 정식, 곧 **"육이 된 하느님 말씀의 한 본성"**은, "아드님의 본성이 인간이며 육이 된 유일한 분에게 속하기 때문에 단지 하나"라고 말할 때에 올바른 방법으로 이해될 수 있다는 것이다. 그러나 키릴루스의 몇몇 표현들은 애매하다. 그것들을 너무 절대적인 의미로 이해하는 사람에게, 그것들은 새로운 오류의 싹을 내포할 수 있었다. "일치는 두 본성에서 이루어졌다", 그리고 "결합 이후의 한 본성"이라고 한다면, 이것은, 결합 이전에는 우리의 이해력으로는 순전히 이상적으로 존재하는 두 본성이 있었고, 그리고 결합 이후에는 하나의 본성만이 남아서, 그때부터 두 본성 안에서의 분리는 중지되는 방법으로 두 본성이 결합된 것으로 이해될 수 있는 것이다. 그리고 에우티케스가 너무 부정확한 이 정식들을 완고하게 반복해서 주장했기 때문에 그때부터 새로운 논쟁이 시작되었다.

총대주교 프로클루스의 「아르메니아인들에게 보낸 서한 (Tomus ad Armenios)」

네스토리우스를 대신하여 콘스탄티노폴리스의 주교로 임명된 막시미아누스가 434년 사망했을 때, 시지쿠스의 프로클루스 주교가 그의 뒤를 잇게 되었다. 그는 세 번이나 수도주교좌 후보에 올랐으나 실패했으며, 마침내 네 번째에 등극할 수 있었다.[6] 우리는 이미 그가 테오토코스(Θεοτόκος)와 관련한 문제에서 어떻게 네스토리우스를 반대했는

6) 리베라투스, *Breviarium* 10: PL 68, 990; ACO II, V, 110이하.

지 살펴보았다. 그가 선출된 직후 그에게는 그리스도론적인 문제들과 씨름할 계기가 새롭게 생겼다.

당시에 아르메니아 주교들은 그 시기에 시리아의 이웃 지방까지 유포된 몹수에스티아의 테오도루스 주교의 저서들에 대해 불안해하고 있었다. 두 명의 시리아 주교들, 곧 키릴루스의 가르침을 충실히 따르는 멜리테네의 아카키우스 주교와 에데사의 라불라스 주교는 아르메니아 주교들에게 이 저서들을 조심하라고 주의시켰다. 아르메니아 주교들은 그것에 대해서 더 자세한 설명을 원했기 때문에 콘스탄티노폴리스 총대주교인 프로클루스에게 서한을 보냈다. 따라서 프로클루스는 "아르메니아의 모든 주교들과 신부들과 수도원장들에게" 긴 내용의 교서인 "Tomus ad Armenios"[7]를 보냈다. 여기서는 몇 가지 특징적인 구절만을 인용하고자 한다.

> "우리는 하느님이신 말씀이 인간이 되셨지만 고난을 겪지 않으셨음을 믿고 있습니다. 우리는 이것을 경건한 마음으로 믿고 있습니다. 왜냐하면 이것은 우리 구원의 기초이기 때문입니다... 하느님이신 말씀이 우리를 위해서 종의 형상을 취하셨을 때 그분의 본성은 변화를 겪지 않았으며, 삼위 하느님께 첨가된 것은 아무것도 없습니다... 복음사가는 하느님이신 말씀이 이미 완전한 인간 안에 들어간 것이 아니라, 단지 육이 되었다고 말하고 있습니다... 그러므로 하느님이신 말씀은 완전한 인간이 된 것입니다... 따라서 그리스도는 또 다른 하느님이신 말씀이 아니었고 또 다른 하느님이 아니었습니다. 물론 신적인 본성은 두 아들을 알지 못했습니다... 우리는 삼위 하느님의 한 분이신, 하느님이신 말씀이 육이 되셨음을 고백합니다... 저는 아드

7) PG 65, 856-873; ACO IV, II, 187-195.

> 님이 한 분임을 알고 있고, **육이 된 하느님 말씀의 한 위격**을 고백합니다(μίαν ὁμολογῶ τὴν τοῦ σαρξωθεντος Θεοῦ Λόγου ὑπόστασιν)... 그분은 고난을 겪으셨고 기적을 행하셨습니다... 확실히 신성과 관련해서 삼위는 본질이 같으시며 고난을 겪으실 수 없습니다. 우리가 말씀이 고난을 겪었다고 말할 때, 우리는 신성과 관련해서 그분이 고난을 겼었다고 말하지 않습니다. 신적인 본성은 고난을 겪지 않았기 때문입니다. 우리가 삼위 하느님의 한 분이신, 하느님이신 말씀이 육이 되셨다고 고백할 때, 우리는 신앙을 찾고 지키는 이들에게, 왜 하느님이신 말씀이 육이 되셨는지를 설명합니다..."

에페소 공의회 교의의 발전과 칼케돈 공의회 교의의 준비를 위한 프로클루스의 서한의 중요성을 무시해서는 안 된다. 프로클루스 총대주교는 그 서한에서 그리스도의 일치성을 분명히 가르쳤다. 그러나 그는 그리스도의 일치를 설명할 때 "*φύσις*"이라는 말을 더 이상 사용하지 않았다. 왜냐하면 이것은 추상적인 의미에서 "*natura*"로 이해될 수 있었기 때문이다. 곧 자신 안에 온전한 실재이지만 자신의 실존은 없는 것. 그러나 사람들은 키릴루스가 그러했던 것처럼, 개체의 구체적이고 개별적인 실존이라는 의미에서 그것을 이해할 수 있었다. 프로클루스는 "*φύσις*"대신에 자립하는 위격을 뜻하는 *ὑπόστασις*를 사용했다. 그는 "한 본성"이라는 키릴루스의 정식을 간과했다. "우리는 육이 된 하느님 말씀의 한 *ὑπόστασις*[위격]를 고백합니다." 그러므로 말씀은 육이 되었고 고난을 겪은 것이다. 이러한 방법으로 프로클루스는 키릴루스의 간청과 에페소 공의회의 정의를 고려했다. 그러나 프로클루스는 더 정확했다. 왜냐하면 그에 따르면, 위격[하느님 말씀의 히포스타시스]이 인간이 되었고 육으로 고난을 겪었지만, 신성이 그러한 것이 아니었기 때문이다. 신성은 고난을 겪을 수 없고 모든 변화를 겪지 않는다. 이것은 중요한 구별이었으며, 이제부터 더 이상 무시되지 않았다. 일찍이 이러한 구별을 했었더라면 아마도 수많은 혼란을 피할 수 있었을 것이다. 그 밖에도 언급해야 할 것은 키릴루스 주교와 안티오키아의 요한 주교가 프로클루스의 서한에 찬성하다고 선언했다는 점이다.

에데사의 이바스 주교

같은 시기에(435년 8월 8일) 이미 언급한, 키릴루스의 열심한 추종자였던 에데사의 주교 라불라스가 사망하였다. 그의 후계자인 이바스 주교는 라불라스 주교와는 반대로 확신에 차 있던 안티오키아인이었으며, 디오도루스 주교와 테오도루스 주교의 숭배자로서 이들의 작품을 시리아어로 번역한 바 있다. 이바스 주교는 페르시아 주교인 마리스[8]에게 서한을 보냈는데, 그 서한은 커다란 물의를 일으키게 되었다. 그는 그 서한에서 네스토리우스와 키릴루스 사이의 논쟁에 대해 안티오키아 학파의 입장에서 이야기하였다. 이어서 그는 키릴루스도 요한도 에페소에서 공의회를 열었으며 두 적대자가 마침내 서로 화해를 했다고 말했다. 계속해서 그는 예수 그리스도가 단지 한 본성, 곧 신적인 본성만을 가지고 있다는 가르침으로 키릴루스가 어떻게 아폴리나리스의 오류에 빠지게 되었는지를 설명했다. 마지막으로 이바스 주교는 "신성이 고난을 겪었고, 신성과 인성이 단지 하나의 본성이라고 말하는 사람들"을 파문했다고 하였다.[9] 사실 이바스 주교는 네스토리우

---

8) 마리스의 인물에 대해서 확실하게 알려진 것은 없다. 이 말이 시리아어로 "주님, 혹은 남자에 대한 경칭"을 의미하기 때문에, 아마도 셀레우키아의 주교인 다디소를 감추는 보통명사인 것 같다. 참조: J. Labourt, *Le christianisme dans l'Empire perse sous la dynastie sassanide*, Paris, 1904, 133. 각주 6.

9) ACO II, I, 3, 32–34; 참조: Hefele–Leclercq, II B, 749–751.

스의 오류를 공유하지 않았지만 키릴루스에 반대하는 입장을 고수했다. 그러나 이바스 주교가 키릴루스를 올바로 이해하였는지에 대해서는 문제를 제기해야 할 것이다.

얼마 후(448년), 이바스 주교는 자신의 성직자들 중에 네 명의 신부들에 의해 여러 범죄의 혐의, 곧 성직매매와 교회재산의 횡령과 착복과 심지어 이단의 혐의로 고소를 당하였다. 이바스 주교는 공공연히 네스토리우스의 견해를 주장했다는 것이다. 우선적으로 이 일은 돔누스 주교에 의해 안티오키아에서 심의를 받았으며(448년 부활절 경), 베리토스(베이루트)에서는 에우스타티우스 주교에 의해, 그다음에는 티루스의 포티우스 주교와 히메리아의 우라니우스 주교에 의해 심의를 받았다. 주교들은 이바스 주교를 상대로 한 고소를 근거가 충분하지 않은 것으로 판단하고 이바스 주교와 그의 성직자들 사이의 화해를 유도하였다. 그럼에도 이 일은 그것으로 끝나지 않았다. 오히려 테오도시우스 황제의 명령으로 에데사에서 조사가 이루어졌으며 결국 이바스 주교는 체포되어 안티오키아로 끌려갔다.[10] 그다음 황제가 449년 6월 27일 두 번째 에페소 공의회를 소집했을 때, 그는 주교들에게 이바스를 폐위시키고 그를 추종하는 자를 색출하라고 명령하였다.

이 사건에 대한 짧은 개요는 당시 수년 동안 곤경에 처한 심각한 분위기와, 나중에 칼케돈 공의회에서 다시금 이바스 주교와 관련한 일을 다루어야만 했을 때 그곳에서 일어난 일들을 연상시킨다.

---

10) 이 사안 전체에 대해서 우리는 칼케돈 공의회문서를 통해 알게되었다. 이 사안은 칼케돈 공의회에서 다시금 논의되었다. ACO II, I, 3, 13-32.

키루스의 테오도레투스 주교

네스토리우스의 논쟁에서 위대한 주역들이 하나씩 차례로 사라져 갔다. 안티오키아의 요한 주교는 443년에 사망하였고, 돔누스 주교가 그의 뒤를 이어 450년에 사망하였다. 알렉산드리아의 주교 키릴루스는 444년 6월 27일에 사망하였다. 디오스코루스가 그의 후계자가 되었는데, 그는 "동방교회의 사람들의 입에 오르내린 인물 중의 한 사람으로" 지식과 지혜와 성덕면에서는 키릴루스와 비교가 되지 못하였다. 콘스탄티노폴리스의 총대주교인 프로클루스는 446년에 사망하였고 플라비아누스가 그의 자리를 대신하였다. 네스토리우스 주교는 멀리 망명 중에 살아 있었지만 모든 사람들에게 잊혀진 상태였다. 따라서 안티오키아 학파의 가장 위대한 신학자 하나만이 남아 있었으니, 그가 바로 테오도레투스였다. 그는 안티오키아 동쪽에 위치한 자그마한 도시인 키루스의 주교였다.

사실 그의 신학에는 단점이 있었는데, 그에 대해서는 나중에 언급될 것이다. 그럼에도 부정할 수 없는 것은 테오도레투스 주교가 그 시대의 가장 위대한 인물 중의 한 사람이라는 것이다. 뒤센느는 과장이 없지 않아 있지만, 테오도레투스가 "일종의 동방의 아우구스티누스"라고 이야기 하고 있다.[11] 테오도레투스의 엄청난 모든 저술 활동에서 잊지 말아야 할 것은 그가 수도자였으며 항상 수도생활을 높게 평가했다는 것이다. 그는 주교가 되었을 때 그의 양떼를 위한 열정적인 사목자였다.

그가 몹수에스티아의 테오도루스의 제자였다는 것은 개연성이 별로 없다. 그러나 그의 신학은 안티오키아인에게 기대할 수 있었던 것과 일치한다. 테오도레투스 주교는 그리스도의 일치성을 가르쳤지만

---

11) *Histoire ancienne II*, 394.

명확하게 정의하거나 더 깊이 파고들지 않았다. 그는 본성들을 정확하게 구별하는 것에 마음을 썼다. 그래서 그는 위격이 그 구체적이고 현재에도 지속되는 일치 안에서 무엇을 의미하는지 이해하지 못했다. 또한 그는 키릴루스와는 반대로, 말씀의 유일한 하나의 위격(ὑπόστασις)이 그리스도의 가장 내밀한 본질을 형성한다는 것을 보지 못하였다. 그러므로 그는 "속성 교환"(communicatio idiomatum)의 원리, 곧 그리스도 안에 두 본성들 속성의 공유성을 거부하였고, 오랫동안 구별과 유보로써만 **테오토코스**를 받아들였다.[12]

이것은 키릴루스의 작품에서 전해진 다음의 문장들 안에서 명확해진다. "우리는 거룩한 동정녀를 **테오토코스**(Θεοτόκος)라고 부릅니다... 우리는 동정녀를 **안트로포토코스**((Ανθροποτόκος)라고 부르지 않고, **테오토코스**라고 부릅니다... 작은 아기는 임마누엘이라고 하는데, 하느님께서 그와 결합하셨기 때문이며, 동정녀는 **테오토코스**라고 부르는데, '하느님의 모습'이 동정녀가 자신의 모태에 품은 '종의 모습'과 결합하였기 때문입니다." 이 정식들은 안티오키아 신학에서 전형적인 정식들이다. 동정녀 마리아를 하느님의 어머니라고 부르게 한 그리스도의 일치성은 두 본성들의 결합의 결과이다. 말씀이 육이 된 것이 아니라, 한 인간이 신적인 본성에 의해 받아들여진 것이다. 그런 이유에서 키릴루스의 파문문들에 강력하게 반대하는 글을 보낸 테오도레투스의 저항을 이해할 수 있다. 그 밖에도 테오도레투스는 그의 신학의 결점을 자신의 깊은 신심으로 다시 메꾸었는데, 이후에는 상당한 진보를 경험한다. 이러한 맥락에서 테오도레투스가 자신의 친구인 네스토리우스에게 충실히 머물렀지만, 결코 그의 가르침을 온전히 자신의 것으로 삼지 않았고 결국에는(451년) 그의 가르침을 명시적으로 배척했다는 것을

---

12) 알렉산드리아의 키릴루스, 『테오도레투스 반박 열두 파문문 변론』: PG 76, 393; ACO I, I, 6, 109이하.

언급해야 할 것이다.

그러므로 테오도레투스 주교가 자신의 가르침과 더불어 키릴루스의 제자들에게 의심을 받았다는 것은 놀라운 일이 아니다. 447년 알렉산드리아의 디오스코루스 주교는 안티오키아의 돔누스 주교에게 테오도레투스에 관하여 불평을 말하였는데, 그가 안티오키아인들에게 행한 강론에서 "그리스도를 나누고" "두 아들"의 존재를 가르쳤다는 것이다. 테오도레투스 주교는 그것에 반대하여 자신을 방어해야만 했다. 사실 그는 두 본성의 구별을 주장했지만, 단지 한 분의 아드님만이 있고, 그분이 인간이 되신 하느님의 말씀이라고 고백했다. 얼마 안가서 돔누스 주교는 콘스탄티노폴리스로 주교 대표단을 보내, 테오도레투스 주교와 그의 가르침에 반대하여 여전히 퍼져 있는 비방들을 반박하는 임무를 맡겼다.

이러한 짧은 개요를 통해 에우티케스와 관련된 사건이 어떤 분위기에서 일어났는지 이해할 수 있을 것이다.

테오도레투스의 신학: 「에라니스테스」

447년 테오도레투스 주교는 세 권으로 이루어진, 대화 형식으로 구성된 한 작품을 출간하였다. 그 작품의 제목은 "에라니스테스"(*ΕΡΑΝΙΣΤΗΣ*)[13]이며, "걸인"이라고 번역할 수 있다. 그 작품은 이단자의 선구자들인 시몬, 마르키온, 발렌티누스, 아폴리나리스, 아리우스, 에우노미우스와 같이, 구걸하고 다니면서 대중의 맹신을 기만하기 위해 이리저리 방랑하는 한 이단자에 관한 책이다. 그 이단자의 "여러 형태의" 오류는(이 책의 다른 제목은 *Polymorphos*), 순전히 고대 이단자들의

---

13) PG 83, 32-317.

생각에서 가져와 모은 쓰레기이다(아마도 이것도 에라니스테스라는 말의 의미이다).

"정통신앙인"과의 대화에서 "걸인"은 그의 생각을 설명해 준다. 신성과 인성은 그리스도 안에서 단지 **한** 본성(φυσις)을 이룬다. 그리스도는 동정녀의 모태만을 가로질러 지나갔다. 그리스도의 신성은 고난의 고통을 받았다. 결합이 이루어진 후에 신성은 변하지 않고 남아 있으며, 마치 바닷물이 그곳에 떨어진 한 방울의 물을 용해해 자기 안에 흡수하는 것과 마찬가지로 인성을 자기 안에 흡수하였다. 그렇게 받아들여진 본성은 전적으로 소멸되지 않고 오히려 신적인 실체로 변형된다. 그러므로 그리스도의 몸은 우리와 같은 똑같은 본질로 이루어진 것이 아니다. 그리스도가 "두 본성으로" 이루어졌다면, 두 본성의 결합 이후에 그리스도 안에는 단지 하나의 본성만이 있게 된다.

이러한 조잡한 오류에 반대하여 "정통신앙인"(테오도레투스 자신을 의미한다)은 신성이 변화하지 않으며(**atreptos**), 두 본성은 혼합되지 않고(**asynchytos**) 서로 결합되어 있으며, 신성은 고난을 겪을 수 없음(**apathes**)을 분명히 가리킨다. 이 세 가지 형용사들은 세 권으로 된 이 작품의 각 제목이다. 작품 전체는 그리스도의 유일한 위격(ὑπόστασις) 안에 신성과 인성의 구별을 위한 확고한 증명을 해 준다. 이때에 저자가 교부들의 저서에서 풍부한 사료들을 자신의 논증의 근거로 삼고 있다는 것은 주목할 만하다. 그는 88권의 여러 작품들에서 238개의 원문을 인용한다.

그리스도의 몸이 우리의 몸과 본질이 같지 않다는 주장은, 아마도 잘 알지 못하고 그도 모르게 한 말인 것 같은데, 아폴리나리스의 오류를 되풀이하고 있다. 그러나 그것은 무엇보다도 신심을 핑계로 우리 구원의 신비 전체를 위태롭게 하는 것이다. 그래서 테오도레투스도 단호히 그것에 대해 이렇게 말하고 있다.

"말씀은 인간의 몸과 이성적인 영혼을 취하시면서 육이 되셨습니다. 신적인 말씀이 우리의 본성으로부터 아무것도 취하지 않았다면, 만물의 하느님께서 조상들에게 맹세하신 약속들은 더 이상 진실이 아닙니다... 그렇다면 동정녀 자체도 필요 없어지는데, 왜냐하면 동정녀는 육이 된 말씀에 우리 본성으로부터 아무것도 주지 않았기 때문입니다... 또한 그렇다면 우리의 강론도 헛되며, 우리의 믿음도 헛되고, 부활에 대한 희망도 헛된 것입니다..."[14]

수도자 에우티케스

테오도레투스 주교는 그의 책에 등장시킨 "걸인"의 이름을 지칭하지 않았다. 그가 걸인의 것으로 돌리는 생각들은 몇몇 키릴루스 추종자들의 생각들이었다. 그러나 그러한 생각들은 특히 콘스탄티노폴리스에서 높은 성덕으로 명성이 자자했던 한 사람에 의해 주장되었는데, 그는 바로 수도자 에우티케스였다.

에우티케스는 당시 거의 70세였다. 젊었을 때부터 그는 수도자의 삶을 살아 왔다. 30세에 이미 그는 사제로 서품을 받았고, 300명 이상의 수도자들이 사는 중요한 공동체의 수도원장으로 임명되었다. 그는 막시무스 수도원장에 의해 수도생활에 입문하였는데, 막시무스는 네스토리우스 주교의 지독한 반대자였으며, 키릴루스조차도 그에게 절제할 것을 권고할 정도였다.[15] 에우티케스는 오래 전부터 알렉산드리아인들과 키릴루스 주교와 관계를 맺고 있었다. 에페소 공의회에 그는 참석하지 못하였지만, 키릴루스 주교는 그에게 공의회 문서의 사본을

14) *Eranistes I*: PG 83, 69-72.

15) 키릴루스, 『서한』, 57: PG 77, 320이하.

보냈다.[16] 에우티케스는 키릴루스가 자신을 위해 네스토리우스의 추종자들에게 맞서달라는 부탁을 한 이들 중의 한 사람이었다.[17]

신심이 깊었던 수도자의 영향력은 그의 대자이며 환관이었던 크리사피우스가 441년 황후 에우도키아를 유배 보내도록 하고 황제의 누이인 풀케리아의 세력을 꺾는 일에 성공했을 때 특별히 커졌다. 이제 힘이 약해진 테오도시우스 황제는 완전히 환관의 지배를 받고 있었다. 크리사피우스는 그가 주인인 양 국무를 관리했다. 네스토리우스 주교는 당시 수도원장이 누린 명성에 대해 격한 어조로 다음과 같이 불평하였다. "그는 주교가 아니었기 때문에, 황제의 권력의 도움을 받아 다른 역할을 넘겨받았는데, 주교들의 주교의 역할이다. 그는 교회 일을 좌지우지했으며, 왕궁의 명령을 이행하도록 [콘스탄티노폴리스 주교인] 플라비아누스를 이용했다. 그는 자신의 생각을 공유하지 않은 사람들을 이단자라며 교회에서 내쫓았으며, 그의 편에 선 사람들의 출세를 도와주었다."[18]

알렉산드리아의 주교 디오스코루스는 동방인들에 반대하는 그의 투쟁에서 에우티케스를 동료로 알아보았다. 알렉산드리아에서 돔누스 주교와 테오도레투스 주교에 관해 돌고 있는 비방들은 에우티케스에서 시작되었다. 마찬가지로 네스토리우스의 추종자들에 대한 왕궁의 엄격한 조치(448년)는 그의 영향력 덕분이다. 에우티케스는 심지어 그가 레오 대교황에게 서한을 보내 네스토리우스주의의 부활의 위험에 대해 경고하였고, 돔누스 주교와 테오도레투스 주교를 교황에게 고발하기까지 하였다. 당시 교황은 잘못된 정보를 얻었기 때문에 다소 모호한 말로만 대답했다.[19]

16) ACO II, I, 1, 91.

17) Synodicon 203(292): PG 84, 828C; ACO I, VI, 223.

18) *Le Livre d'Héraclide de Damas*, 294이하.

에우티케스 자신이 고유한 가르침을 가지고 있었는지는 의문이다. 그의 동시대 인물들, 특히 레오 대교황은 나이 많은 이 사람에게 대해 엄한 판결을 내렸다. 그는 아주 무지하고 너무 미숙하며(multum imprudens et nimis imperitus), 미숙한 늙은이(imperitus senex), 가장 무지한 늙은이(imprudentissimus senex)이며, 성경도 신경의 첫 마디 말조차도 알지 못한 사람이라는 것이다.[20] 이 수도원장의 모든 가르침은 오로지 네스토리우스주의에 대한 두려움과, 인간이 되신 말씀의 한 본성을 말한 키릴루스의 정식들에 대한 완고한 그리고 맹목적인 집착에 있었던 것 같다. 그는 언제나 결합 이후의 한 본성이 있다고만 반복할 수 있을 뿐이었다.

콘스탄티노폴리스 교회회의와 에우티케스에 대한 단죄

콘스탄티노폴리스의 플라비아누스 총대주교는 그때까지 모든 권력을 가진 이 수도자에 대해 단호한 조치를 취하려고 하지 않았다. 그러나 448년 11월 8일, 이른바 "상임 교회회의"(synodos endémousa=permanens)에 에우티케스가 적법하게 고발되었다. 왕궁에 있는 몇몇 주교들의 출석으로 실제로 총대주교는 어떤 일에 대하여 곧바로 심의해야 할 때 이들을 회의에 모이도록 할 권한이 있었다. 이 경우에는 당시 도릴래움의 주교였던 에우세비우스의 고소가 있었다. 이전에 네스토리우스를 고소한 사람이 바로 이 사람이었다. "신앙에 대한 그의 열정으로 그에게는 불 자체도 너무 차갑게 보였다."[21] 플라비아누

---

19) 레오, 『서한』, 20(448년 6월 1일): PL 54, 713; ACO II, IV, 3. 에우티케스의 서한은 여기에 없다.

20) 레오, 『서한』, 28. 29. 35: PL 54, 755-757; 781-783; 805; ACO II, IV, 6-10.

21) 이 말은 플라비아누스가 직접 한 말이다. ACO II, I, 1, 131.

스 총대주교는 먼저 에우티케스에게 호의를 베풀려고 애쓴 후에 마침내 그를 교회회의에 초대했다.

> "그 거룩한 사람에게서 출석의 약속을 얻어내는 것은 정말 큰 일이었다. 그는 은거에 대한 그의 서약을 구실로 둘러대었고, 자신의 병 상태를 핑계로 대며, 어려움을 배가시켰다... 마침내 448년 11월 22일 그는 수많은 수도자들과 관리들을 대동하고 나타났다. 그들의 참석은 에우티케스가 시종 크리사피우스의 후원을 받고 있다는 것을 모든 이에게 분명하게 보여주었다."[22]

에우티케스 수도원장이 교회회의에서 할 줄 알았던 유일한 말은 고집이 센 노인의 완고함과 함께 항상 반복해왔던 진부한 정식들이었다.[23] 그는 니케아 공의회와 에페소 공의회의 신경, 무엇보다도 아타나시우스 신경과 키릴루스의 신경 외에 다른 신경을 알려고 하지 않았다. 그보다 더 한 것은 그가 성경만을 인정하려고 한 것인데, 성경이 교부들의 설명보다 더 확실하다는 것이었다. 하느님 말씀의 육화에 따라 그는 육과 인간이 되신 하느님의 한 본성만을 흠숭한다고 했다. 그는 말씀의 육이 하늘에서 온다는 말을 결코 한 적이 없다는 것이다. 동정녀 마리아에게서 태어나신 이는 완전한 하느님이시며 완전한 인간이지만, 그의 몸은 우리의 몸과 같은 본질(homoousios)이 아니라는 것이다. 거룩한 동정녀는 우리와 본질이 같지만, 우리 주님의 몸은 우리의 몸과 본질이 같지 않다는 것이다.

---

22) L. Duchesne, *Histoire ancienne III*, 402이하.

23) 448년에 열린 교회회의의 문서는 칼케돈 공의회 문서 안에 있다. ACO II, I, 1, 124-144.

에우티케스는 지칠 줄 모르고 다음의 한 문장을 반복해서 말하였다.

> "나는 우리 주님께서 결합 전에는 두 본성으로(ἐκ δύο φυσεων) 이루어졌음을 고백하며, 결합 후에는 단지 한 본성만을(μίαν φύσιν)만을 고백합니다."

결합 이후의 유일한 한 본성이 에우티케스의 그리스도론 전체였다. 두 본성에 대해서 말하는 것은 에우티케스 수도원장에게는 그리스도의 일치에 대한 교의를 거부하는 것이며 네스토리우스의 가르침을 고백하는 것이다. 그는 이 말들의 명백한 정통신앙적인 의미를 이해할 수 없었다. 마찬가지로 그는 두 본성의 실재가 동시에 우리 신앙과 구원의 토대임을 이해할 수 없었다. 이 신학 안에서 어떤 종교적인 가치들이 위험에 처해 있었는지를 테오도레투스가 앞서 인용한 부분에서 아주 분명히 보여주었다.

먼저 그 교회회의에서는 네스토리우스와 안티오키아의 요한에게 보낸 키릴루스의 두 서한이 낭독되었다.[24] 그 다음에 플라비아누스 총대주교는, 그리스도께서 두 본성으로 이루어져 있으며, 하나의 히포스타시스와 하나의 위격(πρόσωπον)으로 계심을 다시 한 번 명확하게 밝혔다. 이어서 교회회의는 에우티케스를 단죄하였고 그를 폐위시켰으며 파문하였다. 그 판결에 약 30명의 주교들과 23명의 수도원장들이 서명하였다.

---

24) 한 서한은 네스토리우스에게 보낸 두 번째 서한을 말하며, 다른 한 서한은 키릴루스가 433년 합의를 기회로 안티오키아의 요한 주교에게 보낸 서한이다. 이 서한들은 처음부터 규범적인 명성을 얻었다. 아마도 "교회회의 서한"이라는 명칭은 나중에 알려지게 되었는데, 그 이른 시기부터 시작된다.

에우티케스의 저항

에우티케스는 단죄받은 후 레오 교황과 라벤나의 주교인 페트루스 크리솔로구스와 알렉산드리아의 디오스코루스, 그리고 예루살렘과 테살로니카의 주교들에게 호소하였다.[25] 그는 "종교의 수호자"인 그들을 자신의 피난처로 삼았으며, 그를 상대로 하는 음모로 인해 그가 피해를 입지 않도록 그들의 원조를 애원하였다. 신앙의 문제에서 그들은 그들의 마음에 드는 판결을 내려도 좋지만, 그것 외에는 70년 동안 검소하게 정결을 지키며 살아 온 한 사람을 앞으로 한 번 더 중상모략하고 폐위시키며 정통신앙인의 수에서 배제하는 것을 승인하지 않기를 요청했다. 게다가 그는 에페소 공의회가 재차 확인한 니케아 신경에서 벗어나지 않았다고 부언했다. 마찬가지로 그는 두 본성에 대해서 이야기하는 것을 거부한 모든 거룩한 교부들의 권위를 무시하려 하지 않았다고 했다.[26] 그는 그의 서한에 도릴래움의 에우세비우스 주교가 교회회의에 제출한 의견서와, 그가 직접 교회회의에 제시한 신앙고백 및 본성들의 이중성을 단죄하는 교부들의 텍스트 모음집을 첨부하였다. 그러나 불쌍한 에우티케스 수도원장이 거기에서 교회의 가장 확실한 정통신앙을 찾을 수 있다고 믿으며 근거로 삼은 자료들은 모두 아폴리나리스주의적이었다.

---

25) ACO II, IV, 143이하. 에우티케스가 로마뿐만이 아니라 다른 중요한 주교좌에 동시에 호소하였기 때문에, "교황에게 항소"라는 이 호소의 범위를 과장해서는 안 된다. 그럼에도 페트루스 크리솔로구스 주교는 자신의 답신에서 에우티케스에게, "로마 교회의 복되신 교황이 작성한 것을 순종하여 따르도록 요구했다"는 것을 주목해야 한다. "복되신 베드로가 교황 안에서 계속해서 살고 계시며 그의 고유한 자리에서 의장직을 수행하시고, 진리와 신앙을 찾는 이들을 가르치기 때문"이라는 것이다. 페트루스 크리솔로구스 주교는, 신앙논쟁들이 로마 주교에게 먼저 알려지지 않았다면, 그 논쟁에 입장표명을 하는 것을 거부한다; 레오, 『서한』, 25, 2: PL 54, 743.

26) Ibid. 『서한』, 21: PL 54, 714-717; ACO II, IV, 143이하.

플라비아누스 총대주교도 레오 교황에게 서한을 보내 이 사건들에 대해 알리고, 에우티케스가 교회회의 앞에서 이야기한 것을 다음과 같이 보고하였다.

> "그는 우리 주 예수 그리스도께서 하나의 히포스타시스[ἐν μιᾳ ὑπόστασει]와 하나의 위격 안에[ἐν ενί προσώπῳ] 우리에게서 인식되어야 할 분이 인간이 되신 후에 두 본성으로 이루어질 필요가 없다고 주장하였으며, 주님의 육이 우리에게서 취해졌고, 히포스타시스[ὑπόστασις]에 따라 하느님 말씀과 결합되었을지라도 우리와 같은 본질이 아니라고 말하였습니다. 게다가 그는 육에 따라 그분을 낳으신 동정녀가 우리와 본질이 같지만, 주님께서는 그녀에게서 우리와 본질이 같은 육을 취하지 않으셨고, 주님의 몸은 인간의 몸이 아니며, 동정녀에게서 나신 몸은 인간적인 몸이라고 말하면서 거룩한 교부들의 진술들에 반대했습니다…"[27]

플라비아누스 총대주교가 레오 교황에게 왜 늦게서야 보고를 했는지에 대해서는 알려진 바가 없다.[28] 레오 교황은 이 서한을 받기 전에도 에우티케스의 서한과 관련하여 총대주교와 황제에게 서한을 보내어 에우티케스와 관련된 사건에 대한 무소식에 대해 불만을 표시하고, 에우티케스를 배척한 오류에 대해 더 정확한 해명을 요구했다.[29] 레오 교황은 플라비아누스의 두 번째 서한을 통해 더 정확히 보고를 받은 이후, 신앙을 위한 총대주교의 열정을 찬양하였으며, "비뚤어지

---

27) Ibid. 『서한』, 22: PL 54, 724-728; ACO II, I, 1, 36이하. 플라비아누스의 서한은 근본적으로 피고인의 입장에서 사안을 바라본 에우티케스의 서한과 일치한다.

28) ACO II, I, 1, 35.

29) 『서한』, 23과 24(449년 2월 18일): PL 54, 731-736; ACO II, IV, 3-5.

고 어리석은 이 오류"에 저항하도록 총대주교에게 용기를 북돋아 주었다. 교황은 또한 플라비아누스 총대주교에게 보내는 서한을 통해 더 상세한 가르침을 그에게 알려주었다.[30)]

에페소 제2차 공의회의 소집

그러나 이미 테오도시우스 황제는 공의회를 소집하기로 결정했다. 황제는 완전히 에우티케스의 편에 섰다. 따라서 그는 두 달 전에 이미 내려진 판결을 재검토하기 위해 "상임 교회회의"의 새로운 모임을 요구하였다. 두 번의 회기에서(4월 8일과 13일. 첫 번째 회기에서 플라비아누스 총대주교는 제외됨) 교회회의는 11월의 회의록의 진정성과 온전함을 확인할 수 있었지만 에우티케스를 새롭게 단죄하려고 하지는 않았다. 에우티케스는 이러한 모든 음모에 직접 관여하지 않았지만 막강한 크리사피우스의 영향력을 통해서 은밀히 관여하였다. 마찬가지로 에우티케스 수도원장이 자신의 단죄 문제로 호소했던 알렉산드리아의 디오스코루스 주교는 드디어 제국의 수도, 콘스탄티노폴리스의 사안에 개입할 계기를 찾았다. 그러므로 네스토리우스가 일찍이 그러했던 것처럼, 에우티케스도 황제로 하여금 새로운 공의회를 소집할 생각을 갖도록 권하였고, 디오스코루스 주교도 적극적으로 그 일에 전념했다.[31)] 449년 3월 경, 플라비아누스 총대주교는 레오 교황에게 서한을 보내 교황의 권위를 통해 에우티케스의 폐위를 승인하고 지지하도록 요청했다. 왜냐하면 교황의 개입으로 이 일은 끝날 수 있으며, 이미 회자

30) 『서한』, 27(449년 5월 21): PL 54, 751; ACO Ibid. 9.

31) 참조: 리베라투스, *Breviarium* 12: ACO II, V, 117. 에우티케스가 449년의 교회회의에 쓴 각서 안의 암시 내용: ACO II, I, 1, 96: 에우티케스는 그에게 선고를 내린 단죄 판결에 대하여 주교들을 재판관으로 만들어 줄 것을 황제에게 청하였다.

되는 공의회를 막을 수 있기 때문이었다. 이러한 방법으로 모든 거룩한 교회들이 불안하게 되는 일을 피할 수 있게 되는 것이다.[32] 그러나 플라비아누스는 잘못 생각하였고, 일은 그가 생각하는 것과는 다르게 흘러갔다. 크리사피우스와 에우티케스와 디오스코루스 주교의 재촉으로 테오도시우스 황제는 망설임 없이, "제국 공의회라는 무겁고 값비싼 기계 장치"를 가동시켰는데, 그것은 에우티케스를 복직시키고 플라비아누스를 단죄하며 동방인들에게 결정적으로 앙갚음할 것이었다. 마찬가지로 네스토리우스도 키릴루스를 단죄하기 위해 공의회를 믿고 의지한 적이 있었다.

공의회 소집 서한은 449년 3월 30일자로 되어 있다. 우리는 알렉산드리아의 디오스코루스 주교에게 보내진 소집 서한의 사본을 여전히 가지고 있다. 그 서한에서 테오도시우스 황제는 참 신앙을 존중하는 것을 자신의 의무로 돌렸는데, 이 신앙이 자신의 제국의 일치를 보호하고 유지시켜 주기 때문이다. 내적인 평화는 최근 교의에 관한 의견 차이로 인해 어지럽혀졌다는 것이다. 따라서 그는 정통 신앙을 강화시키기 위해 공의회를 소집하는 것이 좋다고 여겼다. 공의회는 8월 1일 에페소에서 소집될 것이다. 디오스코루스는 덕망과 신앙의 순수함과 가르침에 있어서 정통신앙으로 존경받을만 한 열 명의 수석 주교들과 열 명의 이집트 주교들을 데리고 와야 했다. 그리고 테오도레투스 주교는 공의회가 달리 판단하지 않는 한, 그곳에 나타나서는 안 되었다.[33]

얼마 안가서 5월 14일, 또 다른 황제의 서한은 바르 사우마라는 이름을 가진 시리아 수도자를 공의회에 초대하였다. 이 사람은 엄격한 처신과 "네스토리우스파"를 상대로 대응한 광적인 열정으로 알려진 사

32) 레오, 『서한』, 26: PL 54, 748; ACO II, I, 1, 40.

33) ACO Ibid. 68이하.

람이었다. 하지만 여기서 네스토리우스파는 에우티케스의 생각을 공유하지 않은 이들을 말하는 것이었다. 이 수도자는 이제 공의회에서 수도자들과 수도원장들을 대변해야 했다.[34] 그가 주교는 아니었을지라도 공의회에 초대되었다는 것은 아주 대단한 의미를 지닌다. 의심할 여지없이 사람들은 그의 명성 때문에 그리고 아마도 소란스러운 수도자들 때문에 그를 필요로 했을 것이다. 이 수도자들은 공의회 심의 과정에 영향을 주는데 매우 유용한 사람들일 수 있었다.

또한 로마 주교인 레오 교황에게도 초대장이 발송되었다.[35]

---

34) Ibid. 71.

35) 참조: 레오, 『서한』, 29: PL 54, 781-783; ACO II, IV, 9.

레오 대교황

로마눔 포룸(7세기)의 산타 마리아 안티쿠아(Santa Maria Antiqua) 성당 내부 왼쪽 벽에 프레스코화가 있으며, 예수 그리스도의 오른 쪽에 교황 클레멘스, 교황 실베스테르, 교황 레오 그리고 교황 알렉산데르가 묘사되어 있다. 이 교회의 반원형의 벽감에는 마찬가지로 한 프레스코화가 볼 수 있는데, 훨씬 잘 보존되어 있다. 그 프레스코화는 마리아의 주님 탄생예고를 묘사하고 있고, 이 그림 주위로 위대한 교회박사들의 모습이 그려져 있다(바실리우스, 크리소스토무스, 나지안주스의 그레고리우스와 레오). 레오 교황은 한 두루마리를 들고 있으며, 그 두루마리에는 그의 "플라비아누스에게 보낸 교서"에서 몇 줄을 발췌한 내용이 있다.

※ 역주. https://www.romafelix.it/santa-maria-antiqua-la-riapertura-dopo-trentanni-di-attesa/

제2장

교황 레오와 그가 플라비아누스 총대주교에게 보낸 서한, 에페소 강도 공의회

교황, 수도원장 에우티케스의 오류

성 레오는 440년부터 교황이 되었다. 식스토 3세 교황의 서거 때에(440년 8월 19일) 그는 로마 교회의 부제장(副祭長, archidiaconus)이었지만, 라벤나 궁정이 그에게 위임한 중요한 정치적인 임무로 갈리아에 머물고 있었다. 그는 귀족 알비누스와 집정관 플라비우스 아에티우스를 서로 화해시켜야만 했다. 레오는 로마에 없었는데도 서거한 교황의 후계자로 선출되었다. 로마로 돌아온 후 그는 440년 9월 29일 서품을 받았다.

사도좌의 품위와 권위와 권한에 대한 감각을 레오 교황 만큼 지닌 고대 교황은 그리 많지 않았다. 교황 즉위 미사 때에 그가 한 강론은, 매년 즉위 기념미사 때의 강론과 같이 그 점에 대한 설득력있는 증명을 해 준다.[1] 그에 따르면 교회는 예수 그리스도에 의해 베드로의 신앙에 근거하여 설립되었고, 이 신앙의 견고함은 영속적이다. 베드로는 또한 교회의 방향타를 손에 쥐고 있다. 그의 권한과 권위는 그의 자리에 앉는 사람 안에 계속해서 이어진다. 교황은 로마좌의 주교뿐만이 아니라 모든 주교들의 으뜸이다(*Serm.* 3,4). "주교들[사제들]은 많고, 목자들도 많지만 이들은 모두 본래 베드로를 통해서 다스려집니다. 그들이 동시에 우선적으로 그리스도를 통하여 다스려지듯이 말입니다."(*Serm.* 4,2) 각 주교에게는 양떼들을 돌볼 사명이 맡겨져 있으며, 양떼들의 목자인 주교는 자신에게 맡겨진 양에 관해 해명해야 한다. 그러나 로마 주교는 모든 주교들의 걱정을 함께 나누며, 각 주교들의 관리 임무는 로마 주교의 관리 임무의 한 부분이다. 사람들은 주님께서 사도들에게 이행하라고 의무로 주신 전체 교회에 대한 사랑을 교황에게서 기대하고 있다(*Serm.* 5,2).

성 레오 교황이 "돌봄"(cura)과 "걱정"(sollicitudo)이라는 말을 어떻게 이탈리아 교회와 서방의 온 교회와 그리고 똑같이 동방교회를 위해서 사용했는지에 대해서 밝히는 것은 우리 작업의 목표와 어긋난다.[2] 레오 교황이 키릴루스 주교와, 그가 죽은 후(444년) 그의 후계자인 디오스코루스 주교와 맺은 좋은 관계들을 기억하는 것으로 충분하다. 알렉산드리아의 새로운 총대주교 디오스코루스가 레오 교황에게 그의 선출 소식을 전하였을 때, 레오 교황은 답신에서 그에게 존중과 애정의 마음을 확인시켜 주었으며, 로마와 알렉산드리아 사이에 앞으로도 좋은 협조 관계가 지속되기를 원했다. "우리는 일치 안에서 생각하고 행동해야 합니다."[3]

레오 교황은 이미 그리스도론의 쟁점을 인지하고 있었다. 그는 부

---

1) 강론집 1–5를 의미한다; 참조: P. Batiffol, *Le Siège Apostolique*, 418–432; 참조: P. Th. Camelot, "S. Léon le Gr., successeur de S. Pierre", *La Vie Spirit*, Nov. 1961, 521–529.

2) P. Batiffol, Ibid. 435–598; *Cathedra Petri*, Paris, 1938.

3) 『서한』, 9: PL 54, 624.

제였을 때 마르세이유의 성 빅토르 수도회 원장이었던 요한 카시아누스에게 네스토리우스의 오류를 조사하도록 요청하였고, 심지어 명령을 내리기까지 하였다. 카시아누스는 그의 청원에 부합해서 일곱 권의 책을 썼는데, "주님의 육화에 관한 네스토리우스 반박"이라는 책은 풍부한 입증자료들로 이루어진 믿음직하고 신뢰할 수 있는 작품이었다. 레오 교황의 신학은 그의 서한과 강론에서 보여지듯이, 테르툴리아누스에서부터 아우구스티누스까지 서방의 모든 전통에 대해 확실히 조예가 깊다는 것을 보여준다. 교황은 로마에 머물면서 교황청에서 근무하고 있었던 아우구스티누스의 제자인 아퀴나니아의 프로스페르의 자료들과 심지어 그의 글을 이용할 수 있었다. 따라서 콘스탄티노폴리스 총대주교 플라비아누스에게 보낸 그 위대한 교서는 교황의 강론과 라틴교회의 전통을 기초로 하여 프로스페르가 준비한 것이다. 그러나 레오 교황은 직접 이 초안을 살펴보고 수정작업을 하였으며, 그다음에 교서에 자신의 개인 인장을 찍었다. 그러므로 교황은 "내용이나 형식면에서 그 교서를 자신의 것으로 만들었으며, 전적으로 그것에 대한 책임을 진 것이다."(Gaidioz). 성 레오 교황의 강론들과 서한들은 그가 그 안에 표현한 언어만큼 그의 확고한 생각을 나타내 준다.

그러므로 수도원장 에우티케스와 관련된 논쟁에서 교황은 준비가 되어 있지 않은 것이 아니었다. 그는 에우티케스의 서한을 통해서 위험을 인지했을 때 즉시 의견을 표명하지 않고 더 많은 정보를 얻을 때까지 기다리려고 하였다(서한 23과 24). 그러나 콘스탄티노폴리스 교회회의의 보고서를 입수하자마자, 이 새로운 오류가 사도로부터 이어오는 신앙고백과 교부들의 신앙과 상치될 뿐만 아니라 "우리의 유일한 희망"과 "인류 구원의 유일한 신비"를 위태롭게 한다는 것을 알아차렸다. 처음부터 레오 교황은 여기에 어떠한 심오한 종교적 가치가 연관되어 있는지를 분명히 알고 있었던 것이다.

테오도시우스 황제의 449년 3월 30일자 공의회 초대 서한은 5월

16일에야 비로소 로마에 도착했다. 교황은 6월 13일 한 통의 서한뿐만이 아니라 여러 통의 서한을 동시에 동방에 발송하였다. 그는 테오도시우스 황제에게 가톨릭교회에 대한 그의 배려를 찬양하는 서한을 보냈다. 그 서한에서 교황은 자신의 출석을 대신하여(ad vicem praesentiae meae) 푸테올리의 율리우스 주교와 성 클레멘스 명의교회의 레나투스 신부(그는 여행을 가는 도중에 선종함), 그리고 나중에 레오 교황의 후계자가 된 힐라리오 부제를 보낼 것이라고 말하였다. 그들은 피고인에 대하여 정의와 자비의 마음을 품고 있다고 하였다. 에우티케스가 그의 잘못을 인식한다면, 주교들은 호의를 가지고 그를 대할 것이라는 것이다... 서한의 한 부분에서 교황은 이 일이 로마 주교의 판결에(nostra sententia) 맡겨지지 않았다는 것을 유감으로 생각한 것 같다. 교황은 도처에 있는 가톨릭교회가 주님의 육화의 신비(sacramentum)에 대하여 믿고 가르치는 것을 온전히 표현하는 내용의 서한을 플라비아누스 총대주교에게 보낼 것이라는 공지를 끝으로 서한을 맺었다.[4]

황제의 누이인 풀케리아에게 보낸 레오 교황의 긴 내용의 서한은 육화 교리에 대한 주목할 만한 설명으로 구성되어 있다. 교황은 동시에 테오도시우스 황제에 의해 주어진 기한이 짧아서 주교들이 제 시간에 공의회에 출두하지 못할 것에 대해 불만을 토로하였다. 아마도 황제는 교황의 출석이 반드시 필요하다고 생각할 수도 있지만, 교황은 현재 상황이 불안정하여 그의 나라와 사도좌를 떠날 수 없다고 하였다.[5] 여기서 교황은 그때부터 서방을 위협해 오는 훈족의 침략을 암시한 것이다.

레오 교황은 콘스탄티노폴리스의 자신의 대리자이며 나중에 칼케돈의 사절이 된 키오스의 율리아누스와 파우스투스와 마르티누스와,

4) 『서한』, 29: PL 54, 781-783; ACO II, IV, 9이하.

5) 『서한』, 31: PL 54, 789-795; ACO Ibid. 12-15.

에우티케스를 단죄한 콘스탄티노폴리스 교회회의에 참석한 수도원장들에게도 같은 내용의 서한을 보냈다.[6] 그 밖에도 교황은 공의회에 보내는 한 통의 서한을 작성했다. 그러나 무엇보다도 콘스탄티노폴리스 총대주교 플라비아누스에게 긴 내용의 교서를 보냈는데, 언급한 바와 같이, 육화의 신비에 대한 가톨릭교회의 신앙을 온전히 표현하는 내용이었다.[7]

총대주교 플라비아누스에게 보낸 교서[8]

「덴칭거」의 설명대로, 고대 교회의 그리스도론 논쟁에서 이 서한은 중요하고, 자주 인용되는 교의 문서로 여겨지며, 황제 레오에게 보낸 *Tomus II*로 지칭하는 서한과 구분하기 위해 때로 *Tomus I*이라고 한다. 서한은 자연스럽게 네 부분으로 나뉘어져 있다.

1. 짧은 서론은 에우티케스의 어리석음과 무지를 상기시킨다. 에우티케스는 예언자들의 말씀과 사도들의 서한과 복음의 증거를 인용하지 않고, 그가 진리에 대한 인식을 하지 못하도록 가로막는 어둠을 스스로 밝게 하려고 한다는 것이다. 그는 진리의 제자가 되려고 하지 않았기 때문에 오류의 스승이 되었다. 에우티케스는 신자들의 공통된 보편 신앙을 지녀야 했다. 그 신앙은 "그리스도교 신앙의 순수한 원천"의 세례 때 신앙고백에 나온다. 거기에서 그는, 성부와 똑같이 영원한 성자께서 시간 안에 "성령으로 인하여 동정녀 마리아에게서 태어나셨다"는 것을 배워야 했다. 그 밖에도 성경은 그리스도께서 동정녀

6) 『서한』, 32. 33. 34: PL 54, 795-802; ACO Ibid. 11-17.

7) 『서한』, 28: PL 54, 755-779; ACO II, II, 24-33.

8) 참조: 원문 · 번역문 VIII.

에게서 자신이 출생함으로써 어머니의 몸과 똑같은 본성(natura)을 지닌 참된 몸을 가지고 있음을 가르쳐주고 있다. 성령의 작용으로 인한 동정녀에게서의 출생은 태어난 분의 고유한 본성을 바꾸지 않기 때문이다. 성령께서 동정녀를 잉태시켰지만 참된 몸은 그녀의 **몸**(corpus)에서 취해진 것이다. 지혜가 집을 지음으로써(잠언 9,1), "말씀이 육이 되시어 우리 가운데 사셨다"(요한 1,14). 곧, 인간에게서 취하고 이성적인 생명의 숨으로 불어넣은 육 안에 사셨다.

2. 그러므로 두 본성의 특성이 그대로 보전되었고, 두 본성이 하나의 위격으로 결합함으로써, 드높음은 낮음을, 강건함은 약함을, 영원은 사멸성을 취하였다... 참된 인간의 온전하고 완전한 본성(natura)에서 참된 하느님이 태어나셨으며, 곧 그분의 것에서 온전하시고 우리의 것에서도 온전하시다(totus in suis, totus in nostris)... 각 본성은 제한 없이 그 특별한 속성을 보전한다. 하느님의 모습(forma)은 종의 모습을 없애지 않고, 종의 모습은 하느님의 모습을 없애지 않는다(참조: 필립 2,6-7). 오히려 하느님으로서 인간을 창조하신 그분께서 종의 모습을 취하시어 몸소 인간이 되셨다... 레오 교황은 이것이 우리 구원의 현실성을 위하여 요구되는 것이라고 추가로 설명하였다. 그러나 죄에 물들지 않았고 죽음에 사로잡히지 않은 분이 우리의 본성을 취하지 않고 그것을 자신의 것을 만들지 않았다면, 우리는 죄와 죽음에 대해 승리를 얻을 수 없었을 것이다. 우리를 구원하기 위하여 필요했던 것은, 하느님과 인간 사이의 한 분이며 같으신 중개자이신 인간 예수 그리스도께서 죽거나 죽지 않을 수 있는 능력을 가지는 것이었다.

3. 레오 교황은 그다음 장에서 이미 언급한 것을 다시 한 번 더 상세하게 다룬다. 하느님의 아드님은 동정녀에게서 새로운 출생을 통하여 태어나셨다. 따라서 고난을 겪으실 수 없고 죽으실 수 없는 하느님께서 죽으실 수 있고, 죽음의 법에 내맡겨지셨다. 참 하느님이신 그분은 참 인간이시다. 각각 두 모습은 다른 것과 일치하여 자신에게 고유

한 것을 행한다(agit utraqe forma cum alterius communione, quod proprium est). 이때에 말씀은 말씀에 속하는 것을 행하시고, 육은 육에 속하는 것을 이루신다. 그럼에도 그분은 한 분이시며 같은 참 하느님의 아드님이며 사람의 아들이다. 이어서 교황은 인성 또는 신성과 각각 관련된 복음에 나오는 사건들을 열거한다. 그리스도 안에서 하느님과 인간은 하나의 위격(persona)을 이루지만, 하느님과 인간에게 공통적인 활동의 원리들은 다르다.

4. 그러므로 레오 교황에 따르면, 두 본성의 이러한 위격적 일치(unitas personae)로, 사람의 아들이 하늘에서 내려 오셨고 하느님의 아들이 십자가에 못 박혀 돌아가시고 묻히셨다고 말할 수 있는 것이다. 베드로는 하느님의 아드님과 그리스도가 같은 분임을 고백하였다(마태 16,16). 왜냐하면 예수 그리스도께서 오로지 인간이지만 하느님이 아니라고 생각할 수 있듯이, 그분이 오로지 하느님이지만 인간이 아니라고 믿을 수 있는 위험이 있기 때문일 것이다. 복음이 우리에게 보도해 준 것에 따르면, 신성과 인성의 고유한 속성이 분리되지 않고 일치를 이룸을 인정해야 한다. 말씀과 인성을 단순히 동일시 하지 않으면서, 한 분이시고 같으신 하느님의 아드님께서 말씀이시고 육이라는 것을 고백해야 한다. 인성을 분리시키면 그리스도를 갈라놓는 것이며, 우리를 구원해 낸 신비(sacramentum)를 무효로 만드는 것이다. 가톨릭교회는 예수 그리스도 안에서 참 신성이 없는 인성과 참 인성이 없는 신성은 생각할 수 없다는 믿음으로 생활하고 성장한다.

레오 교황은 에우티케스와 “어리석고, 왜곡되며, 불합리한” 그의 가르침을 단죄하면서 교서를 끝맺는다. “하느님의 외아드님께서 육화하기 전에 두 본성으로 이루어졌다고 말하는 것과 마찬가지로 말씀의 육화 이후에는 단지 한 본성만이 있다고 주장하는 것은 신성모독이다.” 이단자가 자신의 오류를 살펴보고 단죄한다면, 인간을 멸망하기 위해서가 아니라 구원하기 위해 오신 착하신 목자의 자비가 그에게 틀림없이 베풀어지게 될 것이다.

교황 레오의 신학

이 교서는 전체적으로 명료함과 표현력에서 찬사를 받고 있으며, 바티폴에 의하면, 레오를 특징하는 "명확하고 상세하며 기품 있는 형태"를 보여준다. 이 교서는 라틴어로 쓰여 졌는데, 제국 언어로써의 위엄과 표현력, 어떤 면에서도 뒤지지 않는다.

레오 교황은 경쟁 중에 있는 안티오키아와 알렉산드리아 신학 논쟁에 결정을 내리거나, 이들 사이의 화해를 위한 중재입장을 취할 의도는 아니었다. 더구나 고유한 신학체계를 만들어 내는 것은 그의 목적과도 상응하지 않았다. 오히려 교황은 에우티케스의 오류에 반대하여 세례 때 신앙고백과 성경에 의거하여 명백하고 확실하게 교회의 보편 신앙을 설명하였다. 또 다른 서한에서 교황은 "교부들"과 심지어 "돌아가신 복된"[9] 키릴루스 주교도 근거로 삼았다. 이 교서에는 이에 대한 언급이 빠져 있다. 그럼에도 레오 교황은 이 교서에서 테르툴리아누스로부터 시작해서(*Adversus Praxeam*) 아우구스티누스까지 라틴 신학의 전승 전체에 서 있다. 아우구스티누스는 여기서 큰 역할을 하는데, 그의 정식들은 한 마디도 빠짐없이 그대로 자주 반복되기 때문이다. 그렇다고 교황이 그리스 교부들과 라틴 교부들의 텍스트들을 아무런 이유 없이 모은 것은 아니었다.

레오 교황은 에우티케스가 콘스탄티노폴리스 교회회의 앞에서 거듭해서 다음과 같은 말을 했다는 것을 알고 있었다. "나는 우리 주님께서 결합 이전에는 두 본성으로 이루어졌다는 것을 고백하지만, 결합

9) 참조: 『서한』, 23과 69: PL 54, 733과 891; ACO II, IV, 5와 31.

이후에는 단지 한 본성만을 고백합니다." 그러나 교황이 에우티케스 수도원장의 가르침에서 아주 특별히 알아차린 것은, 아마도 그의 가르침이 그리스도의 몸은 우리의 몸과 같은 똑같은 본성이 아니라고 바라보는 일종의 가현론과 관련이 있다는 것이었다. 교황은 아리우스 또는 아폴리나리스와 마찬가지로 네스토리우스와의 논쟁에서 모든 교부들이 입장의 중심으로 삼은 논증으로 이 오류를 반박했다. 우리 구원의 현실성은 그리스도께서 성부와 완전히 같으신 것과 마찬가지로 그리스도께서 인간과 본질이 완전히 같음을 요구한다는 것이다. 그리스도의 죽음이 우리를 구속했다면, 그분은 참된 인간적인 죽음으로 죽으실 수 있어야 했다. 그러므로 레오 교황의 신학은 아타나시우스나 키릴루스의 신학과 마찬가지로 구원의 신비에 기초한다.

따라서 마니케우스파에 반대하여 그러했던 것처럼, 레오 교황에게는 에우티케스에 반대하여 "육의 진리"(veritas carnis)를 보호하는 것이 관건이었다. 두 본성의 실재는 남아 있어야 한다. 예수의 동정녀 잉태에 대해 논할 때 그의 인간 본성의 완전한 실재에서 아무것도 제거되어서는 안 된다. 레오의 정식들은 다양하며, 그것들은 어느 면에서 보아도 온전한 두 본성들의 구별을 표현하며, 이 본성들이 각각 특별한 속성을 온전히 지니고 있고 각각 고유한 활동에 머무른다는 것을 말하고 있다. "그러므로 두 본성의 속성이 그대로 보전되었고(salva igitur proprietate utriusque naturae), – 참된 인간의 온전하고 완전한 본성에서(in integra ergo veri hominis perfectaque natura) – 그 두 본성은 결함이 없이 그 속성을 보전하고(tenet enim sine defectu proprietatem suam utraque natura) – 신적인 본성과 인간적인 본성의 속성들이 분리되지 않고 남아 있다(proprietas divinae humanaeque naturae individua permanere)..." 그리고 이 정식의 첫 번째 것은 거의 글자 그대로 테르툴리아누스에게서 빌려온 것이다.[10)]

---

10) 『프락세아스 반박』, 27.

레오 교황에 따르면, 이 본성들은 각각 그 본성에 고유한 것을 행한다. “agit utraque forma,... quod proprium est...” 복음은 때로는 한 본성에 기인하고, 때로는 다른 한 본성에 기인하는 그리스도의 삶에서 일어난 사건들을 보여주는데, 스콜라학적인 용어로 말하자면, 이 사건들은 이 본성들 안에서 다음의 활동의 원리를 갖는다. 예를 들어 고난을 겪을 때 인간적인 본성은 모욕을 받지만, 반면 부활할 때에 신적인 본성은 영광의 원리라는 것이다. “주 예수 그리스도 안에 하느님과 인간이 결합된 하나의 위격이 있는데도, 하느님과 인간에게 공동으로 오는 모욕의 출처가 다르고, 공동으로 오는 영광의 출처가 다르다(Quamvis enim in Domino Iesu Christo Dei et hominis una persona sit, aliud tamen est, unde in utroque communis est contumelia, aliud unde communis est gloria).” 이러한 맥락에서 키릴루스 주교가 마침내 433년 자신의 네 번째 파문문을 암암리의 침묵 중에 포기하며, 때로는 그리스도의 인성과 관련되고 때로는 그리스도의 신성과 관련된 복음의 진술들을 “두 본성 하에 나누는 것”을 받아들였다는 것을 기억하는 것은 흥미로운 일이다. 서방 신학은 이점에서 그리스인들이 많은 노력과 논쟁의 대가를 치룬 후에야 도달했던 명확성에 단번에 이르렀다.

그럼에도 혼합 없는 이러한 분리는 레오 교황의 신학에서는 결코 일치를 위한 장애가 아니다. 우리가 위에서 언급한 같은 문장에서 교황은 이렇게 말했다. “주 예수 그리스도 안에 하느님과 인간의 하나의 위격”(in Domino Jesu Christo Dei et hominis una persona). 그리고 다른 곳에서도 이렇게 말한다. “두 본성은 하나의 위격으로 결합된다.”(utriusque naturæ... in unam coeunte personam). “그러므로 한 분이신 그분은 참으로 하느님의 아드님이시며, 참으로 사람의 아들이시다.”(Unus enim idemque est, ... vere Dei Filius, et vere hominis filius). 따라서 두 본성 안의 위격적 일치를 고백해야 한다. 그렇기 때문에 각 본성이 고유한 활동을 행한다면, 다른 본성과 통교[교환] 안에서 그렇게 하는 것이다(cum communione alterius). 의심할 여지없이 우리는 아직 여기서 "속성 교환"(communicatio idiomatum)에 대하여 완전히 발전된 신학을 갖고 있지 않다. 그러나 지금은 하느님의 외아드님께서 십자가에 못 박혀 돌아가시고 죽으셨으며, 사람의 아들은 하늘에서 내려오셨다고 말해도 된다는 것은 확실하다. 비록 영광이 신적인 본성에서 나오며 모욕은 인간적인 본성에 기인할지라도, 영광과 모욕은 두 본성에 공통적이다.

이 "일치"(communio)의 원칙은 레오 교황에 의해 단호하게 표현된다. 그것은 그리스도의 유일한 위격(persona)이다. 레오 교황에 의하면 신경은 성부의 외아드님이신 예수 그리스도께서 동정녀 마리아에게서 태어나셨다고 가르친다. 그러므로 영원에서부터 성부에게서 나신 분과 시간 안에서 인간에게서 나신 분은 한 분이며 같으신 분이시다. 육을 취하시는 분, 육이 되시는 말씀은 육 안에서 나시는 분과 동일하다. 태어나시는 아기는 하느님이신 말씀이다. 하느님이시며 인간이신 분은 한 분이고 같은 분이다. 레오 교황은 이 점에서 키릴루스와 일치하며, 더 정확하게 말해서, 가장 전통적이며 가장 확실한 그의 주장 안에 있는 진정한 그리스도교 사상과 일치한다. 레오 교황의 사고 안에 육화가 어떤 자리를 차지하는지 이해하기 위해서는 그의 성탄 강론만 기억하면 된다. 그에게 육화는 그리스도교 신비의 핵심이다.[11]

> "그러므로 하느님의 말씀이시고 하느님 자신이시며, 태초부터 하느님 곁에 계셨고 만물이 그분을 통해 생겨났으며 그분 없이 생겨난 것이 하나도 없는, 그 하느님의 아드님께서 인간을 영원한 죽음으로부터 구원하시기 위하여 인간이 되셨습니다. 그분은 당신의 엄위를 손상시키지 않고 우리의 비천함을 취하시기 위해 당신 자신을 낮추셨습니다. 곧, 그분은 원래 당신

11) 『강론집』, 21-28: PL 54, 190-226.

자신의 것에 머물러 계시면서 동시에 자신의 것이 아니었던 것을 취하심으로써 종의 참된 모습을 하느님 아버지와 동등한 당신의 모습에 일치시킨 것입니다. 그분은 이렇게 두 개의 본성을 결합시키셨는데 그분의 영광이 하위의 본성을 흡수해 버리지 않았고, 또 취해진 본성이 상위의 본성을 감소시키지도 않았습니다. 그러므로 이 두 개의 본성은 본래의 속성을 간직한 채 하나의 위격 안에 결합되었습니다. 우리의 인간 조건에 딸려 있는 빚을 지불하기 위하여 손상될 수 없는 본성이 고난을 겪을 본성에 들어오셨고, 참 하느님이시며 참 인간이신 그분께서 주님의 한 위격 안에 조화를 이룬 것입니다. 이것은 우리 인간을 치유하기 위해 필요하였으니, 하느님과 인간 사이의 유일한 그 중재자께서 한편으로 죽으실 수 있었고 다른 편으로는 부활하실 수 있었기 때문입니다. 한편 창조주의 탄생으로 인해 동정녀의 완전한 동정성이 조금도 손상되지 않았다는 점을 마땅히 밝혀 두어야 합니다. 왜냐하면 이 진실을 밝히는 것은 그분의 정결을 지켜 드리는 일이기 때문입니다.

친애하는 형제 여러분, 그러므로 이 탄생은 하느님의 힘이며 하느님의 지혜이신 그리스도께 합당한 것이었으니, 이 탄생을 통해 인성으로는 우리와 같은 분이시지만 천주성으로는 우리를 초월하십니다. 만일 그분이 참된 하느님이 아니셨다면 우리를 치유하시지 못하셨을 것이며, 참된 인간이 아니셨다면 우리에게 모범을 보여 주지 못하셨을 것입니다..."[12)]

그런데 레오 교황의 정식들을 더욱 면밀히 살펴보는 사람에게는

12) 역주. 독자의 이해를 돕기 위해 레오 교황의 성탄강론 내용을 다음의 책에서 인용함; 이형우 역주, 『레오 대종 성탄 · 공현 강론집』, 분도출판사, 1990, 33-34.

사실 그의 신앙이 키릴루스의 신앙과 동일하나, 이 정식들에서 그 신앙을 표현하는 그의 신학은 키릴루스 신학과 다르다는 것이 분명하다. 키릴루스는 적어도 그의 표현 안에서 *Hypostasis*(위격)와 *Physis*(본성)를 정확히 구별하지 않았다는 것을 기억할 것이다. 키릴루스는 특히 육이 된 말씀의 유일한 위격을 고려하였지만, 신성에 고유한 것과 인성에 속한 것을 명확하게 구별하지 않았다. 그는 먼저 그리스도의 활동과 고난의 유일한 주체인 말씀에 주의를 기울였다. 따라서 키릴루스는 본성들에 대해서는 덜 고려하였는데, 그 본성들 안에서 그리고 그 본성들을 통하여 그 주체가 행동하고 고난을 겪은 것이다. 반면 레오 교황은 그리스 어휘보다 덜 유연적인 라틴어 어휘의 장점을 가졌기 때문에 본성(실체[substantia], 본질[essentia])과 위격을 분명히 구별할 수 있었다. 결과적으로 레오 교황에게는 두 본성이 그들에게 공통적인 위격 안에 결합되며, 이 위격은 다름 아닌 말씀의 위격으로, 신성이나 인성과는 구별되지만 이 두 본성으로 이루어진 것이다. 요약해서 좀 더 간략하게 말하자면, 키릴루스에게는 두 가지 개념이 있는데, 그것은 말씀(hypostasis, physis)과 육이며, 레오 교황에게는 세 가지 개념이 있는데, 말씀(신적인 위격)과 두 본성, 곧 신성과 인성이다.

키릴루스의 신학이 그리스도의 유일한 위격을 고려하는 것에서부터 출발했다면, 오히려 레오 교황의 신학과 라틴 신학은 먼저 두 본성에 주의했다. 이것과 관련하여 안티오키아 신학과 비교할 수도 있겠다. 그럼에도 레오 교황의 신학과 라틴 신학은 *persona*라는 라틴어 개념이 그리스어의 *prosopon* 개념보다 더 일관성이 있다는 점에서 안티오키아 신학과 차이가 난다. 두 본성의 결합은 은총에 의하거나 자유의지에 의한 결합이 아니라, 위격 자체 안에서의 결합이다. 에우티키스를 단죄한 레오 교황은 에우티케스 못지 않게 네스토리우스를 단죄하는 데 있어서도 단호했다. 왜냐하면 네스토리우스는 "취해진 인간의 실체(substantia, ousia)에서 말씀의 신성을" 분리하고, 우리 주 예수 그리스도께서 "단지 인간에 따라 동정녀인 어머니에게서 태어나셨다"고 주장했기 때문이다.[13] 그래서 레오 교황은 칼케돈 공의회에 길을 닦아주었지만 동시에 에페소 공의회의 가톨릭 교리도 확고하게 고백했다.

레오 교황이 "플라비아누스 총대주교에게 보낸 교의서한"에서 명백하고도 상세하게 발전시킨 그의 가르침은 그 후에도 여전히 그의 서한과 강론에 다시 등장했다. 여러 성탄 강론에서는 심지어 똑같은 표현들이 다시 나타난다. 예를 들어 오늘날 로마 성무일도의 성탄 독서 기도에도 나오는 강론집 21에 있다. "두 본성의 속성은 그대로 보전되었고, 두 본성이 하나의 위격으로 결합함으로써, 드높음은 낮음을, 강건함은 약함을, 영원은 사멸성을 취했습니다."(Salva igitur proprietate utriusque naturae et in unam coeunte personam, suscepta est a maiestate humilitas, a virtute infirmitas, ab aeternitate mortalitas).[14]

사람들은 레오 교황의 교서에는 키릴루스의 저서들에 나오는 표현력과 독창성과 신학적 깊이가 없다는 것에 주목하였다. 고유한 사변은 그 안에 아무런 자리를 차지하지 못하고, 그 교서는 위격에 의한 일치 가르침을 위해서는 신학적이며 교의적 발전을 의미하지 않는다는 것이다. 요약하면 그 교서는 새로운 것을 내놓지 않았다.[15] 맞는 말이다. 교황이며 교회의 교사인 성 레오는 탁상공론에 빠지지 않았고 새로운 것을 도입하지 않았다. 그는 신앙을 정의하였고, 에우티케스와 네스토리우스의 오류들을 가톨릭교회의 신앙과 대립시키는 것으로 만족했다. 그렇게 레오 교황은 테오도시우스 황제에게 서한을 보냈다. "가톨릭교회가 도처에서 믿고 있고 주님의 육화 신비에 대해서 가르치

---

13) 『서한』, 35(키오스의 율리아누스 주교에게 보낸 서한); 30(풀케리아에게 보낸 서한): PL 54, 805. 787 ; ACO II, IV, 6. 10.

14) 『강론집』, 21, 2: PL 54, 192.

15) J. Texeront, *Histoire des Dogmes III*, 86; P. Batiffol, *Le Siège Apostolique*, 507이하; DThC IX, 250; A. v. Harnack, *Dogmengeschichte* I^4, 772.

는 바는 제가 저의 형제이며 동료인 플라비아누스에게 보낸 서한에 상세히 나와 있습니다."[16] 레오 교황이 나중에 동방과 서방에 그의 교서를 보냈을 때, 아를르에 모인 갈리아 주교들은 교황에게 다음과 같은 서한을 보냈다. "우리 구원의 신비를 가볍게 여기지 않는 사람은 당신의 사도적인 권위로 우리에게 전해 주신 것을 마음 속 깊이 새기고 있으며, 마치 그것이 신경인 것처럼 그것을 기억 속에 충실히 간직하고 있습니다..."[17]

비슷한 상황에서 밀라노 교회회의는 레오 교황에게 서한을 보냈다(451년 8월 혹은 9월). 그의 교서에는 "신앙의 완전함과 단일함이 빛나며, 그 교서는 예언자들의 가르침과 복음의 권위와 사도들의 가르침의 증거를 통해 진리의 빛과 광채를 발산합니다." 이 교서의 특성과 그가 전하는 교리의 전통적인 특성을 그보다 더 잘 표현할 수 없다는 것이다. 밀라노에 모인 주교들은 추가로 다음과 같이 썼다. "이 교서는 복되신 암브로시우스가 성령의 자극을 받아 주님의 육화의 신비에 관한 그의 책에서 설명한 생각과 모두 일치합니다."[18]

마지막으로 주목할 것이 다음의 내용이다. 레오 교황이 449년 8월 1일자로 에페소에 모여 있던 주교들에게 육화의 신비에 대한 가톨릭 교리를 설명한 서한은 사도좌(ex cathedra)에서 나온 교의적인 결정으로 발표된 것이 아니라는 것이다. 오늘날의 의미에서 말하자면, 그것은 "통상 교도권"(magisterium ordinarium)의 행위였다. 칼케돈 공의회가 그 서한을 장엄하게 받아들임으로써 그 서한은 그러한 교의적인 결정의 성격을 부여받았다.[19] 그러나 그렇게 되기까지 여전히 많은 고통스러

---

16) 『서한』, 29: PL 54, 783; ACO II, IV, 9이하.

17) 『서한』, 99: PL 54, 967.

18) 『서한』, 97,2: PL 54, 946.

19) 참조: P. Batiffol, *DThC* IX, 250이하.

운 일련의 사건들이 있었다. 특히 그러한 사건 중에 속하는 것은 449년에 열린 또 다른 에페소 공의회가 레오 교황의 서한을 낭독하는 것을 거부한 일이다.

에페소 강도 공의회(449년 8월)

공의회는 사실 449년 8월 1일로 소집되었지만, 8일에야 비로소 열리게 되었다.[20] 왜냐하면 공의회의 진행은 크리사피우스와 에우티케스의 영향을 받고 있었던 황제의 손에 달려 있었기 때문이다. 에우티케스는 448년 자신이 단죄받은 것에 대해 복수하고자 하였다. 테오도시우스 황제의 여러 서한을 보면, 황제가 어떤 의도를 가졌는지 아주 분명하게 드러난다. 황제는 알렉산드리아의 디오스코루스 총대주교에게 공의회의 의장직을 맡기고, 에페소 공의회와 니케아 공의회에서 정의된 것에서 어떠한 것도 첨가하거나 삭제하지 않도록 명령했다. 이러한 명령은 예루살렘의 유베날 주교도 받았다. 공의회의 질서를 돌보는 것은 황제의 자문위원회 장관인 엘피디우스와, 호민관이며 서기관인 에울로기우스에게 맡겨졌다. 에우티케스를 단죄한 주교들은 사실 회의에 참석할 수는 있었지만 투표는 할 수 없었다. 먼저 공의회는 에우티케스 수도원장에게 내려진 판결을 심사해야 했다. 공의회에 보내진 한 서한은, 콘스탄티노폴리스의 총대주교 플라비아누스를 피고인으로 낙인찍으려는 경향을 분명하게 보여준다. 사람들은 에우티케

20) 8월 8일의 회의록은 칼케돈 공의회의 문서 안에 포함되어 우리에게 전해져 내려온다. 그곳에서 낭독되었기 때문이다. 강도 공의회에 협력했거나 공의회의 희생자가 된 이들 편에서 논평과 해명과 이의 제기로 이 회의록의 낭독은 재차 중단되었다. 참조: ACO II, I, 1, 68-195. 따라서 에페소의 사건들에 대한 보도를 칼케돈 공의회의 문서에서 따로 떼어내는 일은 여전히 쉬운 일이 아니다.

스를 복직시키고 네스토리우스의 추종자라고 여겨진 이들과 함께 플라비아누스를 단죄하려고 했던 것이 분명했다.[21)]

공의회는 431년 에페소 공의회에서처럼, "마리아라고 불리는" 같은 성당에서 개최되었다. 대략 130명의 주교들이 참석했다. 알렉산드리아의 디오스코루스 주교는 약 20명의 이집트인들을 데리고 왔으며, 유베날 주교도 예루살렘에서 15명의 팔레스타인 주교를 데리고 왔다. 시리아에서는 플라비아누스 총대주교의 적대자인 안티오키아의 돔누스 주교만이 참석했다. 반면 주교는 아니었을지라도 바르 사우마가 그곳에 나타났다. 콘스탄티노폴리스의 총대주교 플라비아누스와 448년 "상임 교회회의"에 참석한 주교들과 그 밖에도 모두 42명의 다른 주교들은 침묵하도록 판결이 내려졌다. 따라서 레오 교황은 다음과 같이 말할 수 있었다. "우리가 들은 바로는 몇몇 사람들은 간단히 배제되었으며, 반면 다른 사람들은 허용되었습니다."[22)] 사람들은 투표를 하려는 모든 것에 대해서 먼저 미리 과반수를 확보할 수 없었다. 게다가 성직자들과 수도자들(칼케돈에서는 나중에 말하기를, 바르 사우마가 천 명의 수도자를 데리고 왔다고 함), 군인들과 알렉산드리아에서 온 선원들도 왔다. 그들의 참석과 고함과 심지어 두들김으로 망설이며 주저하는 이들을 주눅 들게 하고 상대방이 포기하도록 강요해야 했다... 그 외에도 그곳에서는 황제의 권력을 대표하는 사람들이 아주 적극적인 역할을 해야 했으며, 제1차 에페소 공의회의 황제의 대리인 칸디니아누스보다 더 큰 소리를 내야 했다. 그러나 로마 사절단은 레나투스 신부의 사망으로 세 명의 구성원으로 줄어들었으니, 푸테올리의 율리우스 주교와 힐라리오 부제와 둘치티우스 서기관이었다. 그리고 그들 중의 어느 누

---

21) ACO II, I, 1, 72.

22) 『서한』, 44(테오도시우스 황제에게 보낸 서한, 449년 10월 13일): PL 54, 825; ACO II, IV, 20.

구도 그리스어에 능통하지 않고 단지 통역자의 도움으로 의사소통을 할 수 있었기 때문에, 그들은 레오 교황의 소리를 듣게 할 상황이 아니었다.

알렉산드리아의 디오스코루스 주교는 키릴루스가 일찍이 그러했던 것처럼 회의의 의장직을 넘겨받았다. 율리우스 주교가 그의 뒤에 자리를 잡았는데, "거룩하고 존경하올 로마 주교 레오의 자리를 대신하였다." 그다음에 예루살렘의 유베날과 안티오키아의 돔누스, 콘스탄티노폴리스의 플라비아누스, 그리고 다른 모든 주교들이 자리를 잡았다. 힐라리오 부제는 서기관 둘치티우스와 함께 제일 끝 자리에 앉았다. 따라서 로마 사절단은 서로 멀리 떨어져 앉게 되었고, 결국 토론 중에 서로 협의하는 길이 막혔기 때문에, 더욱 입지가 약해졌다.

황제의 서한이 낭독됨으로써 회의가 시작된 후, 율리우스 주교와 힐라리오 부제는 통역자를 통해서, 교황 레오의 서한도 낭독해 주기를 요청하였다. 힐라리오 부제는 사도좌는 테오도시우스 황제의 의해 공의회에 초대받았지만, 교황이 직접 공의회에 왔던 예가 없다고 명확하게 말했다. 따라서 교황은 그들을 자신의 대리자로 파견했다는 것이다. 교황은 이들이 가톨릭 신앙의 진실성과 성 베드로 사도의 명예에 맞갖은 모든 것을 행할 것이라고 알고 있기 때문이라고 했다.[23] 그러나 로마인들의 요청은 간단히 무시되었고, 황제의 자문위원회 장관인 엘피디우스는 즉시 에우티케스를 데려오게 하였다. 에우티케스는 콘스탄티노폴리스 공의회의 판결에 불복하는 항소를 공의회에 제기하였다. 따라서 엘피디우스는 수도원장을 심판하고 단죄한 공의회의 문서를 검토할 것을 제안하였다. 이 때 율리우스 주교와 힐라리오 부제는 먼저 레오 교황의 서한을 낭독해야 한다고 재차 주장하였다. 그러나 에우티케스는 로마 사절단이 에페소에 도착했을 때 이미 플라비아누

23) ACO II, I, 1, 83.

스 주교와 연락을 취했기 때문에 이들을 의심스럽고 믿을 수 없는 사람들이라는 이유로 거부하였다.[24] 그래서 분량이 많은 콘스탄티노폴리스 공의회의 문서를 낭독하는 것으로 넘어갔다. 이것은 청중들 사이에 강력한 반발을 불러일으켰다. 예를 들어, 도릴래움의 에우세비우스의 개입을 회상하는 주교들은 에우티케스가 두 본성을 받아들인다는 고백을 해야 한다고 외쳤다. "그를 죽이시오. 에우세비우스와 함께 화형에 처하시오. 그를 산채로 태워 버리시오! 그리스도를 갈라놓은 그를 두 동강으로 자르시오!" 이러한 외침을 듣는다면, 그때에 사람들이 얼마나 흥분하였고, 참석자들을 서로 분열시키는 편견들이 얼마나 컸는지 상상할 수 있을 것이다.

이어서 디오스코루스 주교가 다시금 발언권을 쥐며 회의에 참석한 이들에게 말을 건넸다. "여러분들은 사람들이 육화 이후의 두 본성에 대해 말하는 것을 원하지 않으셨습니까?". 주교들은 다음과 같이 응답하였다. "누가 그렇게 말한다면 파문될 것입니다." 그래서 디오스코루스는 다음과 같이 말하였다. "저는 여러분들의 소리와 손이 필요합니다. 어느 누가 소리를 낼 수 없다면 손을 드시오!". 그래서 회의에 참석한 모든 사람들은 다음과 같이 다시금 외쳤다. "어느 누가 두 본성에 관하여 말한다면 파문될 것입니다."[25] 게다가 디오스코루스는 주저하는 이들의 지지를 강요하기 위한 압박과 협박 수단을 사용했다. 그래서 틸레몽은 다음과 같이 쓸 수 있었다. "디오스코루스는 어디에서나 군림한다." 레오 교황 자신도 그를 "새로운 파라오"와 비교했었다.[26] 그 다음 표결에 부쳐졌을 때, 모든 사람들은 에우티케스가 정통 신앙적임을 인정한다고 선언하였고 그의 복권을 요청하였다. 먼저 예

24) Ibid. 99.

25) Ibid. 140.

26) 『서한』, 120,2: PL 54, 1049; ACO II, IV, 79.

루살렘의 유베날 주교가 투표하였고, 그의 뒤를 이어 안티오키아의 돔누스 주교가 투표하였다. 돔누스 주교는 이제 나약하게도 에우티케스 수도원장의 단죄에 대한 그의 지지를 철회하였다.[27)]

로마 사절단은 아무런 말도 하지 않았다. "그들은 공의회가 교황의 서한을 듣기를 거부하고, 심지어 플라비아누스의 가르침과 마찬가지로 레오 교황의 가르침을 강력하게 반대하며 에우티케스를 복권시켰다는 것이 명백해지자마자 항의하고 자리를 떠야 했을 것이다. 불행하게도 그들은 그리스어를 몰랐기 때문에 거의 귀먹은 벙어리가 되었다."[28)] 그리스인들과 라틴인들은 서로의 말을 이해하지 못한다. 우리는 씁쓸하지만, 이 혼란스러운 사실을 부각시켜야 할 것이다. 이 사실은 이제 그리스도교의 두 반쪽 사이의 골이 이미 어떻게 파여졌고, 앞으로 그 골이 더 넓혀질 것이라는 것을 가르쳐 주고 있기 때문이다.

이러한 투표가 끝난 후, 디오스코루스는 모든 것이 순조롭게 진행된 것처럼 행동하였고, 니케아 공의회의 신경에 어떤 것을 첨가하거나 변경하는 것을 금지하는 에페소 공의회의 교령을 낭독하도록 하였다. 그 다음 디오스코루스는 다음과 같이 계속해서 말하였다. "여러분들은 제1차 에페소 공의회가 니케아 공의회와 다른 가르침을 주장하거나 이 가르침에 무언가를 변경하거나 새로운 문제제기를 하는 모든 사람들에게 엄포를 놓는다고 들었습니다... 그러므로 모든 사람은 신학 연구에서 니케아 공의회의 신앙을 넘어선 이들을 처벌할 것인지 아닌지를 서면으로 선언해야 합니다." 모든 사람들이 이에 동의하였으며, 로마 사절단도 "사도좌의 동의"를 표현하였지만 다시 한 번 교황의 서한을 낭독하도록 요구하였다.[29)]

---

27) ACO II, I, 1, 182이하.

28) P. Batiffol, *Le Siège Apostolique*, 512.

29) ACO II, I, 1, 191.

그러나 디오스코루스 주교는 전혀 동요하지 않았다. “플라비아누스와 도릴래움의 에우세비우스 주교는 그리스도교 백성 안에서 일으킨 동요와 악표양으로 에페소 공의회 교령에 공개적으로 반대하였습니다. 그러므로 저는 그들이 사제직과 주교의 품위에서 제명되었다고 선언합니다. 여기에 참석한 모든 주교님들은 이점에 대한 의견을 표명하시길 바랍니다.”

이때 플라비아누스 주교는 크게 소리쳤다. “나는 당신을 인정하지 않습니다.” 마찬가지로 힐라리오 부제도 라틴어로 다음과 같이 소리쳤다. “Contradicitur![반대합니다][30]

그때 엄청난 소란이 일어났다. 그제서야 놀림을 받고 바보 취급당했다고 갑자기 알아차린 몇몇 주교들은 디오스코루스에게 다가가 그의 발치에 엎드려 그의 무릎을 움켜잡고 불법적인 것을 행하지 않도록 간청했다. 디오스코루스 총대주교는 자신이 사방에 둘러싸여 있는 것을 보고 고관들을 불러 성당문을 열게 하였다. 그러자 칼을 잡아들고 있는 군인들과 수도자들과 수많은 군중들이 성당에 침입했다. “으뜸 사도의 자리에 호소한” 콘스탄티노폴리스 총대주교 플라비아누스는 군인들에 의해 둘러싸였다. 플라비아누스는 제단쪽으로 피신하려고 했으나 사람들이 그를 막아서고 성당 밖으로 잡아 끌어내려고 했다. 그러나 그는 도망쳐서 성당 옆 한 건물에 숨을 수 있었다. 그렇지만 사람들은 그를 구류 상태에 두었다.[31] 나중에 칼케돈에서는 디오스

---

30) Ibid. 문서 본문에는 반대한다는 진술을 그리스어 철자로 쓴 라틴어를 표시했다. “Kontradikitour”.

31) 플라비아누스 주교는 직접 레오 교황에게 보내는 건의서에서 이 과정들을 이렇게 묘사했다. 참조: ACO II, II, 1, 78. 뒤센느(*Histoire ancienne III*, 417)와 바르디(Fliche-Martin, *Histoire de l'Eglise IV*, 222이하)와 같은 정통한 역사가들은 이러한 보도를 추가적으로 각색하고 사실과 멀어지려는 유혹에 저항할 수 없었다. 그들은 플라비아누스 주교가 “꼭 달라붙어 있으려한” 제대에서 “강제로 떨어지게” 되었다고 서술한다. “디오스쿠르와 바르 사우마의 수도자들은 그를 바닥에 내동이쳤고 발로 밟았으며, 마침내 그는 감옥으로 끌려갔다.”

코루스가 플라비아누스를 죽였다거나 바르 사우마가 그를 참수했다는 소식이 전해졌다.[32)]

힐라리오 부제도 그의 서명을 무력으로 강요하려는 사람들의 폭력을 피하기 위해 도망쳤다.[33)] 푸테올리의 율리우스 주교에게 무슨 일이 일어났는지 알려진 바는 없다. 콘스탄티노폴리스의 플라비아누스 주교는 추방당했으나 449년 8월 11일, 리디아의 히파이파로 가는 도중에 그가 당한 가혹 행위의 결과로 사망하였다.[34)]

---

32) ACO II, I, 1, 111; II, 1, 2, 116.

33) 레오, 『서한』, 44: PL 54, 827; ACO II, IV, 19; 참조: 『서한』, 50: PL 54, 841; ACO Ibid. 21.

34) 우리는 여기에서 449년에 있었던 일들이 일반적으로 역사가들에 의해 기술되는 것과 마찬가지로 이 일들을 묘사했다. 그러나 실제로는 플라비아누스의 사망에 대한 더 자세한 상황들과 정확한 날짜는 오리무중이다. 동시대의 보도에 의하면(*Liber Heraclidis*, ed. Nau, 316; *Gesta de nomine Acacii*[in: *Collectio Avellana* ed. O. Guenther: CSEL 35,440-452]; *Chronik des Prosper von Aquitanien* [PL 51, 601이하]), 플라비아누스는 추방으로 가는 도중에 사명하였다. 그러나 언제인지는 확실히 모른다. 네스토리우스에 의하면 그가 에페소로 압송된 후 4일째였고, 그의 압송은 8월 8일의 일들이 일어난 후 곧바로 이루어졌다. 그러나 그와는 반대로, 콘스탄티노폴리스 총대주교인 플라비아누스가 출발하기 전에, 레오 교황에게 보내는 호소문(Libellus appellationis)을 작성할 시간이 있었다는 것을 유념해야 한다(뒤센느). 그 밖에도 이 문서는 잔인한 폭력을 당한 사람이 썼다는 인상을 주지 않는다. 또한 이 문서는 저자가 당했을 매질이나 부상에 대한 암시들이 전혀 없다. 게다가 힐라리오 부제는 8월 20일 아직도 에페소에 머물러 있었을지라도, 플라비아누스의 사망에 대해서는 전혀 알지 못했다. 참조: 힐라리오가 풀케리아에게 보낸 서한: PL 54, 837; ACO II, IV, 27. 또한 레오 교황은 10월 13일에 플라비아누스가 살아있다는 것을 언급한다. 참조: 『서한』, 44. 48. 50. 그 밖에도 8월 8일 플라비아누스의 면직 시점과 추방을 가기 위한 출발 시점 사이에, 디오스코루스의 보도를 콘스탄티노폴리스로 보내고 황제의 추방판결을 가지고 올 전령을 필요로 하는 시간이 있었음이 틀림없다. 마지막으로 채드위크(Chadwick)는 또 하나의 상황에 대해 언급하였다. 플라비아누스는 2월 17일 혹은 18일에 콘스탄티노폴리스의 성인전(*synaxarion*)에 그 이름이 나온다는 것이다. 플라비아누스 총대주교의 사망일이 바로 450년 2월 17일 혹은 18일이라고 이미 E. 슈바르츠가 제안한 대로 받아들여서는 안 되는 것인가? 어떻든 간에 채드위크와 같이, 아나톨리우스를 위해 콘스탄티노폴리스 총대주교좌의 완전히 합법적인 이양을 위한 길을 터주기 위해 플라비아누스의 사망이 풀케리아에 의해 야기되었다고 추측할 필요는 없다. 플라비아누스

그러나 그것으로 공의회의 회의가 끝난 것은 아니었다. 평정을 되찾고 난 후 알렉산드리아의 디오스코루스 주교는 참석자의 서명을 받는 데에 전념하였다. 따라서 주교들은 플라비아누스와 도릴래움의 에우세비우스의 면직 판결에 서명하였다. 그러나 나중에 칼케돈에서 그들은 당시에는 폭력에 굴복해야만 했다는 것을 한탄했다. 힐라리오 부제로부터 이 사건에 대한 소식을 받은 레오 교황은 449년 10월 13일자 테오도시우스 황제에게 보낸 서한에서 주교들이 "신성모독적인 서명을 위해 포로가 된 그들의 손을 빌려주었다."는 것을 슬퍼하며 지적했다.[35)]

같은 서한에서 레오 교황은 디오스코루스 주교가 "사제적인 중용"(sacerdotalis moderatio), 곧 주교에게 걸맞는 중용을 지키지 못했다고 평했다. 이것은 확실히 그에 대해 말할 수 있는 최소한의 것이었다. 나중에 레오 교황은 이 공의회에서 디오스코루스는 자신의 사악함을, 유베날은 자신의 어리석음을 보여주었으며, 이 공의회는 판결(judicium)이 아니라 오히려 강도 공의회(latrocinium)였다고 말했다.[36)] 그리고 이 치욕적인 날은 강도 공의회라는 이름하에, 사람들이 정통 신앙(그리스도 안에 하나의 본성!)을 지킨다는 핑계로 아주 분개하였으며 격분한 날로 역사에 남을 것이라 하였다.

의 사망은 그 음모를 아나톨리스가 계획했다고 하지 않더라도, 풀케리아와 아나톨리우스의 계획에 도움이 되었을지는 모른다. H. 채드위크는 이러한 문제의 범주 전체에 대해 다음의 책에서 다루었다. "The exil and death of Flavien of Constantinople", *The Journal of Theoolog. Studies* N. S. 6, 1955, 16-34.

역자 주. 황제의 누이인 풀케리아는 그의 유해를 콘스탄티노폴리스로 옮기게 했으며, 하기아 소피아 대성당 이전 대성당에 대단히 명예롭게 모셨다. 동방정교회와 로마 가톨릭교회는 그를 성인으로 공경하고 있다.

35) 『서한』, 44: PL 54, 827; ACO II, IV, 20.

36) 『서한』, 95(풀케리아에게 보낸 서한): PL 54, 943; ACO Ibid. 51이하; 참조: 『서한』, 86,1.

공의회는 그러고나서 또 다른 회의를 열었는데, 아직 에페소에 머물고 있던 로마 사절단은 그 회의에 더 이상 참석하지 않았다. 8월 20일, 디오스코루스 주교가 보낸 사신들이 그들의 숙소에 나타났을 때, 비서관 둘치티우스는 율리우스 주교가 도시 밖 어딘 가에 있으며, 힐라리오 부제는 성 요한 사도의 무덤에 기도하러 갔다고 대답했다. 8월 22일에는 네스토리우스주의자로 혐의를 받은 주교들이 면직되었는데, 그들 가운데에는 에데사의 이바스 주교, 키루스의 테오도레투스 주교와 심지어 그의 나약함이 쓸모가 없었던 안티오키아의 돔누스 주교가 있었다. 사람들은 장엄하게 키릴루스의 파문문을 받아들인 후 헤어졌다. 바티폴은 다음과 같이 언급한다. "놀라운 것은 사람들이 레오 교황을 파문하지 않은 것이다."[37)]

교황에게 항소

알렉산드리아의 총대주교 디오스코루스는 이제 힐라리오 부제가 콘스탄티노폴리스나 로마로 가는 것을 막고자 했다. 그러나 힐라리오 부제는 모든 감시를 피해 "길도 없는 생소한 지역"으로 탈출하여 로마에 도착할 수 있었다.[38)] 그러나 그는 이 과정에서 에페소에 자신의 여행가방 전체를 버리고 나와야 했다. 그는 그가 해방된 것을 복음사가 요한 사도의 전구 덕분으로 생각했다. 그는 후에 교황이 된 후, 라테란의 세례당의 한 경당을 요한 사도에 봉헌했다. 그곳에서 우리는 지금도 보존되어 있는 비문을 통해 그의 감사의 표현을 읽을 수 있다.

---

37) *Le Siège Apostolique*, 513. 실제로 디오스코루스는 교황을 파문했다는 이유로 칼케돈에서 단죄되었다.

38) 『서한』, 46: PL 54, 837; ACO II, IV, 27.

LIBERATORI SUO BEATO IOHANNI / EVANGELISTAE HILARUS EPISCOPUS / FAMULUS CHRISTI[그리스도의 종인 힐라리오 주교가 해방자이신 복되신 요한 복음사가에게][39]

힐라리오 부제는 어쨌든 9월 29일 이전에 로마에 도착한 것이 틀림없다. 그는 레오 교황에게 플라비아누스의 항소문을 건네주었다. 플라비아누스 주교는 이 문서에서 자신에 대하여 디오스코루스 주교가 누그러뜨릴 수 없는 적대감을 가지고 있다는 것을 교황에게 상기시켰으며, 공의회에서 연출된 들어본 적이 없는 상황들과, 자신이 당한 불의와 폭력에 대하여 설명했다. 그는 교황이 황제와 콘스탄티노폴리스의 성직자와 백성과, 그리고 디오스코루스의 압박으로 자신을 단죄했던 주교들에게 서한을 보내 줄 것을 간절히 청하였다. 그 외에도 플라비아누스는 서방뿐만 아니라 동방에서도 공의회를 개최할 것을 제안하였다. 그래서 도처에서 똑같은 신앙이 전해지고 교부들의 결정들이 유지되며 웃음거리밖에 안 되는 에페소 공의회의 판결이 무효화도록 하자는 것이었다.[40]

도릴래움의 에우세비우스 주교도 탈출에 성공했다. 그는 "주님 외에 아직 남아 있는 유일한 도움"인 레오 교황에게 비슷한 서한을 보냈다.[41]

마침내 키루스의 테오도레투스 주교도 레오 교황에게 서한을 보냈다. 그는 황제의 명으로 공의회 동안 자신의 교구를 떠날 수 없었다. 이제 그는 사도좌의 권위에 항소하며 이 사도좌의 판결을 고대한다는 것이다.[42] 수사 기법이 들어 있는 이 서한은 사도 베드로와 바오로의

---

39) 참조: E. Diehl, *Inscriptiones latinae christianae veteres I*, Berlin, 1925, n. 980.

40) ACO II, II, 1, 77–79.

41) Ibid. 79–81.

42) 테오도레투스, 『서한』, 113: PG 83, 1312–1317; 참조: PL 54, 848–854.

좌가 있고 오늘날에도 여전히 그들의 무덤을 보존하고 있는 로마 교회의 권위를 아주 특별히 강조했다.[43)]

교황 레오의 반응

449년 9월 29일, 레오 교황의 주교서품 기념일(natale)을 축하하기 위해 그의 주변으로 로마에 많은 주교들이 모였다. 이 모임 때 보통 교회회의가 열렸는데, 힐라리오 부제가 레오 교황에게 방금 알려준 심각한 사건 때문에 그해에는 더욱 중요한 의미를 지니게 되었다. 교황은 "서방의 모든 교회회의와 함께, 에페소에서 디오스코루스에 의해 소동 속에서 세속적인 증오로 교회법에 반대하여 이루어진 모든 것"을 배척했다.[44)] 10월 13일 일련의 서한들이 동방으로 보내졌다. 그것은 레오 교황과 "모든 교회회의"의 서한으로 테오도시우스 황제와 황제의 누이인 풀케리아와 에우티케스의 편에 서지 않았던 콘스탄티노폴리스의 성직자와 수도자들에게 보내졌다.[45)] 레오 교황은 그 외에도 테살로니카의 아나스타시우스 주교와 키오스의 율리아누스 주교와 플라비아누스 총대주교에게 서한을 보냈다. 교황은 플라비아누스가 아직 살아 있

---

43) 교황에게 이러한 항소에 대해서는 다음을 참조: P. Batiffol, *Le Siège Apostolique*, 513-519. 주목할 만한 것은 요한 크리소스토무스 주교는 인노첸시오 1세 교황과 아퀼레이아의 크로마티우스와 밀라노의 베네리우스에게 항소하였으며, 마찬가지로 에우티케스도 레오 교황과 페트루스 크리솔로구스에게 항소했다는 점이다. 그와 반대로 플라비아누스와 키루스의 테오도레투스와 도릴래움의 에우세비우스 주교는 단지 로마 주교에게 항소했다. "세계적인" 공의회의 결정에 반대하여 사도좌에 항소하는 이러한 일이 생겼다는 것도 알아야 할 것이다. 참조: E. Caspar, *Geschichte des Papsttums I*, Tübingen, 1930, 491.

44) 힐라리오 부제가 풀케리아에게 보낸 서한. 레오, 『서한』, 46: PL 54, 837-839; ACO II, IV, 28.

45) 『서한』, 44. 45. 50. 51: PL 54, 827-835; ACO Ibid. 19-23. 25.

는 줄로 믿고 있었으며, 그에게는 격려의 짧은 서한을 보냈다.[46]

레오 교황은 테오도시우스 황제에게 에페소에서 일어난 일, 특히 사람들이 자신의 교서를 낭독하는 것을 거부한 것에 대해서 강하게 불만을 나타냈다. 교황은 "전 세계에서 오는"(ex toto orbe terrarum) 수많은 주교들이 모이기 전까지, 모든 것이 에페소의 판결 이전의 상태로 회복되도록 황제에게 요청하였다. 레오 교황은 이어서 테오도시우스 황제에게 동방의 주교들도 올 수 있는 "보편공의회"를 이탈리아로 소집할 것을 요청했다. 이 공의회는 신앙과 사랑 안에서 일치를 회복해야 할 공의회가 되어야 할 것이었다. 레오 교황은 사도좌와 멀리 떨어져 있고, 균형을 잡지 못한 채 국가 권력의 압박에 내맡겨진 동방에서의 공의회가 불리한 점을 갖고 있다는 것을 분명히 잘 알고 있었다.

레오 교황은 풀케리아에게도 같은 내용을 반복하는 서한을 보냈으며, 그녀가 교회를 위해 봉사할 때 항상 보여 주었던 신심과 신앙의 이름으로, 그녀의 오빠인 황제와 같은 생각으로 행동하도록 재촉하였다.

그러나 이 서한들에 대한 답신은 없었다. 그래서 레오 교황은 12월 24일자로 테오도시우스 황제에게 다시금 서한을 보냈으나, 이번에도 소용이 없었다.[47] 450년 2월 서로마 황제 발렌티니아누스 3세는 그의 모친 갈라 플라키디아와 그의 아내이며 테오도시우스 황제의 여동생인 리키니아 에우독시아를 데리고 베드로좌 축일을 지내기 위해 라벤나에서 로마로 왔다. 황제는 베드로 대성당으로 갔다. 그곳에서 사도축일 전날의 예식이 끝난 후, 레오 교황과, 황제의 통치 하에 있었던 여러 지역의 주교들은 발렌티니아누스 황제가 테오도시우스 황제에게 서한을 보내 전 세계의 주교들이 모이는 공의회를 이탈리아로 소집하도록 요청했다.[48] 갈라 플라키디아도 같은 내용의 서한을 그녀의

46) 『서한』, 47-49: PL 54, 839-842; ACO Ibid. 22이하.

47) 『서한』, 54: PL 54, 855이하; ACO Ibid. 11.

조카에게 보냈다.[49] 그해 4월 발렌티니아누스 황제에게 보내는 테오도시우스 황제의 답신이 도착했다. 그 답신은 에페소 공의회와 플라비아누스의 단죄를 전적으로 정당화했다. 모든 것이 아주 적법하게 이루어졌다는 것이다. 따라서 테오도시우스 황제는 에페소 공의회의 결정들을 고수하며, 멀리 떨어져 있는 동방의 사안들에 로마 "총대주교"가 간섭하는 모든 것을 거부한다는 것이다.[50]

이 서한에 레오 교황은 답신을 보내지 않았다. 얼마 후, 7월 16일에 교황은 콘스탄티노폴리스 총대주교로 선출되었다는 소식을 그에게 전한 아나톨리우스와 관련하여 다시금 테오도시우스 황제에게 서한을 보냈다. 교황이 플라비아누스의 후계자에게 즉시 답변을 보내지 않은 것은 그가 콘스탄티노폴리스 총대주교와의 우정을 거부했기 때문이 아니라, "보편 진리에 대한 고백"을 그로부터 기대했기 때문이라는 것이다. 콘스탄티노폴리스 총대주교 아나톨리우스는 육화에 대해 교부들이 저술한 것과 네스토리우스에게 보낸 키릴루스의 서한과 에페소 공의회의 문서들과 그 문서에 포함된 교부들의 텍스트를 읽어야 한다는 것이다. "그가 [플라비아누스에게 보낸] 나의 서한을 읽는 것을 경멸하지 않기를 바랍니다. 그러면 그는 모든 점에서 교부들의 신앙과 일치한다는 것을 알게 될 것입니다." 아나톨리우스는 "가톨릭의 교의 결정"에 따라 자신의 신앙 고백을 해야 한다는 것이다. 그다음에 그는 이 신앙고백에 자신의 성직자들과 백성들이 있는 자리에서 서명하고, 그것에 대해 사도좌와 모든 주교들과 전체 교회에 알려야 한다는 것이다.

레오 교황은 콘스탄티노폴리스에 있는 두 명의 주교와 두 명의 신부에게 서한을 보내 아나톨리우스주교의 정통신앙성을 확인하는 임무

48) 『서한』, 55: PL 54, 857-859.
49) 『서한』, 56: PL 54, 859-861.
50) 『서한』, 62: PL 54, 875.

를 맡겼다. 만약 아나톨리우스가 순수한 신앙에서 벗어나 있다면, 황제는 보편공의회를 이탈리아로 소집해야 한다는 것이다. 왜냐하면 교황과 로마 교회회의는 늘 이것을 요구했기 때문이라는 것이다.[51)]

그러므로 레오 교황은 신앙과 관련한 일에서 마지막 결정의 권한이 그에게 있다는 입장에 여전히 흔들리지 않고 서 있었다. 플라비아누스에게 보낸 그의 교서는 마찬가지로 키릴루스의 서한과 에페소 공의회의 교령과 같이 정통신앙성을 위한 규범이었다. 그러므로 교황은 그의 서한을 서방 도처에 알리는 데에 주의를 기울였다.[52)] 그럼에도 교황과 황제 사이의 관계는 계속해서 아주 긴장 상태에 있었다. 그러나 레오 교황의 7월 16일자 서한은 더 이상 살아 있지 않은 수령인에게 도착했다. 테오도시우스 2세 황제는 450년 7월 28일 말에서 떨어져 사망했다.

---

51) 『서한』, 69: PL 54, 890-892; ACO II, IV, 30.

52) 참조: 아를르의 라벤니우스에게 보낸 서한: 『서한』, 67: PL 54, 886이하.

제3장
칼케돈 공의회

새로운 공의회를 향한 길

378년 발렌스 황제의 사망이 일을 새로운 방향으로 가게 한 것처럼, 테오도시우스 2세 황제의 죽음은 상황을 변화시켰다. 테오도시우스 2세 황제는 아들을 남기지 않고 죽었다. 황후 에우도키아는 왕의 총애를 잃고 은퇴하여 예루살렘에 살아 있었다. 따라서 권력은 테오도시우스 황제의 누이인 풀케리아에게로 넘어갔다. 그녀는 지성적이고 활력이 있는 여자였다. 그녀는 영향력이 있고 강력한 크리사피우스에 의해 황제의 주변에서 밀려난 적이 있었다. 이제 그녀는 크리사피우스를 처형케 함으로써 그의 수중에서 빠져나왔다. 그다음에 그녀는 제국에 다시 황제를 만들기 위해 상원위원인 트라키아 출신의 마르키아누스와 결혼하였는데, 단 그녀의 동정을 지킨다는 조건 하에서였다. 독신의 서약을 했고 한동안 황실을 떠나 콘스탄티노폴리스의 헤브도몬 궁에서 수도원의 은수 생활을 하였기 때문이다. 450년 8월 24일 그녀는 마르키아누스를 원로원과 군대에 의해 황제 자리에 오르게 하였다.

이 황궁 혁명은 교회 정책에 변화를 가져왔다. 크리사피우스의 불행한 운명으로 알렉산드리아의 디오스코루스 주교와 에우티케스를 지지한 이들은 패배를 당했다. 에우티케스는 이제 자신의 수도원에서 멀리 떨어져 콘스탄티노폴리스 근처에 감금되었다. 동시에 마르키아누스 황제는 풀케리아의 영향으로 로마로 방향을 돌렸다. 그는 레오 교황에게 그해 8월 말이나 9월 초, 자신이 제국의 통치를 넘겨받았다는 것을 알렸고 기도를 요청했다. 교황의 발의로 열릴 공의회를 통해 가톨릭 신앙을 가진 모든 주교들 사이에 평화를 가져오도록 하느님께서 그를 도와주시기를 바란다는 것이다.[1] 따라서 마르키아누스 황제는 통치 첫날부터 교황의 높은 권위 아래에 놓여 있는 한 공의회를 계획하였다.

얼마 후, 9월 22일, 마르키아누스 황제는 교황에게 새로운 서한을 보내, 교황이 직접 공의회를 개최하도록 동방으로 오라는 제안을 하였다. 그러나 만약 교황이 여행을 할 수 없다면, 황제가 트라키아와 동방과 일리리아의 주교들을 소집하여 공의회를 열도록 한다는 것이다. 이 공의회는 "교황 성하가 교회법에 따라 결정한 바와 같이"[2] 가톨릭 신앙에 유익한 것을 확립할 공의회가 될 것이다. 풀케리아는 자신도 레오 교황에게 콘스탄티노폴리스 총대주교 아나톨리우스가 오류를 철회하고 참 신앙을 고수했다고 알렸다. 그리고 테오도시우스 황제에 의해 추방된 주교들이 다시 돌아오게 되었다는 것이다. 또한 아나톨리우스는 자신이 콘스탄티노폴리스 총대주교좌에 등극하도록 그를 도와 준 그의 후원자 디오스코루스를 저버렸다는 것이다. 이어서 풀케리

---

1) 레오, 『서한』, 73: PL 54, 899; ACO II, I, 1, 10; 라틴어 번역본 Ibid. II. III, 1, 17.

2) 『서한』, 76: PL 54, 903이하; ACO II, III, 1, 18. 마르키아누스 황제는 여기에서 레오 교황이 "플라비아누스에게 보낸 교서"를 암시한다.

아는 마르키아누스의 제안에 응답해 주기를 교황에게 요청했다.[3] 우리는 키루스의 테오도레투스 주교와 도릴래움의 에우세비우스 주교가 공의회의 소집을 추진하기 위해 한 사람은 황제를, 다른 한 사람은 교황을 설득시켜 중재에 나섰다는 것을 알고 있다.[4]

그러나 레오 교황은 비로소 451년 4월 13일에 콘스탄티노폴리스의 서한에 대한 답신을 보냈다. 그는 마르키아누스 황제와 풀케리아, 아나톨리우스 총대주교, 키오스의 율리아누스 주교에게 서한을 보내어,[5] 모든 이들의 선의와, 평화와 일치 그리고 가톨릭 진리의 승리를 위한 그들의 열의와 노력을 찬양했다. 그는 에페소에서 과오를 범한 주교들과 다시 화해하기 위해 어떤 조치를 취해야 할지를 명시했다. 그러나 공의회에 대해서는 한 마디도 하지 않았다.

며칠 후, 4월 23일, 레오 교황은 황제의 새로운 초대에 대한 답신을 보냈다.[6] 그는 현재 진정된 교의적인 문제를 새롭게 제기하면서 다시 찾아온 평화를 어지럽히는 위험을 감수할 필요는 없다고 했다. 이제는 올바른 길에서 벗어난 이들이 용서를 구하면 그들에게 자비를 베풀어야 할 시간이라는 것이다. 그러나 마르키아누스 황제가 소집을 원하는 공의회와 관련해서, 교황이 생각하는 것은 로마의 사절단이 황제에게 "더욱 자세하고 알맞게"(plenius atque opportunius) 설명해 줄 것이다고 했다.

교황이 예고한 사절단은 6월 초에야 비로소 출발했다. 그들은 6월 9일자 서한들을 가지고 갔는데 같은 수령인들에게 보내지는 것이었다.[7] 레오 교황은 이미 4월 13일에 쓴 내용을 이 서한에서 반복하기

---

3) 『서한』, 77: PL 54, 905-908; ACO Ibid. 19.

4) 테오도레투스, 『서한』, 138. 139. 140: PG 83, 1360-1365; 에바그리우스, 『교회사』, II, 2: PG 86, 2489-2492.

5) 레오, 『서한』, 78-81: PL 54, 907-916; ACO II, IV, 37-41.

6) 『서한』, 82: PL 54, 917이하; ACO II, IV, 41.

만 하였다. 그러나 마르키아누스 황제에게는 계획된 새로운 공의회에 대한 자신의 생각을 아주 재치 있게 표현하였다.

> "인자하신 황제 폐하께서 기억하고 계시는 것처럼, 우리도 또한 공의회의 소집을 요청하였습니다. 그러나 현재 어려운 시대 상황은 모든 지방의 주교들이 모이는 것을 절대로 허락하지 않고 있습니다. 소집 명령을 받은 주교들의 지방들은 현재 전쟁으로 어려움을 겪고 있어서, 그 지방의 주교들은 자신의 교회를 비우고 떠날 수가 없습니다. 따라서 우리에게 안전이 더욱 확실하게 주어지도록 주님께서 허락하실 때, 인자하신 황제 폐하께서는 공의회를 보다 적절한 시기까지 연기하도록 명해 주시기를 바랍니다."

레오 교황은 자신이 테오도시우스 황제에게 이탈리아로 공의회를 소집해 줄 것을 요구하였다는 것을 마르키아누스 황제에게 상기시켰다. 그러나 이제는 마르키아누스 황제가 통치를 넘겨받고, 콘스탄티노폴리스 총대주교 아나톨리우스가 좋은 의향을 가지고 있으며 에우티케스가 콘스탄티노폴리스로부터 멀리 떨어져 있음으로써 평화가 다시 찾아 왔다는 것이다. 따라서 레오 교황은, 에페소 공의회에서 너무 잘 보여졌듯이, 경우에 따라서는 모든 것을 다시 위태롭게 할 위험이 있는 모임은 원하지 않는다는 것이다. 단지 그 자신과 그의 사절단이 콘스탄티노폴리스에서 활동하게 해 달라는 것이다. 황제의 정책에 대해서 레오 교황은 서방의 주교들의 지원을 받으면서 사도좌의 활동의 자유를 유지하려고 하였다. 따라서 무엇보다도 서방의 주교들이 공의회에 초대되어야 하는 것이다. 그러나 레오 교황은 그러한 말을 하지 않

7) 『서한』, 83-86: PL 54, 919-925; ACO Ibid. 42-45.

았다. 서방을 위협하고 주교들이 그들의 교회를 떠나는 것을 막는 훈족의 침략은 황제에게 더 나은 시점으로 공의회를 연기하도록 권유할 충분한 근거가 되었다.

그러나 레오 교황이 마르키아누스 황제에게 서한을 보냈을 때, 공의회는 이미 소집되었다.

니케아로 공의회가 소집됨

실제로 마르키아누스 황제는 451년 5월 23일 콘스탄티노폴리스 아나톨리우스 총대주교에게 서한을 보내 비티니아에 있는 니케아에서 공의회를 소집하기로 한 자신의 결정을 알렸다. “하느님으로부터 사랑을 받는, 영광스러운 도시 로마 주교인 레오” 교황이 보낸 서한에서 알 수 있듯이, 정통 신앙에 대한 의문들이 생겼기 때문이다. 공의회는 이러한 논쟁을 깨끗이 해결하고 언제나 더욱 분명하게 참 신앙을 알게 해 줄 것이므로, 앞으로 그것에 대한 의심이나 의견 차이들이 없을 것이라는 것이다. 주교들은 9월 1일까지 니케아에 도착해야 했다. 마찬가지로 황제는 군사 원정으로 제국의 긴급한 상황이 그를 부르지 않는다면, 개인적으로 공의회에 참석할 것이라고 했다. 이와 비슷한 서한들은 레오 교황과 다른 수도대주교들에게 보내진 것이 틀림없다.[8)]

그러므로 마르키아누스 황제는 이전에 테오도시우스 2세 황제나 일찍이 콘스탄티누스 황제가 그러했던 것처럼, 교회 내에서 평화와 일치를 보장함으로써 제국의 평화를 유지할 책임이 있는 황제로서의 자신의 직무를 충실히 수행하려고 하였다. 이러한 방법으로 그는 하느님의 보호를 끌어들이려고 하였다. 따라서 그는 자발적으로 공의회를 소

8) ACO II, III, 1, 17-20.

집했고 장소와 시기를 정하였으며, 주교들이 그곳에 나타나도록 강요하였다. 그래서 그것에 대해 놀라워하거나 군주의 이러한 권한에 대해 이의를 제기한 사람은 아무도 없었다.

레오 교황도 451년 6월 24일과 26일에 마르키아누스 황제에게 두 통의 서한을 연이어서 보냈다.[9] 그런데 교황은 황제의 결정에 대한 자신의 불만을 숨기지 않았다. 그는 더 평온한 시기가 오면 곧바로 이탈리아에서 공의회가 개최되기를 원했다는 것을 재차 반복해서 말했다. 교황은 마찬가지로 6월 26일에 아나톨리우스에게 보낸 서한에서, 멀리 떨어져 있는 주교들에게 서한을 보내 "보편공의회가" 실제로 열리기에는 너무 짧은 기한에 대해 불평하였다. 그러나 교황은 황제의 결정에 반대하지 않았다. "non renitor". 하지만 그가 사도들로부터 유래하며 "거룩한 교부들"[10]의 중재로 배웠고, 하느님의 성령의 도움으로 가르치는, 가톨릭 신앙에 대한 새로운 토론을 기대하지 않았다는 것은 대단한 의미를 지닌다. 레오 교황이 같은 날 자신이 새롭게 뽑은 교황사절인 파스카시누스 주교에게 상세히 명시한 바와 같이, 그 신앙은 그가 직접 플라비아누스에게 보낸 그의 서한에서 정의한 신앙을 말한다. 이 서한은 "보편공의회"에 보내졌으며 사람들이 지켜야 할 규범이라는 것이다. 따라서 공의회의 사명은 이전에 니케아에서 정의된 신앙의 보존에 있으며, 에페소 공의회에 연루된 주교들의 개인적인 입지를 해결하는 데에 있다는 것이다.

레오 교황은 직접 공의회에 갈 수는 없지만 그가 공의회에 불참하고 싶지 않다는 것을 분명히 보여 주기 위해 자신의 입장을 주장하고 자신의 이름으로 공의회에서 의장직을 수행할 사절단을 보낸다고

9) 『서한』, 89-90: PL 54, 930-934; ACO II, IV, 47. 49; 참조: 『서한』, 94(7월 20일, 마르키아누스 황제에게 보낸 서한): PL 54, 941; ACO Ibid. 49.

10) 이 표현은 전승과 교도직과의 관계에 대한 흥미로운 해석이다.

하였다. 여기에서 레오 교황은 첼레스티노 교황이 그보다 앞서서 했던 것보다 더 정확하고 확실한 말로 얘기했다. 첼레스티노 교황은 에페소에 보낸 그의 사절들에게 일어날 모든 일에 참석하고 그가 이미 결정한 것을 실행하도록 요청하기만 하였던 것이다.

레오 교황의 사절단은 게르만 민족 대이동의 혼란에도 지금까지 여전히 안전한 지방인 시칠리아에 있는 릴리베움(마르살라)의 주교인 파스카시누스와 아스콜리의 주교 루첸시우스, 보니파티우스 신부와 한 서기관으로 구성되었다. 키오스의 율리아누스 주교도 그들과 합류하였는데 그는 동방의 사안에 대해 잘 알고 있는 사람이었다. 그는 모든 일에서 그들과 협의해야 하며 레오 교황 자신의 권위로 그들과 함께 행동해야 했다.[11]

레오 교황은 6월 26일 니케아에서 열릴 공의회에 또 다른 서한을 보냈다. 그 서한의 내용은 이러했다. 황제는 악마의 계략을 근절하고 교회의 평화를 회복시키기 위해 "온전한 공의회"(plenum concilium)가 개최되기를 희망하였다. 황제는 복되신 사도 베드로의 권한과 영예를 존경하여 교황이 개인적으로 그곳에 오도록 초청했다. 그러나 그러한 관습도 없고 현재의 상황이 어려워 여행을 떠날 수 없기 때문에 그의 사절단이 그를 대신해 공의회에서 회의를 주재할 것이다. 교황은 이미 플라비아누스에게 보낸 서한에서 아주 완전하고 분명하게 육화에 관한 신앙을 정의했다. 키릴루스의 주재 하에 에페소에서 정의된 것과 같이, 그가 정의한 것에서 빗나갈 이유는 없다. 네스토리우스의 추종자들은 에우티케스의 단죄를 이용할 수는 없을 것이다. 그 밖에도 공의회는 그들의 신앙 때문에 추방된 주교들을 다시 복직시켜야 할 것이다.[12] 레오 교황은 6월 20일 풀케리아에게 한 서한을 보내, 주교들이

---

11) 『서한』, 92: PL 54, 936; ACO II, IV, 49.

12) 『서한』, 93: PL 54, 937-940; ACO Ibid. 51이하.

이것을 판단하는 데에 있어서 따라야 할 절차(forma)를 이 서한을 통해 지시하기를 그가 원했다고 말했다. 그것으로 신앙의 규범과 교회법의 규정들과 자비에 의한 구제책에 반대되는 무모한 모든 것을 피해야 할 것이다.[13] 레오 교황은 449년에 일어났던 악표양과 비슷한 것이 다시 발생하는 것을 막으려고 하였다.

교황의 입장은 분명했다. 그는 공의회에 집착하지 않았다. 왜냐하면 공의회는 이제 그에게 쓸모없는 것처럼 보였고 새롭게 사람들의 마음을 어지럽힐 위험이 있었기 때문이다. 어쨌든 그는 공의회가 나중으로 연기되기를 원하였다. 안보가 회복된다면 공의회는 이탈리아에서 열려져야 할 것이다. 그렇다면 서방의 주교들이 대거 참석할 수 있을 것이고 그야말로 "보편공의회"가 될 것이다. 449년의 사건 이후 교황은 동방인들의 수적 우위를 무시하게 되었다. 그사이 황제가 자발적으로 공의회를 소집했기 때문에 교황은 이에 반대하지 않았다. 그러나 그는 직접 의장직을 맡고 자신의 사절단을 통해 효과적으로 지휘할 생각을 하였다. 451년 여름에 보낸 서한들은 레오 교황이 사도좌의 권위와, 공의회에서 그가 맡게 되는 역할에 대한 높은 인식을 분명히 보여준다. 더 이상 알렉산드리아의 총대주교 디오스코루스도 아니고, 심지어 더 이상 알렉산드리아의 총대주교 키릴루스도 아니라, 복되신 사도 베드로의 후계자가 그의 대리자를 통해 장차 공의회 회의를 주재한다는 것이다.

칼케돈으로 공의회가 옮겨짐

451년 9월 1일 많은 수의 주교들이 니케아에 도착했다. 공의회와

13) 『서한』, 95: PL 54, 943; ACO Ibid. 51.

같은 시대로 소급되는 전승에 따르면, 600명에서 630명의 주교들이 왔으며, 제1차 니케아 공의회 때보다 두 배의 많은 수였다. 그러나 이 숫자가 과장되었고 아마도 350명에서 360명이었다고 해도 교부들의 숫자는 다른 고대의 공의회때보다도 훨씬 많았다. 당시의 사람들이 그것에 대해 깊은 인상을 받았다는 것은 이해할 만하다. 그러나 이 많은 수의 주교들 중에 대부분은 그리스어를 말하는 주교들이었다. 그들은 시리아, 소아시아, 폰투스, 트라키아, 이집트, 팔레스티나, 일리리아에서 왔다. 서방에서는 단지 세 명의 로마 사절단과 두 명의 아프리카 주교들이 대표로 왔다. 하지만 아프리카 주교들은 우연히 그곳에 있던 것이었는데, 반달족의 침략을 받은 그들의 지방에서 동방으로 피신하였기 때문이다.

얼마 후 황제 마르키아누스의 서한이 도착했다. 이 서한에서 황제는 공의회에 참석하고 싶지만 국가의 행정사무로 인해서 발이 묶여 있다는 것이다. 그는 주교들에게 기다려주고 인내해 줄 것을 요청했다.[14] 그러나 고위 성직자들은 점차 인내심을 잃어 갔다. 많은 주교들이 병에 걸렸다. 그래서 사람들은 황제에게 서한을 보냈다. 반면 로마 사절단은 황제가 참석하지 못하는 공의회에는 나타나려고 하지 않았다. 그러므로 마르키아누스 황제는 공의회를 칼케돈으로 옮기기로 결정했다. 칼케돈은 보스포루스 해협에 있으며 콘스탄티노폴리스 맞은편에 있는 도시였다(현재 카디쾨이). 따라서 그는 국가의 행정사무로 제국의 수도에 붙잡혀 있었지만 칼케돈이라면 쉽게 회의에 참석할 수 있다는 것이다. 그리고 황제는 에우티케스의 추종자들이나 다른 선동자들이 새로운 동요를 일으키지 않도록 조치가 취해질 것이라고 하였다.[15]

14) ACO II, III, 1, 19.

15) Ibid. II, I, 1, 29이하(9월 22일자 서한).

제1회기: 총대주교 플라비아누스의 복권

그러므로 주교들은 451년 10월 8일에 칼케돈에 있는 에우페미아 순교자 대성당에 모였다.[16] 교회가 지금까지 보지 못했던 엄청난 회의였다. 누구나 쉽게 그 광경을 상상할 수 있을 것이다. 주교들의 수가 너무 많아 모두가 "비밀회의실"(secretarium)에 자리를 잡을 수 없기 때문에, 대성당 안의 좌석에 앉았다. 성가대 칸막이 앞의 중간에는 황제의 위원들이 앉았으며, 19명의 중요한 황궁 직원들의 숫자보다는 적지 않았다. 그들 왼쪽으로 세 명의 로마 사절단이 자리를 잡았으며, 그 다음 콘스탄티노폴리스의 총대주교 아나톨리우스가 자리하였고, 안티오키아와 카파도키아의 카이사레아와 에페소의 주교들과 그다음에는 폰투스, 소아시아, 트라키아의 동방주교들이 앉았다. 그들 건너편으로 의장 오른쪽 편에 알렉산드리아의 디오스코루스 주교, 예루살렘의 유베날 주교, 이집트와 일리리아와 팔레스티나 주교들이 있었다. 실제로 두 당파가 마주보며 앉게 되었다. 한편에는 로마와 콘스탄티노폴리스와 디오스코루스의 반대자들이 있었고, 다른 한편에는 에우테키스와 디오스코루스 주교의 추종자들이 있었다. 그러나 회의장 중간에는 에페소에서와 마찬가지로 복음서가 놓여져 있었다.

회의가 시작되자마자 레오 교황의 대리자인 파스카시누스 주교가 일어났다. 그는 한가운데에 서서 다음과 같이 선언했다.

---

16) 역사가 에바그리우스는 이 대성당에 대한 묘사를 우리에게 전해 주었다. 그에 의하면 대성당은 콘스탄티노폴리스 바로 맞은편에 있으며, 도시로부터 약 두 스타디온(368미터) 떨어져 있었다. 이 대성당에서 육지와 바다의 아름다운 경치를 즐길 수 있었다. 입구 앞에는 열주 회랑으로 둘러싸인 주랑 현관이 있었다. 대성당 자체는 이 주랑 현관보다 더 길었다. 대성당의 북쪽 편에는 2층으로 된 원형 건축물이 솟아 있었는데, 그 안에는 에우페미아 순교자의 석관이 있었다(『교회사』, II, 3: PG 86, 2492이하). 또한 순례자 에테리아는 공의회가 열리기 35년전 칼케돈에서 "그 유명한 성녀 에우페미아의 묘소 때문에" 여행을 중단했었다(*Itinerarium Egeriae*, 23).

> "우리는 온 교회의 머리이며 거룩하고 사도적인 로마 주교의 지시를 받았습니다. 그는 디오스코루스가 공의회에 참석해서는 안 된다고 규정했습니다. 그럼에도 디오스코루스가 공의회에 참석하려고 한다면 그를 쫓아내도록 해야 합니다. 우리는 이 지침을 따라야 합니다. 존경하는 여러분들이 찬성하신다면, 그를 내보내시길 바랍니다. 그렇지 않으면 우리가 갈 것입니다."[17)]

항변의 여지가 없는 단호한 이 요구가 회의와 디오스코루스 자신에게 어떤 영향을 미쳤는지 상상해야 할 것이다. 여기서는 사도좌의 특사가 그가 나타내는 권위를 인식하며 말하고 행동했다. 그래서 2년 전 에페소에서 모든 것을 장악했던 디오스코루스 주교는 이제는 입을 열지도 못했다.

그럼에도 황제의 위원들은 알렉산드리아의 디오스코루스 주교를 배척해야만 하는 것이 도대체 무엇인지를 물었다. 그래서 두 번째 특사인 아스콜리의 루첸시우스 주교는 다음과 같이 설명했다. "그는 사도좌의 명령을 받지 않고 감히 공의회를 열었습니다. 이런 것은 한 번도 행해진 적이 없고 행해서는 안 되는 것입니다."[18)]

따라서 디오스코루스 주교는 자리를 떠나 회의장 중간에 섰다. 그는 이제 재판관의 역할에서 피고인의 역할로 옮겨가게 되었다. 그래서 에우티케스 사건에 의해 제기된 교의적 문제를 다루기 위해 황제가 소집한 공의회는 실제로 디오스코루스에 대한 재판이 되었다. 거기에서는 가련한 에우티케스 수도원장에 대한 이야기가 거의 없었다. 레

---

17) ACO II, I, 1, 65.

18) 이 말은 맞는 말이 아니다. 레오 교황은 [에페소 강도]공의회에 대하여 자신의 동의를 표하였고 대리자를 보내기까지 했다. 참조: P. Batiffol, *Le Siège Apostolique*, 538, n. 1.

오 교황은 플라비아누스에게 보낸 서한으로 신앙의 문제가 충분히 해결된 것으로 판단했다. 그는 이제는 단지 개인적인 문제들을 청산하는 것 외에는 아무것도 없다고 생각했다. 이러한 그의 입장은 점차 관철되기 시작했다.

그래서 이제는 디오스코루스 주교에 대한 재판이 시작되었다. 도릴래움의 에우세비우스 주교는 다시 한 번 출석하여 황제에게 디오스코루스와 에페소에서의 그의 음모에 반대하는 청원서를 제출했다. 디오스코루스는 그의 차례가 되자 자신을 정당화하기 위하여 에페소 공의회의 문서를 낭독해 달라고 요청했다. 에우세비우스도 이와 같은 요청을 하였다.

긴 내용의 문서를 읽는 데에 하루 종일 걸렸다. 이 문서에는 에우티케스를 단죄한 448년의 "상임 교회회의"의 회의록도 들어 있었다. 이 문서를 읽는 동안 청중 편에서 많은 예기치 못한 이들이 일어났고, 문서를 낭독하다가 중단하는 일도 일어났으며, 사람들은 낭독 중에 야유를 보내기도 하였고 격한 반응을 보였다. 그래서 즉시 테오도시우스 황제가 키루스의 테오도레투스 주교의 공의회 참석을 금하는 황제의 서한이 먼저 낭독되었다. 그러나 테오도레투스는 레오 교황에 의해 다시 임명되었기 때문에 이제는 황제의 위원들에 의하여 회의석상에 자리를 잡았다. 그가 대성당에 들어서자 이집트인들과 팔레스티나인들과 일리리아인들은 그가 이단자이며, 성 키릴루스를 파문한 네스토리우스의 선생이라며 고함을 질러 댔다. 동방인들은 소리를 지르며 대답했다. "살인자 디오스코루스는 나가시오." 그러나 황제의 위원들은 그러한 저속한 고함은 주교들에게 적합하지 않으며 관련 당파들에는 아무런 도움이 되지 않는다는 것을 지적하며 다시 조용하게 하였다.[19]

에페소의 강도 사건에 대한 장면이 언급될 때 주교들은 당시 그들

19) ACO II, I, 1, 66-70.

의 행실을 대하여 의견을 개진할 기회가 주어졌다. 디오스코루스 주교는 이때 공의회 전체가 그 자신과 또한 유베날 주교와 탈라시우스 주교가 내린 모든 결정들을 구두로 그리고 서면으로 승인했다는 점을 상기시키면서 자신을 정당화하려고 하였다. 동방 주교들은 큰 소리로 항의하였다. 그들은 동의하지 않았고, 빈 종이에 서명하도록 사람들이 그들에게 폭력을 사용하였으며 막대기와 칼로 위협하였다는 것이다. 그래서 이집트인들은 그들에게 큰 소리로 야단쳤다. "당신들이 먼저 서명한 사람들이오." 그러자 몇몇 성직자들[신부들]이 그에 항의하였을 때, 이집트인들은 계속해서 다음과 같이 소리쳤다. "왜 성직자들이 그렇게 고함을 지릅니까? 공의회는 주교들의 일이지 성직자들의 일이 아닙니다. 무관한 이들은 나가시오!"[20]

해당 주교들은 자신이 죄를 지었음을 고백하였고 용서를 청하였다. 반면 디오스코루스가 강력하게 자신을 방어하자 말다툼이 격렬하게 일어났다. 플라비아누스를 단죄했던 주교들이 이제는 그에 대해 사과하였고, 사람들이 그들에게 폭력을 행사했다는 것을 상기시켰을 때, 이집트인들은 그들에게 다음과 같이 소리쳤다. "그리스도인은 아무것도 두려워하지 않습니다. 정통신앙인은 아무것도 두려워하지 않습니다... 만약 그리스도인들이 일찍이 사람들을 두려워했다면 순교자가 없었을 것입니다."

아마도 더욱 흥미로운 것은 교리의 맞대결일 것이다. 셀레우키아의 바실리우스 주교는 그리스도가 "두 본성으로" 존재하시는 것이 아니라, "두 본성 안에" 존재하신다는 것을 아주 명확하게 설명하였다. 반면에 디오스코루스는 끝까지 다음과 같이 반복해서 말하였다. "나

---

20) "Concilium episcoporum esse, non clericorum." 기묘한 우연적인 일로 흡사 신학적 명제가 된 이러한 표현의 그 이후 역사에 대해서는 다음을 참조: P. R. Cren, "Concilium episcoporum esse. Notes sur l'histoire d'une citation des Actes du Concile de Chalcédoine", *Rev ScPhilThéol* 46, 1962, 45-62.

는 사람들이 그리스도께서 두 본성으로 존재하신다고 말하는 것에 동의하지만, 단순히 '두 본성'에 대해 말하는 것에는 동의하지 않습니다. 나에게 그것은 양심의 문제입니다." 그래도 동정할 만한 이 완고함에 무엇인가 마음을 움직이는 것이 있었다. 다른 기회에 콘스탄티노폴리스 공의회의 문서에서, 하느님의 아들은 완전한 인간을 취하셨다는 내용이 읽혀졌을 때 베리토스(베이루트)의 에우스타티우스 주교가 다음과 같이 외쳤다. "그분이 인간을 취하신 것이 아니라 몸소 인간이 되셨습니다. 그분은 육을 취하신 것입니다." 에우스타티우스는 이전에 두 본성에 관한 자신의 견해를 아주 명백히 밝힌 바 있다. "그리스도의 인성이 우리와 같은 본질이라는 것을 부인하기 위해 한 본성을 말하는 사람은 파문될 것입니다. 그리고 하느님의 아들을 나누기 위해 두 본성을 말하는 사람은 파문될 것입니다..." 사람들이 그가 도대체 왜 플라비아누스를 단죄하였느냐고 그에게 물었을 때, 그는 가엾게도 자신이 잘못했다고 대답했다.

문서들 가운데에는 두 통의 키릴루스의 서한도 있었다. 네스토리우스에게 보낸 두 번째 서한이고[21] 433년 안티오키아의 요한에게 보낸 서한이었다.[22] 그 서한이 낭독되었을 때 그것을 승인한다는 외침이 있었으나 모두가 승인한 것은 아니었다. 이집트인들과 일리리아인들은 성 키릴루스가 네스토리우스를 단죄했다는 것을 기억하며 그에게 갈채를 보냈다. 반면 동방인들은 플라비아누스도 그렇게 믿었고 레오 교황도 같은 믿음을 가지고 있음을 상기시켰다.[23] 만장일치가 오랫동안 이루어지지 않았다.

마침내 황제의 위원들이 결정적인 질문을 제기했다. 곧 플라비

21) PG 77, 44-49; ACO I, I, 1, 25-28.

22) PG 77, 159-173; ACO I, I, 4, 79.

23) ACO II, I, 1, 111이하.

아누스의 정통신앙성에 관한 질문이었다. 그래서 파스카시누스 주교는 돌아가신 플라비아누스 총대주교가 복되시며 사도적인 로마 주교의 서한에 따라 순수하고 흠 없는 신앙을 선언했다고 대답했다. 아나톨리우스 주교도 같은 의견이었다. 따라서 교황사절 루첸시우스 주교는 공의회가 플라비아누스를 복권시켜야 한다고 선언했다. 동방인들도 이것을 승인했다. 그러나 디오스코루스는 그것에 반대하여 항의하였는데, 플라비아누스가 두 본성에 대하여 말했기 때문이라는 것이다. 예루살렘의 유베날 주교는 플라비아누스의 가르침이 전적으로 키릴루스의 가르침과 일치한다는 의견을 냈고, 그의 동의를 표시하기 위하여 그의 자리를 떠나 회의장 다른 쪽으로 갔다. 팔레스티나인들도 그를 따랐으며, 심지어 네 명의 이집트 주교들은 그들의 총대주교인 디오스코루스를 떠났다. 그래서 플라비아누스는 복권되었지만, 디오스코루스는 쓰라린 패배를 겪었다.[24]

그사이 밤이 되었지만 아직도 여전히 촛불에 의지하여 공의회 문서가 낭독되었다.[25] 그래서 황제의 위원들은 신앙의 문제에 대한 정확한 심사는 다음 날로 미루어져야 한다고 결정했다. 플라비아누스 주교와 에우세비우스 주교가 부당하게 면직되었다는 것은 밝혀졌다는 것이다. 그러므로 황제가 마음에 들어한다면, 알렉산드리아의 디오스코루스 주교와 예루살렘의 유베날 주교와 에페소 공의회에 참석한 다른 이들에 대해 똑같은 형벌을 가하는 것이 공정해 보인다는 것이다. 동방인들과, 그들의 편을 든 이들은 공의회와 황제에게 박수갈채를 보내며 대답했고, '세 번의 거룩하신'이라는 뜻의 '트리스하기온'(Τρισάγιον), 곧 삼성송(三聖誦)을 불렀다. "거룩하신 하느님, 거룩하신 용사님, 거룩하신 불사신, 저희에게 자비를 베푸소서"(Hágios o Theós, Hágios Ischyros,

---

24) Ibid.

25) Ibid. 189.

Hάgios Athanatos, eléison imas").[26)]

헤어지기 전에 황제의 위원들은 각 주교들에게 니케아와 콘스탄티노폴리스 신경과 교부들의 서한과 진술들과, 제1차 에페소 공의회로부터 확인되었고 공포된 키릴루스의 두 통의 "규범에 맞는" 서한과 플라비아누스에게 보낸 레오 교황의 서한과 일치하여 서면으로 신앙고백을 하도록 요구하였다.[27)] 황제가 교리 문제를 결정하고 심지어 이를 서면으로 만들기를 몹시 바라기 때문이었다.

제2회기: 새로운 신앙 정식을 위한 노력

451년 10월 10일의 회의는, 적어도 그 회의에 대하여 문서로 우리에게 전해진 내용에 따르면, 첫 번째 회기의 회의보다 훨씬 짧았다.[28)] 회의가 시작하자마자 황제의 위원들은 공의회가 신앙에 대한 설명(ecthésis)을 내놓기를 바란다는 의견을 피력했다. 그들은 확실히 황제의 명을 수행하는 것뿐이었다. 주교들은 니케아 공의회 교부들의 정식과 키릴루스와 레오 교황의 서한 이외의 다른 정식을 그들의 신앙에 넣기를 매우 분명하게 거부하였다. 그래서 그들은 이 문서들을 다시 읽도록 요구했다. 따라서 니케아 공의회 신경이 읽혀졌고, 그다음 콘스탄티노폴리스의 150명의 주교들의 신경[29)]이 읽혀졌으며, 마지막으로 키

---

26) 뒤센느는 여기에서 처음으로 이 유명한 청원기도가 나온다고 가리킨다(*Histoire ancienne III*, 433 n. 1). 이 기도는 로마의 성금요일 전례 때 유다인과 불신자들의 구세주에 대한 모욕, 천대를 힐난하는 교송에 들어 있다. 참조: J. Leon, *Chalkedon I*, 573-576.

27) ACO II, III, 1, 195이하.

28) ACO II, I, 2, 69-84.

29) 칼케돈 공의회에서 낭독되었고, E. 슈바르츠에 의해 공개된 "니케아 신경"의 본문에 대한 문제에 대하여 예전에, 아마도 꼭 해야만 했던 것은 아니지만, 많이

릴루스의 두 통의 서한과 플라비아누스에게 보낸 레오 교황의 서한이 읽혀졌다.

이 문서들이 낭독된 후 다시금 사람들은 열광적인 환호로 응답했다. "그것은 교부들의 신앙이며, 그것은 사도들의 신앙입니다. 우리 모두는 그렇게 믿습니다. 그렇게 믿지 않는 사람은 파문될 것입니다. 베드로가 레오를 통해 말하였습니다. 사도들이 그렇게 가르쳤습니다. 레오는 신심과 진리에 따라 가르쳤습니다. 키릴루스는 그렇게 가르쳤습니다. 돌아가신 영원한 키릴루스여! 레오와 키릴루스는 같은 것을 가르쳤습니다!..." 사람들은 레오 교황과 키릴루스 주교 사이의 일치와, 니케아 신앙과 교부들과 사도들의 신앙과의 그들의 일치를 분명히 강조하는 것을 좋아하였다. 그리고 사람들은 디오스코루스 주교가 에페소에서 레오 교황의 서한을 읽게 하는 것을 거부한 혐의로 그를 다시금 비난하였다.

그러나 레오 교황의 일부 정식들은 일리리아인들과 팔레스티나인들을 놀라게 하였고, 그들은 설명을 요청하였다. 사람들은 같은 의미로 이해될 수 있는 키릴루스의 텍스트를 인용함으로써 그들을 안심시켰다. 그래서 공의회에서는 키릴루스와 레오, 둘 중의 하나를 선택할 필요가 없었다. 다소 화해의 대가를 치루어야 했지만, 공의회는 오히려 두 명 모두를 받아들이고 그들의 일치를 가리키는 것에 가치를 두었다.

그때 니코폴리스의 아티쿠스 주교는 교부들이 "하느님의 마음에 드는 것"을 차분히 결정할 수 있도록 며칠 동안 공의회를 중단해 줄 것

집필되었다. 우리는 오늘날 이 문제가 해결되었다고 볼 수 있으며, 이 신경의 본래 본문을 진정한 것으로 여길 수 있다. "콘스탄티노폴리스 신경"과 관련해서 여기에서는, 이 본문이 칼케돈에서 처음으로 "150명 교부의 공의회"의 것이라는 것에 주목하자. 참조: J. N. D. Kelly, *Early Christian Creeds*, London, 1950, 296-301.

을 요구하였다. 그 외에도 그는 "키릴루스가 네스토리우스에게 열두 개의 파문문에 동의하도록 요구한", 네스토리우스에게 보낸 키릴루스의 서한을 낭독하도록 요청하였다. 주교들도 교부들이 이 문서를 검토할 수 있도록 요청하였다. 그다음 황제의 위원들은 마지막의 망설임을 극복하는 수단과 방법을 찾기 위해 5일 동안 몇몇 주교들을 모이게 하도록 아나톨리우스 주교에게 권유하였다.[30] 그러나 공의회가 새로운 신앙 정식을 원하지 않는다는 것은 분명했다.

제3회기: 디오스코루스의 면직

3일 후 주교들은 다시금 성녀 에우페미아에게 봉헌된 성당(martyrium)에 모였다.[31] 이번에는 황궁의 고위 인사들이 접근을 할 수 없었다. 평신도는 주교가 면직되는 회의에 참여해서는 안 되기 때문이다. 파스카시누스 주교가 의장직을 맡았다. 그는 "복되시며 사도적인 교황 레오"의 이름으로 이것을 행한다는 것을 상기시켰다. 레오 교황은 사실 공의회에 초대받았으나 아주 오래된 관습과 상시 긴급한 상황 때문에 직접 참석할 수 없었다는 것이다. 파스카시누스 주교는 그다음 알렉산드리아의 주교인 디오스코루스에 대한 도릴래움의 에우세비우

30) 어느 모로 보나, 칼케돈에서는 파문문들이 낭독되지도 않았고 승인되지도 않았다. P. 갈티어의 증명은 여기에서 결정적인 것으로 보인다. 그것과는 달리 A. 드네프가 제시한 근거들은 설득력이 없다. 그러나 공의회가 서한과 파문문의 낭독을 회피하거나 심지어 거절했다는 L. 뒤센느의 주장을 사람들이 항상 반복한다면, 그것이 부정확하다는 것을 보게 된다. 참조: H. Diepen, *Douze dialogues de christologie ancienne*, Rom, 1960, 116-125.

31) ACO II, I, 2, 3. A. M. 슈나이더가 지적했듯이, 여기에서 성당과 고유한 "순교자 묘소"(martyrium)를 엄격히 구분해서는 안 된다. 규모가 큰 그러한 회의는 말할 것도 없이 순교자 무덤 위의 원형 건물 안에서는 열릴 수가 없고, 사람들이 자리를 잡을 공간이 안 되었을 것이다(*Chalkedon I*, 291).

스 주교의 기소장이 낭독된 후 디오스코루스를 소환하게 하였다. 이제 네스토리우스를 단죄되었을 때 이미 우리가 에페소에서 본 것과 동일한 장면이 반복되었다. 세 번이나 사절단이 디오스코루스 주교에게 갔으나, 디오스코루스는 구금되어 있고 자유롭게 밖으로 나갈 수 없다는 이유로 출석하기를 매번 거부하였다. 그 밖에도 그는 아프고, 황제의 대리인이 참석한 자리에서만 자기 입장을 변호할 것이라고 했다. 그 동안 공의회는 "가장 복되신 대주교이며 위대한 도시 로마의 **세계적인 총대주교**와 거룩하고 세계적인 공의회"에 보내는 기소장을 듣고 있었다. 그 기소장에서 세 명의 성직자와 알렉산드리아 출신의 평신도 한 명은 그들에게 대한 디오스코루스 주교의 위법행위와 폭력에 대해 불만을 토로하였다.[32] 그러나 공의회는 이 소송을 심리하지 않았다.

이제 파스카시누스 주교가 다시 발언권을 잡았다. 그는 디오스코루스가 자신을 반대로 제기된 고소에 답변을 하기 위해 출석하도록 세 번이나 소환되었으나 매번 거절했다고 말했다. 이제 그에게 어떤 징계 처분을 내려야 하는지에 대한 질문에 모든 사람이 만장일치로 다음과 같이 대답했다. "교회법을 따르는 것입니다." 그러자 히파이파의 율리아누스 주교가 덧붙여 말을 했다. "우리는 거룩한 대주교 레오가 직접 디오스코루스에게 교회법에 상응하는 벌을 내려주기를 청합니다." 그래서 공의회는 이 일을 교황사절단에게 넘겼다. 그다음 파스카시누스 주교가 한 번 더 주교들의 결정에 대해 물었을 때, 안티오키아의 막시무스 주교는 다음과 같이 대답했다. "교황 성하께서 마음에 들어하시는 것입니다. 우리는 그분의 견해를 따를 것입니다."[33]

---

32) ACO II, I, 1, 2, 15-24. 대 그레고리오 교황(재위 590-604)은 요한 콘스탄티노폴리스 총대주교 네스테우테스(재위 582-595)와의 논쟁에서, 총대주교가 "세계적인 총대주교"라는 칭호를 요구하였다고 암시한다. 참조: 『서한』, 5, 18. 20. 43; 8,30: PL 77, 740. 747. 771. 933.

33) ACO II, I, 2, 28.

따라서 파스카시누스 주교는 로마 사절단과 함께 장엄한 판결을 내렸다. 먼저 그는 디오스코루스에게 제기된 항소를 상기시켰다. 디오스코루스는 에우티케스가 자신의 주교인 플라비아누스로부터 교회법에 따라 파문되었을지라도, 독자적으로 그리고 에페소 공의회 회의 이전에도 그에게 영성체를 허용하였다는 것이다. 그 밖에도 에페소에서 죄를 지었던 주교들은 화해하였지만 그는 그들과 달리 회개하지 않고 자신의 태도를 고집하였다는 것이다. 또한 그는 플라비아누스에게 보낸 레오 교황의 서한을 낭독하게 하는 것을 거부하였으며, 심지어 교황에게 감히 파문을 선고하였다는 것이다. 마지막으로 그는 공의회에 출두하기를 세 번이나 거절하였다는 것이다. 이하 파문 선고는 다음과 같다.

> "위대한 옛 도시 로마의 거룩한 대주교인 레오는 우리와 여기에 있는 지극히 거룩한 공의회를 통하여, 그리고 가톨릭교회의 바위이며 기초이시고 정통 신앙의 토대이신, 가장 복되시며 영예로운 베드로 사도와 함께, 그[디오스코루스]에게서 주교의 품위를 박탈하셨으며 모든 사제 직무를 배제하였습니다. 그러므로 지극히 거룩하고 위대한 공의회는 언급한 디오스코루스에 대하여 교회법에 상응하는 판결을 언도해 주시길 바랍니다."

이 판결이 갖는 장엄한 단호한 형식을 강조하지 않을 수 없다. 알렉산드리아의 총대주교의 면직을 결정하는 사람은 레오 교황 자신이며, 여기에서는 자신의 사절단과 공의회를 통해서 한다는 것이다.[34)]

---

34) 레오 교황은 나중에 갈리아 주교들에게 이 판결의 라틴어 번역본을 전해 주었다. 참조: 『서한』, 103: PL 54, 989-992; ACO II, IV, 155이하. 여기에서는 주목할 가치가 있는 이본(異本)이 있다. "Leo, per nos vicarios suos, sancta synodo consentiente..."(레오는 그의 대리자인 우리를 통해서 거룩한 공의회와 의견을 일치하는...).

콘스탄티노폴리스의 아나톨리우스 총대주교는 "이전의 알렉산드리아 주교인" 디오스코루스를 단죄하고 면직시키는 데에 있어서 사도좌와 의견이 일치함을 선언하였으며, 그의 뒤를 따라 192명의 주교들이 비슷한 말로 자신들의 의견을 표명하였다.[35] 면직판결은 총 308명의 서명을 받아 냈다.[36]

이제 사람들은 디오스코루스에게 이 판결에 대해 알려주었으며, 칼케돈에 있는 알렉산드리아의 성직자들에게도 알려주었다. 이들은 새로운 주교를 선출해야 할 것이기 때문이다. 또한 황제에게도 지금까지 일어난 모든 일에 대해 보고되었다.[37] 따라서 디오스코루스는 곧바로 파플라고니아에 있는 강그라로 유배되었다.

제4회기: 개인적인 문제들

451년 10월 17일 다시금 305명의 주교들이 모였는데 그 가운데에는 키루스의 테오도레투스 주교도 있었다. 이번에는 황제의 관리들이 다시 참석했다. 그들은 이전 회기의 회의록에서 아직 미결상태에 있는 점들을 낭독하게 하였다. 그것은 바로 예루살렘의 유베날 주교와 에페소 강도공의회의 다른 주동자들에 대한 결정과, 특히 새로운 신앙정식에 관한 문제에 대한 결정이었다. "경건한 공의회가 지금까지 결정된 것을 알았다면, 참 신앙에 대하여 공의회가 생각하는 것이 무엇인지를 우리에게 가르쳐 주십시오." 그래서 파스카시누스 주교가 발언권

35) ACO II, I, 2, 29–34. 각 개별 주교의 완전한 "판결문"(sententiae)은 라틴어 번역본에 있다. Ibid. II, III, 2, 46–71.

36) 그리스어 공의회 문서에는 단지 252명의 서명만이 들어 있다. 이러한 차이는 라틴어본 전승이 추가적으로 첨가된 서명들을 보존한 탓이다.

37) ACO II, I, 2, 41이하.

을 잡고, 공의회는 니케아 공의회의 318명의 교부들이 설명하였고 콘스탄티노폴리스 공의회의 150명의 주교들이 승인한 참 신앙규범을 지키고 보전한다고 말했다. 그리고 이 공의회는 키릴루스가 에페소 공의회에서 그에 대하여 설명한 것을 받아들인다는 것이다. 마지막으로 네스토리우스와 에우티케스를 단죄한 레오 교황의 서한도 참 신앙이 무엇인지를 분명히 보여준다는 것이다. 거룩한 공의회는 이 신앙을 지키고, 그 신앙에 무엇인가를 첨가하거나 제거하는 것을 용인하지 않는다고 하였다.

이 말에 모든 주교들이 다음과 같이 소리쳤다. "우리 모두는 그렇게 믿습니다. 우리는 그렇게 세례받았습니다. 그리고 우리는 그렇게 세례를 줍니다..." 그 다음 이어서 한 번 더 각자 의견표명을 통한 투표가 이루어졌다. 이때 각 주교는 니케아 공의회와 에페소 공의회의 가르침과 키릴루스의 가르침과 일치하는 레오 교황의 가르침에 동의한다고 선언하였다.[38] 황제가 원하였음에도 공의회는 새로운 교의 정식을 만드는 것에 강력히 반대하였다.

이어 사람들은 예루살렘의 유베날 주교와 에페소 사건에 책임 있는 다른 주교들에 대해 유보되어 있는 그들의 처리 문제를 마르키아누스 황제에게 문의하였다. 주교들은 황제의 답을 듣기 위하여 몇 시간을 기다려야 했다. 마침내 황제는 그 결정을 공의회에 위임한다는 소식을 전해 주었다. 그래서 아나톨리우스와 함께 공의회 전체는 이들 주교들을 다시 공의회에 받아들일 것을 요구하였다. 따라서 사람들은 이들을 다시 데려오도록 하였고, 동료 주교들 사이에 자리를 잡도록 하였다.

그다음 13명의 이집트 주교들의 사안을 다루어야 했는데, 이들은 그들의 교부들의 신앙을 견지하는 것을 허용해 달라는 요청을 하였던

---

38) Ibid. 93-109.

것이다. 그러나 그것은 레오 교황의 서한과 에우티케스의 단죄에는 동의하면서 두 본성에 관한 가르침을 고백하는 것을 거부하는 것이었다. 따라서 사람들은 그 가르침을 받아들이도록 이들을 강요하고자 하였다. 그러나 이들은 알렉산드리아에 주교가 없는 한 어떠한 결정을 내릴 수 없다는 핑계를 대며 단호히 거부하였다. 그들은 희어진 그들의 머리에 동정심을 가져달라고 애원하였다. 그들이 이집트로 돌아가서 죽임을 당하기보다 이 자리에서 죽는 것을 더 선호한다는 것이다. 바티폴은 그것에 대해 이렇게 말하였다.[39] "그것은 코메디이다". 그러나 공의회는 결국 파스카시누스 주교와 황제의 위원들의 의견을 따랐다. 이집트 주교들은 알렉산드리아에 새로운 주교가 나올 때까지 콘스탄티노폴리스에서 기다리는 명령을 받았다.

이와 비슷한 장면이 발생하였는데, 콘스탄티노폴리스의 수도원장들과 수도자들 때문이었다. 이들은 도로테우스와 카로수스가 들어오게 한 사람들이었다. 그들 중에 바르 사우마도 있었기 때문에 사람들은 격분해 하였다. "살인자는 나가시오." 수도자들은 에우티케스를 단죄하고 그들의 세례 신앙과 니케아 공의회의 신앙과 다른 신앙을 고백하기를 절대적으로 거부하였다. 사건이 해결되지 않은 상태에서 황제의 위원들은 공의회에서 그들에게 한 신앙 정식(typos)이 주어지게 될 것이라고 발표함으로써 그 회기를 폐회시켰다.[40]

451년 10월 20일 다른 회의에서 이 사안은 한 번 더 다루어져야 했다. 그 회의에서는 관련 수도자들이 30일 이내에 공의회의 결정에 순명하지 않는다면 그들의 면직과 파문이 결정될 것이었다.

10월 20일에 티루스의 포티우스 주교와 베리토스의 에우스타티우스 주교 사이에 또 다른 논쟁이 일어났다. 에우스타티우스는 테오

---

39) Ibid. 110-114.

40) Ibid. 121.

도시우스 2세 황제로부터 수도대주교의 칭호를 부여받았으며, 아나톨리우스는 "상임 교회회의"때에 그에게 티루스에 속하는 교회들에 대한 재치권을 인정한 적이 있다. 그래서 황제가 교회의 일에 개입한 것에 대하여 모든 주교들은 항의하였다. 물론 그 황제는 이미 사망하였으며, 마르키아누스의 전임자였다. 따라서 공의회는 테오도시우스 2세 황제의 칙령이 교회법에 위배되었다는 이유로 그의 칙령을 승인하지 않았다.[41]

제5회기: 교의에 대한 정의

우리는 이미 공의회가 교리 차이로 인해 두 진영으로 나뉘어졌다는 것을 알아보았다. "두 본성으로" 혹은 "두 본성 안에"라고 말해야 하는지에 대한 문제였다. 또한 새로운 신앙정식에 대한 황제의 바람이 주교들의 반대에 부딪혔다는 것도 이미 이야기했다. 마찬가지로 우리는 어떻게 팔레스티나인들과 일리리아인들이 레오 교황의 서한에 들어 있는 신학에 은밀히 반대의 입장을 보였는지도 살펴보았다. 그래서 한 번 위기가 찾아올 것이라는 것을 예상할 수 있었다. 그 위기는 드디어 451년 10월 22일에 발생하였다. 회의가 시작되자마자 이번에 의장직을 맡은 콘스탄티노폴리스 총대주교인 아나톨리우스가 한 신앙정식을 낭독하도록 하였다. 이것은 의심의 여지없이 10월 10일 회의에서 정한 위원회에서 작업한 것이다. 유감스럽게도 공의회는 이 초안을 회의록 문서에 넣는 것을 적절하지 않다고 생각하였다. 따라서 우리는 그 안에 무슨 내용이 있었는지 모른다. 그러나 그 초안은 애매한 표현을 통하여 "두 본성"의 추종자들과 반대자들을 화해시키려 애썼다고

41) ACO II, I, 3, 101-110.

추측할 수 있겠다.[42)]

여기에서 이중의 역할을 한 것으로 보이는 콘스탄티노폴리스 총대주교 아나톨리우스가 공의회에 이 초안에 대한 질문에 대해 물었을 때, "로마인들과 몇몇 동방인들을 제외한" 모든 주교들이 큰 소리로 동의한다고 선언했다. 하지만 즉시 파스카시누스 주교가 개입하였으며 다음과 같이 말하였다. "그들이 복되시며 사도적인 대주교 레오의 서한을 받아들이지 않는다면, 이 텍스트의 복사본을 우리에게 주십시오. 그러면 우리는 떠날 것이고, 공의회는 그곳[서방]에서 열리고 끝나게 될 것입니다." 파스카시누스 주교는 이 텍스트의 모호성을 간파하였다. 그는 레오 교황의 서한을 통해 정의된 것과 같이 두 본성에 대해 명확하게 표현할 필요가 있다고 보았다. 논쟁을 끝낼 수 있는 것은 바로 레오 교황의 서한인 것이다. 곧 디오스코루스와 성 레오 교황 중에서 선택을 해야 하는 것이다. 이것은 사도좌의 권위가 걸려 있는 문제였다.

그것은 극적인 순간이었다. 우리는 모든 주교들이 그것을 인식하고 있었는지 확인하고 싶다. 이제 황제의 대표자들은, 징조를 보이는 다가올 분열을 피하기 위해, 한 위원회를 구성하자고 제안하였다. 그 위원회는 동방에서 6명의 주교, 폰투스에서 세 명의 주교, 소아시아에서 세 명의 주교, 일리리아에서 세 명의 주교, 트라키아에서 세 명의 주교, 그리고 로마 사절단으로 구성된 위원회였다. 그 위원회는 성 에우페미아 경당에서 회의를 하고, 교의 정의를 잘 준비해야 하는 것이었다. 그러자 주교들이 반대하며 항의하였다. "네스토리우스 추종자들은 나가시오! 우리는 모두 이 정식에 찬성합니다. 그들이 복음서에 서명하게 하시오! 성 마리아는 하느님의 어머니입니다. 그리스도는 하느님입니다!..."

---

42) ACO II, I, 2, 123이하.

따라서 황제의 위원들은 다시금 발언권을 잡았다. "디오스코루스는 플라비아누스가 단죄되었다고 말했습니다. 왜냐하면 그가 두 본성이 있다고 말했기 때문입니다. 그러나 이 정식에는 이렇게 나와 있습니다. 두 본성으로(ex)" 이것은 주교들이 스스로 모순에 빠지지 않을 수 없게 만들었다. 실제로 "두 본성으로"라는 말은 결합 이후에는 한 본성이라는 에우티케스와 디오스코루스의 정식과 일치할 수 있었다. 주교들이 원했던 바와 같이, 이 말들을 고수한다면, 그것은 그들이 동의한 디오스쿠루의 단죄를 부정하는 것이었다.

그러나 아나톨리우스는 이러한 방법으로 교리문제를 확정짓기를 거부하고, 공개적으로 항변하면서 디오스코루스의 편을 들었다. "디오스코루스는 신앙 때문에 면직된 것이 아니라, 대주교인 레오를 파문하였고, 세 번이나 소환되었지만 나오지 않았기 때문입니다."

"여러분은 레오 교황의 서한을 받아들이십니까?". "우리는 그 서한을 받아들였고 동의하였습니다." "그러면 그 내용도 정의 안에 넣어야 합니다." "아닙니다. 다른 정식은 안 됩니다! 그 정의는 그 서한을 확증합니다. 우리는 대주교 레오가 믿는 것과 똑같은 것을 믿습니다. 그 정의에 서명하게 하십시오! 그 정의에는 모든 것이 들어 있으며, 또한 신앙이 들어 있습니다. 레오 교황은 키릴루스와 같이 말하였으며, 첼레스티노 교황은 키릴루스가 말한 것을 확증하였고, 식스토 교황도 키릴루스가 말한 것을 확증하였습니다. 하나의 세례, 한 분의 주님, 하나의 신앙! 이 정의 안에 어떠한 속임수도 있어서는 안 됩니다."

밝혀진 것은 아무것도 없고 여전히 모호함이 남아 있었다. 두 본성에 대해서 이야기하는 레오 교황의 말들을 신앙정식에 넣는 것을 허용하려고 하지 않았다. 모든 문제는 거기에 있었다. 이 격렬하고 변덕스런 공의회를 진정시키고 설득시키는 것은 거의 불가능했다. 공의회는 문제가 되는 심오한 실재보다 개인적인 문제들이나 자구에 얽매이는 것에 더 민감했고, 그 어떤 것도 사람들의 마음을 바꾸기에는 충분하지 않았기 때문이다. 로마 사절단은 침묵을 지켰으며, 여차하면 떠난다는 위협을 계속 주었다. 어떻게 이 막다른 골목에서 벗어나고 단절을 피할 수 있을지 아무도 알지 못했다.

그래서 황제의 위원들은 이 문제를 황제에게 회부하기로 결정하였다. 황제의 비서관은 "신성한 황궁"으로 보내졌다. 그는 황제의 메시지를 받고 곧바로 돌아왔다. 마르키아누스 황제는 명백하게 모호함이 없는 신앙정식을 완성할, 위에서 언급한 위원회의 소집을 명하였다. 이 신앙정식이 주교들에게서 받아들여지지 않는다면, 공의회는 서방에서 개최될 것이라는 것이다.[43)]

황제에게 대한 통상적인 환호가 있었지만 마르키아누스 황제의 결정은 암묵적으로 받아들여지지 않았다. 사람들은 회의의 시작 때 제시된 정식을 다시 낭독하도록 요구하였다. 그 정식을 고수하고 싶은 것이었다. 일리리아인들은 다음과 같이 말하였다. "이것을 원하지 않는 사람은 바로 네스토리우스주의자입니다. 그들은 로마로 가야 합니다."

따라서 황제의 위원들은 이 문제를 뿌리에서부터 파고들어 모든 애매함을 제거하자는 대안을 주교들에게 제시하였다.

"디오스코루스는 '두 본성으로'라는 말에는 동의하지만, '두 본성'이라는 말에는 동의하지 않는다고 말했습니다. 지극히 거룩한 대주교 레오는 그리스도 안에 두 본성들이 혼합되지 않고, 변하지 않으며 나누어지지 않고 한 분 아드님이신 우리 구세주로 서로 결합되었다고 말했습니다. 이제 여러분들은 누구를 따르기를 원하십니까? 레오입니까? 아니면 디오스코루스입니까?"

그러자 모든 주교들이 다음과 같이 외쳤다. "우리는 레오와 같은 것을 믿습니다! 그의 적은 에우티케스파입니다! 레오의 설명이 정통신앙적입니다!" 따라서 황제의 위원들은 그에 답하였다. "그러면 우리의

---

43) Ibid. 124이하.

지극히 거룩한 아버지인 레오가 가르친 것을 따르십시오. 그리고 신앙정식에 그리스도 안에는 두 본성이 있으며, 그 두 본성은 변화하지 않고 나누어지지 않으며 혼합되지 않은 채 서로 결합되어 있다고 첨가하십시오."

그래서 황제가 결정한 바와 같이, 이제 위원회의 일원으로 임명된 주교들은 성 에우페미아 경당(oratorium)으로 다시 돌아갔다. 그곳에서 신앙정식이 최종 수정 작업되었다. 그들이 다시 대성당으로 되돌아 왔을 때 주교들은 앉아서 한 마디도 않은 채 공들여 만든 그 장엄한 정의를 들었다.

> "거룩하고 위대한 세계적인 공의회는, 하느님의 은총을 통하여 그리고 매우 경건하고 그리스도교인인 황제 발렌티니아누스와 마르키아누스의 명령으로, 비티니아 관구 수도인 칼케돈에서, 거룩한 승리의 순교자 에우페미아의 무덤 성당(martyrium)에서 모였으며 다음과 같이 결정하였다..."[44)]

바티폴의 의견대로 우리는 로마 사절단이 이러한 해결에 전적으로 만족해 할 수 있었다는 것을 확인할 수 있다. 이 해결은 의도적이거나 계산된 모호함을 배제하였고 로마인들의 명료함을 존중하였다. 물론 칼케돈에 모인 주교들의 일관된 태도를 증명하지는 못했을지라도 말이다.[45)]

칼케돈 공의회가 에페소 공의회처럼 수포로 돌아가지 않고, 육화한 말씀의 신비에 대한 교회의 신앙에 결정적인 정식을 부여한 것은, 성 레오의 확고한 생각과 정식, 그의 사절 파스카시누스 주교의 결정력

---

44) Ibid. 126.

45) *Le Siège Apostolique*, 551이하.

과 영향력, 황제의 위원들의 수완 덕분이라고 확실히 말할 수 있겠다.

주교들은 그들에게 제시된 정의 안에서 교부들의 신앙과 사도들의 신앙을 환영하였다. 모든 사람이 그것에 동의하였는데, 모두가 그렇게 생각했기 때문이다. 그들은 즉시 서명을 시작하자고 요청했다. 그러나 교부들에 의해 정식화되고 모든 이들에게 승인을 받은 이 정식은 아직 황제에게 회부되지 않았다.[46] 그러므로 이 일은 다음 회기에서 처리되어야 할 사안이었다.

제6회기: 황제에 의한 승인

10월 25일 회의는 황제 부부가 참석한 자리에서 이루어졌다.[47]

마르키아누스 황제는 공의회를 대상으로 연설을 하였는데 먼저 제국의 공식 언어인 라틴어로 하였고, 그다음 그리스어로 하였다. 그는 자신의 통치 초기부터 백성들의 화합과 신앙의 일치를 유지하는 것 외에는 다른 염려가 없었다고 말하였다. 그러나 최근 들어 이 일치는 거룩한 교부들의 신앙과 반대되는 가르침에 의해 혼란을 겪었다는 것이다. 따라서 그는 이 오류들을 고치기 위하여 이 공의회를 소집하였다고 말하였다. 우리 주님의 육화에 대해서, 사도들이 가르친 것과 니케아 공의회의 318명의 교부들이 만장일치로 가르친 것과 "사도좌를 가지고 있는 거룩한 황제의 도시의 대주교인 레오"가 플라비아누스에게 보낸 서한에서 가르친 것과 다른 어떤 것도 생각해서는 안 된다는 것이다. 마르키아누스 황제는 공의회의 모든 결정들을 승인한다고 하였다. 그가 직접 공의회에 참석한 것은 자신의 힘을 과시하기 위한 것

46) ACO II, I, 2, 130.

47) Ibid. 130-139.

이 아니라, 콘스탄티누스 황제의 모범을 따라 모든 혼란과 오류를 차단하기 위함이라는 것이다. 황제는 그가 경건한 마음으로 하고자 하는 모든 것이 영원히 굳게 지켜지도록 하느님의 섭리가 있기를 바란다는 의향을 말하면서 자신의 연설을 끝맺었다.[48]

신앙정식은 이제 다시금 낭독되었다. 그 후에 모든 주교들은 차례로 서명하였는데, 제일 먼저 교황사절 파스카시누스 주교, 루첸시우스 주교, 보니파티우스 신부가 서명하였다. 우리에게 전해져 오는 공의회 문서에는 452명의 서명이 들어 있다.[49]

그다음에는 신앙과 정통신앙성의 수호자이고 평화의 횃불이며 전 세계의 횃불인 새로운 콘스탄티누스, 곧 새로운 다윗인 마르키아누스 황제와, 황후에게 끝없는 환호가 이어졌다. 이른바 마르키아누스는 새로운 콘스탄티누스이며, 풀케리아는 새로운 헬레나라는 것이다. 헬레나는 그리스도의 십자가를 발견했으며, 풀케리아는 그것을 보호하고 구했다는 것이다. 통치자의 신앙은 교회의 영광이라고 사람들은 환호하였다.

사람들은 오랫동안 서로 축하해 주었다. 황제도 주교들을 축하해 주었고 하느님께 감사를 드렸다. 이어서 황제는 이 신앙의 정의를 받아들이지 않는 모든 사람들에 대해 취할 조치를 발표했다. 일개 평민은 황제의 도시에서 추방될 것이고, 군인들과 성직자들은 면직될 것이며 게다가 처벌도 받을 수 있다고 하였다. 그 밖에도 마르키아누스 황제는 교회 규율에 관한 세 개의 규정을 공의회를 통해서 승인했다. 첫 번째, 수도자들은 주교의 재치권에 순명해야 한다. 두 번째, 성직자들과 수도자들은 세속 재산 관리의 책임을 져서는 안 된다. 세 번째, 성직자들은 성무 수행을 위해 배정된 도시에 상주해야 한다.

---

48) Ibid. 139이하.

49) Ibid. 141-154; 또한 여기서는 많은 서명들을 추가적으로 얻을 수 있었을 것이다.

마지막으로 황제는 회의를 종결시켰으며, 주교들에게 상황에 따라서 여전히 해명이 필요한 특정한 문제들을 해결하기 위해 사흘 또는 나흘 동안 칼케돈에 머물러 줄 것을 요청했다. 황제는 아무도 모든 것이 최종적으로 해결될 때까지 거룩한 공의회를 떠나지 않기를 바랬다.[50] 사실 모든 것이 끝난 것은 아니었다.

50) Ibid, 155-158.

제4장
칼케돈 공의회의 교의 결정

신앙정식에 대한 분석과 출처

우리는 칼케돈에 모인 교부들의 신앙이 표현된 정식을 만들고 받아들이는 데에 있어서 끝없는 많은 토론들이 있었고 어떤 상황에서 이 일이 이루어졌는지 살펴보았다. 또한 우리는 그곳에서 거의 분열이, 어쩌면 이교가 생길 뻔 했지만 어떻게 피하게 되었는지, 그다음에는 마침내 한 신앙정식의 본문이 어떻게 만장일치로 받아들여졌는지 살펴보았다. 그리고 거기에는 열광도 있었는데, 누군가 이러한 주교회의의 변덕스러움을 알지 못했으면 왜 열광적이었는지 놀랄 수도 있었을 것이다.

이제 우리는 본문 자체에 대한 문헌 분석을 하고자 한다. 이어서 우리는 교리 내용을 연구할 것이다.

이 문서는 자연스럽게 세 부분으로 나누어져 있다.

그것은 비잔틴의 장황하고 복잡한 공문 형식의 서문으로 시작되며 그 내용은 길다. 이 서문에는 사악한 적의 공격에 진리가 승리하도록 주교들이 신심이 아주 깊은 황제의 열정으로 소집되었다는 것을 상기시킨다. 오류를 물리치기 위해서는 니케아 공의회와 콘스탄티노폴리스 공의회에서 정의된 바와 같은 신앙을 명백히 유지할 필요가 있다는 것이다. 그다음 이 공의회들의 신경들이 상세하게 인용된다.

이어서 여전히 같은 문제로 서로 반대되는 두 개의 오류에 대한 설명이 뒤따른다. 그 오류 중의 하나는 그리스도를 나누고 동정녀 마리아의 테오토코스라는 칭호를 거부하는 것이고(네스토리우스를 말함), 다른 하나는 본성들을 혼합시켜, 그리스도의 신성이 고난을 겪었다고 주장하는 것이다(에우티케스의 오류). 첫 번째 오류에 반대하여 공의회는 키릴루스의 "공의회" 서한들을 받아들였고, 두 번째 오류에 반대해서는 플라비아누스에게 보낸 레오 교황의 서한을 받아들였다.

마지막으로 긴 문장으로 되어 있는 교의정식이 이번에는 간략하고 힘차며 명료한 문체로 나온다. 공의회는 "거룩한 교부들"의 전승에 의거하면서, 한 분이시며 같으신 아드님이신 예수 그리스도에 대한 신앙을 고백한다. 그다음 정의가 두 부분으로 전개되는데, 첫 번째 부분이 훨씬 더 길다. 이 유일한 그리스도는 참 하느님이신 동시에 참 인간이라는 것이다. 그리고 이 진술은 네 개의 다양한 형식으로 반복된다. 간단히 말해서, "두 본성 안에 한 분 그리스도"를 이야기 한다.

두 번째 정의의 부분은 이 두 본성이 하나의 위격을 형성한다는 교리를 담고 있으며, 분리되지 않고 나누어지지 않는 그리스도의 일치를 상기시킨다. 그 다음 성경과 교부들의 말씀을 참조한다.

정의의 마지막 부분은 파문문으로 끝나는데, 방금 정의된 것 이외의 것을 가르치는 사람들에게 경고하는 내용이다.

방금 분석한 신앙정식의 본문을 처음 읽는다면, 전체가 통일적으로 일관성 있게 구성된 것처럼 보인다. 그러나 이 본문의 요소들이 다양한 출처를 갖고 있다는 것이 오래 전부터 알려졌다. 본문을 구성하는 이 요소들의 출처를 식별하는 것은 쉬운 일이다. 그래서 본문과 그 출처를 다음과 같이 나란히 비교할 수 있다.

칼케돈 공의회 신경	출처 *안티오키아의 요한 주교가 키릴루스에게 보낸 서한*[1]
우리는 우리 주 예수 그리스도를 한 분이시고 같은 성자이심을 고백한다.	우리는 하느님의 외아들, 우리 주 예수 그리스도를 고백한다.
바로 그분은 신성에서 완전하시고 인성에서 완전하시다.	그분은 완전한 하느님이시고 완전한 인간이시다.
	레오 교황이 플라비아누스에게 보낸 서한[2]
같은 분이 참으로 하느님이시고 이성적 영혼과 육체로 이루어진 참 인간이시다. 신성에 따라서는 성부와 본질이 같으시고 인성에 따라서는 우리와 본질이 같으시며, 죄 말고는 모든 점에서 우리와 같다. 같은 분이 신성에 따라 시대 전에 성부에게서 나시고, 인성에 따라 마지막 날에 우리를 위해, 우리의 구원을 위해 동정녀이시고 하느님의 어머니이신 마리아에게서 태어나셨다.	참으로 하느님이신 같은 분이 이성적 영혼과 육체로 이루어진 참 인간이시며, 신성에 따라 시대 전에 성부에게서 나시고, 인성에 따라 마지막 날에 우리를 위해, 우리의 구원을 위해 동정녀 마리아에게서 태어나셨다.
그분은 두 본성 안에서 혼합되지 않으시고 변화되지 않으시며 분리되지 않으시고 나뉘지 않으신다.	그분은 신성에 따라 성부와 본질이 같으시고, 인성에 따라 두 본성 안에서, 우리와 본질이 같다...

1) PG 77, 172; ACO I, I, 1, 4. 8-9.
2) 『서한』, 28, 4: PL 54, 767; ACO II, II, 1, 28.

	키릴루스가 네스토리우스에게 보낸 서한[3]과 플라비아누스가 레오에게 보낸 서한[4]
결합으로 인해 본성들의 구별이 결코 없어지지 않는다.	결합으로 인해 본성들의 구별이 없어지지 않는다.
	플라비아누스에게 보낸 레오 교황의 서한
오히려 두 본성의 각 속성이 보존되며, 하나의 위격과	두 본성의 각 속성이 보존되며, 하나의 위격으로 결합된다.
	플라비아누스가 레오에게 보낸 서한[5]
혹은 하나의 히포스타시스로 결합된다.	하나의 히포스타시스로 결합된다
	테오도레투스의 서한[6]
그분은 두 위격으로 나뉘거나 분리되지 않으시며 한 분이신 외아들이시다.	우리는 한 분이신 그분을 두 위격으로 나누지 않는다.

교의 정의의 첫 번째 부분에서 두 소절의 순서가 전도되었고, 레오 교황에게서 유래하는 한 문장이 삽입되었으며, 성경에서 한 문장이 추가된 것을 제외하고는, 전적으로 교의 정의의 첫 번째 부분은 성 키릴루스에게 보낸 안티오키아의 요한 주교의 서한에서 인용하였다(433년 일치 신경). 키릴루스는 직접 요한에게 보낸 답서[7]에서 이 내용을 반복해서 말하였다. 이 답서는 공의회에서 낭독되었으며 일반적인 승인

3) PG 77, 45; ACO I, I, 1, 27.

4) PL 54, 745; ACO II, I, 1, 39.

5) PL 54, 725; ACO Ibid. 37.

6) 『서한』, 51: PG 83, 1124.

7) 『서한』, 39: PG 77, 176; ACO I, I, 4, 17; 부록 원문 · 번역문 VII.

을 얻었다. 따라서 이 서한은 최종적인 교의 문서에 받아들여졌다. 그에 반해 두 번째 부분은 덜 일관적이다. 두 번째 부분은 키릴루스와 레오 교황과 플라비아누스와 테오도레투스의 서한에서 발췌한 내용들을 모은 것이다.

문자 그대로 넘겨받은 것을 제외하고, 무의식적 차용이나 암시를 나타내는 몇몇 구절들을 쉽게 확인할 수 있다. 예를 들어, 교령의 처음과 끝에 나오는 "한 분이시며 같으신 분"이라는 말이다. 그것은 키릴루스의 독특한 정식들 가운데 하나이다. 또 다른 경우는 네 개의 부사인데, "혼합되지 않고, 변화하지 않으며, 분리되지 않고, 나누어짐이 없이"라는 부사이며, 이것은 키릴루스나 테오도레투스에게 익숙해진 일상어적인 표현이었다. 테오도레투스가 『에라니스테스』의 세 편의 대화 중 처음 두 편의 대화에 부여한 제목을 상기할 필요가 있다. 다시 한 번 언급하자면, 신성은 "변화하지 않으며"(atreptos), 두 본성은 "혼합되지 않고"(asynchytos) 서로 결합되어 있으며, 신성은 "고난을 겪을 수 없다"(apathes)는 이 세 가지 형용사들은 세 권으로 된 『에라니스테스』 작품의 각 제목이었다. 마지막으로 많은 정식들이 성 레오 교황의 유사한 표현들을 사용한다는 점을 기억할 수 있다.

따라서 우리는 아주 다양한 출처의 요소들을 적절하게 합쳐서 하나로 만드는 편집자들(혹은 편집자, 아마도 아나톨리우스?)의 기술에 놀라지 않을 수 없다. "결합으로 인해 본성들의 구별이 결코 없어지지 않고, 오히려 두 본성의 각 속성이 보존된다."는 문장에서 그 첫 번째 구절은 의심의 여지없이 플라비아누스나 키릴루스로부터 유래하며, 반면 두 번째 구절은 레오 교황의 서한에서 직접 옮긴 것이다. 그러므로 여기에서는 다양한 요소들이 능숙하게 엮어 맞추어졌다는 점, 혹은 더 정확히 말하면, 다양하고 심지어 상반된 신학 개념들 사이에 제법 인위적인 타협과 중재가 이루어졌다는 점을 주장할 수 있겠다.

칼케돈 공의회의 신학

그러나 칼케돈 공의회의 교의 정의는 타협이나 상충되는 견해들의 능숙한 혼합이라기보다, 오히려 다양한 신학의 전승들을 수렴하는 정점으로 보인다. 우리는 이미 이 역사의 흐름 안에서 에페소에서, 그리고 칼케돈에서도 이 다양한 신학의 전승들이 대립하였고, 심지어 격렬하게 충돌하였다는 것을 보았다.

아타나시우스와 키릴루스에 의해 구체화된 알렉산드리아의 전승은 칼케돈 공의회에서 디오스코루스와 이집트인들과 그 밖에도 키릴루스에 대한 기억과 그의 어휘에 충실히 머물고자 하였으며 "육이 된 말씀의 유일한 본성"이라는 정식에 가치를 둔 모든 사람에 의해 표현되었다. 왜냐하면 그것은 단지 단어에 관한 문제만이 아니라, 키릴루스의 높은 신학적 사상에 관한 문제로 보였기 때문이다. 그리고 두 개의 본성을 강조해서 말하는 것은 육이 된 말씀의 일치를 위태롭게 하는 것으로 보였기 때문이다. 에우티케스와 디오스코루스가 신학적인 지식보다 더 완고하게 집착한 "유일한 본성"이라는 불운한 정식을 모든 공격에서 보호하는 것이 중요한 것은 아니었다. 사람들은 오히려 육으로 인간과 하나가 된, 육이 된 유일한 말씀에 대한 교리를 보호하는 것을 의무로 생각하였다. 이것은 구원경륜 전체에 관한 것이고, 그리스도인의 신격화에 대한 신비에 관한 것이며, 또한 알렉산드리아인들과 카파도키아인들의 모든 교리적인 영적 유산에 관한 것이었다. 이 모든 것이 여기에서 문제가 되어 위험에 처해진 것이다. 레오 교황의 특정한 정식들에 대해 일리리아인들과 팔레스티나인들이 두려워한 것은 지나친 일이었지만 이해될 수 있는 것이다. "우리 주님의 '육'을 신성과 분리해서는 안 된다."는 것이다.[8)]

---

8) ACO II, I, 2, 81이하.

동방인들도 마찬가지로 그리스도의 일치를 유지하고 고수하였으며, 오래 전부터 “두 아들”에 대해 이야기하지 않았다. 그러나 이 일치에 대한 그들의 설명은 형이상학의 입장에서는 불충분하였다. 무엇보다도 그들은 그리스도의 ‘육’에 대해서 말하거나 심지어 ‘유일한 본성’에 대해서 말함으로써, 인간 본성의 실재, 곧 말씀이 취하신 “인간”의 실재에서 무엇인가를 빼내는 것을 두려워하였다. 그러므로 그들이 “하느님이신 말씀이 살아있는, 이성을 가진 인간 본성을 받아들이셨고” “한 인간을 받아들이셨다”는 말을 고집하는 이유를 알게 된다. 따라서 그들이 “말씀이 육이 되었다”고 말하는 것을 이상하리만치 거부한 것도 이해된다. 그리고 이것은 어설픈 정식이라 하더라도 우리 구원의 실재가 달린 문제이다. 왜냐하면 말씀은 그가 받아들인 것만을 구하기 때문이다. 그러나 말씀이 완전하고 온전하며 활동적인 인간본성을 취하지 않는다면, 어떻게 우리의 본성인 이 본성이 구원될 수 있는가? 그들 신학의 불충분함과 아폴리나리스주의에 대한 두려움은, 키릴루스의 의견이 이미 에페소에서 교의가 되었을지라도, 동방인들이 왜 그의 의견에 반대했는지에 대한 이유이다.

여기에는 단어에 관한 문제, 또는 “비잔틴”적이라고 너무 가볍게 규정짓는 그러한 논쟁 이상의 것이 숨겨져 있다. 그리스도의 육에 일관성을 주어서 육이 된 말씀의 일치를 위태롭게 만들어서는 안 된다는 것이다. 그리고 하느님이신 말씀 안에 여하한의 변화와 본성들의 모든 혼합을 피해야 하는 것이다. 문제는 이 두 가지 똑같이 필요불가결하지만 적어도 양립할 수 없게 보이는 요구들을 조화시키는 데에 있다.

그러나 이 두 개의 그리스 신학, 곧 둘 다 존경스럽고 진정으로 그리스도교 전승을 가진 키릴루스와 테오도레투스의 신학만이 있는 것이 아니었다. 그 옆에 라틴 신학도 있었으니, 그 신학의 대표자는 로마 사절단이었고, 그 신학은 플라비아누스에게 보낸 레오 교황의 서한에서 표현되었다. 레오 교황은 이 서한에서 “복음의 권위와 예언자들의 말씀과 사도들의 가르침에 근거하여, 우리 주 예수 그리스도의 육화 신비와 관련하여 경건하고 진심으로 믿어야 하는 것이 무엇인지를 강력하고 분명하게 선언하였다."[9]

레오 교황의 첫 번째 신학 노선은 이미 테르툴리아누스에게서 발견된다.[10] 그러나 정식들 안에서 그 노선은 아우구스티누스의 정식에서 아주 강하게 영감을 받았고, 디오스코루스의 신학보다 동방인들의 신학에 더 가깝다. 그 노선은 참 하느님이며 참 인간인 그리스도 안에 위격적인 일치를 아주 명백하게 가르쳤다. 따라서 그 정식의 체계 안에서는 "하나의 본성"을 위한 자리가 없다. 오히려 그 신학 노선은 각 본성의 속성들이 온전히 보존되며, 각 본성은 자신의 고유한 활동의 직접적인 원리라고 분명히 밝혔다. "각 본성은 자신에게 고유한 것을 행한다." 플라비아누스에게 보낸 교서는 복음서에서 말씀에 속한 것과 인간에게 속한 것을 구별하였다. 키릴루스는 433년에 이 가르침에 동의하였으나 비타협적인 그의 추종자들은 그것에 반대하였다. 그들은 키릴루스의 파문문들이 들어 있는 서한과 "하나의 본성"이라는 정식에 충실히 머물렀으며, 그때문에 일치신경을 받아들이기를 거부하였던 것이다.

인간본성과 "육으로" 하나가 된 하느님이신 말씀은 그리스도이시고, 참 하느님이시며 참 인간이시다. 그분은 구체적이며 활동적인 인성을 타고났으며, 서로 일치를 이루는 두 본성 안에 한 위격이시다. 약간 도식적인 방법으로 표현되기는 하였지만, 이것이 칼케돈에서 마주했던 세 가지 이론의 신학이다. 그리고 451년에는 이 신학들을 서로 조화시키는 것이 불가능하게 보였다는 것을 부인할 수 없다. 왜냐하면 이

---

9) 『서한』, 93, 2: PL 54, 937-939; ACO II, IV, 52; 부록 원문 · 번역문 VIII.

10) 이 명제는 최근에 다음의 책에서 논박되고 있다. R. Cantalamessa, *La Cristologia di Tertulliano*, Freiburg/Schw. 1962.

신학들은 개인적인 대립과 심지어 증오와 함께 얽혀 있었기 때문이다.

그러나 이 세 신학은 겉으로만 일치하지 않은 것뿐이었다. 실제로 보이는 것만큼 그러하지 않았다. 우리는 방금 433년 일치신경에서 이루어진 합의를 언급하였다. 거기에서 안티오키아의 요한 주교는 그가 에페소 공의회에 대해 간직할 수 있었던 불쾌한 기억들을 잊는 방법을 알고 있었으며, 키릴루스는 그가 선호했던 정식들 중의 하나를 포기하는 지혜를 가지고 있었다. 두 사람은 그다음에 그들에게 공통적인 신앙의 본질적인 점들에서 합의를 얻어냈다. 그러나 곧바로 이 합의는 키릴루스의 추종자들에 의해서 위험에 처하게 되었는데, 이들은 키릴루스와 같은 지혜를 가지고 있지 못했으며 "하나의 본성"을 포기하기를 원하지 않았다. 이것은 의심의 여지없이 네스토리우스의 몇몇 친구들의 무분별한 동요에 의한 것이었다. 따라서 칼케돈 공의회에서는 두 가지 신학 노선들을 서로 일치시켜야 할 문제가 새롭게 제기된 것이다. 각 신학 노선들은 희생해서는 안 되는 본질적인 요소를 표현하였다. 각 신학 노선들이 주장한 것에서는 둘 다 참되었지만, 충분히 명확하게 표현하지 않은 것에는 틀렸거나 다소 불완전했다. 육이 된 말씀은 한 분 뿐이시나 두 본성을 가지고 계신다. 그리스도는 완전한 하느님이시며 완전한 인간이다. 그러나 이 두 본성은 한 위격으로 결합된다. 그리스도교 신앙은 이 신비의 두 면을 동시에 견고하게 고수하지 않는다면, 완전하지도 않고 구원의 실재도 보장되지 않는다. 그러나 이제 레오 교황의 신학은 이러한 일치를 이룰 수 있었다. 그 신학은 예수의 인간 본성의 완전성을 절대적으로 유지했다. 라틴 신학은 아폴리나리스주의에 의해 유혹을 전혀 받지 않았기 때문이다. 따라서 그 신학은 하느님이시며 인간이신 그리스도의 일치를 강력하게 유지했다. "하느님의 본성과 종의 모습은 한 위격으로 결합된다."[11] "참 하느님이

11) 『서한』, 31(풀케리아에게 보낸 서한, 449년 6월 13일): PL 54, 792; ACO Ibid. 15.

시며 참 인간. 두 본성은 보존되며, 두 본성은 하나를 형성한다."[12] "두 본성 안에 한 분이신 그리스도".[13] 레오 교황의 서한들과 그의 강론에서도 이와 비슷한 수많은 정식들을 쉽게 찾을 수 있다.

칼케돈에서 승리한 신학이 바로 이 신학이다. 의심할 여지없이 마르키아누스 황제는 그것으로 이 논쟁이 끝나기를 원하였다. 그는 에우티케스나 디오스코루스에게 호의적이지 않았기 때문이다. 아마도 풀케리아가 영향력을 행사하였다는 것을 계산할 수도 있겠다. 교황은 그녀에게 여러 번 서한을 보냈고 행동하도록 촉구한 바 있다. 하지만 무엇보다도 성 레오 교황의 대리자의 태도가 결정적이었다. 작성하도록 요구된 정의 안에 로마의 가르침이 받아들여지지 않는다면 공의회를 떠나겠다고 위협을 함으로써 그들은 공의회를 진행하는 이들에게 결정적인 양자택일을 강요했다. 레오인가 아니면 디오스코루스인가? 교황사절들은 사도좌의 권위가 침해를 받지 않고 존중되기를 바랐다. 그러나 그보다 더 본질적인 것들이 많았다. 상반된 두 오류 사이에서 신앙은 온전하게 보존되어야 했다. 동시에 특정한 신학을 넘어서, 두 개의 반대되는 노선의 합법적인 요구를 받아들여야만 했다. 자주 너무나 인간적이었던 공의회의 혼란 안에서 그렇게 지혜로운 일이 이루어졌다.

칼케돈 공의회의 교의

지금까지 우리는 칼케돈 공의회의 정의가 어떻게 그리스도의 신비에 관한 그리스도인의 다양한 사상 흐름을 성공적으로 통합시켰는지를 살펴보았다. 이제 우리는 그리스도교 교의의 발전을 위해서 칼케

---

12) 『서한』, 33(공의회에 보낸 서한, 449년 6월 13일): PL 54, 797; ACO Ibid. 15
13) 『강론집』, 96,2: PL 54, 469.

돈 공의회가 어떠한 긍정적인 기여를 하였고, 또 어떠한 단계에 있었는지를 자문해 보아야 할 것이다.

칼케돈에 모인 주교들은 새로운 것을 도입하지 않고 단지 "교부들의 흔들리지 않는 믿음을 새롭게 하기를" 원하였다. "거룩한 교부들을 따르면서" 그들은 키릴루스 주교와 첼레스티노 교황을 대표로 하는 전승에 충실히 머물고자 하였다. 레오 교황의 서한도 이러한 전승을 반영해 주고 있으며, 니케아 공의회와 콘스탄티노폴리스 공의회와 에페소 공의회에서 이 전승은 장엄하게 표현되었다. 특히 니케아 공의회는 전승에 대한 특권을 가진 증인처럼 보여졌으며 단독적인 명성을 누렸다.

도대체 이 전승의 내용은 무엇인가? 그것은 먼저 하느님의 아들이시며 주님이신 유일한 예수 그리스도께 대한 믿음이다. 니케아 공의회와 콘스탄티노폴리스 공의회의 신경들이 그렇게 말하였으며, 에페소 공의회에서 다음과 같이 정의되었다. "단지 한 분이시며 같으신 예수 그리스도만이 계시며, 그분은 신성에 따라 성부로부터 모든 시대 이전에 나셨고, 인성에 따라 시대 안에서 마리아에게서 태어나셨다." 그래서 공의회는 위격의 일치에 대하여 전통적인 신앙을 주장하였으며, 키릴루스가 강력하게 옹호한 바와 같이, 가장 권위적인 그리스도교인 감각의 요구들을 받아들였다. 단지 그리스도 한 분밖에 안 계시며, 그분은 하느님의 아들이시고 마리아의 아들이시다. 그를 나눌 수 없다. 그리고 마리아는 하느님의 어머니이시다(Θεοτόκος).

칼케돈 공의회의 교령은 실제로 테오토코스(Θεοτόκος)에 대한 네스토리우스의 오류를 암시하며, 동시에 키릴루스가 그 오류를 성공적으로 강력하게 반박했다는 사실을 상기시킨다.

교령의 핵심어인 "혼합되지 않으시고, 변화되지 않으시며, 분리되지 않으시고, 나뉘지 않으시는"이라는 말 중에 마지막 두 단어는 네스토리우스를 겨냥한 것이다. 그리고 우리는 테오도레투스가 그것 때문에 자신의 결정적인 복권을 위해 면직된 총대주교와 결별을 선언해야만 했다는 것을 곧 보게 될 것이다.

따라서 칼케돈 공의회는 에페소에서 이미 얻은 것을 포기하기는 커녕, 오히려 그것을 새롭게 가르쳤고 장엄하게 승인하였다. 에페소 공의회와 칼케돈 공의회 사이에는 이렇듯 의도적이며 명시적인 연속성이 있다.

그러나 에페소 공의회 이후에도 여전히 해야 할 일이 많이 남았다. 에우티케스는 자신의 오류에 대한 완곡한 집착으로 성 키릴루스의 정식들이 위험한 오해를 불러일으킬 수 있는 계기를 줄 수 있었다는 것을 보여주었다. 따라서 칼케돈 공의회는 위격적인 일치에 관하여 정의한 다음에 아주 강하게 본성의 이중성을 주장하였다. 교의발전에 새로운 단계가 펼쳐진 것은 바로 여기에 있다. 그리스도는 완전한 하느님이며 완전한 인간이시다. 그 결과 그리스도 안에는 두 개의 온전하고 완전한 본성들이 있으며, 이 본성들은 그대로 존속하며, "혼합되지 않고 변화되지 않는다." 이 두 첫 번째 정식의 말들은 에우티케스를 겨냥한 것이며, 그를 넘어서, 어떻게든지 그리스도의 인성을 축소시키거나 신성 안으로 흡수시키는 모든 신학을 겨냥한 것이다. 사실 두 본성들은 일치를 이루지만, 구별되며 그 모든 속성은 온전히 남아 있다.

두 본성들은 결합이후에도 그 자체로 존속한다. 우리는 주교들이 "두 본성으로(ex)"라는 정식을 단념하게 하도록 로마 사절단이 얼마나 집요하게, 그리고 얼마나 많은 통찰력을 가지고 작업을 해야만 했는지 살펴보았다. 왜냐하면 주교들은 에우티케스의 의미에서의 해석을 허용하였기 때문이다. 곧 결합 이전에는 두 본성이 있었지만, 결합 이후에는 한 본성만이 있다는 것이었다. 그래서 "그리스도 한 분만이 계시며 두 본성 안에 계시다."라는 정식은 동시에 일치와 이중성을 모두 유지할 수 있게 한다. 두 본성은 결합 안에서, 그리고 결합 이후에도 구별을 유지한 채로 남아 있다.

두 본성에 관한 가르침을 확인하면서, 칼케돈 공의회는 게다가 전통적인 신앙과 우리 구원의 신비에 대한 사실을 확고하게 만들었다. 그리스도는 성부와 본질이 같으시며, 또한 인간과 본질이 같으시고, "죄 말고는 모든 점에서 우리와 같으셨다." "그리스도께서 참 하느님이 아니셨다면, 그는 우리를 치유할 수 없었을 것이다. 그리스도께서 참 인간이 아니셨다면, 그는 우리에게 본보기를 보여줄 수 없었을 것이다. 그는 우리가 그의 신성에 참여할 수 있도록 우리와 같은 사람이 되셨다. 우리 주 예수 그리스도께서 하느님이기를 중지하지 않으면서, 인간으로 태어나셨을 때, 그는 자신을 새로운 창조의 맏이로 만드셨으며, 인류에게 자신의 고유한 탄생과 유사한 영적인 원리를 주셨다."[14] 그래서 단호한 "단성론자"가 아니라면, "하나의 본성"에 대해 말하는 것은 거의 불가능하게 되었다.

이러한 방법으로 교리의 정식화는 발전을 이루었으며 좀 더 명확하게 되었다. 많은 설명으로써만 정통신앙으로 이해될 수 있었던 성 키릴루스의 표현방법은 에우티케스나 디오스코루스가 의심할 여지없이 그것을 잘못 이해했기 때문에 결정적으로 배척되었다.

따라서 구별되고 나뉘지 않는 이 두 본성의 결합은 병합이나 혼합으로 이루어지지 않는다. 결합의 결과는 유일한 본성(physis)이 아니며, 따라서 키릴루스가 의미하는 "본성적인"(physisch) 결합에 대해 말할 수 없는 것이다(세 번째 파문문). 일치는 윤리적인 위격(prosopon)을 함께 형성하는, 두 개로 나누어져 있는 자립하는 본성들의 결합이나 "연결"로 이루어지지 않는다. 그 일치는 오히려 하나의 위격(persona)에서 혹은 자립하는 히포스타시스(hypostasis)에서 이루어진다.

따라서 공의회는 이미 360년경 삼위일체를 위한 신학용어가 정의된 것과 같이, 그리스도론적인 신학용어를 위해 정의하였다. 곧 하나의 본질[실체], 세 위격.

---

14) 참조: 레오, 『강론집』, 21,2; 25, 5; 27,2: PL 54, 192. 211. 217.

자립적인 위격(hypostasis)은 구체적인 본성(physis)과 구별된다. 한편 *prosopon*은 *hypostasis*와 동일시되며, 더 이상 심리적 또는 윤리적 인격성(personalitas)을 뜻하지 않고, 자립적인 위격(persona)을 뜻한다. 의심할 여지없이 여기에서 라틴 신학의 어휘가 개념 설명을 위해 얼마나 결정적인 기여를 하였는지 보여 진다.

이러한 관계들을 도식적으로 그려본다면, 하나의 "*Hypostasis*" 교리를 내세우는 알렉산드리아 신학은 하나의 본성(physis)이라는 결론에 도달하며, 반면 두 본성 교리를 주장하는 네스토리우스주의, 곧 안티오키아 신학은 두 위격(prosopa)이라는 결론에 도달한다고 말할 수 있다. 칼케돈 공의회의 교의는 이 두 가지 방향의 신학을 넘어서 근본적인 발전을 제시한다. 곧 이 교의는 두 신학이 사용한 어휘의 모든 모호함을 제거하면서, 두 본성 안에 하나의 위격(persona 혹은 hypostasis)을 주장한다. 한 분이시고 같으신 하느님의 아들은 마리아의 아들이기도 하다. 육이 된 말씀은 하느님이신 동시에 인간이다.

이 유일한 위격이 두 본성 안에 어떻게 자립하는지에 대한 문제는 단성론적인 논쟁과 관련하여 6세기부터 신학자들이 직면하게 될 문제이다. 그러나 그리스도론적인 교의의 본질은 451년부터 결정적으로 논란의 여지가 없게 되었다.

이제 가톨릭 역사가들이 내린, 칼케돈 공의회에 대한 때로는 너무 엄격한 평가들을 다시 한 번 읽는다면, 451년 이루어진 업적들에 대해 평가를 내리기가 힘들 수 있다. 어떤 역사가들은 레오 교황에게 희생된 키릴루스의 신학에 반대하여 안티오키아 신학과 로마 신학이 복수를 한 것으로 보았다. 다른 역사가들은 알렉산드리아의 심오한 종교적인 열망이 그러한 폭력으로 인해 이교를 초래할 여지가 있었기 때문에, 칼케돈 공의회는 그러한 알렉산드리아에 대한 콘스탄티노폴리스와 로마의 승리라고 보았다. 또 다른 역사가들은 칼케돈 공의회가 사람들의 마음을 통합할 수 없는, 신학 안에 개입한 난폭한 경찰의 작전이라고 여겼다. 또는 기껏해야 일종의 일관성이 없는 변덕스러운 정치, 그리고 키릴루스와 레오 교황과, 전적으로 쌍방 어느 한쪽도 지지하지 않는 구두상의 합의 사이의 "절충"으로 본 사람들도 있다.[15)]

그러나 이것은 그들의 관점을 너무 외적인 측면으로 제한하는 것이고, 심오한 실재를 보지 못하게 하는 선험에 복종하는 것이 아닌가. 비록 엄격한 역사적 입장에 서 있을지라도 그 사건들을 통해 그것들이 내포하는 의미, 곧 중요성과 방향을 인식해야 한다. 따라서 공의회는 너무나 많은 동요와 혼란에서도 레오 교황이 걱정스럽게 생각한 것과 똑같은 것을 드러낸 것으로 보인다. 공의회는 새로운 것을 만들려고 하지 않고, 이미 고전적이 되었지만 모든 이들이 똑같이 받아들이는 모호함을 없앨 수 있는 개념으로 전해 내려오는 신앙의 가르침을 유지하려고 하였다. 확실히 공의회의 주교들은 열정적이고, 변덕스러웠으며, 때로는 아주 어리석었다. 그러나 사실상 그들은 폭력행위에서도 진리에 대한 걱정에 마음을 쏟고 있었다. 그리고 그들이 마침내 합의한 정의는 모든 학파간의 논쟁을 넘어서 신앙의 가르침을 표현하려는 똑같은 염려를 나타낸다. 주교들이 끝이 없어 보이는 논쟁에 지쳤기 때문에, 혹은 황제가 그것을 원하고 어떻게 해서든지 논쟁을 끝내야만 했기 때문에, 주교들이 간단하게 받아들인 절충이 아니었다. 오히려 그것은 교회의 지혜의 작품이며, 정확히 말하면 "로마적인 지혜의 작품"[16)]으로 보아야 할 것이다.

따라서 공의회의 업적은 결코 부정적인 것만은 아니었다. 칼케돈 공의회의 교령은 서로 대립해 있는 신학들의 긍정적이고 유효한 요소들을 받아들임으로써, 결정적으로 네스토리우스주의와 에우티케스주

---

15) L. Duchesne, *Histoire ancienne III*, 457; G. Bardy, in: Fliche-Martin, *Histoire de l'Église IV*, 240.

16) E. Amann, *L'Église des premiers siècles*, Paris, 1928, 165.

의로 가는 길을 차단하였다. 그럼으로써 위격적 일치에 대한 교의도 결정적인 단계를 밟게 만들었다. "혼합되지 않으시고, 변화되지 않으시며, 분리되지 않으시고, 나뉘지 않으신다."는 네 개의 부사의 부정적인 형태에 속아서는 안 된다. 그것들은 아마도 칼케돈 공의회의 모든 정의에서 가장 중요한 핵심어이다. 이것들은 부정적인 표현들을 통해 그 신비를 존중하며, 가능한 한 더 명확하게 하려고 노력한다. 이 네 개의 부사는 예수 그리스도께서 두 본성 안에 하나의 위격이며, 곧 하느님이신 말씀이라는 교의를 드러내 보인다.

마지막으로, 키릴루스의 추종자들인 알렉산드리아인들이 "마음이 상했고, 패배했다"[17)]고 느낄 수 있었다는 것을 덧붙여 말하고자 한다. 그러나 그것은 그들의 내면적인 정신적 신념의 탓이 아니라, 그들의 신학적인 고집스러움과, 키릴루스마저도 나중에 포기한 정식들에 대한 완고한 집착의 탓이다. 게다가 아마도 그들이 인식하고 있지 않았던 것도 있었는데, 그것은 동로마 제국으로부터 아직도 여전히 경시받는, 그들의 민족에 대한 독립심이었다. 따라서 오래지 않아 이집트와 시리아가 이교적이 되었을 때, 이들은 로마나 심지어 칼케돈에 반대하지 않고 비잔티움을 반대하였던 것이다.

---

17) L. Duchesne, *Églises séparées*, Paris, 1896, 57.

제5장

공의회 마지막 회기. 칼케돈 공의회의 규정들, 교황과 공의회

재치권의 경계 설정. 예루살렘 총대주교직의 등장

451년 10월 25일 회의가 끝나갈 무렵, 마르키아누스 황제는 아직도 남아 있는 모든 특별한 문제가 해결되기 전까지 칼케돈을 떠나지 말 것을 주교들에게 요청했다. 사실 교리가 일단락 정의되었고, 에우티케스와 디오스코루스와 에페소 강도공의회의 지지자들의 입지가 정리된 후에도, 여전히 처리해야 할 개인 신상과 관련된 문제들이 남아 있었다. 이 문제들은 1500년이 지난 오늘날에는 다르게 보일 수 있을지라도, 당시에는 긴급한 문제들이었다. 그것은 지난 몇 년간 교리 논쟁에 어느 정도 말려들었거나 연루된 주교들에 관한 것이고, 이제 그 주교들의 사안도 마찬가지로 해결되어야 했다. 그 밖에도 교회의 일상생활에서 제기된 조직적, 행정적, 규율적 문제들도 남아 있었다. 그 문제들에 대해서 최종적으로 결정하는 것은 그곳에 모인 주교들에게 달려 있었다. 주교들은 이 문제를 그 다음 날 회의에서부터 다루었다(451

년 10월 26-31일)

무엇보다 예루살렘의 유베날 주교와 안티오키아의 막시무스 주교 사이에 그들 저마다의 재치권의 경계를 두고 일어난 논쟁이 문제였다. 니케아 공의회는 규정 제7조에서 팔레스티나 지역의 카이사레아 주교가 예루살렘의 수도대주교로서 갖는 권한을 인정하였지만, 예루살렘의 주교에게는 관습과 오랜 전통에 의해 부여된 "명예"를 승인하였다. 야심적이고 권모술수를 일삼던 예루살렘의 유베날 주교는 안티오키아 총대주교의 불이익을 감안하지 않고 자신의 영역을 확장하려 하였다. 그는 안티오키아에 소속된 푀니키아와 아라비아 지방의 주교들에게 감히 서품을 주기까지 하였다. 에페소 공의회(431년)에서 그는 자신의 요구를 뒷받침하기 위해 가짜 문서를 제출했었다. 이러한 요구는 당시에도 또 그 후에도 키릴루스의 반대에 부딪혔다.[1] 이제 칼케돈 공의회에서 예루살렘의 유베날 주교는 다시금 자신의 요구들을 표명하였고, 안티오키아의 막시무스와 협상으로 타협이 이루어졌는데, 공의회는 이를 비준하였다. 곧 안티오키아의 총대주교는 푀니키아와 아라비아 두 지역을 차지하였고, 예루살렘의 주교는 팔레스티나 세 지방을 맡게 되었다. 10월 26일에 공의회의 승인을 통해 합의가 이루어졌다.[2] "마침내 안티오키아 총대주교직의 희생으로 새로운 총대주교직이 세워졌다."[3]

---

1) 키릴루스, 『서한』, 56: PG 77, 320.

2) ACO II, II, 3, 5-7.

3) G. Bardy, in: Fliche-Martin, *Histoire de l'Église IV*, 237.

테오도레투스 주교의 복권

또 다른 개인 신상과 관련된 문제들이 교리 문제와 밀접하게 관련되어 있기 때문에 의심의 여지없이 더욱 중요한 문제였다. 네스토리우스의 절친한 친구이자 성 키릴루스와 그의 파문문에 적대자였던 키루스의 테오도레투스 주교는 디오스코루스 주교와 함께 알렉산드리아의 교회회의에서 면직되었다. 이 판결은 449년 에페소 공의회의 다른 결정들과 마찬가지로 레오 교황과 로마 교회회의에서 기각되었으며,[4] 테오도레투스는 교황에 의해 다시 복직되었다. 따라서 사람들은 칼케돈 공의회에서 그에게 의석 및 투표권을 주었던 것이다. 그러나 우리가 이미 살펴본 바와 같이 키릴루스의 추종자들로부터 강력한 항의가 제기되었다.[5] 그러므로 그 사안은 결정적으로 해결되어야만 했다. 공의회는 마찬가지로 10월 26일, 아마도 두 번째 회의에서 이 사안을 다룬 것 같다.

회의가 시작하자마자 주교들은 큰 소리를 외치며, 테오도레투스는 네스토리우스에 대해 파문을 선고하라고 요구하였다. 이때 테오도레투스 주교는 황제에게 제출한 그의 청원서와 그가 교황 대리에게 넘겨준 문서를 상기시켰다. 이 문서들을 읽어보면 그가 어떤 생각을 갖고 있었는지 볼 수 있다는 것이다. 주교들은 "여기에서는 아무것도 읽을 수 없다."고 하며 다음과 같이 소리쳤다. "어서 네스토리우스에 대해 파문을 선고하시오!" 그러자 테오도레투스는 다음과 같이 말하였다. "하느님의 은총으로 저는 정통신앙을 가진 부모에게서 자랐고, 정통신앙 안에서 교육을 받았으며, 정통신앙을 가르쳤습니다. 그러므로 저는 네스토리우스와 에우티케스뿐만 아니라 정통신앙이 가르치는 것

4) 참조: 레오, 『서한』, 44와 45: PL 54, 827-835; ACO II, IV, 23-25.
5) ACO II, I, 1, 69.

과 다르게 생각하는 모든 사람들도 마찬가지로 배척하며 그들을 이방인으로 여깁니다." 주교들은 다음과 같이 응수하였다. "명확하게 말하시오. 네스토리우스와 그의 교리를 파문한다고, 그리고 네스토리우스와 그의 동료들도 파문한다고!" 그러나 테오도레투스는 사실 네스토리우스의 오류를 단죄하였지만 그와의 친분관계를 계속 유지하고 싶었던 그를 저주할 결정을 내리지 못했다. 그렇게 그는 공의회 전체를 상대로 싸우게 되었다. "저는 하느님께서 마음에 들어하시는 방법을 아는 것 외에는 참으로 어떠한 것도 말하고 싶지 않습니다. 무엇보다도 저는 어떠한 교구를 생각하지 않았고 또한 명예를 추구하지 않고 있다고 확신합니다. 그러기 위해서 여기 온 것이 아닙니다. 오히려 저는 중상모략을 당해서 저의 정통신앙성을 증명하기 위해, 그리고 제가 네스토리우스와 에우티케스와 그들과 더불어 두 아들에 대하여 말하는 모든 이들에 대하여 파문을 선고하기 위해 여기에 왔습니다." 여기서 네스토리우스와 에우티케스에 대한 파문은 상당히 중요하다. 왜냐하면 테오도레투스는 네스토리우스만 단죄하고 싶지 않았고, 혹은 그가 에우티케스도 이단자라는 것을 잊어버린 것처럼 보이려 하지 않았기 때문이다. 아마도 그는 키릴루스의 추종자들도 생각한 것 같다. 그러나 주교들은 그의 말에 속으려 하지 않았고, 그가 말하고 있는 동안에도 다음과 같이 외치며 그의 말을 가로막았다. "명확하게 말하시오. 네스토리우스와 그와 같이 생각하는 모든 사람들을 단죄한다고!" 테오도레투스는 다음과 같이 말하였다. "저는 제 신앙을 표명하기 전까지는 그것을 말하지 않을 것입니다. 저는 믿습니다…". 그러자 주교들은 다음과 같이 소리쳤다. "그는 이단자입니다! 그는 네스토리우스주의자 입니다! 이단자를 밖으로 내보내시오!"

이 논쟁은 그 자체로 감동적인 것이 있다. 확실히 테오도레투스의 신앙은 나무랄 데 없지만, 인간으로서 그는 불행한 친구에 대해 파문을 선고할 결심을 내릴 수 없었던 것이다. 게다가 테오도레투스는 이 주교들에 의해 중상모략을 당했고 부당하게 면직되었다. 이 주교들은 모두 테오도레투스와 같은 도량이 넓은 성격의 소유자들이 아니었다. 일부 주교들은 레오 교황의 신앙에 성의껏 동의하지 않았던 사람들인데, 이제는 테오도레투스가 네스토리우스에 대해 파문을 선고해야 한다고 요구한 것이다. 키루스의 주교 테오도레투스가 그것을 거부한다면 그는 다시금 단죄될 것이었다. 따라서 테오도레투스는 마침내 결단을 내리고 다음과 같이 말하였다. "네스토리우스와, 거룩한 동정녀가 테오토코스라고 말하지 않는 사람과, 한 분이신 아드님을 둘로 나누는 사람들까지도 파문될 것입니다. 또한 저는 지극히 거룩한 대주교 레오의 신앙 정의와 서한에 저의 동의를 표하였으며, 그렇게 생각하고 있습니다. 결국 다 이야기 하였으니, 안녕히 계십시오."

황제의 위원들은 이 선언에 대한 소식을 입수하였다. 이제부터 테오도레투스의 정통신앙성을 의심할 이유가 더 이상 없어졌다. 그에게 자신의 교구를 되돌려주도록 투표하는 것만 남았다. 레오 교황이 이미 그렇게 결정한 터였다. 이때 로마 사절단은 회의 석상의 열광적인 시끄러운 소리 속에서, 레오 교황이 실제로 오래 전부터 테오도레투스를 그의 공동체로 다시 받아들였다는 것을 상기시켰다. 그러므로 키루스의 주교인 테오도레투스가 이제 전체 회의 앞에서 네스토리우스와 에우티케스에 대한 파문을 선고하였으니, 사절단은 그에게 자신의 교구를 되돌려 주도록 결정했다는 것이다. 콘스탄티노폴리스의 아나톨리우스 총대주교와 모든 주교들은 이 결정에 찬성했다.

세 명의 다른 주교들은 확실히 네스토리우스에게 호의를 베풀었다는 의혹을 받고 있었다. 그들은 오스로에네 지방의 콘스탄티나 교구 소프로니우스 주교와 시리아 지역의 게르마니키아 교구 요한 주교와 팜필리아 지역의 시데 교구 암필로키우스 주교였다. 주교들은 이들에게도 이단자인 네스토리우스에 대하여 파문을 선고하도록 요청하였다.[6)]

에데사의 이바스 주교 문제

그다음에는 에데사의 이바스 주교 차례였다. 그는 테오도레투스처럼 에페소 공의회에서 면직되었기 때문에 이 칼케돈 공의회에 출두해 자신의 복직을 요구하였다. 그러나 그의 경우는 더욱 복잡했고 그래서 두 번의 회의를 열어야만 했다.

10월 26일, 티루스에서의 판결에 대한 회의록이 낭독되었다. 티루스의 포티우스 주교와 베리토스(베이루트)의 에우스타티우스 주교는 여전히 이바스 주교가 아무런 문제가 되지 않는다는 그들의 결정을 고집하였다. 10월 27일, 이바스 주교에 반대하여 그의 교구 신부들이 제출한 고소장과 함께 베리토스에서의 회의록과, 마리스에게 보낸 이바스 주교의 서한과, 에데사 교구의 성직자들이 자신의 주교를 옹호하기 위해 티루스 교구와 베리토스 교구 주교들에게 보낸 진정서가 낭독되었다.

그런데 황제의 위원들이 이바스에 대한 에페소 공의회의 결정들도 낭독해달라고 요청하였을 때, 파스카시누스 주교는 이에 항의하였다. 더 이상 에페소[강도] 공의회에 대해 말해서는 안 된다는 이유에서였다. 그곳에서 일어난 모든 것을 로마 주교가 무효로 선언하였기 때문이라는 것이다. 게다가 황제가 한 법령으로 이 공의회를 언급하는 것을 금지하도록 그에게 요구해야 한다는 것이다. 모든 사람들이 이 제안에 찬성하였다.

그러므로 449년 에페소[강도] 공의회의 문서들은 다시금 낭독되지 않았다. 황제의 위원들의 청원에 따라 파스카시누스 주교는 그의 로마 동료주교의 이름으로, 위에서 언급한 문서에 따라 이바스 주교의 무죄를 선언한다고 천명하였다. 마찬가지로 그는 이바스의 서한을 읽은 후

6) 이 회기 전체에 대해서는 다음을 참조: ACO II, I, 3, 7-11.

그의 정통신앙성을 인정한다고 하였다. 따라서 그는 그에게 자신의 교구좌를 되돌려주기로 결정하였다. 그러나 그다음에는 오직 에데사의 주교좌를 넘겨받았던 논누스 주교의 입지를 해결할 필요가 있었다. 여기서 주교들은 만장일치로 합의했다. 그들은 이바스에게 네스토리우스와 에우티케스에 대해 파문을 한 번 더 선고하도록 요구만 하였다.

이렇게 하여 이 문제는 이바스의 완전한 복직으로 해결된 것처럼 보였다. 그럼에도 100년 후[7] 다시 한 번 이 논쟁은 재연되었다.

칼케돈 공의회 규정들

여기서 10월 29일, 30일, 31일의 회의들에 대해서 더 자세히 다룰 필요는 없다. 그 회의에서는 단지 개인 신상문제만을 다루었는데, 두 명의 에페소 교구 주교들, 곧 바시아누스 주교와 스테파누스 주교, 그리고 니코메디아의 에우노미우스 주교와 니케아의 아나스타시우스 주교 사이의 논쟁에 관한 것이다.[8] 그보다 더 자세히 살펴볼 필요가 있는 것은 칼케돈 공의회의 입법 작업이다. 니케아 공의회에서와 마찬가지로 칼케돈 공의회에서는 신앙의 문제에 대해 결단을 내려야 할 뿐

---

7) 이바스 주교의 복권과 특히 그가 로마 사절단을 통하여 마리스 주교에게 보낸 서한의 정통신앙성에 대한 승인은, 그가 553년 제2차 콘스탄티노폴리스 공의회를 통해서 단죄되었다는 이유로 더욱 더 우리에게 문제를 제기한다(규정 제14조; DH 437; NR 623). 확실히, 공의회의 마지막 회기는 공의회를 소집하게 한 "신앙의 문제"(causa fidei)를 더 이상 직접적으로 다루지 않았다고 말할 수 있다. 여기에서는 레오 교황이나 그의 후계자가 사도좌의 온전한 권위로 무엇인가를 결정하려고 하지 않았다. 참조: 레오, 『서한』, 115,1; 119,5: PL 54, 1033. 1045; ACO II, IV, 67. 74. 그러나 파스카시누스의 설명 전체의 영향력을 약화시키기 위해서는 이러한 것을 고려하는 것만으로는 충분하지 않다. 예를 들어, 디이펜은 "레오 교황사절단의 경솔함"에 대해서 말하고 있다.(*Les Trois Chaptires au Concile de Chalcédoine*, 101-106).

8) ACO II, I, 3, 42-62.

아니라 교회 규율에 관한 중요한 조치를 취해야만 했다. 이로써 마르키아누스 황제의 명령이 완성되었는데, 공의회는 황제의 재촉으로 10월 25일 "제6차 분리회의"(Actio sexta) 마지막에 이를 승인하였다.

공의회 문서의 그리스어 수기본에는 이 "제6차 분리회의" 회의록 다음에 "제7차 분리회의"라는 제목으로 27개 조의 교회 규정들이 담겨져 있다. "이 교회 규정들은 거룩하고 세계적이며 칼케돈에서 열린 공의회가 선언한 것이다."

이 규정들의 본문은 부록에 온전히 실려 있다.[9] 여기에서 우리는 그 규정들을 주제별로 요약하고 그 의미를 끌어내고자 한다.

칼케돈의 교령들은 무엇보다도 성직자와 수도자의 규율과 품행을 위한 방침을 세우고자 하며 교회 행정 관리를 체계화하고자 한다. 이 교령들은 모든 공의회에서 거룩한 교부들에 의해 공포된, 법과 같은 효력을 유지해야 하는 규정들을 그 근거로 삼고 있다.

따라서 제일 먼저, 돈을 대가로 서품을 주며, "매매할 수 없는 은총을 팔아버리는" 주교들과, 마찬가지로 돈 때문에 어떤 교회 직무를 양도하는 이들이 단죄된다. 그들은 면직되어야 한다(규정 제2조). 성직자들은 세속의 문제나 돈 문제에 관여해서는 안 된다(규정 제3조: 마르키아누스 황제의 두 번째 명령을 반복한 것임). 또한 성직자와 수도자들은 민간인으로서의 직무를 넘겨받아 서는 안 되며 군복무를 행할 수 없다. 이 말은 황궁에서의 직무뿐만 아니라 고유한 군복무를 뜻할 수 있다(규정 제7조). 결혼이 허용된 독서자와 성가대원은 이단자와 결혼할 수 없고 그들의 자녀들을 이단자로부터 세례를 받게 해서는 안 된다(규정 제14조). 성직자들이 민사소송을 당하는 경우에 그들은 세속 법정에 세워져서는 안 되며 그들의 주교에게 도움을 청해야 한다(규정 제9조). 마찬가지로 성직자나 평신도는 주교나 성직자를 상대로 소송을 제기할 수 없다. 여

---

9) ACO II, I, 2, 158-163; 부록 원문 번역 문 X.

행 중인 수도자와 성직자들은 반드시 교회와의 친교 서한이나 추천서를 지니고 다녀야 한다(규정 제11조). 성직자와 수도자들은 그들의 주교의 허락 없이 콘스탄티노폴리스에 체류할 수 없는데, 이들이 그곳에서 혼란을 일으키고 질서를 어지럽힐 수 있기 때문이다(규정 제23조). 그들은 그들의 주교를 상대로 어떠한 음모를 꾸며서는 안 된다(규정 제18조).

그 다음은 일반적인 규회 규율에 대한 규정들이다. 여기에는 부녀자 납치를 처벌하는 규정도 추가되어 있다(규정 제27조). 그 밖에도 아주 다른 영역에서의 규정이 있는데, 이는 40세 이전의 여부제들의 서품을 금지하고 있다(규정 제15조. 여기에서 사용된 표현은 본래 안수를 통한 서품을 말한다).

어떤 규정들은 교회의 조직과 행정 관리를 좀 더 직접적으로 다루고 있다. 규정 제5조와 규정 제20조는 마르키아누스 황제의 세 번째 명령을 반복한다. 특히 니케아 공의회 규정 제15조를 뜻하는 옛 규정에 소급하여, 성직자가 한 도시에서 다른 도시로 이전하는 것이 금지된다. 마찬가지로 성직자는 다른 두 교회에 속해서는 안 된다(규정 제10조). 이것으로써 생길 수 있는 무질서가 예방되어야 할 것이며, 이러한 법적인 규정은 어떠한 신학적인 원칙이나 영성적인 원칙과 관련되어 있지 않다. 또한 성직자는 자신의 교구의 추천 없이 다른 낯선 도시에서 영적인 직무를 수행할 수 없다(규정 제13조). 양육원과 빈민소와 수도원과 순교자성당에 소속된 성직자들은 거룩한 교부들의 전통에 따라 그 도시의 주교의 권위에 순명해야 한다(규정 제8조). 그리고 일반적으로 "구속되지 않은" 서품, 곧 특정한 교회나 경당에 지정되어 있지 않은 서품은 허용되지 않는다(규정 제6조).

주교가 사망하면 성직자들은 그의 재산을 차지할 권한이 없다. 자리가 비어 있는 주교좌의 수익은 교구의 경리 담당자에 의해 유지되어야 한다. 이러한 직무는 이미 많은 교회에 존재하고 있었다. 공의회는 이제 교회재산의 관리가 주교를 통해서 더 쉽게 통제될 수 있도록 이러한 직무를 의무화한 것이다.

또 다른 규정들은 주교들 사이에 갈등의 계기를 줄 수 있는 재치권 문제를 해결한다. 따라서 지방의 본당들은 이 본당을 이미 소유하고 있으며 특히 30년 동안 이의 없이 관리해 왔던 주교들의 관리에 머물러야 한다(규정 제17조). 주교는 황제의 행위로 자신의 주교좌 도시에 "수도"라는 명칭을 부여할 권한이 없다(규정 제12조). 수도대주교들은 한 주교좌가 공석이 된 후 삼개월 이내에 반드시 그 관할지역에 새로운 주교를 서품하는 것을 게을리해서는 안 된다(규정 제25조). 수도대주교들은 또한 "거룩한 교부들의 규정에 따라"(예를 들어 니케아 공의회 규정 제5조), 매년 두 번 관구 교회회의를 열어서 그곳의 현안 문제들을 해결하거나 필요한 개혁을 실행해야 한다(규정 제19조).

마지막으로 세 개의 규정들은 수도자의 삶에 관한 것이다. 규정 제16조는 수도서원을 한 동정녀와 수도자들이 파문의 처벌로 혼인을 금지하고 있다. 그러나 그 지역 주교는 이 처벌을 완화할 수 있다. 규정 제4조는 마르키아누스 황제가 제시한 세 개의 규정 중 첫 번째 규정을 반복하고 있다. 곧 이 규정은 수도자들의 방종스러운 삶을 억제하고, 수도자들이 한 도시에 정착하여 그곳에 수도원을 짓도록 허락을 내릴 수 있는 주교의 권위에 이들을 복종시킨다. 그러나 이 수도원들이 주교의 뜻에 따라서 한 번 축성되었다면 더 이상 세속적인 주거지로 만들어서는 안 되며, 그 수도원들의 재산은 그들을 위해 보존되어야 한다.

칼케돈 공의회 입법의 의미와 중요성

칼케돈 공의회의 입법의 의미와 중요성을 밝히는 것은 그리 어렵지 않다. 이것은 당시에 벌어진 새로운 사건에 비추어 이해할 수 있는

데, 에데사의 경우에는 일부 성직자들이 자신들의 주교인 이바스를 상대로 음모를 꾸미고 그 주교가 교회재산을 착복했다고 고소한 사건이다. 그것과 비슷한 사건들은 에페소에서 바시아누스 주교와 스테파누스 주교 사이에서 일어난 분규이며, 그리고 니케아 혹은 베리토스에서의 재치권 영역과 관련된 논쟁이고, 마지막으로 449년에 있었던 바르사우마와 그의 수도자들의 폭력적인 시위이다. 이러한 악습과 무질서에 직면하여 공의회는 자신의 성직자들에 대한 주교의 권한을 강화하려고 하였다. 성직자들은 특히 한 교회에 소속되어야 하며, 한 수도회나 성지에 배속되었을지라도 주교의 권위에 따라야 한다. 이것이 후에 "서품이 부여하는 [교회법적] 직함"(titulus ordinationis, titulus canonicus)이라는 것의 시작이 된다. 성직자들이 한 교회에서 다른 교회로 옮기거나 허락 없이 수도로 오는 것을 금지한 것을 보면 그에 상응한 악습이 있었음을 추론할 수 있으며, 이에 공의회는 대책을 강구하려 한 것이다. 나중에 규정집 모음에 채택된 이 규정들은 법제화되었다. 따라서 교회 조직을 발전시키는 데 중요한 진보가 이루어졌는데, 그때부터 성직자들은 이전보다 한층 더 주교에게 종속된 관계를 갖게 되었기 때문이다.

마찬가지로 중요한 것은 수도자들에 대한 조치이다. 성령과 제도 사이의 대립을 과장하거나 강화시키려 하지 않으면서, 수도생활은 근본적으로 "성령에 의한" "카리스마적인" 현상이며, 모든 제도를 벗어나 영혼 안에서 자유롭게 활동하시는, 교회 안에서 성령의 현현이라는 것을 부정할 수 없다. 수도자는 사막에서 혼자서 하느님과 함께 살기 위해 그곳으로 피신하였다. 그럼에도 수도자와 교계제도의 관계에 대한 문제가 제기되었는데, 특히 수도자들이 다시 도시에 가까이에 와서 살거나 심지어 도시 안에 정착하여 대수도원을 설립한 이후부터이다. 파코미우스의 수도자들이 그 한 예이다. 게다가 성 바실리우스와 같이 주교들 스스로 수도생활을 위한 규칙을 만들기까지 하였다. 우리는 여기서 성 안토니우스와 그가 성 아타나시우스와 맺은 우정에까지 소급하지는 않을 것이다. 성 파코미우스가 알렉산드리아의 대주교와 좋은 관계를 유지하였고 대주교를 자신의 아버지로 불렀다는 것을 언급하는 것으로 충분하다. 그러나 우리는 또한 가슴 아픈 사건들, 곧 이집트에서 테오필루스 주교와, 오리게네스주의로 의심을 받았던 수도자들 사이에 일어난 갈등과, 혹은 예루살렘에서 예로니무스와 요한 주교 사이의 갈등과 콘스탄티노폴리스에서 히파티우스와 네스토리우스 총대주교 사이의 갈등도 잘 알고 있다.

다른 한편으로, 수도자들은 그들의 수도원에서 전례거행을 위해 사제들을 필요로 하였기 때문에, 어쩔 수 없이 때때로 주교에게 사제를 청해야만 했고, 반대로 주교들은 오늘날 사목이나 선교라고 표현될 수 있는 임무를 맡기기 위해 수도자들을 고용하게 되었다. 그래서 398년에 아르카디우스 황제의 법령은 주교들에게 사제의 부족을 보충하기 위해 수도자들에게 서품을 주도록 허락하였다(*Cod. Theod.* XVI, 2, 32). 요한 크리소스토무스 총대주교는 수도자들을 콘스탄티노폴리스에서부터 푀니키아에까지 보내서 그곳에 있었던 우상숭배의 마지막 보루를 정복하게 하였다. 우리는 또한 주교들과 수도자 사이에 빈번하게 관계들이 이루어졌다는 것을 알고 있다. 수도자는 평신도였으며 그 자체로 다른 모든 그리스도교 신자들처럼 주교의 권한에 순명해야 했다. 그러나 주교는 수도원 그 자체를 알 필요도 없었고, 수도원의 생활과 조직과 규율에 개입할 필요도 없었다.

그럼에도 수도자의 수가 믿기지 않을 정도로 증가했기 때문에 수도자의 규율은 점점 더 해이해졌다. 그래서 초기 수도영성에서 보이는 성령주의(pneumatismus)는 무질서로 바뀌어졌다. 4세기와 5세기에 특히 이집트에서 소규모로 규칙과 교계제도 없이 살았던 사라바이트 수도자들과,[10] 한 지붕 아래 규칙적인 공동생활을 거부했던 지로바그 수

---

10) 이 말의 어원은 밝혀지지 않았다. 이 말은 두 명이나 세 명이 그룹을 이루어 생

도자들은 사막을 떠나 도시에서 방랑하면서 혼란을 야기시켰다. 속세를 떠나 은둔 생활을 했던 아나코레트 수도자들과 세노비트 수도자들은 신학 논쟁에 가담하게 되었다. 그들의 금욕으로 명성을 얻은 그들은 곧바로 당파의 주동자가 되었으며 때때로 심지어 주교들에게 공개적으로 반란을 일으켰다. 에우티케스 때문에 발생한 동요와, 449년 에페소 공의회에 가담하였을 뿐만 아니라 시리아 전체를 봉기시킨 바르 사우마가 일으킨 폭동을 기억할 필요가 있다.[11)]

수도원생활과 관련된 칼케돈 공의회의 입법 작업을 이해하기 위해서는 이러한 맥락을 회상하는 것이 필요했다. 이 입법 작업이 진정성이 있었다면, 이 일은 앞으로 적절하게 평가되고 존중받아야 할 것이다. 수도자들은 "헤시키아"(ἡσυχία), 곧 수도원 용어의 전형적인 표현으로, "침묵" 혹은 "영혼의 고요와 평화"를 유지해야 한다. 고독과 금욕은 헤시키아에 이르는 길을 준비하고 명상을 가능케 한다. 수도자들은 세속을 떠난 그곳에 머물러야 하며, 그곳에서 기도와 단식에만 매진해야 한다. 그들은 세속적인 책임을 맡아서는 안 되고, 도시들을 돌아다니면서 그곳에서 교회적인 문제와 국가 문제를 혼란하게 해서는 안 된다. 모든 도시와 지방에서 그들은, 필요한 경우 그들에게 직무를 위임할 수 있는 주교에게 복종해야 한다. 그리고 한 도시에 새로운 수도원이 설립되고 건축되면, 그와 관련하여 허락을 내주는 것은 주교의 일이어야 한다. 마찬가지로 주교는 모든 수도원들에 대하여 필요한 감시를 할 권한이 있다.

주교의 승인을 얻어 설립된 이러한 수도원은 그 재산을 포함하여 세속화의 모든 시도로부터 보호된다. 이러한 맥락에서 알 수 있듯이,

---

활하면서 정해진 규칙을 따르지 않고 자신의 기분에 따라 살았던 수도자들을 가리킨다. 참조: Cassian, *Collat*. XVIII, 4-8. 베네딕토, *Regula Monasteriorum,* ed. C. Butler, cap. 1.

11) ACO II, I, 2, 116.

이러한 보호는 주교에게 위임되었다는 것을 추측할 수 있다. 그러나 주교는 수도원과 그 재산을 침해하지 않고 존중해야 한다.

요약하면, 수도자들은 다른 모든 신자들처럼 개인으로서 더 이상 주교에게 종속되어 있는 사람이 아니며, 오히려 수도원은 그 자체로 그때부터 합법적인 존재를 갖는다. 수도원은 "교회 조직의 틀 안에서 공식적으로 인정된 기관"이 된다. 그리고 수도원 제도의 역사적 관점에서 보면, 이것은 의심할 여지없이 칼케돈 공의회의 입법 작업 중의 가장 중요한 공헌이다.

여기서 처음으로 동방에서 수도자들의 독신과 서원을 한 동정녀의 정결이 교회법에 의해(규정 제16조) 법적으로 명문화되었다는 것도 주목해야 한다. 그러나 그러한 약속을 저버린 이들에 대하여 규정되어 있는 파문의 형벌을 자비로 완화시킬 가능성을 주교에게 남겨두고 있다.

그러나 사람들이 바랐던 바와 같이, 칼케돈에서 결정된 이러한 조치들을 통해 악습과 무질서를 막는 데에는 성공하지 못했다. 왜냐하면 공의회가 끝난 후 곧바로 예루살렘의 수도자들은 유베날 주교를 반대하면서 도시 전체에서 봉기를 일으켰기 때문이다. 유베날 주교가 디오스코루스를 버리고 참 신앙을 배반했다는 것이다.

항소 사건에 대한 상급 법원으로서 콘스탄티노폴리스 주교와 칼케돈 공의회 규정 제28조

규정 제9조는 성직자와 그의 주교 사이의 분쟁에서 지켜야 할 규정을 명시하고 있다. 규정 제7조는 주교들 사이에 재치권과 관련된 분쟁을 조절하고 있다. 이 두 경우에 분쟁을 해결해야 할 상급 법원은 "행정구의 태수(太守)주교"(exarchus), 곧 국가 행정구 수도의 주교이다.[12] 그러나 이 규정은 이 주교가 콘스탄티노폴리스 주교가 될 수도 있다고 미리 마련해 두고 있다. 그러므로 행정구의 태수주교의 권한과 경쟁을 벌였던 권한이 콘스탄티노폴리스에게도 인정된 것이다. 황제 도시의 주교에게 인정된 이 특별한 특권은 실제로 이미 오래전부터 있었던 상황에 대한 공식적인 승인 외에 다른 것이 아니었고, 따라서 그리스 주교들에게서는 아무런 반대가 일어나지 않았다.

공의회는 이와 같은 정신을 가지고 또 다른 결정을 내렸지만 이번에는 아주 심각한 돌발상황이 벌어졌다. 10월 29일 주교들은 황제의 위원들과 레오 교황의 대리도[13] 참석하지 않았던 한 회의에서 다음과 같은 문서를 표결하였다.[14]

> "우리는 모든 점에서 거룩한 교부들의 결정들을 따르며, 당시 황제이셨던, 작고하신 위대한 테오도시우스 황제 시대에 새로운 로마인 황제의 도시인 콘스탄티노폴리스에 모인, 하느님의 사랑을 받은 150명의 주교들의 규정을 방금 낭독하였으며, 그 규정을 인식하며, 새로운 로마인 콘스탄티노폴리스 거룩한 교회의 특권에 대한 똑같은 규정을 우리의 입장에서 결정한다.

---

12) "Dioezese"라는 말이 우선적으로 국가의 행정구역이었다는 것을 기억하자. 디오클레티아누스 황제가 계획한 바와 같이, 제국의 분할로 동방과 갈리아와 이탈리아와 일리리아 총독 관할구가 12개(나중에는 15개) 행정구로 나뉘어졌다. 이때에 동방 총독 관할구는 이집트 행정구(수도: 알렉산드리아), 동방 행정구(수도: 안티오키아), 폰투스 행정구(수도: 카이사레아), 트라키아 행정구(수도: 필리포폴리스), 아시아 행정구(수도: 에페소)를 관할한다.

13) 콘스탄티노폴리스의 부제장인 아에티우스가 그 다음 날 전해 준 설명을 믿어도 된다면, 로마 사절단은 이 회기의 초대에 관련하여 권한이 없다고 선언하였다. 이것과 관련된 지시를 받지 않았기 때문이라는 것이다. ACO II, I, 3, 88.

14) 이 규정을 "제28조"라고 부른다. 우리는 간결하게 하기 위하여 전해 내려오는 이 명칭을 사용할 것이다. 실제로 이 규정은 교황의 승인을 받지 않았으며, 칼케돈 공의회 문서에서 제27조 뒤에도 있지 않다. 그러나 이 규정은 즉시 동방의 교회법학자들에 의해 칼케돈 공의회 제28조 규정으로 여겨졌다. 참조: Th. O. Martin, *Chalkedon II*, 433-458; 참조: Ibid. 459-562; III, 765-783.

교부들은 당연히 옛 로마좌에 특권을 인정한 바, 그 도시는 황제의 도시였기 때문이다. 똑같은 근거로 하느님의 사랑을 받은 150명의 주교들은 새로운 로마의 성좌에 같은 특권이 귀속된다고 판결하였다. 그들의 판결은 합리적으로, 황제와 원로원을 통해 존중을 받은 도시는 옛 황제의 도시 로마와 같은 특권을 누리고, 교회적인 관점에서 로마와 같은 권한과 명성을 갖추고 있어야 한다는 내용이다. 이 도시는 로마 다음으로 두 번째이기 때문이다. 따라서 폰투스, 아시아, 트라키아 행정구의 수도대주교들과, 그 밖에도 제국의 밖에서 활동하고 있는 방금 언급한 행정구의 주교들도 언급한 콘스탄티노폴리스 거룩한 교회의 성좌로부터 서품을 받아야 한다. 물론 위에서 언급한 행정구의 각 수도대주교들은 자신의 관구의 주교들과 함께, 신성한 교회법에 의해 규정되어 있는 대로, 자신의 관구 주교들에게 서품을 주어야 한다. 언급한 지역의 수도대주교들은 언급한 대로 콘스탄티노폴리스 대주교로부터 서품을 받으며, 관습에 따라 이루어진 만장일치의 선거가 이루어진 후, 그 결과를 콘스탄티노폴리스 대주교에게 전해야 할 것이다."

이 문서는 콘스탄티노폴리스의 아나톨리우스 주교, 에페소의 막시무스 주교, 예루살렘의 유베날 주교와 182명의 주교들에 의해 승인되었고 서명을 받았다.[15)]

그 중요성을 올바로 평가하기 위해서 먼저 이것과 명백하게 관련된 콘스탄티노폴리스 공의회의 규정들을 기억해야만 한다.

"한 행정구[diocesis]의 주교들은 다른 행정구의 일에 개입해

---

15) ACO II, I, 3, 89-94.

서는 안 되며, 교회 안에 혼란을 야기해서도 안 된다. 오히려 규정에 따라, 알렉산드리아 주교는 이집트 교회의 일만을 관리하고, 동방의 주교들은 니케아 공의회 규정에서 안티오키아 교회에 부여한 특권을 고려하면서, 동방교회의 일만을 관리해야 한다. 아시아 행정구의 주교들은 아시아 교회의 일만 관리하며, 폰투스 행정구의 주교들은 폰투스의 일만을, 트라키아 행정구의 주교들은 트라키아의 일만을 관리해야 한다. 주교들이 임명을 받지 않았다면, 그들의 행정구를 떠나서 안수를 하거나 다른 교회의 직무를 떠맡을 수 없다. 이 규정이 지켜진다면, 니케아 공의회 규정에 따라 한 행정구의 교회회의는 그 행정구에 대해 관할권을 가진다는 것은 명백하다. 그러나 이방인 민족들 속에 있는 하느님의 교회와 관련해서는, 교부들에 의해 아직도 시행되는 관습에 따라 관리되어야 할 것이다."

콘스탄티노폴리스 공의회는 규정 제2조에서 먼저 알렉산드리아와 안티오키아 주교들의 권한과 특권을 인정하였으며, 아시아, 폰투스, 트라키아 행정구의 권한과 특권을 인정하였다. 그 다음 규정 제3조의 내용은 이러하다.

"콘스탄티노폴리스 주교는 로마 주교에 이어 명예 수위권을 가져야 한다. 왜냐하면 이 도시는 새로운 로마이기 때문이다."

나중에 총대주교 관할구역이라고 말하고 국가 행정구의 분포를 본 뜬 교회의 조직에서 이제 "새로운 로마"인 콘스탄티노폴리스 주교는 150명의 교부들에 의해서 "명예 수위권"을 얻었다. 이로써 콘스탄티노폴리스가 처해있던 예외적인 상황이 인정된 것이다. 콘스탄티노폴리스는 비잔틴의 작은 마을이었고, 본래 그 주교는 트라키아에 있는 헤라클레아의 태수주교의 부주교였는데, [로마 황제가 천도함으로써] 이제 로마의 자리를 차지하게 되었고 황제의 도시가 된 것이다. 그렇지만 381년 새로운 로마의 주교에게 어떤 명예의 수위권이 인정되었을지라도, 다른 관구장, 곧 수도대주교의 권리가 침해되는 것은 아니었으며, 로마의 수위권 자체도 이론의 여지가 없었다. 콘스탄티노폴리스의 주교는 "로마 주교 다음으로" 두 번째 서열에 머물러 있었기 때문이다. 그러나 이것은 심각한 결과를 초래했다. 콘스탄티노폴리스 교회의 이 수위권은 황제의 도시라는 그 정치적인 입지에 의해 인정받은 것으로 보이며, 로마의 수위권이 침해받지 않았지만 그것은 단지 "세상의 여주인으로서 정치적인 품위" 때문이었다. 따라서 주교좌의 권위는 그때의 특별한 정치적인 상황에 달려 있다. 그것은 교회 안에서 완전히 새로운 개념이었다.[16]

그러나 칼케돈 공의회는 한 발짝 더 나갔다. 공의회는 사실 로마 주교좌의 수위권을 인정했다. 그러나 공의회는 이 특권을 새로운 로마 주교좌에게도 허용했다. 콘스탄티노폴리스는 이제 옛 황제 도시 다음으로 두 번째 도시였으며 황제와 원로원이 있음으로 존경을 받게 되었다. 하지만 공의회는 로마나 콘스탄티노폴리스의 특권이 두 황제도시의 정치적 우위를 기반으로 한다는 것을 381년보다 더욱 분명하게 강조했다.

게다가 이것으로써 동방에서는 완전히 새로운, 전례 없는 상황이 만들어지게 된 것인데, 공의회가 콘스탄티노폴리스 주교에게 폰투스, 아시아, 트라키아의 수도 대주교에게 서품을 줄 권한을 부여한 것이다. 그것은 더 이상 단순한 명예의 수위권만이 아니라, 콘스탄티노폴리스가 이제 동방의 넓은 지역에 대한 재치권을 갖게 되었다는 것이다. 그때부터 콘스탄티노폴리스는 안티오키아와 알렉산드리아와 동등

---

16) 참조: P. Batiffol, *Le Siège Apostolique*, 134–136.

하며, 이미 거의 로마의 경쟁자가 된 것이다.

그러나 그렇다고 해서 사도좌의 수위권이 부인되거나 경시된 것은 아직 아니었다. 레오 교황의 사절들이나 교황 자신도 그렇게 이해하지 않았다. 그럼에도 이제부터 이 수위권은 예수가 으뜸 사도에게 부여한 권한에 기반을 두게 된 것이 아니라 황제 도시의 명성에 기반을 두게 되었다. "새로운 로마"의 순수한 정치적 원칙은 로마 주교들이 주장한 "베드로" 원칙에 대립하게 되었다.[17)]

로마 사절단의 항의

그 다음 날, 451년 10월 30일, 총회가 열렸다. 이번에는 로마 사절단과 황제의 위원들이 참석했다. 회의가 시작되자마자 파스카시누스 주교가 발언권을 잡았다. 그는 하루 전, 황제의 위원들과 사절단이 떠난 후에 공의회가 어떤 결정을 내렸다는 것을 알았다고 말하였다. 이 결정들은 그에게 교회법과 교회규율에 반대되는 것처럼 보인다는 것이다. 그래서 그는 그 결정을 낭독하도록 요청하였다. 그 결정이 낭독되기 전에 콘스탄티노폴리스 부제장인 아에티우스는 주요 사안을 다루고 나서 다른 필요한 문제를 처리하는 것이 공의회의 관습이라는

17) G. Jouassard, "Sur les décisions des conciles géneraux des IVe et Ve siècles dans leurs rapports avec la primauté", *Istina* 30, 1957, 485-495, 특히 495이하. 주아사르는 이 결정으로 어떤 결과가 생길 수밖에 없었는지를 증명하였다. "로마 주교는 더 이상 교회 안에서 콘스탄티노폴리스 주교도 가지는 권한과 다른 권한을 갖지 않는 것이다. 이러한 권한이 그에게 속한다는 근거는, 그의 주교좌도시의 정치적인 서열과 같은 것이다. 그래서 단지 그의 동료보다 근본적으로 별로 중요하지 않은 수위권만이 남게 된 것이다. 실제로 콘스탄티노폴리스가 유일한 수도가 되었다는 경우가 생겼다면, 의심할 여지없이 로마는 이 원칙에 따라 더 이상 중요성을 갖지 못했을 것이다. 그의 수위권은 이제 새로운 기초에 세워진 제국의 인정받은 수도로 당연히 넘어가게 되는 것이기 때문이다."

것을 지적하였다. 콘스탄티노폴리스 교회가 실제로 이러한 주요 문제를 가지고 있었기 때문에 로마 사절단도 이 심의에 참석하도록 요청받은 것이라고 했다. 그러나 로마 사절단은 이에 대해 아무런 지시도 없었다는 핑계를 댔다는 것이다. 그래서 주교들은 황제의 위원들의 권유에 따라 이 문제를 다루었다는 것이다. 그러므로 비밀리에 혹은 불법으로 이루어진 것은 아무것도 없으며, 모든 것이 적법하며 규정을 따랐다고 하였다.

그런 다음 베로니키아누스는 185명의 주교들의 서명이 들어 있는, 위에서 언급한 규정 본문을 낭독하였다. 교황사절 아스콜리의 루첸시우스 주교가 이 서명이 강요에 의한 것이 아니었냐고 넌지시 말했을 때, 주교들은 강하게 항의하면서 어느 누구도 강요를 받지 않았다고 말했다. 그러나 루첸시우스는 계속해서, 사람들이 니케아 공의회 법령을 간단히 무시하고, 공의회 규정에는 없었던, 80년 전에 결정된 한 문서를 끌여들였다는 것에 놀라움을 표시하였다. 콘스탄티노폴리스의 부제장인 아에티우스의 질문에 교황사절 보니파티우스 신부는 이것과 관련하여 교황 레오의 지시를 받았다고 대답하였다. 교황은 그들에게 다음과 같이 명령했다는 것이다.

> "여러분들은 거룩한 교부들의 법률들이 경솔하게 위반되는 것을 허용해서는 안 됩니다. 여러분들은 어쨌든 여러분들의 인격 안에서 저의 품위를 보호해야 합니다. 만약 일부 사람들이 여러분들의 도시의 화려함을 신뢰하여 어떤 권리를 차지하려고 한다면, 여러분들은 할 수 있는 만큼 굳건함을 가지고 그것에 반대하십시오."

따라서 황제의 위원들은 각 당자사가 근거로 삼는 규정을 읽도록 요청했다. 그러자 교황사절 파스카시누스 주교는 니케아 공의회 규정

제6조를 라틴어로 읽었다. "Ecclesia Romana semper habuit primatum(로마 교회는 항상 수위권을 가지고 있었다.) ..." 그다음에는 "신성한 회의"의 서기관인 콘스탄티누스가 아에티우스의 명령으로 콘스탄티노폴리스 공의회의 규정들을 읽었다. 마지막으로 황제의 위원들의 요청으로, 제28조 규정에 따라 콘스탄티노폴리스 대주교에게 순명하게 된 아시아와 폰투스 주교들은 어떠한 구애도 받지 않고 자유롭게 이 교령에 찬성표를 던졌다고 선언하였다. 그것은 오래전부터 있어왔던 관습을 법적으로 명문화한 것뿐이라는 것이다. 사실 이미 오래 전부터 콘스탄티노폴리스 주교들은 그들의 관구에서 서품을 주었다. 그다음 도릴래움의 에우세비우스 주교는 그가 레오 교황에게 강도 교회회의에 대해 항소하기 위해 로마에 갔을 때, 몇몇 콘스탄티노폴리스 성직자들이 있는 자리에서 교황에게 381년 공의회의 규정을 읽어 주었으며, 교황은 그것을 승인하였다고 덧붙여 말하였다.[18] 이어서 서명하기를 원하지 않았던 두 명의 주교들이 왜 서명에 거부하였는지 설명하였다. 그들의 이유에 대해서는 자세히 살펴볼 필요가 없다. 이 문제의 핵심을 건드리지 않으며 강조할 필요가 없기 때문이다.

그다음에 황제의 위원들이 다시금 발언권을 잡았고 다음과 같이 말하였다.

> "무슨 일이 있었는지 얘기를 듣고, 그리고 양쪽에서 그것에 대해 의견을 표명한 것에 따르면, 우리는 무엇보다도 옛 로마 대주교의 수위권(τὰ πρωτεῖα)과 예외적인 특별한 특권은 규정에 따라 보호된다는 것을 알게 되었습니다. 그러나 또한 새로운 로마인, 황제의 도시 콘스탄티노폴리스의 대주교는 똑같은 명예의

18) 이 보도가 콘스탄티노폴리스의 규정들이 사도좌에 알려지지 않았다는 레오 교황의 반복된 주장과 부합될 수 있는지 명확하지 않다.

특권을 누려야 한다는 것도 분명해졌습니다. 그러기 위해서 그는 아시아, 폰투스, 트라키아 행정구의 수도대주교들에게 서품을 줄 권위와 권한을 가져야 합니다…”

그리고 규정에 따라 이루어진 선출은 콘스탄티노폴리스 대주교에게 알려야 한다는 것이다. 그다음 콘스탄티노폴리스 대주교는 자의에 따라 선출된 이를 콘스탄티노폴리스로 불러서 그곳에서 그에게 서품을 줄 수 있으며, 혹은 그 관구의 주교들이 그에게 서품을 주게 하도록 할 수 있다는 것이다. 그리고 개별 도시의 주교들은 수도대주교의 관구의 승인을 얻어 그 관구의 주교들로부터 서품을 받아야 하며, 이 때 콘스탄티노폴리스의 대주교는 이 서품에 관여하지 않는다는 것이다. 교부들의 규정이 그렇게 규정하였기 때문이다.

주교들은 만장일치로 이 결정에 환호하며 동의를 표하였고 공회의의 해산을 요구하였다. 그러나 다시 한 번 교황사절 아스콜리의 루첸시우스 주교가 개입하여 다음과 같이 말하였다.

> “사도좌는 우리가 있는 자리에서 모욕을 당해서는 안 됩니다. 따라서 우리는 어제 우리가 참석하지 않은 자리에서 규정에 반대하여 결정된 모든 것을 무효화하기를 존경하올 여러분들에게 청합니다. 그렇지 않으면 우리의 항의는 회의록에 받아들여질 것입니다. 이는 우리가 사도적인 주교인 전 세계 교회의 교황에게 무엇을 보고해야 하는 지 정확히 알기 위해서입니다. 그래야 교황은 그의 주교좌에 대한 모욕과 규정에 위반된 것에 대한 판결을 내릴 수 있을 것입니다.”

그러자 세바스테의 주교가 항변하면서, 황제의 위원들을 향하여 다음과 같이 말하였다. “우리는 모두 여러분들의 의견에 동의합니다.”

그러자 황제의 위원들은 다음과 같이 대답하였다. "우리가 결정한 것은 공의회가 승인한 것입니다."[19)]

그래서 3주간의 토론 끝에 칼케돈 공의회가 끝났다.

교황에게 보내는 공의회 서한

그러나 주교들이 흩어지기 전에 그들은 교황에게 긴 내용의 서한을 보냈다.[20)] 그 서한은 한 시편 구절로 시작된다. "우리 입은 웃음으로, 우리 혀는 환성으로 가득하였네."(시편 126.2) 그러고나서 서한은 다음 말로 이어진다.

> "참 신앙이 공의회에서 승인되었습니다. 그것은 그의 입을 통해 베드로의 말을 전하는 레오가 주님으로부터 전승이라는 금사슬에 의해 받은 신앙입니다. 그리고 레오 교황님은 칼케돈 공의회의 주교들에게까지 그 신앙이 이르도록 그것을 보존하였습니다. 교황님의 지휘 하에 주교들은 교회의 자녀들에게 진리의 유산을 드러내 보여주었습니다. 우리는 왕실의 잔치에 참여한 것처럼 느꼈고, 교황님의 서한을 영적인 양식으로 즐겨 읽었으며, 그것은 천상의 신랑이 우리 가운데 있는 것처럼 보였습니다. 교황님은 자신의 지체를 이끄는 머리와 같이 당신의 대리자를 통하여 우리를 이끌어주셨습니다."

---

19) ACO II, I, 3, 87이하; 95-99; II, III, 3, 108-110.

20) ACO II, I, 3, 116-118. 라틴어 번역본은 레오 서한집에 있다. 『서한』, 98: PL 54, 951-960. 우리는 여기에서 단지 의미에 맞는 본문 내용을 옮긴다. Hefele-Leclerq, *Histoire des Conciles II* B, 835-837.

그다음에 에우티케스의 오류와, 디오스코루스의 신성모독과, 공의회가 이들에게 내린 합법적인 처벌에 대해 길게 상기시킨다.

> “하느님께서는 우리 가운데 활동하시며, 자신의 신방[순교자 묘소(martyrium)]에 모인 공의회에 월계관을 씌어주는 영광스러운 에우페미아 순교자는 우리의 신앙고백을 자신의 것으로 받아들였으며, 이제 지극히 경건하신 황제와 그리스도의 벗인 황후의 손을 통해 그 신앙고백을 자신의 신랑에게 드러내 보였습니다. ... 이 모든 것을 우리는 교황님과 함께 이루었으며, 교황님은 성령 안에서 당신의 대리자의 지혜를 통하여 우리 가운데 머물고 계십니다... 우리는 그 밖에도 올바른 질서를 유지하고 교회 법령을 강화하기 위해 다른 교령들도 반포하였음을 교황님께 알려드립니다. 우리는 교황성하께서 이 소식을 받으신 후 이를 받아들이고 승인하실 것이라고 확신합니다. 우리는 공의회에서 표결을 통하여 이미 오래전부터 시행되어 왔던 관습을 확고히 하였습니다. 그것은 콘스탄티노폴리스 교회는 아시아, 폰투스, 트라키아 행정구의 수도 대주교들에게 서품을 주는 관습입니다. 그 목적은 콘스탄티노폴리스의 주교좌에 새로운 권한을 부여하기 위한 것이 아닙니다. 정말 아닙니다. 오히려 그것을 통하여 수도 대주교들의 교회 안에 올바른 질서를 확보하기 위함입니다. 왜냐하면 주교가 사망할 경우, 수장이 없는 성직자와 백성들이 교회의 질서를 깨뜨리면서 혼란이 발생하는 일이 자주 생기기 때문입니다. 교황 성하께서는 이를 모르실 리 없을 것입니다. 예를 들어 교황님을 자주 힘들게 했던 에페소인들에 관한 것입니다. 마찬가지로 우리는 콘스탄티노폴리스 주교좌의 특권을 보장하는 150명의 주교들의 규정을 확고히 하였습니다. 이 콘스탄티노폴리스 주교좌는 교황님의 거룩한 사도좌 다음으

로 두 번째 서열을 차지합니다…

지극히 거룩한 아버지이신 교황님께서 이 교령을 자신의 것처럼 받아들여주시기를 바랍니다… 교황성하의 대리자들은… 이 교령에 강하게 반박하려고 하였습니다. 확실히 그들은, 신앙의 정의처럼, 규율과 관련된 이 교령들을 당신께 제출되어야 한다고 생각하였습니다. 그러나 우리는 황제가 원하는 대로 세계공의회가 콘스탄티노폴리스의 특권을 확고히 하는 것이 합당하다고 생각하였습니다. 왜냐하면 자녀들이 행하는 모든 선한 것은 그 아버지들에게도 영광이기 때문입니다. 따라서 우리는 교황님께서 우리의 교령을 교황님의 승인을 통해 존중해 주시기를 부탁드립니다… 이것은 신앙에 대한 교황님의 판결을 비준한 황제의 마음에 드는 것이기도 합니다. 또한 교황님의 승인을 통해 콘스탄티노폴리스의 주교좌에게 마땅한 보상이 주어질 것입니다. 왜냐하면 콘스탄티노폴리스의 주교좌는 경건함의 이익을 위해 교황님과 일치하였을 때 그 열정을 증명해 주었기 때문입니다. 하지만 교황님께서 우리가 편파적으로 행동하였거나 어떤 사람에게는 호의를 베풀고 어떤 사람은 반대하지 않았다는 것을 아시도록, 우리는 교황님께 우리가 행한 모든 것을 알리게 하였습니다. 그러므로 교황님께서는 이것을 확인해 주시고 동의해 주시기를 바랍니다."

이 서한은 아주 기교 있게 작성되었다. 이 서한은 교황에 대한 존경과 헌신이 담겨 있는 관례적인 표현을 아끼지 않는다. 서한은 교황을 주교들의 모든 집회의 수장인 "베드로의 음성을 해석해 주는 사람"으로 존중해 준다. 사실 이 서한은 공의회 교령에 대한 승인을 요구하기까지 하였다. 로마좌는 사도좌이며, 그 다음 두 번째 서열로 콘스탄티노폴리스가 온다면, 그것은 "새로운 로마"의 정치적 상황에 의한 것이 아니라, 오히려 신앙과 일치를 위한 콘스탄티노폴리스의 열정 때문이라는 것이다. 그렇다고 해서 제28조 규정에 의해 표명된 요구들에서 제외시킨 것은 아무것도 없다. 서한에도 말하고 있듯이 이는 교회 안에 올바른 질서를 확보하기 위해서 표결에 붙여진 것이며, 이제 교황으로부터 그에 대한 확인을 기다린다는 것이다.

로마 사절단은 이 서한을 공의회 문서와 함께 로마로 가지고 갔다. 몇 주 후에 마르키아누스 황제와 콘스탄티노폴리스 아나톨리우스 주교도 교황에게 서한을 보냈다. 마르키아누스 황제는 그의 서한에서 주교들이 레오 교황의 서한에 있는 가르침과 일치하여 보증한 참 신앙의 승리에 대한 기쁨을 표현하였다. 그러고나서 황제는 교황에게 제28조 규정에 대한 확인을 요청하였다.[21] 아나톨리우스 주교는 훨씬 긴 내용의 편지에서 루키아누스 주교와 바실리우스 부제를 로마로 보낸다고 알렸다. 이들은 공의회의 특별한 결정들을 보충하는 정보를 교황에게 알려줄 사람이라는 것이다. 아나톨리우스 주교는 한 번 더 디오스코루스의 단죄와, 교황의 서한과 일치하여 이루어진 신앙 정의를 상기시켜 주었다. 이어서 그는 공의회가 다른 사안들도 해결했다는 말을 덧붙였다. 따라서 주교들은 통치자의 희망에 따라 지극히 거룩한, 황제의 도시의 대주교좌에 명예의 특권을 부여함으로써 콘스탄티노폴리스 공의회의 결정들을 확인하였다고 했다. 공의회는 로마 주교가 콘스탄티노폴리스좌를 자신의 것과 같이 존중할 것이라는 데는 의심의 여지가 없다는 것이다. 따라서 공의회는 150명의 교부들[콘스탄티노폴리스 공의회 교부]의 교령 또한 확인하였다는 것이다. 이 교령에서 콘스탄티노폴리스 주교에게 명예의 특권이 주어졌고 서열에 따라 로마 주교 다음에 온다는 것이다. 왜냐하면 콘스탄티노폴리스는 이제 새로운 로

---

21) 451년 12월 18일자 서한; 레오, 『서한』, 100: PL 54, 972-974; ACO II, IV, 167이하. 그리스어 역본 ACO II, I, 2, 55이하.

마이기 때문이라는 것이다. 그러므로 콘스탄티노폴리스 주교는 폰투스, 아시아, 트리키아 행정구의 수도 대주교들에게 서품을 주어야 하며, 이들은 다시금 그 행정구의 주교들에게 서품을 주도록 결정하였다는 것이다. "이로써 이미 60년 전부터 70년까지 콘스탄티노폴리스 주교가 여러 주교들에게 주곤 했던 서품을 그에게서 빼앗게 된 것이다." 이어서 아나톨리우스 주교는 로마 사절단의 반대에 대해 불만을 표시한다. 그들은 자신에게서 정보를 잘 받았다는 것이다. 그러나 콘스탄티노폴리스의 교회와 관련된 교황의 조처에 대해서 그들은 아는 것이 없었다는 것이다. 그러므로 그들은 공의회에서 혼란을 야기시켰고, 주교도 지극히 거룩한 콘스탄티노폴리스 교회도 모욕하였다는 것이다. 반면 아나톨리우스는 레오 교황 자신과 그의 사절단의 명예를 위해 할 수 있는 모든 것을 행하였다고 말했다. 공의회와 그[아나톨리우스]는 교황에 대한 존중심에서 이 교령을 그에게 전해 준다는 것이다. 이 교령은 황제의 제안으로 표결에 붙여졌으며, 주교들의 승인 이후 황제의 위원들에게서 승인받은 것이라고 했다. 아나톨리우스는 레오 교황이 황송하게도 이 교령을 승인하고 확인할 것임을 의심하지 않는다고 했다. 왜냐하면 콘스탄티노폴리스좌는 그대[교황]의 사도좌를 아버지로 여기고 있기 때문이라는 것이다(Nam sedes Constantinopolis habet patrem thronum apostlolicum vestram).[22)]

교황 레오와 공의회

레오 교황이 이 서한들에 대답하기까지 오랜 시간이 걸렸다. 452

22) 날짜가 없음. 레오, 『서한』, 101; PL 54, 976-984: 그리스어 역본 ACO Ibid. 52-54.

년 5월 22일, 6개월이 지나서야 비로소 교황은 마르키아누스 황제와 풀케리아와 아나톨리우스 주교에게 서한을 보내기로 결심하였다.[23) 이 세 통의 서한의 내용과 어조는 똑같으나 콘스탄티노폴리스의 주교에게 보내는 서한의 내용과 어조는 좀 더 뚜렷하게 엄하다. 그 서한에서 레오 교황은 만장일치로 오류를 단죄한 공의회의 다행스런 결과에 대해 기뻐한다. 그러나 한 가지 교황을 불안하게 만든 것은 아나톨리우스의 야망이라고 하였다. 콘스탄티노폴리스의 아나톨리우스 주교는 황제의 호의와 교황의 자비심으로 콘스탄티노폴리스좌를 얻은 것으로 만족하지 않고, 오히려 이제부터 교계에서 그보다 앞서 있는 주교좌를 넘어서려고 한다는 것이다. 그가 규정을 고려하지 않고 안티오키아 주교에게 감히 서품을 준 후에 수도 대주교들에게 서품을 주려고 하는 것은 터무니없는 요구라는 것이다.[24) 콘스탄티노폴리스의 주교임에도 그의 야망에는 그것으로 충분하지 않는가? 그러한 대도시의 화려함과 영예가 그를 만족시키지 못했단 말인가? 콘스탄티노폴리스 주교는 황제의 도시의 주교임에 만족하고 또 하나의 **사도좌**를 만들 생각을 하지 말라는 것이다. 레오 교황은 이 말을 통해서 사도들, 특히 베드로에 의해 설립된 안티오키아, 알렉산드리아(베드로의 제자 마르코에 의해 설립됨) 그리고 로마 주교직을 암시하였다. 이 주교직의 특권들은 니케아 공의회에서 인정받았으며 확정되었다. 교황은 이어서 니케아 공의회의 규정들은 세상이 끝날 때까지 그 유효성을 보존해야 하며, 사도좌에 알리지 않고 교령을 반포한, 몇몇 주교들에 의한 공의회(381년 콘스탄티노폴리스 공의회를 말함)는 무효화될 수 있다고 덧붙여 말했다. 칼케돈 공의

23) 『서한』, 104–106: PL 54, 991–1009; ACO II, IV, 55–62.

24) 안티오키아의 돔누스 주교가 에페소 강도 공의회에서 면직되었을 때, 막시무스가 그의 후계자가 되었다. 콘스탄티노폴리스 주교좌에 비로소 오르게 된 아나톨리우스는 그에게 서품을 주었다. 따라서 그는 니케아 공의회의 규정에 따라 그에게 없는 권한을 남용한 것이다.

회는 이단을 제거하고 가톨릭 신앙을 강화하기 위해 아주 독실한 그리스도교 신자인 황제에 의해서만 소집되었다는 것이다. 그러나 이제 이 기회를 이용하여 안티오키아 교회와 알렉산드리아 교회를 교계의 지위에서 내몰고(로마에 이어 두 번째와 세 번째 서열에 있었음), 수도대주교들의 명예를 빼앗는 것은 들어본 적이 없는 뻔뻔스러운 일이라는 것이다.

그럼에도 레오 교황은 보편 교회의 공통 관심사 외에 다른 관심사는 가지고 있지 않았다. 그는 콘스탄티노폴리스 주교의 요구로 위험에 처해질 수 있었던 사도좌의 수위권을 생각하지 않았다. 마르키아누스 황제에게 보낸 서한에 있는 한 문장은 일어날 수 있는 갈등에 대한 암시처럼 보일 수 있다. "콘스탄티노폴리스가 그에게 속하는 영예를 유지하고, 하느님께서 당신의 권한으로 콘스탄티노폴리스를 보호하여, 콘스탄티노폴리스가 오랫동안 자비하신 황제의 통치를 누리기를 바랍니다. 그러나 세속적인 일과 하느님의 일은 서로 다른 것입니다[alia ratio est rerum saecularium, alia divinarum]. 주님께서 기초로 세우신 돌 외에는 튼튼한 건물이 없습니다." 그러나 확실히 아나톨리우스와 공의회에 대한 레오 교황의 불만은, 침해되지 않고 남아 있어야 했던 니케아 공의회의 규정과 고대의 특권들을 사람들이 간단히 무시했다는 점에 있었다.

따라서 풀케리아에게 보낸 서한은 다음의 말로 끝을 맺는다. "주교들은 니케아 공의회의 거룩한 규정에 정해진 규범들에 반대하여 이 교령을 반포하였습니다. 따라서 본인은 이 교령이 그대의 독실한 신앙과 관련하여 무효하다고 선언하며, 복되신 사도 베드로의 권위에 의해 보편적인 정의로 전적으로 파기합니다[in irritum mittimus et per auctoritatem beati Petre apostoli, generli prorsus definitione cassamus]."

공의회는 결국 승인을 받지 못하였고 상황은 긴장상태에 있게 되었다. 같은 날에 레오 교황은 교황사절로서 여전히 콘스탄티노폴리스에 있었던 키오스의 율리아누스 주교에게 서한을 보냈다. 교황은 이 서한에서 교황사절 주교가 교황으로 하여금 타협하게 만들고 어떻게든지 아나톨리우스의 야망에 동의하도록 제안할 수 있다고 생각했다는 것에 대해 매우 놀라워했다고 말했다. 그것은 교부들의 법령을 발로 짓밟는 것이며 보편 교회의 상황을 위태롭게 만드는 것이라 했다.[25)]

교황에 의한 공의회 승인

공의회가 끝난 지 15개월이 지난 후, 레오 교황은 칼케돈 공의회 주교들이 보낸 서한에는 여전히 답변을 하지 않았다. 마르키아누스 황제는 453년 2월 15일에 교황이 답변을 하지 않고 있다는 것에 매우 놀라워한다고 교황에게 서한을 보냈다.[26)] 이미 에우티케스의 추종자들은 이러한 침묵을 이용하여, 교황이 공의회 교령에 그의 승인을 거부하였다는 말을 퍼트린다는 것이다. 그러나 황제는 레오 교황이 마침내 서한을 보내어, 교회와 모든 백성들에게 칼케돈에서 있었던 모든 것을 교황이 승인한다고 알려주기를 바랐다. 또한 교황이 공의회가 가톨릭 신앙에 충실히 머물러 있었음을 선언해 주기를 원하였다. 다른 한편 교황이 잘 한 일은 지금까지 침해받지 않고 지켜져 온 규정들과 옛 관습들에 반대하여 새로운 것을 허용하지 않았다는 것이다. 그러므로 마르키아누스 황제는 신앙의 정의와, 논쟁의 여지가 있는 규정을 따로 분리하는 지혜를 가지고 있었다.

그래서 마침내 교황은 같은 의미에서 453년 3월 21일에 공의회 서한에 대해 답변하기로 결정하였다.[27)] 앞서 보낸 서한들에서와 같이

25) 『서한』, 107: **PL** 54, 1009이하; **ACO II, IV**, 62.

26) 『서한』, 110: **PL** 54, 1017–1019; **ACO II, I**, 2, 61.

27) **ACO Ibid**. 158–163.

교황은 자신의 서한에서 공의회의 결정들에 완전한 동의를 표현하였지만, 단지 신앙의 문제와 관련해서만 이었다(in sola fidei causa). 그리고 회개하지 않는 네스토리우스, 에우티케스, 디오스코루스의 추종자들은 여전히 파문된 상태로 남아 있어야 한다. 왜냐하면 그리스도의 몸의 진리를 반대하는 사람은 그분의 몸을 나누어 받지 못하기 때문이다(nec habeat eius corporis participationem, cuius abnegat veritatem...) 이전에 안티오키아의 이냐시우스가 그러했던 것처럼, 레오 교황은 성찬에 참여하는 것과 그리스도의 몸의 진리에 참여하는 것은 서로 불가분하게 연결되어 있다고 보았다.

그러나 교황은 이 서한에서, 그리고 같은 날 마르키아누스 황제와 풀케리아 황후에게 보낸 다른 서한에서도, 아나톨리우스 총대주교가 교황으로부터 받은 서한에 대해 침묵을 지키고 주교들에게 늦게서야 이 서한에 대해 알렸다는 것에 불만을 표시하였다. 아나톨리우스는 레오 교황이 그의 야망과, 비난받아 마땅한 공의회의 개입을 비난하였다는 것에 심기가 불편한 것처럼 보인다는 것이다.[28] 키오스의 율리아누스 주교에게 보낸 다른 서한에서 교황은 그 주교가 다시 한 번 아나톨리우스에게 서한을 보낼 생각을 더 이상 갖지 말라고 통지하였다. 왜냐하면 아나톨리우스는 여전히 경솔한 거만의 태도를 유지하고 있기 때문이라는 것이다.[29]

453년 말, 마르키아누스 황제는 아나톨리우스를 위해서 교황에게 중재의 서한을 보냈다. 레오 교황은 아나톨리우스가 규정에 복종하고 모든 주교들의 특권(gratiam)을 겸손하게 존중하겠다고 서면으로 약속하고자 한다면, 그 주교와 다시금 우애를 두터이 할 준비가 되어 있다

---

28) 『서한』, 115(마르키아누스 황제에게 보낸 서한): PL 54, 1033; ACO II, IV, 67; 참조: 풀케리아에게 같은 날에 보낸 서한 116.

29) 『서한』, 117: PL 54, 1037-1039; ACO II, IV, 69이하.

고 대답하였다. 교황과 황제가 가톨릭 신앙과 니케아 공의회 규정들을 보존하기 위해 노력하지 않는 한 진정한 평화와 확고한 사랑은 없다고 하였다.[30] 마르키아누스 황제의 중재로 마침내 아나톨리우스는 교황에게 서한을 보내기로 결정했다. 그는 아주 겸손하게 평화와 일치에 대한 자신의 바람을 주장하였다. 콘스탄티노폴리스 교회에 호의적으로 칼케돈에서 반포된 교령과 관련하여, 그는 오래전부터 평화와 겸손을 사랑했던 한 사람으로서, 자신과 아무런 관련이 없다고 말하였다. 이 조치들을 원했던 사람들은 콘스탄티노폴리스 성직자들이었고 동방의 주교들이 이에 동의하였다는 것이다. 그러나 사람들은 이 교령에 대한 승인을 교황에게 유보시켰다는 것이다. 곧 "이 일처리에 대한 모든 권한과 승인은 복되신 교황성하의 권위에 유보되었습니다."(gestorum vis omnis et confirmatio auctoritati Vestrae beatitudinis fuerit reservata)[31]

레오 교황은 이 설명에 만족스러워 하였고, 아나톨리우스에게 그 만족감을 전하였다. 그럼에도 교황은 아나톨리우스에게 교부들이 정한 한도를 넘지 말고 주교들의 옛 특권을 존중할 것을 촉구하였다. 교황은 또한 아나톨리우스가 보편적인 교회에서 평화를 유지되게 하는 니케아 공의회 교령을 지키기를 바란다고 하였다. 주님의 사제들이 똑같은 열정을 가지고 거룩한 교부들에 의해 확립된 것을 지킨다면 그들 사이에 사랑이 침해받지 않고 남아 있을 것이라는 것이다.[32]

그 일은 그것으로 끝이 났어야 했다. 로마와 콘스탄티노폴리스 사이의 일치는 사실상 회복되었다. 그러나 그 일치는 얼마나 오래 갈 것인가?

---

30) 『서한』, 128(454년 3월 9일): PL 54, 1073이하; ACO Ibid. 86.

31) 추측컨대 454년 4월; 레오, 『서한』, 128: PL 54, 1082이하; ACO Ibid. 168이하.

32) 『서한』, 135(454년 5월 2일): PL 54, 1096-1098: ACO Ibid. 88이하; 참조: 『서한』, 136(마르키아누스 황제에게 같은 날에 보낸 서한): 1098-1110; ACO Ibid. 90이하.

결론

칼케돈 공의회의 결과

교회사에서 알 수 있듯이, 한 공의회는 단순히 오랜 교리논쟁의 종점이 아니다. 이 논쟁들이 공의회에서 결정적이며 철회될 수 없는 결정을 통하여 해결되기 때문에 논쟁의 종점이라고 생각할 수도 있다. 이 결정은 언제까지라도 법적인 효력을 갖고 있으며, 이단자가 되지 않으려면 지켜져야 하기 때문이다. 그러나 공의회는 오히려 발전의 종점 이상의 것이다. 공의회는 출발점이며, 새로운 시작이다. 공의회는 교회 생활에서 새로운 활력을 의미한다. 공의회는 길을 결정해 주며, 이렇게 말할 수 있을지 모르겠지만, 오랫동안 교회의 특징을 나타내주는 양식을 결정해 준다. 위대한 개혁 공의회들을 상기할 필요가 있는데, 그 개혁공의회들의 작업은 이 총서의 다른 책에서 다루어질 것이다. 제4차 라테란 공의회나 트렌토 공의회가 개혁공의회였는데, 이 공의회들을 통해서 근대의 가톨릭사상은 아주 강하게 각인된 것이다. 또한 제2차 바티칸 공의회가 어떤 입장을 받아들일 수 있었는지를 생각해 보자.

공의회는 또한 신학 연구에 새로운 활력을 불어넣어 주고 열매를 맺게 할 수 있다. 그렇게 제1차 바티칸 공의회는 서로 대립된 이성주의와 신앙주의의 오류들을 저지하였다. 그럼으로써 공의회는 신앙과 이성의 관계에 대해, 혹은 신학의 역할에 대해 숙고하도록 부추겼다. 로마 주교의 수위권과 무류성의 정의는 교회의 가르침에 최종적으로 길을 가리켜 주었다. 이 정의는 간접적으로나마, 계속적인 연구의 계기가 되었다. 이 연구는 중단된 작업을 완성하게 만들고 균형 잡힌 전체를 만들어야 했다. 성경과 전승의 관계에 대한 트렌토 공의회의 정의가 어떻게 오늘날 기대하지도 않게 새로운 현실문제가 되었는지, 그 정의에서 "교회일치의 대화"를 위해 어떤 중대한 결과가 나올 수 있는지 기억해 볼 필요가 있다.

그러므로 공의회는 새로운 논쟁의 출발점을 만들 수 있고, 심지어 분쟁과 이교의 계기를 줄 수도 있다. 이 총서의 첫 번째 책에서, 니케아 공의회가 정의한 "동일본질"이라는 개념이 일반적으로 받아들여질 때까지 얼마나 많은 숙고를 하였고, 얼마나 많이 공을 들였으며, 얼마나 많이 싸웠고, 얼마나 많은 고통을 받았는지 볼 수 있었다. 우리는 이 책에서 비슷하게 에페소 공의회와 "위격적 일치"의 정식으로 생겨난 반응들과 위기들을 살펴보았다.

이러한 것들을 생각해 보면, 우리가 지금 서술하고 있는 마지막 장에서, 에페소 공의회(431년)와 칼케돈 공의회(451년) 사이의 20년에 대한 결산과 교회 생활을 위한 그 여파를 어떤 의미에서 평가할 수 있는지 보여 진다. 여기서 우리는 이미 언급한 것을 반복하지 않고, 마찬가지로 다음의 책들에서 다루어져야 하는 것을 미리 말하지 않을 것이다.

당시는 불안한 시대였고 여러 다양한 사건들로 넘쳐났다. 451년 훈족의 아틸라가 골 지방에 침입하였고 레오 교황이 452년 가을에 그를 만나러 만토바에 갔던 일을 잊어서는 안 된다.[1] 그러나 그 시대는 그리스도교 교의와 교회 제도의 발전을 위해서 실제로 지속적인 결과들을 낳았던 시대였다. 그럼에도 이 시대는 재앙을 가져오는 논쟁과 분열의 핵을 이미 지니고 있었다. 우리는 지금 우리가 그리고자 하는 그림에서 이것을 등한히 하지 않을 것이다.

칼케돈 공의회 교의에 대한 저항

교의사는 당연히 에페소 공의회의 작업과 칼케돈 공의회의 작업을 오랜 발전과정과 성숙과정의 종점이자 결과로 여길 수 있다. 알로이스 그릴마이어는 언어적인 관점과 개념적인 관점에서 밟게 되는 단계를 제시하였다. 이로써 칼케돈 공의회의 신앙정식이 가능해진 것이다.[2] 위에는 우리가 어떻게 이 신앙정식의 본문 자체가 이 오랜 준비작업의 결과이외에 다른 것이 아니라는 것을 설명하는지 살펴보았다. 이러한 맥락 안에서 **히포스타시스**라는 표현과 개념의 발전은 아주 특별하게 시사하는 바가 많다. 이미 니케아 공의회에서부터 콘스탄티노폴리스 공의회까지 이 말의 의미는 변하였다. 히포스타시스가 이전에는 "본질" 혹은 "실체"(substantia)[3]라는 의미였다면, 이제 그 말은 자립하는 위격(persona)을 뜻한다. 니케아 공의회에서 성자가 성부와 다른 본질 혹은 히포스타시스를 가지지 않았다고 정의된 반면, 381년 콘스탄티노폴리스에 모인 동방의 주교들은 세 히포스타시스 혹은 위격 안에

1) 참조: F. Altheim, *Geschichte der Hunnen, IV*, Berlin, 1962, 332이하.

2) "Die theologische und sprachliche Vorbereitung der christologischen Formel von Chalkedon", *Chalkedon I*, 1-242.

3) 그리스어 ousia.

있는, 성부와 성자와 성령의 하나의 본질(ousia)을 가르쳤다.[4] 이 개념은 명백하게 되었고, 그 표현들은 더 정확히 구별되었는데, 이는 아타나시우스와 바실리우스의 노력 덕분이다. "히포스타시스에 대한 논쟁은 그리스어 ***ὑπόστασις***와 라틴어 ***persona***를 동일시함으로써 해결되었다."[5] 그리고 비록 늦긴 하였지만, 이와 비슷한 작업이 431년과 451년 사이에 이루어졌는데, 예수 그리스도 안에서 하느님의 아들의 유일한 위격과 신성과 인성 두 본성의 구별을 위해 육이 된 말씀에 이르기 위해서였다. 알렉산드리아의 키릴루스 주교와, 안티오키아의 요한 주교, 플라비아누스 주교와 테오도레투스 주교, 그리고 잊어서는 안 될 레오 대교황 이들 모두는 이 개념과 표현들을 명백하기 위해 각자 기여한 바가 있는데, 이로써 칼케돈 공의회의 정식이 가능해졌다. "두 본성의 속성은 보존되며, 하나의 위격(prosopon)이나 히포스타시스로 결합된다."

너무 피상적인 관점으로만 볼 때, 이 교의의 발전에서 교회 정치나 황제 정치는 오락가락 혼란을 거듭했을 뿐이며, 그 정치에 의해서 먼저 키릴루스와 알렉산드리아 신학의 영향 하에 네스토리우스가 단죄된 것으로 보일 것이다. 그다음 사태가 뒤바뀌어졌는데, 이때 안티오키아와 콘스탄티노폴리스와 로마의 공동의 영향 하에 에우티케스와 디오스코루스가 단죄되었다. 그러고나서 타협이 이루어졌는데, 이미 새로운 논쟁과 이교의 싹이 그 안에 내포되어 있었고 오늘날까지 여전히 해결되지 못하고 있는 것이다. 이러한 "신학 외적인" 요인들을 간단히 간과하지 않으면서,[6] 우리는 여기에서 일종의 긴장관계를 좀 더 살펴보고자 한다. 신앙은 그 긴장관계에 빠져들었는데, 그리스도의 신비에 대한 양극 사이의 건전한 중재의 방향을 찾으려 할 때였다. 참 하

---

4) 참조: 키루스의 테오도레투스, 『교회사』, V, 9; 독일어 역: BKV 51, 277.

5) P. Batiffol, *Le Siège Apostolique*, 277.

6) 교의발전에서 신학적인 요인들과 신학 외적인 요인들의 상호 작용의 이 문제에 대해서는 다음을 참조: *Chalkedon II*, 3-11.

느님이시며 동시에 참 인간. 두 본성 안에서 한 분이신, 육이 된 말씀. 그리스도교 신앙을 내적으로 파고 들어가는 일과 부합한 것은, 여전히 불명확한 개념들과 용어들을 통하여 이 신앙을 명백하게 하고 표현하며, 근본적으로 더듬어 찾으려는 시도 외에는 아무것도 아니었고, 결국 여러 가지 위험을 그 안에 내포하게 된 정식으로 신앙을 표현하려는 교회 박사들과 신학자들의 수고였다. 그래서 "한 본성"이라는 키릴루스의 정식이 나온 것이다. 그러나 키릴루스조차도 그리고 후에 칼케돈 공의회 교부들도 "두 본성 안에 한 위격"에 대해 말하기 위해서, "한 본성"이라는 키릴루스의 정식을 포기하는 지혜로움을 가졌다. "단성론자"들의 완고한 거부와 키릴루스의 정식들에 대한 근거 없는 그들의 고집에도, 교회 자체는 결정적으로 그 정식을 외면하였다.

그렇게 교회는 많은 논쟁을 통하여 마침내 교회의 신앙을 적절하게 표현하는 것을 찾아냈다. 그러나 이 정식은 즉시 도처에서 관철될 수가 없었다. 5세기 후반과 6세기 전체의 역사는 두 당파가 오랫동안 전력을 쏟아 부었던 역사 외에 아무것도 아니다. 하나는 칼케돈 공의회의 정식을 거부하거나 적어도 완화시키려고 하였으며, 다른 하나는 그 정식을 주장하고 관철하려고 하였다.[7)]

키릴루스의 추종자들은 칼케돈 공의회에서 완고했던 레오 교황과 디오스코루스 주교 둘 중의 하나를 선택하라는 요구에 마지못해 두 본성을 받아들였고, 사실 황제의 위원들과 로마 사절단의 압력이 있었다. 그러나 공의회는 결코 끝난 것은 아니었다. 팔레스티나, 알렉산드리아, 심지어 안티오키아에서도 거센 저항이 일어났으며, 무엇보다도 수도자들이 그 저항을 부추기었고 키웠다. 우리는 공의회가 끝난 후 곧바로 생긴 일반적인 입장과 위에서 언급된 "비신학적인 요인들"을

7) 칼케돈 공의회의 신앙정식에 대한 승인을 두고 폭력적인 싸움에 관련한 서술은 다음의 책에 들어 있다. *Das Konzil von Chalkedon*, Würzburg, 1953, 제2권.

제시하기 위해 이것에 대해 짧게 다루어야 할 것이다.

예루살렘에서는 유베날 주교가 폭동으로 인하여 피신한 것이 틀림없다. 사람들이 그가 돌아가신 키릴루스를 배반하였다고 험담했기 때문이다. 나머지 팔레스티나에 있는 주교좌들은 거의 모두 "단성론자"들이 차지하였다. 따라서 유베날 주교를 그의 주교좌로 되돌려 보내고 그 지역에서 어느 정도 평온을 회복시키기 위하여 군대가 투입되어야만 했다.

알렉산드리아에서는 폭동이 더욱 심하였으며 오랫동안 지속되었다. 디오스코루스의 후계자인 프로테리우스는 면직된 총대주교에게 충실했던 성직자들과 수도자들에게서 저항을 받았다. 마르키아누스 황제의 사망(457년 1월 26일) 이후 얼마 안 가서 반란이 일어났다(3월 16일). 이때에 프로테리우스는 그의 주교좌에서 쫓겨났으며, 반대파의 주모자인 티모테우스 아일루루스 신부가 그의 자리에 임명되었다. 며칠 후 프로테리우스는 살해되었다. 점점 더 전국에 "단성론"을 따르는 교계제도가 퍼졌다. 새로운 황제인 레오 1세는 사실 정통신앙에 대한 열정을 보이지 않았으나 그 일에 개입하지 않을 수 없었다. 티모테우스는 면직되었고 추방되었다. 그의 후계자인 티모테우스 살로파키올루스 총대주교는 평화를 유지할 수는 있었으나, 교회의 일치를 위해 단성론자들을 되돌아오도록 할 수는 없었다.

"그리스도의 양성론(Dyophysitismus)의 옛 아성"인 안티오키아에서도(E. Amann), 콘스탄티노폴리스 출신의 수도자 페트루스 풀로는 순교자 프로테리우스 총대주교에 저항하는 선두자가 되었으며, 마침내 그의 후계자가 되었다(470년). 그러나 그 역시도 추방되었으며 자신의 수도원인 아코이메트 수도자들의 수도원으로 강제로 되돌려 보내졌다. 그럼에도 그는 두 번이나 안티오키아로 되돌아 올 수 있었지만, 488년 총대주교로서 사망하였다.

콘스탄티노폴리스를 제외하고, 칼케돈 공의회의 반대파인 동방의 총대주교직이 승리하였다. 근본적으로 여기서 문제가 된 것은 신학적인 결정이 아니라, 선종한 키릴루스 주교와 디오스코루스 주교에 대한 열정적인 애착과, 콘스탄티노폴리스에 대한 반대와, 심지어 개인적인 경쟁심이었다. 얼마 후 비로소 고유한 신학적인 숙고가 이루어졌다.

황제의 정치

이러한 논쟁의 해결은 그 자체로 어려운 것이었다. 그러나 논쟁을 해결하는 일을 추가로 더욱 힘들게 만든 것은 이 일과 관련을 맺은 변화무쌍한 황제의 정치였다.[8] 여기서 잠시 이 사실들을 설명해야 하며, 너무 간략하게 설명하지는 않을 것이다. 이와 연관하여 교회 정치를 위한 이 사실들의 의미를 강조하고자 한다.

마르키아누스 황제의 후계자인 레오 1세 황제는, 비록 아주 열성적이지 않았지만, 그의 선임자의 종교 정치를 답습하였고, 도처에서 칼케돈 공의회의 결정들이 존중되도록 신경을 썼다. 레오 1세 황제는 그러기 위해서 콘스탄티노폴리스의 총대주교인 아나톨리우스와 후에는 겐나디우스의 충고를 따랐다. 레오 교황의 서한도 이에 기여하였다. 레오 1세의 후계자인 제노 황제는 얼마 안가서 바실리쿠스에 의해 실각하였다. 바실리쿠스 황제는 아주 공개적으로 "단성론자"들을 동조한다고 표현하였고, 회람(Enkyklion)을 돌려서 에우티케스의 오류를 단죄하였으며, 심지어 칼케돈 공의회와 레오 교황의 교서를 파문하였다. 티모테우스 아일루루스가 다시 기세 등등하게 알렉산드리아로 들어갔으며, 페트루스 풀로는 안티오키아로 되돌아갔다. 600명에서 700명

8) 참조: Rh. Haacke, "Die kaiserliche Politik in den Auseinandersetzungen um Chalkedon(451-553)", Ibid, 95-177.

의 동방 주교들이 이 회람에 서명하였으며, 칼케돈 공의회를 단죄하였다. 단지 콘스탄티노폴리스의 아카키우스 총대주교만이 황제에게 저항하였다.

그러나 바실리스쿠스 황제는 곧바로 다시금 제노에 의해 실각했으며, 제노 황제가 다시 등극하였다(477년). 제노 황제는 찬탈자의 정책들을 무효라고 선언하였다. 이제 "단성론자들"인 주교들은 다시금 면직되었고 추방 보내졌다. 바실리쿠스의 회람에 서명한 다른 주교들은 그 서명을 철회하였다. 따라서 주교들은 사실 황제의 요구에 복종하였다. 그럼에도 주교들은 선종한 키릴루스와 "한 본성"이라는 그의 정식에 마음속으로 충실히 머물렀다. 또한 아카키우스 총대주교도 마찬가지였는데, 그는 황제로 하여금 하나의 해결책을 통해 종교적 평화를 보장하는 쪽으로 그의 마음을 기울게 했다. 그 해결책이란 "단성론자들"의 요구들을 지속적으로 받아들이는 것이지만, 칼케돈 공의회의 신학에 대한 명시적인 거부를 의미하는 것은 아니었다. 이른바 헤노티콘(Henotikon)이라고 하는 이 일치 교령은 482년 반포되었다. 그 교령에서 네스토리우스와 에우티케스는 다시금 파문되었으며, 키릴루스의 12개 파문문이 명확하게 인정받았고, 신성으로는 성부와 본질이 같으시고, 인성으로는 우리와 본질이 같으신, 하느님의 아드님의 육화 진리가 가르쳐졌다. "삼위 중의 한 분이신, 하느님이신 말씀이 육이 되셨습니다."

(나중에 이 정식의 역사가 또 펼쳐질 것이다.)

헤노티콘에는 계속해서 다음의 내용이 들어 있다.

> "지금이나 칼케돈의 어떤 다른 상황에서나 혹은 다른 공의회에서나 이와 다르게 생각하거나 생각한 사람을 우리는 파문에 처합니다. 특히 우리는 네스토리우스와 에우티케스를 파문합니다. 그러므로 여러분들은 318명의 교부들의 신앙에 따라

교회 안에서 하나이며 동일한 신적인 공동체를 누리기 위하여 우리의 영적인 어머니인 교회와 일치하십시오. 이 교부들의 신앙 외에 다른 신앙의 정의는 없습니다."[9]

이 문서는 아카키우스에 의해 아주 능수능란하게, 정말 너무 능수능란하게 작성되었다. 왜냐하면 본래의 논쟁점(하나의 본성 혹은 두 본성)이 언급되지 않고 암암리에 넘어갔기 때문이다. 따라서 사람들은 정통 신앙적인 표현방식에도 불구하고 칼케돈 공의회에서 멀어졌으며, 이제 칼케돈 공의회는 "다른 여타의 교회회의"와 같은 단계에 놓이게 되었다. 누구나 다 인식하듯이 부정확한 이 정식들은 어느 누구도 만족시킬 수 없었다. 왜냐하면 정통신앙인들은 사람들이 칼케돈 공의회와 그리고 레오 교황까지도 단죄하였다는 사실을 받아들일 수 없었고, "단성론자들"은 그들에게 불충분하게 보여 지는 정식들을 승인하고 싶지 않았기 때문이다. 알렉산드리아에서는 그것으로 큰 동요가 일어났다. 수도자들은 총대주교 페트루스 몽구스에 반대하여 봉기하였는데, 총대주교는 사실 마찬가지로 "단성론자"였지만 헤노니콘을 받아들였기 때문이다. 안티오키아에서는 페트루스 풀로가 다시금 총대주교좌에 복귀하였다. 그는 칼케돈 공의회의 정의를 반대하여, 전례 중에 니케아 신경을 노래하도록 지시하였다. 다른 신앙이 필요없기 때문이라는 것이다. 그리고 "거룩하신 하느님, 강하신 하느님, 불멸의 하느님"이라는 '트리스하기온'(Τρισάγιον), 곧 삼성송(三聖誦)에 "우리를 위해 십자가에 못 박혀 돌아가신"이라는 말을 삽입했다. 당시의 상황에서 이것은 "단성론"에 대한 고백과 같은 의미였다. 이 말들은 칼케돈 공의회에 적대적인 모든 사람들의 슬로건이 되었다. 페트루스 풀로 총대주교는 488년 사망하였다. 512년 세베루스가 안티오키아의 총대주교

9) 에바그리우스, 『교회사』, III, 14: PG 86, 2624C.

가 되었는데, 그는 아직 그에게는 부족한 신학을 “단성론”에 부여하였다. 이 신학은 상당히 중용적이었다. 세베루스 총대주교는 그리스도께서 한 분이시며, 신성에서 완전하시고, 인성에서 완전하시며, 본성들의 구별은 결합으로 인해 없어지지 않는다고 인정하였다. 그러나 그는 그리스도께서 “두 본성 안에” 계시다는 것을 인정할 준비가 되어 있지 않았으며, 특히 “한 본성”을 완강히 주장하였다. 그 외에도 그는 할리카르나스의 율리아누스 주교의 극단적인 태도를 배척했다. 그래서 J. 르봉은 당연히 이런 말을 할 수 있었다. 세베루스의 특징을 지닌 단성론은 키릴루스의 정식을 고집하며 칼케돈 공의회의 정의를 완고하게 거부함으로써 생겨난 언어상의 문제였다는 것이다.[10] 가끔 신앙교리의 역사에서 나오는 바와 같이, 이단은 여기에서 옛 문체를 숭배하는 상고주의(Archaismus)외에 아무것도 아니다. 이 상고주의는 계시 진리에 대한 더 정확한 설명과 정식들에 의한 발전을 인정하기를 거부하는 것이다. 그것이 에우티케스의 오류에 대한 결정적인 근거였다. 레오 교황과 더불어 칼케돈 공의회의 교부들은 “거룩한 교부들을 따랐다.” 그러나 그들은 필요한 경우에 그들의 신앙을 표현하고 보호하기 위해, 교부들에게서 발견되지 않는 용어들도 사용하기를 서슴지 않았다.

로마에서는 교황 펠릭스 2세(재위 483-492)가 강하게 반발하였다. 먼저 교황은 서한을 보냈고 이어서 사절단을 콘스탄티노폴리스로 보냈지만, 아무런 성과를 내지 못했다. 왜냐하면 교황의 사절단은 아카키우스에 의해 계략에 넘어가 그가 주례하는 전례에 참여하게 된 것이다. 그래서 그들이 귀환한 후 교황은 교회회의를 소집하여 아카키우스를 파문하였고 면직시켰다(484년). 아카키우스는 그의 입장에서 미사 때 이름을 부르며 기억하는, 둘로 접어 만든 명패인 딥티콘(Diptychon)에

10) 참조: J. Lebon, “La christologie du monophysisme syrien”, Chalkedon I, 425-580; A. Grillmeier, “Monophysitismus”, *LThK*² 7,563이하.

서 로마주교의 이름을 제거하게 하였다. 그렇게 칼케돈 공의회의 열광적인 발표 이후 33년 후에 이교가 생기게 되었다. 그것은 서방과 동방 사이의 첫 번째 이교였다. 콘스탄티노폴리스의 요한 총대주교가 황제 유스티누스 1세의 압력을 받아 교황 호르미스다스가 작성한 정식에 서명할 용의가 있음을 밝히기까지 35년이라는 세월이 흘렀다. 요한 총대주교는 정통 신앙은 베드로에게 주어진 약속에 따라 항상 로마에서 보존되어 왔다는 것을 인정하였다. 그는 이어서 네스토리우스, 에우티케스, 디오스코루스 및 티모테우스 아일루루스, 페트루스 몽구스, 그리고 콘스탄티노폴리스의 아카키우스의 단죄를 승인하였다. 또한 그는 레오 교황의 교의서한을 받아들였으며, 딥티콘에서 파문된 모든 이들의 이름을 제거하겠다고 선언하였다(519년). 요한 총대주교의 문서에는 사도좌와 관련된 아주 중요한 다른 표현들도 있었다. 곧 "그 사도좌에는 **그리스도교 신앙의 온전하고 진정하며 완전한 견고성**을 찾을 수 있다."는 것이다. 이 정식은 후에 제4차 콘스탄티노폴리스 공의회(869년)와 제1차 바티칸 공의회(1869년)에 다시 나타날 것이었다. 여기서는 제1차 바티칸 공의회의 그리스도 교회에 대한 첫 번째 「교의헌장(*Pastor aeternus*)」를 인용하고자 한다.

> "실로 제4차 **콘스탄티노폴리스 공의회**의 교부들은, 자신들의 선임자들의 발자취를 따라, 다음과 같은 장엄한 고백을 발하였다. "첫 구원은 올바른 신앙의 규범을 지키는 것이다... 그리고 '너는 베드로이다. 내가 이 반석 위에 내 교회를 세울 터이다.'(마태 16,18)라고 하신 우리 주 예수 그리스도의 말씀은 묵과될 수 없는 것이기에, 말씀하신 것은 실제 결과로 입증되었다. 흠없는 사도좌 안에서 가톨릭 종교는 항상 보존되었고, 거룩한 교리는 선포되었기 때문이다. 우리는 이 믿음과 이 교리로부터 조금도 분리되지 않기를 바라며..., 사도좌가 선포하는 유일한 친

교, 곧 **그리스도교의 온전하고 진정한 견고성**[integra et vera chrisianae religionis soliditas]이 있는 친교 안에 머물기에 합당한 자가 되기를 소망한다."[11]

칼케돈 공의회 신학의 영향

여기에서 칼케돈 공의회 신학의 역사를 기술하는 것은 우리의 일이 아니다. 이른 바 "신칼케돈주의"(J. 르봉, Ch. 묄러)도 마찬가지이다. 신칼케돈주의는 키릴루스의 신학의 의미에서 칼케돈 공의회의 정식을 해석하려는 6세기 신학자들의 노력을 뜻한다. 신학자들은 이러한 노력으로 칼케돈 공의회의 정식이 네스토리우스적인 어떠한 것도 포함하지 않았고, 받아들여야 할 것임을 "단성론자들"에게 제시하려 하였다. 우리의 견해로는, 사실 553년 콘스탄티노폴리스 공의회에서 표현된 "신 칼케돈주의"가 있었다. 그 관심사는 "육이 된 말씀의 한 위격에 대한 키릴루스의 천재적인 직감"[12]을 공정하게 평가하는 데에 있었다. 그러나 우리는 이 "신칼케돈주의"가 451년 칼케돈 공의회의 생각에 정면으로 반대되지 않고 또 왜곡하지 않았다고 말할 수 있다고 믿는다. 예를 들어 비잔틴의 레온티우스 주교의 노력과 같이, 6세기의 신학자들의 노력들은 이미 전승되어 온 정식을 이제 설명하려는 목표만을 가지고 있었다. 그들은 그리스도의 인성은 스스로 자립하는 위격이 아니며, 하느님이신 말씀의 한 위격 안에 그 실체를 가지고 있지만 단순히 우연적인 것이 아님을 가리키면서, 그리스도 안에 본성과 위격을 명백

---

11) 참조: DH 3066.

12) 참조: Ch. Moeller, "Le chalcédonisme et le néo-chalcédonisme en Orient de 451 à la fin du VIe siècle", *Chalkedon I*, 637-720, 718.

히 구분하고 있다. 이 신학이 충분하지 않고 명확하지 않더라도,[13] 그 신학자들의 유일한 노력은, 칼케돈 공의회의 정의가 여하한 네스토리우스주의나 단성론에 자유롭고 구속되어 있지 않다는 것을 가리키는 데에 있었다. 사실 이 "신칼케돈주의"가 "그때부터 안티오키아 전승과 그 위대한 구원론적인 개관을 그늘지게 한다."고 유감을 표현할지도 모른다.[14] 그러나 그것은 아주 다른 문제이다. **세 주교 파문논쟁**에서 그와 같은 것을 말할 수 있을 것이다.

분명히 해야 할 것은, 칼케돈 공의회의 그리스도론이 가톨릭신학에 몇 가지 결정적인 길안내를 해 주었다는 점이다. 육이 된 말씀이신 예수 그리스도는 두 본성 안의 한 위격이다. 이 표현들에서 이제부터 문제가 제기되었으며, 이 양극의 주위를 맴돌았다. 계속 벌어진 모든 교리논쟁들과 그것에 자극을 받은 연구들은 이 원초적인 문제제기에서부터 출발했다. 한 위격 - 두 본성. 여기에서는 이것에 대해 더 자세한 것을 논하지 않고, 실제로 사람들이 여전히 결국에는 칼케돈 공의회의 정식을 그 근거로 삼았다는 것을 가리키고자 한다. 우리는 여기에서 세 개의 예들을 들 것인데, 의도적으로 아주 다양한 맥락에서 뽑아낸 것들이다.

7세기에 황제 헤라클리우스는 "단성론자들"에게, 그리스도 안에는 단 하나의 활동(혹은 에네르게이아[energeia], 그래서 단활설(單活說, monoenergismus)이라 함, 624년)만이 있다는 고백을 하게 함으로써, 단성론자들을 다시 교회로 되돌아오도록 하였다. 그리고 얼마 안 가서 황제는 그리스도 안에 단 하나의 의지(單意說, monotheletismus)를 말하였다. 그것에 반대하여 사람들은 두 개의 의지를 인정하지 않고는 두 본성을 고백할 수 없다는 것을 설명하기 위해 칼케돈의 신앙을 그 근거로

13) CH. Moeller, Ibid. 700-704.

14) Ibid. 719.

삼았다. 고백자 막시무스도 육화와 우리 구원의 실재 전체를 구하기 위해 "각 두 본성의 속성을 구하려고 하였으며" 두 본성을 섞거나 혼합하지 않고 보존하려고 하였다.[15] 그는 칼케돈 공의회의 정의를 상기시켰고 그것의 정당함을 인정하였다. 이 정의는 두 본성을 고백하고, 그리스도께서는 "두 본성 안에" 한 분이심을 가르치고 있기 때문이다.[16]

그것은 로마 교회회의들과, "두 본성 안에" "혼합되지 않고 나누어지지 않는"이라는 칼케돈 공의회의 정식에 다시 관심을 갖고 다루었던 649년의 라테란 교회회의도 마찬가지였다.[17] 680년 라테란 교회회의도 이와 같은 것을 선포하였는데, 교황 아가토는 이 라테란 교회회의의 결정을 콘스탄티누스 4세 황제에게 두 통의 긴 서한으로 전달하였다. 이 서한에는 플라비아누스에게 보낸 레오 교황의 교서와 칼케돈 공의회에 나오는 특징적인 표현들이 다시 발견될 뿐만 아니라, 또한 칼케돈 공의회의 "가장 참된 정의"(verissima definitio)가 명확하게 인용되어 있다.[18] 그리고 마지막으로 제6차 세계공의회인 콘스탄티노폴리스 공의회도 마찬가지였다. 이 공의회는 황제 콘스탄티누스 4세에 의해 소집되었고, 이 공의회에서 교황 아가토의 사절들은 상석을 차지하였는데, 이 공의회의 신앙 정의는 마지막 두 회기(681년 9월 11일과 16일)에서 작성되었으며 장엄하게 선포되었다. 이 신앙정의도 451년 칼케돈 공의회의 정의에 핵심이 되는 것을 상세히 반복하고 있다.[19]

교부시대가 끝나던 무렵에는 적어도 요한 다마세누스를 거론

15) 참조: H. U. von Balthasar, *Kosmische Liturgie*, Freiburg, 1941, 246이하; 2판, Einsiedeln, 1961, 254.

16) Maximus Confessor, *Opusc. theol.* : PG 91, 257–260.

17) 제6조–제8조: DH 506–508.

18) 아가토, 『서한』, 1: PL 87, 1181–1184; 1196 CD; 『서한』, 2: 1221 B.

19) DH 553–559.

하지 않을 수 없다. 사실 그는 자신의 작품인 "정통 신앙에 대한 설명"(*Expositio fidei orthodoxae*)에서 "거룩하고 위대한 제4차 칼케돈 세계공의회"를 단 한 번 언급하였고 그 다음에는 대략적으로 말하였다.[20] 그러나 비록 명시적인 언급이 없다 해도, 요한은 언제나 즉각 칼케돈 공의회의 정의를 떠올렸다. 그 정의는 그리스도의 두 본성과 관련된 부분에서 지속적으로 나온다. 그리스도는 신성에 따라 성부와 본질이 같으시며, 인성에 따라 어머니와 본질이 같으시고, 완전한 하느님이시며 완전한 인간이시다. 그분은 "두 본성으로 그리고 두 본성 안에" 계시며, 두 본성 안에 한 위격을 가지고 계시고,[21] 혼합이 없이 그리고 나누임 없이 서로 결합된 두 본성을 가지고 계시다.[22] 이 결합으로 두 본성의 차이가 바꾸어지는 것은 아무것도 없다...

마지막으로 스콜라학 전성기의 그리스도론에 칼케돈 공의회의 신학이 미친 영향을 잊어서는 안 된다. 이 영역에서는 고전적이라고 불러야 하는 탁월한 연구들은 성 토마스 아퀴나스의 그리스도론이 그가 5세기 공의회들의 문서들에서 얻은 지식을 통해서 어떻게 그리스도론의 발전 과정에서 더욱 더 풍부해졌는지 보여주었다.[23] 이 주제에 대해서, 그리고 아퀴나테[토마스 아퀴나스의 별명] 작품의 연표가 제기하는 문제, 그리고 아마도 그의 사상 안의 발전 가능성에 대한 질문과 동일한 문제에 대해서는 상세히 다루지는 않고자 한다. 그러나 13

---

20) Johannes Damascenus, *De fide orthod. III*, 10: PG 94, 1021B; 위에서 언급한 Trisagion에 관한 것이다.

21) Ibid. III, 3: Sp. 988–1008.

22) Ibid. III, 4: Sp. 997–1000.

23) 참조: I. Backes, *Die Christologie des hl. Thomas von Aquin und die griech. Kirchenväter*, Paderborn, 1931; "Die christologische Problematik der Hochscholastik und ihre Beziehungen zu Chlakedon", *Chalkedon II*, 923–939; Ge. Geenen, "En marge du concile de Chalcédoine. Les textes du quatrième concile dans les oeuvres de S. Thomas", *Angelicum* 29, 1952, 43ß59.

세기 위대한 신학자들 중에 토마스 아퀴나스가 칼케돈 공의회의 문서를 인용하고 그것도 자주 많이 사용한 유일한 사람이라는 것이 강조되어야 할 것이다. 그렇지만 그는 공의회 문서를 순수하게 자료로만 사용하지 않았다. 그 이상이다. "신학대전"(*Summa theologiae*)의 그리스도론 부분의 전체 구조는 칼케돈 공의회에 대한 문제제기가 지배적이다. 예를 들어, 본성 안에 육이 된 말씀의 결합은 완전히 이루어졌는가? 위격 안에 그 결합은 완전히 이루어졌는가? 이것들은 이 신학대전 가르침의 전체적인 전개의 첫머리에 있고 그 가르침에 방향을 정해 주는 항목들이다. 그리고 이 항목들 안에는 "그러나 그반대로"(sed contra), "권위"(auctoritas)라는, 칼케돈 공의회에서 나온 문구들이 그때마다 나온다. 아무런 어려움 없이 이러한 관찰을 계속 진행할 수 있는데, 예를 들어, 제3부 제2문제 제6절에는 "두 본성 안에"와 "두 본성으로" 사이의 구별에 대한 적절한 논평이 있는데, 이는 451년 칼케돈 공의회의 정의가 있는 본문을 정확히 알고 있다는 것을 전제로 하고 있다. I. 바케스가 언급한 대로[24] 중요한 것은 성 토마스의 형이상학적 사고가, 이성을 갖춘 본성들 안에[25] 위격과 히포스타시스를 동일시함으로써 칼케돈 공의회의 정의의 의미에 깊게 파고들었으며, 그렇게 하여 "취해진 인간"(assumptus homo)라는 이론을 극복할 수 있었다는 점이다. 이 말의 의미 안에서가 아닐지라도, 이 이론은 적어도 칼케돈 공의회의 정식의 말들에서 자신의 근거를 둘 곳을 찾을 수 있었다. "그렇게 아퀴나스의 형이상학적인 사색은 칼케돈 공의회가 풀지 못하고 남겨두었던 문제를 풀 수 있었다. 그것은 히포스타시스에 대한 위격의 관계이다."[26] 토마스는 칼케돈 공의회의 생각을 계승하였으며, 칼케돈 공의회 이후 그

---

24) "Die christoligische Problematik", *Chalkedon II*, 928.

25) 토마스 아퀴나스, 『신학대전』, II, 2,3.

26) I. Backes, Ibid.

리스 신학이 어떻게 발전하였는지 연구하면서 그리스 신학과 만나게 되었다.

교황과 황제

칼케돈 공의회의 신학은 이러한 방법으로 서방과 동방에 그리스도론의 발전에 깊은 영향을 주었다. 그럼에도 불구하고, 위에서 우리가 복잡하게 얽히고설킨 그 역사를 그려보고자 했던, 단성론적인 혼란 속에 이 고귀한 신학적인 사고과정들이 아마도 그 중심을 이루지 못했다는 것을 인정해야만 한다. 거기에서는 다른 것이, 곧 "신학 외적인" 요인들이 작용하였다.[27] 칼케돈 공의회에 반대하여 이집트인들이 저항한 이유 중의 하나가, "제28조"에 의해 콘스탄티노폴리스 총대주교에게 부여된 우월한 지위가 직접적으로 교황 다음에 있었고, 알렉산드리아의 "교황" 곧 알렉산드리아 총대주교 앞에 있었다는 점을 역사가 우리에게 알려준다. "단성론적인" 이교들은 아마도 두 본성 교의에 대한 반동이라기보다는, 콘스탄티노폴리스와 제국교회에 반대하는 이집트 민족주의 혹은 시리아 민족주의의 발로일 것이다. 그 밖에도 칼케돈 공의회의 신앙에 충실히 머물러 있었던 그리스도인들이 "멜키트인"이라는 이름을 가졌다는 것은 잘 알려져 있다(시리아어로 malko는 '왕'이라는 뜻). 곧 황제의 그리스도인들이었다.

황제들은 교회 생활에 영향을 주었던 사건들에서 실제로 명백한 중요성을 가졌고 때로는 결정적이었던 역할을 수행하였다. 콘스탄티

27) F. Hofmann, "Der Kampf der Päpste um Konzil und Dogma von Chalkedon von Leo d. Gr. bis Hormisdas(451–519)", *Chalkedon II*, 13–94; RH. Haackes, "Die kaiserliche Politik in den Auseinandersetzungen um Chalkedon(451–553)", Ibid. 95–177.

누스 황제이후부터 황제들은 참 신앙을 존중하는 데에 마음을 쓰고 교회와 제국 안에 평화와 일치를 보장하는 것을 그들의 권한과 의무로 생각하였다. 그들의 권한과 의무는 당시 일반적으로 인정된 것이다. 테오도시우스 황제가 에페소 공의회를 소집하는 서한을 기억해보자.[28] 주교들과 심지어 로마 주교에게도 황제가 공의회를 소집하는 것은 자명한 일이었고, 거기에서 사람들은 아무런 문제를 발견하지 못했다. 예를 들어, 레오 교황 재위 기간에 국가와 교회 사이에 신뢰가 깊고 조화로운 협력이 형성되었다.[29] 황제는 자신의 권력을 하느님으로부터 받았고, 하느님의 은총으로 다스린다(regnat per Dei gratiam).[30] 원칙적으로 제국을 다스리고 통치하고 보호하는 이는 황제가 아니라 하느님과 그리스도이시다.[31] 하느님과 그리스도께서 황제 개인을 통해서 그 일을 하시는 것이고, 황제의 의무는 신앙과 교회 규율 안에 일치를 돌봄으로써, 그리고 특별히 어떠한 것도 신앙을 왜곡하지 않고 칼케돈 공의회에서 결정된 신앙이 보존되도록 애씀으로써 제국 안에 평화와 일치를 안전하게 하는 것이다. 레오 교황의 서한에서 이러한 시각에 대한 일련의 증거를 댈 수 있다. 그러나 여기에서 우리는 그의 서한에 나오는 두 가지 내용으로 한정하여 살펴보고자 한다. "온 세상에 한 분 하느님, 하나의 신앙, 인간 구원에 대한 하나의 신비(sacramentum), 하나의 고백이 유지된다면, 그것은 교회 전체와 그대[황제]의 제국에 이익이 됩니다."[32] " 하느님의 성령께서 그리스도교 군주들 사이의 일치

28) 참조: 66-70면.

29) 참조: P. Stockmeier, *Leo I. des Großen Beurteilung der kaiserlichen Religionspolitik*, München, 1959.

30) 레오, 『서한』, 45,2: PL 54, 835; ACO II, IV, 24.

31) 『서한』, 44,2; 90,2: PL 54, 829; 933; ACO Ibid. 20. 48.

32) 『서한』, 69,2: PL 54, 892; ACO Ibid. 31; 참조: 『서한』, 45,2; 148: PL 54, 835; 1118; ACO Ibid, 24; 98.

를 강화시키신다면[마르키아누스와 발렌티니아누스 황제를 말함], 온 세상은 어떻게 신뢰가 두 배로 성장하는 지를 보게 될 것입니다. 왜냐하면 신앙과 사랑 안에 발전이 이루어지면 그 무기의 힘은 이겨내기 어려워서, 하느님께서 우리 신앙의 일치에 자비로이 뜻을 같이 하시면서, 거짓 가르침의 오류와 야만인들의 적대행위를 근절시키실 수 있을 것입니다…"[33] 그 밖에도 레오 교황은 당시에 복음에 길을 준비하고 진리의 전파를 수월하게 하기 위해 하느님의 섭리가 로마제국 안에 있는 모든 백성들을 한 군주의 통치아래 결합시킨 것은 아닌지 질문을 던지기도 하였다.[34]

그러므로 황제가 공의회들을 소집하고, 공의회에 의사일정을 규정해 주며, 논쟁 시에는 자신이든 혹은 자신의 위원들을 통해서든 의장직을 수행한 것에 대해 놀라워할 필요가 없는 것이다. 콘스탄티누스 황제나 마르키아누스 황제처럼 황제는 신앙의 정식을 만들게 하고 그것을 관철시키는 일에 개입하였다. 또한 황제는 네스토리우스와 에우티케스와 디오스코루스를 추방 보냄으로써 공의회 교령이 실행되는 것을 돌보았다. 449년 테오도시우스 황제에 의해 에페소에 소집된 교회회의가 강도 교회회의로 변질되었을 때, 그 상황을 다시 정리하고 평화를 복구하는 것은 마르키아누스 황제의 의무로 여겨졌다. 마침내, 레오 교황은 자신이 그 일을 위해서 사도 베드로에 의해 아주 특별한 사명을 받았다고 말하였다.[35]

레오 교황의 이 말은 신앙의 문제에 황제가 개입하는 것에 한계가 있음을 가리키고 있다. 황제는 자신을 신앙의 봉사자와 도구로 만들어야 했다. 황제는 신앙에 대해 판결하고 신앙을 확정할 임무는 없었다.

---

33) 『서한』, 82, 1: PL 54, 917; ACO Ibid. 41.

34) 참조: 레오, 『강론집』, 82,2: PL 54, 423.

35) 참조: 레오, 『서한』, 45, 3: PL 54, 835; ACO II, IV, 24이하.

그럼에도 이 한계를 넘으려는 유혹에 저항하기가 황제에게 어려웠던 것이다. 그리고 실제로 바실리스쿠스 황제와 제노 황제는 이러한 유혹에 빠졌다. 우리는 그들이 어떻게 스스로 재판관의 지위에 올라가 최고의 주인으로서 신앙의 문제를 결정하였는지 살펴보았다.

바실리스쿠스는 올바른 사도적인 신앙을 위하여 그의 전임자들인, "신심이 아주 깊은 황제들"이 반포한 법령을 폐기하였다. 그는 주교들이 도처에서 레오 교황의 교서와 칼케돈 공의회의 정의를 파문에 붙이고 태우게 하도록 결정하였다. 그리고 모든 주교들은 그 회람(Enkyklion)에 서명해야만 했다. 제노 황제는 자신의 입장에서 니케아 공의회와 콘스탄티노폴리스 공의회 교부들에 의해 인정된 정의와, 에페소 공의회에서 교부들이 기초로 삼은 정의 외에 다른 신앙고백과 다른 정의를 원하지 않았다. 그는 네스토리우스와 에우티케스를 파문하였고, 키릴루스의 파문문을 받아들였으며, 칼케돈에서 혹은 어디서든 다르게 생각한 모든 이들을 파문하였다. 그렇게 제노 황제는 "거룩하고 보편적이며 사도로부터 이어 오는 하느님의 교회"의 일치와 평화와 신앙을 돌보는 제국의 수장으로서 행동하였다. 그러나 이 경건한 표현은 실제로 여기서 의미하는 것의 진정성에 대해 우리를 속여서는 안 될 것이다.

오래전부터, 말하자면 콘스탄티누스 황제 때부터 황제들은 신앙의 일치와 교회의 평화를 보호하기 위해 공의회들을 소집하였다. 이 공의회들은 황제들에게 완전히 충성적이었으며, 황제는 경우에 따라서는 주교들에게 효과적으로 압력을 행사할 수단과 방법을 찾아냈다. 그러나 그때에도 재판관으로서 신앙에 대한 결정을 내린 사람은 주교들이었다. 그럼에도 위에서 언급한 경우에서 제노 황제는 교회 문제와 교의적인 문제에 직접적으로 그리고 혼자서 개입하였다. 황제는 일방적으로 보편공의회의 결정을 무효로 선언하였다.

확실하게 여기에서 사람들은 테오도시우스 1세 황제의 예를 상기시켰다. 황제는 380년 2월 28일 「Cunctos populos」 칙령을 통해 그의 제국의 모든 국민들에게 다음과 같이 가르쳤다.

> "우리의 관대하고 신중한 통치를 받는 모든 백성들이 하느님의 사도 베드로가 로마인들에게 전해 준 신앙이 지금까지 알려진 그 자체로 선언하였고, 교황 다마소와 사도적 성성(聖性)을 가진 알렉산드리아의 페트루스 주교가 그것을 따르도록 밝혀준 그 신앙에 머물러 있기를 우리는 원한다. 다시 말하면 우리는 사도적인 가르침과 복음적인 교리에 따라서 아버지와 아들과 성령의 하나의 신성이 같은 영광과 거룩한 삼위일체 안에 있음을 믿는다. 우리는 이 법령을 따르는 이들이 보편적인 그리스도인이라는 이름을 반겨 맞이하도록 명한다."

그럼에도 유스티니아누스 황제의 교령을 여기서 말하지 않더라도, 이 교령과 바실리스쿠스 황제와 제논 황제의 교령 사이에는 사실 미묘하지만 대수로운 차이가 있음을 알 수 있다. 테오도시우스 황제는 자신의 국민들에게 가톨릭 신앙을 고백하도록 지시하였지만, 이 신앙을 정의하지 않았고 또한 교리논쟁을 권위적으로 결정할 권한을 요구하지도 않았다. 오히려 그는 다마소 교황과 알렉산드리아의 페트루스 총대주교의 신앙을 근거로 삼았다는 것에 만족하였다. 그에 반해 바실리쿠스 황제의 회람(Enkyklion)과 제노 황제의 헤노티콘(Henotikon)은 고유한 의미에서 황제의 권위에 따라 처리된 교의 교령들이었다. 황제 교황주의(Cäsaropapismus)의 이러한 의견표명의 진지함은 아무리 강조해도 지나치지 않는다.[36] 그래서 교황 펠릭스 3세의 반응이 이해될 수 있는 것이다. 교황은 얼마 후(483년) 제논 황제에게 다음과 서한을 보냈다.

---

36) E. Caspar, *Geschichte des Papsttums II*, Tübingen, 1933, 35. 각주 2.

> "하느님의 일과 관련된 것이라면, 그대(황제)는 하느님께서 주신 법에 충실히 머물며 왕으로서의 뜻을 그리스도의 사제들에게 맡겨야 하지 강요해서는 안 됩니다. 그대는 그리스도의 사제들에게서 하느님의 신비들을 배워야 하지 그들을 직접 가르쳐서는 안 되며, 교회의 결정들을 따라야 하지 인간적인 법을 교회에 강요해서는 안 됩니다."[37]

교황과 황제, 로마와 콘스탄티노폴리스가 "아카키우스라는 이름 때문에" 서로 연루된 논쟁은 콘스탄티노폴리스 총대주교인 아카키우스에 대한 논쟁 이상의 것이었다. 왜냐하면 황제는 보편공의회와 사도좌의 권위를 대단히 문제시 삼았기 때문이다. 그러므로 다음 세기에 유스티니아누스 황제와 비질리오 교황 사이에 벌어질 심각하고 가슴 아픈 분쟁의 씨앗이 이미 여기에 있었다. 우리가 그렇게 환영했던, 레오 교황과 마르키아누스 황제 사이의 좋은 협조관계는 오래 지속되지 않았다. 하지만 우리는 그 갈등이 황제가 자신을 "제국교회"의 수장으로 여긴 그날부터 피할 수 없게 되었다는 것을 인정해야만 한다.

사도좌

그러나 동시에 로마 주교의 세력도 더욱 강하게 두드러졌다. 로마 주교의 수위권의 발전사에서 에페소 공의회와 칼케돈 공의회는 중요한 입지를 차지한다.[38] 우리는 여기에서 단지 몇 가지 점을 뽑아내고

---

37) 『서한』, 9: PL 58, 935; Jaffé-Wattenbach, 601. 서한의 오늘날의 형태는 펠릭스 교황의 후계자인 젤라시오의 작품이다.

38) 참조: P. Batiffol, *Le Siège Apostolique*, 359-451.

자 하는데, 그것들은 어떻게 "사도좌"(Sedes Apostolica)의 주교가 점점 더 장래의 자신의 지위를 얻게 되었는지를 보여준다.

교리 안에서 중요한 점이 논쟁할 여지가 있게 되면 즉시 당사자들은 로마로 향했다. 먼저 네스토리우스가 첼레스티노 교황에게 서한을 보냈고, 그다음에 키릴루스도 교황에게 서한을 보냈다. 그것은 교황에게 그 사실에 대해 알려주기 위한 것일 뿐만 아니라, 그들을 서로 대립 상태에 빠지게 한 모든 토론을 교황이 권위 있는 결정으로 불필요하게 만들도록 그에게 청하기 위해서였다. 마찬가지로 에우티케스도 그렇게 하였고, 그다음에는 콘스탄티노폴리스 총대주교 플라비아누스도 그렇게 하였다. 에페소 강도 교회회의의 희생자들인 플라비아누스와 테오도레투스와 도릴래움의 에우세비우스 주교도 마찬가지로 레오에게 항소하였다.[39] 공의회가 한 번 소집되었다면, 교황들은 몸소 자신들의 대리자로 사절들을 그곳으로 보내는 것에 큰 가치를 두었다. 이 사절들은 가장 큰 전권을 가졌고, 베드로의 후계자로서의 온전한 권위를 가지고 행동하였다. 449년에 에페소에서 벌어진 파렴치한 사건들을 제외하고, 주교들이 어떤 마음가짐으로 로마 사절단을 받아들였는지 알 수 있다. 이 로마 사절단과 교황과 의견일치를 이루고 있다는 것을 증명하는 것은 주교들이 언제나 크게 원하는 바였다. 그것은 가끔은 시끄럽고 떠들썩한 방법으로 이루어졌다. "첼레스티노는 공의회와 의견을 같이 합니다!... 레오는 키릴루스처럼 말합니다! 베드로는 레오를 통하여 말하였습니다!"

로마 사절단 스스로 말했으며, 완전한 권위로, 곧 "온 교회의 머리이신, 복되신 사도적인 로마 주교의" 권위로 결정하였다. 이것은 사도들의 우두머리인 베드로 자신의 결정이다. 에페소 공의회에서는 필

39) 우리는 위의 164면에서, 로마의 항소의 영향력을 과도하게 요구해서는 안 된다는 것을 가리킨 바 있다.

리푸스 신부가, 칼케돈 공의회에서는 파스카시누스 주교가 선언한 것들은, 사절단이 그들을 보낸 주교의 권위를 완전히 의식하고 있다는 것에 대한 아무런 의혹을 낳게 하지 않았다. 다른 한편, 이들의 선언에 반대하여 주교들 중의 어느 누구도 이의를 내걸지 않았으며, 예를 들어 칼케돈 공의회 제17차 회기에서 로마인들의 입장을 그들의 것으로 취하기를 다소 솔직히 거절하였을 때에도 그러하지 않았다. 이러한 맥락 안에서 아주 특별히 주목할 만한 것은, 주교들이 그다음에 레오 교황에게 이러한 반대에 대한 그들의 정당함을 증명하였으며, 교황에게 그의 사절단이 확실히 그의 가르침을 정확히 이해하지 못했다고 설명했다는 것이다.

마지막으로 교황들은 공의회 교령들을 완전한 권위를 가지고 승인하였고, 혹은 칼케돈 공의회의 제28조 규정이 위반해서는 안 되는 니케아 공의회의 규정에 모순된다는 생각으로 레오 교황이 그 규정을 무효로 선언하였다는 것을 잊어서는 안 된다. 레오 교황이 공의회를 통해서 네스토리우스와 에우티케스가 단죄되었다는 것을 갈리아 주교들에게 알린 그의 서한은 주목할 만하다. 그 서한의 내용은 다음과 같다. "거룩한 공의회는 본인의 주인이신 복되신 베드로 사도의 권위와 공로를 통하여 더욱 굳건해진, 보잘 것 없는 본인의 서한과 의견 일치를 이룬다는 것을 경건하게 만장일치로 표현하였습니다. 그러므로 공의회는 또한 터무니없는 악령의 허구에 대해 전율을 느끼며 배척하였고, 치욕은 하느님의 교회로부터 벗어났습니다."[40]

칼케돈 공의회는 사실 그 가르침에서나 실제 실행된 것을 통해서나 로마 수위권의 발전에서 중요한 단계였다. E. 카스파와 같은 역사가는 순수한 역사적인 관점에서 사건을 판단하는 사람인데, 그는 5세기 전반 동안 인노첸시오 1세 교황부터 레오 교황까지 로마 주교의 권

---

40) 레오, 『서한』, 102,4: PL 54, 987; ACO II, IV, 54.

위가 어떻게 더욱 강하게 두드러졌는지 제시해 주었다. 레오 교황은 첼레스티노 교황이 가졌던 것보다 더 큰 결단력과 굳건함을 가지고 교리논쟁과 규율적인 문제에 개입하였으며, 그에 맞갖게 결정을 내렸다.[41] 그리고 마르키아누스 황제는 콘스탄티노폴리스 총대주교 플라비아누스 못지않게 이 권위를 인정하였다. 상황이 더욱 임박해지기 때문에, 총대주교와 황제가 가질 수 있었던, 교황의 지원에 대한 욕구를 감안하더라도, 그들의 표현방식은 여전히 시사하는 바가 많다. 예를 들어 동방의 황제 마르키아누스는 자신이 통치를 넘겨받았다는 소식을 레오 교황에게 곧, "하느님 신앙을 가진 주교들 중에 수위권(principatum)을 차지하시는 교황 성하께(Suae Sanctitatis)" 알렸다.[42] 몇 달 전에도 서방의 황제 발렌티니아누스 3세와 갈라 플라키디아도 동방의 황제 테오도시우스 2세에게 보내는 서한에서 이와 같은 말을 사용하였다. "사제직의 수위권, 주교직의 수위권"(principatum sacerdotii, principatum episcopatus).[43] 이미 콘스탄티누스 황제 때에 나타났고 후에는 비잔틴 교회에도 퍼졌던 "제국교회"라는 사상에 대해, 베드로좌의 수위권에 대한 가르침이 더욱 분명하게 나타났다.[44]

제국교회의 기본이 되는 원칙은 정치적인 성격을 갖고 있다. 우리는 칼케돈 공의회의 "제28조 규정" 안에서 이 원칙이 어떠한 단호한 말로 드러났는지 살펴보았다. 콘스탄티노폴리스 교회가 요구한 수위권은 황제와 원로원이 있음으로 특별한 영예를 차지하는 황제의 도시, 새로운 로마의 수위권이었다. 이 정치적인 특권은 옛 로마와 똑

---

41) E. Caspar, *Geschichte des Papsttums I*, 296-564.

42) 레오, 『서한』, 73: PL 54, 899; ACO II, III, 1, 17. 라틴어로 된 원문이 본래의 것으로 보인다. 그 시대에서 나온 그리스어 역본은 "principatum in episopatu"라는 말을 숨겼다. 참조: P. Batiffol, *Le Siège Apostolique*, 529, 각주 3.

43) 레오, 『서한』, 55와 56: PL 54, 859-861; ACO II, III, 1, 13-15.

44) 참조: E. Caspar, *Geschichte des Papsttums I*, 522.

같이 콘스탄티노폴리스에게도 "교회적인 사안에서도" 우위를 가져다 주었다. 그러나 레오 교황은 그것에 대해, 하느님의 일에는 세속적인 일에서와 같은 원칙이 통용되지 않다고 대답해 주었다(alia ratio est rerum saecularium, alia divinarum).[45] 레오 교황에게 로마 주교의 수위권은 유일하게, 그리고 오로지 자신의 전임자인, 언제나 여전히 사도좌에 현존하시며 계속 살아계시는 베드로의 수위권에 기반을 두고 있지, 역사적인 황제 도시의 위대함에 기반을 두고 있지 않다.[46]

몇몇 고대의 교황들은 그의 후계자 안에서 계속 살아있는 베드로의 영적인 현존에 대한 그와 같은 순수한 직감을 가졌으며, 그 현존을 통하여 이 후계자들의 권위와 권력의 토대가 굳혀지는 것이다.[47]

> "베드로는 사도의 품위뿐만 아니라 주교의 품위도 가지고 있습니다. 베드로는 끊임없이 그분의 자리에 현존해 있습니다... 그가 그리스도로부터 바위라고 받은 견고함은 그의 후계자에게 계승되었는데, 그 자신이 바위가 되었기 때문입니다. 어떠한 단호한 결단력이 드러나는 곳에서는 어디서나 의심의 여지가 없이 목자의 강함이 나타납니다."[48]

우리는 여기에서 사도들 가운데 베드로의 우위에 바탕을 두고 있는 로마의 수위권에 대한 이 견해 배후에 있는 신학에 대해서는 다루지 않을 것이다. 이 신학은 베드로를 "사도들의 서열에서 으뜸"(princeps

---

45) 『서한』, 104,3: PL 54, 995; ACO II, IV, 56.

46) 참조: A. Michel, "Der Kampf um das politische oder petrinische Prinzip der Kirchenführung", *Chalkedon II*, 491–562.

47) 참조: P. Th. Camelot, "Saint Léeon le Grand, successeur de Saint Pierre", *La Vie Spir*. Nov. 1961, 521–529.

48) 『강론집』, 5,4: PL 54, 155.

apostolici ordinis)으로 삼고 있다.[49] 베드로는 모든 민족을 불러 모으는데 앞장서도록 선택되었다는 것이다.[50] 그러나 여기에서는 레오 교황이 이 수위권에 따라 전체 교회를 돌보아야 한다는(curam universalis Ecclesiae) 의식 속에서 살았다는 것에 대해 주지시켜야 할 것이다.[51]

교황과 공의회

따라서 이것과 관련된 교회사의 단락에서도 후대에 아주 열띠게 토론해야 했던 문제, 곧 교황과 공의회와의 관계에 대한 문제는 제기하지 않았다. 주교들은 제국과 마찬가지로 교회 내부에 평화와 일치를 위해 책임을 지녔던 황제에 의해 세계 모든 지역에서 소집되었고 모였다. 실제로 에페소와 칼케돈에는 거의 오로지 동방인들이 모였다. 그러나 공의회의 보편성과 동방과 서방의 일치를 설명하기 위해 첼레스티노 교황과 레오 교황의 대리자들이 참석하는 것으로 만족했다. 교황 사절들은 로마 주교와, 그가 직접 성 베드로 무덤에서 개최한 교회회의의 대리자로서 왔다.[52]

그렇게 사도좌는 비록 멀리 떨어져 있지만 실제로 의장직을 수행하였고 "머리가 지체들을 이끄는 바와 같이" 주교들을 이끌었다. 이것은 주교들에게 성령 안에서 모인 전체 교회를 대표한다는 의식을 심어주었다. 첼레스티노 교황은 이렇게 쓴 적이 있다. "사제들의

49) 『강론집』, 82,3: PL 54, 424.

50) 『강론집』, 4,2: PL 54, 149.

51) 『서한』, 75,1: PL 54, 902: ACO II, IV, 33.

52) 참조: M. Goemans, "Chalkedon als Allgemeines Konzil", *Chalkedon I*, 251-289; P. Th. Camelot, "Die ökumenischen Konzile des 4. u. 5. Jahrhunderts", *Das Konzil und die Konzile*, 53-87.

회합은 성령의 현존을 증명한다"(Spritus Sancti testatur praesentiam congregatio sacerdotum). 사도좌의 중심에는 그리스도께서 현존해 계셨다. 그리고 그것에 대한 외적인 표지로 대성당 가운데 주례석 위에 복음서가 놓여졌다. 주교들은 교회를 대표하면서 교회의 신앙과 전승을 대표한다. 그러므로 그리스도의 신비에 대한 논쟁 안에서 사람들은 계속해서 성경, 곧 복음과 사도들의 가르침뿐만 아니라 전승과 니케아 공의회에서 정의된 신앙을 근거로 내세웠다. 그것은 그것으로부터 시작해야 하는 확고한 토대였다. 공의회들은 순수한 규율적인 문제에서조차도 새로운 것들을 도입하려 하지 않았다. 사람들은 아주 단순하게 성경과 교부들의 일치된 가르침에 따라 성령의 도움과, 성령의 영감에 따라 교회의 신앙을 정하려고 하였다. 그래서 레오 교황은 이렇게 표현한다. "성령께서 모든 주교들을 가르치셨습니다(Sancto Spiritu docente); 그래서 주교들은 의견을 같이 하였고, 그들의 만장일치된 견해를 알렸습니다..."[53]

여기에서 다시금 칼케돈 공의회 판결문을 되돌아본다면, 알렉산드리아의 디오스코루스 주교는 "거룩한 공의회의 동의로" "온 교회의 우두머리인, 거룩하고 복되신 교황 레오에 의해 단죄되었다. 레오 교황은 교회의 기초이며 신앙의 바위라고 그의 이름으로 표현되는 사도 베드로의 품위를 지니셨다..."[54]

400년이 지난 후, 교황 니콜라우스 1세는 교회의 역사에서 중대한 순간에 콘스탄티노폴리스 포티우스 총대주교와 관련하여 미카엘 3세 황제에게 서한을 보냈다. 이 서한에서 니콜라우스 교황은 황제에게 사도좌의 명성이 증명하는 인상 깊은 일련의 사실들을 분명하게 보여주었다. 이때에 교황은 5세기의 공의회들과 자신의 선임자인 레오 교

---

53) 레오, 『서한』, 103: PL 54, 988이하; ACO II, IV, 155.

54) ACO II, II, 2, 29; 참조: 레오, 『서한』, 103: PL 54, 992; ACO II, IV, 156.

황을 잊지 않았다. 그는 요한 묵시록의 말씀(5,5)을 레오 교황에게 사용하며 다음과 같이 썼다. "유다 지파에서 난 사자가 승리하였다."(Vicit Leon de tribu Juda).[55)]

마지막 한 문제를 여기서 꺼내야 하겠다. 곧 동방과 서방과의 관계와, 콘스탄티노폴리스와 로마와의 관계에 대한 문제이다. 5세기의 두 보편공의회는 일치에 대한 솔직한 바람뿐만 아니라 가톨릭교회의 양 당사자의 실제적인 일치에 대한 바람을 표시하였다. 그것은 신앙 안에서의 일치였으며, 만장일치로 사도좌에 대한 인정이었다.

그러나 우리는 이미 "서로 부족한 지식의 상태"[56)]의 위험스런 징후를 알아보았는데, 그것은 동서간에 점점 더 깊은 격차가 벌어진 탓이었다. 이것에 대한 이유들을 들자면, 서로 멀리 떨어져 있었다는 것과, 당시의 교통의 조건들이 충분히 갖추어 있지 않았다는 것이다. 게다가 이민족의 침입들, 상대의 언어에 대한 무지, 다양한 심성과 신학, 교회 자체와 로마 수위권에 대한 다양한 견해들도 있었다. 또한 황제의 도시의 주교로서의 그 자격에 근거를 둠으로써 자신의 권위를 확장하려는 콘스탄티노폴리스의 야심 있는 계획은 서방과 동방이 소원해지는 데에 그 의미를 갖는다는 점에서 과소평가할 수 없을 것이다. 콘스탄티노폴리스의 아나톨리우스 총대주교는 안티오키아를 대가로 치르고 동방에 대한 확실한 통치권을 요구하기 위하여, 황제 도시의 주교라는 이 칭호에만 그 증거로 끌어댔다. 그래서 콘스탄티노폴리스는 사실 처음에는 안티오키아와 알렉산드리아의 성공적인 경쟁자였을 뿐이었지만, 곧바로 로마에 대해 유보적인 태도를 취해야만 했다... 그

---

55) Nikolaus I, "Brief an Kaiser Michael vom Jahre 865", *MonGermHist. Epist.* VI, 473; 참조: E. Caspar, Geschichte des Papsttums I, 514; 카스파르는 자신의 위대한 작품에서 레오 대 교황에 대하여 할애한 두 번째 장의 표제를 "Leo de tribu Juda(유다 지파에서 난 사자)"(묵시록 5,5)라고 하였다.

56) 이 말은 다음의 책에서 유래한다. M. Jugie, *Le schisme byzantin*, Paris, 1941, 188; 참조: Y. Congar, *Zerrissene Christenheit*, Wien–München, 1959, 12.

리고 곧바로 황제도 칼케돈 공의회 권위 자체를 문제시 삼을 정도가 되었다. 그래서 이 영광스러운 시기는 오래 가지 못했다. 그것은 가슴 아픈 역사였지만, 이제 시작된 것이다.[57)]

57) 칼케돈 공의회가 일치를 성사시키는 것 대신에 얼마나 모순과 분열의 표징이 되었는지, *Chalkedon II*, 3–562에 상세히 다루어진다.

부록 _ 원문 · 번역문

I. 알렉산드리아의 키릴루스가 네스토리우스에게 보낸 둘째 서한(430년 1–2월)

II. 네스토리우스가 키릴루스에게 보낸 둘째 서한(430년 6월 15일)

III. 키릴루스가 네스토리우스에게 보낸 셋째 서한(430년 11월)

IV. 네스토리우스에 대한 면직 판결(431년 6월 22일)

V. 에페소 공의회 교령(431년 7월 22일)

VI. 안티오키아의 요한이 키릴루스에게 보낸 서한(433년 初)

VII. 키릴루스가 안티오키아의 요한 주교에게 보낸 서한(433년 初)

VIII. 레오 교황이 콘스탄티노폴리스의 주교 플라비아누스에게 보낸 서한(449년 6월 13일)

IX. 칼케돈 공의회 교의 결정

X. 칼케돈 공의회 규정

XI. 레오 교황이 칼케돈 공의회에 보낸 서한(453년 3월 21일)

XII. 에페소 공의회 1500주년 기념 회칙 「진리의 빛(*Lux veritatis*)」(1931년 12월 25일)

XIII. 칼케돈 공의회 1500주년 기념 회칙 「영원한 왕이신 그리스도(*Sempiternus Rex Christus*)」(1951년 9월 8일)

원문

I.

Τῷ εὐλαβεστάτῳ καὶ θεοφιλεστάτῳ συλλειτουργῷ Νεστορὶῳ, Κύριλλος ἐν Κυρίῳ χαίρειν.

Καταφλυαροῦσι μὲν, ὡς ἀκούω, τινὲς τῆς ἐμῆς ὑπολήψεως ἐπὶ τῆς σῆς θεοσεβείας· καὶ τοῦτο συχνῶς, τὰς τῶν ἐν τέλει συνόδους καιροφυλακοῦντες μάλιστα· καὶ τάχα που καὶ τέρπειν οἰόμενοι τὴν σὴν ἀκοὴν καὶ ἀβουλήτους πέμπουσι φωνάς, ἠδικημένοι μὲν οὐδέν, ἐλεγχθέντες δὲ, καὶ τοῦτο χρησίμως, ὅ μὲν, ὅτι τυφλοὺς ἠδίκει καὶ πένητας· ὃ δε, ὡς μητρὶ ξιφος ἐπανατείνας· ὁ δὲ, θεραπαίνῃ συγκεκλοφὼς χρυσίον ἀλλότριον· καὶ τοιαύτην ἐσχηκὼς ἀεὶ τὴν ὑπόληψιν, ἣν οὐκ ἄν εὔξαιτό τις συμβῆναί τισι καὶ τῶν λίαν εχθρῶν. Πλὴν οὐ πολὺς τῶν τοιούτων ὁ λόγος ἐμοί, ἵνα μήτε ὑπὲρ τὸν Δεσπότην καὶ διδάσκαλον, μήτε μὴν ὑπὲρ τοὺς πατέρας τὸ τῆς ἐνούσης μοι βραχύτητος ἐκτείνοιμι μέτρον. Οὐ γὰρ ἐνδέχεται τὰς τῶν φαύλων διαδράναι σκαιότητας, ὡς ἄν ἕλοιτό τις διαβιοῦν.᾿Αλλ᾿ ἐκεῖνοι μὲν ἀρᾶς καὶ πικρίας μεστὸν

I.

Religiosissimo Deique amantissimo comministro Nestorio, Cyrillus in Domino salutem.

Intelligo quosdam meae apud tuam pietatem existimationi falso detrahere, multaque temere effutire; idque crebro, ac tum maxime quando magistratus coguntur; fortasse etiam nonnullam hac ratione oblectationem auribus tuis afferre se opinantes, homines nulla unquam injuria a me affecti, sed salubriter tantum convicti: hic quidem quod caecos egenosque per injuriam oppresserit; alius quod ferrum in matrem strinxerit; alius quod ancillae praesidio aurum alienum abstulerit, et ejusmodi improbitatis suspicione semper laboraverit, cujusmodi ne infensissimos quidem hostes laborare optaverit quispiam. Verum istos, et si qui ejus farinae sunt alii, non multum moror, ne supra magistrum et Dominum, vel etaim supra majores nostros tenuitatis meae mensuram extendere videar. Fieri enim vix potest, quamcunque demum vitae rationem inieris, ut pravorum maldedicorumque hominum dentes evadas. Sed illi quidem maledicentiae et

번역문

I.

알렉산드리아의 키릴루스가 네스토리우스에게 보낸 둘째 서한

(430년 1-2월)[1]

매우 존경하옵는, 하느님께서 가장 사랑하시는 동료인 네스토리우스에게 키릴루스가 주님 안에서 인사를 드립니다.

제가 듣기로는 몇몇 사람들이 저의 견해에 대해 거짓된 소문을 존경하올 주교님께 퍼뜨리고 있습니다. 그들은 매우 자주 그렇게 행동하고 있으며, 특히 고위 인사들이 모이는 기회를 이용하여 그렇게 하고 있습니다. 그렇게 그들은 아마도 주교님의 귀를 즐겁게 할 수 있다고 생각하고, 비록 제가 그들에게 부당한 일을 가하지 않았음에도, 근거도 없는 일들을 말하고 있습니다. 그래서 저는 아주 친절하게 그들을 문책했습니다. 한 사람은, 제가 장님과 가난한 사람들을 모욕한 사람이며, 다른 사람은, 제가 자신의 어머니를 칼로 위협한 사람이고, 세 번째 사람은, 제가 하녀와 함께 이방인의 금을 훔쳤고, 사람들이 아주 못된 자신의 적에게조차도 원하지 않는 그러한 평판을 받고 있는 사람이라고 했습니다. 그러나 그러한 사람들의 이야기는 저에게 그리 중요하지 않으며, 보잘것없는 제가 주님이시며 스승이신 분과, 혹은 교부들보다 뛰어난 사람처럼 보이고 싶지 않습니다. 왜냐하면 어느 누가 아무리 매우

1) PG 77, 44-49; ACO I, I, 1, 25-28; 독일어역 BKV 2. R. bd. 12, 81-86(O. Bardenhewer)

ἔχοντες τὸ στόμα[Rom 3,14], τῷ πάντων ἀπολογήσονται κριτῇ·

Τετράψομαι δὲ πάλιν ἐγὼ πρὸς τὸ ὅτι μάλιστα πρέπον ἐμαυτῷ καὶ ὑπομνήσω καὶ νῦν, ὡς ἀδελφὸν ἐν Κυρίῳ τῆς διδασκαλίας τὸν λόγον, καὶ τὸ ἐπὶ τῇ πίστει φρόνημα μετὰ πάσης ἀσφαλείας ποιεῖσθαι πρὸς τοὺς λαούς· ἐννοεῖν τε ὅτι τὸ σκανδαλίσαι καὶ μόνον ἕνα τῶν μικρῶ ν τῶν πιστευόντων εἰς Χριστὸν[Mt. 18.6], ἀφόρητον ἔχει τὴν ἀγανάκτησιν· εἰ δὲ δὴ πληθὺς εἴη τοσαύτη τῶν λελυπημένων, πῶς οὐχ ἁπάσης εὐτεχνίας ἐν χρείᾳ καθεστήκαμεν, πρός τε τὸ δεῖν ἐμφρόνως περιελεῖν τὰ σκάνδαλα, καὶ τὸν ὑγιᾶ τῆ ς πίστεως κατευρῦναι λόγον τοῖς ζητοῦ σι τὸ ἀληθές; Ἔσται δὲ τοῦτο καὶ μάλα ὀρθῶς, εἰ τοῖς τῶν ἁγίων Πατέρων περιτυγχάνοντες λόγοις, περὶ πολλοῦ τε αὐτοὺς ποιεῖσθαι σπουδάζοιμεν, καὶ δοκιμάζοντες ἑαυτούς, εἰ ἐσμὲν ἐν τῇ πίστει, κατὰ τὸ γεγραμμένον[2Kor 13,5] , ταῖς ἐκείνων ὀρθαῖς καὶ ἀνεπιλήπτοις δόξαις τὰς ἐν ἡμῖν ἐννοίας εὖ μάλα συμπλάττομεν.

Ἔφη τοίνυν ἡ ἁγία καὶ μεγάλη σύνοδος, αὐτὸν τὸν ἐκ Θεοῦ Πατρὸς κατὰ φύσιν γεννηθέντα Υἱὸν μονογενῆ , τὸν ἐκ Θεοῦ ἀληθινοῦ θεὸν ἀληθεινόν, τὸ φῶς τὸ ἐκ τοῦ φωτός, τὸν δι᾽ οὗ τὰ πάντα πεποίηκεν ὁ Πατὴρ, κατελθεῖν, σαρκωθῆναί τε καὶ ἐνανθρωπῆσαι, παθεῖ ν, ἀναστῆναι τῇ τρίτῃ ἡμέρᾳ καὶ ἀνελθεῖ ν εἰς οὐρανούς. Τούτοις δὲ καὶ ἡμᾶ ς ἕπεσθει δεῖ καὶ τοῖς λόγοις καὶ τοῖς δόγμασιν, ἐννοοῦντας, τί τὸ σαρκωθῆναι, καὶ ἐνανθρωπῆσαι δηλοῖ τὸν ἐκ Θεοῦ Λόγον. **Οὐ γάρ φαμεν ὅτι ἡ τοῦ Λόγου**

acerbitatis os plenum habentes[Rom 3,14], coram omnium judice causam dicturi sunt.

Ego vero ad id denuo reversus, quod me potissimum decere existimo, te veluti fratrem in Domino etiamnum admonere non gravabor, ut doctrinae sermonem fideique doctrinam cum omni cautione populo proponas, cogitesque serio, si vehementer illi Deum irritant qui e pusillorum numero vel unum tantum in Christum credentem scandalizaverint[Mt. 18.6], quanta diligentia quantaque dexteritate opus sit, si tota quaepiam multitudo gravius offensa sit, ut, scandalis prudenter praecisis, sanum fidei sensum sermonemque veritatis studiosis afferamus. Ad hoc autem praestandum plurimum contulerit, si sanctorum Patrum scripta evolventes, quam maximi illa facere studeamus; nosque ipsos probantes, num simus in fide, ut scriptum est[2Kor 13,5], ad rectas irreprehensibilesque eorum sententias nostras cogitationes apte conformemus.

Sacra itaque et magna illa synodus tradit ipsum unigenitum Dei Filium naturaliter ex Deo Patre natum, Deum verum de Deo vero, lumen de lumine, per quem Pater omnia condidit, descendisse, incarnatum, et hominem factum, passum esse, tertia quoque die resurrexisse, et ad coelos ascendisse. His verbis hisque dogmatibus nos quoque insistere oportet, sedulo animo pertractantes, ecquidnam sit, Dei Verbum incarnatum ac hominem factum esse. **Neque enim dicimus Verbi naturam per sui mutationem carnem esse**

바르게 산다 해도, 악담하는 이들의 독기와 성가심을 피하는 것은 불가능하기 때문입니다. 그러나 "그들의 입이 저주와 독설로 가득한"(로마 3,14) 이들은 모든 재판관 앞에서 해명을 해야 할 것입니다.

이제 저는 제게 가장 어울리는 것에 다시 관심을 기울이고 싶습니다. 저는 오늘 그리스도 안에 나의 형제로서 주교님께 부탁하건데, 주교님이 백성 앞에서 강론할 때 아주 세심하게 교리 말씀(διδσκαλίασ τὸν λόγον)과 신앙에 대한 생각(πίστει φρόνημα)을 제시해 주시고, 그리스도를 믿는 이 작은 이들 가운데 하나라도 죄짓게 하는 자들은(마태 18,6) 하느님께서 참지 않으시고 그에게 화를 내리실 것이라는 것을 항상 생각해 주십시오. 그러나 기만당하는 이들의 수가 늘어난다면, 우리는 악표양을 잘라내고 진리를 찾는 이들에게 건전하고 올바른 신앙 개념을 바로 잡게 하는 데 모든 수단을 사용해야 되지 않겠습니까? 이것은 우리가 거룩한 교부들의 저서들을 읽고 그것들을 높게 평가한다면 쉽게 이루어질 수 있습니다. 이때에 우리는 성경에 쓰여 있는 것에 따라(2코린 13,5), 우리가 믿음 안에 살고 있는지 스스로 따져 보아야 하며, 우리의 생각과 정신을 교부들의 참되고 나무랄 데 없는 가르침과 일치시켜야 합니다.

이제 거룩하고 위대한 [니케아]공의회는 예수 그리스도께서 하느님 아버지에게서 본성에 따라(κατά φύσιν) 나셨으며, 외아드님이시고, 참 하느님에게서 나신 참 하느님이시며, 빛에서 나신 빛이시고, 그분을 통해 하느님 아버지께서 만물을 창조하셨고, 이 분은[그리스도는] 내려오셨으며, 육화하셨으며 인간이 되셨고, 고난을 겪으셨으며, 사흗날에 부활하셨고, 하늘에 오르셨다고 말하였습니다. 우리는 이 말씀을 따라야 하며 이 가르침에 순종하는 것이 합당하고, 하느님의 말씀이 육화하셨다는 것과 사람이 되셨다는 것이 무엇을 뜻하는지 생각해 보아야 합니다. **우리는 말씀의 본성이 변하여 육(肉)이 되었다고 말하지 않습**

φύσις μεταποιηθεῖσα γέγονε σάρξ· ἀλλ᾽ οὐδὲ ὅτι εἰς ὅλον ἄνθρωτον μετεβλήθη, τὸν ἐκ ψυχῆς καὶ σώματος· ἐκεῖνο δὲ μᾶλλον, ὅτι σάρκα ἐμψυχωμένην ψυχῇ λογικῇ ἑνώσας ὁ Λόγος ἑαυτῷ καθ᾽ ὑπόστασιν, ἀφράστως τε καὶ ἀπερινοήτως γέγονεν ἄνθρωπος, καὶ κεχρημάτικεν Υἱὸ ς ἀνθρώπου, οὐ κατὰ θέλησιν μόνην, ἢ εὐδοκίαν· ἀλλ᾽ οὐδὲ ὡς ἐν προσλήψει προσώπου μόνου· καὶ ὅτι διάφοροι μὲν αἱ πρὸς ἑνότητα τὴν ἀληθινὴν συναχθεῖσαι φύσεις· εἷς δὲ ἐξ ἀμφοτέρων Χριστὸς καὶ Υἱος· οὐχ ὡς τῆς τῶν φύσεων διαφορᾶς ἀνῃρημένης διὰ τὴν ἕνωσιν· ἀποτελεσασῶ ν δὲ μᾶλλον ἡμῖν τὸν ἕνα Κύριον᾽Ιησοῦ ν Χριστὸν καὶ Υἱόν, θεότητὸς τε καὶ ἀνθρωπότητος, διὰ τῆς ἀφράστου καὶ ἀποῤῥήτου πρὸς ἑνότητα συνδρομῆς·

factam; sed neque in totum hominem transformatam ex anima et corpore constitutum; asserimus autem Verbum, unita sibi secundum hypostasim carne animata rationali anima, inexplicabili incomprehensibilique modo hominem factum, et hominis Filium exstitisse, non per solam voluntatem aut beneplacitum, sive per solam personae assumptionem. Et quamvis naturae sint diversae, vera tamen unione coeuntes, unum nobis Christum et Filium effecerunt; non quod naturarum differentia propter unionem sublata sit, verum quod divinitas et humanitas secreta quadam ineffabilique conjunctione in una persona unum nobis Jesum Christum et Filium constituerint.

Οὕτω τε λέγεται, καίτοι πρὸ αἰώνων ἔχων τὴν ὕπαρξιν, καὶ γεννηθεὶς ἐκ Πατρός, γεννηθῆναι καὶ κατὰ σάρκα ἐκ γυναικός, οὐχ ὡς τῆς θείας αὐτοῦ φύσεως ἀρχὴν τοῦ εἶναι λαβούσης ἐν τῇ ἁγίᾳ Παρθένῳ οὔτε μὴν δεηθείσης ἀναγκαίως δι᾽ ἑαυτὴν δευτέρας γεννήσεως, μετὰ τὴν ἐκ Πατρός (῎Εστι γὰρ εἰκαῖόν τε ὁμοῦ καὶ ἀμαθὲς τὸν ὑπάρχοντα πρὸ παντὸς αἰῶνος, καὶ συναίδιον τῳ Πατρὶ, δεῖσθαι λέγειν ἀρχῆς τῆς εἰς τὸ εἶναι δευτέρας), ᾽Επειδὴ δὲ δι᾽ ἡμᾶς, καὶ διὰ τὴν ἡμετέραν σωτηρίαν ἑνώσας ἑαυτῷ καθ ᾽ ὑπόστασιν τὸ ἀνθρώπινον, προῆλθεν ἐκ γυναικός, ταύτῃ τοι λέγεται γεννηθῆ ναι σαρκικῶς. **Οὐ γὰρ πρῶτον ἄνθρωπος ἐγεννήθη κοινὸς ἐκ τῆς ἁγίας Παρθένου· εἶθ᾽ οὕτω καταπεφοίτηκεν ἐπ᾽ αὐτὸν ὁ**

Ad hunc modum, qui ante omne saeculum exsistit, et ex Patre genitus fuit, secundum carnem ex muliere natur dicitur: non quod divina illius natura exsistentiae suae initium in sacra Virgine sumpserit, aut quod post primam ex Patre, altera propter seipsam generatione necessario indiguerit: stultum est enim planeque ineptum asserere cum qui ante omnia saecula Patri coaeternus exsistit, altera denuo, quo exsistere queat, generatione indiguisse: sed quod propter nos, et propter nostram salutem humana natura secundum hypostasim sibi unita, ex muliere natus est: hinc est quod secundum carnem natus praedicatur. **Non enim primo vulgaris quispiam homo ex Virgine ortus est, in quem Dei**

니다. 그렇다고 말씀의 본성이 영혼과 육체로 이루어진 온전한 인간으로 변하였다고도 말하지 않습니다. 오히려 우리는 말씀이 이성을 지닌 영혼이 깃든 육을 히포스타시스에 따라 자신과 일치시킴으로써, 형언할 수 없고 이해할 수 없는 방식으로 인간이 되셨고 사람의 아들로 불렸다고 말합니다. 이는 단지 그의 의지 또는 원의가 아니고, 또한 위격을 취함으로써만 이루어진 것도 아닙니다. 게다가 우리는 참된 일치로 결합된 두 본성이 서로 다르지만 그리스도와 아들이 두 본성으로 이루어진 한 분이라고 주장합니다. 이는 두 본성의 구별이 일치 때문에 없어졌다기보다, 오히려 신성과 인성이 일치하기 위해 말로 형언할 수 없으며, 신비로운 결합을 통해서 우리에게 한 분의 주님, 그리스도, 아들을 이루었기 때문입니다.[2)]

따라서 그분은, 영원으로부터 존재하셨고 하느님 아버지에게서 나셨을지라도 육으로는 여인에게서 태어나셨습니다. 그래서 마치 그의 신성이 거룩한 동정녀 안에 그 기원을 가진 듯이, 혹은 성부에게서 발하신 후에 두 번째 출생이 그 자체로 필요하게 된 것 같지만 그렇지 않습니다. 영원으로부터 존재하시고 하느님 아버지와 똑같으신 영원하신 그분이 생겨나기 위해 두 번째 출생을 필요로 하였다고 말하면, 그것은 경솔하고 동시에 어리석은 일이기 때문입니다. 하지만 말씀이 우리를 위해서 그리고 우리의 구원 때문에 자신의 히포스타시스(위격) 안에 인성과 결합하셨고 여인에게서 태어나셨기 때문에, 육으로는 여인에게서 나셨다고 말하는 것입니다. **이는, 처음에는 거룩한 동정녀에게서 보통 사람이 태어났고 그 다음에는 말씀이 그 사람 위에 내렸다**

2) 역주. DH 항과 같은 부분은 굵은 글씨로 표시함.

Λόγος· ἀλλ᾽ ἐξ αὐτῆς μήτρας ἑνωθεὶς, ὑπομεῖναι λέγεται γέννησιν σαρκικήν, ὡς τῆς ἰδίας σαρκὸς τὴν γέννησιν οἰκειούμενος.

Verbum deinde sese demiserit; sed in ipso utero carni unitum secundum carnem progenitum dicitur, utpote suae carnis generationem sibi ut propriam vindicans.

Οὕτω φαμὲν αὐτὸν καὶ παθεῖν, καὶ ἀναστῆναι, οὐχ ὡς τοῦ Θεοῦ λογου παθόντος εἰς ἰδίαν φύσιν, ἢ πληγὰς, ἢ διατρήσεις ἥλων, ἤγουν τὰ ἕτερα τῶν τραυμάτων (ἀπαθὲς γὰρ τὸ θεῖον, ὅτι καὶ ἀσώματον) ἐπειδὴ δὲ τὸ γεγονὸς αὐτοῦ ἴδιον σῶμα πέπονθε ταῦτα, πάλιν αὐτὸ ς λέγεται παθεῖν ὑπὲρ ἡμῶν· Ἦν γὰρ ὁ ἀπαθὴς ἐν τῷ πάσχοντι σώματι. Κατὰ τὸν ἴσον δὲ τρὸπον, καὶ ἐπὶ τοῦ τεθνάναι νοοῦμεν· ἀθάνατος γὰρ κατὰ φύσιν, καὶ ἄφθαρτος, καὶ ζωὴ καὶ ζωοποιός ἐστιν ὁ τοῦ θεοῦ Λόγος. Ἐπειδὴ δὲ πάλιν τὸ ἴδιον αὐτοῦ σῶμα χάριτι Θεοῦ, καθά φησιν ὁ Παῦλος[Hebr 2,9], ὑπὲρ παντὸς ἐγεύσατο θανάτου, λέγεται παθεῖν αὐτὸ ς τὸν ὑπὲρ ἡμῶν θάνατον· οὐχ ὡς εἰς πεῖραν ἐλθὼν τοῦ θανάτου, τό γε ἧκον εἰς τὴν αὐτοῦ φύσιν (ἀποπλεξία γὰρ τοῦ το λέγειν ἢ φρονεῖν), ἀλλ᾽ ὅτι, καθάπερ ἔφην ἀρτίως, ἡ σὰρξ αὐτοῦ ἐγεύσατο θανάτου. Οὕτω καὶ ἐγηγερμένης αὐτοῦ τῆς σαρκός, πάλιν ἡ ἀνάστασις αὐτοῦ λέγεται· οὐχ ὡς πεσόντος εἰς φθοράν· μὴ γένοιτο· ἀλλ᾽ ὅτι τὸ αὐτοῦ πάλιν ἐγὴ γερται σῶμα.

Ad eumdem modum illud passum et resuscitatum dicimus, non quod Dei Verbum aut plagas, aut clavorum perforationes, aut alia id genus vulnera in propriam naturam acceperit: nam ut divinum numen corporis expers est, ita perpeti quoque nihil potest; sed quia corpus quod sibi asciverat, haec fuit expertum, eam ob rem ipsum nostri causa illa perpessum asseritur. Impatibile enim Verbum in corpore patibili exsistebat. Idem et de ejusdem quoque morte sentimus, siquidem Dei Verbum, suapte natura immortale et a corruptione alienum, et vita rursum et vivificans est. Verum quia suum ipsius corpus gatuito Dei munere mortem, attestante Paulo[Hebr 2,9], omnium causa degustavit, fit ut ipsum mortem propter nos perpessum dicatur: non quod ipsum, quod quidem ad propriam naturam attinet, mortem exceperit (insania namque mera esset, istud vel dicere, vel cogitare), sed quia caro illius mortem, ut modo aiebam, degustavit. Pari modo, quia caro illius resurrexit, et ipsi resurrectio tribuitur: non quod ipsum ceciderit in corruptionem, absit! sed quia rursus corpus illius exsuscitatum est.

Οὕτω Χιρστὸν ἕνα καὶ Κύριον ὁμολογήσομεν· οὐχ ὡς ἄνθρωπον συμπροσκυνοῦντες τῷ Λόγῳ, ἵνα μὴ τομῆς φαντασία παρεισκρίνηται, διὰ τοῦ

Ita unum Christum et Dominum confitemur; non quod hominem una cum Verbo adoremus, ne illud *cum Verbo*, aliquam divisionis imaginationem

는 뜻이 아닙니다. 오히려 말씀이 이미 모태에서 인성과 결합되어 육적 출생을 받아들였다는 뜻입니다. 말씀이 육적 출생을 자신의 것으로 삼았기 때문입니다.[3)]

그래서 우리는 말씀이 고난을 겪기까지 하셨고 부활하셨다고 주장합니다. 그것은 마치 하느님이신 말씀이 자신의 고유한 본성 안에서 고난을 겪으셨고 채찍질을 당하셨고 못으로 찔렸으며 다른 상처를 받으신 것 같지만 그렇지 않습니다. 신성은 고난을 겪을 수 없습니다. 왜냐하면 신성은 육신이 없기 때문입니다. 그러나 자신의 고유한 것이 된 육신은 이렇게 고난을 겪었기 때문에, 말씀은 스스로 우리를 위해서 고난을 겪으셨다고 다시금 말할 수 있는 것입니다. 고난을 겪으실 수 없는 분이 고난을 겪는 육 안에 계셨습니다. 마찬가지로 우리는 또한 그분의 죽음에 대해서 생각할 수 있겠습니다. 왜냐하면 하느님이신 말씀은 자신의 본성에 따라 죽으실 수 없으며, 변화할 수 없고, 생명이시며 생명을 주시는 분이기 때문입니다. 하지만 그의 고유한 몸은 다시금 "하느님의 은총을 통하여" 바오로가 말하듯이, "모든 사람을 위하여 죽음을 겪으셔야 했기 때문에, 말씀 자체가 죽음을 당하셨다는 말이 있습니다. 그러나 마치 말씀이 그의 본성과 관련하여 죽음에 굴복하는 것 같지만 그렇지 않습니다. 물론 이렇게 말할 수 있고 생각할 수 있지만, 그것은 망상입니다. 제가 위에서 언급하였듯이, 그의 육이 죽음을 겪었기 때문입니다. 그리고 그의 육은 되살아났기 때문에 우리는 그의 부활에 대해서 말하는 것입니다. 마치 말씀이 소멸이 된 것 같지만 그렇지 않습니다. 그것은 당치도 않은 소리입니다. 우리는 그분의 몸이 되살아났기 때문에 다시금 그렇게 말하는 것입니다.

따라서 우리는 한 분이신 그리스도 주님을 고백합니다. 이때에 우

---

3) DH 251.

λέγειν τὸ, συν· ἀλλ᾽ ὡς ἕνα καὶ τὸν αὐτὸν προσκυνοῦντες, ὅτι μὴ ἀλλότριον τοῦ Λόγου τὸ σῶμα αὐτοῦ, μεθ᾽ οὗ καὶ αὐτῷ συνεδρεύει τῷ Πατρι·, οὐχ ὡς δύο πάλιν συνεδρευόντων υἱῶν, ἀλλ᾽ ὡς ἑνὸ ς καθ᾽ ἕνωσιν μετὰ τῆς ἰδίας σαρκὸς. Ἐὰν δὲ τὴν καθ᾽ ὑπόστασιν ἕνωσιν ἢ ὡς ἀνέφικτον ἢ ὡς ἀκαλλῆ παραιτούμεθα, ἐμπίπτομεν εἰς τὸ δύο λέγειν υἱούς. Ἀνάγκη γὰρ πᾶσα διορίσαι, καὶ εἰπεῖ ν τὸν μὲν, ἄνθρωπον ἰδικῶς, τῇ τοῦ Υἱοῦ κλήσει τετιμημένον· ἰδικῶς δὲ πάλιν, τὸν ἐκ Θεοῦ Λόγον, υἱότητος ὄνομά τη καὶ χρῆμα ἔχοντα φυσικῶς. Οὐ διαιρετέον τοιγαροῦν εἰς υἱοὺς δύο, τὸν ἕνα Κύριον Ἰησοῦν Χριστόν. Ὠφέλησὲ κατ᾽ οὐδένα τρόπον τὸν ὀρθὸν τῆς πίστεως λόγον εἰς τὸ οὕτως ἔχειν, κἂν εἰ προσώπων ἕνωσιν ἐπιφημίζουσι τινές. Οὐ γὰρ εἴρεκεν ἡ Γραφὴ ὅτι ὁ Λόγος ἀνθρώπου πρόσωπον ἥνωσεν ἑαυτῷ, ἀλλ᾽ ὅτι γέγονε σάρξ[Jo. 1,14] Τὸ δὲ σάρκα γενέσθει τὸν Λόγον, οὐδὲν ἕτερόν ἐστιν, εἰ μὴ ὅτι παραπλησὶως ἡμῖν μετέσχεν αἵματος καὶ σαρκὸς[Hebr 2,14]· Ἴδιόν δε σῶμα τὸ ἡμῶν ἐποιήσατο, καὶ προῆλθεν ἄνθρωπος ἐκ γυναικός, οὐκ ἀποβεβληκὼ ς τὸ εἶναι Θεὸς, καὶ τὸ ἐκ Θεοῦ γεγεννῆ σθαι Πατρός. ἀλλά καὶ ἐν προσλήψει σαρκὸς μεμενηκὼς ὅπερ ἦν.

Τοῦτο πρεσβεύει πανταχοῦ τῆς ἀκριβοῦ ς πίστεως ὁ λόγος· οὕτως εὑρήσομεν τοὺ ς ἁγίους πεφρονηκότας Πατέρας· **Οὕτω τεθαρσήκασι Θεοτόκον εἰπεῖν τὴν ἁγίαν Παρθένον· οὐχ ὡς τῆς τοῦ Λόγου φύσεως, ἤτοι τῆς θεότητος αὐτοῦ τὴν**

menti objiciat; sed unum eumdemque adoramus, quandoquidem corpus suum non est alienum a Verbo, cum quo Patri assidet: non quod duo filii Patri assideant: assidet enim unus tantum, per unionem cum propria carne. Quod si unionem secundum hypostasim tanquam incomprehensibilem indecentemque repudiaverimus, eo prolabimur ut duos filios esse dicamus. Necesse est enim distinguere et vocare, alterum quidem per se hominem Filii appellatione cohonestatum; alterum vero per se ac seorsum Dei Verbum, quod et nomen et rem quoque filiationis naturaliter obtineat. Nulla itaque ratione unum Dominum nostrum Jesum Christum in duos filios divellere fas est. Porro autem ut integra sit haec recta fidei ratio, nihil erit usui personarum unio quam quidam ponunt. Non enim Scriptura dicit Verbum hominis personam sibi associasse, sed carnem factum esse[Jo. 1,14]. Quod autem Verbum caro factum perhibetur, id aliud nihil est quam quod perinde ac nos carni et sanguini communicavit[Hebr 2,14]. Suum ergo fecit nostrum corpus, prodiitque homo ex muliere, deitate interim, aut ex Patre nativitate non abjecta; mansit enim in ipsa quoque carnis assumptione quod erat.

Hoc exactioris fidei doctrina ubique praedicat: hoc sanctos Patres sensisse reperiemus: **ita non dubitarunt sacram Virginem Deiparam appellare; non quod Verbi natura, ipsiusve divinitas ortus sui**

리는 "함께"라는 말을 사용하여 "분리"에 대한 생각이 들지 않도록, 말씀과 함께 한 인간에게 기도하지 않습니다. 우리는 오히려 한 분이시며 같으신 그리스도를 흠숭합니다. 왜냐하면 그분의 몸은 하느님이신 말씀과 아무 관계가 없지 않기 때문입니다. 그분은 이 몸과 함께 하느님 아버지의 오른 편에 앉아 계십니다. 두 아들이 앉아 계시는 것이 아니라, 한 분의 아드님이 고유한 육과 결합에 의해 앉아 계시기 때문입니다. 그러나 우리가 히포스타시스[위격]에 따른 결합을 이해할 수 없고 부적당하다고 거부한다면, 우리는 어쩔 수 없이 두 아들을 받아들이게 될 것입니다. 그러면 우리는 한편으로는 순전히 "아들"이란 이름을 통해서 존경을 받은 한 인간과, 다른 한편으로는, 본성에 따라 아들이라는 이름과 실재를 제 것으로 삼는 하느님이신 말씀을 구분하지 않을 수 없게 될 것입니다. 그러므로 한 분이신 주 예수 그리스도는 두 아들로 따로 나누어 서로 구분을 해서는 안 됩니다. 비록 몇몇 사람들이 두 위격(prosopa)의 결합에 대해서 말을 할지라도, 우리가 이러한 견해에 이른다면, 신앙의 올바른 가르침을 위해서는 아무런 도움이 될 수 없습니다. 성경은 말씀이 한 인간의 위격과 결합되었다고 말하지 않고 말씀이 몸소 육이 되셨다고 말합니다(요한 1,14). 그러나 이것은 우리가 피와 살을 나누어 가졌듯이(히브 2,14), 말씀이 우리의 몸을 자기 것으로 삼으셨고 인간으로서 여인에게서 태어나셨다는 것 외에 다른 뜻이 아닙니다. 이때에 말씀은 그의 신성과, 성부 하느님으로부터 낳음을 받으신 그의 존재를 포기하지 않으셨습니다. 말씀은 육을 받아들이실 때 이미 이전에 계셨던 그대로 머무셨습니다.

이 모든 것은 참 신앙의 가르침으로 어디에서나 유효하며, 우리는 이와 같은 가르침을 거룩한 교부들에게서도 찾을 수 있습니다. 따라서 **거룩한 교부들은 말씀의 본성 또는 그 신성이 존재의 시작을 거룩한 동정녀에게서 취하셨기 때문이 아니라, 이성적 영혼이 깃든 거**

ἀρχὴν τοῦ εἶναι λαβούσης ἐκ τῆς ἁγίας Παρθένου, ἀλλ' ὡς γεννηθέντος ἐξ αὐτῆς τοῦ ἁγίου σώματος, ψυχωθέντος λογικῶς, ᾧ καὶ καθ' ὑπόστασιν ἑνωθεὶς ὁ Λόγος, γεγεννῆσθει λέγεται κατὰ σάρκα.

Ταῦτα καὶ νῦν ὡς ἐξ ἀγάπης τῆς ἐν Χριστῷ γράφω, παρακαλῶν ὡς ἀδελφον, καὶ διαμαρτυρόμενος ἐνώπιον τοῦ Θεοῦ καὶ τῶν ἐκλεκτῶν ἀγγέλων αὐτοῦ, ταῦ τα μεθ' ἡμῶν καὶ φρονεῖν καὶ διδάσκειν· ἵνα σωιζηται τῶν Ἐκκλησιῶν ἡ εἰρήνη, καὶ τῆς ὁμονοίας καὶ ἀγάπης ὁ σύνδεσμος ἀρραγὴς διαμένοι τοῖς ἱερεῦσι τοῦ Θεοῦ.

Πρόσειπε τὴν παρὰ σοὶ ἀδελφότητα. Σὲ ἡ σὺν ἡμῖν ἐν Κυρίῳ προσαγορεύει.

principium ex sancta Virgine sumpserit, sed quod sacrum illud corpus anima intelligente perfectum ex ea traxerit, cui et Dei Verbum secundum hypostasim unitum, secundum carnem natum dicitur.

Atque haec quidem in praesentia ex charitate quae est in Christo, scribenda existimavi, obsecrans te ut fratrem, et coram Christo sanctisque angelis ejus obtestans, ut haec nobiscum et sentias et doceas: quo Ecclesiarum pax conservetur, dilectionisque et concordiae vinculum inter Dei sacerdotes indissolubile permaneat.

Saluta, quae apud te est, fraternitatem. Te, quae nobiscum est, salutat in Domino.

II.

II.

Τῷ εὐλαβεστάτῳ καὶ θεοφιλεστάτῳ συλλειτουργῷ Κυρίλλῳ, Νεστόριος ἐν Κυρίῳ χαίρειν.

Τὰς μὲν καθ' ἡμῶν ὕβρεις τῶ ν θαυμαστῶν σου γραμμάτων ἀφίημι, ὡς μακροθυμίας ἀξίας ἰατρικῆς, καὶ τῆ ς διὰ τῶν πραγμάτων αὐτων κατὰ καιρὸ ν πρὸς αὐτὰς ἀποκρὶσεως. Ὃ δέ γε σιωπῆ ς οὐκ ἀνέχεται, ὡς μέγαν φέρον, εἰ σιγηθείη, τὸν κίνδυνον, τούτου, καθὼ ς ἄν οἷός τε ὦ, οὐ πρὸς μακρολογίαν ἀποτεινόμενος, ποιήσασθαι πειράσομαι τὴν διήγησιν σύντομον, τὸν τῆς σκοτεινῆ ς καὶ δυσπέπτου μακρηγορίας ναυτιασμὸ

Religiosissimo Deique amabilissimo comministro Cyrillo, Nestorius in Domino salutem.

Admirabilium litterarum tuarum contumelias, quas in nos jacis, tanquam medica quadam mansuetudinae dignas, quibusque reipsa suo tempore responderi queat, missas facio: quae autem sine magno periculo silentio praeteriri non possunt, ea, ne obscura indigestaque prolixitate decertans fastidium generem, quanta fieri poterit orationis brevitate edisseram. A sapientissimis autem

룩한 육체가 그녀에게서 나셨기 때문에, 거룩한 동정녀를 하느님의 어머니라고 확신에 차 불렀습니다. 말씀은 히포스타시스에 따라 육체와 일치를 이루셨으며, 그래서 육에 따라 나셨다고 말합니다.[4)]

저는 그리스도 안에서 사랑으로 오늘 다시금 주교님께 이것을 써 보냅니다. 그래서 저는 교회들 가운데 평화가 보호되고, 일치와 사랑의 유대가 하느님의 사제들 사이에 끊어지지 않고 보존되도록, 나의 형제인 주교님께 우리와 함께 그렇게 생각하고 가르치기를 부탁하고, 그리스도와 그분께서 선택하신 천사들 앞에서 간청합니다.

주교님과 함께 있는 형제들에게도 인사를 보냅니다. 제 곁에 있는 형제들도 그리스도 안에서 주교님께 안부를 전합니다.

II.

네스토리우스가 키릴루스에게 보낸 둘째 서한(430년 6월 15일)[5)]

매우 존경하옵는, 하느님께서 가장 사랑하시는 동료 키릴루스에게, 네스토리우스가 주님 안에서 인사를 드립니다.

저는 주교님의 놀라운 편지에서 주교님이 우리를 향해 내뱉은 모욕들을 무시합니다. 사실 자체가 적절한 때에 그에 대한 올바른 답을 줄 것입니다. 그러나 큰 위험을 자초할 침묵을 지키면서까지 무시해서는 안 되는 것이 몇 가지 있습니다. 그것은 제가 할 수 있는 한 짧게 말하도록 해보겠습니다. 내용이 길고 이해하기가 어려우며 지리멸

---

4) DH 251.

5) 키릴루스, 『서한』, 5; PG 77, 49-57; ACO Ibid. 29이하.

ν φυλαττόμενος."Αρξομαι δὲ ἀπὸ τῶν πανσόφων τῆς σῆ ἀγάπης φωνῶν, αὐτὰ ς αὐτολεξεὶ παραθείς. Τίνες τοίνυν αἱ τῆς θαυμαστῆς σου τῶν γραμμάτων διδασκαλίας φωναί;

dilectionis tuae vocibus principium sumam, quas ad verbum quoque in medium afferam. Ecquaenam sunt igitur praeclarae illae eruditarum litterarum tuarum voces?

῾Η ἁγία φησὶ καὶ μεγάλη σύνοδος αὐτὸν τὸν ἐκ Θεοῦ Πατρὸς κατὰ φύσιν γεννηθέντα Υἱὸν μονογενῆ, τὸν ἐκ Θεοῦ ἀληθινοῦ Θεὸν ἀληθινόν, τὸ φῶ ς τὸ ἐκ τοῦ φωτός, τὸν δι᾽ οὗ τὰ πάντα πεποίηκεν ὁ Πατήρ, κατελθεῖ ν σαρκωθῆναι, ἐνανθρωπῆσαι, παθεῖν, ἀναστῆναι.

Sacra, inquis, et magna illa synodus tradidit unigenitum Dei Filium ex Deo et Patre naturaliter genitum, Deum verum de Deo vero, lumen de lumine, per quem omnia Pater condidit, descendisse, et incarnatum, et hominem factum, passum esse, et resurrexisse.

Ταῦτα τῆς σῆς θεοσεβείας τὰ ῥήματα· καὶ γνωρίζεις ἴσως τὰ σά. Αχουε δὲ καὶ τὰ παρ᾽ἡμῶν, ἀδελφικὴν ὑπὲρ εὐσεβείας παραίνεσιν, καὶ ἥν ὁ μέγας ἐκεῖνος Παῦ λος τῷ φιλουμένῳ παρ᾽αὐτοῦ Τιμοθέῳ διεμαρτύρατο· "Πρόσεχε τῇ ἀναγνώσει, τῇ παρακλήσει, τῇ διδαχῇ· τοῦτο γὰρ ποιῶν καὶ σεαυτὸν σώσεις, καὶ τοὺς ἀκούπντάς σου."[1Tim 4,13. 16] Τί δέ μοι τὸ "Πρόσεχε" βούλεται;"Οτι τὴν τῶν ἁγίων ἐκείνων ἐξ ἐπιπολῆς ἀναγινώσκων παράδοσιν, συγγνώμὴς ἀξίαν ἠγνόησας ἄγνοιαν· παθητὸν αὐτοὺς εἰρηκέναι νομίσας τὸν τῷ Πατρὶ συναίδιον Λόγον."Εγκυφον δέ, εἰ δοκεῖ, τοῖς ῥητοῖ ς ἀκριβέστερον· καὶ τὸν θεῖον ἐκεῖνον τῶν Πατέρων εὑρήσεις χορὸν, οὐ τὴν ὁμοούσιον θεότητα παθητὴν εἰρηκότα· οὐδὲ πρόσφατον γεννητὴν τὴν τῷ Πατρὶ συναίδιον· οὐδὲ ἀναστᾶσαν τὴν τὸν λελυμένον ναὸν ἀναστήσασαν. Κἄν

Haec tuae pietatis sunt verba; neque tua esse fortassis ignoras. Proinde et tu quoque a nobis fraternam pro pietate admonitionem audias; et eam quidem qua eximius ille Paulus ad dilectum suum Timotheum non absque obtestatione utitur; "Attende, inquit, lectioni, et exhortationi, et doctrinae. Hoc enim faciens, et teipsum salvum facies, et eos qui te audiunt."[1Tim 4,13. 16] Quid, obsecro, illud, "Attende", sibi vult? Hoc nimirum, quod sanctorum illorum traditionem obiter legens, inscitiam venia dignam hauseris: arbitratus es enim Verbum Patri coaeternum patibile ab illis traditum esse. Penitius, si ita videtur, illorum dicta introspice, et divinum illum Patrum chorum nusquam docuisse comperies, consubstantialem divinitatem patibilem esse: aut quae Patri coaeva est, recens natam esse: aut quae templum solutum exsuscitavit, exsuscitatam esse.

렬한 말처럼 주교님께 싫증이 나지 않도록, 세세한 부분에서는 방향을 잃지 않겠습니다. 저는 먼저 주교님의 고유한, 아주 현명한 말씀들을 여기에서 인용하고자 합니다. 주교님의 서한의 놀라울 만한 가르침은 도대체 어떤 내용입니까?

"이제 거룩하고 위대한 [니케아]공의회는 예수 그리스도께서 하느님 아버지에게서 본성에 따라 나셨으며, 외아드님이시고, 참 하느님에게서 나신 참 하느님이시며, 빛에서 나신 빛이시고, 그분을 통해 하느님 아버지께서 만물을 창조하셨고, 이 분은[그리스도는] 내려오셨으며, 육화하셨으며 인간이 되셨고, 고난을 겪으셨으며, 사흗날에 부활하셨고, 하늘에 오르셨다고 말하였습니다."

이것이 주교님의 말입니다. 주교님은 아마도 이 말을 주교님의 것으로 인식하는 것 같습니다. 그러나 이제 제 말을 들어보십시오. 제 말은 신심을 위한 형제적인 권고의 내용을 담고 있습니다. 그 말은 바오로가 그로부터 사랑받는 티모테오에게 애원했던 말과 같습니다. "성경 봉독과 권고와 가르침에 열중하십시오...이렇게 하면 그대는 그대뿐만 아니라 그대의 말을 듣는 이들도 구원할 것입니다."(1티모 4,13. 16) 열중하라는 이 말은 지금 우리에게 어떤 의미입니까? 그것은 다음을 의미합니다. 주교님은 거룩한 교부들의 이 전승들을 단지 피상적으로 알고 계십니다. 따라서 아버지 하느님과 똑같이 영원하신 말씀이 고난을 겪으실 수 있다고 교부들이 말한 것처럼 주교님께서 믿고 있다면, 그것은 용서할 수 있는 일이지만, 주교님은 잘못 알고 있는 것입니다. 제발 그들의 말씀을 더욱 자세히 파악해보십시오. 그러면, 이 거룩한 교부들이 이구동성으로, 본질이 같은 [아들의] 신성이 고난을 겪으실 수 있고, 하느님 아버지와 똑같이 영원한 신성이 조금 전에 비로소 태어났으며, 혹은 무너진 성전을 다시 일으켰고, 스스로 죽은 이들 가운데에서 되살아났다

μοι τὰς ἀκοὰς εἰς ἀδελφικὴν ἰατρείαν παράσχῃς, αὐτάς σοι τὰς τῶν ἁγίων ἐκείνων φωνὰς παραθέμενος, τῆς κατ᾽ ἐκείνων ἀπαλλάξω συκοφαντίας, καὶ τῆς κατὰ τῶν θείων Γραφῶν, δι᾽ἐκείνων.

Quod si ad fraternam medicinam aures attuleris, sanctorum Patrum verbis in medium allatis, ea calumnia, quae et Patribus et divinis quoque Scripturis evidenter adversatur, te liberabo.

[DH 251a] Πιστεύομεν τοίνυν εἰς τὸν Κύριον ἡμῶν᾽Ιησοῦν Χριστὸν, τὸν Υἱὸν αὐτοῦ τὸν μονογενῆ. Σκόπησον ὅπως, τὸ, Κύριος καὶ᾽Ιησοῦς, Χριστὸς καὶ Μονογενής, καὶ Υἱός πρότερον θέντες, τὰ κοινὰ τῆς θεότητος καὶ τῆς ἀνθρωποτητός, ὡς θεμελίους ὀνόματα, τότε τὴν τῆς ἐνανθρωπήσεως, καὶ τοῦ πάθους, καὶ τῆς ἀναστάσεως ἐποικοδομοῦσι παράδοσιν, ἵνα τῶν ὀνομάτων τῶν φύσεων ἑκατέρων κοινῶν τινων σημαντικῶν προκειμένων, μήτε τὰ τῆς υἱότητος καὶ κυριότητος τέμνηται, μήτε τὰ τῶν φύσεων ἐν τῷ τῆς υἱότητος μοναδικῷ συγχύσεως ἀφανισμῷ κινδυνεύῃ. [251b] Τούτου γὰρ αὐτος παιδευτὴς ὁ Παῦλος γεγένηται, ὅς τῆς ἐνανθρωπήσεως τῆς θείας τὴν μνήμην ποιούμενος, καὶ μέλλων τὰ τοῦ πάθους ἐπάγειν, πρότερον θεὶς τὸ, Χριστός, τὸ κοινὸν τῶν δύο, ὡς μικρῷ πρότερον ἔφην, τῶν φύσεων ὄνομα, προσάγει τὸν λόγον ἀμφπτέραις πρεπώδη ταῖς φύσεσι. Τί γάρ φησι; "Τοῦτο φρονείσθω ἐν ὑμῖν, ὅ καὶ ἐν Χριστῷ᾽Ιησοῦ, ὅς ἐν μορφῇ Θεοῦ ὑπάρχων, οὐχ ἁρπαγμὸν ἡγήσατο τὸ εἶναι ἴσα Θεῷ ἀλλα᾽, (ἵνα μὴ τὰ καθ᾽ ἕκαστον λέγω) ὑπήκοος ἐγένετο μέχρι θανάτου, θανάτου δὲ σταυροῦ."[Phil 2,5-6] ᾽Επειδὴ γὰρ ἔμελλε τοῦ θανάτου, μεμνῆσθαί, ἵνα μὴ τὸν Θεὸν Λόγον ἐντεῦθέν τις παθητὸν ὑπολάβῃ, τίθησι τὸ, Χριστός, ὡς τῆς

[DH 251a] Aiunt ergo: Credimus in Dominum nostrum Jesum Christum Filium ejus unigenitum. Observa hic quomodo Dominum, Jesum, Christum, Unigenitum, et Filium, nomina utique quae humanae divinaeque naturae ex aequo conveniunt, perinde ac fundamenta quaedam substernentes, incarnationis, mortis et resurrectionis traditionem illico subjungant superstruantque, nempe quo communibus quibusdam nominibus utramque naturam significantibus propositis, neque ea quae filiationis et dominationis sunt, scindantur, neque ea rursum quae naturarum sunt, propter filiationis singularitatem in confusionis periculum adducantur. [251b] Qua quidem in re Pauli auctoritatem secuti sunt: hic enim divinae incarnations facta mentione, eaque mox subjuncturus quae passionis erant, primum illud nomen, Christus, ut Paulo ante dicebam, utrique naturae commune ponit; ac mox ita sermonem profert, ut naturae utrique sit congruens. Ecquid ergo dicit? "Hoc, inquit, sentite in vobis, quod et in Christo Jesu: qui, cum in forma Dei esset, non rapinam arbitratus est esse se aequalem Deo; sed (singula enim persequi non attinet) factus est obediens usque ad mortem, mortem autem crucis."[Phil 2,5-6] Quia enim mortis facturus erat mentionem, ne quis hinc Deum Verbum patibile esse colligeret, subjungit nomen hoc, Christus, quod utramque naturam,

고 말하지 않았다는 것을 알게 될 것입니다. 그러나 형제적인 의사의 충고를 듣는다면, 저는 주교님께 거룩한 교부들의 말씀을 제시할 것이고, 그 말씀을 통하여 모든 거짓된 증상, 곧 거룩한 교부들의 말씀과 거룩한 성경을 반대하는 증상으로부터 주교님을 자유롭게 해 드릴 것입니다.

그러므로 거룩한 교부들이 말씀하시는 바와 같이, 우리 주 예수 그리스도, 하느님의 외아들을 저는 믿습니다. 교부들이 처음에 어떻게 신성과 인성을 나타내는 공통의 명칭인 "주님" "예수" "그리스도" "외아들" "아들"과 같은 〈낱말들〉을 기반으로 삼고, 그 다음에 어떻게 강생과 부활과 고난에 대한 전승을 그 기반 위에 세우는지 보십시오. 이는 두 본성 각각을 공통으로 표현하는 명칭들을 앞에 놓음으로써 아들의 본성에 속하는 것과 주님의 본성에 속하는 것이 나뉘는 것도 아니고, 두 본성에 속하는 것이 아들임의 유일성 안에서 혼합되고 없어지는 위험에 빠지지 않게 하기 위해서입니다.[6] 이 점에서 바오로는 교부들의 스승입니다. 바오로는 하느님의 강생을 기억하고 고난과 관련된 것을 이해하려고 할 때, 제가 앞서 간략히 말한 바와 같이 처음에는 '그리스도'라는 〈단어〉, 곧 두 본성에 공통적인 명칭을 사용하고, 그 다음에는 두 본성 (각각)**에 어울리는 표현을 덧붙입니다. 바오로는 다음의 글에서 무엇을 말하고 있습니까? "그리스도 예수님께서 지니셨던 바로 그 마음을 여러분 안에 간직하십시오. 그분께서는 하느님의 모습을 지니셨지만 하느님과 같음을 당연한 것으로 여기지 않으셨습니다. 오히려"** (저는 여기서 전체 본문을 인용하고 싶지 않습니다) **"죽음에 이르기까지, 십자가 죽음에 이르기까지 순종하셨습니다"**(필리 2,5-6)**. 바오로는 죽음을 언급하는데 죽음을 바탕으로 하느님이신 말씀이 고난을 겪을 수 있다고 아무도 추론하지 않도록 하기 위해서 "그리스도"라는 낱말을 유일한 위격**(persona) **안**

6) DH 251a.

ἀπαθοῦς καὶ παθητῆς οὐσίας ἐν μοναδικῷ προσώπῳ προσηγορίαν σημαντικήν· ὅπως καὶ ἀπαθὴς ὁ Χριστὸς, καὶ παθητὸς ἀκινδύνως καλοῖτο, ἀπαθὴς μὲν θεότητι, παθητὸς δὲ τῇ τοῦ σώματος φύσει.

patibile, inquam, et impatibilem, in unica persona denotat: quo idem nimirum Christus patibilis simul et impatibilis citra fidei discrimen concipi queat, illud quidem secundum humanam naturam, hoc vero secundum divinam.

[251c] Πολλὰ λέγειν περὶ τούτου δυνάμενος, καὶ πρότερόν γε τὸ, μεδὲ γεννήσεως ἐπὶ τῆς οἰκονομίας, ἀλλ' ἐνανθρωπήσεως τοὺς ἁγίους ἐκείνους μνημονεῦσαι Πατέρας, τὴν τῆς βραχυλογίας ἐν προοιμίοις ὑπόσχεσιν χαλινοῦσαν τὸν λόγον αἰσθάνομαι, καὶ πρὸς τὸ δεύτερον τῆς σῆς ἀγάπης κινοῦσαν κεφάλαιον. Ἐν ᾧ καὶ τὴν τῶν φύσεων ἐπῄνουν διαίρεσιν κατὰ τὸν τῆς ἀνθρωπότητος καὶ θεότητος λόγον, καὶ τὴν τούτων εἰς ἑνὸς προσώπου συνάφειαν· καὶ τὸ, τὸν Θεὸν Λόγον δευτέρας ἐκ γυναικὸς μὴ φάσκειν δεδεῆσθαι γεννήσεως· καὶ τοῦ πάθους ἀνεπιδεκτον ὁμολογεῖν τὴν θεότητα· Ὀρθόδοξα γὰρ, ὡς ἀληθῶς, τὰ τοιαῦτα, καὶ ταῖς τῶν αἱρέσεων πασῶν περὶ τὰς Δεσποτικὰς φύσεις ἐναντία κακοδοξίαις. Τὰ δὲ λοιπὰ εἰ μέν τινα σοφίαν κεκρυμμένην ἐπήγετο ταῖς τῶν ἀναγινωσκόντων ἀκοαῖς ἀκατάληπτον, τῆς σῆς ἐστιν ἀκριβείας εἰδέναι. Ἐμοὶ γοῦν τὰ πρῶτα καταστρέφειν ἐδόκει. Τὸν γὰρ ἐν τοῖς πρώτοις ἀπαθῆ κηρυχθέντα, καὶ δευτέρας γεννήσεως ἄδεκτον, πάλιν παθητὸν καὶ νεόκτιστον, οὐκ οἶδ' ὅπως, εἰσῆγεν, ὡς τῶν κατὰ φύσιν τῷ Θεῷ Λόγῳ προσόντων, τῇ τοῦ ναοῦ συναφείᾳ διεφθαρμένων, ἢ μικροῦ τινος τοῖς ἀνθρώποις νομιζομένου τὸ τὸν ἀναμάρτητον ναὸν, καὶ τῆς θείας ἀχὼριστον φύσεως, τὴν ὑπὲρ ἁμαρτωλῶν γέννησίν τε καὶ τελευτὴν ὑπομεῖναι, ἢ πιστεύεσθαι τῆς Δεσποτικῆς οὐκ

[251c] Porro autem cum multa hac de re disserere valeam, et maxime quod sancti illi Patres de Christi oeconomia verba facientes, non generationis, sed incarnationis meminerint, ipsam orationis brevitatem, quam statim in exordio promiseram, sermonis cursum cohibere, et ad alterum dilectionis tuae caput festinare sentio. In eo autem te laudo, quod distinctionem naturarum, secundum divinitatis et humanitatis rationem, harumque in una duntaxat persona conjunctionem praedicas: quodque Deum Verbum altero ex muliere ortu minime indiguisse affirmas: et quod divinitatem pati non potuisse, diserte pronuntias: haec enim omnia revera et orthodoxa, et vanis omnum haereticorum circa Domini naturas opinationibus quam maxime adversa sunt. At vero utrum reliqua occultam aliquam et incomprehensibilem sapientiam legentium auribus inferant, id tuae solertiae fuerit dijudicare. Mihi sane cum antecedentibus adeo non cohaerere videntur, ut ea omnino quoque evertere existimem. Etenim quem antea neque patibilem, neque secundae generationis capacem praedicaveras, hunc ipsum rursum patibilem, nuperque nescio quo modo productum asseveras: quasi vero quae in Verbum naturaliter conveniunt, ea templi conjunctione abolita sint: aut parvi apud homines fieri debeat templum illud nullo unquam peccato contaminatum, et a divina natura inseparabile, peccatorum nostrorum causa et natum et mortuum esse: aut denique Domino Judaeos

에서 고난을 겪을 수 없는 본질과 고난을 겪을 수 있는 본질을 나타내는 명칭으로 제시합니다. 이는 그리스도가 고난을 겪을 수도 없고 겪을 수도 있다고 아무런 위험 없이 말할 수 있기 위해서입니다. 신성으로는 고난을 겪을 수 없지만 인성으로는 고난을 겪을 수 있습니다.[7]

저는 이에 관해 많은 것을 말할 수 있습니다. 우선 저 거룩한 교부들은 구원경륜과 관련하여 낳음이 아니라 강생을 언급하고 있습니다. 그러나 저는 서론에서 간결한 문체를 사용해야 한다는 약속을 따라야 하고, 주교님의 두 번째 사안에도 관심을 두어야 한다는 사실을 깨닫습니다. 거기서 저는 본성들을 인성과 신성의 개념에 따라 구별하고, 하나의 위격(persona)으로 결합시키는 것은 칭찬할 만하다고 여겼습니다. 또한 저는 하느님이신 말씀이 여인에게서 두 번째 출생을 필요로 했다고 말하여지지 않고, 신성이 고난을 겪을 수 없다는 것이 널리 알려져 있다는 당신의 고백도 마찬가지입니다. 이는 진실로 정통 신앙입니다. 그것이 진실이며, 주님의 두 본성에 관한 모든 이단이 내세우는 유설들과 상반되기 때문입니다. 독자들이 이해할 수 없는 그 밖의 어떤 감추어진 지혜가 제시되었다면, 이에 관한 지식은 당신의 궤변을 따른 것입니다. 어쨌든 제가 보기에 그것은 앞에서 전개한 내용을 무너뜨리는 것입니다. 그것은 하느님이신 말씀이 고난을 겪을 수 없고 두 번째 출생에 예속되지 않는다고 처음에 선포한 것을, 어떻게 해서든지 다시 고난을 겪을 수 있고 다시 창조되었다는 것으로 설명하기 때문입니다. 따라서 그것은 마치 그 본성에 따라 하느님이신 말씀에 속한 것이 [몸의] 성전과 연결되어 파괴된 것처럼 여겨질 수 있는 것이고, 죄 없고 신성과 분리될 수 없는 [몸의] 성전이 죄인들을 위해 출생과 죽음을 받아들였기 때문에 하느님이신 말씀에 속한 것이 인간들에 의해 보잘것없는 것처럼 여기게 되

7) DH 251b.

ὀφειλομένης φωνῆς, πρὸς Ἰουδαίους Βοώσης· "Λύσατε τὸν ναὸν τοῦτον, καὶ ἐν τρισὶν ἡμέραις ἐγερῶ αὐτόν"[Jo. 2,19], οὐ· Λύσατέ μου τὴν θεότητα καὶ ἐν τρισὶν ἡμέραις ἐγερθήσεται.

ejusmodi oratione compellanti: "Solvite temlum hoc, et in tribus diebus excitabo illud"[Jo. 2,19], fidem habere non oporteat. Ecce non dicit, Solvite divinitatem meam, et in tribus diebus excitabitur; sed, "Solvite templum hoc."

Πάλιν πλατῦναι κἀνταῦθα βουλόμενος, τῇ τῆς ἐπαγγελίας ἀναστέλλομαι μνήμῃ. Ῥητέον οὖν ὅμως, βραχυλογίᾳ χρησάμενον. [251d] **Πανταχοῦ τῆς θειας Γραφῆς, ἡνίκα ἂν μνήμην τῆς Δεσποτικῆ ς οἰκονομίας ποιῆται, γέννησις ἡμῖ ν καὶ πάθος οὐ τῆς θεότητος, ἀλλὰ τῆς ἀνθρωπότητος τοῦ Χριστοῦ παραδίδοται· ὡς καλεῖσθαι κατὰ ἀκριβεστέραν προσηγορίαν τὴν ἁγίαν Παρθένον Χριστοτόκον, οὐ Θεοτόκον. Ακουε ταῦτα γε τῶν Εὐαγγελίων βοώντων· "Βιβλος", φησί, "γενέσεως, Ἰησοῦ Χριστοῦ, υἱοῦ Δαυὶδ, υἱοῦ Ἀβραάμ".[Mt. 1,1] Δῆλον δὲ, ὅτι τοῦ Δάυιδ υἱὸς ὁ Θεὸς Λογος οὐκ ἦν. Δέχου καὶ ἄλλην, εἰ δοκεῖ, μαρτυρίαν· "Ἰακὼβ δὲ ἐγηέννησε τὸν Ἰωσὴφ, τὸν ἄνδρα Μαρίας, ἐξ ἧς ἐγεννήθη Ἰησοῦς, ὁ λεγόμενος Χριστός".[Mt. 1,16] Σκόπει πάλιν ἑτέραν ἡμῖν διαμαρτυρομένην φωνήν· "Τοῦ δὲ Ἰησοῦ Χριστοῦ ἡ γέννησις οὕτως ἦν. Μνηστευθείσης γὰρ τῆς μητρὸς αὐτοῦ Μαρίας τῷ Ἰωσήφ, εὑρέθη ἐν γαστρὶ ἔχουσα ἐκ Πνεύματος ἁγίου".[Mt. 1,18] Κτίσμα δὲ τοῦ Πνεύματος, τίς ἂν ὑπολάβοι τὴν τοῦ Μονογενοῦς θεότητα; Τί δεῖ λέγειν καὶ τὸ, "Ἦν ἡ μήτηρ τοῦ Ἰησοῦ ἐκεῖ"[Jo. 2,1]; Καὶ πάλιν τὸ, "Σὺν Μαρίᾳ τῇ μητρὶ τοῦ Ἰησοῦ."[Apg 1,14] Καὶ τό· "Τὸ ἐν αὐτῇ γεννηθὲν ἐκ Πνεύματός ἐστιν ἁγίου."[Mt. 1,20] Καὶ το· "Λάβε τὸ παιδίον, καὶ τὴν μητέρα αὐτοῦ, καὶ φεῦγε εἰς Αἴγυπτον,"[Mt. 2,13] Καὶ το· "Περὶ τοῦ**

Rursum excurrere nonnihil hic cupiens, sponsionis meae memoria impedior. Dicendum est nihilominus aliquid, ut tamen a constituta mihi brevitate non recedam. [251d] **Ubicunque igitur divinae Scripturae dispensationis Dominicae mentionem faciunt, ortus ipse et mors non divinae, sed humanae Christi naturae semper tribuitur; quapropter, si rem diligentius consideremus, sacra Virgo non Deipara, sed Christipara appellanda erit. Audi quomodo Evangelia istud proclament. "Liber, inquiunt, generations Jesu Christi filii David, filii Abraham."[Mt. 1,1] Atqui perspicuum est Deum non exstitisse Davidis filium. Accipe, si placet, aliud hoc testimonium: "Jacob, ait, genuit Joseph virum Mariae, de qua natus est Jesus, qui vocatur Christus."[Mt. 1,16] Perpende rursum aliam Evangelii vocem, veriatatem hanc diserte confirmantem: "Christi, inquit, generatio sic erat. Cum esset desponsata mater ejus Maria Joseph, inventa est habens in utero de Spiritu sancto."[Mt. 1,18] Quis autem Unigeniti divinitatem Spiritus sancti creaturam esse credat? Adde his illud quoque: "Erat mater Jesu ibi"[Jo. 2,1]: et rursum: "Cum Maria matre Jesu"[Apg 1,14], etc; et illud: "Quod in ea natum est, de Spiritu sancto est"[Mt. 1,20], et illud: "Accipe puerum, et matrem ejus, et fuge in Aegyptum"[Mt. 2,13]; et illud:**

는 것입니다. "이 성전을 허물어라. 그러면 내가 사흘 안에 다시 세우겠다"(요한 2,19)라고 유다인들에게 외치시는 주님의 말을 조금도 믿지 않은 것입니다. 이 말은 "나의 신성을 허물어라. 그러면 사흘 안에 신성이 다시 세워질 것이다"는 말이 아닙니다.[8]

저는 이점을 더욱 자세하게 다루고 싶지만, [짧게 말하겠다는] 저의 약속에 대한 기억은 그렇게 하지 못하게 저를 막습니다. 그럼에도 그것에 대해서 이야기를 해야 하겠습니다만, 아주 짧게 하겠습니다. 주님의 구원경륜을 기억나게 하는 성경 구절 어디에서도 그리스도 신성의 출생과 고난이 아니라 그리스도 인성의 출생과 고난을 우리에게 전하고 있습니다. 따라서 거룩한 동정녀는 하느님의 어머니(Θεοτόκος)가 아니라 더 적절한 칭호로 그리스도의 어머니(Χριστοτόκος)로 불립니다. 다음과 같이 선포한 복음서에 나오는 말들을 들어 보십시오. "다윗의 자손이시며 아브라함의 자손이신 예수 그리스도의 족보에 관한 책"(마태 1,1)이라고 쓰여 있습니다. 물론 하느님이신 말씀은 다윗의 자손이 아니었습니다. 원하신다면, 또 다른 예문을 보십시오. "야곱은 마리아의 남편 요셉을 낳았는데, 마리아에게서 그리스도라고 불리는 예수께서 태어나셨다"(마태 1,16). 우리의 주장을 확인시켜 주는 다른 말씀을 더 보십시오. "예수 그리스도께서는 이렇게 탄생하셨다. 그분의 어머니 마리아가 요셉과 약혼하였는데, 마리아가 성령으로 말미암아 잉태한 사실이 드러났다"(마태 1,18). 그러면 누가 외아들의 신성을 성령의 피조물이라고 여기겠습니까? 무엇 때문에 이런 말들도 언급해야 합니까? "예수의 어머니가 거기에 계셨다"(요한 2,1), 또한 "예수의 어머니 마리아와"(사도 1,14) "그녀의 몸에 잉태된 아기는 성령으로 말미암은 것이다"(마태 1,20), 또한 "아기와 그 어머니를 데리고 이집트

8) DH 251c.

Υἱοῦ αὐτοῦ τοῦ γενομένου ἐκ σπέρματος Δαυὶδ κατὰ σάρκα."[Rom 1,3] Καὶ τὸ περὶ τοῦ πάθους αὖθις, ὅτι "Ὁ Θεὸς τὸν Υἱὸ ν αὐτοῦ ἀπεότειλεν ἐν ὁμοιώματι σαρκὸ ς ἁμαρτίας, καὶ περὶ ἁμαρτίας κατέκρινε τὴν ἁμαρτίαν ἐν τῇ σαρκι.,"[Rom 8,3] Καὶ πάλιν· "Χριστὸς ἀπέθανεν ὑπὲρ τῶν ἁμαρτιῶν ἡμῶν·"[1Kor 15,3] και, "Χριστοῦ παθόντος σαρκί·"[1Pet 4,1] καὶ, "Τοῦτό ἐστιν"(οὐκ ἡ θεότης μοῦ, ἀλλὰ) "τὸ σῶ μα τὸ ὑπὲρ ὑμῶν κλώμενον εἰς ἄφεσιν ἁμαρτιῶν."[1 Cor 11,24].

"De Filio suo, qui factus est ei ex semine David secundum carnem"[Rom 1,3]; et illud rursum de ejusdem passione: "Deus Filium suum mittens in similitudinem carnis peccati, et de peccato condemnavit peccatum in carne"[Rom 8,3]; et illud iterum: "Christus mortuus est pro peccatis nostris"[1Kor 15,3]; et rursum: "Christo in carne passo"[1Pet 4,1], denique: "Hoc est (non mea divinitas, sed) corpus meum, quod pro vobis frangitur in remissionem peccatorum."[1 Cor 11,24].

[251e] Καὶ μυρίων ἄλλων φωνῶ ν διαμαρτυρομένων τῶν ἀνθρώπων τὸ γένος, μὴ τὴν τοῦ Υἱοῦ νομίζειν θεότητα πρόσφατον, ἢ πάθους σωματικοῦ δεκτικήν, ἀλλὰ τὴν συνημμένην τῇ φύσει τῆς θεότητος σάρκα. Ὅθεν καὶ Κύριον τοῦ Δαυὶδ ἑαυτὸν ὁ Χριστὸς καὶ υἱὸ ν ὀνομάζει· "Τί γάρ ὑμῖν δοκεῖ περὶ τοῦ Χριστοῦ, φησίν; Τίνος ἐστὶν υἱός ; Λέγουσιν αὐτῷ· Τοῦ Δαυίδ. Ἀπεκρίθη ὁ Ἰησοῦς, καὶ εἶπεν αὐτοῖς· Πῶς οὖν Δαυὶδ ἐν Πνεύματι Κύριον αὐτὸν καλεῖ, λέγων· Εἶπεν ὁ Κύριος τῷ Κυρίῳ μου· Κάθου ἐκ δεξιῶν μου"[Mt. 22,42-44]· ὡς Υἱὸς ὢν τοῦ Δαυιδ πάντως κατὰ σάρκα, κατὰ δὲ τὴν θεότητα Κύριος. Εἶναι μὲν οὖν τῆ ς Υἱοῦ θεότητος τὸ σῶμα ναὸν, καὶ ναὸ ν κατ᾽ ἄκραν τινὰ καὶ θείαν ἡνεωμένον συνάφειαν· ὡς οἰκειοῦσθαι το τούτου τὴν τῆς θεότητος φύσιν ὁμολογεῖσθαι, καλὸν καὶ τῶν εὐαγγελικῶν παραδόσεων ἄξιον· Τὸ δὲ δὴ τῷ τῆς οἰκειότητος προστρίβειν ὀνόματι, καὶ τὰς τῆς συνημμένης σαρκὸς ἰδιότητας, γέννησιν λέγω, καὶ πάθος, καὶ νέκρωσιν, ἢ πλανωμένης ἐστίν, ἀληθῶς καθ᾽Ἕλληνας, ἀδελφὲ, διανοίας, ἢ τὰ τοῦ

[251e] Sunt aliae innumerae sententiae, quae divinitatem neque nuper natam, neque corporeae perpessionis capacem esse, mortalium generi testatum faciunt, sed ipsam carnem, quae divinae conjuncta est naturae. Quare et ipse quoque Christus Davidis dominum et filium se nominat: "Quid, inquit, vobis videtur de Christo? Cujus filius est? Dicunt ei , David. Respondit Jesus, et ait illis : Quomodo ergo David in spiritu vocat eum Dominum, dicens: "Dixit Dominus Domino meo: Sede a dextris meis?"[Mt. 22,42-44]. Est itaque filius David secundum carnem; secundum divinitatem vero, ejusdem Dominus est. Rectum proinde evangelicaeque traditioni consentaneum est, ut Christi corpus divinitatis templum esse confiteamur, illudque nexu usque adeo sublimi, divinoque et admirabili ipsi conjunctum esse statuamus, ut dicamus divinam naturam ea sibi vindicare quae corporis alioqui sunt propria. Verum propter hanc appropriationem divino Verbo ascribere nativitatem, passionem, mortem, caeterasque carnis proprietates, id demum, mi frater, mentis est aut

로 피신하라"(마태 2,13) "그분의 아들에 관한 말씀입니다. 그분께서는 육으로는 다윗의 후손으로 태어나셨습니다"(로마 1,3) 또다시 고난에 관해서 "하느님께서는 죄 때문에 당신의 아들을 죄 많은 육의 모습으로 보내시어 그 육 안에서 죄를 처단하셨습니다"(로마 8,3) 그리고 다시 "그리스도께서는 우리의 죄 때문에 돌아가셨습니다"(1코린 15,3) 그리고 "그리스도께서 육으로 고난을 겪으셨습니다"(1베드 4,1) "이는 나의 신성이 아니라 너희를 위해 떼어질 내 몸이다"(1코린 11,24)[9].

수많은 다른 말씀도 인성을 분명히 확인해 주고 있습니다. 이는 아들의 신성이 새롭게 생겼다거나 육체적 고난을 겪을 수 있다는 것이 아니라 신성과 결합된 육을 의미하는 것입니다. 그래서 그리스도는 자신을 다윗의 주님으로도 다윗의 자손으로도 부릅니다. 그분께서는 "너희는 그리스도를 어떻게 생각하느냐? 그는 누구의 자손이냐?"하고 물으셨다. 그들이 "다윗의 자손입니다"하고 대답하자, 예수께서 그들에게 말씀하셨다. "그러면 다윗이 성령 안에서 그를 주님이라고 부른 것은 어찌 된 일이냐? 주님께서 내 주님께 말씀하셨다. '내 오른편에 앉아라'"(마태 22,42-44). 주님은 육으로는 완전한 다윗의 자손이었으며, 신성으로는 다윗의 주님이었기 때문입니다. 육체는 아들의 신성이 머무는 성전, 더 정확히 말하자면 이 성전은 탁월하고 신적인 결합 안에서 아들과 일치하였기에, 신성은 [육체의] 성전에 속한 것을 제 것으로 삼습니다. 〈이를〉 고백하는 것은 유익하고 복음의 전승에 합당합니다. 그러나 결합된 육의 속성들 —저는 출생과 고난, 죽음을 두고 한 말입니다— 을 취득의 개념에 연결시키면, 나의 형제[키릴루스]여, 그것은

---

9) DH 251d.

φρενοβλαβοῦς 'Απολιναρίου, καὶ 'Αρείου, καὶ τῶν ἄλλων νοσούσης αἱρέσεων· μᾶλλον δέ, ὅτι κἀκείνων βαρύτερον. 'Ανάγκη γὰρ τῷ τῆς οἰκειότητος τοὺς τοιούτους παρασυρομένους ὀνόματι, καὶ γαλακτοτροφίας κοινωνὸν διὰ τὴν οἰκειότητα τὸν Θεὸν Λόγον ποιεῖν, καὶ τῆς κατὰ μικρὸν αὐξήσεως μέτοχον, καὶ τῆς ἐν τῷ τοῦ πάθους καιρῷ δειλίας καὶ βοηθείας ἀγγελικῆς ἐπιδεᾶ. Καὶ σιωπῶ περιτομὴν, καὶ θυσίαν, καὶ ἱδρῶτας, καὶ πεινᾶν, καὶ διψαν, ἅ τῇ σαρκὶ μὲν ὡς δι' ἡμᾶς συμβάντα, προσκυνητῶς συναπτόμενα. 'Επὶ δὲ τῆς θεότητος, ταῦτα καὶ ψευδῆ λαυβανόμενα, καὶ ἡμῖν, ὡς συκοφάνταις, δικαίας κατακρίσεως αἴτια.

Αὗται τῶν ἁγιων Πατέρων αἱ παραδόσεις· ταῦτα τῶν θείων Γραφῶν τὰ παραγγέλματα. Οὕτω τις καὶ τὰ τῆς φιλαθρωπίας τῆς θείας, καὶ τὰ τῆς αὐθεντίας θεολογεῖ· "Ταῦτα μελέτα, ἐν τούτοις ἴσθι, ἵνα σοῦ ἡ προκοπὴ φανερὰ ᾖ πᾶσι", καὶ πρὸς πάντας, καθὰ Παῦλος φησί.[1Tim 4,15] Τῆς δέ γε τῶν σκανδαλιζομένων φροντίδος, καλῶς μὲν ποιεῖς ἀντεχόμενος, καὶ χάρις τῇ τῶν θείων μεριμνητικῇ σου ψυχῇ, καὶ τῶν παρ' ἡμῖν φροντιζούσῃ. Γίνωσκε δὲ πεπλανημένον σαυτὸν ὑπὸ τῶν τῆς σῆς ἴσως διαθέσεως κληρικῶν, ὑπο τῶν ἐνταῦθα ἀπὸ τῆς ἁγίας συνόδου καθηρημένων, ὡς τὰ Μανιχαίων φρονούντων. Τὰ γὰρ τῆς 'Εκκλεησίας καθ' ἑκάστην προκόπτει, καὶ τὰ τῶν λαῶν ἐν ἐπιδόσει τοσαύτη διὰ τὴν τοῦ Θεοῦ χάριν, ὡσ τὰ τοῦ προφήτου, βλέποντας τὰ πλήθη, βοᾶν· "Πλησθήσεται ἡ γῆ τοῦ γνῶναι τὸν Κύριον, ὡς ὕδωρ πολὺ κατακαλύψαι

ethnicorum more vere errantis, aut certe insani Apollinarii, et Arii, aliorumque haereticorum morbo, aut alio etiam graviori laborantis. Necesse est enim istos per appropriationis vocabulum eo trahi ut Deum Verbum lactationis participem, et succedanei Incrementi capacem, et ob formidinem passionis tempore declaratam, angelici praesidii indigum faciant. Missa hic facio circumcisionem, sacrificium, sudorem, famem, sitim, quae carni acciderunt, nostrique causa eamdem affecerunt. Quod si haec eadem divinitati ascribere libeat, et falsa erunt, et nobis, veluti calumniatoribus, justae damnationis causam afferent.

Hujusmodi sunt sanctorum Patrum traditiones; tales sunt sanctarum Scripturarum denuntiationes. Ad hunc modum de divina clementia et de Dei majestate theologus disceptet: "Haec meditare, in his esto, ut profectus tuus manifestus sit omnibus et ad omnes", ut inquit Paulus.[1Tim 4,15] Quod vero eorum qui offensi sunt curam amplecteris, recte facis, et gratias habeo animae tuae, sedulo quae Dei sunt meditanti, anxiamque rerum nostrarum curam gerenti. Interim a clericis fortasse tuae pietatis qui quod Manichaeorum haeresi infecti essent, a sacra synodo exauctorati hic sunt, delusum te scias. Nam res ecclesiasticae quotidie crescunt et augentur; et aggregatio populorum eos sortitur Dei beneficio successus, ut qui multitudinem intuentur, non possint cum propheta non exclamare: "Repleta est terra cognitione Domini, sicut aqua multa cooperit Maria."[Is 11,9]

그리스인들의 방식에 따라 오류에 빠지는 영의 표징이거나, 정신 나간 아폴리나리스, 아리우스, 다른 이단자들의 사상, 더욱이 이들보다 더 위험한 사상을 갖고 있는 사람의 표징입니다. 그러한 것들은 '취득' 이라는 개념에 매혹되어서, '취득'이라는 것 때문에 강제로 하느님이신 말씀을 젖으로 양육되게끔 하고, 점차 성장하게 하고, 고난을 겪는 순간에 두려움을 느끼게 하며, 천사를 통하여 도움을 필요로 하게 만들기 때문입니다. 저는 [그분의] **할례, 희생, 땀과 배고픔에 관해서는 말하지 않겠습니다. 이를 육과 결합시킨다면, —이는 우리를 위해 그분이 당하신 일이기 때문에—, 이는 공경할 만한 가치가 있을지 모르나, 신성의 경우에는 왜곡된 방법으로 받아들여지고, 우리가 비방자로 공정하게 단죄하는 원인이 됩니다.**[10]

그러므로 이것들은 거룩한 교부들의 전승들이며 성경의 가르침입니다. 따라서 신학은 하느님께서 인간과 친하심을 이야기하고 그분의 권위를 이야기합니다. 바오로는 모든 사람들에게 이러한 말을 합니다. "이 일에 관심을 기울이고 이 일에 전념하십시오. 그리하여 그대가 더욱 나아지는 모습이 모든 사람에게 드러나도록 하십시오."(티모 4,15) 그 외에도 주교님은, 악표양을 보이는 이들에게 신경을 쓰신다면 잘 하시는 것입니다. 저는 주교님께서 하느님의 일을 위해 애쓰시고 우리와 관계된 일까지도 돌보아 주심에 감사를 드립니다. 그러나 주교님께서는 거룩한 공의회를 통하여 마니케우스주의자로 단죄받은 이들[11]에 의해 혹은, 주교님의 생각을 함께 하는 성직자들에 의해 속임을 당하고 계신다는 것을 아시길 바랍니다. 교회의 일들은 나날이 더 좋게 발전하고 있으

---

10) DH 251e.

11) 이 말은 콘스탄티노폴리스 한 신부인 필리푸스를 암시한다. 그는 펠라기우스파 첼레스티우스를 통해서 마니케우스주의로 고소당했으며, 콘스탄티노폴리스의 한 교회회의에 의해 단죄되었다. 키릴루스가 교황 첼레스티노에게 보낸 충고서(Commonitorium) 참조: PG 77, 88이하; ACO I, I, 7, 177이하.

θαλάσσας.[Is 11,9] Τά τε τῶν βασιλέων ἐν ὑπερβαλλούσῃ χαρᾷ πεφωτισμένων τοῦ δόγματος· Καὶ ἵνα συνελὼν ἐπιστείλω, ἐκεινην ἐπὶ ταῖς θεομάχοις ἁπάσαις αἱρέσεσι, καὶ τῇ τῆς Ἐκκλησιας ὀρθοδοξια, καθ᾽ ἑκάστην εὕροι τις ἄν παρ᾽ ἡμῖν τὴν φωνὴν πληρουμένην· " Ο οἶκος Σαοὺλ ἐπορεύετο, καὶ ἠσθένει. Καὶ ὁ οἶκος Δαυὶδ ἐπορεύετο, καὶ ἐκραταιοῦ το."[2Sam 3.1]

Ταῦτα παρ᾽ ἡμῶν ὡς ἀδελφῶν πρὸ ς ἀδελφὸν συμβουλεύματα. "Εἰ δέ τις δοκεῖ φιλονεικεῖν", κεκράξεται καὶ δι᾽ ἡμῶν πρὸς τὸν τοιοῦτον ὁ Παῦλος "Ημεῖ ς τοιαύτην συνήθειαν οὐκ ἔχομεν, οὐδὲ αἱ Ἐκκλησίαι τοῦ Θεοῦ."[1Kor 11,16]

Πᾶσαν τὴν σὺν σοὶ [ἐν Χριστῷ] ἀδελφότητα, ἐγώ τε καὶ οἱ σὺν ἐμοὶ, πλεῖ στα προσαγορεύομεν. Ἐρρωμένος, καὶ ὑπερευχόμενος ἡμῶν διατελοίης, παύτα μοι τιμιώτατε καὶ θεοφιλέστατε.

Imperatores quoque, propter dogmatis illustrationem, in summa laetitia vitam agunt. Et, ut verbo concludam, illam de cunctis haeresibus Deum impugnantibus, rectaque Ecclesiae doctrina, vocem apud nos quotidie ad effectum deduci comperias: "Domus Saul procedebat, et infirmabatur: et domus David procedebat, et confirmabatur."[2Sam 3.1]

Haec fraterno affectu fratri a nobis dantur consilia. Si quis autem voluerit esse contentiosus, hic beatum Paulum per nos clamantem intelliget: "Nos talem consuetudinem non habemus, neque Ecclesiae Dei."[1Kor 11,16]

Universam quae tecum est fratrum societatem ego, quique mecum sunt, plurimum salvere jubemus. Semper incolumis pro nobis Deo supplices, observandissime et piissime.

III.

Τῷ εὐλαβεστάτῳ καὶ θεοφιλεστάτῳ συλλειτουργῷ Νεστορίῳ, Κύριλλος καὶ ἡ συνελθοῦσα σύνοδος ἐν Ἀλεξανδρείᾳ ἐκ τῆς Αἰγυπτιακῆς διοικήσεως ἐν Κυρίῳ χαίρειν.

Τοῦ Σωτῆρος ἡμῶν λέγοντος ἐναργῶ ς· "ὁ φιλῶν πατέρα ἤ μητέρα ὑπὲρ ἐμὲ οὔκ ἐστίν μου ἄξιος καὶ ὁ φιλῶν υἱὸ ν ἤ θυγατέρα ὑπέρ ἐμὲ, οὐκ ἐστι μου ἄξιος·"[Mt. 10,37] τί πάθωμεν ἡμεῖς, οἱ παρὰ τῆς σῆς εὐλαβείας ἀπαιτούμενοι, τὸ ὑπεραγαπᾶν σε τοῦ πάντων ἡμῶν Σωτῆ

III.

Cyrillus et synodus ex Aegypti provincia Alexandriae congregata Nestorio religiosissimo piissimoque sacrorum comministro in Domino salutem.

Cum Salvator noster diserte pronuntiet: "Qui amat patrem aut matrem plus quam me, non est me dignus, et qui amat filium aut filiam plus quam me, non est me dignus"[Mt. 10,37]; quid nobis fiet, a quibus tua pietas supra Christum omnium Salvatorem diligi postulat? Quis

며, 그리스도의 은총으로 백성들은 그러한 발전을 하여, 많은 수의 이들이 예언자들과 함께 이렇게 외칩니다. "바다를 덮는 물처럼 땅이 주님을 앎으로 가득할 것이다."(이사 11,9). 황제들은 그 가르침이 얼마나 빛나는 것인지 보게 되면 기뻐하고 환호할 것입니다. 한 마디로 얘기하면, 모든 신성모독적인 이단과 관련하여 그리고 교회의 정통신앙성을 통해서 성경의 말씀이 우리 안에서 이루어졌다는 것을 보게 될 것입니다. "다윗 집안 갈수록 강해졌고, 사울 집안은 갈수록 약해졌다."(2사무 3,1).

그러므로 이것은 형제들과 나눌 수 있는 좋은 충고입니다. 그리고 어느 누가 그것에 대하여 논쟁을 벌이고 싶어 한다면, 바오로가 우리를 통하여 그에게 다음과 같이 경고합니다. "우리에게는 그러한 관습이 없고 하느님의 교회에도 없습니다."(1코린 11,16)

저와 함께 있는 모든 이들과 함께, 그리스도 안에서 주교님과 함께 머무는 모든 형제들에게 진심으로 인사를 드립니다. 그리고 가장 존경하고 경건하신 주님께 항상 우리를 위하여 기도해 주시길 바랍니다.

III.
키릴루스가 네스토리우스에게 보낸 셋째 서한(430년 11월)[12]

키릴루스와 알렉산드리아의 이집트 관구에서 모인 교회회의가 매우 존경하옵고 신심이 깊으신 동료 주교 네스토리우스에게 주님 안에서 인사를 드립니다.

우리 구세주께서 아주 명료하게 다음과 같이 설명하셨습니다. "아버지나 어머니를 나보다 더 사랑하는 사람은 나에게 합당하지 않다. 아들이나 딸을 나보다 더 사랑하는 사람도 나에게 합당하지 않다."(마태 10,37)

---

12) PG 77, 105-112; ACO I, I, 1, 33-42; 독일어역 BKV 2. R. Bd. 12, 86-100.

ρος Χριστοῦ; Τίς ἡμᾶς ἐν ἡμέρᾳ κρίσεως ὀνῆσαι δυνήσεται, ἤ ποίαν εὑρήσομεν ἀπολογίαν, σιωπὴν οὕτω τιμήσαντες τὴν μακρὰν, ἐπὶ ταῖς παρὰ σοῦ γενομέναις κατ᾽αὐτοῦ δυσφημίαις; Καὶ εἰ μὲν σαυτὸν ἠδίκεις μόνον, τὰ τοιαῦτα φρονῶν καὶ διδάσκων, ἧττων ἄν ἦν ἡ φροντίς· ἐπειδὴ δὲ πᾶσαν ἐσκανδάλισας Ἐκκλησίαν, καὶ ζύμην αἱρέσεως ἀήθους καὶ ξένης ἐμβέβληκας τοῖς λαοῖς· και οὐχι τοῖς ἐκεῖσε μόνον, ἀλλὰ γὰρ καὶ τοῖς ἁπανταχοῦ (περιηνέχθη τῶν σῶ ν ἐξηγήσεων τὰ βιβλία)· ποῖος ἔτι τῶ ν παρ᾽ ἡμὶν σιωπῆς ἀρκέσει λόγος, ἤ πῶς οὐκ ἀνάγκη μεμνησθαι τοῦ Χριστοῦ λέγοντος· "Μὴ νομίσητε, ὅτι ἦλθον βαλεῖν ἐπὶ τὴν γῆν εἰρήνην, ἀλλὰ μάχαιραν. Ἦλθον γὰρ διχάσαι ἄνθρωπον κατὰ τοῦ πατρὸς αὐτοῦ, καὶ θυγατέρα κατὰ τῆς μητρὸς αὐτῆς"[Mt. 10,34]; Πίστεως γὰρ ἀδικουμένης, ἐρρέτω μὲν, ὡς ἕωλος καὶ ἐπισφαλιὴς, ἡ πρὸ ς γονέας αἰδώς· ἠρεμείτω δὲ καὶ ὁ τῆ ς εἰς τέκνα καὶ ἀδελφποὺς φιλοστοργίας νόμος, καὶ τοῦ ζῆν ἀμείνων ἔστω λοιπὸ ν τοῖς εὐσεβέσιν ὁ θάνατος, " ἵνα κρείττονος ἀναστάσεως τύχωσι" κατὰ τὸ γεγραμμένον.[Hebr 11,35]

Ἰδοὺ τοίνυν ἅμα τῆ ἁγια συνόδῳ, τῆ κατὰ τὴν μεγάλην Ῥώμην συνειλεγμένη, προεδρεύοντος τοῦ ὁσιωτάτου καὶ θεοσεβεστάτου ἀδελφοῦ καὶ συλλειτουργοῦ ἡμῶν Κελεστίνου τοῦ ἐπισκόπου, καὶ τρίτῳ σοι τούτῳ διαμαρτυρόμεθα γράμματι, συμβουλεύοντες ἀποσχέσθαι μὲν τῶν οὕτω σκαιῶν καὶ διεστραμμένων δογμάτων, ἅ καὶ φρονεῖς καὶ διδάσκεις, ἀνθελέσθαι δὲ τὴν ὀρθὴν πίστιν, τὴν ταῖ ς Ἐκκλησίαις παραδοθεῖσαν ἐξ ἀρχῆς διὰ τῶν ἁγίων ἀποστόλων καὶ εὐαγγελιστῶ ν, οἵ καὶ αὐτόπται καὶ ὑπηρέται τοῦ λόγου γεγόνασι[Lc. 1,2]. Καὶ εἰ μὴ τοῦ

in die judicii nobis patrocinabitur, aut qualem tunc excusationem inveniemus, qui tanto tempore silentio utentes, tua illa maledicta, quibus in eum invasisti, dissimulavimus? Quod si, dum haec sentis et doces, teipsum tantummodo laederes, fortassis minor nos sollicitudo teneret; at quia totam Ecclesiam graviter offendisti, ac non iis modo qui Constantinopoli versantur, novae insolitaeque haereseos fermentum, sed omnibus ubivis locorum degentibus objecisti (circumferuntur enim passim tuarum exegeseon libelli), quae, obsecro, oratio silentio nostro defendendo satis idonea reperietur, aut quomodo sermonis Christi memores esse non poterimus? "Non putetis, inquit, quod pacem venerim mittere super terram, sed gladium. Veni enim dividere hominem contra patrem suum, et filiam contra matrem suam."[Mt. 10,34] Certe si fides violatur, omnis omnino erga parentes reverentia tanquam inanis et periculosa valeat; facessat lex illa amoris erga liberos et fratres: "ut meliorem", sicut scriptum est, "inveniant resurrectionem"[Hebr 11,35].

Ecce igitur una cum sancta synodo, qaue in magna Romanorum civitate, sanctissimo et reverendissimo episcopo fratre ac comministro nostro Coelestino praesidente, convenit, jam tertio his te litteris contestamur et obtestamur, ut consilium nostrum secuntus, a stolidis illis absurdisque dogmatibus, quae foves publiceque doces, abstineas, fidemque rectam, et jam inde ab initio per sanctos apostolos et evangelistas, qui verbi spectatores et ministri fuerunt[Lc. 1,2], Ecclesiis traditam reverenter suscipias. Quod sane nisi juxta tempus in litteris Coelestini sacratissimi

주교님께서 원하시듯이 우리가 이제 우리 모두의 구세주이신 그리스도보다 더 주교님을 사랑한다면 우리에게 어떤 일이 일어나겠습니까? 심판 날에 우리를 변호해 줄 수 있는 사람이 누구이겠습니까? 또는 주교님께서 그리스도를 향해 내뱉은 모독들에 우리가 오랫동안 침묵한 것에 대해 우리는 어떻게 변명을 댈 수 있겠습니까? 주교님께서 그러한 생각과 가르침으로 주교님 혼자만 해를 입는다면, 우리의 걱정은 그리 크지 않을 것입니다. 그러나 주교님께서는 교회 전체에 악표양을 보여주었으며, 백성들 가운데 이상하고 이질적인 이단의 효모를 퍼뜨렸습니다. 또한 이것을 콘스탄티노폴리스의 그리스도인들뿐만 아니라 다른 모든 곳에 있는 그리스도인들에게도 퍼뜨렸습니다. 이것과 관련한 주교님의 글들은 정말 도처에 퍼지게 되었습니다. 어떻게 우리의 침묵에 대해 변명을 대야 합니까? 또는 어떻게 우리는 그리스도의 말씀을 기억하지 않을 수 있겠습니까? "내가 세상에 평화를 주러 왔다고 생각하지 마라. 평화가 아니라 칼을 주러 왔다. 나는 아들이 아버지와 딸이 어머니와 갈라서게 하려고 왔다."(마태 10,34이하). 확실히 믿음이 모욕을 당하게 되면, 부모에 대한 존경심은 헛되고 위험하다는 뜻을 지닐 것입니다. 또한 자녀들과 형제들에 대한 사랑의 계명은 멀어지게 될 것입니다. 마침내 신심이 깊은 사람들은, 성경에 씌어있듯이, "더 나은 부활을 누리려고"(히브 11,35), 생명보다 죽음을 선호하게 될 것입니다.

그러므로 자 보십시오. 위대한 로마에서 우리의 지극히 거룩하고 하느님을 경외하는 동료인 첼레스티노 주교를 의장으로 모시고 열린 거룩한 교회회의와 일치하여, 우리는 이 서한으로 세 번째 당신께 애원합니다. 우리는 주교님께서 품고 계시고 선포하는 나쁘고 왜곡된 생각들을 그만두기를 강력히 권고합니다. 그러한 생각대신에 주교님께서는 "처음부터 목격자로서 말씀의 종이 된"(루카 1,2), 거룩한 사도들과 복음사가들에 의해 교회에 전해진 올바른 신앙을 받아들이십시오. 주교님께서, 위에서 언급한 지극히 거룩하고 하느님을 경외하는 동료이며 로마 주교인 첼레스티노의 서한 안에 규정된 유예 기간 내에 이것

το δράσειεν ἡ σὴ εὐλάβεια, κατὰ τὴν ὁρισθεῖσαν προθεσμίαν ἐν τοῖς γράμμασι τοῦ μνημονευθέντος ὁσιωτάτου καὶ θεοσεβεστάτου ἐπισκόπου[ἀδελφοῦ] καὶ συλλειτουργοῦ ἡμῶν τοῦ τῆς Ῥωμαίων Ἐκκλησίας ἐπισκόπου Κελεστίνου, γίνωσκε σαυτὸν οὐδένα κλῆρον ἔχοντα μεθ᾽ ἡμῶν, οὐδὲ τόπον ἢ λόγον ἐν τοῖς ἱερεῦσι τοῦ Θεοῦ καὶ ἐπισκόποις. Οὐδε γὰρ ἐνδέχεται περϊιδεῖν ἡμᾶς Ἐκκλησίας οὕτω τεθορυβημένας, καὶ σκανδαλισθέντας λαοὺς, καὶ πίστιν ὀρθὴν ἀθετουμένην, καὶ διασπώμενα παρὰ σοῦ τὰ ποίμνια, τοῦ σώζειν ὀφείλοντος, εἴπερ ἦσθα καθ᾽ ἡμᾶς ὀρθῆς δόξης ἐραστὴς, τὴν τῶν ἁγίων Πατέρων ἰχνηλατῶν εὐσέβειαν. Ἅπασι δὲ τοῖς παρὰ σῆς εὐλαβείας κεχωρισμένοις διὰ τὴν πίστιν, ἢ καθαιρεθεῖσι λαικοῖς τε καὶ κληρικοῖς, κοινωνικοὶ πάντες ἐσμέν. Οὐ γάρ ἐστι δίκαιον τοὺς ὀρθὰ φρονεῖν ἐγνωκότας σαῖς ἀδικεῖσθαι ψήφοις, ὅτι οἱ καλῶς ποιοῦντες ἀντειρήκασι. Τοῦτο γὰρ αὐτὸ καταμεμήνυκας ἐν τῇ ἐπιστολῇ τῇ γραφείσῃ παρὰ σοῦ πρὸς τὸν τῆς μεγάλης Ῥώμης ἁγιωτατον καὶ συνεπίσκοπον ἡμῶν Κελεστῖνον. Οὐκ ἀρκέσει δὲ τῇ σῇ εὐλαβείᾳ τὸ συνομολογῆσαι μόνον τὸ τῆς πίστεως σύμβολον, τὸ ἐκτεθὲν κατὰ καιροὺς ἐν ἁγίῳ Πνεύματι παρὰ τῆς ἁγίας καὶ μεγάλης συνόδου, τῆς κατὰ καιροὺς συναχθείσης ἐν τῇ Νικαέων (Νενόηκας γὰρ καὶ ἡρμήνευσας οὐκ ὀρθῶς αὐτό, διεστραμμένως δὲ μᾶλλον, κἂν ὁμολογῇς τῇ φωνῇ τὴν λέξιν), Ἀλλὰ γὰρ ἀκόλουθον ἐγγράφως καὶ ἐνωμότως ὁμολογῆσαι, ὅτι καὶ ἀναθεματίζεις μὲν τὰ μιαρὰ σαυτοῦ καὶ βέβηλα δόγματα· φρονήσεις δὲ καὶ διδάξεις, ἃ καὶ ἡμεῖς πάντες, οἵ τε κατὰ τὴν Ἑσπέραν καὶ τὴν Ἑῴαν ἐπίσκοποι, καὶ διδάσκαλοι, καὶ λαῶν ἡγούμενοι. Συνέθετο δὲ καὶ ἡ κατὰ τὴν Ῥώμην ἁγία σύνοδος, καὶ ἡμεῖς ἅπαντες, ὡς ὀρθῶς ἐχούσαις καὶ ἀνεπιλήπτως, ταῖς γραφείσαις ἐπιστολαῖς πρὸς τὴν σὴν εὐλάβειαν παρὰ τῆς Ἀλεξανδρέων Ἐκκλησίας. Ὑπετάξαμεν δὲ τούτοις ἡμῶν τοῖς γράμμασιν, ἅ σε δεῖ φρονεῖν καὶ διδάσκειν, καὶ ὧν ἀπέχεσθαι προσήκει. Αὕτη γὰρ τῆς καθολικῆς καὶ ἀποστολικῆς Ἐκκλησίας ἡ πίστις, ᾗ συναινοῦσιν ἅπαντες, οἵτε κατὰ τὴν Ἑσπέραν, καὶ τὴν

reverendissimique fratris et comministri nostri Romanorum episcopi expressum praefinitumque praestiteris, certo scias nullam tibi deinceps cum episcopis et sacerdotibus Dei sortem, nullam tui rationem, nullum denique inter eos locum futurum esse. Nec einm fieri potest, ut nos Ecclesias turbatas, populos offensos, fidem rectam labefactatam, gregem Christi negligamus misere abs te dissipatum, qui illum, si quidem perinde ac nos rectae fidei doctrinam consectari sanctorumque Patrum pietatem aemulari libuisset, alioqui debueras conservare. Itaque cum omnibus, tum clericis, tum laicis quoque, quos tu propter fidem excommunicasti vel ordine movisti, comunicavimus. Haud enim par erat eos, qui rectam fidem tenere maluerunt, ob iniquam tuam sententiam detrimentum aliquod pati, ob id nimirum quod recte sentientes tuae doctrinae assentiri noluerunt. Nam et hujus quoque exauctorationis in epistola quam ad magnae Romae sanctissimum et coepiscopum nostrum Coelestinum scripsisti, fit mentio. Caeterum minime sat erit si reverentia tua solum fidei symbolum, quod a magna illa synodo quae in Spiritu sancto in urbe Nicaea quondam convenit, expositum est, nobiscum confiteatur. Nam etsi voce tenus illud profitearis, attamen neque recte intelligis, neque sincere quoque, sed perverse plane praepostereque interpretaris. Verum praeter hoc addendum illud est, ut scripto ac jurejurando affirmes te praeterea anathematizare quae sceleste et profane hactenus sensisti, et ea rursum posthac te sensurum et docturum polliceare, quae et nos et caeteri omnes quotquot vel in Occidente vel in Oriente vivunt episcopi, doctores ac populorum duces. Ad epistolas porro quod attinet, quas Alexandrina Ecclesia ad te misit, eas cum a sacra Romana synodo, tum a nobis omnibus quoque, ab omni errore et vitio immunes judicatas esse scias. Hisce autem litteris nostris utraque subjunximus, et ea quae te oportet sapere et docere, et ea rursum a quibus te convenit abstinere. Catholicae enim apostolicaeque Ecclesiae fides, in qua universi Occidentis et Orientis orthodoxi

을 행하지 않는다면, 주교님은 우리와 함께하지 못하고, 신부들과 주교들 사이에서 의석 및 투표권을 갖지 못한다는 것을 아십시오. 우리는 교회들 안에서 그러한 혼란이 일어나고 백성들에게 악표양을 주며, 그들을 구원해야 할 주교님에 의해 올바른 신앙이 버려지게 되고 양떼들이 흩어지게 되는 것을 허용할 수 없기 때문입니다. 그러나 이들을 구원하기 위해서 주교님은 우리처럼 올바른 신앙교리를 따르고 거룩한 교부들의 신심을 얻으려고 애써야 했습니다. 그리고 신앙 때문에 주교님에 의해 파문되었거나 면직된 모든 평신도들과 성직자들과 우리는 친교를 맺을 것입니다. 그들이 참 신앙을 고수하였고, 주교님을 당연히 반대했다는 이유로 주교님의 판결 하에 고통을 당해야 한다는 것은 옳은 일이 아니기 때문입니다. 주교님께서는 몸소 지극히 거룩한, 위대한 로마 주교이며 우리의 동료인 첼레스티노에게 보낸 주교님의 서한에서 그것에 대해 말씀하셨습니다. 그럼에도 주교님께서 니케아에서 열렸던 거룩하고 위대한 공의회에 의해 성령 안에서 정해진 신앙고백에만 동의하는 것으로는 충분하지 못합니다. (주교님께서는 이 고백을 올바로 이해하지 못했을 뿐만 아니라 오히려 잘못 이해하였고, 또한 본문을 피상적으로 인정하며 해석하였기 때문입니다.) 따라서 주교님께서는 파렴치하고 신성모독적인 주교님의 가르침을 배척하고, 우리와, 그리고 동방과 서방에 사는 주교들이며 백성들의 스승이고 인도자인 모두 이들과 같이 생각하고 가르치기를 원한다고 서면으로 그리고 맹세로써 고백해야 합니다. 로마의 거룩한 교회회의와 우리 모두는, 알렉산드리아 교회가 주교님께 보낸 서한들이 흠잡을 데 없이 올바른 판결을 내렸다는 것에 일치하였기 때문입니다. 이러한 이유로 우리는 우리의 이 서한에, 주교님께서 생각하시고 가르쳐야 하는 것과 주교님께서 결별을 선언해야 하는 것을 첨부하였습니다. 곧 그것은 동방과 서방의 정통신앙을 가진 우리 주교들이 만장일치로 선포하는, 보편적

῾Εώαν ὀρθοδόξεοι ἐπίσκοποι.

episcopi consentiunt, hujusmodi est.

Πιστεύομεν εἰς ἕνα Θεὸν, Πατέρα παντοκράπορα, πάντων ὁρατῶν τε καὶ ἀοράτων ποιητήν· καὶ εἰς ἕνα Κύριον Ἰησοῦν Χριστὸν, τὸν Υἱὸν τοῦ θεοῦ τὸν μονογενῆ, γεννηθέντα ἐκ τοῦ Πατρὸς, τουτ᾽ ἐστιν, ἐκ τῆς οὐσίας τοῦ Πατρός· Θεὸν ἐκ Θεοῦ, φῶς ἐκ φωτός, Θεὸν ἀληθινὸν ἐκ Θεοῦ ἀληθινοῦ· γεννηθέντα, οὐ ποιηθέντα, ὁμοούσιον τῷ πατρί· δι᾽ οὗ τὰ πάντα ἐγένετο, τά ρε ἐν τῷ οὐρανῷ, καὶ τὰ ἐν τῇ γῇ, τὸν δι᾽ ἡμᾶ ς τοὺς ἀνθρώπους, καὶ διὰ τὴν ἡμετέραν σωτηρίαν κατελθόντα, καὶ σαρκωθέντα, καὶ ἐνανθρωπήσαντα· παθόντα καὶ ἀναστάντα τῇ τρίτῃ ἡμέρᾳ· ἀνελθόντα εἰς τοὺς οὐρανούς, ἐρχόμενον κρῖναι ζῶντας καὶ νεκρούς· καὶ εἰς τὸ Πνεῦμα τὸ ἅγιον.

Τοὺς δὲ λέγοντας· Ἦν ποτε, ὅτε οὐκ ἦν, καὶ πρὶν γεννηθῆναι οὐκ ἦν, καὶ ὅτι ἐξ οὐκ ὄντων ἐγένετο, ἢ ἐξ ἑτέρας τονὸς ὑποστάσεως ἢ οὐσίας φάσκοντας εἶναι, καὶ τρεπτὸν ἢ ἀλλοιωτὸν τὸν Υἱὸν τοῦ Θεοῦ, τούτους ἀναθεματίζει ἡ καθολικὴ καὶ ἀποστολικὴ Ἐκκλησία.

Credimus in unum Deum, Patrem omnipotentem, omnium visibilium et invisibilium factorem. Et in unum Dominum nostrum Iesum Christum Filium Dei, natum ex Patre unigenitum, hoc est de substantia Patris, Deum ex Deo, lumen ex lumine, Deum verum de Deo vero, natum, non factum, consubstantialem Patri; per quem omnia facta sunt, et quae in coelo, et quae in terra; qui propter nos homines, et propter nostram salutem descendit, et incarnatus est, et homo factus est, et passus est, et tertia die resurrexit: et ascendit ad caelos, venturus judicare vivos et mortuos: et in Spiritum Sanctum.

Qui autem dicunt: "Erat aliquando cum non esset, et priusquam nasceretur, non erat; vel quod ex non exsistentibus, aut ex alia substantia vel essentia sit; aut qui Filium Dei mutationi aut alterationi obnoxium asserunt; hos catholica et apostolica anathematizat Ecclesia.

῾Επόμενοι δὲ πανταχοῦ ταῖς τῶν ἁγίων Πατέρων ὁμολογιαις, αἳ πεποίηνται, λαλοῦντος ἐν αὐτοῖς τοῦ ἁγίου Πνεύματος, καὶ τὸν τῶν ἐν αὐτοῖς ἐννοιῶ ν ἰχνηλατοῦντες σκοπὸν, καὶ βασιλικὴν ὥσπερ ἐρχόμενοι τρίβον, φαμὲν ὅτι αὐτὸς ὁ μονογενὴς τοῦ Θεοῦ Λόγος, ὁ ἐξ αὐτῆ ς γεννηθεὶς τῆς οὐσιας τοῦ Πατρός, ὁ ἐκ Θεοῦ ἀληθινοῦ Θεὸς ἀληθινός, τὸ φῶς τὸ ἐκ φωτός, ὁ δι᾽ οὗ τὰ πάντα ἐγένετο, τά τε ἐν τῷ οὐρανῷ καὶ τὰ ἐν τῇ γῇ, τῆ ς ἡμετέρας ἕνεκα σωτηρίας κατελθὼν, καὶ καθεὶς ἑαυτὸν εἰς κένωσιν, ἐσαρκώθη

Sanctorum autem Patrum confessiones, quas sancto in ipsis loquente Spiritu ediderunt, sectantes, scopumque ac sensum quem illi tenuerunt, studiose ubique obervantes, et regia quasi via incedentes, ipsum unigenitum Dei Verbum, ex Patris substantia natum, Deum verum de Deo veor, lumen de lumine, per quem omnia et quae in coelo et quae in terris facta consistunt, salutis nostrae causa desendisse, seque ad exinanitionem, demisso incarnatum et hominem factum, hoc est, carne ex sacra Virgine sumpta, eademque sibi

이며 사도로부터 이어 오는 교회의 신앙입니다.

"한 분이신 하느님, 전능하신 아버지, 유형 무형한 만물의 창조주를 저희는 믿나이다. 또한 하느님의 아들, 한 분이신 주 예수 그리스도, 외아들로 성부에게서, 곧 성부의 본질에서 나셨으며, 하느님에게서 나신 하느님, 빛에서 나신 빛, 참 하느님에게서 나신 참 하느님, 창조되지 않고 나시고 성부와 본질이 같으시며, 그분을 통해 하늘과 땅에 있는 만물이 생겨났으며, 저희 인간 때문에, 저희 구원을 위하여 내려오시어 육이 되시고 인간이 되셨으며, 고난을 겪으시고 사흗날에 부활하셨으며, 하늘에 올라가시어 산 이와 죽은 이를 심판하러 오시리라 믿나이다. 또한 성령을 믿나이다.

"성자께서 존재하지 않은 때가 있었다", 그리고 "그분은 태어나기 전에 존재하지 않았다", 그리고 "그분은 존재하지 않았던 것에서 생겨났다" 라고 말하는 이들을, 또는 하느님의 아드님께서 다른 실체(히포스타시스)나 본질에서 생겨났다거나, 하느님의 아드님께서 창조되었거나 변할 수 있거나 달라질 수 있다고 말하는 이들을 가톨릭교회는 파문한다.(DH 125-126)."

거룩한 교부들이 그들에게 말씀하신 성령의 도움으로 말로써 나타낸 고백을 따르면서, 그리고 그들이 간직한 목적과 생각을 열심히 어디에서나 준수하면서, 우리는 왕의 거리에 나가 확고하게 다음과 같이 가르칩니다. 같으신 분이시고 외아들로 태어나신 하느님 말씀은 하느님 아버지의 본질 자체에서 나셨으며, 참 하느님에게서 나신 참 하느님이시고, 빛에서 나신 빛이시며, 그분을 통해 하늘과 땅위에 모든 것이 창조되었습니다. 그분은 우리의 구원을 위해 내려오셨으며, 마지막까지 자신을 비우시고 육과 인간이 되셨습니다. 그것은 바로, 하느

τε καὶ ἐνηνθρώπησε, τοῦτ ἔστι, σάρκα λαβὼν ἐκ τῆς ἁγίας Παρθένου, καὶ ἰδίαν αὐτῆν ποιησάμενος ἐκ μήτρας, τῆν καθ' ἡμᾶς ὑπέμεινε γέννησιν, καὶ προῆλθεν ἄνθρωπος ἐκ γυναικός, οὐχ ὅπερ ἦν ἀποβεβληκως, ἀλλ' εἰ καὶ γέγονεν ἐν προσλήψει σαρκὸς καὶ αἵματος, καὶ οὕτω μενενηκὼς ὅπερ ἦν, Θεὸς δηλονότι φύσει καὶ ἀληθείᾳ. Οὔτε δὲ τὴν σάρκα φαμὲν εἰς θεότητος τραπῆναι φύσιν, οὔτε μὴν σαρκὸς εἰς φύσιν τὴν ἀπόρρητον Θεοῦ Λόγου παραχθῆναι φύσιν· ἄτρεπτος γάρ ἐστι καὶ ἀναλλοίωτος παντελῶς μὲν ὁ αὐτὸς ἀει ὤν, κατὰ τὰς Γραφάς[Mal 3,6]. Ὁρώμενος δὲ καὶ βρέφος ἐν σπαργάνοις μένων ἔτι, καὶ ἐν κόλποις τῆς τεκούσης Παρθένου, πᾶσαν ἐπλήρου τὴν κτίσιν, ὡς Θεὸς, καὶ σύνεδρος ἦν τῷ γεγεννηκότι· Τὸ γὰρ θεῖον, ἄποσόν τέ ἐστι καὶ ἀμέγεθες, καὶ περιορισμὸν οὐκ ἀνέχεται.

appropriata, in utero more nostro genitum, hominemque ex muliere in lucem editum dicimus: id interim quod suapte natura erat, non abjiciens, sed hoc ipsum quod erat, hoc est, verus naturalisque Deus, licet carnem et sanguinem assumpsisset, constanter manens. Neque carnem in divinitatis naturam versam, nec contra rursum ineffabilem illam naturam in carnis substantiam transmutatam asserimus; est enim immutabilis, nullique alerationi obnoxius, semper idem, suique similis, ut scriptum est[Mal 3,6], manens. Etenum cum jam visibilis factus eseet, infantumque more fsciis adhuc involveretur, ac in Virginis matris gremio etiamnum foveretur, omnem implebat creaturam, ut Deus, parique cum Patre potestate regnabat. Siquidem divinitas quantitatis et molis expers est, nec ullis limitibus circumscribitur.

Ἡνῶσθαί γε μὴν σαρκὶ καθ' ὑπόσταστιν ὁμολογοῦντες τὸν Λόγον, ἕνα προσκυνοῦ μεν Υἱὸν καὶ Κύριον Ἰησοῦν Χριστόν, οὔτε ἀνὰ μέρος τιθέντες καὶ διορίζοντες ἄνθρωπον καὶ Θεὸν, οὔτε συνημμένους μᾶλλον ἀλλήλοις τῇ τῆς ἀξίας καὶ αὐθεντίας ἑνότητι (καινοφωνία γὰρ τοῦτο, καὶ ἕτερον οὐδέν), οὔτε μὴν Χριστὸν ἰδικῶς ὀνομάζοντες τὸν ἐκ Θεοῦ Λόγον, καὶ ὁμοίως ἰδικῶς Χριστὸν ἕτερον, τὸν ἐκ γυναικός, ἀλλ' ἕνα μόνον εἰδότες Χριστὸν, τὸν ἐκ Θεοῦ Πατρὸς Λόγον μετὰ τῆς ἰδίας σαρκός. Τότε γὰρ ἀνθρωπινως κέχρισται μεθ' ἡμῶν, καίτοι τοῖς ἀξίοις τοῦ λαβεῖν τὸ Πνεῦμα διδοὺς αὐτὸς, καὶ οὐκ ἐκ μέτρου, καθά φησιν ὁ μακάριος εὐαγγελιστὴς Ἰωάννης[Jo. 3,34]. Ἀλλ' οὐδὲ ἐκεῖνό φαμὲν, ὅτι κατῴκησεν ὁ ἐκ Θεοῦ Λόγος, ὡς ἐν ἀνθρώπῳ κοινῷ, τῷ ἐκ τῆ

Quamvis autem Verbum carni secundum hypostasim unitum fateamur, unum tamen Filium ac Dominum Jesum Christum adoramus; neque Deum et hominem secamus, aut in partes divellimus, quasi dignitatis tantum et auctoritatis communicatione inter se consocientur (hoc enim dicere, nihil aliud est quam inanem quamdam vocum novitatem inepte profundere); neque duos constituimus Christos: alterum per se ac seorsum Dei Patris Verbum, alterum illum rursus seorsum, qui ex muliere natus est; sed unum duntaxat Christum agnoscimus, Dei videlicet Patris Verbum cum carne, quam propriam sibi ascivit. Tunc ut homo, nobiscum unctus est, cum tamen ipse sit qui Spiritum dat non indignis, idque non ad mensuram, ut beatus evangelista Joannes

님 말씀이 거룩한 동정녀에게서 육을 취하셨고 자신의 것으로 삼으셨으며, 우리처럼 태어나셨고 인간으로서 여인에게서 나셨다는 것을 뜻합니다. 그러나 이때 그분은 이전에 계셨던 그대로 존재하기를 멈추지 않으셨습니다. 정말 그러하셨습니다. 육과 피를 취하셨을 때, 그분은 이전에 계셨던 그대로 머무르셨고, 곧 본성으로는 참 하느님이셨습니다. 또한 우리는 육이 신성의 본성으로 변화되지 않았으며, 또한 하느님 말씀의 형언할 수 없는 본성이 육의 본성으로 변화되지 않았다고 가르칩니다. 왜냐하면 하느님은 말씀은 변할 수 없고 변질되지 않으며, 성경 말씀대로(말라 3,6), 온전히 항상 같은 분으로 머무시기 때문입니다. 그분께서 어린 아기와 같이 보이셨고 포대기에 싸였으며, 동정녀이신 그분의 어머니의 품속에 계셨던 바로 그때에, 그분은 하느님으로서 모든 창조를 이루셨고 그분을 낳으신 아버지 옆에 앉으셨습니다. 신성은 양(量)과 크기가 없으며, 한계를 긋지 않기 때문입니다.

그러나 말씀이 위격(hypostasis)에 따라 육과 일치되었다고 우리가 이제 고백한다면[두 번째 파문문], 우리는 한 분이신 아드님, 주 예수 그리스도를 흠숭하는 것입니다. 이때에 우리는 인간과 하느님을 둘로 가르거나 분리하지 않습니다. 인간과 하느님이 품위와 주권에 따른 결합으로만 서로 결합된 것처럼 여기지 않습니다[세 번째 파문문]. 또한 우리는 하느님에게서 나신 말씀을 분리해서 그리스도를 말하지 않고, 마찬가지로 여인에게서 태어난 분을 분리해서 다른 한 그리스도를 말하지 않습니다. 오히려 우리는 한 분이신 그리스도, 곧 그분의 고유한 인성과 더불어 하느님 아버지에게서 나신 말씀만을 알고 있습니다. 당시에 그분은, 복되신 요한 복음사가가 말하듯이(요한 3,34), "한량없이" 성령을 받을 만한 이들에게 직접 성령을 줄지라도, 우리 가운데에서 인간적인 방법으로 도유되셨습니다[그리스도가 되셨습니다]. 우리는 하느님에게서 나신 말씀이 보통 사람처럼 거룩한 동정녀에게서 태어난 사람 안에 거처하셨다고 주장하지

ς ἁγίας Παρθένου γεγεννημένῳ· ἵνα μὴ **θεοφόρος** ἄνθρωπος νοοῖτο Χριστός. Εἰ γὰρ καὶ ἐσκήνωσεν ἐν ἡμῖν ὁ Λόγος[Jo. 1,14], εἴρηται δὲ καὶ ἐν Χριστῷ κατοικῆσαι πᾶν τὸ πλήρωμα τῆς θεότητος σωματικῶς[Kol 2,9], ἀλλ᾽ οὖν ἐννοοῦμεν, ὅτι γενόμενος σάρξ, οὐχ ὥσπερ ἐν τοῖς ἁγίοις κατοικῆσαι λέγεται, κατὰ τὸν ἴσον καὶ ἐν αὐτῷ τρόπον γεγέσθαι διοριζόμεθα τὴν κατοίκησιν. Ἀλλ᾽ ἑνωθεὶς **κατὰ φύσιν**, καὶ οὐκ εἰς σάρκα τραπείς, τοιαύτην ἐποιήσατο τὴν κατοίκησιν, ἥν ἄν ἔχειν λέγοιτο καὶ ἡ τοῦ ἀνθρωπου ψυχὴ πρὸς τὸ ἴδιον ἑαυτῆς σῶμα.

testatur[Jo. 3,34]. Sed neque Dei Verbum in sacrae Virginis filio, veluti in communi quodam homine inhabitasse dicimus, ne Christus Deifer homo esse intelligatur. Nam licet Verbum in nobis habitarit[Jo. 1,14], omnemque divinitatis plenitudinem corporaliter in Christo inhabitare Litteris proditum sit[Kol 2,9], attamen non ita in illo habitavit, ut in sanctis inhabitare dicitur. Habitavit enim secundum naturam unitum, non in carnem mutatum, tali inhabitatione, qualem dici potest hominis anima erga sibi proprium corpus habere.

Εἷς οὖν ἄρα Χριστὸς καὶ Υἱὸς καὶ Κύριος, οὐκ ὡς συνάφειαν ἁβλῶς τὴν ὡς Θεὸν, ἑνότητι τῆς ἀξίας, ἤγοῦν αὐθεντίας, ἔχοντος ἀνθρωπου πρὸς Θεόν. Οὐ γὰρ ἑνοῖ τὰς φύσεις ἡ ισοτιμία· καὶ γοῦν Πέτρος τε καὶ Ἰωάννης, ἰσότιμοι μὲν ἀλλήλοις, καθὸ καὶ ἀπόστολοι καὶ ἅγιοι μαθηταὶ· πλὴν οὐχ εἷς οἱ δύο. Οὔτε μὴν κατὰ παράθεσιν τὸν τῆς συναφείας νοοῦμεν τρόπον (οὐκ ἀπόχρη γὰρ τοῦτο πρὸς ἕνωσιν φυσικήν) οὔτε μὴν ὡς κατὰ μέθεξιν σχετικήν, ὡς καὶ ἡμεῖς κολλώμενοι τῷ Κυρίῳ, κατὰ τὸ γεγραμμένον[1Kor 6,17] ἓν πνεῦμα ἐσμὲν πρὸς αὐτόν· μᾶλλον δὲ τὸ τῆς συναφείας ὄνομα παραιτούμεθα, ὡς οὐκ ἔχον ἱκανῶς σημῆναι τὴν ἕνωσιν. Ἀλλ᾽ οὐδὲ Θεὸν ἢ Δεσπότην τοῦ Χριστοῦ τὸν ἐκ Θεοῦ Πατρὸς Λόγον ὀνομάζομεν· ἵνα μὴ πάλιν ἀναφανδὸν τέμνωμεν εἰς δύο τὸν ἕνα Χριστὸν, τὸν Υἱον καὶ Κύριον, καὶ δυσφημίας ἐγκλήματι περιπέσωμεν, Θεὸν ἑαυτοῦ καὶ δεσπότην ποιοῦντες αὐτὸν. Ἑνωθεὶς γάρ, ὡς ἤδη προείπομεν, ὁ τοῦ Θεοῦ Λόγος σαρκὶ καθ᾽ ὑπόστασιν,

Unus itaque est Christus et Filius et Dominus, non ita quasi homo eam tantum cum Deo conjunctionem sortitus sit, quae in sola dignitatis vel auctoritatis unitate posita sit. Non enim honoris aequalitas naturas unit: alioqui Petrus et Joannes, qui paris dignitatis exstiterunt quatenus scilicet apostoli ac sancti discipuli, non unus essent, sed duo: nec rursum appositione factum intelligimus conjunctionis modum; ea enim ad naturalem unionem constituendam sat esse nequit: neque secundum affectualem communicationem, quomodo nos Domino cohaeremus, unusque, ut scriptum est[1Kor 6,17], cum eo spiritus efficimur; imo vero conjunctionis vocabulum, tanquam ad unionem hanc exprimendam minus idoneum, repudiamus. Sed neque Dei Patris Verbum, Christi Deum aut Dominum nominamus; ne unum rursus Christum et Filium et Dominum in duos aperte divellentes, in blasphemiae crimen(utpote Deum ipsum sui ipsius dominum constituentes) incidamus. Verbum enim Dei, ut saepe jam admonuimus, carni secundum hypostasim

않습니다(열한 번째 파문문). 그렇게 주장하게 되면 우리는 정말 그리스도를 "하느님을 품은"(θεοφόρος) 인간으로 세우게 되는 것입니다. 비록 말씀이 "우리 가운데 사셨을지라도"(요한 1,14), 그리스도 안에 "온전히 충만한 신성이 육신의 형태로 머무르고 있다."고 말해지고 있습니다(콜로 2,9). 그러므로 그리스도께서 육이 되셨기 때문에 거처를 취하셨다면, 그분이 성령 안에 거처하신다는 의미로 거처하신다고 이해하지 않습니다.(열한 번째 파문문). 그리스도께서는 오히려 본성에 따라(κατὰ φύσιν) 육과 결합하셨지, 육으로 변하지 않으셨고, 따라서 인간의 영혼도 그 고유한 몸에 거처한다고 사람들이 말하듯이, 그렇게 육에 거처하지 않으십니다.

그러므로 그리스도이시며 아드님이시고 주님이신 분은 한 분이시며, 마치 한 인간이 품위와 주권에서만 하느님과 함께 결합된 것 같지만 그렇지 않습니다. 영예가 동등하다는 것만으로는 아직 본성들을 결합할 수 없기 때문입니다. 베드로와 요한이 사도이며 거룩한 제자들이라는 점에서 그 둘은 영예에 있어서 서로 동등하지만, 그들은 두 명이지 한 명이 아닙니다. 또한 우리는 [본성들의] 결합의 방법을 병렬의 의미로 이해하지 않습니다. 그것은 본성들의 결합을 위해서는 충분하지 않기 때문입니다. 또한 마찬가지로 우리가 주님과 결합하고, 성경말씀대로 그분과 "한 영"이 되듯이(1코린 6,17), 친밀한 교분을 나눈다는 의미에서의 결합도 아닙니다. 오히려 우리는 "연결"(συναφεια)이라는 말을 거부합니다. 그 말은 합일을 충분히 표현하지 못하기 때문입니다. 우리는 또한 하느님 아버지에게서 나신 말씀을 그리스도의 하느님 또는 그리스도의 주님으로 부르지도 않습니다. 그렇게 부른다면 우리는 다시금 공공연하게 그리스도이시며 아드님이시고 주님이신 한 분을 둘로 나누게 될 것이고, 신성모독을 한다는 고소를 당하게 될 것입니다. 우리는 그분을 그 자신의 하느님과 주님으로 만드는 것이기 때문입니다.(여섯 번째 파문문). 위에서 언급하였듯이, 위격에 따라 육과 결합

Θεὸς μέν ἐστι τῶν ὅλων, δεσπόζει δὲ τοῦ παντός· ούτε δὲ αὐτὸς ἑαυτοῦ δοῦ λός εστιν, οὔτε δεσπότης. Εὔηθες γὰρ, μᾶλλον δὲ ἤδη καὶ δυσσεβὲς, τὸ οὕτω φρονεῖν χαὶ λέγειν. Ἔφη μὲν γὰρ θεὸ ν ἑαυτοῦ τὸν Πατέρα καίτοι Θεὸς ὢν φύσει, καὶ ἐκ τῆς οὐσίας αὐτοῦ·[Jo. 20,17] Ἀλλ' οὐκ ἠγνοήκαμεν ὅτι μετὰ τοῦ μεῖναι Θεὸς, καὶ ἄνθρωπος γέγονεν ὑπὸ Θεῷ, κατά γε τὸν πρέποντα νόμον τῇ τῆ ς ἀνθρωπότητος φύσει. Αὐτὸς δὲ ἑαυτοῦ πῶς ἂν γένοιτο Θεὸς ἢ δεσπότης; Οὐκοῦ ν, ὡς ἄνθρωπος, καὶ ὅσον ἧκεν εἴς γε τὸ πρέπον τοῖς τῆς κενώσεως μέτροις, ὑπὸ Θεῷ· μεθ' ἡμῶν ἑαυτὸν εἶναί φησιν. Οὕτω γέγονε καὶ ὑπὸ νόμον, καίτοι λαλήσας αὐτὸς τὸν νόμον, καὶ νομοθέτης ὑπάρχων, ὡς Θεός[Gal 4,4].

unitum, et Deus est, et creaturarum omnium Dominus; sui autem ipsius neque dominus, neque servus est. Ita enim sapere aut dicere, nihil aliud esset quam impie desipere. Appellat quidem Patrem Deum suum, licet Deus natura sit, et ex paterna substantia genitum[Jo. 20,17]. Non ignoramus tamen, cum hoc ipso quod Deus est, hominem quoque factum esse, proindeque secundum legem humanae naturae congruentem, Deo subjectum esse. Interim ut sui ipsius vel Deus, vel dominus sit, id fieri nulla ratione potest. Ut homo igitur, et ad exinanitionis conditionem quod spectat, aeque ac nos Deo se subditum fatetur. Ad hunc quoque modum sub lege factus est, etiamsi, ut Deus, legem ipse tulerit ac promulgarit[Gal 4,4].

Παραιτούμεθα δὲ λέγειν ἐπὶ Χριστοῦ· Διὰ τὸν φοροῦντα, τὸν φορούμενον σέβω· διὰ τὸν ἀόρατον προσκυνῶ τὸν ὁρώμενον. φρικτὸν δὲ πρὸς τούτῳ κἀκεῖνο εἰπεῖν· Ὁ ληφθεὶς τῷ λαβόντι συγχρηματίζει Θεός. Ὁ γὰρ ταῦτα λέγων διατέμνει πάλιν εἰς δύο Χριστοὺ ς, καὶ ἄνθρωπον ἵστησιν ἀνὰ μέρος ἰδικῶς, καὶ Θεὸν ὁμοίως. Ἀρνεῖται γὰρ ὁμολογουμένως τὴν ἕνωσιν, καθ' ἣν οὐχ ὡς ἕτερος ἐν ἑτέρῳ συμποσκυνεῖ ταί τις, οὔτε μὴν συγχρηματίζει Θεός, ἀλλ' εἷς νοεῖται Χριστὸς Ἰησοῦς Υἱὸς μονογενής, μιᾷ προσκυνήσει τιμώμενος μετὰ τῆς ἰδίας σαρκός. Ὁμολογοῦμεν δὲ ὅτι αὐτὸς ὁ ἐκ Θεοῦ Πατρὸς γεννηθεὶς Υἱὸς, καὶ Θεὸς μονογενής, καίτοι κατὰ φύσιν ἰδίαν ὑπάρχων ἀπαθής, σαρκὶ πέπονθεν ὑπὲρ ἡμῶν, κατὰ τὰς Γραφὰ

Cavemus etiam hoc modo loqui de Christo: Propter eum qui induit, indutum veneror; et propter invisibilem visibilem adoro. Praeterea et hoc quoque non absque horrore dicitur: Assumptus una cum assumente coexsistit Deus. Qui enim hoc modo loquuntur, unum rursus Christum in duos dividunt, et hominem per se seorsum, et Deum similiter per se seorsum collocant, veramque unionem hac ratione apertissime inficiantur. Secundum hanc enim alter veluti in altero non simul adoratur, neque simul cum altero Deus exsistit; sed unus idemque Christus Jesus, unigenitusque Dei Filius animo concipitur, qui una adoratione simul cum sua carne colitur. Confitemur etiam ipsum unigenitum Dei Filium ex Patre natum, etiamsi secundum propriam naturam impassibilis sit, nostri tamen causa mortem in carne,

한 하느님이신 말씀은 만물의 하느님이시며, 모든 만물을 다스리시고, 그 자신의 종도 아니며, 그 자신의 주님도 아닙니다. 그렇게 생각하거나 말하기를 원한다면, 그것은 정말 단순하고 더구나 신성모독적이기도 합니다. 사실 그분은 본성으로 하느님이시고, 하느님 아버지의 본질(οὐσία)에서 나오셨을지라도, 하느님 아버지를 자신의 하느님으로 불렀습니다(요한 20,17). 그분께서 비록 하느님이실지라도, 인성에 상응한 법에 따라, 하느님의 주권 아래에 있는 한 인간이 되셨다는 것을 우리만 아주 잘 알고 있습니다. 그래서 그분께서 어떻게 자신의 하느님이나 주님일 수 있겠습니까? 그러므로 그분은 인간으로서 말씀하셨습니다. 그리고 비움의 상태에 맞갖게, 그분은 우리와 같게 하느님께 순종하셨습니다. 그래서 그분은 하느님으로서 법을 반포하시고 몸소 입법자이심에도, "율법 아래 놓이게 되셨습니다."(갈라 4,4).

따라서 우리는 그리스도에 대해서, "잉태한 이 때문에 나는 잉태된 이를 공경하고, 보이지 않은 분 때문에 나는 보이는 분을 흠숭한다."[13] 고 말하는 것을 거부합니다. 마찬가지로 우리는 "취해진 인간이 자신을 취하는 그분과 함께 하느님으로 불려진다."고 말하는 것도 혐오합니다.(여덟번째 파문문). 그렇게 이야기하는 사람은 다시금 그리스도를 두 분의 그리스도로 나누는 것이며, 인간을 그 자체로 따로, 마찬가지로 하느님을 그 자체로 따로 두는 것입니다. 그러한 일치에 대한 고백은 실제로는 그 일치를 부인하는 것과 같은 뜻입니다. 그 일치에 따르면 한 사람은 다른 사람과 함께 흠숭되지 않거나 함께 하느님으로 불리지 않기 때문입니다.(여덟 번째 파문문). 오히려 그리스도 예수는 한 분이시고, 외아드님으로 이해되며, 그분의 육과 함께 하나의 흠숭으로 공경을 받으십니다. 또한 우리는 하느님 아버지에게서 나신 하느님의 외아드님이 그분

13) 네스토리우스의 정식. 참조: 41면

ς[1Petr 4,1], καὶ ἦν τῷ σταυρωθέντι σώματι τὰ τῆς ἰδίας σαρκὸς ἀπαθῶς οἰκειούμενος πάθη. χάριτι δὲ Θεοῦ καὶ ὑπὲρ παντὸς ἐγεύσατο θανάτου[Hebr 2,9], διδοὺς αὐτῷ τὸ ἴδιον σῶμα, καίτοι κατὰ φύσιν ὑπάρχων ζωὴ, καὶ αὐτὸς ὢν ἡ ἀνάστασις.[Jo. 11,25]Ἵνα γὰρ ἀρρήτῳ δυνάμει πατρσας τὸν θάνατον, ὡς ἔν γε δὴ πρώτῃ τῇ ἰδίᾳ σαρκὶ, γένηται πρωτότοκος ἐκ νεκρῶν[Kol 1,18], καὶ ἀπαρχὴ τῶν κεκοιμεημένων·[1Kor 15,20] ὁδοποιήσῃ τε τῇ τοῦ ἀνθρώπου φύσει τὴν εἰς ἀφθαρσίαν ἀναδρομήν χάριτι Θεοῦ, καθάπερ ἔφημεν ἀρτίως, ὑπὲρ παντὸς ἐγεύσατο θανάτον· τριήμερός δε ἀνεβίω σκυλεύσας τὸν ᾅδην.Ὥστε κἂν λέγηται δι᾽ ἀνθρόπου γενέσθαι ἡ ἀνάστασις τῶν νεκρῶν[1Kor 15,21], ἀλλὰ νοοῦμεν ἄνθρωπον τὸν ἐκ Θεοῦ γεγονότα Λόγον· καὶ λελύσθαι δι᾽ αὐτοῦ τοῦ θανάτου τὸ κράτος· ἥξει δὲ κατὰ καιροὺς, ὡς εἷς Υἱὸς καὶ Κύριος ἐν τῇ δόξῃ τοῦ Πατρός, ἵνα κρίνῃ τὴν οἰκουμένην ἐν δικαιοσύνῃ, καθὰ γέγραπται[Apg 17,31].

Ἀναγκαίως δὲ κἀκεῖνο προσθήσομεν· καταγγέλλοντες γὰρ τὸν κατὰ σάρκα θάνατον τοῦ μονογενοῦς Υἱοῦ τοῦ Θεοῦ, τοῦτ έστιν, Ἰησοῦ Χριστοῦ, τήν τε ἐκ νεκρῶν ἀναβίωσιν, καὶ τὴν εἰς οὐρανοὺς ἀνάληψιν ὁμολογοῦντες, τὴν ἀναίμακτον ἐν ταῖς Ἐκκλησίαις τελοῦμεν θυσίαν. πρόσιμέν τε οὕτω ταῖς μυστικαῖς εὐλογίαις καὶ ἁγιαζόμεθα, μέτοχοι γενόμενοι τῆς τε ἁγίας σαρκὸς, καὶ τοῦ τιμίου αἵματος τοῦ πάντων ἡμῶν Σωτῆρος Χριστοῦ. Καὶ οὐχ ὡς σάρκα κοινὴν δεχόμενοι, μὴ γένοιτο· οὔτε μὴν ὡς

secundum Scripturas[1Petr 4,1], passum esse, propriaeque carnis afflictiones, quas nimirum in crucifixo corpore pertulit, citra ullam sui passionem sibi ascivisse: gratia enim Dei mortem pro omnibus gustavit[Hebr 2,9]; nam etsi secundum naturam et vita et mortuorum resurrectio exsisteret, proprium tamen corpus ultro in mortem obtulit.[Jo. 11,25] Etenim quo, vi quadam arcana et admirabili, in propria veluti in prima sua carne morte proculcata, primogenitus ex mortuis[Kol 1,18], dormientiumque primitiae fieret[1Kor 15,20], iterque humanae naturae ac reditum ad incorruptionem muniret, Dei gratia mortem pro omnibus, ut modo aiebam, degustavit; et post triduum vitae restitutus, infernum despoliavit. Quamobrem licet mortuorum resurrectio per hominem facta dicatur[1Kor 15,21], hominem tamen illum simul Dei Verbum exstitisse intelligamus, qui, mortis imperio destructo, tanquam unus Dominus et Filius in Patris gloria suo tempore venturus est. orbem terrarum in justitia, ut scriptum est, judicaturus[Apg 17,31].

Quin illud quoque non possum hoc loco non adjicere, nempe unigeniti Filii Dei, hoc est Jesu Christi, mortem, et ex mortuis resurrectionem annuntiantes, ejusdemque in coelum assumptionem confitentes, incruentum in Ecclesia sacrificium nos celebrare, atque ad mysticas benedictiones accedere, et sanctificari, utpote participes sacrae carnis et pretiosi sanguinis Christi omnium nostrum Salvatoris. Neque enim illam ut carnem communem suscipimus: absit hoc! neque rursus tanquam viri cujuspiam sanctificati, aut dignitatis

의 고유한 본성으로 고난을 겪으실 수 없지만, 성경에 따라 우리를 위해서 육으로 고난을 겪으셨다고 고백합니다(1베드 4,1). 고난을 겪지 않는 그분은 육으로 십자가에 못 박히시고 육의 고난을 자신의 것으로 삼으셨으며(열두 번째 파문문), "하느님의 은총으로 모든 사람을 위하여 죽음을 겪으셨습니다."(히브 2, 9). 그분은 본성에 따라 생명이시고 부활이실지라도(요한 11,25), 자신의 몸을 희생하셨습니다. 말하자면 그분은 형언할 수 없는 힘으로 죽음을 발로 밟으셨으며, 따라서 그분의 몸으로 먼저 "죽은 이들 가운데에서 맏이"가 되셨고(콜로 1, 18), "죽은 이들의 만물"(1코린 15,20)이 되셨습니다. 그러므로 그분은 인간의 본성에 불멸에 오르는 길을 터놓으셨습니다. 따라서 그분은, 위에서 언급한 대로, "하느님의 은총으로 모든 사람을 위하여 죽음을 겪으신 것입니다." 그러나 그분은 사흗날에 부활하셨으며 지옥을 뺏으셨습니다. 성경에서 "죽은 이들 가운데에서의 부활도 한 사람을 통하여 온 것"(1코린 15,21)이라고 말한다면, 우리는 그 사람을 하느님에게서 발하신 말씀으로 이해하며, 이 말씀이 죽음의 권세를 꺾으셨다고 믿습니다. 그러나 그분은 "세상을 의롭게 심판하시기 위하여"(사도 17,31), 그분의 때에 아버지의 영광 안에서 한 아드님이며 주님으로서 오실 것입니다.

이 대목에서 우리는 다음과 같은 말을 덧붙이지 않을 수 없습니다. 우리가 하느님의 외아드님, 곧 예수 그리스도께서 육으로는 죽으셨다는 것을 선포하며, 죽은 이들 가운데에서 부활하셨고 승천하셨다는 것을 고백하면서, 우리는 교회에서 무혈의 희생제사를 바치는 것입니다. 그다음에 우리는 신비로운 희생제물[14]에 참여하는 것이고, 우리 모두의 구세주이신 그리스도의 거룩한 살과 값진 피를 나누어 받음으로써 거룩해집니다. 이제 우리는 이 살을 보통의 살로 받아들이지 않으며, – 그것은 당치도 않습니다 – 또한 품위의 일치를 통하여 말씀과 결합된, 혹

14) 키릴루스에게 이 말은 보통 성체[εὐλογία]를 의미한다.

ἀνδρὸς ἡγιασμένου, καὶ συναφθέντος τῷ Λόγῳ κατὰ τὴν ἑνότητα τῆς ἀξίας, ἤγροῦν ὡς θείαν ἐνοίκησιν ἐσχηκότος, ἀλλ᾽ ὡς ζωοποιὸν ἀληθῶς, καὶ ἰδίαν αὐτοῦ τοῦ Λόγου. Ζωὴ γὰρ ὢν κατὰ φύσιν ὡς Θεός, ἐπειδη γέγονεν ἕν πρὸς τὴν ἑαυτοῦ σάρκα, ζωοποιὸν ἀπέφηνεν αὐτήν.῞Ωστε κἂν λέγῃ πρὸς ἡμᾶς· "᾿Αμὴν, ἀμὴν λέγω ὑμῖν, ἐὰν μὴ φάγητε τὴν σάρκα τοῦ Υἱοῦ τοῦ ἀνθρώπου, καὶ πίητε αὐτοῦ τὸ αἷμα·"[Jo. 6,53] οὐχ ὡς ἀνθρώπου τῶν καθ᾽ ἡμᾶς ἑνὸς καὶ αὐτὴν εἶναι λογιούμεθα (πῶς γὰρ ἡ ἀνθρώπου σὰρχ ζωοποὶς ἔσται κατὰ φύσιν τὴν ἑαυτῆς;), ἀλλ᾽ ὡς ἰδίαν ἀληθως γενομένην τοῦ δι᾽ ἡμᾶς καὶ Υἱοῦ ἀνθρώπου γεγονότος τε καὶ χρηματίσαντος.

Τὰς δὲ γε ἐν τοῖς Εὐαγγελίοις τοῦ Σωτῆρος ἡμῶν φωνὰς οὔτε ὑποστάσεσι δυσιν, οὔτε μὴν προσώποις καταμερίζομεν· ουδὲ γάρ ἐστι διπλοῦς ὁ εἷς καὶ μόνος Χριστός, κἂν ἐκ δύο νοῆται, καὶ διαφόρων πραγμάτων, εἰς ἑνότητα τὴν ἀμέριστον συνενηνεγμένος, καθάπερ ἀμέλει καὶ ἄνθρωπος ἐκ ψυχῆς νοεῖται καὶ σώματος, καὶ οὐ διπλοῦς μᾶλλον, ἀλλ᾽ εἷς ἐξ ἀμφοῖν.᾿Αλλὰ τάς γε ἀνθρωπίνας, καὶ πρός γε τούτῳ τὰς θεικὰς, παρ᾽ ἑνὸς εἰρῆσθαι, διακεισόμεθα φρονοῦντες ὀρθῶς.῞Οταν μὲν γὰρ θεοπρεπῶς λέγῃ περὶ ἑαυτοῦ· " ῾Ο ἑωρακὼς ἐμὲ, ἑώρακε τὸν Πατέρα·"[Jo. 14,9] και "᾿Εγὼ καὶ ὁ Πατηρ ἕν ἐσμέν·"[Jo. 10,30] τὴν θείαν αὐτοῦ καὶ ἀπόρρητον ἐννοοῦμεν φύσιν, καθ᾽ ἣν καὶ ἕν ἐστι πρὸς τὸν ἑαυτοῦ Πατέρα διὰ τὴν ταυτότητα τῆς οὐσίας, εἰκών τε καὶ χαρακτὴρ, καὶ ἀπαύγασμα τῆς δόξης αὐτοῦ·[Hebr 1,3] ῞Οταν δὲ τὸ τῆς ἀνθρωπότητος μέτρον οὐκ ἀτιμάζων,

aequalitate Verbo consociati, aut divinam inhabitationem sortiti, sed tanquam vere vivificam ipsiusque Verbi propriam. Nam cum vita sit ut Deus secundum naturam, postquam unum quiddam cum ipsa sua carne effectum est, vivificandi virtutem illi contulit. Quamvis ergo ad nos dicat: "Amen, amen dico vobis, nisi manducaveritis carnem Filii hominis, et biberitis ejus sanguinem, etc."[Jo. 6,53] neutiquam tamen illam communem, hoc est, hominis cujuspiam nostrae conditionis carnem esse existimare debemus: quomodo enim hominis caro secundum suam ipsius naturam vivifica esse queat? sed vere illius propriam, qui nostri causa Filius quoque hominis et factus et appellatus est.

Porro autem voces quibus Salvator noster de se loquens passim in Evangeliis utitur, illas duabus subsistentiis aut personis nequaquam tribuimus: nam etsi ex duabus, iisque diversis, in unitatem quamdam inseparabilem coaluerit, unus tamen et solus est Christus, non etiam geminus; quemadmodum etiam homo, licet ex anima et corpore constituatur, non duo tamem, sed unus tantum ex utroque concretus est. Unde recto animi sensu utentes, utrasque, hoc est divinas et humanas, ad unam tantum personam transferimus. Cum ergo ut Deus de se ipso ait: " Qui videt me, videt et Patrem."[Jo. 14,9], et: "Ego et Pater unum sumus."[Jo. 10,30] divinam ineffabilemque illius naturam concipimus, secundum quam unum est cum suo Patre, propter eamdem quam cum ipso sortitur essentiam: est enim imago et character et splendor gloriae illius[Hebr 1,3]. Quando vero humanae naturae infirmitatem non aspernatus Judaeos hac oratione alloquitur: "Nunc

은 신적인 거처로 선정된 거룩해진 사람의 살로 받아들이지 않습니다. 오히려 우리는 이 살을, 그 말씀 자기 자신의 것인, 참으로 생명을 주시는 살로 받아 모십니다. 말씀은 하느님으로서 본성에 따라 생명이시기 때문입니다. 그러므로 말씀은 그분의 살과 결합될 때 이 살에 생명을 부여해 주셨습니다. 사실 말씀은 우리에게 이렇게 "내가 진실로 진실로 너희에게 말한다. 너희가 사람의 아들의 살을 먹지 않고 그의 피를 마시지 않으면, [너희는 생명을 얻지 못한다]"(요한 6,53)라고 말씀하시는데, 우리는 이 살을, 우리가 그런 것처럼, 한 인간의 살로 여기지 않습니다. 한 인간의 살이 어떻게 자신의 고유한 본성에 따라 생명을 주는 것이 될 수 있겠습니까? 그렇지 않습니다. 우리는 그 살을, 우리 때문에 사람의 아들이 되셨고 스스로 사람의 아들이라고 부르신 분이 참으로 자신의 것으로 삼은 살로 여깁니다.

그러나 복음서에서 발견되는 구세주에 관한 말씀들을 우리는 두 개의 히포스타시스나 위격(prosopa)으로 나누지 않습니다(네 번째 파문문). 한 분이시며 유일하신 그리스도는 두 실재 곧 두 개의 다양한 실재로 존재하실지라도, 두 분으로 나뉘어져 있지 않기 때문입니다. 그러나 인간이 영혼과 몸으로 구성되어 있지만 두 개로 나누어 있지 않고 두 부분에 의해 하나로 혼합되듯이, 이 두 실재는 나눌 수 없는 일치로 결합되었습니다. 따라서 우리는 올바른 정신 생각을 사용하여, 인간적인 말씀들과 신적인 말씀들을 오로지 한 분이 말씀하신 것으로 돌려 이해합니다. 그리스도께서 하느님으로서 자신에 관해서, "나를 본 사람은 곧 아버지를 뵌 것이다."(요한 14,9), 그리고, "나와 아버지는 하나이다."(요한 10,30)라고 말씀하실 때, 우리는 이것을 신적이며 형언할 수 없는 본성으로 이해하기 때문입니다. 그리스도께서는 사실 이 본성 안에서 본질이 같으심으로 당신의 아버지와 하나이며, "하느님 영광의 광채이시며 하느님 본질의 모상"(히브 1,3)이십니다. 그리고 그리스도께서 인간으로서의 존재의 한계를 무시하지 않고 유다인들에게 다음과

τοῖς Ἰουδαίοις προσλαλῇ " Νῦν δέ με ζητεῖτε ἀποκτεῖναι ἄνθρωπον, ὅς τὴν ἀλήθειαν ὑμῖν λελάληκα·"[Jo. 8,40] πάλιν οὐδὲν ἧττον, αὐτὸν τον ἐν ἰσότητί τε καὶ ὁμοιότητι τοῦ Πατρὸς Θεὸν Λόγον, καὶ ἐκ τῶν τῆς ἀνθρωπότητος αὐτοῦ μέτρων, ἐπιγινώσκομεν. Εἰ γάρ ἐστιν ἀναγκαῖον τὸ πιστεύειν, ὅτι κατὰ φύσιν Θεὸς ὤν γέγονε σὰρξ, ἤγουν ἄνθρωπος ἐμψυχωμένος ψυχῇ λογικῇ· ποῖον ἄν ἔχοι λόγον τὸ ἐπαισχύνεσθαί τινα ταῖ ς παρ' αὐτοῦ φωναῖς, εἰ γεγόνασιν ἀνθρωποπρεπῶς; Εἰ γὰρ παραιτοῖ το τοὺς ἀνθρώπῳ πρέποντας λόγους, τίς ὁ ἀναγκάσας γενέσθαι καθ' ἡμᾶς ἄνθρωπον; ὁ δὲ καθεὶς ἑαυτὸν δι' ἡμᾶς εἰς ἑκούσιον κένωσιν, διὰ ποίαν αἰτίαν παραιτοῖτ ἄν τοὺς τῇ κενώσει πρέποντας λόγους; Ἑνι τοιγαροῦν προσώπῳ τὰς ἐν τοῖς Εὐαγγελίοις πάσας ἀναθετέον φωνάς· ὑποστάσει μιᾷ, τῇ τοῦ Λόγου σεσαρκωμένῃ. Κύριος γὰρ Ἰησοῦς Χριστὸς εἷς, κατὰ τὰς Γραφάς[1Kor 8,6].

quaeritis me interficere hominem, qui veritatem dixi vobis."[Jo. 8,40] aeque iterum ac ante, ipsum Dei Verbum, quod in aequalitate et similitudine Patris consistit, per humanae etiam suae naturae conditiones agnoscimus. Etenim si credere nos oportet, cum suapte natura Deus esset, carnem, hoc est, hominem anima rationali animatum effectum esse; quam, obsecro, excusationem afferre potest is quem pudet earum vocum, quas ille in humanam naturam convenientes deprompsit? Nam si rejiciat voces quae in hominem congruunt, quis eum ut homo nostri similis fieret coegit? Cum ergo nostri causa semetipsum in voluntariam exinanitionem demiserit, nulla apparet causa cur semones huic exinanitioni consentaneos repudiare debuerit. Omnes proinde voces quae in Evangeliis leguntur, uni tantum personae, unique Dei Verbi incarnati hypostasi tribuamus necesse est. Unus enim est Dominus Jesus Christus, secundum Scripturas[1Kor 8,6].

Εἰ δὲ δὴ καλοῖτο καὶ ἀπόστολος καὶ ἀρχιερεὺς τῆς ὁμολογίας ἡμῶν[Hebr 3,1], ὡς ἱερουργῶν τῷ Θεῷ καὶ Πατρὶ τὴν πρὸς ἡμῶν αὐτῷ τε καὶ δι' αὐτοῦ τῷ Θεῷ καὶ Πατρὶ προσκομιζομένην τῆς πίστεως ὁμολογίαν, καὶ μὴν καὶ εἰς τὸ ἅγιον Πνεῦμα· πάλιν αὐτὸν εἶναι φαμὲν τὸν ἐκ Θεοῦ κατὰ φύσιν Υἱὸν μονογενῆ. Καὶ οὐκ ἀνθρώπῳ προσνεμομεν παρ' αὐτὸν ἑτέρῳ τό τε τῆς ἱερωσύνης ὄνομα καὶ αὐτὸ δὲ χρῆμα· γέγονε γὰρ μεσίτης Θεοῦ καὶ ἀνθρώπων[1Tim 2,5], καὶ διαλλακτὴς εἰς εἰρήνην, ἑαυτὸν ἀναθεὶς εἰς ὀσμὴν εὐωδίας τῷ Θεῷ καὶ Πατρί. Τοιγάρτοι καὶ ἔφασκε· " Θυσίαν καὶ προσφορὰν οὐκ ἠθέλησας· σῶμα δὲ κατηρτίσω μοι. [ὁλοκαυτώματα καὶ περὶ

Rursum licet apostolus nostraeque confessionis pontifex appelletur[Hebr 3,1], tanquam qui fidei confessionem, quam ipsi et per ipsum Deo Patri et sancto quoque Spiritui litamus, Deo Patri offerat, hoc tamen non obstat quominus ipsum naturalem et unigenitum Dei Patris Filium esse praedicemus. Neque enim sacerdotii nomen aut rem homini ab ipso diverso ascribimus: qunadoquidem unus hic, dum Deo et Patri in odorem suavitatis se ipsum offert, Dei et hominum mediator[1Tim 2,5] et pacificator effectus est. Atque huc tendit dum ait: "Hostiam et oblationem noluisti, corpus autem aptasti mihi. Holocautomata et pro peccato non

같이, "너희는 지금, [하느님에게서 들은] 진리를 너희에게 이야기해 준 사람인 나를 죽이려고 한다."(요한 8,40)고 말씀하실 때, 우리는 인간으로서의 존재의 한계에도 불구하고, 여기에서 아버지와 비슷하고 같은 하느님이신 말씀이 인간의 입장에서 말씀하시는 것으로 받아들입니다. 이제 우리는 바로 당신의 본성으로 하느님이신 그분께서 육이 되셨고, 더 정확히 말하자면, 이성적인 영혼을 갖춘 한 인간이 되셨다고 다시금 믿어야 합니다. 그분의 말씀이 인간에 어울리는 것을 인용할 때, 사람들이 그분의 말씀에 부끄러워한다고 주장하고 있는 이유는 무엇입니까? 어느 누구도 그분에게 강요하지 않았는데도, 그분이 인간에게 어울리는 모든 말들을 피해야 합니까? 그분은 우리 때문에 자발적인 비하로 당신 자신을 낮추었다면, 어째서 그분은 비하에 상응하는 말들을 거부해야 합니까? 그러므로 이 말들은 복음서에 전해진 한 위격, 곧 육이 된 하느님이신 말씀의 위격 전체에 해당되어야 합니다. 성경에 따르면 단지 주님은 예수 그리스도 한 분이 계실 뿐이기 때문입니다.(1 코린 8,6).

그런데 그분은 "우리 신앙 고백의 사도이며 대사제"(히브 3,1)라고 불려집니다. 그분은 우리가 그분께 그리고 그분을 통하여 하느님 아버지께 그리고 성령께 바치는 우리 신앙의 고백을 하느님 아버지께 바치시기 때문입니다. 이때에도 다시금 본성으로 하느님에게서 나신 외아드님에 관한 이야기라고 우리는 주장합니다. 우리는 또한 사제직의 실재를 뜻하는 이름을 그분과 관련시키지, 그분과 다른 어떤 사람과 관련시키지 않습니다. 그분은 몸소 하느님 아버지께 자신을 향기로운 예물로 바치시면서(에페 5,2), "하느님과 사람 사이의 중개자"(1티모 2,5)가 되셨으며 중재자가 되셨습니다. 따라서 그분은 이렇게 말씀하셨습니다. "당신께서는 번제물과 속죄 제물을 기꺼워하지 않으시고 오히려 저에게 몸을 마련해 주셨습니다. 그리하여 제가 아뢰었습니다. '보십

ἁμαρτίας οὐκ εὐδόκησας] Τότε εἶπον· Ἰδοὺ ἥκω. Ἐν κεφαλίδι βιβλίου γέγραπται περὶ ἐμοῦ, τοῦ ποιῆσαι τὸ θέλημά σού ὁ Θεός.[Hebr 10,5-7] Προσκεκόμικε γὰρ ὑπὲ ρ ἡμῶν εἰς ὀσμὴν εὐωδίας τὸ ἴδιον σῶ μα, καὶ οὐχ ὑπέρ ἑαυτοῦ. Ποίας γὰρ ἐδεήθη προσφορᾶς ἢ θυσίας ὑπὲρ ἑαυτοῦ , κρείττων ἁπάσης ὑπάρχων ἁμαρτίας ὡς Θεός; Εἰ γὰρ πάντες ἥμαρτον, καὶ ὑσετεροῦνται τῆς δόξης τοῦ Θεου[Rom 3,23], καθὸ γεγόναμεν ἡμεῖς ἕτοιμοι πρὸ ς παραφορὰν, καὶ κατηρρώστησεν ἡ ἀνθρώπου φύσις τὴν ἁμαρτίαν· αὐτὸ ς δὲ οὐκ οὕτω, καὶ ἡττώμεθα διὰ τοῦ το τῆς δόξης αὐτοῦ, πῶς ἂν εἴη λοιπὸ ν ἀμφίβολον, ὅτι τέθυται δι᾽ ἡμᾶς καὶ ὑπὲρ ἡμῶν ὁ Ἀμνὸς ὁ ἀληθινός; Καὶ τὸ λέγειν δὲ, ὅτι προσκεκόμικεν ἑαυτὸν ὑπέρ γε ἑαυτοῦ καὶ ἡμῶν, ἀμοιρήσειεν ἂν οὐδαμῶς τῶν εἰς δυσσέβειαν ἐγκλημάτων. Πεπλημμέληκε γὰρ κατ᾽ οὐδένα τρόπον, οὔτε μὴν ἐποίησεν ἁμαρτίαν. Ποίας οὖν ἐδεήθη προσφορᾶς, ἁμαρτίας οὐκ οὔσης, ἐφ᾽ ἧπερ ἂν γένοιτο καὶ μάλα εἰκότως;

Ὅταν δὲ λέγῃ περὶ τοῦ Πνεύματος· "Ἐκεῖνος ἐμὲ δοξάσει·"[Jo. 16,14], νοοῦντες ὀρθῶς, οὐχ ὡς δόξης ἐπιδεᾶ τῆς παρ᾽ ἑτέρου φαμὲν τὸν ἕνα Χριστὸν καὶ Υἱὸ ν τὴν παρὰ τοῦ ἁγίου Πνεύματος δόξαν ἑλεῖν· ὅτι μηδὲ κρεῖττον αὐτοῦ, καὶ ὑπὲ ρ αὐτὸν τὸ Πνεῦμα αὐτοῦ. Ἐπειδὴ δὲ εἰς ἔνδειξιν τῆς ἑαυτοῦ θεότητος ἐχέχρῆτο τῷ ἁγιῳ Πνεύματι, πρὸς μεγαλουργίαν, δεδοξάσθαι παρ᾽ αὐτοῦ φησιν, ὥσπερ ἂν εἰ καί τις λέγοι τῶν καθ᾽ ἡμᾶς, περὶ τῆς ἐνούσης ἰσχύος αὐτῷ τυχὸν ἤγοῦν ἐπιστήμης τῆς ἐφ᾽ ὁτωοῦν, ὅτι Δοξάσουσί με. Εἰ γὰρ καὶ ἔστιν ἐν ὑποστάσει τὸ Πνεῦμα ἰδικῇ καὶ δὴ καὶ νοεῖται καθ᾽ ἑαυτο, καθὸ Πνεῦμά ἐστι, καὶ οὐκ Υἱός,

tibi placuerunt. Tunc dixi: Ecce venio. In capite libri scriptum est de me, ut faciam voluntatem tuam, Deus."[Hebr 10,5-7] Nostri enim, non sui causa corpus proprium in odorem suavitatis obtulit. Qua enim ille oblatione aut sacrificio pro se ipso indigeret, qui omni peccato, ut Deus, superior exsistebat? Si enim omnes peccaverunt, et egent gloria Dei[Rom 3,23], quandoquidem facti sumus omnes ad lapsum propensi peccandique morbo naturam subjectam circumferimus, ipse vero nequaquam (quare gloriam quoque illius non assequimur); cui dubium esse potest, quin propter nos et pro nobis verus ille Agnus immolatus sit? Quamobrem si quis dixerit, non pro nobis solum se ipsum obtulisse, sed simul etiam pro se ipso, ille impietatis crimen vitare nulla ratione potest. Constat enim nihil unquam eum deliquisse, nec ullum unqaum peccatum designasse. Qua igitur indigebat oblatione, cum peccatum, cujus causa hostia jure merito offertur, nullum admisisset?

Caeterum cum de Spritu sancto ait: "Ille me clarificabit."[Jo. 16,14] nisi errare velimus, Christum Dei Filium, veluti gloriae quae aliunde proficiscitur indigum, a Spiritu sancto glorificatum nequaquam dicemus: siquidem Spiritus illius neque illo melior, neque illo rursum sublimior est. Verum quod ad divinitatis suae significationem suo subinde Spiritu in insignium operum perpetratione uteretur, ob id se ab illo glorificari profitebatur, perinde ac si quis nostrum de sua fortitudine, aut cujusvis rei scientia dicat: Mea me virtus aut scientia glorificabit. Nam etsi Spiritus in propria persona subsistat, eatenusque

시오, 하느님! 두루마리에 저에 관하여 기록된 대로 저는 당신의 뜻을 이루러 왔습니다." 그분은 우리를 위해서 당신의 몸을 향기로운 예물로 바치셨지 당신 자신을 위해서가 아니었습니다. 그분께서 하느님으로서 모든 죄보다 더 높이 계시기 때문에 당신 자신을 위해서 어떤 번제물과 속죄제물을 필요로 하셨겠습니까? 이제 우리는 "모두 죄를 지어 하느님의 영광을 잃었습니다."(로마 3,2) 왜냐하면 우리는 악으로 기울어졌고 인간의 본성은 죄에 빠지기 쉬운 성향으로 앓고 있기 때문입니다. 그러나 그의 경우는 그렇지 않습니다. 따라서 우리는 그분의 영광으로 이겨내야 합니다. 그분께서 우리 때문에 참된 속죄양이 되셨고 우리를 위해서 도살당했다는 것이 어째서 아직도 의심스러울 수 있습니까? 그분께서 우리를 위해서 그리고 당신 자신을 위해서 자신을 바치셨다고 우리가 말하고자 한다면, 사람들은 반드시 우리를 신성모독으로 고소할 것이 틀림없습니다. 그분은 결코 그르친 적이 없고, 아무런 죄를 짓지 않았다는 것은 주지의 사실입니다. 그분이 어떻게 희생제물을 필요로 하셨겠습니까? 제물을 바쳐야 할 죄가 없기 때문입니다(열 번째 파문문).

이제 그분께서는 성령에 대해서 이렇게 말씀하십니다. "그분께서 나를 영광스럽게 하실 것이다."(요한 16,14) 게다가 우리는 올바른 신앙의 관점에서, 한 분이신 그리스도 주님께서는 다른 영에 의해 영광을 받을 필요가 있을 정도로 성령으로부터 영광스럽게 되지 않았다고 주장합니다. 그분의 영은 그분보다 더 고귀하지 않고 더 높지 않기 때문입니다(아홉 번째 파문문). 그분은 당신의 신성을 증명할 수 있도록 기적을 행하실 때 당신의 고유한 영을 이용하셨습니다. 그러므로 그분은 이 영이 그분을 영광스럽게 하실 것이라고 설명하십니다. 그것은 마치 우리 인간이 우리 안에 내재하는 힘, 또는 어떤 영역에서의 지식이 우리를 영광스럽게 할 것이라고 말할 수 있는 것과 같습니다. 사실 성령은 영이지만 아들이 아닌 한, 하나의 고유한 위격(hypostasis)으로 존재

ἀλλ᾽ οὖν ἐστιν οὐκ ἀλλότριον αὐτοῦ. Πνεῦμα γὰρ ἀληθείας ὠνόμασται[Jo. 14,17;16,13], καὶ ἔστι Χριστὸς ἡ ἀλήθεια·[Jo. 14,6] καὶ προχεῖται παρ᾽ αὐτοῦ, καθάπερ ἀμέλει καὶ ἐκ τοῦ Θεοῦ καὶ Πατρός· Ἐνεργῆσαν τοιγαροῦν τὸ Πνεῦμα καὶ διὰ χειρὸς τῶν ἁγίων ἀποστόλων τὰ παράδοξα μετὰ τὸ ανελθεῖν τὸν Κύριον ἡμῶν Ἰησοῦν Χριστὸν εἰς τὸν οὐρανὸν, ἐδόξασεν αὐτόν. Ἐπιστεύθη γὰρ, ὅτι Θεὸς κατὰ φύσιν ἐστί, πάλιν αὐτὸς ἐνεργῶν διὰ τοῦ ἰδιου Πνεύματος. Διὰ τοῦτο καὶ ἔφασκεν· "Ὅτι ἐκ τοῦ ἐμοῦ λήψεται, καὶ ἀναγγελεῖ ὑμῖν."[Jo. 16,14] Καὶ οὔτι που φαμὲν, ὡς ἐκ μετοχῆς τὸ Πνεῦμά ἐστι σοφόν τε καὶ δυνατόν· παντέλειον γὰρ καὶ ἀπροσδεές ἐστι παντὸς ἀγαθοῦ. Ἐπειδὴ δὲ τῆς τοῦ Πατρὸς δυνάμεως καὶ σοφιας, τουτ ἔστιν τοῦ Υἱοῦ, Πνεῦμά ἐστιν, αὐτόχρημα ἐστὶ σοφία καὶ δύναμις.

Καὶ ἐπειδὴ Θεὸν ἑνωθέντα σαρκὶ καθ᾽ ὑπόστασιν ἡ ἁγία Παρθένος ἐκτέτοκε σαρκικῶς, ταύτῃ τοι καὶ Θεοτόκον εἶναι φαμὲν αὐτὴν, οὐχ ὡς τῆς τοῦ Λόγου φύσεως τῆς ὑπάρξεως ἀρχὴν ἐχούσης ἀπὸ σαρκός (Ἦν γὰρ ἐν ἀρχῇ, καὶ Θεὸς ἦν ὁ Λόγος, καὶ ὁ Λόγος ἦν πρὸς τὸν Θεὸν·[Jo. 1,1] καὶ αὐτὸς ἐστι τῶν αἰώνων ὁ ποιητὴς, συναίδιος τῷ Πατρὶ, καὶ τῶν ὅλων δημιουργός), ἀλλ᾽, ὡς ἤδη προείπομεν, ἐπειδὴ καθ᾽ ὑπόστασιν ἑνώσας ἑαυτῷ τὸ ἀνθρώπινον, καὶ ἐκ μήτρας αὐτῆς γέννησιν ὑπέμεινε σαρκικήν· οὐχ ὡς δεηθεὶς ἀναγκαίως, ἤτοι διὰ τὴν ἰδίαν φύσιν, καὶ τῆς ἐν χρόνῳ καὶ ἐν ἐσχάτοις τοῦ αἰῶνος καιροῖς γεννήσεως· ἀλλ᾽ ἵνα καὶ αὐτὴν τῆς ὑπάρξεως ἡμῶν εὐλογήσῃ τὴν ἀρχὴν· καὶ τεκούσης γυναικὸς αὐτὸν ἑνωθέντα σαρκὶ, παύσηται λοιπὸν ἡ κατὰ παντὸς τοῦ γένους ἀρὰ πέμπουσα πρὸς θάνατον

in seipso consideretur, quatenus Spiritus et non Filius; non est tamen ab eo alienus; quandoquidem Spiritus veritatis nominatur[Jo. 14,17;16,13]; Christus autem veritas est[Jo. 14,6]; et proinde quoque ab illo, atque a Deo Patre procedit. Cum igitur, Domino nostro ad coelum assumpto, Spiritus sanctus stupenda prodigia per sanctorum apostolorum manus ederet, illum glorificavit. Creditum est enim, quod Deus secundum naturam esset, per Spiritum suum denuo illum operari. Propterea quoque aiebat: "Quoniam de meo accipiet, et annuntiabit vobis."[Jo. 16,14] Hoc tamen non ita accipiendum est, quasi Spiritus sanctus per quamdam participationem sapiens aut potens sit: est enim ille numeris omnibus perfectus, nulliusque penitus indigus. Verum quia potentiae et sapientiae Patris, hoc est Filii, sapientia est.

Quia verso sacra Virgo Deum carni secundum hypostasim unitum corporaliter genuit, ob id illam quoque Deiparam esse dicimus; non quod Dei Verbi natura exsistendi initium ex carne traxerit: " Erat enim Verbum in principio, et Deus erat Verbum, et Verbum erat apud Deum."[Jo. 1,1] et ipsum saecula condidit, Patrique coaevum res omnes procreavit; sed quia humana natura secundum hypostasim sibi unita, corpoream, ut modo dicebamus, ex utero nativitatem expertum est: non quod propter naturam propriam temporali, ea videlicet quae in novissimis saeculi temporibus accidit, nativitate necessario indigeret: sed quo nostrae quoque substantiae ortum sua benedictione cumularet, maledictioque, quae mortalia corpora nostra in mortem praecipitabat, hoc ipso in posterum contra universum genus nostrum saevire desisteret, quo illud carni unitum ex muliere in lucem

하며, 그 자체로 이해됩니다. 그러나 성령은 아들과 무관하지 않습니다. 성령은 "진리의 영"으로 불려지며(요한 14,17; 16,13), 그리스도는 "진리"(요한 14,6)입니다. 그리고 성령은 하느님 아버지에게서 발하듯이, 그리스도에게서 발하십니다. 따라서 성령 또한 우리 주 예수 그리스도께서 승천하신 후에, 거룩한 사도들의 손을 통하여 기적을 일으키셨고, 그리스도를 영광스럽게 하셨습니다. 이때문에 그리스도는 본성으로는 하느님이시며 지금은 당신의 영을 통해 다시 자신을 보여주신 분으로서 증명되었습니다. 따라서 그분은 이렇게도 말씀하십니다. "[성령은] 나에게서 받아 너희에게 알려 주실 것이기 때문이다"(요한 16,14). 그렇지만 우리는 성령이 단지 참여를 통해서만 지혜로우시고 능력이 있다고 결코 주장하지 않습니다. 오히려 성령께서는 전적으로 완전하시며, 그분에게 없는 것을 아무것도 주지 않으십니다. 그리고 성령께서는 아버지의 권세와 지혜의 영이시며, 곧 아들의 영이시기 때문에, 그분은 전적으로 지혜이시며 권세이십니다.

그런데 이제 거룩한 동정녀는 위격에 따라(κατὰ ὑπόστασιν) 육과 결합된 하느님을 낳으셨습니다. 따라서 우리는 그녀가 그때문에 하느님을 낳으신 분(θεοτόκος)이라고 주장합니다.(첫 번째 파문문). 마치 말씀의 본성이 육에서 기원한 것 같지만 그렇지 않습니다. 왜냐하면 "한 처음에 말씀이 계셨다. 말씀은 하느님과 함께 계셨는데, 말씀은 하느님이셨기" 때문입니다.(요한 1,1). 그분은 세상의 창조주이시며, 아버지와 함께 영원히 같으시고, 만물의 창조자이십니다. 그러나, 우리가 이미 말한 바와 같이, 그분은 위격에 따라(κατὰ ὑπόστασιν) 인성과 결합하셨기 때문에, 어머니의 품에서 육적인 출생을 자신의 것으로 삼으셨습니다. 그렇다고 그분께서 반드시 그리고 자신의 고유한 본성 때문에 시대 안에, 곧 세상의 마지막 시기에 출생을 필요로 하셨다는 말은 아닙니다. 그분께서는 오로지 이러한 방법으로 우리 존재의 시작을 축복해 주시기를 원하셨습니다. 곧 여인이 육과 결합된 하느님을 낳음으로써, 이 현세의 우

τὰ ἐκ γῆς ἡμῶν σώματα, καὶ τὸ "'Εν λύπαις τέξῃ τέκνα,"[Gen 3,16] δι' αὐτοῦ καταργούμενον, ἀληθὲς ἀποφήνῃ τὸ διὰ τῆς τοῦ προφήτου φωνῆς· " Κατέπιεν ὁ θάνατος ἰσχύσας·" καὶ πάλιν· "'Αφεῖλεν ὁ Θεὸς πᾶν δάκρυον ἀπὸ παντὸς προσώπου."[Is 25,8; LXX] Ταύτης γὰρ ἕνεκα τῆς αἰτίας, φαμὲν αὐτὸν οἰκονομικῶς, καὶ αὐτὸν εὐλογῆσαι τὸν γάμον, καὶ ἀπελθεῖν κεκλημένον ἐν Κανᾷ τῆς Γαλιλαίας ὁμοῦ τοῖς ἁγίοις ἀποστόλοις. Ταῦτα φρονεῖν δεδιδάγμεθα παρά τῶν ἁγίων ἀποστόλων καὶ εὐαγγελιστῶν, καὶ πάσης δὲ τῆς θεοπνεύστου Γραφῆς, καὶ ἐκ τῆς τῶν μακαρίων Πατέρων ἀληθοῦς ὁμολογίας· Τούτοις ἅπασι καὶ τὴν σὴν εὐλάβειαν συναινέσαι χρὴ, καὶ συνθέσθαι δίχα δόλου παντός. Ἃ δὲ ἐστιν ἀναγκαῖον ἀναθεματίσαι τὴν σὴν εὐλάβειαν, ὑποτέτακται τῇδε ἡμῶν τῇ ἐπιστολῇ.	prodiisset; et illo tandem: "In dolore paries filios"[Gen 3,16], per ipsum labefactato; verum esse ostenderet quod prophetae voce dictum fuerat: "Absorpsit mors praevalens", et rursum: "Abstulit Deus omnem lacrymam ab omni facie."[Is 25,8; LXX] Hac ipsa quoque de causa simul cum sanctis apostolis ad nuptias in Cana Galilaeae vocatum, huc se contulisse, suaque benedictione easdem dispensatorie cohonestasse dicimus. Haec tenere, haec sapere cum a sanctis apostolis et evangelistis, tum ab universa quoque sacra et dinina Scriptura, tum ex veraci denique sanctorum Patrum confessione edocti sumus. His omnibus et te quoque subscribere, et citra omnem fucum ac dolum una nobiscum assentiri opertet. Quae vero a tua reverentia anathematis exsecratione condemnari necesse est, ea nostrae huic epistolae in hunc modum subjiciuntur.
α'. Εἴ τις οὐχ ὁμολγεῖ, Θεὸν εἶναι κατὰ ἀλήθειαν τὸν 'Εμμανουήλ, καὶ διὰ τοῦτο Θεοτόκον τὴν ἁγίαν Παρθένον (γεγέννηκε γὰρ σαρκικῶς σάρκα γεγονότα τὸν ἐκ Θεοῦ Λόγον)· ἀνάθεμα ἔστω.	**I. Si quis non confitetur Emmanuelem verum Deum esse, et ob id sanctam Virginem Deiparam (genuit einim illa incarnatum Dei Verbum secundum carnem), anathema sit.**
β'. Εἴ τις οὐκ ὁμολογεῖ, σαρκὶ καθ' ὑπόστασιν ἡνῶσθει τὸν ἐκ Θεοῦ Πατρὸς Λόγον, ἕνα τε εἶναι Χριστὸν μετὰ τῆς ἰδίας σαρκός, τὸν αὐτὸν δηλονότι Θεόν τε ὁμοῦ καὶ ἄνθρωπον· ἀνάθεμα ἔστω.	**II. Sie quis non confitetur, Dei Patris Verbum carni secundum hypostasim unitum, et unum una cum sua carne esse Christum, eumdem nimirum Deum simul et hominem, anathema sit.**

리 육신을 죽음에 넘긴, 모든 세대에 내려진 저주는 끝나게 되어야 했습니다. 마찬가지로 "너는 괴로움 속에서 자식들을 낳으리라."(창세 3,16)는 말씀은 그분을 통해서 철회되어야 했으며, 예언자의 말씀은 그것을 입증해야 했습니다. "죽음이 권세에 이르자 모든 것을 삼켜버렸다." 그러나 다른 곳에서는, "주 하느님께서는 모든 사람의 얼굴에서 눈물을 닦아 내시리라."(이사 25,8) 이러한 이유로 우리는 하느님께서 거룩한 사도들과 함께 갈릴래아 카나 혼인잔치의 초대에 응하셨고, 당신의 구원 경륜(οἰχονομιχως)에 따라 결혼도 축복해 주셨다고 주장합니다.

따라서 거룩한 사도들과 복음사가들은 하느님으로부터 영감을 받은 성경과 복된 교부들의 참된 고백을 생각하도록 우리에게 가르치셨습니다. 그러므로 주교님 또한 이 모든 것을 인정하시고 어떠한 사기도 없이 우리와 함께 동의해 주셔야만 합니다. 그러나 주교님께서 파문하셔야만 하는 것을 우리는 우리의 이 서한 아래에 첨부하였습니다.

1. 임마누엘이 진실로 하느님이며, 이 때문에 거룩한 동정녀가 하느님의 어머니라고 고백하지 않는 자는 파문될 것이다(거룩한 동정녀는, 하느님에게서 나시고 강생하신 하느님의 말씀을 육에 따라 낳으셨기 때문이다).[15)]

2. 하느님 아버지에게서 나신 말씀이 히포스타시스에 따라 육과 일치되고, 그리스도께서 자신의 육과 한 분이며, 곧 같은 분으로서 하느님인 동시에 인간이라는 사실을 고백하지 않는 자는 파문될 것이다.[16)]

---

15) DH 252.

16) DH 253.

γ΄. Εἴ τις ἐπὶ τοῦ ἑνὸς Χριστοῦ διαιρεῖ τὰς ὑποστάσεις μετὰ τὴν ἕνωσιν, μόνη συνάπτων αὐτὰς συναφείᾳ τῇ κατὰ τὴν ἀξίαν, ἤγουν αὐθεντίᾳ ἢ δυναστείᾳ, καὶ οὐχὶ δὴ μᾶλλον συνόδῳ τῇ καθ᾽ ἕνωσιν φυσικήν· ἀνάθεμα ἔστω.

III. Si quis in uno Christo post unionem dividit hypostases, eaque duntaxat conjunctione easdem inter se nectit, quae est secundum dignitatem, hoc est auctoritatem, vel potestatem, et non ea potius quae est secundum naturalem unionem, anathema sit.

δ΄. Εἴ τις προσώποις δυσὶν, ἤγουν ὑποστάσεσι, τάς τε ἐν τοῖς εὐαγγελικοῖς καὶ ἀποστολικοῖς Συγγράμμασι διανέμει φωνάς, ἢ ἐπὶ Χριστῷ παρὰ τῶν ἁγίων λεγομένας, ἢ παρ᾽ αὐτοῦ περὶ ἑαυτοῦ· καὶ τὰς μὲν ὡς ἀνθρώπῳ παρὰ τὸν ἐκ Θεοῦ Λόγον ἰδικῶς νοουμένῳ προσάπτει, τὰς δὲ ὡς θεοπρεπεῖς μόνῳ τῷ ἐκ Θεοῦ Πατρὸς Λόγῳ· ἀνάθεμα ἔστω.

IV. Sie quis duabus personis vel hypostasibus eas voces attribuit, quae in evangelicis et apostolicis Scripturis passim occurrunt; quaeve a sanctis de Christo, aut ab ipso quoque Christo de se ipso dictae sunt; et alias quidem homini seorsum a Dei Verbo considerato ascribit, alias vero tanquam in divinam majestatem convenientes, soli Verbo quod ex Deo Patre est, accommodat, anathema sit.

ε΄. Εἴ τις τολμᾷ λέγειν θεοφόρον ἄνθρωπον τὸν Χριστόν, καὶ οὐχὶ δὴ μᾶ λλον Θεὸν εἶναι κατὰ ἀλήθειαν, ὡς Υἱὸ ν ἕνα καὶ φύσει, καθὸ γέγονε σὰρξ ὁ Λόγος καὶ κεκοινώνηκε παραπλησίως ἡμῖ ν αἵματος καὶ σαρκός· ανάθεμα ἔστῶ

V. Si quis dicere audet, Christum esse hominem deiferum et non potius Deum verum, utpote unum naturalemque Filium, quatenus nimirum Verbum caro factum, carni et sanguini perinde ac nos communicavit, anathema sit.

ς΄. Εἴ τις τολμᾷ λέγει, Θεὸν ἢ Δεσπότην εἶναι τοῦ Χριστοῦ τὸν ἐκ Θεοῦ Πατρὸς Λόγον καὶ οὐχὶ δὴ μᾶ λλον τὸν αὐτὸν ὁμολογεῖ Θεόν ὁμου τε καὶ ἄνθρωπον, ὡς γεγονότος σαρκὸς τοῦ λόγου, κατὰ τὰς Γραφάς· ἀνάθεμα ἔστω.

VI. Si quis Dei Patris Verbum, Christi Deum vel Dominum esse dixerit; neque post Verbum secundum Scripturas incarnatum, unum eumdemque Deum simul et hominem esse confessus fuerit, anathema sit.

3. 두 히포스타시스를 품위와 능력 또는 주권에 따른 결합으로만 결합시키고, 오히려 본성의 일치라는 의미에서 합일로 결합시키지 않음으로써, 한 분의 그리스도에게서 일치된 후 두 히포스타시스를 분리하는 자는 파문될 것이다.[17]

4. 복음서와 사도들의 저서에 담겨 있는 말씀들, 성인들이 그리스도에 관해 또는 그리스도 친히 당신 자신에 관해 하신 말씀들을 두 위격 또는 두 히포스타시스로 나누고, 어떤 것들은 하느님에게서 나온 말씀과 분리된 것으로 여겨진 인간에게 돌리고, 다른 것들은 하느님께 적합한 것이므로 하느님 아버지에게서 나신 말씀에게만 돌리는 자는 파문될 것이다.[18]

5. 말씀이 육이 되시고 우리와 마찬가지로 피와 살을 가졌기 때문에 그리스도는 하느님을 〈자신 안에〉모시는 사람이지, 본성상 외아들로서 참으로 하느님이 아니라고 감히 주장하는 자는 파문될 것이다.[19]

6. 하느님 아버지에게서 나신 말씀이 그리스도의 하느님 또는 주님이라고 주장하고, 성경에 따르면 말씀이 육이 되셨기 때문에, 같은 분이 하느님이며 동시에 인간임을 고백하지 않는 자는 파문될 것이다.[20]

---

17) DH 254.

18) DH 255.

19) DH 256.

20) DH 257.

ζʹ. Εἴ τίς φησιν, ὡς ἄνθρωπον ἐνηργῆσθαι παρὰ τοῦ Θεοῦ Λόγου τὸν Ἰησοῦν, καὶ τὴν τοῦ Μονογενοῦς εὐδοξίαν περιῆφθαι, ὡς ἕτερον παρ᾽ αὐτὸν ὑπάρχοντα· ἀνάθεμα ἔστω.

VII. Si quis Jesum Christum ut hominem a Deo Verbo operante motum fuisse dixerit, et Unigeniti gloria fuisse circumdatum quasi alterum ab ipso, anathema sit.

ηʹ. Εἴ τις τολμήσει λέγειν τὸν ἀναληφθέντα ἄνθρωπον συμπροσκυνεῖσθαι δεῖν τῷ Θεῷ Λόγῳ, καὶ συνδοξάζεσθαι, καὶ συγχρηματίζειν Θεόν, ὡς ἕτερον ἐν ἑτέρῳ (τὸ γὰρ "σὺν" ἀεὶ προστιθέμενον, τοῦτο νοεῖν ἀναγκάζει), καὶ οὐχὶ δὴ μᾶλλον μιᾷ προσκυνήσει τιμᾷ τὸν Ἐμμανουὴλ καὶ μίαν αὐτῷ τὴν δοξολογίαν ἀναπέμπει, καθὸ γέγονε σὰρξ ὁ Λόγος· ἀνάθεμα ἔστω.

VIII. Si quis hominem assumptum, una cum ipso Dei Verbo adorandum, una cum illo tanquam alterum in altero exsistentem, Deum appellandum esse dicere ausus fuerit (hunc enim intellectum particula, cum, adjecta perpetuo et necessario afferre consuevit), et non una potius adratione Emmanuelem honorat, unamque illi glorificationem attribuit, quatenus Verbum factum est caro, anathema sit.

θʹ. Εἴ τίς φησιν τὸν ἕνα Κύριον Ἰησοῦν Χριστὸν δεδοξάσθαι παρὰ τοῦ Πνεύματος, ὡς ἀλλοτρίᾳ δυνάμει τῇ δι᾽ αὐτοῦ χρώμενον, καὶ παρ᾽ αὐτοῦ λαβόντα τὸ ἐνεργεῖν δύνασθαι κατὰ πνευμάτων ἀκαθάρτων, καὶ τὸ πληροῦν εἰς ἀνθρώπους τὰς θεοσημείας, καὶ οὐχὶ δὴ μᾶλλον ἴδιον αὐτοῦ τὸ Πνεῦμά φησι, δι᾽ οὗ καὶ ἐνήργηκε τὰς θεοσημείας· ἀνάθεμα ἔστω.

IX. Si quis unum Dominum nostrum Jesum Christum a Spiritu sancto glorificatum asserit, tanquam aliena virtute usum ea quae per ipsum est; efficaciamque, qua contra immundos spiritus uteretur, et divina inter homines miracula operaretur, ab ipso eodem accepisse praedicat et non proprium illius ait esse Spiritum, per quem divina signa edidit, anathema sit.

ιʹ. Ἀρχιερέα καὶ ἀπόστολον τῆς ὁμολογίας ἡμῶν γεγενῆσθαι Χριστὸν[Ηεβρ 3,1] ἡ θεία λέγει Γραφή, προσκεκόμικεναι ὑπὲρ ἡμῶν ἑαυτὸν εἰς ὀσμὴν εὐωδίας τῷ Θεῷ καὶ Πατρί[Επη 5,2] Εἴ τις τοίνυν ἀρχιερέα καὶ ἀπόστολον ἡμῶν γεγενῆσθαί φησιν, οὐκ αὐτὸν τὸν ἐκ Θεοῦ Λόγον, ὅτε γέγονε σὰρξ καὶ καθ᾽ ἡμᾶς ἄνθρωπος[Jo. 1,14], ἀλλ᾽ ὡς ἕτερον παρ᾽ αὐτὸν ἰδικῶς ἄνθρωπον ἐκ γυναικός· ἢ εἴ τις λέγει, καὶ ὑπὲρ ἑαυτοῦ προσενεγκεῖν αὐτὸν τὴν προσφοράν, καὶ

X. Christum Jesum nostrae confessionis pontificem et apostolum exstitisse[Hebr 3,1], eumdemque semetipsum pro nobis in odorem suavitatis Deo et Patri obtulisse, divina Scriptura commenmorat[Eph 5,2]. Si quis ergo dixerit, pontificem et apostolum nostrum non esse constitutum ipsum Dei Verbum, posteaquam caro et homo nobis similis factum est[Jo. 1,14]; sed hominem illum, qui ex muliere natus est, quasi alterum quempiam ab ipso diversum: aut si quis Christum pro seipso quoque, et non potius pro nobis

7. 예수는 하느님이신 말씀에 의해서 인간처럼 활동할 수 있었으며, 외아들의 영예는 그와 별도로 존재하는, 말하자면 다른 분이 얻었다고 주장하는 자는 파문될 것이다.[21]

8. 한 사람이 다른 사람과 함께 〈받아야 하는 것〉처럼(매번 덧붙여진 "함께"는 이처럼 생각하게 할 것이다) 취해진 인간이 하느님이신 말씀과 함께 흠숭되고 함께 영광을 받으며 함께 하느님으로 불려야 한다고 감히 주장하고, 말씀이 육이 되셨기 때문에 임마누엘에게 하나의 흠숭만으로 경의를 표하고 그분께 하나의 찬양만을 드리게 하는 자는 파문될 것이다.[22]

9. 한 분이신 주 예수 그리스도께서 〈성〉령으로부터 온 다른 이상한 능력을 사용하셨고 더러운 영들에 대항하여 행동하고 사람들에게 하느님의 표징을 드러내 보이는 능력을 〈성〉령에게서 받았다는 의미에서 〈성〉령에 의해 영광을 받으셨다고 말하는 사람과 그리스도께서 성령을 통해 하느님의 표징을 행했다는 의미에서 이 〈성〉령이 그리스도의 것이라고 말하지 않는 자는 파문될 것이다.[23]

10. 그리스도께서 우리 신앙고백의 대사제이며 사도(히브 3,11)가 되셨다고 성경에 쓰여 있습니다. 또한 그분께서는 우리를 위하여 하느님 아버지께 향기로운 예물로 당신 자신을 바치셨습니다(에페 5,2). 따라서 하느님에게서 나신 말씀이, 육이 되시어 우리와 같은 인간이 되셨을 때(요한 1,14) 스스로 우리의 대사제이며 사도가 되신 것이 아니라 마치 다

---

21) DH 258.

22) DH 259.

23) DH 260.

οὐχὶ δὴ μᾶλλον ὑπὲρ μόνων ἡμῶν (οὐ γὰρ ἂν ἐδεήθη προσφορᾶς ὁ μὴ εἰδὼς ἁμαρτίαν)· ἀνάθεμα ἔστω.

solis sacrificium obtulisse affirmaverit (neque enim is oblatione opus habebat, qui nullum peccatum commiserat), anathema sit.

ια'. Εἴ τις οὐχ ὁμολογεῖ τὴν τοῦ Κυρίου σάρκα ζωοποιὸν εἶναι, καὶ ἰδίαν αὐτοῦ τοῦ ἐκ Θεοῦ Πατρὸς Λόγου, ἀλλ' ὡς ἑτέρου τινὸ ς παρ' αὐτὸν συνημμένου μὲν αὐτῷ τὴν ἀξίαν, ἤγουν, ὡς μόνην θείαν ἐνοίκησιν ἐσχηκότος, καὶ οὐχὶ δὴ μᾶλλον ζωοποιόν, ὡς ἔφημεν, ὅτι γέγονεν ἰδία τοῦ Λόγου, τοῦ τὰ πάνατα ζωογονεῖν ἰσχύοντος· ἀνάθεμα ἔστω.

XI. Si quis ipsam Domini carnem vivificam, ipsiusque Verbi quod ex Patre est, propriam esse negaverit, sed alterius cujuspiam ipsi Verbo secundum dignitatem tantum conjuncti, hoc est divinam tantum inhabitationem sortiti, esse dixerit; neque vero potius vivificam confessus fuerit, ut modo meminimus, eo quod Verbi, quod omnia vivificare potest, facta sit propria, anathema sit.

ιβ'. Εἴ τις οὐχ ὁμολογεῖ τὸν τοῦ Θεοῦ Λόγον παθόντα σαρκί, καὶ ἐσταυρωμένον σαρκί, καὶ θανάτου γευσάμενον σαρκί, γεγονότα τε πρωτότοκον ἐκ τῶν νεκρῶ ν[Kol 1,18], καθὸ ζωή τέ ἐστι καὶ ζωοποιὸς ὡς Θεός· ἀναθεμα ἔστω.

XII. Si quis non confitetur, Dei Verbum secundum carnem passum, secundum caarnem crucifixum, mortemque secundum carnem gustasse, et primogenitum tandem ex mortuis factum esse[Kol 1,18], quatenus videlicet vita est et vivificum ut Deus, anathema sit.

른 사람처럼, 곧 말씀과 별도로 분리되어 존재하고 여인에게서 태어난 인간이 되셨다고 말하거나, 그리스도께서 (죄를 모르는 그분은 어떠한 제물을 필요로 하지 않으시기에) 우리만을 위해서가 아니라 자기 자신을 위해서도 제물을 바쳤다고 주장하는 자는 파문될 것이다.[24]

11. 주님의 육이 생명을 주며 하느님 아버지에게서 나신 말씀 자신의 것이라고 고백하지 않고, 주님의 육이 품위에 따라 말씀과 결합되었거나 단지 신적인 거처만을 소유한 어떤 다른 사람의 것이라고 주장하고, 주님의 육이, 우리가 말한 것처럼, 모든 것을 살아 있게 만들 수 있는 말씀의 것이기 때문에 주님의 육이 생명을 주지 않는다고 말하는 자는 파문될 것이다.[25]

12. 하느님의 말씀은 하느님으로서 생명이시며 또한 생명을 주시는 분이시기 때문에, 하느님의 말씀이 육으로 고난을 겪으시고 육으로 십자가에 못 박히시고 육으로 죽음을 맛보셨으며, 죽은 이들 가운데에서 살아나신 맏이(콜로 1,18)임을 고백하지 않는 자는 파문될 것이다.[26]

24) DH 261.

25) DH 262.

26) DH 263.

IV.

῾Ηἁγία σύνοδος εἶπε· Πρὸς τοῖ ς ἄλλοις, μήτε ὑπακοῦσαι βουηθέντος τοῦ τιμιωτάτου Νεστορίου τῇ παρ ' ἡμῶν κλήσει, μήτε μὴν τοὺς παρ' ἡμῶν ἀποσταλέντας ἁγιωτάτους καὶ θεοσεβεστάτους ἐπισκόπους προσδεξαμένου, ἀναγκαίως ἐχωρήσαμεν ἐπὶ τὴν ἐξέτασιν τῶν δυσσεβηθέντων αὐτῷ καὶ φωράσαντες αὐτὸν, ἔκ τε τῶν ἐπιστολῶν αὐτοῦ καὶ ἐκ τῶν συγγραμμάτων τῶν ἀναγνωσθέντων καὶ ἐκ τῶν ἀρτίως παρ' αὐτοῦ ῥηθέντων κατὰ τήνδε τὴν μητρόπολιν καὶ προσμαρτυρηθέντων δυσσεβῶς φρονοῦτα καὶ κηρύττοντα, ἀναγκαίως κατεπειχθέντες ἀπό τε τῶν κανόνων καὶ ἐκ τῆς ἐπιστολῆ ς τοῦ ἁγιωτάτου πατρὸς ἡμῶν καὶ συλλειτουργοῦ Κελεστίνου τοῦ ἐπισκόπου τῆς ῾Ρωμαίων ᾿Εκκλησίας, δακρύσαντες πολλάκις ἐπὶ ταύτην τὴν σκυθρωπὴν κατ' αὐτοῦ ἐχωρήσαμεν ἀπόφασιν·

῾Ο βλασφημηθεὶς τοίνυν παρ' αὐτοῦ Κύριος ἡμῶν ᾿Ιησοῦς Χριστὸς ὥρισε διὰ τῆς παρούσης ἁγιωτάτης συνόδου, ἀλλότριον εἶναι τὸν αὐτὸν Νεστόριον τοῦ τε ἐπισκοπικοῦ ἀξιώματος καὶ παντὸ ς συλλόγου ἱερατικοῦ.

IV.

Sancta synodus dixit: Super alia neque obaudire volente honoratissimo Nestorio nostram vocationem neque a nobis destinatos sanctissimos et dei optimos cultores episcopos suscipiente, necessario accessimus ad discussionem impie ab eo dictorum et deprehendentes eum et ex epistulis eius et es scriptis quae lecta sunt, et de nuper ab eo dictis in hac metropoli et probatis per testium depositionem impie sapientem et praedicantem necessario coacti tam ex canonibus quam ex epistula sanctissimi patris nostri et comministri Caelestini episcopi Romanorum ecclesiae lacrimantes saepius ad hanc maerore plenam contra eum venimus sententiam.

Qui blasphematus igitur ab eo est dominus noster Iesus Christus, definiit per praesentem sanctissimam synodum alienum esse eundem Nestorium tam ab episcopali dignitate quam etiam ab omni collegio sacerdotali.

IV.

네스토리우스에 대한 면직 판결(431년 6월 22일)[27]

거룩한 공의회는 다음과 같이 선언하였다. 다른 이들에게 매우 존경받는 네스토리우스는 우리의 초청에 응하려고 하지 않았고 우리가 보낸 거룩하고 하느님을 경외하는 주교들을 받아들이지 않았기 때문에, 우리는 어쩔 수 없이 네스토리우스가 야기한 불경에 대해서 조사하기 시작하였다. 낭독한 그의 서한들과 저서들을 바탕으로, 그리고 최근에 그가 이 수도(首都)에서 말한 것과 증인들이 확인한 것을 바탕으로, 우리는 그가 불경스럽게 생각하고〈이러한 것을〉선포하고 있음을 확인하였다. 따라서 법규들과 지극히 거룩하신 우리의 아버지이자 동료이며 로마 교회의 주교인 첼레스티노가 쓴 서한에 따라, 우리는 네스토리우스에 대해 애통해하면서 어쩔 수 없이 다음과 같은 유감스러운 판결을 내리게 되었다.

네스토리우스에게서 모욕을 받으신 우리 주 예수 그리스도께서는 지극히 거룩한 이 공의회를 통해 네스토리우스가 주교의 품위와 사제가 참여할 수 있는 모든 집회에서 배제되었음을 확정하셨다.

---

27) ACO I, I, 2, 54; DH 264.

V.

Τούτων τοίνυν ἀναγνωσθέντων, ὥρισεν ἡ ἁγία σύνοδος ἑτέραν πίστιν μηδενὶ ἐξεῖναι προφέρειν ἤ γοῦ ν συγγράφειν ἤ συντιθέναι παρὰ τὴν ὁρισθεῖσαν παρὰ τῶν ἁγίων πατέρων τῶν ἐν τῇ Νικαέων συναχθέντων σὺν ἁγίῳ πνεύματι· τοὺς δὲ τολμῶντας ἤ συντιθέναι πίστιν ἑτέραν ἤ γοῦν προκομίζειν ἤ προφέρειν τοῖς ἐθέλουσιν ἐπιστρέφειν εἰς ἐπίγνωσιν τῆς ἀληθείας ἤ ἐξ Ἑλληνισμοῦ ἤ ἐξ Ἰουδαϊσμῦ ἤ γοῦν ἐξ αἱρέσεως οἱασδηποτοῦν, τούτους, εἰ μὲν εἶεν ἐπίσκοποι ἤ κληρικοί, ἀλλοτρίους εἶναι τοὺς ἐπισκόπους τῆς ἐπισκοπῆς καὶ τοὺς κληρικοὺς τοῦ κλήρου· εἰ δὲ λαϊκοὶ εἶεν, ἀναθεματίζεσθαι.

κατὰ τὸν ἴσον δὲ τρόπον, εἰ φωραθεῖ έν τινες εἴτε ἐπίσκοποι εἴτε κληρικοὶ εἴτε λαϊκοὶ ἤ φρπνοῦντες ἤ διδάσκοντες τὰ ἐν τῇ προκομισθείσῃ ἐκθέσει παρὰ Χαρισίου τοῦ πρεσβυτέρου περὶ τῆς ἐνανθρωπήσεως τοῦ μονογενοῦς υἱοῦ τοῦ θεοῦ ἤ γοῦν τα μιαρὰ καὶ διεστραμμένα Νεστορίου δόγματα, ἅ καὶ ὑποτέτακται, ὑποκείσθωσαν τῇ ἀποφάσει τῆς ἁγιας ταύτης καὶ οἰκουμενικῆς συνόδου, ὥστε δηλονότι τὸν μὲν ἐπίσκοπον ἀλλοτριοῦσθαι τῆς ἐπισκοπῆς καὶ εἶναι καθῃρημένον, τὸν δὲ κληρικὸν ὁμοίως ἐκπίπτειν τοῦ κλήρου· εἰ δὲ λαϊκός τις εἴη, καὶ οὗτος ἀναθεματιζέσθω καθὰ προείρηταὶ

V.

His igitur recitatis decrevit sancta synodus aliam fidem nulli licere proferre vel conscribere vel componere praeter illam quae definita est a sanctis patribus qui Necaeam per spiritum sanctum conuenerunt; illos vero qui audent fidem aliam vel componere vel proferre volentibus converti ad agnitionem veritatis sive ex gentilitate sive ex Iudaismo sive ex alia qualibet haeresi, si episcopi quidem fuerint aut clerici, alienos esse episcopos ab episcopatu et clericos a clero; si vero laici sint, anathematizari.

Simili modo si qui deprehensi fuerint sive episcopi sive clerici vel laici vel credentes vel docentes ea quae scripta sunt in expositione quae a Charisio presbytero prolata est de inhumanatione unigeniti filii dei, aut certe polluta et perversa Nestorii dogmata, quae etiam subiecta sunt, eos subiacere sententiae sanctae huius et universalis synodi, ita ut sit palam episcoporum quidem alienum fore episcopatu et deponendum, clericum vero a clero similiter summovendum et esse depositum; si vero laicus sit, et ille anathematizetur sicut praedictum est.

V.

에페소 공의회 교령(431년 7월 22일)[28]

거룩한 공의회는 이 문서를 낭독한 후, 니케아에 성령 안에서 모인 교부들이 결정한 것 이외의 다른 신앙을 진술하거나, 기획하거나 문서로 기록하는 것은 어느 누구에게도 허용되어 있지 않다는 것을 규정하였다. 그럼에도 어느 누가 감히 다른 신앙을 만들거나, 도입하거나, 또는 이교도, 유다교, 또는 어떠한 이단에서 진리를 알기 위해 개종하려고 하는 이들에게 그 신앙을 제시한다면, 다음과 같은 처벌을 받을 것이다. 주교들이나 성직자들은 그들의 직무에서 제외될 것이다. 주교들은 그들의 주교직을 잃을 것이며, 사제들은 그들의 사제직을 잃을 것이다. 만약 평신도라면, 파문될 것이다.

또한 주교들과 성직자들과 혹은 평신도들이 하느님의 외아드님의 육화에 관하여 다음과 같은 가르침, 곧 카리시우스 신부가 제출한 보고서에 거론된 가르침, 우리에게 제출된 네스토리우스의 신성모독적이며 왜곡된 가르침을 자신의 것으로 삼거나 공공연하게 선포할 때에 마찬가지로 처리될 것이다. 이 모든 사람에 대해 거룩하고 보편적인 이 공의회의 판결이 내려져야 할 것인 바, 곧, 주교는 주교직에서 제외되고 면직될 것이며, 마찬가지로 성직자는 자신의 직무를 잃게 될 것이다. 만약 평신도라면, 위에서 규정한 대로 파문될 것이다.

28) ACO I, I, 7, 105이하.

VI.

Τῷ ἁγιωτάτῳ καὶ θεοφιλεστάτῳ ἐπισκόπῳ Κυρίλλῳ Ἰωάννης ἐν κυρίῳ χαίρειν.

Πρῴην ἐκ θεσπίσματος τῶν εὐσεβεστάτων ἡμῶν βασιλέων ἐκελεύσθη σύνοδος θεοφιλεστάτων ἐπισκόπων κατὰ τὴν Ἐφεσίων μητρόπολιν συναθροισθῆναι, ἐκκλησιαστικῶν ἕνεκα πραγμάτων, καὶ τῆς ὀρθῆς πίστεως. Καταλαβόντων δὲ καὶ ἡμῶν τὴν μνημονευθεῖσαν πόλιν, καὶ ὑποστρεψάντων ἐκτὸς τῆς πρὸς ἀλλήλους συντυχίας (περιττὸν δὲ τὰς αἰτίας τῆς διχονοίας ἐν καιρῷ εἰρήνης νῦν εἰπεῖν), διηρημένων δὲ πρὸς διχόνοιαν τῶν Ἐκκλησιῶν τούτῳ τῷ τρόπῳ, ἐπειδὴ τούτου μάλιστα φροντίσαι πάντας ἐχρῆν, ὅπως συναφθεῖεν, ἐκ μέσου γενομένης διχονοίας ἁπάσης, καὶ τῶν εὐσεβεστάτων καὶ φιλοχρίστων βασιλέων, αὐτὸ δὴ τοῦτο γενέσθαι θεσπισάντων τὸ ἑνῶσαι τὰς τοῦ Χριστοῦ Ἐκκλησίας, καὶ εἰς αὐτὸ δὴ τοῦτο ἀποστειλάντων τὸν κύριόν μου, καὶ θαυμασιώτατον, καὶ περίβλεπτον τριβοῦνον καὶ νοτάριον Ἀριστόλαον, ἐπιφερόμενον τὸ εὐσεβὲς αὐτῶν γράμμα τὸ παρακελεῦον ἐντεῦθεν ἤδη συμβῆναι ἡμᾶς, καὶ περιελεῖν τὰ σκάνδαλα ἐκ τοῦ μέσου, καὶ κατευνάσαι πᾶσαν ταραχὴν καὶ πᾶσαν λύπην· ᾧ εἴκοντες εὐσεβεῖ γράμματι, εὐθὺς καὶ παραχρῆμα ἀπεστείλαμεν τὸν κύριόν μου, καὶ κατὰ πάντα θεοφιλέστατον, καὶ ἁγιώτατον ἐπίσκοπον Παῦλον· τοῦτο συναρέσαν καὶ τῷ ἁγιωτάτῳ καὶ θεοφιλεστάτῳ

VI.

Domino meo religiosissimo et sanctissimo comministro Cyrillo, Joannes, in Domino salutem.

Piissimorum imperatorum nostrorum edicto, religiosissimorum episcoporum synodus ad Ephesiorum metropolim, tum ecclesiasticarum rerum et controversiarum, tum rectae quoque fidei causa, dudum convenire jussa est. Cum autem ad praedictam civitatem et nos pervenissemus, ac citra mutuum colloquium inde rursum abiissemus (superfluum est autem dissensionis causas nunc pacis tempore commemorare); cumque Ecclesiae hoc modo in graves discordias incidissent; quandoquidem omnes id maxime curare oportebat, ut, omni animorum dissensione e medio sublata, Christi Ecclesiae denuo consociarentur; ipsique religiosissimi ac Christi amantissimi reges hoc ipsum, ut fieret, mandassent, ejusque rei gratia dominum meum praeclarissimum et spectabilem tribunum et notarium Aristolaum misissent, pias ipsorum litteras afferentem, quae deinceps nos convenire juberent, atque scandala et medio tollere omnemque perturbationem et offensionem consopire: nos piis litteris morem gerere volentes, recta mox dominum meum Deo per omnia dilectissimum ac sanctissimum episcopum Paulum mittendum duximus. Quod consilium sanctissimo piissimoque

VI.

안티오키아의 요한이 키릴루스에게 보낸 서한(433년 초)[29]

아주 독실하시며 가장 거룩하신 저의 동료 키릴루스에게 요한이 주님 안에서 인사를 드립니다.

얼마 전에 아주 신심이 깊은 우리의 황제들은 에페소 도시에서 교회와 관련된 일과 참 신앙 때문에 하느님을 경외하는 주교들의 공의회가 열리기를 바란다는 명령을 내렸습니다. 우리는 이 도시로 갔지만, 그곳에서 만날 수가 없어서 다시 떠났습니다. 이 의견의 불일치의 이유와 관련하여, 우리는 이 평화로운 이 시기에 더 자세히 다루어야 할 필요는 없습니다. 그러나 교회에 심각한 논쟁이 벌어졌습니다. 따라서 각 사람들은 여하한의 불일치를 제거하고 다시 화해를 이루는 데에 특별히 신경을 써야 했습니다. 아주 신심이 깊고 그리스도를 사랑하는 황제들은 그리스도의 교회들이 다시 일치를 이루기 위해서는 이렇게 해야 한다고 결정하였습니다. 그리고 황제들은 성은을 베풀어 대단히 유명하고 존경하올 부(副)군단장이며 장관인 아리스톨라우스를 우리에게 자비로운 서한과 함께 보냈습니다. 그 서한은 우리가 장차 다시 일치를 이루고 악표양을 제거하며 여하한의 혼란과 반감을 잠재우도록 권고하였습니다. 자비로운 이 서한에 복종하면서 우리는 즉시 모든 점에서 하느님의 사랑을 받으시고 가장 거룩하신 [에메사] 파울루스[30] 주교를 보냈습니다. 이 주교는 가장 거룩하시고 신심이 깊으신 우리 아

---

29) 키릴루스, 『서한』, 78: PG 77, 169-173; ACO I, I, 4, 7-9.

30) 안티오키아의 요한 주교가 알렉산드리아로 보낸 에메사의 파울루스. 앞의 106면 참조.

ἐπισκόπῳ πατρὶ ἡμῶν Ἀκακίῳ, καὶ τοῖς παρ᾽ ἡμῖν θεοφιλεστάτοις ἐπισκόποις. Ὑπὲρ δὲ πλείνος συντομίας τοῦτο πεποιήκαμεν, διὰ τὸ μὴ δύνασθαι ἡμᾶς συνελθόντας, τὰ θεσπισθέντα ὑπὸ τῶν εὐσεβεστάτων ἡμῶν βασιλέων, κατὰ πρόσωπον εἰς πέρας ἀγαγεῖν. Ἐντειλάμενοι αὐτῷ, ὥστε καὶ ἀνθ᾽ ἡμῶν, καὶ ὑπὲρ ἡμῶν, καὶ εἰς πρόσωπον ἡμέτερον, τυπῶσαι μὲν τὰ περὶ τῆς εἰρήνης, ὅπερ ἐστὶ προηγούμενον, ἐγχειρίσαι δὲ τῇ σῇ θεοσεβείᾳ τὴν ἔκθεσιν τὴν παρ᾽ ἡμῶν συμφώνως γενομένην περὶ τῆς ἐνανθρωπήσεως τοῦ Κυρίου ἡμῶν Ἰησοῦ Χριστοῦ, ἥν ἀπεστείλαμεν τῇ σῇ θεοσεβείᾳ διὰ τοῦ προλεχθέντος θεοφιλεστάτου ἀνδρός, ἥτις ἐστὶν αὕτη.

Patri nostro Acacio, caeterisque qui nobiscum erant, Deo dilectissimis episcopis probatum fuit. Fecimus autem hoc majoris compendii causa, eo quod quae a religiosissimis imperatoribus nostris sancita sunt, perficere nobis ipsis in unum convenientibus non liceat. Mandavimus autem illi, ut vice nostra et pro nobis et nomine nostro constituat quae ad pacem faciunt; id quod hujus legationis praecipuum caput est; simulque pietati tuae exhibeat expositionem de Domini nostri Jesu Christi incarnatione concorditer a nobis editam. Quam proinde pietati tuae per praedictum piissimum virum misimus, quae est haec:

Περὶ δὲ τῆς Θεοτόκου Μαρίας Παρθένου, ὅπως καὶ φρονοῦμεν, καὶ λέγομεν, τοῦ τε τρόπου τῆς ἐνανθρωπήσεως τοῦ μονογενοῦς Υἱοῦ τοῦ Θεοῦ, ἀναγκαίως, οὐκ ἐν προσθήκης μέρει, ἀλλ᾽ ἐν πληροφορίας εἴδει, ὡς ἄνωθεν ἔκ τε τῶν θείων Γραφῶν, ἔκ τε τῆς παραδόσεως τῶν ἁγίων Πατέρων παρειληφότες ἐσχήκαμεν, διὰ βραχέων ἐροῦμεν, οὐδέν τὸ σύνολον προστιθέντες τῇ τῶν ἁγίων Πατέρων τῶν ἐν Νικαίᾳ ἐκτεθείσῃ πίστει. Ὡς γὰρ ἔφθημεν εἰρηκότες, πρὸς πᾶσαν ἐξαρκεῖ καὶ εὐσεβείας γνῶσιν, καὶ πάσης αἱρετικῆς κακοδοξίας ἀποκήρυξιν. Ἐροῦμεν δὲ οὐ κατατολμῶντες τῶν ἀνεφίκτων, ἀλλὰ τῇ ὁμολογίᾳ τῆς οἰκείας ἀσθενείας ἀποκλείοντες τοῖς ἐπιφύεσθαι βουλομένοις, ἐν οἷς τὰ ὑπὲρ ἄνθρωπον διασκεπτόμεθα.

De Virgine autem Dei Genitrice Maria quomodo sentiamus et loquamur, deque unigeniti Filii Dei incarnationis modo, necessario, non additamenti loco, sed plena satisfactionis forma dicemus breviter, sicuti ab initio ex divinis Litteris sanctorumque Patrum traditione hausimus, fidei in Nicaea a sanctis Patribus expositae nihil prorsus adjicientes. Illa enim, ut antea diximus, ad omnem pietatis cognitionem omnisque haereticae pravae doctrinae depulsionem abunde sat est. Nec illa etiam quae consequi non possumus, audacter aggrediamur; sed propriae infirmitatis confessione excludamus eos qui nos adoriri nos volunt in his in quibus consideramus quae supra humanam captum sunt.

카키우스 주교님과 우리와 함께 머물고 있는 다른 주교들이 마음에 들어 하는 주교입니다. 우리는 일이 더 빨리 이루어지도록 이 방법을 택했습니다. 우리가 아주 독실한 우리 황제의 명령을 서로 얼굴을 맞대고 실행하기 위해 모이는 것은 불가능했기 때문입니다. 따라서 우리는 [파울루스] 주교에게, 평화를 이루기 위해 우리를 대신하여 행동하고, 우리를 위해서 그리고 우리의 이름으로 처리하도록 위임하였습니다. 이것이 바로 이 사절이 첫째로 해야 할 중요한 사안입니다. 또한 그는 우리가 우리 주 예수 그리스도의 육화에 관하여 만장일치로 작성한 진술서를 존경하올 주교님께 넘겨드려야 할 것입니다. 우리는 위에서 언급한 신심이 깊은 주교를 통해서 존경하올 주교님께 이 진술서를 보냈습니다. 그 진술서의 내용은 다음과 같습니다.

우리가 동정이신 하느님의 어머니와 하느님 아들이 강생하신 방식에 대해 생각하고 말하듯이, 덧붙여 말하는 것이 아니라 완벽하게 설명하는 것이 반드시 필요하기에, 또한 이를 예로부터 성경과 거룩한 교부들의 전승에서 받았듯이 우리는 거룩한 교부들이 니케아에서 명시한 신앙에 아무것도 덧붙이지 않은 채 간략하게 설명하고자 합니다. 우리가 이미 언급하였듯이, 그 신앙은 올바른 신앙에 관한 그 어떤 인식을 갖고 그 어떤 이단적 오류를 반박하기에 충분합니다. 우리는 마치 도달할 수 없는 것에 감히 접근하려는 것이 아니라, 자신의 약점을 인정하면서 초인간적인 것들을 논하는 〈말들에 관해 우리를〉 논박하려는 이들을 반론하면서 언급하고자 합니다.

Ὁμολογοῦμεν τοιγαροῦν τὸν Κύριον ἡμῶν Ἰησοῦν Χριστὸν τὸν Υἱὸν τοῦ Θεοῦ τὸν μονογενῆ, Θεὸν τέλειον, καὶ ἄνθρωπον τέλειον ἐκ ψυχῆς λογικῆς καὶ σώματος, πρὸ αἰώνων μὲν ἐκ τοῦ Πατρὸς γεννηθέντα κατὰ τὴν θεότητα, ἐπ᾽ ἐσχάτων δὲ τῶν ἡμερῶν τὸν αὐτὸν δι᾽ ἡμᾶς, καὶ διὰ τὴν ἡμετέραν σωτηρίαν, ἐκ Μαρίας τῆς Παρθένου κατὰ τὴν ἀνθρωπότητα· ὁμοούσιον τῷ Πατρὶ τὸν αὐτὸν κατὰ τὴν θεότητα, καὶ ὁμοούσιον ἡμῖν κατὰ τὴν ἀνθρωπότητα. Δύο γὰρ φύσεων ἕνωσις γέγονε· διὸ καὶ ἕνα Χριστόν, ἕνα Υἱόν, ἕνα Κύριον ὁμολογοῦμεν. Κατὰ ταύτην τῆς ἀσυγχύτου ἑνώσεως ἔννοιαν, ὁμολογοῦμεν τὴν ἁγίαν Παρθένον Θεοτόκον, διὰ τὸν Θεὸν Λόγον σαρκωθῆναι, καὶ ἐνανθρωπῆσαι, καὶ ἐξ αὐτῆς τῆς συλλήψεως ἑνῶσαι ἑαυτῷ τὸν ἐξ αὐτῆς ληφθέντα ναόν. Τὰς δὲ εὐαγγελικὰς καὶ ἀποστολικὰς περὶ τοῦ Κυρίου φωνάς, ἴσμεν τοὺς θεολόγους ἄνδρας τὰς μὲν κοινοποιοῦντας, ὡς ἐφ᾽ ἑνὸς προσώπου, τὰς δὲ διαιροῦντας, ὡς ἐπὶ δύο φύσεων· καὶ τὰς μὲν θεοπρεπεῖς κατὰ τὴν θεότητα τοῦ Χριστοῦ, τὰς δὲ ταπεινὰς κατὰ τὴν ἀνθρωπότητα αὐτοῦ παραδιδόντας.

Confitemur igitur Dominum nostrum Jesum Christum, unigenitum Dei Filium, esse Deum perfectum, et hominem perfectum ex anima rationali et corpore: ante saecula quidem ex Patre secundum divinitatem genitum, postremis vero temporibus eumdem ipsum propter nos et propter nostram salutem ex Maria Virgine secundum humanitatem natum: eumdem consubstntialem Patri secundum divinitatem, et consubstantialem nobis secundum humanitatem. Siquidem duarum naturarum facta est unio: propter quod unum Christum, unum Filium, unum Dominum confitemur. Secundum hunc inconfusae unitatis intellectum confitemur sanctam Virginem Genitricem esse, propterea quod Deus Verbum incarnatum est, et homo factum, et ex ipsa conceptione univit sibi templum, quod ex illa assumpsit. Evangelicas autem et apostolicas de Domino voces, scimus graves theologos alias quidem communes facere, tanquam ad unam personam pertinentes; alias vero, propter duarum naturarum diversitatem, divisim nuncupare: et illas quidem quae Deo conveniunt, ad Christi divinitatem; humiles vero, ad ejusdem humanitatem referre solere.

Ἧς δεχθείσης, συνήρεσεν, εἰς ἀναίρεσιν ἁπάσης φιλονεικίας, καὶ ὑπὲρ τοῦ τὴν οἰκουμενικὴν εἰρήνην βραβευθῆναι ταῖς τοῦ Θεοῦ ἁγίαις Ἐκκλησίαις, καὶ ἐκποδὼν τὰ ἀναφυέντα γενέσθαι σκάνδαλα, ἔχειν ἡμᾶς Νεστόριον καθῃρημένον, τὸν πάλαι γενόμενον ἐπίσκοπον τῆς Κωνσταντινουπόλεως· καὶ ἀναθεματίζομεν τὰς φαύλας αὐτοῦ καὶ βεβήλους κενοφωνίας, διὰ τὸ τὰς παρ᾽ ἡμῖν ἁγίας τοῦ Θεοῦ Ἐκκλησίας τὴν ὀρθὴν καὶ ὑγιῆ ἐσχηκέναι

Hac fide suscepta, placuit nobis ut omnis tollatur contentio, universalisque sanctis Dei Ecclesiis per orbem sparsis pax reddatur, necnon scandala omnia quae exorta sunt, e medio auferantur, Nestorium quondam Constantinopolitanum episcopum pro deposito habere; tum pravas illius profanasque vocum novitates anathematizare, propterea quod Ecclesiae Dei, quae apud nos sunt, rectam sanamque fidem teneant, illamque custodiant, ac populis,

그러므로 우리는, 우리 주 예수 그리스도께서 하느님의 외아들이시며, 완전한 하느님이시고 이성적 영혼과 육체를 지닌 완전한 인간이시며, 〈모든〉시대 이전에 신성에 따라 아버지에게서 나셨으며, 마지막 날에 우리 때문에, 우리 구원을 위해 인성에 따라 동정녀 마리아에게서 태어나셨고, 바로 이분이 신성에 따라서는 성부와 본질이 같으시며, 인성에 따라서는 우리와 본질이 같으심을 고백합니다. 두 본성이 일치되었기 때문입니다. 그래서 우리는 한 분의 그리스도, 한 분의 아들, 한 분의 주님을 고백합니다. 이 일치는 혼합된 것이 아니라는 이해를 바탕으로 우리는 거룩한 동정녀를 하느님의 어머니라고 고백합니다. 하느님이신 말씀이 육과 인간이 되셨으며, 잉태된 순간부터 그녀에게서 취한 성전을 자신과 일치시켰기 때문입니다. 주님에 대한 복음서들과 사도들의 진술에 관해 말하자면, 우리는 신학자들이 어떤 진술들은 한 위격(persona)에 해당되는 것이기 때문에 (두 본성에) 공통적으로 연관시키고, 또 다른 진술들은 두 본성에 해당되는 것이기 때문에 구분하여, 하느님께 부합되는 것은 그리스도의 신성의 의미로 전하고, 열등한 것은 그리스도의 인성의 의미로 전하고 있음을 알고 있습니다.[31]

이 신앙고백을 받아들여, 우리는 여하한의 논쟁을 끝내고, 거룩한 교회에 모든 곳에서의 평화를 확립하고, 일어났던 모든 악표양을 제거하기로 결정하였습니다. 그러므로 우리는 또한 콘스탄티노폴리스의 주교로 있었던 네스토리우스의 면직을 비준하고자 했습니다. 우리는 존경하올 주교님께서도 그러하듯이, 우리 교회들이 올바르고 건전한 신앙을 주장하고, 보존하며, 백성들에게 알려야 하기 때문에, 그의

31) DH 271-273.

πίστιν, καὶ φυλάττειν, καὶ παραδιδόναι τοῖς λαοῖς, καθὰ καὶ ἡ ὑμετέρα ὁσιότης. Συναινοῦμεν δὲ καὶ τῇ χειροτονίᾳ τοῦ ὁσιωτάτου καὶ θεοφιλεστάτου ἐπισκόπου Μαξιμιανοῦ τῆς Κωνσταντινουπόλεως ἁγίας τοῦ Θεοῦ Ἐκκλησίας· καὶ κοινωνικοὶ πᾶσιν ἐσμὲν τοῖς κατὰ πᾶσαν τὴν οἰκουμένην θεοσεβεστάτοις ἐπισκόποις, ὅσοι τὴν ὀρθὴν καὶ ἀμώμητον πίστιν ἔχουσί τε καὶ κηρύττουσιν.

quemadmodum et vestra quoque sanctitas facit, tradant. Consentimus autem et in ordinationem quooque sanctissimi piissimique Msximiani sanctae Dei Ecclesiae Constantinopolitanae episcopi: et communicamus universis orbis terrae religiosissimis episcopis, rectam inculpatamque fidem habentibus et praedicantibus.

Ἐρρωμένος ὑπερευχόμενος ἡμῶν διατελοίης, δέσποτα θεοφιλέστατε καὶ ὁσιώτατε, καὶ πάντων ἐμοὶ γνησιώτατε ἀδελφέ.

Vale, domine piissime et sanctissime, fraterque mihi sincerissime, ac pro nobis orare perge.

공허하고 신성모독적인 가르침을 단죄하였습니다. 마찬가지로 우리는 콘스탄티노폴리스의 하느님의 거룩한 교회의 주교이며, 지극히 거룩하고 하느님을 경외하는 막시무스의 서품을 승인하며, 모든 지역에 살고 있는, 하느님을 경외하는 모든 주교들이 올바르고 흠 없는 신앙을 보존하는 한, 그들과 함께 친교를 이룰 것입니다.

안녕히 계십시오. 그리고 신심이 깊으시고 지극히 거룩하신 나의 가장 진실한 형제인 주교님, 우리를 위해서 계속해서 기도해 주시길 바랍니다.

VII.

Τῷ κυρίῳ μου, αγπητῷ ἀδελφῷ, καὶ συλλειτουργῷ Ἰωάννῃ, Κύριλλος, ἐν Κυρίῳ χαίρειν.

"Εὐφραινέσθωσαν οἱ οὐρανοὶ, καὶ ἀγαλλιάσθω ἡ γῆ·"[Ps 95,11] Λέλυται γὰρ τὸ μεσότοιχον τοῦ φραγμοῦ[Eph 2,14], καὶ πέπαυται τὸ λυποῦν, καὶ διχονοίας ἁπάσης ἀνήρηται τρόπος, τοῦ πάντων ἡμῶν Σωτῆρος Χριστοῦ ταῖς ἑαυτοῦ Ἐκκλησίαις τὴν εἰρήνην βραβεύσαντος· κεκληκκότων δὲ πρὸς τοῦτο ἡμᾶς καὶ τῶν εὐσεβεστάτων καὶ θεοφιλεστάτων βασιλέων, οἵ προγονικῆς εὐσεβείας ἄριστοι ζηλωταὶ γεγονότες, ἀσφαλῆ μὲν καὶ ἀκατάσειστον τὲν ὀρθὴν ἐν ἰδίαις ψυχαῖς φυλάττουσι πίστιν, ἐξαίρετον δὲ ποιοῦνται φροντίδα τὴν ὑπὲρ τῶν ἁγίων Ἐκκλησιῶν, ἵνα διαβόητον ἔχωσιν εἰς αἰῶνα τὴν δόξαν καὶ εὐκλεεστάτεην ἀποφήνωσι τὴν ἑαυτῶν βασιλείαν· οἷς καὶ αὐτὸς ὁ τῶν δυνάμεων Κριστὸς Κύριος πλουσίᾳ χειρὶ διανέμει τὰ ἀγαθὰ, καὶ δίδωσι μὲν κατακρατεῖν τῶ ν ἀνθεστηκότων, χαρίζεται δὲ τὸ νικᾶν. Οὐ γὰρ ἄν διαψεύσηται λέγων ὅτι "Ζῶ ἐγώ, λέγει Κύριος, ὅτι τοὺς δοξάσαντάς με δοξάσω."[1Sam 2,30]

Ἀφικομένου τοίνυν εἰς τὴν Ἀλεξάνδρειαν του κυρίου μου τοῦ θεοφιλεστάτου συλλειτουργοῦ καὶ ἀδελφπῦ Παύλου, θυμηδίας ἐμπεπλήσμεθα καὶ σφόδρα εἰκότως, ὡς ἀνδρὸς τοιούτου μεσιτεύοντος, καὶ τοῖς ὑπὲρ δύναμιν πόνοις ἑλομένου προσομιλεῖν, ἵνα τὸν

VII.

Domino meo, dilecto fratri et comministro Joanni, Cyrillus, in Domino salutem.

"Laetentur coeli, et exsultet terra."[Ps 95,11] Solutus est enim medius paries maceriae[Eph 2,14], et quod moerorem afferebat, conquievit, et omne dissidiorum genus sublatum est, omnium nostrum Salvatore Christo pacem Ecclesiis suis tribuente, religiosissimis autem Deoque dilectissimis imperatoribus nostris ad id nos vocantibus: qui cum avitae religionis optimi aemulatores exsistant, fidem rectam animis suis firmam immotamque custodiunt: quin et singularem quoque sanctis Ecclesiis curam impendunt, ut celeberrimam gloriam obtineant perpetuam, et regnum suum florentissimum constituant: quibus et ipse supernarum virtutum Dominus Christus larga manu impertit bona, datque potiri hostibus, ac victoriam donat. Non enim mentitur, dicens: "Vivo ego, dicit Dominus, quia glorificantes me glorificabo."[1Sam 2,30]

Cum itaque Dominus meus religiosissimus Paulus comminister et frater Alexandriam venisset, magna animi voluptate affecti sumus, nec immerito, utpote cum talis vir mediator esset interpositus, et majores, quam pro viribus, labores adire ausus esset, ut diaboli invidiam superaret, ac

VII.

키릴루스가 안티오키아의 요한 주교에게 보낸 서한(433년 초)[32]

사랑하는 형제이며 동료인 요한 주교님께 키릴루스가 주님 안에서 인사를 드립니다.

“하늘은 기뻐하고 땅은 즐거워하라.”(시편 95,11), 왜냐하면 “이 둘을 가르는 장벽인 적개심을 허무셨기”(에페 2,14) 때문입니다. 슬픔은 끝났으며, 모든 의견의 불일치는 제거되었습니다. 우리 모든 이들의 구세주이신 그리스도께서는 당신의 교회에 평화를 선사해 주십니다. 게다가 신심이 있고 하느님을 경외하며, 탁월하게 그들의 선조들의 하느님 경외심을 본받으려고 노력하는 황제들은 우리에게 호소하였습니다. 그들 자신의 마음속에 황제들은 올바른 신앙을 굳건하게 흔들림없이 지키고 있으며, 출중하게 거룩한 교회들을 돌보고 있습니다. 따라서 그들은 불멸의 명성을 얻고 있으며, 그들의 통치를 영광으로 치장하고 있습니다. 권세의 주님이신 그리스도께서는 그들에게 풍부하게 은혜를 베푸시며, 그들의 적대자들을 상대로 그들에게 힘을 주시고 승리를 선사해 주십니다. 그리스도께서 다음과 같이 말하실 때에 거짓말을 하는 것이 아닙니다. “주님의 말씀이다. 나를 영광스럽게 하는 이들은 나도 그들을 영광스럽게 할 것이다.”(1사무 2,30)

그러므로 아주 독실한 나의 동료이며 형제인 파울루스가 알렉산드리아에 도착하였다는 소식에 우리는 큰 기쁨에 가득 차 있습니다. 그러한 분이 중개 역할을 맡았기 때문에 더욱 더 그렇습니다. 그 주교

32) 『서한』, 39; PG 77,173-181; ACO I, I, 4, 15-20; BKV 2. R. Bd. 12, 100-107.

τοῦ διαβόλου νικήσῃ φθόνον, καὶ συνάψῃ τὰ διηρημένα, καὶ τὰ μεταξῢ διερριμμένα σκάνδαλα περιελὼν, ὁμονοίᾳ καὶ εἰρήνῃ στεφανώσῃ τάς τε παρ' ἡμῖν, καὶ τὰς παρ' ὑμῖν Ἐκκλησίας. Τίνα μὲν γὰρ διήρηνται τρόπον, περιττὸν εἰπεῖν. Χρῆναι δὲ ὑπολαμβαμνω τὰ τῷ τῆς εἰρήνης πρέποντα καιρῷ, καὶ φρονεῖν καὶ λαλεῖν. Ἥσθημεν τοίνυν τῇ συντυχίᾳ τοῦ μνημονευθέντος θεοσεβεστάτου ἀνδρός· ὅς τάχα που καὶ ἀγῶνας ἕξειν οὐ μικροὺς ὑπενόησεν, ἀναπείθων ἡμᾶς, ὅτι χρὴ συνάψαι πρὸς εἰρήνην τὰς Ἐκκλησίας, καὶ τὸν τῶν ἑτεροδόξων ἀφανίσαι γέλωτα, ἀπαμβλῦναί τε πρὸς τούτῳ τῆς τοῦ διαβόλου δυστροπίας τὸ κέντρον. Ἑτοίμως δὲ οὕτως ἔχοντας ἐπὶ τοῦτο κατέλαβεν, ὡς μηδένα πόνον ὑποστῆναι παντελῶς· Μεμνήμεθα γὰρ τοῦ Σωτῆρος λέγοντος· "Εἰρήνην τὴν ἐμὴν διδωμι ὑμῖν· εἰρήνην τὴν ἐμὴν ἀφιμημι ὑμῖν."[Jo. 14,27] Δεδιδάγμενθα δὲ καὶ λέγειν ἐν προσευχαῖς "Κύριε ὁ Θεὸς ἡμῶν, εἰρήνην δὸς ἡμῖν, πάντα γὰρ ἀπέδωκας ἡμῖν."[Is 26,12] Ὥστε εἴ τις ἐν μεθέξει γένοιτο τῆς παρὰ Θεοῦ χορηγουμένης εἰρήνης, ἀνενδεὴς ἔσται παντὸς ἀγαθοῦ. Ὅτι δὲ περιττὴ παντελῶς καὶ οὐκ εὐάφορμος ἡ τῶν Ἐκκληεσιῶν διχοστασία γέγονε, νυνὶ μάλιστα πεπληροφορήμεθα, τοῦ κυρίου μου τοῦ εὐσεβεστάτου Παύλου ἐπισκόπου χάρτην προκομίσαντος, ἀδιάβλητον ἔχοντα τῆς πιστεως τὴν ὁμολογίαν, καὶ ταύτην συντετάχθαι διαβεβαιουμένου παρά τε τῆς σῆς ὁσιοτητος καὶ τῶν αὐτόθι θεοφιλεστάτων ἐπισκόπων. Ἔχει δὲ οὕτως ἡ συγγραφὴ, καὶ αὐταῖς λέξεσιν ἐντέθειται τῇδε ἡμῶν τῇ ἐπιστολῇ·

disjuncta conjungeret, nostrasque et vestras Ecclesias, quae intervenerant offensionibus sublatis, concordia et pace coronaret. Quibus autem de causis illae dissidere coeperint, commemorare supervacaneum est. Opportunius autem censeo, si ea sentiamus, de iis loquamur quae pacis tempri conveniunt. Oblectati sumus itaque memorati piissimi viri congressu: qui fortasse non parva certamina se obiturum suspicabatur, ut nobis persuaderet, opus esse ut in concordiam et pacem connecterentur Ecclesiae, tollereturque hominum aliter sentientium irrisio, ac diabolicae improbitatis acies retunderetur. Verum ita nos ad eam rem paratos comperit, ut nullum penitus laborem sustinuerit. Memores enim sumus Salvatoris nostri dicentis: "Pacem meam do vobis, pacem meam relinquo vobis."[Jo. 14,27] Quin edocti quoque sumus, ut in quotidianis precationibus dicamus: "Domine Deus noster, pacem da nobis; omnia enim reddidisti nobis."[Is 26,12] Quisquis igitur pacis quae a Deo tribuitur particeps est, nullius boni indigebit. Quod vero Ecclesiarum dissensio superflua prorsus et citra ullam justam causam acciderit, id ex charta, quam dominus meus religiosissimus episcopus Paulus nunc attulit, evidenter cognovimus, quae irreprehensibilem continet fidei confessionem; eamque cum a tua sanctitate, tum a caeteris quoque religionsissimis episcopis qui illic degunt, compositam asserebat: quam etiam ad verbum huic nostrae epistolae inserere placuit. Habet autem hunc in modum:

님은 악마의 질투심을 극복하고 서로 갈라진 것을 한 데 결합시키기 위하여 최선을 다했습니다. 따라서 그는 주교님과 우리 교회 사이의 걸림돌을 치우고자 하였으며, 이 교회들을 평화와 일치로 장식하고자 하였습니다. 갈등이 어떻게 일어나게 되었는지 설명할 필요는 없겠습니다. 오히려 저는 평화의 시대에 어울리는 것을 생각하고 말하는 것이 더 적절하다고 생각합니다. 그러므로 우리는 언급한, 하느님을 경외하는 파울루스 주교님의 도착 소식에 매우 기뻐하였습니다. 아마도 그 주교님은 교회들이 서로 평화 안에서 일치하고 이단자의 조롱을 침묵케 하며 그 외에도 불일치라는 지옥의 독침이 무뎌지게 해야 하는 점에 대해 우리를 설득하기 위해서 어느 정도 전쟁을 치를 것이라고 걱정하셨을 것입니다. 그러나 그 주교님은 최소한의 수고도 들일 필요가 없도록 우리가 아주 잘 준비하였다는 것을 아셨습니다. 우리는 주님의 말씀을 잊지 않고 있었습니다. "나는 너희에게 평화를 남기고 간다. 내 평화를 너희에게 준다."(요한 14,27). 또한 우리는 우리의 기도에서 이렇게 말하라고 배웠습니다. "주님, 당신께서는 저희에게 평화를 베푸십니다. 저희가 한 모든 일도 당신께서 저희를 위하여 이루신 것입니다."(이사 26,12). 그래서 하느님으로부터 받은 평화를 나누는 사람은 더 이상 좋은 것을 필요로 하지 않습니다. 이제 우리는 교회들의 갈등이 온전히 쓸데없이 되어 버렸으며 더 이상 그것에 대해서 말할 필요가 없다는 것에 완전히 확신을 가질 수 있었습니다. 친애하는, 하느님을 경외하는 파울루스 주교님께서 우리에게 나무랄 데 없는 신앙고백이 담긴 한 서한을 넘겨주었고, 그것이 주교님과 그곳에 계신 하느님을 경외하는 주교님들에 의해 작성되었다고 설명해 주었습니다. 우리는 이것을 글자 그대로 우리의 서한에 인용합니다. 그것은 다음과 같습니다.

Περὶ δὲ τῆς Θεοτόκου Μαρίας Παρθένου, ὅπως καὶ φρονοῦμεν, καὶ λέγομεν, τοῦ τε τρόπου τῆς ἐνανθρωπήσεως τοῦ μονογενοῦς Υἱοῦ τοῦ Θεοῦ, ἀναγκαίως, οὐκ ἐν προσθήκης μέρει, ἀλλ᾽ ἐν πληροφορίας εἴδει, ὡς ἄνωθεν ἔκ τε τῶν θείων Γραφῶν, ἔκ τε τῆς παραδόσεως τῶν ἁγίων Πατέρων παρειληφότες ἐσχήκαμεν, διὰ βραχέων ἐροῦ μεν, οὐδὲν τὸ σύνολον προστιθέντες τῇ τῶ ν ἁγίων Πατέρων τῶν ἐν Νικαίᾳ ἐκτεθείσῃ πίστει. Ὡς γὰρ ἔφθημεν εἰρηκότες, πρὸς πᾶσαν ἐξαρκεῖ καὶ εὐσεβείας γνῶσιν, καὶ πάσης αἱρετικῆς κακοδοξίας ἀποκήρυξιν. Ἐροῦμεν δὲ οὐ κατατολμῶντες τῶν ἀνεφίκτων, ἀλλὰ τῇ ὁμολογίᾳ τῆς οἰκείας ἀσθενείας ἀποκλείοντες τοῖς ἐπιφύεσθαι βουλομένοις, ἐν οἷς τὰ ὑπὲρ ἄνθρωπον διασκεπτόμεθα.

De Virgine autem Dei Genitrice quomodo sentiamus et loquamur, deque unigeniti Filii Dei incarnationis modo, necessario, non quasi aliquid adjungamus, sed in satisfactionis forma, ut jam inde ab initio ex divinis Litteris sanctorumque Patrum traditione accepimus, breviter dicemus, nihil omnino addentes fidei in Nicaea a sanctis Patribus expositae. Illa namque, ut prius dictum est a nobis, ad omnem pietatis cognitionem omnisque haereticae pravitatis refutationem sufficit. Dicemus autem non quasi ea aggrediamur quae captum nostrum excedunt, sed ut propriae infirmitatis confessione excludamus eos qui nos adoriri velint, ubi ea consideramus quae humanam intelligentiam superant.

Ὁμολογοῦμεν τοιγαροῦν τὸν Κύριον ἡμῶν Ἰησοῦν Χριστὸν τὸν Υἱὸν τοῦ Θεοῦ τὸν μονογενῆ, Θεὸν τέλειον, καὶ ἄνθρωπον τέλειον ἐκ ψυχῆς λογικῆς καὶ σώματος, πρὸ αἰώνων μὲν ἐκ τοῦ Πατρὸ ς γεννηθέντα κατὰ τὴν θεότητα, ἐπ᾽ ἐσχάτων δὲ τῶν ἡμερῶν τὸν αὐτὸν δι᾽ ἡμᾶς, καὶ διὰ τὴν ἡμετέραν σωτηρίαν, ἐκ Μαρίας τῆς Παρθένου κατὰ τὴν ἀνθρωπότητα· ὁμοούσιον τῷ Πατρὶ τὸν αὐτὸν κατὰ τὴν θεότητα, καὶ ὁμοούσιον ἡμῖν κατὰ τὴν ἀνθρωπότητα. Δύο γὰρ φύσεων ἕνωσις γέγονε· διὸ καὶ ἕνα Χριστόν, ἕνα Υἱόν, ἕνα Κύριον ὁμολογοῦ μεν. Κατὰ ταύτην τῆς ἀσυγχύτου ἑνώσεως ἔννοιαν, ὁμολογοῦμεν τὴν ἁγίαν Παρθένον Θεοτόκον, διὰ τὸν Θεὸν Λόγον σαρκωθῆ ναι, καὶ ἐνανθρωπῆσαι, καὶ ἐξ αὐτῆς τῆ ς συλλήψεως ἑνῶσαι ἑαυτῷ τὸν ἐξ αὐτῆ ς ληφθέντα ναόν. Τὰς δὲ εὐαγγελικὰς

Confitemur itaque Dominum nostrum Jesum Christum Filium Dei unigenitum, Deum esse perfectum, et hominem perfectum ex anima rationali et corpore constitutum; ante saecula quidem ex Patre natum secundum divinitatem, postremis vero temporibus eumdem ipsum propter nostram salutem ex Maria Virgine secundum humanitatem: eumdem Patri consubstntialem secundum divinitatem, nobis item coessentialem secundum humanitatem. Siquidem duarum naturarum facta est unio: et propterea unum Christum, unum Filium, unum Dominum confitemur. Secundum hunc inconfusae unitatis intellectum, sanctam Virginem Deiparam esse confitemur, propterea quod Deus Verbum incarnatum sit et homo factum, et ex ipso conceptu templum ex illa sumptum sibi univerit. Evangelicas autem et apostolicas de

우리가 동정이신 하느님의 어머니와 하느님 아들이 강생하신 방식에 대해 생각하고 말하듯이, 덧붙여 말하는 것이 아니라 완벽하게 설명하는 것이 반드시 필요하기에, 또한 이를 예로부터 성경과 거룩한 교부들의 전승에서 받았듯이 우리는 거룩한 교부들이 니케아에서 명시한 신앙에 아무것도 덧붙이지 않은 채 간략하게 설명하고자 합니다. 우리가 이미 언급하였듯이, 그 신앙은 올바른 신앙에 관한 그 어떤 인식을 갖고 그 어떤 이단적 오류를 반박하기에 충분합니다. 우리는 마치 도달할 수 없는 것에 감히 접근하려는 것이 아니라, 자신의 약점을 인정하면서 초인간적인 것들을 논하는 〈말들에 관해 우리를〉 논박하려는 이들을 반론하면서 언급하고자 합니다.

그러므로 우리는, 우리 주 예수 그리스도께서 하느님의 외아들이시며, 완전한 하느님이시고 이성적 영혼과 육체를 지닌 완전한 인간이시며, 〈모든〉시대 이전에 신성에 따라 아버지에게서 나셨으며, 마지막 날에 우리 때문에, 우리 구원을 위해 인성에 따라 동정녀 마리아에게서 태어나셨고, 바로 이분이 신성에 따라서는 성부와 본질이 같으시며, 인성에 따라서는 우리와 본질이 같으심을 고백합니다. 두 본성이 일치되었기 때문입니다. 그래서 우리는 한 분의 그리스도, 한 분의 아들, 한 분의 주님을 고백합니다. 이 일치는 혼합된 것이 아니라는 이해를 바탕으로 우리는 거룩한 동정녀를 하느님의 어머니라고 고백합니다. 하느님이신 말씀이 육과 인간이 되셨으며, 잉태된 순간부터 그녀에게서 취한 성전을 자신과 일치시켰기 때문입니다. 주님에 대한 복음서들과 사도들의 진술에 관해 말하자면, 우리는 신학자들이 어떤 진술들은 한 위격에 해당되는 것이기 때문에 (두 본성에) 공통적으로 연관시키고, 또 다른 진술

καὶ ἀποστολικὰς περὶ τοῦ Κυρίου φωνὰς, ἴσμεν τοὺς θεολόγους ἄνδρας τὰς μὲν κοινοποιοῦντας, ὡς ἐφ᾽ ἑνὸς προσώπου, τὰς δὲ διαιροῦντας, ὡς ἐπὶ δύο φύσεων· καὶ τὰς μὲν θεοπρεπεῖς κατὰ τὴν θεότητα τοῦ Χριστοῦ, τὰς δὲ ταπεινὰς κατὰ τὴν ἀνθρωπότητα αὐτοῦ παραδιδόντας.

Ταύταις ὑμῶν ἐντυχόντες ταῖς ἱεραῖς φωναῖς, οὕτω τε καὶ ἑαυτοὺς φρονοῦντας εὑρίσκοντες (εἷς γὰρ Κύριος, μία πίστις, ἓν βάπτισμα)[Eph 4,5], ἐδοξάσαμεν τὸν τῶν ὅλων Σωτῆρα Θεον, ἀλλήλοις συγχαίροντες, ὅτι ταῖς θεοπνεύστοις Γραφαῖς, καὶ τῇ παραδόσει τῶν ἁγίων ἡμῶν Πατέρων συμβαίνουσαν ἔχουσι πίστιν αἵ τε παρ᾽ ἡμῖν καὶ αἱ παρ᾽ ὑμῖν Ἐκκλησίαι. Ἐπειδὴ δὲ ἐπυθόμην τῶν φιλοψογεῖν εἰωθότων τινὰς σφηκῶν ἀγρίων δίκην περιβομβεῖν καὶ μοχθηροὺς ἐρεύγεσθαι κατ᾽ ἐμοῦ λόγους, ὡς ἐξ οὐρανοῦ κατακομισθὲν, καὶ οὐκ ἐκ τῆς ἁγίας Παρθένου λέγοντος τὸ ἅγιον σῶμα Χριστοῦ, δεῖν ᾠήθην ὀλίγα περὶ τούτου πρὸς αὐτοὺς εἰπεῖν. Ὦ ἀνόητοι, καὶ μόνον εἰδότες τὸ συκοφαντεῖν, πῶς εἰς τοῦτο παρηνέχθητε γνώμης, καὶ τοσαύτην νενοσήκατε τὴν μωρίαν; Ἔδει γὰρ, ἔδει σαφῶς ἐννοεῖν, ὅτι σχεδὸν ἅπας ἡμῖν ὁ περὶ τῆς πίστεως ἀγὼν συγκεκρότηται, διαβεβαιουμένοις ὅτι **Θεοτόκος** ἐστὶν ἡ ἁγία Παρθένος. Ἀλλ᾽ εἴπερ ἐξ οὐρανοῦ, καὶ οὐκ ἐξ αὐτῆς τὸ ἅγιον σῶμα γεγεννῆσθαι φαμὲν τοῦ πάντων ἡμῶν Σωτῆρος Χριστοῦ, πῶς ἂν ἔτι νοοῖτο Θεοτόκος; Τίνα γὰρ ὅλως τέτοκεν, εἰ μή ἐστιν ἀληθὲς, ὅτι γεγέννηκε κατὰ σάρκα τὸν Ἐμμανουήλ; Γελάσθωσαν τοίνυν οἱ ταῦτα περὶ ἐμοῦ πεφλυαρηκότες.

Domino voces, scimus theologos alias quidem tanquam ad unam personam pertinentes, communes facere; alias vero tanquam in duabus naturis divisim usurpare: et illas quidem Deo dignas secundum Christi divinitatem; alias vero humiles secundum illius humanitatem tradere.

Cum has ergo sacras vestra voces legissemus, et nos ipsos quoque non aliter sentire animadvertissemus (unus est enim Dominus, una fides et unum baptisma) [Eph 4,5]; glorificavimus omnium Salvatorem Deum, nobis invicem congratulantes, quod nostrae vestraeque Ecclesiae fidem divinis Scripturis sanctorumque Patrum traditionibus congruentem habeant. Quoniam vero comperi quodam ex iis, quibus cavillari mos est, instar agrestium vesparum circumstrepere, improbosque sermones contra me eructare, quasi dicerem sanctum Christi corpus non ex sancta Virgine sumptum, sed e coelo allatum, esse operae pretium ratus sum pauca hac de re contra illos disserere. O stolidi, et tantum calumniandi periti, quomodo in hanc abducti estis sententiam? quomodo in tantae insipientiae morbum incidistis? Intelligere namque plane oportuit universum fere certamen pro fide a nobis esse susceptum, quod sanctam Virginem **Dei Genitricem** esse constanter affirmanmus. At si sanctum corpus nostri omnium Salvatoris Christi non ex Virgnie natum, sed e coelo allatum asserimus, quomodo illam Dei Genitricem esse intelligemus? Quem enim tandem illa peperit, si Emmanuelem secundum carnem vere non peperit? Risu proinde explodendi sunt, qui ejusmodi nugas contra me garriunt.

들은 두 본성에 해당되는 것이기 때문에 구분하여, 하느님께 부합되는 것은 그리스도의 신성의 의미로 전하고, 열등한 것은 그리스도의 인성의 의미로 전하고 있음을 알고 있습니다.[33)]

우리가 주교님의 거룩한 이 말씀들을 읽었을 때, 우리는 주교님과 같이 생각하고 있다는 것을 확신할 수 있었습니다. 그것은 바로 "주님도 한 분이시고 믿음도 하나이며 세례도 하나"(에페 4,5)이기 때문입니다. 그리고 우리는 모든 이들의 구세주이신 하느님을 찬양하였으며, 주교님의 교회가 우리 교회와 같이, 하느님으로부터 영감을 받은 성경과 교부들의 전승과 일치하는 신앙을 가졌다는 것에 서로 축하해 주었습니다. 그러나 저는 비난하는 것에 기뻐하는 몇몇 사람들이 사나운 벌처럼 윙윙거리며 나에게 반대하는 사악한 말을 입에 담고 다닌다는 것을 알게 되었습니다. 그들은 제가 그리스도의 거룩한 몸이 거룩한 동정녀에게서 태어나지 않고 하늘에서 내려왔다고 주장한다고 말을 합니다. 그래서 저는 그것에 대해서 그들에게 몇 마디 말을 해야 하겠다고 생각했습니다. 중상 모략하는 것밖에 모르는 몰상식한 사람들아, 그대들은 어떻게 그러한 생각을 하게 되었으며 그러한 어리석음에 빠지게 되었는가? 그대들은 정말, 이른 바 신앙을 위한 우리의 모든 싸움이 이 문장을 옹호하는 것 외에 다른 것이 아니라는 것을 잘 알아들어야 한다. 그것은 바로, 거룩한 동정녀는 **하느님의 어머니(Θεοτόκος)**라는 것이다. 그러나 우리가 만약 우리 모두의 구세주이신 그리스도의 거룩한 몸이 하늘에서 내려왔고 거룩한 동정녀에게서 태어나지 않았다고 주장하려 했다면, 그럼에도 어떻게 거룩한 동정녀는 여전히 하느님의 어머니가 될 수 있겠는가? 그녀가 육에 따라 임마누엘을 낳은 것이 사실이 아니라면, 그녀가 낳은 분은 도대체 누구인가? 그러므로 나에 대해서 그러한 소문을 퍼뜨린 사람들은 웃음거리가 될 것이다.

---

33) DH 271-273.

Οὐ γὰρ ψεύδεται λέγων ὁ μακάριος προφήτης Ἡσαίας· “Ἰδοὺ ἡ Παρθένος ἐν γαστρι ἕξει, καὶ τέξεται Υἱὸν καὶ καλέσουσι τὸ ὄνομα αὐτοῦ Ἐμμανουήλ· ὅ ἐστι μεθερμηνευόμενον Μεθ’ ἡμῶ ν ὁ Θεός.”[Is 7,14; Mt. 1,23] Ἀληθεύει δε πάντως καὶ ὁ ἅγιος Γαβριηλ πρὸς τὴν μακαρίαν Παρθένον εἰπών· “Μὴ φοβοῦ , Μαριάμ· εὗρες γὰρ χάριν παρὰ τῷ Θεῷ, καὶ ἰδοὺ συλλήψῃ ἐν γαστρὶ, καὶ τέξῃ Υἱὸν, καὶ καλέσεις το ὄνομα αὐτοῦ Ἰησοῦν· αὐτὸς σώσει τον λαον αὐτοῦ ἀπο τῶν ἁμαρτιῶν αὐτῶν.”[Lc. 1,30; Mt. 1,21] Ὅταν δὲ λέγωμεν, ἐξ οὐρανοῦ, καὶ ἄνωθεν τον Κύριον ἡμῶν Ἰησοῦν Χριστόν, οὐχ ὡς ἄνωθεν, καὶ ἐξ οὐρανοῦ κατενεχθείσης τῆς ἁγίας αὐτοῦ σαρκὸ ς, τὰ τοιαῦτα φαμέν, ἑπόμενοι δὲ μᾶ λλον τῷ θεσπεσίῳ Παύλῳ, διακεκραγότι σαφῶς· “Ὁ πρῶτος ἄνθρωπος ἐκ γῆ ς χοικός· ὁ δεύτερος ἄνθρωπος ἐξ οὐρανοῦ.”[1Kor 15,47] Μεμνήμεθα δὲ καὶ αὐτοῦ τοῦ Σωτῆρος λέγοντος· “Καὶ οὐδεὶ ς ἀναβέβηκεν εἰς τὸν οὐρανον, εἰ μὴ ὁ ἐκ τοῦ οὐρανοῦ καταβάς, ὁ Υἱὸς τοῦ ἀνθρώπου.”[Jo. 3,13] Καίτοι γεγέννηται κατὰ σάρκα, καθάπερ ἔφην ἀρτίως, ἐκ τῆς ἁγίας Παρθένου. ἐπειδὴ δὲ ἄνωθεν, καὶ ἐξ οὐρανοῦ καταφοιτήσας ὁ Θεὸ ς Λόγος κεκένωκεν ἑαυτὸν, μορφὴν δούλου λαβὼν[Phil 2,7], καὶ κεχρημάτικεν Υἱὸς ἀνθρώπου, μετὰ τοῦ μεῖναι ὃ ἦν, τοῦτ’ ἔστι Θεός (ἄτρεπτος γὰρ καὶ ἀναλλοίωτος κατὰ φύσιν ἐστίν), ὡς εἷς ἤδη νοούμενος μετὰ τῆς ἰδίας σαρκὸς, ἐξ οὐρανοῦ λέγεται κατελθεῖν, Ὠνόμασται δὲ καὶ ἄνθρωπος ἐξ οὐρανοῦ, τέλειος ὢν ἐν θεότητι, καὶ τέλειος ὁ αὐτὸς ἐν ἀνθρωπότητι, καὶ ὡς ἐν ἑνὶ προσώπῳ νοούμενος· Εἷς γὰρ Κύριος Ἰησοῦς Χριστός, κἄν ἡ τῶν φύσεων μὴ ἀγνοῆ ται διαφορά, ἐξ ὧν τὴν ἀπόρρητον ἕνωσιν πεπράχθαι φαμέν. Τοὺς δὲ

Neque enim mentitur beatus propheta Isaias dum ait: “Ecce virgo in utero habebit, et pariet filium; et vocabunt nomen ejus Emmanuel, quod est interpretatum Nobiscum Deus”.[Is 7,14; Mt. 1,23] Vera quoque prorsus praedicat et sanctus Gabriel, dum beatam Virginem ita affatur: “Ne timeas, Maria; invenisti enim gratiam apud Deum. Ecce concipies in utero, et paries filium, et vocabis nomen ejus Jesum. Ipse enim salvum faciet populum suum a peccatis eorum.”[Lc. 1,30; Mt. 1,21] Cum autem Dominum nostrum Jesum Christum e coelo et e supernis descendisse dicimus, non ita hoc dicimus quasi sanctam illius carnem superne et e coelo allatam significare velimus, sed potius beatum Paulum sequimur diserte praedicantem: “Primus homo de terra, terrenus; secundus homo de coelo.”[1Kor 15,47] Meminimus etiam ipsius Salvatoris dicentis: “Nemo ascendit in coelum, nisi qui desendit de coelo, Filius hominis.”[Jo. 3,13] Quamvis enim ex sancta Virgine, ut modo dixi, secundum carnem natus sit, attamen quia Deus Verbum e supernis deorsum descendit, servilique forma assumpta[Phil 2,7], semetipsum exinanivit, ac Filius hominis appellatus fuit, manens quod erat, hoc est Deus (immutabilis enim et inalterabilis est secundum propriam naturam); tanquam unus jam cum propria carne consideratus, e coelo descendisse dicitur. Nominatur autem et homo quoque de coelo, quippe eum perfectus in divinitate sit, idemque in humanitate perfectus, et tanquam in una persona intelligatur. Unus est enim Dominus Jesus Christus, quamvis naturarum differentia non ignoretur, e quibus inexplicabilem illam unionem factam fuisse dicimus. Tua vero sanctitas illorum ora comprimere dignetur, qui concretionem, vel confusionem, vel

복되신 예언자 이사야는 "보십시오, 젊은 여인이 잉태하여 아들을 낳고 그 이름을 임마누엘이라 할 것입니다. 곧 그 말은 하느님께서 우리와 함께 계시다는 뜻이다."(이사야 7,14; 마태 1,23)라고 말할 때 거짓말을 하는 것이 아닙니다. 그리고 거룩한 가브리엘 천사가 복되신 동정녀에게 "두려워하지 마라, 마리아야. 너는 하느님의 총애를 받았다. 보라, 이제 네가 잉태하여 아들을 낳을 터이니 그 이름을 예수라 하여라. 그분께서는 당신 백성을 죄에서 구원하실 것이다."(루카 1,30이하; 마태 1,21). 그러나 우리가 우리 주 예수 그리스도께서 하늘에서, 그리고 위에서 내려오셨다고 말한다면, 우리는 그분의 거룩한 몸이 위에서 그리고 하늘에서 내려왔다고 주장하려는 것이 아닙니다. 오히려 우리는 다음과 같이 분명히 설명한, 경탄할 만한 사도 바오로를 따릅니다. "첫 인간은 땅에서 나와 흙으로 된 사람입니다. 둘째 인간은 하늘에서 왔습니다."(1코린 15,47). 또한 우리는 구세주께서 몸소 다음과 같이 말씀하시는 것을 기억합니다. "하늘에서 내려온 이, 곧 사람의 아들 말고는 하늘로 올라간 이가 없다."(요한 3,13). 그럼에도 불구하고 그분은 제가 방금 말한 대로, 육으로 거룩한 동정녀에게서 태어나셨습니다. 하느님이신 말씀은 하늘에서 내려오셨고 스스로 "종의 모습을 취하시면서"(필리 2,7) 당신 자신을 비우셨습니다. 하느님이신 말씀이 사람의 아들이라고 불렸을지라도, 그분은 전에 계셨던 그대로 머무셨습니다. 바로 하느님이십니다. 그분은 본성에 따라 변화할 수 없고 변질[변동]되지 않습니다. 그리고 하느님이신 말씀은 당신의 육과 함께 한 분으로 여겨지기 때문에, 하느님이신 말씀이 몸소 하늘에서 내려오셨다고 말할 수 있는 것입니다. 그러므로 하느님이신 말씀은 또한 "하늘에서 오신 인간"으로 불리며, 신성에서 완전하신 것과 같이 동시에 인성에서도 완전하시고, 하나의 위격(πρσώπον)으로 여겨집니다. 주 예수 그리스도는 한 분이시기 때문입니다. 이때에 우리는 형언할 수 없는 일치로 서로 결합된 본성들의 구별을 오해하려 하지 않습니다. 그러나 하느님이신 말씀이 육

λέγοντας ὅτι κρᾶσις, ἤ σύγχυσις, ἤ φυρμὸς ἐγένετο τοῦ Θεοῦ Λόγου πρὸς τὴν σάρκα, καταξιωσάτω ἡ σὴ ὁσιότης ἐπιστομίζειν. Εἰκὸς γὰρ τινὰς καὶ ταῦτα περὶ ἐμοῦ θρυλεῖν, ὡς ἤ πεφρονηκότος, ἤ εἰφηκότος. Ἐγὼ δὲ τοσοῦτον ἀφέστηκα τοῦ φρονῆσαί τι τοιοῦτον, ὥστε καὶ μαίνεσθαι νομίζω τοὺς οἰηθέντας ὅλως, ὅτι τροπῆς ἀποσκίασμα περὶ τὴν τοῦ Θεοῦ Λόγου φύσιν συμβῆναι δύναται[Jak 1,17]. Μένει γὰρ ὅ ἐστιν ἀεὶ, καὶ οὐκ ἠλλοίωται· ἀλλ᾽ οὐδ᾽ ἄν ἀλλοιωθείη πώποτε, καὶ μεταβολῆς ἔσται δεκτική. Ἀπαθῆ δὲ πρὸς τούτῳ τὸν τοῦ Θεοῦ Λόγον ὑπάρχειν ὁμολογοῦμεν ἅπαντης, κἄν εἰ πανσόφως αὐτὸς οἰκονομῶν τὸ μυστήριον, ἑαυτῷ προσνέμων ὁρῷτο τὰ τῆι ἰδίᾳ σαρκὶ συμβεβηκότα πάθη. Ταύτῃ τοι καὶ ὁ πάνσοφος Πέτρος, Χριστοῦ, φησὶ, παθόντος σαρκι,[1Petr 4,1]. καὶ οὐχὶ τῇ φύσει τῆς ἀρρήτου θεότητος. Ἵνα γὰρ αὐτὸς τῶν ὅλων Σωτὴρ εἶναι πιστεύηται, κατ᾽ οἰκείωσιν οἰκονομικὴν εἰς ἑαυτόν, ὡς ἔφην, τὰ τῆ ς ἰδίας σαρκὸς ἀναφέρει πάθη. Ὁποῖόν ἐστιν τὸ διὰ τῆς τοῦ προφήτου φωνῆ ς προαναφωνούμενον, ὡς ἐξ αὐτου· "Τὸν νῶτόν μου δέδωκα εἰς μάστιγας, τὰς δὲ σιαγόνας μου εἰς ῥαπίσματα, τὸ δὲ πρόσωπόν μου οὐκ ἀπέστρεψα ἀπὸ αἰσχύνης ἐμπτυσμάτων."[Is 50,6]

commistionem Verbi Dei cum carne factam esse dicunt. Verisimile namque est nonnullos esse, qui ista quoque de me in vulgus jactent, quasi talia senserim aut dixerim. Atqui tantum abest ut ejusmodi quidpiam sentiam, ut eos etiam insanire existimem, qui vel aliquam conversionis adumbrationem in divinam Verbi naturam cadere posse suspicantur[Jak 1,17]. Manet enim illa quod est semper; neque alterata est, sed neque unquam alterabitur, neque ullius erit mutationis capax. Impatibile praeterea ipsum Dei Verbum confitemur omnes, etiamsi admirabili quadam sapientia mysterium hoc ipse dispensans, eas sibi ascribere cernatur passiones, quae propriae carni acciderunt. Hinc quoque sapientissimus Petrus: Christo, inquit, pro nobis passo in carne[1Petr 4,1], non autem in illa ineffabili divinitatis natura. Ut enim ipse omnium Salvator esse credatur, dispensatoria quadam appropriatione, propriae carnis passiones, quasi proprias in seipsum, ut jam dixi, refert. Cujusmodi est illud, quod velut ex illius persona per prophetae vocem alicubi praedicitur: "Dorsum meum dedi ad flagella, et maxillas meas ad alapas, faciem autem meam non averti a confusione sputorum."[Is 50,6]

Ὅτι δὲ ταῖς τῶν ἁγίων Πατέρων δόξαις ἑπόμεθα πανταχοῦ, μάλιστα δὲ τοῦ μακαρίου καὶ πανευφήμου Πατρὸς ἡμῶ ν Ἀθανασίου, τὸ κατά τι γοῦν ὅλως ἔξω φέρεσθαι παραιτούμενοι, πεπείσθω μὲν ἡ σὴ ὁσιότης, ἐνδοιαζέτω δὲ τῶν ἄλλων μηδείς. Παρέθηκα δ᾽ ἄν καὶ χρήσεις αὐτῶ ν πολλάς, τους ἐμαυτοῦ λόγους ἐξ αὐτῶ ν πιστούμενος, εἰ μὴ τὸ μῆκος ἐδεδίειν

Quod vero sanctorum Patrum, maximae autem beati celeberrimique Patris nostri Athanasii, sententias ubique sequamur, et caveamus ne vel minima in re declinemus, id tua quidem sanctitas certo sibi persuadeat, neque alius quisquam ambigat. Multa his adjunxissem illorum testimonia, fidem huic orationi meae concillians, nisi metuissem ne litterarum

과 혼합되었다거나 섞였다거나 융해되었다고 말하는 이들의 입을 주교님께서는 틀어막으시길 바랍니다. 사실 몇몇 사람들이 마치 제가 그렇게 생각하거나 말한 것처럼 저에 대해서 이런 말을 퍼뜨리고 다닌다는 이야기가 수긍이 갑니다. 그러나 말씀의 신적인 본성에는 단지 "변동에 따른 그림자"(야고 1, 17)만이 있을 수 있다고 믿는 것을 미친 짓이라고 제가 여긴다고 생각하는데, 그것은 저와 관계가 없습니다. 신성은 있는 그대로 항상 머물러 있습니다. 신성은 변하지 않으며, 변하지도 않을 것이고, 전혀 변화의 가능성도 없습니다. 게다가 우리 모두는 하느님이신 말씀이 고난을 겪을 수 없다고 고백합니다. 그럼에도 우리는 모든 것을 아시는, 신비들을 만드신 분께서 당신의 육이 당하는 고난을 어떻게 스스로 자신의 것으로 돌리시는지 알고 있습니다. 따라서 아주 지혜로운 베드로 사도가 이렇게도 이야기 하는 것입니다. "그리스도께서 우리를 위하여 육으로 고난을 겪으셨습니다."(1베드 4,1). 그리고 "형언할 수 없는 신성의 본성"으로 고난을 겪으신 것이 아닙니다. 그래서 그리스도께서 모든 이들의 구세주로서 증명하시려고 원하시기 때문에, 그분은, 이미 언급한 바와 같이, 그분의 육화에 따라 자신의 육의 고난을 스스로 짊어지십니다. 그것은 예언자들의 소리를 통해 그분의 말씀이라고 미리 선포된 아래의 말씀과 같습니다. "나는 매질하는 자들에게 내 등을, 수염을 잡아 뜯는 자들에게 내 뺨을 내맡겼고 모욕과 수모를 받지 않으려고 내 얼굴을 가리지도 않았다."(이사 50,6).

그래서 주교님께서는 우리가 모든 점에서 거룩한 교부들의 가르침, 특히 그것에서 조금도 벗어나지 않는 우리의 복되신, 아주 유명한 교부이신 아타나시우스의 가르침을 따르고 있다는 것을 평온하게 믿으셔도 됩니다. 저는 이 서한이 너무 길어 주교님께 싫증을 일으킬 수 있다는 것을 걱정하지 않았다면, 제 말을 증명하기 위해 거룩한 교부들의 수많은 증언들을 덧붙였을 것입니다. 우리는 또한 많은 사람들이

τοῦ γράατος, μὴ ἄρα πως γένηται διὰ τοῦτο προσκορές. Καὶ κατ᾽ οὐδένα δὲ τρόπον σαλεύεσθαι παρά τινων ἀνεχόμεθα τὴν ὁρισθεῖσαν πιστιν, ἤτοι τὸ τῆς πίστεως σύμβολον, παρὰ τῶν ἁγιων ἡμῶν Πατέρων, τῶν ἐν Νικαίᾳ συνελθόντων κατὰ καιροὺς. Οὔτε μὴν ἐπιτρέπομεν ἑαυτοῖς, ἢ ἑτέροις, ἢ λέξιν ἀμεῖψαι τῶν ἐγκειμένων ἐκεῖσε, ἢ μίαν γοῦν παραβῆναι συλλαβήν, μεμνημένοι τοῦ λέγοντος· "Μὴ μέταιρε ὅρια αἰώνια, ἅ ἔθεντο οἱ πατέρες σου."[Spr 22,28] Οὐ γὰρ ἦσαν αὐτοὶ οἱ λαλοῦντες, ἀλλ᾽ αὐτο Πνεῦμα τοῦ Θεοῦ καὶ Πατρός· ὃ ἐκπορεύεται μὲν ἐξ αὐτοῦ, ἔστι δὲ οὐκ ἀλλότριον τοῦ Υἱοῦ κατὰ τὸν τῆς οὐσιας λόγον· καὶ πρός γε τοῦτο ἡμᾶς οἱ τῶν ἁγίων μυσταγωγῶν πιστοῦνται λόγοι. Ἐν μὲν γὰρ ταῖς Πράξεσιν τῶν ἀποστόλων γέγραπται· "Ἐλθόντες δὲ κατὰ τὴν Μυσίαν, ἐπείραζον εἰς τὴν Βιθυνίαν πορευθῆναι· καὶ οὐκ εἴασεν αὐτοὺς τὸ Πνεῦμα Ἰησοῦ."[Apg 16,7] Ἐπιστέλλει δὲ καὶ ὁ θεσπέσιος Παῦλος· "Οἱ δὲ ἐν σαρκὶ ὄντες Θεῷ ἀρέσαι οὐ δυμνανται. Ὑμεῖς δὲ οὐκ ἐστὲ ἐν σαρκί, ἀλλ᾽ ἐν πνεύματι, εἴπερ Πνεῦμα Θεοῦ οἰκεῖ ἐν ὑμῖν· Εἰ δὲ τις Πνεῦμα Χριστὸ οὐκ ἔχει, οὗτος οὐκ ἔστιν αὐτοῦ."[Rom 8,8s]

longitudo fastidium afferret. Nullo autem modo patimur, ut ab aliquo fides illa, sive fidei symbolum concutiatur, quod a sanctis quondam Patribus Nicaenis editum est. Neque enim aut nobis, aut ulli omnino alteri, vel unam voculam ibi positam immutare, aut unam etiam syllabam praeterire permittimus, memores ejus qui dixit: "Ne transferas terminos antiquos, quos posuerunt patres tui."[Spr 22,28] Non enim ipsi locuti sunt, sed ipse Spritus Dei ac Patris, qui procedit quidem ex ipso; est autem non alienus a Filio, exigente hoc essentiae ratione; idque nobis sanctorum, qui mysteria tradiderunt, verba confirmant. Etenim in apostolorum Actis ita scriptum est: "Venientes autem circa Mysiam, tentabant ire in Bithyniam, et non permisit eos Spiritus Jesus."[Apg 16,7] Scribit et divinus Paulus: "Qui autem in carne sunt, Deo placere non possunt. Vos autem in carne non estis, sed in spiritu, si tamen Spiritus Dei habitat in vobis. Si quis autem Spiritum Christi non habet, hic non est ejus."[Rom 8,8s]

Ὅταν δὲ τινὲς τῶν τὰ ὀρθὰ διαστρέφειν εἰωθότων τὰς ἐμὰς παρατρέπωσι φωνὰς εἰς τὸ αὐτοῖς δοκοῦν, μὴ θαυμαζέτω τοῦτο ἡ σὴ ὁσιότης, εἰδυῖα ὅτι καὶ οἱ ἀπὸ πάσης αἱρέσεως ἐκ τῆς θεοπνεύστου Γραφῆς τὰς τῆς ἑαυτῶν πλάνης συλλέγουσιν ἀφορμάς, τὰ διὰ τοῦ ἁγίου Πνεύματος ὀρθῶς εἰρημένα, ταῖς ἑαυτῶν κακονοίαις παραφθείροντες καὶ ταῖς ἰδίαις ἑαυτων κεφαλαῖς τὴν ἄσβεστον ἐπαντλοῦντες φλόγα.

Quod autem nonnulli ex eis qui recta pervertere solent, voces meas detorquent ad id quod eis videtur, istud sanctitas tua non miretur, cum sciat cujusvis haereseos sectatores ex diniva Scriptura sui erroris occationes colligere, ea quae per Spiritum sanctum recte dicta sunt, perversa intelligentia corrumpendo; atque ita inexstinguibilem flammam super capita sua congerunt.

확고한 신앙과 그리고 일찍이 니케아에 모인 우리의 교부들에 의하여 정해진 신앙고백을 어떠한 방식으로든 뒤흔드는 것을 참지 못합니다. 우리는 우리에게나 다른 사람들에게도 그 신앙과 신앙고백에 한 마디라도 변경하거나 한 철자라도 생략하는 것을 허용하지 않습니다. 이때에 우리는 다음과 같이 말씀하시는 분을 잊지 않고 있습니다. "네 선조들이 만들어 놓은 옛 경계선을 밀어내지 마라."(잠언 22,28). 그들은 그렇게 이야기 하지 않았습니다. 그렇습니다. 그렇게 이야기 하신 분은 아버지 하느님의 영이시며, 그 영은 아버지에게서 발하시지만 당신의 본질(ousia)에 따라 다르지 않는 아드님에게서도 발하십니다. 이것은 신비들에 대한 거룩한 스승의 말씀을 통해 우리에게 증명되고 있습니다. 사도행전에는 이렇게 쓰여 있습니다. "그리고 그들은 미시아에 이르러 비티니아로 가려고 하였지만, 예수님의 영께서 허락하지 않으셨다."(사도 16,7). 그리고 존엄한 사도 바오로도 다음과 쓰고 있습니다. "육 안에 있는 자들은 하느님 마음에 들 수 없습니다. 그러나 하느님의 영이 여러분 안에 사시기만 하면, 여러분은 육 안에 있지 않고 성령 안에 있게 됩니다. 누구든지 그리스도의 영을 모시고 있지 않으면, 그는 그리스도께 속한 사람이 아닙니다."(로마 8,8이하).

그러나 올바른 것들을 왜곡하는 것에 익숙한 몇몇 사람들이 있습니다. 그들이 제 말을 자기 마음대로 바꾸려고 한다면, 주교님께서 그것에 대해 놀라시지 않기를 바랍니다. 그들은 모든 이단자들이 하느님으로부터 영감을 받은 성경에서 그들의 오류에 대한 변명들을 찾고 있다는 것을 알고 있기 때문입니다. 이때에 그들은 성령께서 올바로 말씀하시는 것을 그들의 잘못된 생각으로 왜곡합니다. 그래서 그들은 꺼트릴 수 없는 불을 그들의 머리 위에 올려놓는 것입니다.

᾿Επειδὴ δὲ μεμαθήκαμεν, ὅτι καὶ τὴν πρὸς τὸν μακάριον ᾿Επίκτητον ἐπιστολὴν τοῦ πανευφήμου Πατρὸς ἡμῶν᾿ Αθανασίου, ὀρθοδόξως ἔχουσαν, παραφθείραντές τινὲ ς ἐκδεδώκασιν, ὡς ἐντεῦθεν ἀδικεῖσθαι πολλοῦς, διὰ τοῦτο, χρήσιμόν τι καὶ ἀναγκαῖον ἐπινοοῦντες τοῖς ἀδελφοῖς, ἐξ ἀντιγράφων ἀρχαίων, τῶν παρ᾿ ἡμῖν, καὶ ἁπλῶς ἐχόντων, ἀπρεστείλαμεν τὰ ἴσα τῇ σῇ ὁσιότητι. Ἔρρωσο.

Quia vero didicimus quosdam orthodoxam praeclarissimi Patri nostri Ahanasii epistolam, quam ad beatum Epictetum scripsit, adulteratam depravatamque edidisse, multosque graviter hinc laedi; rati hoc utile et salutare fratribus fore, ex vetustis exemplaribus, quae sincera incorruptaque apud nos exstant, exempla ad sanctitatem tuam transmisimus. Vale.

그런데 제가 듣기로는 어떤 사람들이 아주 유명한 우리의 교부 아타나시우스가 복되신 에피크테투스에게 보낸 정통신앙적인 서한도 왜곡하였으며 거짓으로 꾸며댄 형태로 발행해서 많은 사람들이 그것으로 피해를 보고 있다는 것입니다. 따라서 우리는 형제들을 위해서 유용하고 필요한 작품을 만들어야겠다고 생각했습니다. 그래서 우리가 보관하고 있고 오자가 없는 책들에서 사본을 만들고 이것을 주교님께 보낼 것입니다. 안녕히 계십시오.

VIII.

Leo episcopus, dilectissimo fratri Flaviano Constantinopolitano episcopo

I.

Præsumptio et imperitia Eutychen in errorem impulerunt. — Lectis dilectionis tuæ litteris, quas miramur fuisse tam seras, et gestorum episcopalium ordine recensito, tandem quid apud vos scandali contra integritatem fidei exortum fuisset agnovimus; et quæ prius videbantur occulta, nunc nobis reserata patuerunt. Quibus Eutyches, qui presbyterii nomine honorabilis videbatur, multum imprudens et nimis imperitus ostenditur, ut etiam de ipso dictum sit a propheta: Noluit intelligere, ut bene ageret; iniquitatem meditatus est in cubili suo [Ps. 35,4-5]. Quid autem iniquius quam impia sapere, et sapientoribus doctioribusque non cedere? Sed in hanc insipientiam cadunt qui cum ad cognoescendam veritatem aliquo impediuntur obscuro, non ad propheticas voces, non ad apostolicas litteras, nec ad evangelicas auctoritates, sed ad semetipsos recurrunt; et ideo magistri erroris existunt, quia veritatis discipuli non fuere. Quam enim eruditionem de sacris novi et veteris Testamenti paginis acquisivit, qui ne ipsius quidem Symboli initia comprehendit? Et quod per totum mundum omnium regenerandorum voce depromitur, istius adhuc senis corde non capitur.

VIII.

레오 교황이 콘스탄티노폴리스의 주교 플라비아누스에게 보낸 서한(449년 6월 13일)[34)]

사랑하는 형제인 콘스탄티노폴리스 주교 플라비아누스에게 레오 주교가 보냅니다.

1. 주교님의 서한이 늦게 발송된 것에 대해 놀라워합니다만, 그 서한을 읽고, 그것을 가지고 온 주교들의 신분을 조사하고 나서, 우리는 주교님이 계시는 곳에서 신앙의 온전함을 거슬러 생겨난 악표양에 대한 것을 마침내 알게 되었습니다. 이전에 감추어진 것처럼 보인 것이 이제 우리에게 분명히 드러났습니다. 신부의 명성으로 존경할 만한 사람처럼 보였던 에우티케스는 예언자의 말씀이 그에게 해당될 정도로 자신이 아주 무지하고 미숙한 사람임을 보여주고 있습니다. "그는 슬기롭고 착하게 행동하기를 그만두었다. 그는 잠자리에서 죄를 꾸민다."(시편 35,4-5). 불경함의 냄새가 나고 더 현명한 사람들과 더 배운 사람들에게 자기의 열세를 인정하지 않는 것보다 더 부당한 것이 어디 있겠습니까? 그럼에도 예언자들의 말씀과 사도들의 서한들과 복음서의 권위가 아니라 자기 자신에게 의지하는 모든 사람들이 어떤 애매함으로 진리의 인식을 못하게 되면 이 어리석음에 빠지게 됩니다. 따라서 그들은 진리의 제자가 아니기 때문에 오류의 스승이 되는 것입니다. 신경의 기원조차 이해하지 못하는 사람이 어떻게 구약과 신약의 성경들에 대한 지식을 가질 수 있겠습니까? 그리고 연로한 이 사람의 마음으로는 온 세상의 세례 받는 사람이 고백하는 것을 이해할 수 없습니다.

---

34) 참조: PL 54, 755-781; ACO II, II, 2, 24-33; C. Silva-Tarouca, *S. Leonis Magni Tomus ad Flavianum*, Rom, 1932; 독일어역, BKV, 1878, 197-210. 이 서한에 대한 카스파르의 판단이 흥미롭다. 그는 이 서한이 그리스적인 사변의 핵심을 벗어난 말을 하였고, 에우티케스의 가르침을 왜곡시켰다는 이의를 제기하였다. "그러나 서한의 설득력과, 현실과의 밀접함을 오해해서는 안 될 것이다. 이것은 짙은 안개 속에서 신선한 바람처럼 불었으며, 구름 속을 걷는, 철학하는 동방의 신학자들의 시야에서 곧 멀어질 것 같은 복음의 증거들 속으로 다시 돌아섰다." E. Caspar, *Die Geschichte des Papsttums I*, 481.

II.

De duplici Christi nativitate et natura. **[DH 290] Nesciens igitur quid deberet de Verbi Dei incarnatione sentire, nec volens ad promerendum intelligentiæ lumen, in sanctarum Scripturarum latitudine laborare, illam saltem communem et indiscretam confessionem sollicito recepisset auditu, qua fidelium universitas profitetur: Credere se in Deum Patrem omnipotentem, et in Jesum Christum Filium ejus unicum, Dominum nostrum, qui natus est de Spiritu sancto et Maria Virgine.** Quibus tribus sententiis omnium fere hæreticorum machinæ destruuntur. **Cum enim Deus et omnipotens et Pater creditur, consempiternus eidem Filius demonstratur, in nullo a Patre differens, quia de Deo Deus, de omnipotente omnipotens, de æterno natus est coæternus; non posterior tempore, non inferior potestate, non dissimilis gloria, non divisus essentia: [DH 291] idem vero sempiterni genitoris unigenitus sempiternus natus est de Spiritu sancto et Maria Virgine. Quæ nativitas temporalis illi nativitati divinæ et sempiternæ nihil minuit, nihil contulit, sed totam se reparando homini, qui erat deceptus, impendit; ut et mortem vinceret, et diabolum, qui mortis habebat imperium, sua virtute destrueret. Non enim superare possemus peccati et mortis auctorem, nisi naturam nostram ille susciperet, et suam faceret, quem nec peccatum contaminare, nec mors potuit detinere. Conceptus quippe est de Spiritu sancto intra uterum matris Virginis, quæ illum ita salva virginitate edidit, quemadmodum salva virginitate concepit.**

2. **따라서 그[에우티케스]가 하느님이신 말씀의 강생[육화]에 관하여 어떻게 생각해야 하는지 모른다면**, 그리고 그가 광범위한 성경을 연구하면서 예지의 빛을 얻으려고 하지 않는다면, **그는 적어도 공통적이고 분리되지 않는 저 신앙고백을 주의 깊게 귀 기울이며 받아들여야 했습니다. 그 신앙고백 안에서 모든 신자는 "전능하신 아버지 하느님과 성령과 동정녀 마리아에게서 태어나신 그분의 외아들 우리 주 그리스도 예수를(사도 신경: *12) 믿는다고 고백합니다.** 이 세 문장으로 거의 모든 이단의 음모들이 없어져 버릴 것입니다. **사람들은 성부께서 하느님이시고 전능하시다고 믿으면서, 성자께서는 성부와 어떤 점에서도 구별되지 않기 때문에 성부와 똑같이 영원하신 분으로 표명합니다. 왜냐하면 성자께서는 하느님에게서 나신 하느님, 전능하신 분에게서 나신 전능하신 분이기 때문입니다. 그분께서는 영원하신 분에게서 태어나셨기 때문에 똑같이 영원하신 분이며, 시간에서 더 늦지 않으시고, 권능에서 더 낮지 않으시며, 영광에서 다르지 않으시고 본질에서 분리되지 않으시기 때문입니다.**[35] **영원토록 낳으신 분의 영원하신 그 외아드님께서는 "성령과 동정녀 마리아에게서 태어나셨습니다." 이러한 시간적 출생은 그분의 신적이고 영원한 출생에서 아무것도 빼거나 덧붙이지도 않았습니다. 오히려 그분께서는 타락한 인간을 회복하기 위하여 전적으로 헌신하셨습니다. 이는 죽음을 이기고 죽음의 권세를 지닌 악마를 그분의 능력으로 파멸시키기 위한 것입니다. 그분께서 우리의 본성을 취하지 않으셨고, 죄에 더럽혀질 수도 죽음에 붙잡힐 수도 없는 것을 당신의 것으로 삼으셨다면, 우리는 죄와 죽음의 원조(元祖)를 극복할 수 없었을 것이기 때문입니다. 그분은 성령으로 인하여 동정녀이신 어머니의 태중에 잉태되었습니다. 동정녀이신 어머니께서는 동정성을 온전하게 지닌 채 그분을 잉태하셨듯이, 동정성을 온전하게 지닌 채 그분을 낳으셨습니다.**[36]

35) DH 290.

36) DH 291.

Sed si de hoc christianæ fidei fonte purissimo sincerum intellectum haurire non poterat, quia splendorem perspicuæ veritatis obcæcatione sibi propria tenebrarat; doctrinæ se evangelicæ subdidisset. Et dicente Matthæo: Liber generationis Jesu Christi filii David, filii Abraham [Mt. 1,1]; apostolicæ quoque prædicationis expetisset instructum. Et legens in Epistola ad Romanos: Paulus servus Jesu Christi, vocatus apostolus, segregatus in Evangelium Dei, quod ante promiserat per prophetas suos in Scripturis sanctis de Filio suo, qui factus est ei ex semine David secundum carnem [Rom. 1,1]; ad propheticas paginas piam sollicitudinem contulisset. Et inveniens promissionem Dei ad Abraham dicentis: In semine tuo benedicentur omnes gentes (Gen. 22,18); ne de hujus seminis proprietate dubitaret, secutus fuisset Apostolum dicentem: Abrahæ dictæ sunt promissiones, et semini ejus. Non dicit, Et seminibus, quasi in multis, sed quasi in uno, Et semini tuo, quod est Christus [Gal 3, 8]. Isaiæ quoque prædicationem interiore apprehendisset auditu dicentis: Ecce virgo in utero accipiet et pariet filium, et vocabunt nomen ejus Emmanuel, quod est interpretatum, Nobiscum Deus [Is 7,14; Mt 1,23]. Ejusdemque prophetæ fideliter verba legisset: Puer natus est nobis, filius datus est nobis, cujus potestas super humerum ejus, et vocabunt nomen ejus, magni consilii Angelus, Admirabilis, Consiliarius, Deus fortis, Princeps pacis, Pater futuri sæculi [Is 9,5]. Nec frustratorie loquens, ita Verbum diceret carnem factum, ut editus utero virginis Christus haberet formam hominis, et non haberet materni corporis veritatem.

에우티케스가 밝은 진리의 광채를 자기 자신의 기만으로 어둡게 했기 때문에 그리스도교 신앙의 이 순수한 원천에서 밝은 통찰력을 얻어낼 수 없었다면, 그럴수록 그는 복음의 가르침에 순종해야만 했습니다. 마태오 복음사가는 이렇게 말씀하시기 때문입니다. "다윗의 자손이시며 아브라함의 자손이신 예수 그리스도의 족보."(마태 1,1). 그러나 에우티케스는 사도의 말씀에서 지도를 받도록 청했어야 했고, 로마인들에게 보낸 서한에서 다음의 말씀을 읽을 수 있어야 했습니다. "그리스도 예수님의 종으로서 사도로 부르심을 받고 하느님의 복음을 위하여 선택을 받은 바오로가 이 편지를 씁니다. 이 복음은 하느님께서 당신의 예언자들을 통하여 미리 성경에 약속해 놓으신 것으로, 당신 아드님에 관한 말씀입니다. 그분께서는 육으로는 다윗의 후손으로 태어나셨습니다."(로마 1,1-3) 그다음에 그는 예언서들에 신심을 가지고 주의를 기울이고, 아브라함에게 한 하느님의 약속을 발견해 냈어야 했습니다. "세상의 모든 민족들의 너의 후손을 통하여 복을 받을 것이다."(창세 22,18). 그리고 이 후손의 특성에 대해 의심하지 않기 위해, 그는 다시금 다음과 같이 말씀하시는 사도의 말씀을 따랐어야 했습니다. "하느님께서 아브라함과 그의 후손에게 약속을 해 주셨습니다. 그런데 많은 사람을 뜻하는 "후손들에게"가 아니라, 한 사람을 뜻하는 "너의 후손에게"라고 하셨습니다. 이분이 곧 그리스도이십니다."(갈라 3,16). 또한 그는 이사야의 말씀을 내면 안에서 이해했어야 했습니다. "보십시오, 젊은 여인이 잉태하여 아들을 낳고 그 이름을 임마누엘이라 할 것입니다. 그것은 하느님께서 우리와 함께 계신다는 뜻입니다."(이사 7,14). 그는 또한 신앙 안에서 바로 이 예언자의 말씀들을 읽었어야 했습니다. "우리에게 한 아기가 태어났고 우리에게 한 아들이 주어졌습니다. 왕권이 그의 어깨에 놓이고 그의 이름은 놀라운 경륜가, 용맹한 하느님, 영원한 아버지 평화의 군왕이라 불리리이다."(이사 9,5). 그렇게 했다면 그는 동정녀의 품에서 태어난 그리스도께서 인간의 모습을 가졌지만, 그분의 모친의 참된 몸을 가지지 않는 한에서, 말씀이 육이 되었다고 허황되게 이야기하고 주장하지 않았을 것입니다.

[DH 292] An forte ideo putavit Dominum nostrum Jesum Christum non nostræ esse naturæ, quia missus ad beatam Mariam semper virginem angelus ait: Spiritus sanctus superveniet in te, et virtus Altissimi obumbrabit tibi; ideoque et quod nascetur ex te sanctum, vocabitur Filius Dei [Lc. 1, 35]? ut quia conceptus virginis divini fuit operis, non de natura concipientis fuerit caro concepti. Sed non ita intelligenda est illa generatio singulariter mirabilis, et mirabiliter singularis, ut per novitatem creationis proprietas remota sit generis. Fecunditatem enim virgini Spiritus sanctus dedit, veritas autem corporis sumpta de corpore est; et ædificante sibi Sapientia domum [Prov. 9,1], Verbum caro factum est, et habitavit in nobis [Jo. 1,14]: hoc est, in ea carne quam assumpsit ex homine, et quam spiritu vitæ rationalis animavit.

III.

Fides et consilium Dei circa incarnationem Verbi exponuntur. **[DH 293] Salva igitur proprietate utriusque naturæ et substantiæ, et in unam coeunte personam, suscepta est a majestate humilitas, a virtute infirmitas, ab æternitate mortalitas: et ad resolvendum conditionis nostræ debitum, natura inviolabilis naturæ est unita passibili: ut, quod nostris remediis congruebat, unus atque idem mediator Dei et hominum, homo Jesus Christus, et mori posset ex uno, et mori non posset ex altero. In integra ergo veri hominis perfectaque natura verus natus est Deus, totus in suis, totus in nostris. Nostra autem dicimus quæ in nobis ab initio Creator condidit, et quæ reparanda suscepit. Non illa quæ deceptor intulit, et homo deceptus admisit, nullum habuerunt in Salvatore vestigium.** Nec quia communionem humanarum subiit infirmitatum, ideo nostrorum

또한 그[에우티케스]는 우리 주 예수 그리스도께서 우리의 본성을 지니지 않으셨다고 여긴 것 같았습니다. 복되신 마리아에게 파견된 천사가 이렇게 말했기 때문입니다. "성령께서 너에게 내려오시고 지극히 높으신 분의 힘이 너를 덮을 것이다. 그러므로 너에게서 태어날 거룩한 분은 하느님의 아들이라 불릴 것이다"(루카 1,35). 동정녀의 잉태는 하느님의 업적이기 때문에, 잉태된 이의 육(肉)이 잉태한 분의 본성에서 비롯된 것이 아니란 말입니까?! 그러나 비길 데 없이 불가사의하고, 불가사의하게 비길 데 없는 저 낳음을, 새로운 창조로 인해 혈족의 특성을 없앤 것으로 이해해서는 안 됩니다. 성령께서 동정녀를 잉태시켰지만 참된 몸은 그녀의 육신에서 취해진 것입니다. 지혜가 집을 지음으로써(잠언 9,1), "말씀이 육(肉)이 되시어 우리 가운데 사셨다"(요한 1,14). 곧, 인간에게서 취하고 이성적인 생명의 숨으로 불어넣은 육(肉) 안에 사셨습니다.[37]

3. 그러므로 두 본성의 특성이 그대로 보전되었고, 두 본성이 하나의 위격으로 결합함으로써, 드높음은 낮음을, 강건함은 약함을, 영원은 사멸성을 취했습니다. 그리고 우리가 처한 상황에서 저지르는 죄를 갚기 위해 상처를 입을 수 없는 본성이 고통을 겪을 수 있는 본성과 일치되셨습니다. 우리의 치유에 도움이 되었듯이, 그것은, 한 분이며 같은 분이신 "하느님과 사람 사이의 중개자, 사람이신 그리스도 예수(1티모 2,5)"께서, 어떤 분으로는 죽을 수 있고 또 다른 분으로는 죽으실 수 없게 하기 위함입니다. 따라서 참된 인간의 온전하고 완전한 본성에서 참된 하느님이 태어나셨으며, 곧 그분의 것에서 온전하시고 우리의 것에서도 온전하십니다. 우리의 것은 창조주께서 한 처음에 우리 안에 세우시고 회복시키기 위해 취한 것을 말합니다. 왜냐하면 유혹자가 덧붙이고 유혹받은 사람이 허용한 것은 구세주 안에서 어떤 흔적을 남기지 않았기 때문입니다. 그리고 그분은 인간의 나약함을 나누어 받으셨기 때문에 우리의 죄까지도 나누어받은 것이

37) DH 292.

fuit particeps delictorum. **Adsumpsit formam servi sine sorde peccati, humana augens, divina non minuens: quia exinanitio illa qua se invisibilis visibilem præbuit,** et Creator ac Dominus omnium rerum unus voluit esse mortalium, **inclinatio fuit miserationis, non defectio potestatis.** Proinde qui manens in forma Dei fecit hominem, idem in forma servi factus est homo. Tenet enim sine defectu proprietatem suam utraque natura: et sicut formam servi Dei forma non adimit, ita formam Dei servi forma non minuit. Nam quia gloriabatur diabolus hominem fua fraude deceptum divinis caruisse muneribus, et immortalitatis dote nudatum duram mortis subiisse sententiam, seque in malis suis quoddam de prævaricatoris consortio invenisse solatium; Deum quoque, justitiæ exigente ratione, erga hominem, quem in tanto honore condiderat, propriam mutasse sententiam; opus fuit secreti dispensatione consilii, ut incommutabilis Deus, cujus voluntas non potest sua benignitate privari, primam erga nos pietatis suæ dispositionem sacramento occultiore compleret; et homo diabolicæ iniquitatis versutia actus in culpam contra Dei propositum non periret.

IV.

Utriusque Christi nativitatis et naturæ proprietates expenduntur. **[DH 294] Ingreditur ergo hæc mundi infima Filius Dei, de cœlesti sede descendens, et a paterna gloria non recedens, novo ordine, nova nativitate generatus. Novo ordine, quia invisibilis in suis, visibilis factus est in nostris, incomprehendibilis voluit comprehendi; ante tempora manens esse cœpit ex tempore; universitatis Dominus servilem formam, obumbrata majestatis suæ immensitate, suscepit; impassibilis Deus non dedignatus est homo esse passabilis, et immortalis mortis legibus subjacere. Nova autem nativitate generatus: quia inviolata virginitas concupiscentiam**

아닙니다. **그분은 죄로 더러워지지 않은 채 종의 모습을 취하셨으며, 신적인 것을 줄이지 않은 채 인간적인 것을 올리셨습니다. 보이지 않는 분이 자신을 보이게 하시고,** 만물의 주님께서 죽을 운명의 한 사람이기를 원하신, **이러한 비움은 자비의 낮춤이지 권능의 결함이 아니었기 때문입니다.**[38] 따라서 하느님의 모습으로 인간을 만드신 그분은 종의 모습으로 인간이 되셨습니다. 그러므로 두 본성은 결함이 없이 그 속성을 보존하고, 하느님의 모습이 종의 모습을 없애지 않듯이, 종의 모습은 하느님의 모습에 어떠한 것도 줄이지 않습니다. 악마는 자신의 속임수로 하느님의 선물과 불멸성을 인간에게서 빼앗고 인간을 가혹한 죽음의 심판에 복종되게 한 것을 자랑으로 여깁니다. 악마는 그 밖에도 자신의 악에 한 죄인이 함께 참여하는 것에 위로를 얻고 있다는 것과, 하느님의 의로움이 요구하는 바와 같이, 하느님께서 아주 높은 지위로 창조하신 인간에 대해 자신의 입장을 바꾸신 것을 뽐내고 있습니다. 이러한 이유로 신비로운 계획들이 필요했습니다. 변하실 수 없고, 그분의 뜻이 선할 뿐인 하느님께서는 우리에게 대한 당신의 사랑의 첫 번째 계획을 더욱 신비로운 구원 계획으로 완성하시기를 원하셨습니다. 이 구원 계획으로, 악마의 사악한 간계에 의해 죄를 짓도록 유혹을 당한 인간이 하느님의 뜻에 반대하여 멸망하는 것을 막아야 했습니다.

4. 따라서 하느님의 아드님께서는 허약한 이 세상에 들어오셨습니다. 그분은 천상의 옥좌에서 내려오셨지만, 새로운 질서 안에서, 새롭게 태어나신 채 성부의 영광을 잃지 않으셨습니다. 새로운 질서 안에서라는 말은 그분의 것 안에서는 보이지 않으시는 분이 우리의 것 안에서는 보였기 때문이라는 뜻입니다. 이해할 수 없는 그분은 이해되기를 바라셨습니다. 그분은 시대 이전에 머무시면서, 시대 안에 존재하기 시작하셨습니다. 만물의 주님께서 헤아릴 수 없는 자신의 위엄을 감추시고 종의 모습을 취하셨습니다. 고난을 겪으실 수 없는 하느님께서는 고난을 겪는 인간이 되시는 것을 보잘 것 없다고 여기지 않으셨고, 죽지 않으시는 분께서

38) DH 293.

nescivit, carnis materiam ministravit. Assumpta est de Matre Domini, natura, non culpa; nec in Domino Jesu Christo, ex utero virginis genito, quia nativitas est mirabilis, ideo nostri est natura dissimilis. Qui enim verus est Deus, idem verus est homo, et nullum est in hac unitate mendacium, dum invicem sunt et humilitas hominis et altitudo Deitatis. Sicut enim Deum non mutatur miseratione, ita homo non consumitur dignitate. Agit enim utraque forma cum alterius communione, quod proprium est; Verbo scilicet operante quod Verbi est, et carne exsequente quod carnis est. Unum horum coruscat miraculis, aliud succumbit injuriis. Et sicut Verbum ab æqualitate paternæ gloriæ non recedit, ita caro naturam nostri generis non relinquit. Unus enim idemque est, quod sæpe dicendum est, vere Dei Filius, et vere hominis filius. Deus per id quod in principio erat Verbum, et Verbum erat apud Deum, et Deus erat Verbum [Jo. 1,1]; homo per id quod Verbum caro factum est, et habitavit in nobis [Jo 1,14]. Deus per id quod omnia per ipsum facta sunt, et sine ipso factum est nihil [Jo 1,3]; homo per id quod factus est ex muliere, factus sub lege [Gal 4,4]. Nativitatis carnis manifestatio est humanæ naturæ; partus virginis, divinæ est virtutis indicium. Infantia parvuli ostenditur humilitate cunarum [Lc. 2,7]: magnitudo Altissimi declaratur vocibus angelorum [Lc. 2,13]. Similis est rudimentis hominum, quem Herodes impie molitur occidere [Mt. 2,16]; sed Dominus est omnium, quem magi gaudent suppliciter adorare. Jam cum ad præcursoris sui Joannis baptismum venit [Mt. 3,13], ne lateret quod carnis velamine Divinitas tegeretur, vox Patris de cœlo intonans dixit: Hic est Filius meus dilectus, in quo mihi bene complacui (Ibid., 17). Quem itaque sicut hominem diabolica tentat astutia, eidem sicut Deo angelica famulantur officia [Mt. 4,1, 11]. Esurire, sitire,

죽음의 법에 내맡겨지는 것을 마다하지 않으셨습니다. 그러나 그분께서 새롭게 탄생하셨는데, 욕정을 알지 못해 손상을 입지 않은 동정성은 그 육신적인 바탕을 마련하였기 때문입니다. 주님의 어머니에게서 받아들이신 것은 죄가 아니라 본성입니다. 그분의 출생이 경이로울지라도, 그 때문에 동정녀의 모태에서 나신 주 예수 그리스도 안에 있는 본성은 우리의 본성과 다르지 않습니다. 참 하느님이신 그분은 참 인간이십니다. 인간의 비천함과 신성의 고귀함이 서로 상호관계에 있기 때문에, 이러한 일치에는 어떤 속임도 없습니다. 하느님께서 당신의 자비에 있어 변하지 않으시듯이, 인간은 존엄성에 있어 소멸되지 않습니다. 각각 두 모습은 다른 것과 일치하여 자신에게 고유한 것을 행하십니다. 이때에 말씀은 말씀에 속하는 것을 행하시고, 육은 육에 속하는 것을 이루십니다. 이 중에 하나는 기적으로 찬란히 빛나며, 다른 하나는 모욕을 받습니다. 말씀이 성부와 같은 영광을 포기하지 않듯이, 육(肉)은 우리 인간의 본성을 저버리지 않습니다.[39] 항상 반복되어야 하는 것은 하느님의 아드님이시며 사람의 아들은 참으로 한 분이시며 같은 분이라는 것입니다. "한처음에 말씀이 계셨다. 말씀은 하느님과 함께 계셨는데 말씀은 하느님이셨다."(요한 1,1)라는 말씀을 통해서 하느님이시고, "말씀이 사람이 되시어 우리 가운데 사셨다."(요한 1,14)라는 말씀으로 인간이십니다. "모든 것이 그분을 통하여 생겨났고 그분 없이 생겨난 것은 하나도 없다."(요한 1,3)라는 말씀으로 하느님이시고, "그분은 여인에게서 태어나 율법 아래 놓이게 하셨습니다."(갈라 4,4)라는 말씀으로 인간이십니다. 육의 출생은 인간 본성의 계시이며, 동정녀의 모친성은 신적인 힘의 표지입니다. 아기의 나약함은 요람의 비천함으로 나타나며, 가장 높은 분의 영광은 천사들의 소리로 선포됩니다. 헤로데가 무참히 죽이려 했던 그분은 그의 생애의 초기에 인간과 같습니다. 그러나 만물의 주님은 동방박사들이 기쁨에 넘쳐 겸손되이 경배한 그분이십니다. 그다음 그분이 세례를 받으러 자신의 선구자인 요한에게로 왔을 때, 아버지의 음성이 하늘에서 이렇게 들렸습니다. "이는

39) DH 294.

lassescere atque dormire, evidenter humanum est. Sed quinque panibus quinque millia hominum satiare [Jo. 6,5], et largiri Samaritanæ aquam vivam [Jo. 4,10], cujus haustus bibenti præstet ne ultra jam sitiat; supra dorsum maris plantis non desidentibus ambulare [Mt. 14,25], et elationes fluctuum increpata tempestate consternere [Lc. 8,24]; sine ambiguitate divinum est. Sicut ergo, ut multa prætiream, non ejusdem naturæ est, flere miserationis affectu amicum mortuum [Jo. 11,35] et eumdem, remoto quatriduanæ aggere sepulturæ, ad vocis imperium excitare redivivum [Jo. 11,43]; aut in ligno pendere, et in noctem luce conversa, omnia elementa tremefacere; aut clavis transfixum esse, et paradisi portas fidei latronis aperire [Mt. 27, 35]; ita **[DH 295] non ejusdem naturæ est, dicere: Ego et Pater unum sumus [Jo. 10,30], et dicere, Pater major me est [Jo. 14,28]. Quamvis enim in Domino Jesu Christo Dei et hominis una persona sit; aliud tamen est, unde in utroque communis est contumelia, aliud unde communis est gloria. De nostro enim illi est minor Patre humanitas; de Patre illi est æqualis cum Patre Divinitas.**

V.

Veritas carnis in Christo probatur ex Scriptura. — Propter hanc ergo unitatem personæ in utraque natura intelligendam, et Filius hominis legitur descendisse de cœlo, cum Filius Dei carnem de ea Virgine de qua est natus, assumpserit. Et rursus Filius Dei crucifixus dicitur ac sepultus, cum hæc non in Divinitate ipsa, qua Unigenitus consempiternus et consubstantialis est Patri, sed in naturæ humanæ sit infirmitate perpessus.

내가 사랑하는 아들, 내 마음에 드는 아들이다."(마태 3,17). 사실 숨겨서는 안 되는 것은 육의 베일에 신성이 싸여있었다는 것입니다. 인간으로서 악마의 계략으로 유혹을 당하시는 바로 그분을 천사들이 하느님으로 모십니다(마태 4,1, 11). 배고픔과 목마름과 피곤함과 잠은 명백히 인간적인 것입니다. 그러나 그분께서 다섯 개의 빵으로 오천 명을 배불리 먹이시고(요한 6,5), 사마리아 여인에게 그 물을 마시는 사람은 영원히 목마르지 않을 생수를 주시며(요한 4,10), 가라앉지 않고 물 위를 걸으시고(마태 14,25), 바람과 물결을 꾸짖으시며 잠잠케 하신다면(루카 8,24), 그것은 의심의 여지없이 신적인 것입니다. 우리는 여기에서 많은 것을 인용하지 않고 넘어가겠습니다. 그러나 이미 나흘 동안 무덤에 누워있었던 죽은 친구에게 깊은 연민을 가지고 우시며, 오로지 그분 말씀의 명령으로 그를 다시 소생케 하시는 것, 그리고 십자가에 매달리시고 동시에 낮을 밤으로 바꾸시며 모든 요소들을 뒤흔드시는 것, 못에 박히시고 강도의 믿음에 천국의 문을 열어주시는 것은 같은 한 본성의 일이 확실히 아닙니다. **마찬가지로 "아버지와 나는 하나다"(요한 10,30)라고 말하는 것과 "아버지께서 나보다 더 위대하시다"(요한 14,28)라고 말하는 것은 같은 본성에 속하는 것이 아닙니다. 주 예수 그리스도 안에 하느님과 인간이 결합된 하나의 위격이 있는데도, 하느님과 인간에게 공동으로 오는 모욕의 출처가 다르고, 공동으로 오는 영광의 출처가 다릅니다. 곧, 우리의 것에서 그분은 성부보다 더 못한 인성을 지니시며, 성부에게서 성부와 같은 신성을 지니십니다**[40].

5. 그러므로 두 본성에서 생각해야 하는 이 위격의 일치 때문에 성경에는 사람의 아들은 하늘에서 내려온 이라고 쓰여 있습니다(요한 3,13). 하느님의 아들은 그를 낳은 동정녀에게서 육을 취했기 때문입니다. 그러나 또한 하느님의 아들은 십자가에 못 박혀 죽었으며 묻히셨다고 합니다. 그럼에도 그분은 외아드님으로서 아버지와 똑같이 영원하시고 본질이 같으신, 그분의 신성에서 고난을 겪지 않으시고, 인간 본성의 나약함으로 고난을 겪으셨습니다. 따라서 우리 모두는 신경에서 이렇게 고백하는 것입니다.

---

40) DH 295.

Unde Unigenitum Filium Dei crucifixum et sepultum omnes etiam in Symbolo confitemur, secundum illud Apostoli: Si enim cognovissent, numquam Dominum majestatis crucifixissent [2 Cor. 2, 8]. Cum autem ipse Dominus noster atque Salvator fidem discipulorum suis interrogationibus erudiret, Quem me, inquit, dicunt homines esse Filium hominis? Cumque illi diversas aliorum opiniones retexuissent, Vos autem, ait, quem me esse dicitis? Me utique, qui sum Filius hominis, et quem in forma servi atque in veritate carnis aspicitis, quem me esse dicitis? Ubi B. Petrus divinitus inspiratus, et confessione sua omnibus gentibus profuturus, Tu es, inquit, Christus Filius Dei vivi [Mt. 16, 16]. Nec immerito beatus est pronuntiatus a Domino, et a principali petra soliditatem et virtutis traxit et nominis, qui per revelationem Patris eumdem et Dei Filium est confessus et Christum: quia unum horum sine alio receptum non proderat ad salutem; et æqualis erat periculi Dominum Jesum Christum aut Deum tantummodo sine homine, aut sine Deo solum hominem credidisse. Post resurrectionem vero Domini (quæ utique veri corporis fuit, quia non alter est resuscitatus, quam qui fuerat crucifixus et mortuus) quid aliud quadraginta dierum mora gestum est, quam ut fidei nostræ integritas ab omni caligine mundaretur? Colloquens enim cum discipulis suis, et cohabitans atque convescens [Act. 1, 4], et pertractari se diligenti curiosoque contactu ab eis, quos dubietas perstringebat, admittens, ideo et clausis ad discipulos januis introibat, et flatu suo dabat Spiritum sanctum [Jo. 20, 22], et donato intelligentiæ lumine, sanctarum Scripturarum occulta pandebat; et rursus idem vulnus lateris [Ibid.], fixuras clavorum et omnia recentissimæ passionis signa monstrabat, dicens: Videte manus meas et pedes, quia ego sum. Palpate et videte, quia spiritus carnem et

하느님의 외아들은 십자가에 못 박혀 돌아가시고 묻히셨나이다. 사도들의 말씀에 따르면, "그들이 깨달았더라면 영광의 주님을 십자가에 못 박지 않았을 것입니다."(1코린 2,8). 그러나 우리 주 구세주께서 직접 질문을 던지시며 당신의 제자들을 신앙 안에서 가르치시려고 하실 때 다음과 같이 말씀하셨습니다. "사람의 아들을 누구라고들 하느냐?"(마태 16,13). 제자들이 다른 사람들의 다양한 의견들을 그에게 설명하자 그분은 계속해서 질문하셨습니다. "그러면 너희는 나를 누구라고 하느냐?"(마태 16,15), 바로 사람의 아들이며, 너희들이 종의 모습으로 그리고 진짜 실제 육으로 바라보는 나를 누구라고 하느냐? 그러자 성 베드로는 하느님의 영감을 받아 이렇게 대답하였습니다. "스승님은 살아 계신 하느님의 아드님 그리스도이십니다."(마태 16,16). 그리고 그는 자신의 고백으로 모든 백성들에게 한 직무를 증명해 주었습니다. 따라서 그가 주님으로부터 행복하다고 선언되며, 이 첫 번째 반석에 의해 자신의 권한과 이름의 확고부동함을 받은 것은 당연한 일이었습니다. 베드로는 사실 아버지의 계시로 주님을 하느님의 아들과 그리스도로 고백하였습니다. 왜냐하면 그리스도가 없는 하느님의 아들은 우리를 구원에 이르게 할 수 없으며, 그분에게 인성이 있다고 믿지 않고 주 예수 그리스도를 단지 하느님으로 여기거나, 그분의 신성을 믿지 않고 단지 인간으로 여기는 것은 위험했기 때문입니다. 그리고 주님의 부활은 확실히 진짜 몸의 부활이었습니다. 왜냐하면 십자가에 못 박혀 죽으신 분외에 부활한 다른 사람이 없었기 때문입니다. 그러나 주님께서 부활하신 후 사십일을 머무시는 동안 우리의 믿음이 모든 어두움에서 정화된 것 말고는 다른 무엇이 이루어졌습니까? 주님께서는 당신의 제자들과 이야기를 나누셨고 그들과 함께 머무셨고 음식을 드셨으며(사도 1,4), 의심으로 무뎌진 이들이 당신을 자세히 그리고 세심하게 대보고 만지도록 하셨고, 문이 다 잠겨 있었는데도 제자들에게 오시어, 그들에게 당신의 숨을 불어넣으며 성령을 주셨습니다(요한 20,20-22). 주님께서는 제자들에게 지혜의 빛을 주신 후, 성경의 신비들을 설명해 주셨고, 그들에게 다시 옆구리의 상처와 못 박힌 자국과 부활하신 당신 몸의 모든 표지들을 보여주셨습니다. 그때 주님께서는 이렇게 말씀하셨습니다. "내 손과 내 발을 보아라. 바로 나다. 나를 만져 보

ossa non habet, sicut me videtis habere [Lc. 24, 39]; ut agnosceretur in eo proprietas divinæ humanæque naturæ individua permanere; et ita sciremus Verbum non hoc esse quod carnem, ut unum Dei Filium et Verbum confiteremur et carnem. Quo fidei sacramento Eutyches iste nimium æstimandus est vacuus, qui naturam nostram in Unigenito Dei, nec per humilitatem mortalitatis, nec per gloriam resurrectionis agnovit. Nec sententiam beati apostoli et evangelistæ Joannis expavit dicentis: Omnis spiritus qui confitetur Jesum Christum in carne venisse, ex Deo est: et omnis spiritus qui solvit Jesum, ex Deo non est, et hic est Antichristus [1 Jo. 4, 1]. Quid autem est solvere Jesum, nisi humanam ab eo separare naturam et sacramentum, per quod unum salvati sumus, impudentissimus evacuare figmentis? Caligans vero circa naturam corporis Christi, necesse est ut etiam in passione ejus eadem obcæcatione desipiat. Nam si crucem Domini non putat falsam, et susceptum pro mundi salute supplicium verum fuisse non dubitat; cujus credit mortem, agnoscat et carnem: nec diffiteatur nostri corporis hominem, quem cognoscit fuisse passibilem; quoniam negatio veræ carnis, negatio est etiam corporeæ passionis. Si ergo Christianam suscipit fidem, et a prædicatione Evangelii suum non avertit auditum; videat quæ natura transfixa clavis pependerit in crucis ligno, et aperto per militis lanceam latere crucifixi, intelligat unde sanguis et aqua fluxerit, ut Ecclesia Dei et lavacro rigaretur et poculo. Audiat et beatum Petrum apostolum prædicantem, quod sanctificatio Spiritus per aspersionem fiat sanguinis Christi. Nec transitorie legat ejusdem apostoli verba dicentis: Scientes, quod non corruptibilibus argento et auro redempti estis de vana

아라. 유령은 살과 뼈가 없지만, 나는 너희도 보다시피 살과 뼈가 있다."(루카 24,39). 이것으로써 주님 안에는 신적인 본성과 인간적인 본성의 속성들이 분리되지 않고 남아 있었음을 알아야 할 것입니다. 그래서 우리는 말씀과 육이 같은 것이 아님을 알아야 하고, 하느님의 외아드님께서 말씀이며 육임을 동시에 고백해야 합니다. 우리는 이제 이 신앙의 신비가 에우티케스에게는 완전히 낯선 것임을 인정해야 합니다. 에우티케스는 하느님의 외아드님 안에서도 그리고 죽어야 할 운명의 낮춤에서도 그리고 부활의 영광 안에서도 우리의 본성을 인식하지 못했기 때문입니다. 또한 그는 복되신 사도이시며 복음사가이신 요한의 말씀을 두려워하지 않았습니다. "예수 그리스도께서 사람의 몸으로 오셨다고 고백하는 영은 모두 하느님께 속한 영입니다. 그러나 그리스도를 갈라놓는 모든 영은 하느님께 속하지 않는 영입니다. 그것은 '그리스도의 적'의 영입니다."(1요한 4,2-3). 그러나 예수를 갈라놓는다는 것은 그에게서 인간적인 본성을 분리시키고, 우리를 구원해 낸 신비를 파렴치한 허구에 의해 무효로 만드는 것이 아니고 무엇입니까? 그러나 그리스도의 몸의 본성에 대해 불명확한 사람은 그분의 고난과 관련하여 똑같이 눈이 멀어 어리석은 것들을 믿는 것이 틀림없습니다. 그가 주님의 십자가를 진실이 아닌 것으로 여기지 않고, 세상의 구원을 위해 당한 죽음이 실제로 이루어졌다는 것을 의심하지 않는다면, 그는 그분의 죽음을 믿는 것과 같이 그분의 육 또한 인정해야만 합니다. 그리고 그는 고난을 겪을 수 있다고 인식한 인간이 우리와 같이 한 육체를 가졌다는 것을 부정해서는 안 됩니다. 참된 몸의 부정은 육체적인 고난의 부정도 뜻하기 때문입니다. 그러므로 그가 그리스도인들의 신앙을 받아들이고 자신의 귀를 복음의 가르침에서 딴 데로 돌리지 않는다면, 그는 십자나무에 못으로 박힌 채 달려 있는 것이 어떤 본성인지를 볼 수 있을지도 모릅니다. 또한 그는 하느님의 교회가 세례욕과 성작에 물을 댈 수 있도록, 십자가에 못 박혀 돌아가신 분의 옆구리가 군인들의 창으로 찔린 후, 어디에서 피와 물이 흘러내렸는지 알 수 있을지도 모릅니다. 또한 그는 그리스도의 피가 뿌려져 성령으로 거룩해졌다고(1베드 1,2) 말하는 사도 베드로의 말씀을 들을지도 모릅니다. 다음과 같이 말씀하시는 사도 베드로의 말씀들을 피상적으로 읽지 마

vestra conversatione paternæ traditionis, sed pretioso sanguine quasi agni incontaminati et immaculati Jesu Christi [1 Petr. 1, 18]. Beati quoque Joannis apostoli testimonio non resistat, dicens: Et sanguis Jesu Filii Dei emundat nos ab omni peccato [1 Jo. 1, 7]. Et iterum: Hæc est victoria quæ vincit mundum, fides nostra [1 Jo. 5, 4]. Et: Quis est qui vincit mundum, nisi qui credit, quoniam Jesus est Filius Dei? Hic est qui venit per aquam et sanguinem, Jesus Christus; non in aqua solum, sed in aqua et sanguine. Et spiritus est, qui testificatur, quoniam spiritus est veritas. Quia tres sunt, qui testimonium dant, spiritus, aqua, et sanguis, et tres unum sunt. Spiritus utique sanctificationis, et sanguis redemptionis, et aqua baptismatis: quæ tria unum sunt, et individua manent, nihilque eorum a sui connexione sejungitur; quia catholica Ecclesia hac fide vivit, hac proficit, ut in Christo Jesu nec sine vera Divinitate humanitas, nec sine vera credatur humanitate Divinitas.

VI.

Eutychis prava et subdola confessio. Qua ratione, si resipiscit, communioni sit restituendus. Legati mittuntur in Orientem. — Cum autem ad interlocutionem examinis vestri Eutyches responderit, dicens: Confiteor ex duabus naturis fuisse Dominum nostrum ante adunationem; post adunationem vero unam naturam confiteor: miror tam absurdam tamque perversam ejus professionem nulla judicantium increpatione reprehensam, et sermonem nimis insipientem nimisque blasphemum, ita omissum, quasi nihil quod offenderet esset auditum; cum tam impie duarum naturarum ante incarnationem unigenitus Dei Filius fuisse dicatur, quam nefarie postquam Verbum caro factum est, natura in eo singularis asseritur. Quod ne

십시오. "여러분도 알다시피, 여러분은 조상들에게서 물려받은 헛된 생활 방식에서 해방되었는데, 은이나 금처럼 없어질 물건으로 그리된 것이 아니라, 흠 없고 티 없는 어린양 같으신 그리스도의 고귀한 피로 그리된 것입니다."(1베드, 18-19). 그는 또한 복되신 사도 요한의 증거를 반대하지도 않습니다. "하느님의 아드님이신 예수님의 피가 우리를 모든 죄에서 깨끗하게 해 줍니다."(1요한 1,7). 그리고 재차 이런 말씀을 하십니다. "세상을 이긴 그 승리는 바로 우리 믿음의 승리입니다."(1요한 5,4). 그리고 "세상을 이기는 사람은 누구입니까? 예수님께서 하느님의 아드님이심을 믿는 사람이 아닙니까? 그분께서 바로 물과 피를 통하여 세상에 오신 예수 그리스도이십니다. 물만이 아니라 물과 피로써 오신 것입니다. 이것을 증언하시는 분은 성령이십니다. 성령은 곧 진리이십니다. 그래서 증언하는 것이 셋입니다. 성령과 물과 피인데, 이 셋은 하나로 모아집니다."(1요한 5,5-8). 그것은 바로 성화의 성령, 구원의 피, 세례의 물입니다. 이 셋은 하나이며 밀접하게 결합되어 있고, 그중에 어느 것도 그 결합에서 떨어질 수 없습니다. 가톨릭교회는 예수 그리스도 안에는 참된 신성이 없는 참된 인성이 없고, 참된 인성이 없는 참된 신성이 없다는 이 신앙 안에서 살고 있으며 성장합니다.

6. 그러나 에우티케스는 담화에서 주교님의 질문에 다음과 같이 대답하였습니다. "나는 우리 주님께서 결합 이전에는 두 본성을 가지고 계셨다가 결합 이후에는 한 본성을 가지고 계신다고 고백합니다." 따라서 저는 그렇게 어리석고 왜곡된 그의 고백이 어느 재판관으로부터도 비난받지 않았고, 그러한 불합리하고 신성모독적인 이야기가, 마치 악표양에 대해서 아무것도 못 들었던 것처럼, 그렇게 간단히 넘어가게 된 것에 대해 의아하게 생각합니다. 마찬가지로 하느님의 외아드님께서 결합 이전에 두 본성을 가졌다고 말하는 것도 신성모독적입니다. 마찬가지로 "말씀이 육이 된" 이후 외아드님 안에는 단지 하나의 본성만이 남아 있었다고 주장한다면 그것 또한 죄악입니다. 그래서 에우티케스는 그의 설명이 주교님 편에서 단죄에 의해서 거부당하지 않았기 때문에 올바르다거나 용인될 수 있다고

Eutyches ideo vel recte vel tolerabiliter æstimet dictum, quia nulla vestra est sententia confutatum, sollicitudinis tuæ diligentiam commonemus, frater charissime, ut si per inspirationem misericordiæ Dei ad satisfactionem causa perducitur; imprudentia hominis imperiti etiam ab hac sensus sui peste purgetur. Qui quidem, sicut gestorum odo patefecit, bene cœperat a sua persuasione discedere, cum vestra sententia coarctatus profiteretur se dicere quod ante non dixerat, et ei fidei acquiescere cujus prius fuisset alienus. Sed cum anathematizando impio dogmati noluisset præbere consensum, intellexit eum fraternitas vestra in sua manere perfidia, dignumque esse qui judicium condemnationis exciperet. De quo si fideliter atque utiliter dolet, et quam recte mota sit episcopalis auctoritas vel sero cognoscit; vel si ad satisfactionis plenitudinem omnia quæ ab eo male sunt sensa viva voce et præsenti subscriptione damnaverit, non erit reprehensibilis erga correctum quantacumque miseratio: quia Dominus noster verus et bonus pastor, qui animam suam posuit pro ovibus suis [Jo. 10, 11], et qui venit animas hominum salvare, non perdere [Lc. 9, 56], imitatores nos suæ vult esse pietatis: ut peccantes quidem justitia coerceat, conversos autem misericordia non repellat. Tunc enim demum fructuosissime fides vera defenditur, quando etiam a sectatoribus suis opinio falsa damnatur. Ad omnem vero causam pie ac fideliter exsequendam, fratres nostros Julium episcopum et Renatum presbyterum rituli sancti Clementis, sed et filium meum Hilarum diaconem vice nostra direximus. Quibus Dulcitium notarium nostrum, cujus fides nobis est probata, sociavimus: confidentes adfuturum Divinitatis auxilium, ut is qui erraverat, damnata sensus sui pravitate, salvetur. Deus te incolumem custodiat, frater charissime.

Data idibus Junii, Asturio et Protogene viris clarissimis consulibus.

주장해서는 안 되었습니다. 그러므로 아주 친애하는 형제인 주교님, 우리는 이러한 몰지각한 사람의 어리석음이 이러한 견해의 전염병으로부터 정화되어, 하느님 자비의 영감을 통하여 보속으로 이끌도록 주교님의 사랑스러운 배려를 촉구합니다. 사실 공의회 문서의 보고에 따르면 처음에는 에우티케스는 아주 좋게 여겨졌지만, 자신의 확신에서 멀어졌습니다. 주교님의 선언이 그로 하여금, 그가 이전에 고백하지 않은 것을 고백하고 있고, 이전에 그에게 낯설었던 그 신앙에 찬성한다고 이제 주장하게끔 만들었습니다. 그러나 그가 자신의 신성모독적인 가르침을 단죄하려 하지 않았기 때문에, 친애하는 주교님께서는 그가 자신의 오류를 고집하고 있어서 단죄 받아 마땅하다는 것을 인식하셨습니다. 에우티케스는 이것에 관하여 솔직하고 이롭게 후회를 한다는 것을 보여주기를 바라고, 비록 정말 늦었지만, 주교의 판결의 정당함을 인정하고, 그의 사악한 모든 주장들을 구두로 그리고 자신의 서명으로 단죄하기를 바랍니다. 그래야 그는 명예회복을 얻을 것입니다. 그렇게 된다면 후회하는 이에 대하여 크나큰 자비가 있다 해도 비난할 만하지 않을 것입니다. 참 목자이시며 선하신 목자이시며, "자기 양을 위해서 자기 목숨을 바치시고"(요한 10,11), 인간의 영혼을 멸하기 위해서가 아니라 구하기 위해서 오신 우리 주님께서는, 우리가 그분의 자애를 본받기를 원하십니다. 그러므로 죄인에게 마땅한 처벌이 내려져야 할 것입니다. 그러나 자비는 회개한 이에게 거부되어서는 안 됩니다. 그것은 거짓된 견해가 그들의 추종자들에 의해 배척될 때에야 비로소 신앙 보호의 가장 아름다운 열매가 됩니다. 그러나 전체 사안을 잘 이행하고 그리고 충실히 이행하기 위하여 우리는 우리 대신에 우리의 형제인, 성 클레멘스의 명예 교회의 율리우스 주교와 레나투스 신부 및 나의 젊은 친구인 힐라리오 부제를 보냈습니다. 우리는 이들에게 신뢰로 정평이 난 우리의 비서관인 둘치티우스를 붙여 주었습니다. 여기서 우리는 하느님의 도우심으로 오류에 빠진 이 사람이 자신의 잘못된 견해를 스스로 배척하고 그래서 구원될 것이라는 낙관적인 희망을 품습니다. 친애하는 주교님, 하느님께서 주교님을 안전하게 지켜주시기를 바랍니다.

6월 13일에, 아주 저명한 집정관 아스투리우스와 프로토게네스가 있는 자리에서 씀.

IX.

Ἡἁγία καὶ μεγάλη καὶ οἰκουμενικὴ σύνοδος ἡ κατὰ Θεοῦ χάριν καὶ θέσπισμα τῶν εὐσεβεστάτων καὶ φιλοχρίστων ἡμων βασιλὲων Οὐαλεντινιανοῦ καὶ Μαρκιανοῦ αὐγούστων συναχθεῖσα ἐν τῇ Χαλκεδονέων μητροπόλει τῆς Βιθυνῶν ἐπαρχίας ἐν τῷ μαρτυρίῳ τῆς ἁγίας καὶ καλλινίκου μάρτυρος Εὐφημίας ὥρισεν τὰ ὑποτεταγμένα.

Ὁ κύριος ἡμῶν καὶ σωτὴρ ὁ Χριστὸς τῆς πίστεως τὴν γνῶσιν τοῖς μαθηταῖς βεβαιῶν ἔφη· εἰρήνην τὴν ἐμὴν δίδωμι ὑμῖν, εἰρήνην τὴν ἐμὴν ἀφίημι ὑμῖν[Jo. 14,27], ὥστε μηδένα πρὸς τὸν πλησίον διαφωνεῖν ἐν τοῖς δόγμασι τῆς εὐσεβείας, ἀλλ᾽ ἐπίσης τὸ τῆς ἀληθείας ἐπιδείκνυσθαι κήρυγμα. ἐπειδὴ δὲ οὐ παύεται διὰ τῶν ἑαυτοῦ ζιζανίων ὁ πονηρὸς τοῖς τῆς εὐσεβείας ἐπιφυόμενος σπέρμασι καί τι καινὸν κατὰ τῆς ἀληθείας ἐφευρίσκων ἀεί, διὰ τοῦτο συνήθως ὁ δεσπότης προνοούμενος τοῦ ἀνθρωπίνου γένους τὸν εὐσεβῆ τοῦτον καὶ πιστότατον πρὸς ζῆλον ἀνέστησε βασιλέα καὶ τοὺς ἁπανταχῇ τῆς ἱερωσύνης πρὸς ἑαυτὸν ἀρχηγούς συνεκάλεσεν, ὥστε τῆς χάριτος τοῦ πάντων ἡμῶν δεσπότου Χριστοῦ ἐνεργούσης, πᾶσαν μὲν τοῦ ψεύδους τῶν τοῦ Χριστοῦ προβάτων ἀποσείσασθαι λύμην, τοῖς δὲ τῆς ἀληθείας αὐτὴν καταπιαίνειν βλαστήμασιν. Ὃ δὴ καὶ πεποιήκαμεν, κοινῇ ψήφῳ τὰ τῆς πλάνης ἀπελάσαντες δόγματα, τὴν δὲ ἀπλανῆ τῶν πατέρων ἀνανεωσάμενοι πίστιν, τὸ τῶν τιή. σύμβολον τοῖς πᾶσι κυρύξαντεσ καὶ ὡς οἰκείους τοὺς τοῦτο τῆς εὐσεβείας τὸ σύνθεμα δεξαμένους πατέρας

IX.

Sancta et magna et universalis synodus quae per gratiam Dei et praecepta piiissimorum et christianissimorum imperatorum nostrorum Valentiniani et Marciani augustorum congregata est in Chalcedona metropoli provinciae Bithyniorum in ecclesia sanctae et victricis martyris Euphemiae, haec definivit quae subter scripta sunt.

Dominus noster et salvator Iesus Christus notitiam fidei discipulis suis firmans dixit: pacem meam do vobis, pacem meam relingquo vobis[Jo. 14,27], ut nullus dissonet a proximo circa dogmata pietatis, sed ut pariter veritatis ostenderent praedicationem. Quia vero non desinit per zizania sua diabolus contra semina pietatis insurgere et semper aliquid novum contra veritatem invenire, propter hoc Dominus, ut consuevit, providens humano generi piissimum hunc et fidelissimum ad aemulationem erexit imperatorem et undique sacerdotii praesides ad se convocavit ut gratia domini omnium nostrum Christi oprerante omnem quidem mendacii a Christi ovibus pestilentiam removant, floribus autem veritatis eas pinguescere faciant. Quod et perfecimus communi iudicio dogmata expellentes erroris et inerrabilem patrum renovavimus fidem, symbolum trecentorum decem et octo omnibus praedicantes et eos ut proprios

IX.

칼케돈 공의회 교의 결정[41)]

거룩하고 위대한 세계공의회는, 하느님의 은총과 신심이 깊고 독실한 그리스도교 신자인 황제 발렌티니아누스와 마르키아누스의 명령으로, 비티니아 관구의 수도 칼케돈에서, 승리자이신 성녀 에우페미아의 묘소에 모여, 다음과 같이 결정하였다.

우리 주 구세주 예수 그리스도께서는 당신의 제자들을 참 신앙의 인식 안에서 굳게 다지기 위해서 그들에게 다음과 같이 말씀하셨다. "내 평화를 너희에게 준다. 나는 너희에게 평화를 남기고 간다."(요한 14,27). 그분은 신앙의 가르침에서 어느 누구도 자신의 이웃과 차이가 나지 않고 어디에서나 모든 사람에게 같은 진리가 분명하게 선포되기를 원하셨다. 그럼에도 사악한 적은 여전히 진리의 씨앗 아래 잡초를 자라게 하고 있고, 그 진리에 반대되는 어떤 새로운 것을 항상 찾아낸다. 따라서 주님께서는 인류를 위하여 사전에 미리 준비해 두셨으며, 이 신심이 깊고 아주 독실한 그리스도교 신자인 황제의 열성을 불러일으켜서, 도처에서부터 사제직의 수장들을 그에게로 불러 모으게 하셨다. 그러므로 그들은 그리스도의 은총의 도움으로 그리스도의 양들을 기만의 전염병에서 보호하고 그들을 진리의 약초로 기르고 보살펴야 했다. 우리는 만장일치로 오류의 가르침을 배척하고 교부들의 무류적인 신앙을 새롭게 다지면서 이러한 일을 하였다. 사실 우리는 모든 이

---

41) ACO II, I, 2, 126-130.

ἐπιγραψάμενοι, οἵπερ εἰσὶν οἱ μετὰ ταῦτα ἐν τῇ μεγάλῃ Κωνσταντινουπόλει συνελθόντες ρν καὶ αὐτοὶ τὴν αὐτὴν ἐπισφραγισάμενοι πίστιν.

patres esse ascribimus, qui postea in magna Constantinopoli congregati sunt centum quinquaginta et eandem fidem ipsi ququе confirmaverunt.

῾Ορίζομεν τοίνυν τὴν τὰξιν καὶ τοὺς περὶ πίστεως ἅπαντας τύπους φυλάττοντες καὶ ἡμεῖς τῆς κατ᾽῎Εφεσον πάλαι γεγενημένης ἁγίας συνόδου, ἧς ἡγεμόνες οἱ ἁγιώτατοι τὴν μνήμην Κελεστῖνος ὁ τῆς ῾Ρωμαίων καὶ Κύριλλος ὁ τῆς ᾽Αλεξανδρέων ἐτύγχανον, προλάμπειν μὲν τῆς ὀρθῆς καὶ ἀμωμήτου πίστεως τὴν ἔκθεσιν τῶν τιη. ἁγίων καὶ μακαρίων πατέρων τῶν ἐν Νικαίᾳ ἐπὶ τοῦ τῆς εὐσεβοῦς μνήμης Κωνσταντίνου τοῦ γενομένου βασιλέως συναχθέντων, κρατεῖν δὲ καὶ τὰ παρὰ τῶν ρν ἁγίων πατέρων ἐν Κωνσταντινουπόλει ὁρισθέντα πρὸς ἀναίρεσιν μὲν τῶν τότε φυεισῶν αἱρέσεων, βεβαίωσιν δὲ τῆς αὐτῆς καθολικῆς καὶ ἀποστολικῆς ἡμῶν πίστεως.

Definimus igiur ordinem et omnes formulas custodientes quae de fide sunt constitutae, et nos, a synodo quondam in Epheso facta, cuius praesides fuerunt sanctissimae memoriae Caelestinus Romanorum et Cyrillus Alexandrinorum, praefulgere quidem rectae et immaculatae fidei expositionem sanctorum et beatissimorum trecentorum decem et octo patrum qui in Nicaeam temporibus piae memoriae Constantini imperatoris congregati sunt, servari autem et ea quae in Constantinopolim a sanctis centum quinquaginta patribus decreta sunt ad expellendas quidem omnes germinantes haereses et ad confirmationem eiusdem catholicae et apostolicae nostrae fidei.

Τὸ σύμβολον τῶν ἐν Νικαία τιη´ πατέρων.

Symbolum trecentorum decem et octo patrum qui in Nicaea.

[DH 125] Πιστεύομεν εἰς ἕνα Θεόν πατέρα παντοκράτορα πάντων ὁρατῶν τε καὶ ἀοράτων ποιητήν και εἰς ἕνα κύριον ᾽Ιησοῦν Χριστόν τὸν υἱὸν τοῦ Θεοῦ γεννηθέντα ἐκ τοῦ Πατρὸς μονογενῆ τουτέστιν ἐκ τῆς οὐσιας τοῦ Πατρός Θεὸν ἐκ Θεοῦ φῶς ἐκ φωτός Θεὸν ἀληθινὸν ἐκ Θεοῦ ἀληθινοῦ γεννεθέντα οὐ ποιηθεντα ὁμοούσιον τῷ πατρί δι᾽ οὗ τὰ πάντα ἐγένετο τά τε ἐν τῷ οὐρανῷ καὶ τὰ ἐν τῇ γῇ τὸν δι᾽ ἡμᾶς τοὺς ἀνθρώπους καὶ διὰ τὴν ἡμετέραν σωτηρίαν κατελθόντα καὶ σαρκωθέντα ἐνανθρωπήσαντα παθόντα καὶ ἀναστάντα

[DH 125] Credimus in unum Deum, Patrem omnipotentem, omnium visibilium et invisibilium factorem. Et in unum Dominum nostrum Iesum Christum Filium Dei, natum ex Patre unigenitum, hoc est de substantia Patris, Deum ex Deo, lumen ex lumine, Deum verum de Deo vero, natum, non factum, unius substantiae cum Patre (quod graece dicunt homousion), per quem omnia facta sunt, quae in caelo et in terra, qui propter nostram salutem descendit, incarnatus est et homo factus est et passus est, et resurrexit

들에게 318명의 교부들의 신경을 선포하였고, 이 신경에 서명한 저 교부들을 우리의 교부로 받아들였다. 이 교부들은 위대한 콘스탄티노폴리스에 모여 바로 그 신앙을 승인한 150명의 교부들을 말한다.

마찬가지로 우리는 일찍이 에페소에서 로마의 첼레스티노와 알렉산드리아의 키릴루스의 권위 하에 열린 거룩한 공의회의 규정과 모든 신앙정식도 보존하고 있다. 우리는 돌아가신 황제 콘스탄티누스의 재위 때에 니케아에 모인 318명의 거룩하며 복되신 교부들을 통해 정의된 올바르고 나무랄 데 없는 신앙에 대한 설명이 우리를 통해서 보완되어야 한다고 결정하였다. 또한 우리는 그 당시에 생긴 오류를 없애고, 우리의 것인, 보편적이며 사도로부터 이어오는 신앙을 확고하게 하기 위하여, 150명의 거룩한 교부들이 콘스탄티노폴리스에서 결정한 것을 유지하고자 한다.

318명의 니케아 공의회 교부들의 신경

[DH 125] **한 분이신 하느님, 전능하신 아버지, 유형무형한 만물의 창조주를 저희는 믿나이다. 또한 하느님의 아들, 한 분이신 주 예수 그리스도, 외아들로 성부에게서, 곧 성부의 본질에서 나셨으며, 하느님에게서 나신 하느님, 빛에서 나신 빛**[42]**, 참 하느님에게서 나신 참 하느님, 창조되지 않고 나시고 성부와 본질이 같으시며, 그분을 통해 하늘과 땅에 있는 만물이 생겨났으며, 저희 인간 때문에, 저희 구원을 위하여 내려오시어 육이 되시고 인간이 되셨으며, 고난을 겪으시고 사흗날**

42) "빛에서 나신"이라는 말 대신에, E. 슈바르츠가 따르는 두 개의 수기본에는 단지 "모든 시대 이전에 성부로부터 나신"이라는 말만 있다(ACO I, I, 3, 127). 우리는 여기에서 다른 수기본과 고대 번역본에서 발견되는 본문을 인용한다. 본래의 초안을 제공하기 때문이다. 참조: I. Ortiz de Urbina, *Il Simbolo Niceno*, Mardrid, 1947.

τῇ τρίτῃ ἡμέρα ἀνελθόντα εἰς τοὺς οὐρανούς ἐρχόμενον κρῖναι ζῶντας καὶ νεκρούς καὶ εἰς τὸ ἅγιον πνεῦμα.

Τοὺς δὲ λέγοντας· "ἦν ποτε ὅτε οὐκ ἦν", καὶ "πρὶν γεννηθῆναι οὐκ ἦν" καὶ ὅτι ἐξ οὐκ ὄντων ἐγένετο, ἤ ἐξ ἑτέρας ὑποστάσεως ἤ οὐσίας φάσκοντας εἶναι ἤ κτιστὸν ἤ πρεπτὸν ἤ ἀλλοιωτὸν τὸν υἱὸν τοῦ Θεοῦ, ἀναθεματιζει ἡ καθολικὴ ἐκκλησία.

tertia die, et ascendit in caelos, venturus iudicare vivos et mortuos. Et in Spiritum Sanctum.

Eos autem, qui dicunt "Erat, quando non erat" et "Antequam nasceretur, non erat" et "Quod de non exstantibus factus est" vel ex alia substantia aut essentia dicentes aut convertibilem aut demutabilem Deum, hos anathematizat catholica Ecclesia.

Καὶ τὸ αὐτὸ τῶν ρν΄. ἁγίων πατέρων τῶν ἐν Κωνσταντινουπόλει συναχθέντων.

Et idem centum quinquaginta sanctorum patrum qui Constantinopolim congregati sunt.

[DH 150] Πιστεύομεν εἰς ἕνα Θεόν, πατέρα παντοκράτορα, ποιητὴν οὐρανοῦ καὶ γῆς, ὁρατῶν τε παντων καὶ ἀοράτων·

καὶ εἰς ἕνα κύριον Ἰησοῦν Χριστόν, τὸν υἱὸν τοῦ Θεοῦ τὸν μονογενῆ, τὸν ἐκ τοῦ πατρὸς γεννηθέντα πρὸ πάντων τῶν αἰώνων, φῶς ἐκ φωτός, Θεὸν ἀληθινὸν ἐκ Θεοῦ ἀληθινοῦ, γεννηθεντα οὐ ποιηθέντα, ὁμοούσιον τῷ πατρί, δι᾽ οὗ τὰ πάντα ἐγένετο· τὸν δι᾽ ἡμᾶς τοὺς ἀνθρώπους καὶ διὰ τὴν ἡμετέραν σωτεηρίαν κατελθόντα ἐκ τῶν οὐρανῶν καὶ σαρκωθέντα ἐκ πνεύματος ἁγίου καὶ Μαρίας τῆς παρθένου, καὶ ἐνανθρωπήσαντα, σταυρωθέντα τε ὑπὲρ ἡμῶν ἐπὶ Ποντίου Πιλάτου καὶ παθόντα καὶ ταφέντα και ἀναστάντα τῇ τρίτῃ ἡμέρα κατὰ τὰς γραφάς, καὶ ἀνελθόντα εἰς τοὺς οὐρανούς, καὶ καθεζόμενον ἐν δεξιᾶ τοῦ πατρός, καὶ πάλιν ἐρχόμενον μετὰ δόξης, κρῖναι ζῶντας καὶ ᾽εκρούς· οὗ τῆς βασιλείας οὐκ ἔσται τέλος·

[DH 150] Credo in unum Deum, Patrem omnipotentem, factorem caeli et terrae, visibilium omnium et invisibilium.

Et in unum Dominum Iesum Christum, Filium Dei unigenitum, et ex Patre natum ante omnia saecula, Deum de Deo, lumen de lumine, Deum verum de Deo vero, genitum, non factum, consubstantialem Patri: per quem omnia facta sunt; qui propter nos homines et propter no stram salutem descendit de caelis, et incarnatus est de Spiritu Sancto ex Maria virgine, et homo factus est, crucifixus etiam pro nobis sub Pontio Pilato, passus et sepultus est, et resurrexit tertia die secundum Scripturas, et ascendit in caelum, sedet ad dexteram Patris, et iterum venturi est cum gloria, iudicare vivos et mortuos: cuius regni non erit finis.

에 부활하셨으며, 하늘에 올라가시어 산 이와 죽은 이를 심판하러 오시리라 믿나이다. 또한 성령을 믿나이다.

"성자께서 존재하지 않은 때가 있었다", 그리고 "그분은 태어나기 전에 존재하지 않았다", 그리고 "그분은 존재하지 않았던 것에서 생겨났다"라고 말하는 이들을, 또는 하느님의 아드님께서 다른 실체(히포스타시스)나 본질에서 생겨났다거나, 하느님의 아드님께서 창조되었거나 변할 수 있거나 달라질 수 있다고 말하는 이들을 가톨릭교회는 파문한다.

150명의 콘스탄티노폴리스 공의회 교부들의 신경

[DH 150] 한 분이신 하느님, 전능하신 아버지, 하늘과 땅과 유형무형한 만물의 창조주를 저희는 믿나이다.

또한 하느님의 외아들, 한 분이신 주 예수 그리스도, 모든 시대 이전에 성부에게서 나셨으며, 빛에서 나신 빛, 참 하느님에게서 나신 참 하느님, 창조되지 않고 나시어, 성부와 본질이 같으시며, 그분을 통해 만물이 생겨났으며, 저희 인간 때문에, 저희 구원을 위하여 하늘에서 내려오시고 성령과 동정녀 마리아에게서 육이 되시고 인간이 되셨으며, 저희를 위하여 본시오 빌라도 통치 아래서 십자가에 못 박히시고 고난을 겪으시고 묻히셨으며, 성경 말씀에 따라 사흗날에 부활하시고 하늘에 올라가시어 성부 오른편에 앉으시며, 산 이와 죽은 이를 심판하러 영광 속에 다시 오시리니 그분의 나라는 끝이 없으리라 믿나이다.

καὶ εἰς τὸ πνεῦμα τὸ ἅγιον, τὸ κύριον καὶ ζωοποιόν, τὸ ἐκ τοῦ πατρὸς ἐκπορευόμενον, τὸ σὺν πατρὶ καὶ υἱῷ συμπροσκυνούμενον καὶ συνδοξαζόμενον, τὸ λαλῆσαν διὰ τῶν προφητῶν. Εἰς μίαν ἁγιαν καθολικὴν καὶ ἀποστολικὴν ἐκκλησίαν. Ὁμολογοῦμεν ἕν βάπτισμα εἰς ἄφεσιν ἁμαρτιῶν. Προσδοκῶμεν ἀνάστασιν νεκρῶν καὶ ζωὴν τοῦ μέλλοντος αἰῶνος. Ἀμήν.

Et in Spiritum Sanctum, Dominum et vivificantem, qui ex Patre Filioque procedit, qui cum Patre et Filio simul adoratur et conglorificatur, qui locutus est per prophetas. Et unam sanctam catholicam et apostolicam Ecclesiam. Confiteor unum baptisma in remissionem peccatorum. Et exspecto resurrectionem mortuorum, et vitam venturi saeculi. Amen.

[DH 300] Ἤρκει μὲν οὖν εἰς ἐντελῆ τῆς εὐσεβείας ἐπίγνωσίν τε καὶ βεβαίωσιν τὸ σοφὸν καὶ σωτήριον τοῦτο τῆς θείας χάριτος σύμβολον· περί τε γὰρ τοῦ πατρὸς καὶ τοῦ υἱοῦ καὶ τοῦ ἁγίου πνεύματος ἐκδιδάσκει τὸ τέλειον καὶ τοῦ κυρίου τὴν ἐνανθρώπησιν τοῖς πιστῶς δεχομένοις παρίστησιν. Ἀλλ᾽ ἐπειδήπερ οἱ τῆς ἀληθείας ἀθετεῖν ἐπιχειροῦντες τὸ κήρυγμα διὰ τῶν οἰκείων αἱρέσεων τὰς καινοφωνίας ἀπέτεκον, οἱ μὲν τὸ τῆς δι᾽ ἡμᾶς τοῦ κυρίου οἰκονομίας μυστήριον παραφθείρειν τολμήσαντες καὶ τὴν θεοτόκος ἐπὶ τῆς παρθένου φωνὴν ἀπαρνούμενοι, οἱ δὲ σύγχυσιν καὶ κρᾶσιν εἰσάγοντες καὶ μίαν εἶναι φύσιν τῆς σαρκὸς καὶ τῆς θεότητος ἀνοήτως ἀναπλάττοντες καὶ παθητὴν τοῦ μονογενοῦς τὴν θείαν φύσιν τῇ συγχύσει τερατευόμενοι, διὰ τοῦτο πᾶσαν αὐτοῖς ἀποκλεῖσαι κατὰ τῆς ἀληθείας μηχανὴν βουλομένη ἡ παροῦσα νῦν αὕτη ἁγία καὶ μεγάλη καὶ οἰκουμενικὴ σύνοδος, τὸ τοῦ κηρύγματος ἄνωθεν ἀσάλευτον ἐκδιδάσκουσα ὥρισεν προηγουμένως τῶν τιη΄ ἁγίων πατέρων τὴν πίστιν μένειν ἀπαρεγχείρητον. Καὶ διὰ μὲν τοὺς τῷ πνεύματι τῷ ἁγίῳ μαχομένους τὴν χρόνοις ὕστερον παρὰ τῶν ἐπὶ τῆς βασιλευούσης πόλεως ρν΄ συνελθόντων πατέρων περὶ τῆς τοῦ πνεύματος οὐσίας παραδοθεῖσαν διδασκαλίαν κυροῖ, ἣν ἐκεῖνοι πᾶ

[DH 300] Sufficeret quidem ad plenam cognitionem pietatis et confirmationem sapiens hoc et salutare divinae gratiae symbolum; de Patre einim et Filio et Spiritu sancto perfectionem docet et Domini inhumanationem fideliter accipientibus repraesentat. Sed quoniam hi qui veritatis reprobare praedicationem conantur, per proprias haereses novas voces genuerunt, et hi quidem mysterium dispensationis Domini quae propter nos facta est, corrumpere praesumentes **et vocem denegantes qua theotocos de Virgine praedicatur, alii autem confusionem et temperamentum introducentes et unam naturam esse carnis et divinitatis stulte confingentes et passibilem Unigeniti divinam naturam per confusionem prodigiose dicentes, propter hoc illis omnem machinationem contra veritatem volens claudere praesens nunc sancta et magna et universalis synodus praedicationem hanc ab initio inmobilem docens decrevit ante omnia fidem inrecusabilem permanere trecentorum decem et octo sanctorum patrum et doctrinam confirmat quae de substantia Spiritus sancti a patribus centum quinquaginta postea congregatis in regia civitate tradita est propter illos qui Spiritui sancto repugnabant, quam illi**

또한 주님이시며 생명을 주시고, 성부에게서 발하시며, 성부와 성자와 더불어 같은 흠숭과 같은 영광을 받으시고, 예언자들을 통하여 말씀하신 성령을 믿나이다. 하나이고 거룩하며 보편되며 사도로부터 이어오는 교회를 믿나이다. 저희는 죄를 용서하는 하나의 세례를 고백하나이다. 저희는 죽은 이들의 부활과 영원한 삶을 기다리나이다. 아멘.

[DH 300] 올바른 신앙을 완전히 인식하고 견고하게 하기 위해 하느님의 은총에 관한 현명하고 유익한 이 고백으로 충분할 것이다. 왜냐하면 성부와 성자와 성령에 관한 가르침은 완전하고, 이를 경건하게 받아들이는 이들에게 주님의 강생을 서술하기 때문이다. 그러나 진리의 선포를 파기하려 하고, 자신들의 고유한 이단을 통해 공허한 개념들을 퍼뜨리는 이들 가운데 더러는 우리를 위한 주님의 육화 신비를 왜곡하며, 동정녀에 관하여 "하느님의 어머니" 개념을 거부하고, 더러는 혼합과 혼동을 도입하여 육과 신성에 하나의 본성이 있다는 그들의 어리석음으로 잘못 망상하고 외아들의 신성이 혼합으로 고통을 느낄 수 있다고 꾸며 댄다. 그래서 여기에 모인 거룩하고 위대하며 보편적인 이 공의회는 그들에게 진리에 대한 모든 술책을 실현할 수 없게 하려는 의도에서 처음부터 확고한 선포를 가르치며, 특히 318명 거룩한 교부들의 신앙이 침해되지 않고 남아 있도록 결정하였다. 또한 공의회는 성령신성부인론파들에 관해, 얼마 뒤 황제가 주재하는 도시에 모인 교부 150명이 선포한 (성)령의 본질에 관한 가르침도 확언하였다. 교부들은 이전 가르침에 부족한 것을 덧붙여 도입하기 위해서가 아니라, 성령께서 주님이심을 배척하려 한 이들에게 성경의 증언을 토대로 성령에 대한 그들의 견해를 설명하기 위해, 이러한 가르침을 모든 이에

σιν ἐγνώρισαν, οὐχ ὥς τι λεῖπον τοῖ ς προλαβοῦσιν ἐπεισάγὀντες, ἀλλὰ τὴν περὶ τοῦ ἁγίου πνεύματος αὐτῶν ἔννοιαν κατὰ τῶν τὴν αὐτοῦ δεσποτείαν ἀθετεῖ ν πειρωμένων γραφικαῖς μαρτυρίαις τρανώσαντες· διὰ δὲ τοὺς τὸ τῆς οἰκονομίας παραφθείρειν ἐπιχειροῦντας μυστήριον καὶ ψιλὸν ἄνθρωπον εἶναι τὸν ἐκ τῆς ἁγίας παρθένου τεχθέντα Μαρίας ἀναιδῶς ληρῳδοῦντας τὰς τοῦ μακαρίου Κυρίλλου τοῦ τῆς Ἀλεξανδρέων ἐκκλεησίας γενομένου ποιμένος συνοδικὰ ς ἐπιστολὰς πρός τὸν Νεσόριον καὶ πρὸ ς τοὺς τῆς Ἀνατολῆς ἁρμοδίας οὔσας ἐδέξατο εἰς ἔλεγχον μὲν τῆς Νεστορίου φρενοβλαβείας, ἑρμηνείαν δὲ τῶν εὐσεβεῖ ζήλῳ τοῦ σωτηρίου συμβόλου ποθούντων τὴν ἔννοιαν, αἷς καὶ ἐπιστολὴ ν τοῦ τῆς μεγίστεης καὶ πρεσβυτέρας Ῥώμης προέδρου τοῦ μακαριωτάτου καὶ ἁγιωτάτου ἀρχιεπισκόπου Λέοντος, τὴν γραφεῖσαν πρὸς τὸν ἐν ἁγίοις ἀρχιεπίσκοπον Φλαβιανὸν ἐπ᾽ ἀναιρέσει τῆς Εὐτυχοῦς κακονοίας, ἅτε δὴ τῇ τοῦ μεγάλοκυ Πέτρου ὁμολογίᾳ συμβαίνουσαν καὶ κοινήν τινα στήλην ὑπάρχουσαν, κατὰ τῶν κακοδοξούντων εἰκότως συνήρμοσε πρὸς τὴν τῶν ὀρθῶν δογμάτων βεβείωσιν.

Τοῖς τε γὰρ εἰς υἱῶν δυάδα τὸ τῆ ς οἰκονομίας διασπᾶν ἐπιχειροῦσι μυστήριον παρατάττεται καὶ τοὺς παθητὴ ν τοῦ μονογενοῦς λέγειν τολμεῶντας τὴν θεότητα τοῦ τῶν ἱερέων ἀπωθεῖται συλλόγου, καὶ τοῖς ἐπὶ τῶν δύο φύσεων τοῦ Χριστοῦ κρᾶσιν ἢ σύγχυσιν ἐπινοοῦ σιν ἀνθίσταται καὶ τοὺς οὐράνιον ἢ ἑτέρας τινὸς ὑπάρχειν οὐσίας τὴν ἐξ ἡμῶ ν ληφθεῖσαν αὐτῷ τοῦ δούλου μορφὴ ν παράπαίοντας ἐξελαύνει, καὶ τοὺς δύο μὲν πρὸ τῆς ἑνώσεως φύσεις τοῦ κυρίου μυθεύοντας, μίαν δὲ μετὰ τὴν ἕνωσιν ἀναπλάττοντας ἀναθαματίζει

omnibus notam fecerunt non quasi quod aliquid deesset antecedentibus, inferentes, sed de sancto Spiritu intellectum eorum contra illos qui dominationem eius respuere temptaverunt, scripturarum testimoniis declarantes. Propter illos autem qui dispensationis corrumpere conantur mysterium et purum hominem esse illum genitum ex sancta virgine Maria impudenter delirant, epistulas synodicas beati Cyrilli quondam Alexandrinae ecclesiae praesulis ad Nestorium et ad orientales congrue habentes suscepit ad convincendas Nestorii vesanias, interpretationem vero eorum qui salutaris symboli mentem pio zelo nosse desiderant. **Quibus etiam epistulam maximae et senioris urbis Romae praesulis beatissimi et sanctissimi archiepiscopi Leonis quae scripta est ad sanctae memoriae archiepiscopum Flavianum ad perimendam Eutychis malam intellegentiam, consequentissime coaptavit utpote et magni illius Petri confessioni congruentem et communem quandam columnam nobis adversum prava dogmata exsistentem, ad confirmationem rectorum dogmatum.**

His namque qui in duos filios dispensationis divinae mysterium discerpere nituntur, obsistit et illos qui passibilem deitatem Unigeniti ausi sunt dicere, a sacro coetu expellit et his qui in duabus naturis Christi temperamentum aut confusionem exquirunt, resistit et eos qui caelestem aut alterius alicuius esse substantiae dicunt quam ex nobis assumpsit servi formam, ut dementes abigit et qui duas quidem ante unitionem naturas Domini fabulantur, unam vero post unitionem confingunt, anathematizat.

게 알렸다. 공의회는 구원경륜의 신비를 파괴하려 하고, 거룩한 동정녀 마리아에게서 태어난 이가 그저 인간에 불과하다고, 창피한 줄 모르고 함부로 지껄이는 이들에 관해서, 이전에 알렉산드리아의 목자인 복된 치릴로가 어처구니없이 주장하는 네스토리우스를 논박하는데 의견 일치를 이룬 동방 주교들과 네스토리우스에게 보낸 교회회의 서간들을 인가하였다. 그리고 이 서간들은 신심 깊은 열정으로 신경의 의미를 파악하고자 하는 이들에게 구원을 가져다주는 신경의 의미를 설명해 주는 데 적합한 것으로 보인다. 또한 우리는 합당한 이유에서 옛 로마의 위대한 수장인 지극히 복된 거룩한 대주교 레오의 서한도 여기에 첨부하였다. 레오는 이 서한을, 에우티케스의 유설을 없애기 위해 돌아가신 대주교 플라비아누스에게 썼었다. 이 서한에서 레오는 위대한 베드로의 고백과 일치하고 올바른 가르침을 강화하기 위해 이단에 대해 공동의 버팀목을 서술하였다. 공의회는 구원경륜의 신비를 아들들의 이중성으로 나누려고 하는 이들을 반대하며, 외아들의 신성이 고통을 느낄 수 있다고 감히 내세우는 이들을 사제의 친교에서 제명하고, 그리스도의 두 본성이 혼합되고 뒤섞이는 것이라고 날조하는 이들을 반대한다. 또한 그리스도가 우리에게서 취한 종의 모습이 천상적이라거나 어떤 다른 본질이라고 무모하게 내세우는 이들을 추방하고, 주님이 결합되기 전에는 두 본성을 지녔고 결합된 이후에는 한 본성을 지니셨다는 신화로 날조하는 자들을 파문한다.

[DH 301] Ἑπόμενοι τοίνυν τοῖς ἁγίοις πατράσιν, ἕνα καὶ τὸν αὐτὸν ὁμολογεῖν υἱὸν τὸν κύριον ἡμῶν Ἰησοῦν Χριστὸν συμφώνως ἅπαντες ἐκδιδάσκομεν, τέλειον τὸν αὐτὸν ἐν θεότητι καὶ τέλειον τὸν αὐτὸν ἐν ἀνθρωπότητι, Θεὸν ἀληθῶς, καὶ ἄνθρωπον ἀληθῶς τὸν αὐτὸν, ἐκ ψυχῆς λογικῆς καὶ σώματος, ὁμοούσιον τῷ πατρὶ κατὰ τὴν θεότητα καὶ ὁμοούσιον ἡμῖν τὸν αὐτὸν κατὰ τὴν ἀνθρωπότητα, κατὰ πάντα ὅμοιον ἡμῖν χωρὶς ἁμαρτίας·[Hebr 4,15] πρὸ αἰώνων μὲν ἐκ τοῦ πατρὸς γεννηθέντα κατὰ τὴν θεότητα, ἐπ’ ἐσχάτων δὲ τῶν ἡμερῶν τὸν αὐτὸν δι’ ἡμᾶς καὶ διὰ τὴν ἡμετέραν σωτηρίαν ἐκ Μαρίας τῆς παρθένου τῆς θεοτόκου κατὰ τὴν ἀνθρωπότητα·

[DH 302] ἕνα καὶ τὸν αὐτὸν Χριστὸν υἱὸν κύριον μονογενῆ ἐν δύο φύσεσιν ἀσυγχύτως, ἀτρέπτως, ἀδιαιρέτως, ἀχωρίστως γνωριζόμενον, οὐδαμοῦ τῆς τῶν φύσεων διαφορᾶς ἀνηρημένης διὰ τὴν ἕνωσιν, σωζομένης δὲ μαλλον τῆς ἰδιότητος ἑκατέρας φύσεως, καὶ εἰς ἓν πρόσωπον καὶ μίαν ὑπόστασιν συντρεχούσης, οὐκ εἰς δύο πρόσωπα μεριζόμενον ἢ διαιρούμενον, ἀλλ’ ἕνα καὶ τὸν αὐτὸν υἱὸν μονογενῆ Θεὸν λόγον, κύριον Ἰησοῦν Χριστόν, καθάπερ ἄνωθεν οἱ προφῆται περὶ αὐτοῦ καὶ αὐτὸς ἡμᾶς Ἰησοῦς Χριστὸς ἐξεπαίδευσεν, καί τὸ τῶν πατέρων ἡμῖν παραδέδωκε σύμβολον.

[DH 301] Sequentes igitur sanctos patres unum eundemque confiteri Filium dominum nostrum Iesum Christum consonanter omnes docemus eundem perfectum in deitate, eundem perfectum in humanitate, Deum vere et hominem vere eundem ex anima rationali et corpore, consubstantialem Patri secundum deitatem et consubstantialem nobis eundem secundum humanitate, per omnia nobis similem absque peccato[Hebr 4,15], ante saecula quidem de Patre genitum secundum deitatem, in novissimis autem diebus eundem propter nos et propter salutem nostram ex Maria virgine Dei genetrice secundum humanitatem.

[DH 302] unum eundemque Christum Filium dominum unigenitum, in duabus naturis inconfuse, immutabiliter, indivise, inseparabiliter agnoscendum, nusquam sublata differentia naturarum propter unitionem magisque salva proprietate utriusque naturae et in unam personam atque substistentiam concurrente, non in duas personas partitum sive divisum, sed unum et eundem Filium unigenitum Deum Verbum dominum Iesum Christum, sicut ante prophetae de eo et ipse nos Iesus Christus erudivit et patrum nobis symbolum tradidit.

[교의 결정]

[DH 301] **우리는 모두 거룩한 교부들을 따라 일치된 마음으로 우리 주 예수 그리스도를 한 분이시고 같은 성자이심을 고백하도록 가르친다. 바로 그분은 신성에서 완전하시고 같은 분이 인성에서 완전하시며, 같은 분이 참으로 하느님이시고 이성적 영혼과 육체로 이루어진 참으로 인간이시나이다. 같은 분이 신성에 따라서는 성부와 본질이 같으시고 인성에 따라서는 우리와 본질이 같으시며, 죄 말고는 모든 점에서 우리와 같으시나이다**(히브 4,15 참조). **같은 분이 한편으로는 신성에 따라 시대 전에 아버지에게서 나시고, 다른 편으로는 인성에 따라 마지막 날에 우리를 위해, 우리의 구원을 위해 동정녀**(이시고) **하느님의 어머니이신 마리아에게서 태어나셨나이다.**

[DH 302] **한 분이시고 같은 분이 그리스도, 외아들, 주님이시며, 두 본성 안에서**[43] **혼합되지 않으시고 변화되지 않으시며 분리되지 않으시고 나뉘지 않으시는 분으로 인식되며, 이 외에도 결합으로 인해 본성들의 구별이 없어지지 않으시고, 오히려 두 본성의 각 속성이 보존되며, 하나의 위격과 하나의 히포스타시스로 결합되시나이다. 외아들이시며, 하느님이시고, 말씀이신, 주 예수 그리스도께서는 두 위격으로 나뉘거나 분리되지 않으시며, 이전에 예언자들이 그분에 관해 그리고 예수 그리스도 친히 우리에게 가르치신 바와 같이, 그리고 교부들의 신앙고백이 우리에게 전해 주었듯이 한 분이시고 같은 분이시나이다.**[44]

---

43) Labbe–Cossart, Hardouin, Mansi의 고대 공의회 모음집에는 "εκ δυο πυσεον" 곧 "두 본성으로"라는 말로 표현되어 있다. 이 구절은 단지 두 개의 그리스어 수기본에 의지한다. 슈바르츠가 넘겨받은 다른 구절, 곧 "εν δυο πυσεσιν" 곧 "두 본성 안에서"라는 구절은 더 나은 Codex M에 의지한다. 10개의 다른 수기본과 마찬가지로 고대 라틴어 역본은 이것을 따른다(in duabus naturis). 팔레스티나의 에우티미우스 주교와 안티오키아의 세베루스 주교와, "De Sectis"의 저자인 학자 에바그리우스와 같은 고대 증인들은 이것을 대변해 준다. 그 진정성은 논란의 여지가 없으며, 칼케돈 공의회에서 이루어진 토론들의 맥락을 통해 더욱 증명된다(위의 192–196면 참조). "두 본성으로"라는 말은 에우티케스의 의미에서 이해될 수 있었다. 그에 반하여 "두 본성 안에"라는 말은 레오 대 교황의 가르침에 부합하며, 모든 모호성을 배제한다. 참조: I. Ortiz de Urbina, *Chalkedon* I, 391. 각주 4.

44) DH 302.

[DH 303] Τούτων τοίνυν μετὰ πάσης [πανταχόθεν] ἀκριβείας τε καὶ ἐμμελείας παρ᾽ ἡμῶν διατυπωθέντων, ὥρισεν ἡ ἁγία καὶ οἰκουμενικὴ σύνοδος, ἑτέραν πίστιν μηδενὶ ἐξεῖναι προφέρειν, ἤ γοῦν συγγράφειν ἢ συντιθέναι, ἢ φρονεῖν διδάσκειν ἢ ἑτέρως· τοὺς δὲ τολμῶντας ἢ συντιθέναι πίστιν ἑτέραν ἢ γοῦν προκομίζειν ἢ διδάσκειν, ἢ παραδιδόναι ἕτερον σύμβολον τοῖς ἐθέλουσιν ἐπιστρέφειν εἰς ἐπίγνωσιν τῆς ἀληθείας ἐξ ἑλληνισμοῦ ἢ ἐξ ἰουδαϊσμοῦ ἢ γοῦν ἐξ αἱρέσεως οἱασδηποτουν, τούτους εἰ μὲν εἶεν ἐπίσκοποι ἢ κληρικοί, ἀλλοτρίους εἶναι τοῦς ἐπισκόπους τῆς ἐπισκοπῆς καὶ τούς κληρικοὺς τοῦ κλήρου· εἰ δὲ μονάζοντες ἢ λαϊκκκοὶ εἶεν, ἀναθεματίζεσθαι.

[DH 303] His igitur cum omni undique scrupulositate et diligentia a nobis dispositis definivit sancta et universalis synodus alteram fidem nulli licere proferre vel conscribere aut conponere aut sentire aut docere aliter; eos autem qui ausi sunt aut conponere fidem alteram aut certe proferre aut docere aut tradere alterum symbolum volentibus vel ex gentilitate ad agnitionem veritatis vel ex Iudaeis vel ex haeresi quacumque converti, hos, si episcopi fuerint aut clerici, alienos esse episcopos ab episcopatu et clericos a clero, si vero monachi aut laici fuerint, anathematizari.

X.

X.

1. Τοὺς παρὰ τῶν ἁγίων πατέρων καθ᾽ ἑκάστην σύνοδον ἄχρι τοῦ νῦν ἐκτεθέντας κανόνας κρατεῖν ἐδικαιώσαμεν.

I. Regulas sanctorum patrum per singula nunc usque concilia constitutas proprium robur obtinere decrevimus.

2. Εἴ τις ἐπίσκοπος ἐπὶ χρήμασι χειροτονίαν ποιήσοιτο καὶ εἰς πρᾶσιν καταγάγοι τὴν ἄπρατον χάριν, καὶ χειροτονήσοι ἐπὶ χρήμασιν ἐπίσκοπον ἤ χωρεπίσκοπον ἤ πρεσβύτερον ἤ διάκονον ἤ ἕτερόν τινα τῶν ἐν τῷ κλήρῳ καταριθμουμένων, ἤ προβάλοιτο ἐπὶ χρήμασιν οἰκονόμον

II. Si quis episcopus ob pecuniam fecerit ordinationem et sub pretio redegerit gratiam, quae non potest venundari, ordinaveritque per pecunias episcopum aut presbyterum seu diaconum vel quemlibet ex his, qui connumerantur in clero, aut promoverit per pecunias dispensatorem aut defensorem vel

[DH 303][인준] **따라서 우리는 이를 모든 점에서 매우 주의 깊고 적절하게 확정하였기에 거룩한 세계공의회는 어느 누구도 다른 신앙을 제안하고 기록하고 작성하거나 달리 생각하고 가르쳐서는 안 된다고 결정하였다.** 그러나 어느 누가 감히 다른 신앙을 만들거나, 이교도나 유다교나 그 밖에도 이단에서 진리의 인식을 위해 개종하기를 원하는 사람들에게 다른 신경을 제시하거나 가르치거나 넘겨준다면, 그는 다음과 같은 처벌을 받아야 할 것이다. 그가 주교나 성직자라면, 주교는 그의 주교직에서, 성직자는 그의 성직에서 제명되어야 할 것이다. 그가 수도자나 평신도라면 파문될 것이다.

X.

칼케돈 공의회 규정[45)]

제1조. 우리는 지금까지 거룩한 교부들에 의해 모든 공의회에서 공포된 규정들이 계속해서 그 효력을 가져야 한다고 결정하였다.

제2조. 어떤 주교가 돈을 받고 서품을 주고, 팔 수 없는 은총을 거래했다면, 그리고 〈그가〉 돈을 받고 주교와 지역 주교, 신부, 부제나 성직자에 속하는 이들 가운데 누군가를 서품하거나 경리담당자와 변호사,

45) ACO II, I, 2, 158-163. 프랑스어 역본은 다음의 책에 있다. Hefele-Leclercq, Histoire des Conciles II B, 770-818.

ἢ ἔκδικον ἢ παραμονάριον ἢ ὅλως τινὰ τοῦ κανόνος δι᾽ αἰσχροκέρδειαν οἰκείαν, ὁ τοῦτο ἐπιχειρήσας ἐλεγχθεὶς κινδυνευέτω εἰς τὸν οἰκεῖον βαθμὸν καὶ ὁ χειροτονούμενος μηδὲν ἐκ τῆς κατ᾽ ἐμπορίαν ὠφελείσθω χειροτονίας ἢ προβολῆς, ἀλλ᾽ ἔστω ἀλλότριος τῆς ἀξίας ἢ τοῦ φροντίσματος, οὗπερ ἐπὶ χρήμασιν ἔτυχεν. Εἰ δέ τις καὶ μεσιτεύων φανείη τοῖς οὕτως αἰσχροῖς καὶ ἀθεμίτοις λήμμασι, καὶ οὗτος εἰ μὲν κληρικὸς εἴη, τοῦ οἰκείου ἐκπιπτέτω βαθμοῦ, εἰ δὲ λαϊκὸς ἢ μονάχός, ἀναθεματιζέσθω.

3. Ἦλθεν εἰς τὴν ἁγίαν σύνοδον ὅτι τῶν ἐν τῷ κλήρῳ κατειλεγμένων τινὲς δι᾽ αἰσχροκέρδίαν ἀλλοτρίων κτημάτων γίνονται μισθωταὶ καὶ πράγματα κοσμικὰ ἐργολαμβάνουσι, τῆς μὲν τοῦ θεοῦ λειτουργίας καταραθυμοῦντες, τοὺς δὲ τῶν κοσμικῶν ὑποτρέχοντες οἴκους καὶ οὐσιῶν χειρισμοὺς ἀναδεχόμενοι διὰ φιλαργυρίαν. Ὥρισεν τοίνυν ἡ ἁγία καὶ μεγάλη σύνοδος μηδένα τοῦ λοιποῦ, μὴ ἐπισκοπον μὴ κληρικὸν μὴ μονάζοντα, ἢ μισθοῦσθαι κτήματα ἢ πραγμάτων κοσμικῶν παρεισάγειν ἑαυτὸν διοικητήν, πλὴν εἰ μηπου ἐκ νόμων καλοῖτο εἰς ἀφηλίκων ἀπαραίτητον ἐπιτροπὴ,ν ἢ ὁ τῆς πόλεως ἐπίσκοπος ἐκκλεησιαστικῶν ἐπιτρέψοι φροντίζειν πραγμάτων, ἢ ὀρφανῶν καὶ χηρῶν ἀπρονοήτων καὶ τῶν προσώπων τῶν μάλιστα τῆς ἐκκλησιαστικῆς δεομένων βοηθείας, διὰ τὸν φόβον τοῦ κυρίου. Εἰ δέ τις παραβαίνειν τὰ ὡρισμένα τοῦ λοιποῦ ἐπιχειρήσοι, ὁ τοιοῦτος ἐκκλησιαστικοῖς ὑποκείσθω ἐπιτιμίοις.

quemquam, qui subiectus est regulae, pro suo turpissimi lucri commodo: is, cui hoc adtemptanti probatum fuerit, proprii gradus periculo subiacebit, et qui ordinatus est, nihil ex hac ordinatione vel promotione, quae est per negotiationem facta, proficiat. Sed sit alienus ea dignitate vel sollicitudine, quam per pecunias adquisivit. Si quis vero mediator tam turpibus et nefandis datis vel acceptis exstiterit, si quidem clericus fuerit, proprio gradu decidat, si vero laicus aut monachus anathematizetur.

III. Pervenit ad sanctam synodum, quod quidam qui in clero videntur allecti, propter lucra turpia conductores alienarum possessionum fiant et saecularia negotia sub cura sua suscipiant, Dei quidem ministerium parvipendentes, saecularium vero discurrentes domos, propter avaritiam patrimoniorum sollicitudines assumentes. Decrevit itaque sanctum hoc magnumque concilium, nullum deinceps, non episcopum non clericum vel monachum, aut possessiones conducere aut negotiis saecularibus sese miscere, praeter pupillorum, si forte curam inexcusabilem leges inponant, aut civitatis episcopus ecclesiasticarum rerum sollicitudinem habere praecipiat, aut orphanorum et viduarum earumque, quae sine ulla provisione sunt, personarum, quae maxime ecclesiastico indigent adiutorio, propter timorem Domini causa deposcat. Si quis autem transgredi de cetero statuta temptaverit, huiusmodi ecclesiasticis increpationibus subiacebit.

교회 관리인이나 일반적으로 법규를 따라야 하는 누군가를 파렴치한 욕심에서 승진시켰다면, 그에게 이러한 시도가 있었다는 것이 입증되었을 경우, 그의 고유한 직책은 위험에 처해져야 된다. 이렇게 서품된 사람은 거래를 통해 얻은 서품이나 승진에서 어떠한 이득을 취하지 말아야 하며, 돈으로 획득한 지위와 직책에서 면직되어야 한다. 그렇게 부정하고 비열한 매매행위에 중개업자가 있을 경우, 그가 성직자라면 그도 자신의 직책을 잃어야 한다. 평신도와 수도자라면 파문되어야 한다.[46]

제3조. 몇몇 성직자에 속하는 사람들이 추한 소유욕으로 남의 소유 재산을 독점하고 세속적인 직업을 넘겨받는다는 소식이 거룩한 공의회에 들려왔다. 그들은 그렇게 예배를 소홀히 하는 반면, 세속인의 집들을 자주 들리며 돈에 대한 욕심에 재산 관리일을 넘겨받고 있다는 것이다. 그러므로 거룩하고 위대한 공의회는, 앞으로 주교나 성직자나 수도자가 재산을 임대하거나 세속적인 직업을 맡거나 세속적인 재산 관리일을 넘겨받아서는 안 된다고 결정하였다. 예외의 경우는 다음의 경우에만 해당된다. 어느 누가 법률에 의해 미성년자의 후견을 맡을 책임이 있는 경우, 그 도시의 주교가 하느님께 대한 경외심 때문에, 교회 일이나, 방어할 능력이 없는 과부나 고아를 돌보기 위해서나, 특별히 교회의 보호를 필요로 하는 사람을 위해서 누군가에게 그 일을 맡기는 경우이다. 만약 앞으로 어느 누가 이 규정을 위반하는 경우, 그에 대한 교회의 처벌이 내려져야 할 것이다.

46) **DH** 304.

4. Οἱ ἀληθινῶς καὶ εἰλικρινῶς τὸν μονήρη μετιόντες βίον τῆς προσηκούσης ἀξιούσθωσαν τιμῆς· Ἐπειδὴ δὲ τινὲς τῷ μοναχικῷ κεχρημένοι προσχήματι, τάς τε ἐκκλησίας καὶ τὰ πολιτικὰ ταράσσουσι πράγματα, περιιόντες ἀδιαφόρως ἐν ταῖς πόλεσιν, οὐ μὴν ἀλλὰ καὶ μοναστήρια ἑαυτοῖς συνιστᾶν ἐπιτηδεύοντες, ἔδοξε μηδένα μεδαμοῦ οἰκοδομεῖν μηδὲ συνιστᾶν μοναστήριον ἢ εὐκτήριον οἶκον παρὰ γνώμην τοῦ τῆς πόλεως ἐπισκόπου. Τοὺς δὲ καθ᾽ ἑκάστην πόλιν καὶ χώραν μονάζοντας ὑποτετάχθαι τῷ ἐπισκόπῳ, καὶ τὴν ἡσυχίαν ἀσπάζεσθαι, καὶ προσέχειν μόνῃ τῇ νηστείᾳ καὶ τῇ προσευχῇ, ἐν οἷς τόποις ἀπετάξαντο, προσκαρτεροῦντες, μήτε δὲ ἐκκλησιαστικοῖς μήτε βιωτικοῖς παρενοχλεῖν πράγμασιν ἢ ἐπικοινωνεῖν, καταλιμπάνοντας τὰ ἴδια μοναστήρια, εἰ μή ποτε ἄρα ἐπιτραποῖεν διὰ χρείαν ἀναγκαίαν ὑπὸ τοῦ τῆς πόλεως ἐπισκόπου. Μηδένα δὲ προσδέχεσθαι ἐν τοῖς μοναστηρίοις δοῦλον ἐπὶ τὸ μονάσαι παρὰ γνώμην τοῦ ἰδίου δεσπότου. Τὸν δὲ παραβαίνοντα τοῦτον ἡμῶν τὸν ὅρον ὡρίσαμεν ἀκοινώνητον εἶναι, ἵνα μὴ τὸ ὄνομα τοῦ θεοῦ βλασφημῆται. Τὸν μέντοι ἐπίσκοπον τῆς πόλεως χρὴ τὴν δέουσαν πρόνοιαν ποιεῖσθαι τῶν μοναστηρίων.

IV. Qui vere et sincere singularem sectantur vitam, conpetenti honore digni habeantur. Quoniam vero quidam utentes habitu monachi ecclesiastica negotia civiliaque conturbent, circumenuntes indifferenter urbes necnon et monasteria sibi instituere praesumentes, placuit nullum quidem usquam aedificare aut constituere monasterium vel oratorii donum praeter conscientiam civitatis episcopi. Monachos vero per unamquamque civitatem aut regionem subiectos esse episcopo et quitem diligere et intentos esse tantummodo ieiunio et orationi, in locis, quibus renuntiaverunt saeculo, permanentes. Nec ecclesiasticis vero nec saecularibus negotiis communicent, vel in aliquo sint molesti propria monasteria deserentes, nisi forte his praecipiatur propter opus necessarium ab episcopo civitais. Nullum vero recipere in monasteriis servum obtentu monachi, praeter sui domini conscientiam. Transgredientem vero hanc definitionem nostram, excommuncatum esse decrevimus, ne nomen Dei blasphemetur. Verum tamen episcopum convenit civitatis conpetentem monasteriorum providentiam gerere.

5. Περὶ τῶν μεταβαινόντων ἀπὸ πόλεως εἰς πόλιν ἐπισκόπων ἢ κληρικῶν ἔδοξε τοὺς περὶ τούτων τεθέντας κανόνας παρὰ τῶν ἁγίων πατέρων τὴν ἰδίαν ἔχειν ἰσχύν.

V. De his, qui transmigrant de civitate in civitatem episcopis aut clericis, placuit ut canones, qui de hac re a sanctis patribus statuti sunt, habeant propriam firmitatem.

6. Μηδένα ἀπολελυμένως χειροτονεῖσθαι μήτε πρεσβύτερον, μήτε διάκονον, μήτε ὅλως τινὰ τῶν ἐν τῷ ἐκκλησιαστικῷ τάγματι, εἰ μὴ ἰδικῶς ἐν ἐκκλεησίᾳ πόλεως ἢ κώμης ἢ μαρτυρίῳ ἢ μοναστηρίῳ ὁ χειροτονούμενος ἐπικηρύττοιτο. Τοὺς δὲ ἀπολύτως χειροτονουμένους ὥρισεν ἡ ἁγία σύνοδος ἄκυρον ἔχειν τὴν τοιαύτην χειροθεσίαν καὶ μηδαμοῦ δύνασθαι ἐνεργεῖν ἐφ᾽ ὕβρει τοῦ χειροτονήσαντος.

VI. Nullum absolute ordinari debere presbyterum aut diaconum nec quemlibet in gradu ecclesiastico, nisi specialiter ecclesiae civitatis aut possessionis aut martyrii aut monasterii qui ordinandus est pronuntietur. Qui vero absolute ordinantur, decrevit sancta synodus, irritam esse huiusce modi manus inpositionem, et nusquam posse ministrare, ad ordinantis iniuriam.

제4조. 실제로 성실하게 수도자의 삶을 사는 사람들은 마땅한 존중을 받아야 할 것이다. 그러나 수도생활을 핑계로 교회와 국가의 일들에 혼란을 야기시키고, 주책없이 도시들을 떠돌아다니며, 심지어 자신을 위해 개인적으로 수도원을 세우려는 수도자들이 많이 있다. 그러므로 공의회는 어느 누구도 어디에서나 그 도시의 주교의 승인 없이 수도원이나 기도원을 짓거나 세워서는 안 된다고 결정하였다. 또한 모든 도시와 모든 지방의 수도자들은 그 주교에게 순종해야 한다. 수도자들은 은둔 생활을 사랑하고, 단지 단식과 기도에만 헌신하며, 그들에게 배정된 곳에 머물러야 한다. 수도자들은 또한 교회 일이나 세상 일에 폐를 끼치거나 관여하거나 이러한 목적으로 그들의 수도원을 떠나서는 안 된다. 단, 그 도시의 주교가 긴급한 이유로 그들에게 그 일을 맡기는 경우는 예외이다. 또한 한 수도원에서 어떠한 노예도 자신의 주인의 승낙 없이 수도생활을 하도록 허용되어서는 안 된다. 또한 어느 누가 우리의 이 규정을 위반한다면, 우리의 결정에 따라 교회에서 제명되어야 할 것이다. 이는 주님의 이름을 욕되게 하지 않기 위해서이다. 그 밖에도 주교는 수도원들을 적절하게 감독하길 바란다.

제5조. 한 도시에서 다른 도시로 이전하는 주교들과 성직자들과 관련하여, 거룩한 교부들에 의해 이와 관련하여 반포된 규정들은 계속해서 그 효력을 가져야 한다고 결정이 내려졌다.

제6조. 서품을 받을 사람이 한 도시 공동체나 지방 공동체 또는 순교자 경당이나 한 수도원에 명시적으로 배속되어 있지 않다면, 어떠한 구속됨이 없이 사제나 부제나 혹은 다른 어떤 교회직무를 맡는 사람으로 서품을 받아서는 안 된다. 공의회는 모든 "구속되지 않은" 서품들은 무효이어야 하며, 그렇게 서품을 받은 이들은 그들에게 서품을 준 이에게 욕보이지 않도록 어떠한 직무도 행사해서는 안 된다.

7. Τοὺς ἅπαξ ἐν κλήρῳ τεταγμένους ἤ μονάσαντας ὡρίσαμεν μήτε ἐπὶ στρατείαν μήτε ἐπὶ ἀξίαν κοσμικὴν ἔρχεσθαι, ἤ τοὺς τοῦτο τολμήσαντας καὶ μὴ μεταμελουμένους, ὥστε ἐπιστρέψαι ἐπὶ τοῦτο, ὅ διὰ θεὸν πρότερον εἵλοντο, ἀναθεματίζεσθαι.

VII. Qui semle in clero deputati sunt aut monachorum vitam expetiverunt, statuimus, neque ad militiam neque ad dignitatem aliquam venire mundanam aut, hoc temptantes et non agentes poenitentiam, ut redeant ad hoc, quod propter Deum prius elegerunt, anathematizari.

8. Οἱ κληρικοὶ τῶν πτωχείων καὶ μοναστηρίων καὶ μαρτυρίων ὑπὸ τῶν ἐξουσίαν τῶν ἐν ἑκάστῃ πόλει ἐπισκόπων κατὰ τὴν τῶν ἁγίων πατέρων παράδοσιν διαμενέτωσαν καὶ μὴ κατὰ αὐθάδειαν ἀφηνιάτωσαν τοῦ ἰδίου ἐπισκόπου. Οἱ δὲ τολμῶντες ἀνατρέπειν τὴν τοιαύτην διατύπωσιν καθ᾽ οἱονδήποτε τρόπον καὶ μὴ ὑποτασσόμενοι τῷ ἰδίῳ ἐπισκόπῳ, εἰ μὲν εἶεν κλεηρικοί, τοῖς τῶν κανόνων ὑποκείσθωσαν ἐπιτιμίοις· εἰ δὲ μονάζοντες ἤ λαϊκοί, ἔστωσαν ἀκοινώνητοι.

VIII. Clerici, qui praeficiuntur ptochiis vel qui ordinantur in monasteriis et basilicis martyrum, sub episcoporum, qui in uanquaque civitate sunt secundum sanctorum patrum traditiones, potestate permaneant, nec per contumaciam ab episcopo suo dissiliant. Qui vero audent evertere huiusmodi formam quocumque modo nec proprio subiciuntur episcopo, si quidem clerici sint, canonum correptionibus subiacebunt, si vero laici vel monachi fuerint, communione priventur.

9. Ει" τις κληρικὸς πρὸς κληρικὸν πρᾶγμα ἔχοι, μὴ καταλιμπανέτω τὸν οἰκεῖον ἐπίσκοπον καὶ ἐπὶ κοσμικὰ δικαστήρια κατατρεχέτω, ἀλλὰ πρότερον, τὴν ὑπόθεσιν γυμναζέτω παρὰ τῷ ἰδίῳ ἐπισκόπῳ ἤ γοῦν γνώμῃ αὐτοῦ τοῦ ἐπισκόπου, παρ᾽ οἷς ἄν τὰ ἀμφότερα μέρη βούλωνται, τὰ τῆς δίκης συγκροτεῖσθαι· εἰ δέ τις παρὰ ταῦτα ποιήσοι, κανονικοῖς ἐπιτιμίοις ὑποκείσθω. Εἰ δὲ καὶ κληρικὸς πρᾶγμα ἔχοι πρὸς τὸν ἴδιον ἤ και πρός ἕτερον ἐπισκοπον, παρὰ τῇ συνόδῳ τῆς ἐπαρχίας δικαζέσθω. Εἰ δὲ πρὸς τὸν τῆς αὐτῆς ἐπαρχίας μητροπλίτην ἐπισκοπος ἤ κληρικὸς ἀμφισβητοίη, καταλαμβανέτω ἤ τὸν ἔξαρχον τῆς διοικήσεως ἤ τὸν τῆς βασιλευοὺσης κωνσταντινουπλεως θρόνον, καὶ ἐπ᾽ αὐτὸν δικαζέσθω.

IX. Si quis clericus adversum clericum habet negotium, non deserat episcopum proprium et ad saecularia percurrat iudicia, sed prius actio ventiletur apud episcopum proprium vel certe consilio eiusdem episcopi, apud quos utraeque partes voluerint, iudicium continebunt. Si quis autem praeter haec fecerit, canonicis correptionibus subiacebit. Quod si clericus habet causam adversus episcopum proprium vel adversus alterum, apud synodum provinciae iudicetur. Quod si adversus eiusdem provinciae metropolitanum episcopus vel clericus habet querelam, petat primatem dioeceseos aut sedem regiae urbis Constantinopolis et apud ipsam iudicetur.

10. Μὴ ἐξεῖναι κληρικὸν ἐν δύο πολεων κατὰ ταὐτὸν κατατάττεσθαι ἐκκλησίαις, ἐν ᾗ τε τὴν ἀρχὴν ἐχειροτονήθη καὶ ἐν ᾗ προσέφυγεν, ὡς μείζονι δῆθεν, διὰ δόξης κενῆς ἐπιθυμίαν· τοὺς δέ γε τοῦτο ποιοῦ

X. Non licere clericum in duarum civitatum simul pronuntiari ecclesiis, et in qua initio ordinatus est et ad quam confugit, quasi ad potiorem, ob inanis gloriae cupiditatem: hoc autem facientes revocari debere ad

제7조. 어느 누가 성직에 오르도록 허용되었거나 수도자가 되었다면 군복무를 해서는 안 되며, 어떠한 종류의 시민의 지위를 받아들여서는 안 된다. 그럼에도 감히 그렇게 하고 후회하지 않으며, 그들이 하느님 때문에 선택한 그 신분을 떠나는 사람들은 파문될 것이다.

제8조. 빈민소와 수도원과 순교자 경당의 성직자들은 거룩한 교부들의 전승에 따라 해당 도시의 주교의 권한 아래에 머물러 있어야 하며, 자신의 고집으로 그들의 주교에게 폐를 끼쳐서는 안 된다. 어느 누가 어떻게든지 위의 규정을 위반하고, 자신의 주교에게 순종하지 않는다면, 그 사람이 성직자일 경우 교회법적인 처벌을 받아야 할 것이다. 만약 그가 수도나자 평신도라면, 파문될 것이다.

제9조. 한 성직자가 다른 성직자와 법적인 논쟁을 벌이게 되면, 그는 자신의 주교를 무시하고 세속 법정으로 도피해서는 안 된다. 오히려 그는 먼저 그 사안을 자신의 주교에게 알려야 하며, 두 당사자가 그 사안을 맡기기를 원하는 이들의 동의를 받아야 한다. 만일 어느 누가 이 규정을 위반한다면 그에게는 교회법적 처벌이 내려져야 할 것이다. 한 성직자가 자신의 주교나 다른 주교를 상대로 소송하게 되면, 그는 관구 교회회의를 통해서 판결을 받아야 한다. 한 주교나 성직자가 자신의 관구의 수도대주교를 상대로 소송하게 되면, 그는 행정구의 관구들이나 황제의 도시인 콘스탄티노폴리스의 주교좌에 그 일의 처리를 위임하여 그곳에서 판결을 받아야 한다.

제10조. 한 성직자가 두 도시의 교회, 곧 본래 그곳을 위해서 서품을 받은 그 도시의 교회와, 다른 도시가 더 크기 때문에 덧없는 명예욕으로 가게 된 다른 도시의 교회에 동시에 임명을 받는 것은 허용되어 있지 않다. 만약 어느 누가 그렇게 행한다면, 그가 본래 그곳을 위해서 서

ντας ἀποκαθίστᾶν τῇ ἰδίᾳ ἐκκλησίᾳ, έν ᾗ ἐξ ἀρχῆς ἐχειροτονήθησαν, καὶ ἐκεῖ μόνον λειτουργεῖν. Εἰ μέντοι ἤδη τις μετηνέχθησαν ἐξ ἄλλης εἰς ἄλλην ἐκκλησίαν, μηδὲν τοῖς τῆς προτέρας ἐκκλησίας, ἤτοι τῶν ὑπ' αὐτῇ μαρτυρίων ἤ πτωχείων ἤ ξενοδοχείων, ἐπικοινωνεῖν πράγμασι. Τοὺς δὲ τολμῶντας μετὰ τὸν ὅρον τῦτον τῆς μεγάλης καὶ οἰκουμενικῆς ταύτης συνόδου πράττειν τι τῶν νῦν ἀπηγορευμένων, ὥρισεν ἡ ἁγία σύνοδος ἐκπίπτειν τοῦ οἰκείου βαθμοῦ.

suam ecclesiam, in qua initio ordinati sunt et ibi tantummodo ministrare. Si vero iam quis translatus est ex alia in aliam ecclesiam, nihil prioris ecclesiae aut sub ea martyrum aut pauperum commorationis aut xenodochiorum rebus omnino communicet. Eos vero qui ausi fuerint post definitionem magnae et universalis huius synodi quicquam ex his quae sunt prohibita perpetrare, decrevit sancta synodus proprio huiusmodi gradu recidere.

11. Πάντας τοὺς πένητας καὶ δεομένους ἐπικουρίας μετὰ δοκιμασίας ἐπιστολίοις ἤγουν εἰρηνικοῖς ἐκκλησιαστικοῖς μόνοις ὁδεύειν ὡρίσαμεν καὶ μὴ συστατικοῖς, διὰ τὸ τὰς συστατικὰς ἐπιστολὰς προσήκειν τοῖς οὖσιν ἐν ὑπολήψει μόνοις παρέχεσθαι προσώποις.

XI. Omnes pauperes et indigentes auxilio, cum proficiscuntur, sub probatione epistolis ecclesiasticis pacificis tantummodo commendari decrevimus, et non commendaticiis litteris, propterea quod commendaticiae litterae personis honoratioribus solummodo conceduntur.

12. Ἦλθεν εἰς ἡμᾶς ὡς τινὲς παρὰ τοὺς ἐκκλησιαστικοὺς θεσμοὺς προσδραμόντες δυναστείαις διὰ πραγματικῶν τὴν μίαν ἐπαρχίαν εἰς δύο κατέτεμον, ὡς ἐκ τούτου δύο μητροπολίτας εἶναι ἐν τῇ αὐτῇ ἐπαρχίᾳ. Ὥρισε τοίνυν ἡ ἁγία σύνοδος τοῦ λοιποῦ μηδὲν τοιοῦτο τολμᾶσθαι παρὰ ἐπισκόπου, ἐπεὶ τὸν τοῦτο ἐπιχειροῦντα ἐκπίπτειν τοῦ οἰκείου βαθμοῦ. Ὅσαι δὲ ἤδη διὰ γραμμάτων βασιλικῶν τῷ τῆς μητροπόλεως ἐτιμήθησαν ὀνὸματι, μόνης ἀπολαυέτωσαν τῆς τιμῆς καὶ ὁ τὴν ἐκκλησίαν αὐτῆς διοικῶν ἐπίσκοπος, δηλονότι σῳζομένων τῇ κατὰ ἀλήθειαν μητροπολει τῶν οἰκείων δικαίων.

XII. Pervenit ad nos, quod quidam praeter ecclesiastica statuta facientes convolarunt ad potestates et per pragmaticam formam in duo unam provinciam diviserunt, ita ut ex hoc facto duo metropolitani esse videantur in una provincia. Statuit ergo sancta synodus de reliquo nihil ab episcopis tale temptari, alioquin qui hoc adnisus fuerit, amissioni gradus proprii subiacebit. Quaecumque vero civitates litteris imperialibus metropolitani nominis honore subnixae sunt, honore tantummodo perfrunantur, et qui ecclesaim eius gubernat episcopus, salvis scilicet verae metropolis privilegiis suis.

13. Ζένους κληρικοὺς καὶ ἀναγνώστας ἐν ἑτέρᾳ πόλει δίχα συστατικῶν γραμμάτων τοῦ ἰδίου ἐπισκόπου μηδὲ ὅλως μηδαμοῦ λειτουργεῖν.

XIII. Peregrinos clericos et lectores in alia civitate praeter commendaticias litteras sui episcopi nusquam penitus ministrare debere.

품을 받은 교회로 되돌아가야 할 것이다. 그리고 그는 거기에서만 자신의 직무를 수행할 수 있다. 그러나 누군가 한 교회에서 다른 교회로 이미 옮겨갔다면, 그는 첫 번째 교회의 사안에 결코 관여해서는 안 되며, 마찬가지로, 이 교회에 속한 순교자 경당과 빈민소와 순례자 숙박 수도원의 일에 관여해서는 안 된다. 누가 이 위대하고 거룩한 공의회의 교령이 반포된 후, 그 교령에서 금지된 것을 감히 행하려 한다면, 그는 공의회의 결정에 따라 그의 지위를 잃게 될 것이다.

제11조. 모든 가난한 사람들과 도움을 필요로 하는 사람들은 그에 상응한 조사를 받은 후 그들이 여행을 가기 위해 교회의 통행 허가증 혹은 친서(親書)를 받아야 할 것이다. 그러나 추천서만을 그들에게 나누어 주어서는 안 된다. 이 추천서는 오로지 평판이 좋은 사람들에게만 주어질 수 있기 때문이다.

제12조. 몇몇 사람들이 한 관구에 두 명의 수도대주교가 있도록, 황제의 명령으로 한 관구를 두 지역으로 나누게 하기 위해 교회법에 반대하여 세력가들에게 이의를 제기한다는 소식이 우리에게 들려왔다. 따라서 거룩한 공의회는 앞으로 어떤 주교도 감히 그렇게 행하여서는 안 된다고 결정하였다. 그러나 어느 누가 그렇게 행하였을 경우, 그의 직무는 해제될 것이다. 그런데 이미 황제의 서한으로 수도라는 칭호를 지녀도 되는 명예가 주어진 도시들은 그 도시를 관리하는 주교와 마찬가지로 명예의 칭호에 만족해야 할 것이다. 그러나 고유한 권한은 실제 수도에 유보되어 있다.

제13조. 외국인 성직자들과 독서자들은 자신의 주교의 추천서 없이는 어떠한 경우에도 자신의 도시 이외의 다른 도시에서 자신의 직무를 행사해서는 안 된다.

14. Ἐπειδὴ ἔν τισιν ἐπαρχίαις συγκεχώρηται τοῖς ἀναγνώσταις καὶ ψάλταις γαμεῖν, ὥρισεν ἡ ἁγία σύνοδος μὴ ἐξεῖναι τινι αὐτῶν ἑτερόδοξον γυναῖ κα λαμβάνειν. Τοὺς δὲ ἤδη ἐκ τοιούτων γάμων παιδοποιήσαντας, εἰ μὲν ἔφθασαν βαπτίσαι τὰ ἐξ αὐτῶν τεχθέντα παρὰ τοῖς αἱρετικοῖς, προσάγειν αὐτὰ τῇ κοινωνίᾳ τῆς καθολικῆς ἐκκλησίας, μὴ βαπτισθέντα δὲ μὴ δύνασθαι ἔτι βαπτίζειν αὐτὰ παρὰ τοῖς αἱρετικοῖς, μήτε μὴν συνάπτειν πρὸ ς γάμον αἱρετικῷ ἢ Ἰουδαίῳ ἢ Ἕλληνι, εἰ μὴ ἄρα ἐπαγγέλλοιτο μετατίθεσθαι εἰς τὴν ὀρθόδοξον πίστιν τὸ συναπτόμενον πρόσωπον τῷ ὀρθοδόξῳ. Εἰ δέ τις τοῦ τον τόν ὅρον παραβαίη τῆς ἁγίας συνόδου, κανονικῷ ὑποκείσθω ἐπιτιμίῳ.

XIV. Quoniam in quibusdam provinciis concessum est lectoribus et psalmistis uxores accipere, statuit sancta synodus non licere cuiquam ex his sectae alterius uxorem accipere. Qui vero ex huiusmodi coniugio iam filios susceperunt, si quidem praeventi sunt, ut ex se genitos apud haereticos baptizarent, offerre eos ecclesiae catholicae communioni conveniat, non baptizatos autem non posse ulterius apud haereticos baptizari. Sed neque copulari debet nuptura haeretico, Iudaeo vel pagano, nisi forte promittat se ad orthodoxam fidem orthodoxe copulanda persona transferre. Si quis autem hanc definitionem sanctae synodi trangsgressus fuerit, correptioni canonicae subiacebit.

15. Διάκονον μὴ χειροτονεῖσθαι γυναῖ κα πρὸ ἐτῶν τεσσαράκοντα καὶ ταύτην μετὰ ἀκριβοῦς δοκιμασίας. Εἰ δέ γε δεξαμένη τὴν χειροτονίαν καὶ χρόνον τινὰ παραμείνασα τῇ λειτουργίᾳ ἑαυτὴ ν ἐπιδῷ γάμῳ ὑβρίσασα τὴν τοῦ θεοῦ χάριν, ἡ τοιαύτη ἀναθεματιζέσθω μετὰ τοῦ αὐτῇ συναφθέντος.

XV. Diaconissam non ordinandam ante annum quadragesimum et hanc cum summo libramine. Si vero suscipiens manus inpositionem et aliquantum temporis in ministerio permanens semetipsam tradat ad nuptias, gratiae Dei contumiliam faciens, anathematizetur huiusmodi cum eo, qui illi coniugitur.

16. Παρθένον ἀναθεῖσαν ἑαυτὴν τῷ δεσπότῃ θεῷ, ὡσαύτως δὲ καὶ μονάζοντα, μὴ ἐξεῖναι γάμῳ προσομιλεῖν· εἰ δέ γε τοῦτο εὑρεθεῖεν ποιοῦντες, ἔστωσαν ἀκοινώνητοι. Ὡρισαμεν δὲ ἔχειν τὴν αὐθεντίαν τῆς ἐπ᾽ αὐτοῖς φιλανθρωπίας τὸν κατὰ τὸν τόπον ἐπίσκοπον.

XVI. Virginem quae se Deo domino consecravit, similiter et monachum, non licere nuptialia iura contrahere, quod si hoc inventi fuerint perpetrantes, excommunicentur. Confitentibus autem decrevimus, ut habeat auctoritatem eiusdem loci episcopus misericordiam humanitatemque largiri.

17. Τὰς καθ᾽ ἑκάστην ἐκκλησίαν ἀγροικικὰς παροικίας ἢ ἐγχωρίους μένειν ἀπαρασαλεύτως παρὰ τοῖς κατέχουσιν αὐτὰ ς ἐπισκόποις, καὶ μάλιστα εἰ τριακονταετῆ χρόνον ταύτας ἀβιάστως διακατέχοντες ᾠκονόμησαν. Εἰ δὲ ἐντὸς τῶν τριάκοντα ἐτῶν γεγένηταί τις ἢ γένοιτο περὶ αὐτῶ

XVII. Singularum ecclesiarum rusticas paroecias vel in possessionibus manere inconcussas illis episcopis, qui eas retinere noscuntur, et maxime, si per tricennium eas absque vi obtinentes sub dispensatione rexerunt: quod si intra tricennium facta de his vel fiat altercatio, licere eis, qui se

제14조. 일부 지방에서 독서자와 성가대원들에게 혼인하는 것을 허용하기에, 거룩한 공의회는 이들 가운데 누구도 이단을 신봉하는 아내를 얻는 것이 허용되어서는 안 된다고 결정하였다. 그러나 이러한 혼인으로 이미 자녀를 낳은 이들은, 이단자들이 그 이전에 새로 태어난 자녀들에게 세례를 주었다면, 이들을 가톨릭교회 공동체로 이끌어야 한다. 세례를 받지 않았다면 그들은 더 이상 이단자들에게서 세례를 받게 할 수 없다. 그들은 자녀들을 이단자, 유다인이나 이교도와 혼인시켜서도 안 된다. 정통 신앙을 지닌 신자와 혼인하는 사람이 정통 신앙으로 옮기겠다고 약속하는 경우는 예외로 한다. 그러나 거룩한 공의회의 이 결정 사항을 위반하는 사람은 법규가 정하는 벌을 받아야 한다.[47]

제15조. 여부제는 40세 이전에는 서품을 받아서는 안 되고, 그리고 세심한 심사를 거친 후에야 서품을 받아야 한다. 그러나 여부제가 서품을 받았고 이미 얼마 동안 직무를 수행하였는데, 결혼을 하면서 하느님의 은총을 경시한다면, 그녀는 그녀와 결혼한 이와 더불어 파문될 것이다.

제16조. 주 하느님께 자신을 봉헌한 동정녀와 수도자에게는 결혼하는 것이 허락되어 있지 않다. 그러나 이들이 그렇게 할 경우 파문될 것이다. 그럼에도 우리는 그들에게 자비를 베푸는 것은 지역주교의 권한에 속해야 한다고 결정한다.

제17조. 한 교회에 속하는 지방의 본당이나 시골 본당들은 그 교회를 소유한 주교들이 이미 30년 동안 그 교회를 아무런 이의 없이 관리하고 있었다면, 이론의 여지가 없이 그 주교들에게 맡겨야 할 것이다.

---

47) DH 305.

ν ἀμφισβήτησις, ἐξεῖναι τοῖς λέγουσιν ἠδικῆσθαι περὶ τούτων κινεῖν παρὰ τῇ συνόδῳ τῆς ἐπαρχίας. Εἰ δέ τινες ἀδικοῖτο παρὰ τοῦ ἰδίου μητροπολίτου, ἤ παρὰ τῷ ἐξάρχῳ τῆς διοικήσεως ἤ παρὰ τῷ Κωνσταντινουπόλεως θρόνῳ δικαζέσθωσαν, καθὰ προείρηται. Εἰ δέ τις καὶ ἐκ βασιλικῆς ἐξουσίας ἐκαινίσθη πόλις ἤ καὶ αὖθις καινισθείη, τοῖς πολιτικοῖς καὶ δημοσίοις τύποις καὶ τῶν ἐκκλησιαστικῶν παροικιῶν ἡ τάξις ἀκολουθείτω.

laesos asserunt, apud sanctam synodum provinciae de his movere certamen. Quod si quis a metropolitano laeditur, apud primatem dioecesos aut apud Constantinolitanam sedem iudicetur, sicut superius dictum est. Si qua vero civitas imperiali potestate novata est, aut si protinus innovetur civiles dispositiones et publicas, etiam ecclesiasticarum paroeciarum ordines subsequantur.

18. Τὸ τῆς συνομωσίας ἤ φρατρίας ἔγκλημα καὶ παρὰ τῶν ἔξω νόμων πάντη κεκώλυται, πολλῷ δὴ μᾶλλον ἐν τῇ τοῦ θεοῦ ἐκκλησίᾳ τοῦτο γίνεσθαι ἀπαγορεύειν προσήκει. Εἴ τινες τοίνυν κληρικοὶ ἤ μονάζοντες εὑρεθεῖεν ἤ συνομνύμενοι ἤ φρατριάζοντες ἤ κατασκευὰς τυρεύοντες ἐπισκόποις ἤ συγκληρικοῖς, ἐκπιπτέτωσαν πάντη τοῦ οἰκείου βαθμοῦ.

XVIII. Coniurationis et conspirationis crimen et ab exteris legibus est omnino prohibitum, multo magis hoc Dei ecclesiam ne fiat, ammonere conveniet. Sie qui ergo clerici vel monachi reperti fuerint coniurantes aut conspirantes aut insidias ponentes episcopis aut conclericis, a gradu proprio arceantur.

19. Ἦλθεν εἰς τὰς ἡμετέρας ἀκοὰς, ὡς ἐν ταῖς ἐπαρχίαις αἱ κεκανονισμέναι σύνοδοι τῶν ἐπισκόπων οὐ γίνονται καὶ ἐκ τούτου πολλὰ παραμελεῖται τῶν διορθώσεως δεομένων ἐκκλησιαστικῶν πραγμάτων. Ὥρισε τοίνυν ἡ ἁγία σύνοδος κατὰ τοὺς τῶν πατέρων κανόνας δὶς τοῦ ἐνιαυτοῦ ἐπὶ τὸ αὐτὸ συντρέχειν τοὺς ἐπισκόπους καθ᾽ ἑκάστην ἐπαρχίαν, ἔνθα ἄν ὁ τῆς μητροπόλεως ἐπίσκοπος δοκιμάσῃ, καὶ διορθοῦν ἕκαστα τὰ ἀνακύπτοντα. Τοὺς δὲ μὴ συνιόντας ἐπισκόπους, ἐνδημοῦντας ταῖς ἑαυτῶν πόλεσι καὶ ταῦτα ἐν ὑγείᾳ διάγοντας καὶ πάσης ἀπαραιτήτου καὶ ἀναγκαίας ἀσχολίας ὄντας ἐλευθέρους, ἀδελφικῶς ἐπιλήττεσθαι.

XIX. Pervenit ad aures nostras, quod in provinciis statuta episcoporum concilia minime celebrentur, et ex hoc plurima neglegantur ecclesiasticarum causarum, quae correctionem deposcunt. Decrevit itaque sancta synodus, secundum canones patrum bis in anno episcopos in idipsum, in unamquamque provinciam convenire, ubicumque metropolitanus antistes probaverit, et corrigere singula, si qua fortassis emerserunt. Quicumque vero non convenerint episcopi, resident autem in suis civitatibus et hoc in sua incolumitate consistunt, atque ab omni excusabili et necessaria occupatione probantur liberi, fraternae correptioni subianceant.

그러나 이 30년 동안 이에 대한 논쟁이 일어났거나 그러한 것이 일어나면, 피해를 입었다고 믿는 이들은 관구 교회회의에 이 일을 보내기를 바란다. 어느 누가 자신의 수도대주교로부터 피해를 입었다면, 그는 그 사안을 행정구의 관구에 넘기거나, 위에서 언급한 대로, 콘스탄티노폴리스 주교좌에 넘겨야 한다. 황제의 명령으로 한 도시가 세워졌거나 앞으로 도시가 새워진다면, 교회 본당들의 분할은 정치적이며 공식적인 행정구역을 표준으로 삼아야 한다.

제18조. 반란과 음모의 범죄는 이미 사회법에 의해 금지되어 있다. 이것들이 하느님의 교회에서 허용되어 있지 않다는 것은 더욱 마땅한 일이다. 그러므로 성직자들이나 수도자들이 그러한 종류의 단체에 선서함으로써 결속되어 있거나, 그들의 주교나 그들의 동료 성직자들에 반대하는 음모를 꾸몄다는 것이 입증된다면, 그들은 그들의 직무를 잃게 될 것이다.

제19조. 교회법에 규정된 관구 교회가 소집되지 않고, 개혁이 필요한 교회 일들이 이러한 이유로 소홀히 되고 있다는 소식이 우리에게 들려왔다. 따라서 거룩한 공의회는 각 관구의 주교들은 거룩한 교부들의 규정에 부합하여 매년 두 번 모여야 한다고 결정하였다. 그리고 사실 이 모임은 수도의 주교가 좋다고 여기는 곳에서 열리기를 바란다. 그곳에서 주교들은 쇄신이 필요한 모든 것을 새롭게 규정해야 한다. 자신의 도시에 있으면서 건강 상태가 좋고, 긴급하고 연기할 수 없는 업무가 없을지라도 그 모임에 나오지 않는 주교들은 형제적으로 비난을 받아야 할 것이다.

20. Κληρικοὺς εἰς ἐκκλησίαν τελοῦντας, καθὼς ἤδη ὡρίσαμεν, μὴ ἐξεῖναι εἰς ἄλλης πόλλεως τάττεσθαι ἐκκλησίαν, ἀλλὰ στέργειν ἐκείνην, ἐν ᾗ λειτουργεῖν ἐξ ἀρχῆς ἠξιώθησαν, ἐκτὸς ἐκείνων, οἵτινες ἀπολέσαντες τὰς ἰδίας πατρίδας ἀπὸ ἀνάγκης εἰς ἄλλην ἐκκλησίαν μετῆλθον. Εἰ δέ τις ἐπίσκοπος μετὰ τὸν ὅρον τοῦτον ἄλλῳ ἐπισκόπῳ προσηκοντα δέξηται κληρικόν, ἔδοξεν ἀκοινώνητον εἶναι καὶ τὸν δεχθέντα καὶ τὸν δεχόμενον, ἕως ἄν ὁ μεταστὰς κληρικὸς εἰς τὴν ἰδίαν ἐπανέλθῃ ἐκκλησίαν.

XX. Clericos in ecclesia ministrantes, sicut iam constituimus, in alterius civitatis ecclesia statutos fieri non licere, sed contentos esse in quibus ab initio ministrare meruerunt, exceptis illis qui proprias amittentes provincias ex necessitate ad aliam ecclesiam transierunt. Si quis autem episcopus post hanc definitionem susceperit clericum ad alium episcopum pertinentem, placuit et susceptum et suscipientem communione privari, donec is qui migraverat clericus ad propriam fuerit regressus ecclesiam.

21. Κληρικοὺς ἤ λαϊκοὺς κατηγοροῦντας ἐπισκόπων ἤ κληρικῶν ἁπλῶς καὶ ἀδοκιμάστως μὴ προσδέχεσθαι εἰς κατηγορίαν, εἰ μὴ πρότερον ἐξετασθῇ αὐτῶν ἡ ὑπόληψις.

XXI. Clericos aut laicos accusantes episcopum aut clericos passim et sine probatione ad accusationem recipi non debere, nisi prius eorum discutiatur existimationis opinio.

22. Μὴ ἐξεῖναι κληρικοῖς μετὰ θάνατον τοῦ ἰδίου ἐπισκόπου διαρπάζειν τὰ διαφέροντα αὐτῷ πράγματα, καθὼς καὶ τοῖς πάλαι κανόσιν ἀπηγόρευται, ἤ τοὺς τοῦτο ποιοῦτας κινδυνεύειν εἰς τοὺς ἰδίους βαθμούς.

XXII. Non licere clericis post obitum sui episcopi res ad eum pertinentes diripere, sicut antiquis quoque canonibus est praefixum. Quod si hoc facere temptaverint, graduum suorum periculo subiacebunt.

23. Ἦλθεν εἰς τὰς ἀκοὰς τῆς ἁγίας συνόδου, ὡς κληρικοί τινες καὶ μονάζοντες, μηδὲν ἐγκεχειρισμένοι ὑπὸ τοῦ ἰδίου ἐπισκοπου, ἔστι δὲ ὅτε καὶ ἀκοινώνητοι γενόμενοι παρ᾿ αὐτοῦ, καταλαμβάνοντες τὴν βασιλεύουσαν Κωνσταντινούπολιν ἐπὶ πολὺ ἐν αὐτῇ διατρίβουσι, ταραχὰς ἐμποιοῦντες καὶ θορυβοῦντες τὴν ἐκκλησιαστικὴν κατὰστασιν, ἀνατρέποντές τε οἴκους τινῶν. Ὥρισε τοίνυν ἡ ἁγία σύνοδος τοὺς τοιούτους ὑπομιμνήσκεσθαι μὲν πρότερον διὰ τοῦ ἐκδίκου τῆς ἐν Κωνσταντινούπολει

XXIII. Venit ad aures sancti concilii, quod quidam clerici et monachi, quibus nihil ab episcopo suo commissum est, est autem quando et communione privantur ab eo, pervenientes ad urbem regiam Constantinopolitanam, in ea diutius commorentur, excitantes turbas et statum ecclesiasticum commoventes, subvertentes etiam quorundam domos. Decrevit sancta synodus huiusmodi primo quidem per defensorem Constantinopolitanae sanctae

제20조. 위의 우리의 규정에 따라 한 교회에서 직무를 수행하는 성직자들은 다른 도시의 교회에 편입되어서는 안 된다. 오히려 그들은 처음에 직무를 배정받은 그 교회에 머물러야 한다. 그들의 조국을 떠나서 불가피하게 다른 교회로 옮겨가야만 했던 성직자들에게만 예외가 적용된다. 이 결정이 시행된 이후 한 주교가 다른 주교에게 매어있는 한 성직자를 받아들인다면, 받아들이는 사람과 받아들여진 사람은, 그렇게 옮겨간 성직자가 자신의 교회로 되돌아 올 때까지 교회에서 제명될 것이다.

제21조. 주교들이나 성직자들에게 반대하여 불평을 늘어놓는 성직자들이나 평신도들은 간단하게 조사도 하지 않고 이 불평을 제기하게 허용해서는 안 된다. 오히려 그들의 평판이 어떤 지를 이전에 조사해야 한다.

제22조. 성직자들에게는 그들의 주교의 서거 이후 개인적으로 그 주교가 소유했던 재산을 차지하는 것이 허용되어 있지 않다. 이것은 이미 옛 교회법에 금지되어 있다. 그럼에도 그렇게 행하는 사람은 자신의 지위를 잃을 위험에 처해지게 될 것이다.

제23조. 몇몇 성직자들이나 수도자들, 그리고 가끔 심지어 그들의 주교로부터 파문된 이들이 그들의 주교의 지시 없이 황제의 도시인 콘스탄티노폴리스로 간다는 소식이 거룩한 공의회에 들려왔다. 그들은 그곳에서 오랫동안 체류하며, 혼란을 야기시키고, 교회 일들의 질서를 문란케 하며, 여러 장소에서 가정들을 흐트러뜨리고 있다는 것이다. 그러므로 거룩한 공의회는, 먼저 법률 고문은 지극히 거룩한 콘스탄티노폴리스 교회에 그것에 대하여 알려야 하며, 이들은 황제의 도시를 떠나야 한다고 결정하였다. 계속해서 그러한 방법으로 그곳에 체류하는 것을

ἁγιωτάτης ἐκκλησίας ἐπὶ το ἐξελθεῖν τῆς βασιλευούσης πόλεως, εἰ δὲ τοῖς αὐτοῖς πράγμασιν ἐπιμένοιεν ἀναισχυντοῦντες, καὶ ἄκοντας αὐτοὺς διὰ τοῦ αὐτοῦ ἐκδίκου ἐκβάλλεσθαι καὶ τοὺς ἰδίους καταλαμβάνειν τόπους.

ecclesiae commoneri, ut egrediantur ab urbe regia. Quod si iisdem negotiis inpudenter insistant, etiam nolentes idem defensor expellat, ut ad propria loca perveniant.

24. Τὰ ἅπαξ καθιερωθέντα μοναστήρια κατὰ γνώμην τοῦ ἐπισκόπου μένειν εἰς τὸ διηνεκὲς μοναστήρια, καὶ τὰ ἀνήκοντα αὐτοῖς πράγματα φυλάττεσθαι τῷ μοναστηρίῳ καὶ μὴ δύνασθαι γίνεσθαι αὐτὰ κοσμικὰ καταγώγια. Τοὺς δὲ συγχωροῦντας τοῦτο γίνεσθαι ὑποκεῖσθαι τοῖς ἐκ τῶν κανόνων ἐπιτιμίοις.

XXIV. Quae semel dedicata sunt monasteria consilio episcoporum, maneant perpetuo monasteria et res, quae ad ea pertinent, monasteriis reservari, nec posse ea ultra fieri saecularia habitacula. Qui vero hoc fieri permiserint, canonum sententiis subiacebunt.

25. Ἐπειδήπερ τινὲς τῶν μητροπλιτῶν, ὡς περιηχήθημεν, ἀμελοῦσι τῶν ἐγκεχειρισμένων ποιμνίων καὶ ἀναβάλλονται τὰς χειροτονίας τῶν ἐπισκόπων, ἔδοξε τῇ ἁγια συνόδῳ ἐντὸς τριῶν μηνῶν γίνεσθαι τὰς χειροτονίας τῶνν ἐπισκόπωύ εἰ μήτοι γε ἀπαραίτητος ἀνάγκη παρασκευάσῃ ἐπιταθῆναι τὸν τῆς ἀναβολῆς χρόνον. εἰ δὲ μὴ τοῦτο ποιήσοι, ὑποκεῖσθαι αὐτὸν ἐκκλησιαστικοῖς ἐπιτιμίοις. Τὴν μέντοι πρόσοδον τῆς χηρευούσης ἐκκλησίας σώαν παρὰ τῷ οἰκονόμῳ τῆς αὐτῆς ἐκκλησίας φυλάττεσθαι.

XXV. Quoniam quidam metropolitanorum, quantum conperimus, neglegunt commissos sibi greges et ordinationes episcoporum facere differunt: placuit sanctae synodo, intra tres menses ordinationes episcoporum celebrari, nisi forte necessitas inexcusabilis praeparet tempus dilationis extendi: quod si hoc minime fecerit, correptioni ecclesiasticae subiacebit. Verum tamen reditus ecclesiae viduatae penes oeconomum eiusdem ecclesiae reserventur.

26. Ἐπειδὴ ἐν τισὶν ἐκκλησίαις, ὡς περιηχήθημεν, δίχα οἰκονόμων οἱ ἐπίσκοποι τὰ ἐκκλησιαστικὰ χειρίζουσι πρὰγματα, ἔδοξε πᾶσαν ἐκκλησίαν ἐπίσκοπον ἔχουσαν και οἰκκονόμον ἔχειν ἐκ τοῦ ἰδίου κλήρου, οἰκονομοῦντα τὰ ἐκκλησιαστικὰ κατὰ γνώμην τοῦ ἰδίου ἐπισκόπου, ὥστε μὴ ἀμάρτυρον εἶναι τὴν οἰκονομίαν τῆς ἐκκλησίας καὶ ἐκ τούτου σκορπίζεσθαι τὰ τῆς ἐκκλησίας πράγματα, καὶ λοιδορίαν τῇ ἱρωσύνῃ προστρίβεσθαι. Εἰ δὲ μὴ τοῦτο ποιήσει, ὑποκεῖσθαι αὐτὸν τοῖς θείοις κανόσιν.

XXVI. Quoniam quibusdam ecclesiis, ut rumore conperimus, praeter oeconomos episcopi facultates ecclesiaticas tractant, placuit omnem ecclesiam habentem episcopum habere et oeconomum de clero proprio, qui dispenset res ecclesiaticas secundum sententiam episcopi proprii, ita ut ecclesiae dispensatio praeter testimonium non sit, et ex hoc dispergantur ecclesiasticae facultates, et derogatio maledictionis sacerdotio provocetur. Quod si hoc minime fecerit, divinis constitutionibus subiacebit.

부끄러워하지 않는다면, 법률고문은 그들의 의사와는 관계없이 그들을 추방하고, 그들이 왔던 그곳으로 보내야 한다.

제24조. 한 번 주교의 승인을 얻어 축성된 수도원들은 언제나 수도원으로 머물러야 하며, 그 수도원에 속한 재산은 그 수도원에 속해 있어야 한다. 그 수도원들은 더 이상 세속적인 주거지가 될 수 없다. 만약 어느 누가 수도원들을 그러한 곳으로 만드는 것을 허용하면, 그는 교회법적인 처벌을 받아야 할 것이다.

제25조. 우리가 알고 있는 바와 같이, 많은 수도대주교들이 그들에게 맡겨진 교구민들을 소홀히 하고 새로운 주교의 서품을 미루기 때문에, 공의회는 석 달 이내에 주교 서품이 이루어져야 한다고 결정하였다. 극복할 수 없는 어려움으로 유예 기간의 연장이 불가피하는 경우는 예외이다. 수도대주교가 그렇게 행하지 않는다면, 그에게 교회법적인 처벌이 내려져야 할 것이다. 주교가 없는 교회의 수입은 이 교회의 경리 담당자에 의해 삭감 없이 그대로 보관되어야 할 것이다.

제26조. 우리가 알고 있는 바와 같이, 많은 교회에서 주교들이 경리 담당자 없이 교회재산을 관리하고 있기 때문에, 우리는 주교가 있는 모든 교회는 그 교회의 성직자들 중에서 자신의 주교의 뜻에 따라 교회재산을 관리하는 한 명의 경리 담당자를 두어야 한다고 결정한다. 이는 감독이 없는 교회 관리로 교회재산이 없어지지 않도록 하기 위함이며, 주교의 지위가 좋지 못한 평판에 빠지지 않도록 하기 위함이다. 만약 주교가 그렇게 행하지 않는다면, 그는 교회법적인 처벌을 받아야 할 것이다.

27. Τοὺς ἁρπάζοντασ κόρας ἐπ᾽ ὀνόματι συνοικεσίου ἢ συμπράττοντας ἢ συναινοῦντας τοῖς ἁρπάζουσιν ἡ ἁγία σύνοδος ὥρισεν, εἰ μὲν κληρικοὶ εἶεν, ἐκπίπτειν τοῦ οἰκείου βαθμοῦ, εἰ δὲ μονάζοντες ἢ λαϊκοί, ἀναθεματίζεσθαι.

XXVII. Eos, qui rapiunt mulieres sub nomine simul habitandi cooperantes aut conhibentes raptoribus, decrevit sancta synodus ut, si quidem clerici sunt, decidant gradu proprio, si vero laici, anathematizentur.

28. Πανταχοῦ τοῖς τῶν ἁγίων πατέρων ὅροις ἑπόμενοι, καὶ τὸν ἀρτίως ἀναγνωσθέντα κανόνα τῶν ἑκατὸν πεντήκοντα θεοφιλεστάτων ἐπισκόπων, τῶν συναχθέντων ἐπὶ τοῦ τῆς εὐσεβοῦς μνήμης μεγάλου Θεοδοσίου, τοῦ γενομένου βασιλέως, ἐν τῇ βασιλίδι Κωνσταντινουπόλει νέᾳ Ῥώμῃ, γνωρίζοντες, τὰ αὐτὰ καὶ ἡμεῖς ὁρίζομέν τε καὶ ψηφιζόμεθα περὶ τῶν πρεσβείων τῆς ἁγιωτάτης ἐκκλησίας τῆς αὐτῆς Κωνσταντινουπόλεως νέας Ῥώμης. Καὶ γὰρ τῷ θρόνῳ τῆς πρεσβυτέρας Ῥώμης διὰ τὸ βασιλεύειν τὴν πόλιν ἐκείνην οἱ πατέρες εἰκότως ἀποδεδώκασι τὰ πρεσβεῖα· καὶ τῷ αὐτῷ σκοπῷ κινούμενοι οἱ ἑκατὸν πεντήκοντα θεοφιλέστατοι ἐπίσκοποι, τὰ ἴσα πρεσβεῖα ἀπένειμαν τῷ τῆς νέας Ῥώμης ἁγιωτάτῳ θρόνῳ, εὐλόγως κρίναντες, τὴν βασιλείᾳ καὶ συγκλήτῳ τιμηθεῖσαν πόλιν καὶ τῶν ἴσων ἀπολαύουσαν πρεσβείων τῇ πρεσβυτέρᾳ βασιλίδι Ῥώμῃ, καὶ ἐν τοῖς ἐκκλησιαστικοῖς ὡς ἐκείνην μεγαλύνεσθαι πράγμασι, δευτέραν μετ᾽ ἐκείνην ὑπάρχουσαν· καὶ ὥστε τοὺς τῆς ποντικῆς καὶ τῆς ἀσιανῆς καὶ τῆς θρακικῆς διοικήσεως μητροπολίτας μόνους, ἔτι δὲ καὶ τοὺς ἐν τοῖς βαρβαρικῆς ἐπισκόπους τῶν προειρημένων διοικήσεων, χειροτονεῖσθαι ὑπὸ τοῦ προειρημένου ἁγιωτάτου θρόνου τῆς κατὰ Κωνσταντινούπολιν ἁγιωτάτης ἐκκλησίας· δηλαδὴ ἑκάστου μητροπολίτου τῶν προειρημένων διοικήσεων μετὰ τῶν τῆς ἐπαρχίας ἐπισκόπων χειροτονοῦντος τοὺς τῆς ἐπαρχίας ἐπισκόπους, καθὼς τοῖς θείοις κανόσι διηγόρευται· χειροτονεῖσθαι δέ, καθὼς εἴρηται, τοὺς μητροπολίτας τῶν προειρημένων διοικήσεων παρὰ τοῦ Κωνσταντινουπόλεως ἀρχιεπισκόπου, ψηφισμάτων συμφώνων κατὰ τὸ ἔθος γινομένων καὶ ἐπ᾽ αὐτὸν ἀναφερομένων.

XXVIII. Ubique sanctorum patrum terminis subiacentes et quem nunc legimus canonem centum et quinquaginta reverentissimorum episcoporum, qui congregati sunt in hanc regiam civitatem, cognoscentes, haec censuimus de primatu sanctae ecclesiae Constantinopolitanae civitatis iunioris Romae; quia sedis magnae Romae, pro eo quod regnaret, sancti patres statuerunt ei primatum, ita nunc et nos in hoc constitutum firmantes venerabiles centum et quinquaginta [episcopi], primatum reddimus iuniori Romae, rationabiliter iudicantes, ut qui regno et senato honorificatur civitas obtineat et firmitatem primatus secundum magnam Romam, et in ecclesiasticis causis magnificam eam esse, sicut et Romam, et secundam post eam esse censemus; et ut Ponticam et Asiam et Thraciam gubernationem metropolitani habeant: etiam qui in barbaricis sunt episcopi a sede suprascripta paroecias suprascriptas ordinentur. Et ut singulum metropolitanum memoratas paroecias cum provinciarum episcopis ordinent episcopum, sicut divini canones censuerunt: manus impositionem autem, sicut superius dictum est, a metropolitanis episcopis fieri debere; electionem autem facere secundum consuetudinem ad eos referre oportet.

제27조. 거룩한 공의회는 결혼을 핑계로 여인들을 납치하는 이들과, 이 납치자를 도와주거나 동조한 이들은, 그가 성직자라면 그 지위를 잃게 될 것이며, 평신도라면 파문될 것이라고 결정하였다.

제28조.[48] 우리는 모든 점에서 거룩한 교부들의 결정들을 따르며, 당시 황제이셨던, 작고하신 위대한 테오도시우스 황제 시대에 새로운 로마인 황제의 도시인 콘스탄티노폴리스에 모인, 하느님의 사랑을 받은 150명의 주교들의 규정을 방금 낭독하였으며, 그 규정을 인식하며, 새로운 로마인 콘스탄티노폴리스 거룩한 교회의 특권에 대한 똑같은 규정을 우리의 입장에서 결정한다. 교부들은 당연히 옛 로마좌에 특권을 인정한 바, 그 도시는 황제의 도시였기 때문이다. 똑같은 근거로 하느님의 사랑을 받은 150명의 주교들은 새로운 로마의 성좌에 같은 특권이 귀속된다고 판결하였다. 그들의 판결은 합리적으로, 황제와 원로원을 통해 존중을 받은 도시는 옛 황제의 도시 로마와 같은 특권을 누리고, 교회적인 관점에서 로마와 같은 권한과 명성을 갖추고 있어야 한다는 내용이다. 이 도시는 로마 다음으로 두 번째이기 때문이다. 따라서 폰투스, 아시아, 트라키아 행정구의 수도대주교들과, 그 밖에도 제국의 밖에서 활동하고 있는 방금 언급한 행정구의 주교들도 언급한 콘스탄티노폴리스 거룩한 교회의 성좌로부터 서품을 받아야 한다. 물론 위에서 언급한 행정구의 각 수도대주교들은 자신의 관구의 주교들과 함께, 신성한 교회법에 의해 규정되어 있는 대로, 자신의 관구 주교들에게 서품을 주어야 한다. 언급한 지역의 수도대주교들은 언급한 대로 콘스탄티노폴리스 대주교로부터 서품을 받으며, 관습에 따라 이루어진 만장일치의 선거가 이루어진 후, 그 결과를 콘스탄티노폴리스 대주교에게 전해야 할 것이다.

---

48) 제28조 이하 규정들은 고대 공의회 모음집에 받아들여지지 않음.

29. Οἱ μεγαλοπρεπέστατοι καὶ ἐνδοξότατοι ἄρχοντες εἶπον· Περὶ τῶν ἐπισκόπων τῶν χειροτονηθέντων μὲν παρὰ Φωτίου τοῦ εὐλαβεστάτου ἐπισκόπου, ἀποκινηθέντων δὲ παρὰ Εὐσταθίου τοῦ εὐλαβεστάτου ἐπισκόπου καὶ μετὰ τὴν ἐπισκοπὴν πρεσβυτέρων εἶναι κελευσθέντων, τί παρίσταται τῇ ἁγίᾳ συνόδῳ;

Πασχασῖνος καὶ Λουκήνσιος οἱ εὐλαβέστατοι ἐπισκοποι καὶ Βονιφάτιος πρεσβύτερος, τοποτηρηταὶ τῆς ἀποστολικῆς καθέδρας Ῥώμης, εἶπον· Ἐπίσκοπον εἰς πρεσβυτέρου βαθμὸν φέρειν ἱεροσυλία ἐστίν. Εἰ δὲ αἰτία τις δικαία ἐκείνους ἀπὸ τῆς πράξεως τῆς ἐπισκοπῆς ἀποκινεῖ, οὐδὲ πρεσβυτέρου τόπον κατέχειν ὀφείλουσιν. Εἰ δὲ ἐχτός τινος ἐγκλήματος ἀπεκινήθησαν τοῦ ἀξιώματος, πρὸς τὴν ἐπισκοπικὴν ἀξιαν ἐπαναστρέψουσιν.

Ἀνατόλιος ὁ εὐλαβέστατος ἀρχιεπίσκοπος Κωνσταντινουπόλεως εἶπεν·

Οὗτοι οἱ λεγόμενοι ἀπὸ τῆς ἐπισκοπικῆς ἀξίας εἰς τὴν τοῦ πρεσβυτέρου τάξιν κατεληλυθέναι, εἰ μὲν ἀπὸ εὐλόγων τινῶν αἰτιῶν καταδικάζονται, εἰκότως οὐδὲ τῆς πρεσβυτέρου ἐντὸς ἄξιοι τυγχάνουσιν εἶναι τιμῆς· εἰ δὲ δίχα τινὸς αἰτίας εὐλόγου εἰς τὸν ἥττονα κατεβιβάσθησαν βαθμόν, δίκαιοι τυγχάνουσιν, εἴ γε ἀνεύθυνοι φανεῖεν, τὴν τῆς ἐπισκοπῆς ἐπαναλαβεῖν ἀξιαν τε καὶ ἱερωσύνην.

XXIX. Magnificentissimi et gloriosissimi iudices dixerunt: De episcopis ordinatis a Photio reverendissimo episcopo, amotis vero ab Eustathio reverendissimo episcopo, et post episcopatum presbyteris esse iussis, quid videtur sanctae synodo?

Paschasinus et Lucentius reverendissimi episcopi et Bonifatius presbyter, vicarii apostoliace sedis Romae, dixerunt: Episcopum in gradum presbyteri redigere sacrilegium est. Si vero et causa quaedam iusta illos ab actu episcopatus amovet, nec presbyteri locum retinere debent. Si autem citra aliquod crimen amoti sunt dignitate, ad episcopalem dignitatem revertentur.

Anatolius reverendissimus archiepiscopus Constantinopolis dixit:

Hi qui dicuntur ab episcopali dignitate in prebyteri ordinem descendisse, si quidem ex rationabilibus quibusdam causis damnantur, iure nec in presbyteri quidem honore esse merentur; sin absque aliqua rationabili causa in inferiorem gradum detracti sunt, iustum est eos, si quidem non obnoxii cognoscantur, episcopatus recipere dignitatem et sacerdotium.

30. Οἱ μεγαλοπρεπέστατοι καὶ ἐνδοξότατοι ἄρχοντες καὶ ἡ ὑπερφυὴς συγκλητος εἶπεν·

Ἐπειδὴ οἱ εὐλαβέστατοι ἐπίσκοποι τῆς Αἰγυπτίων, οὐχ ὡς μαχόμενοι τῇ καθολικῇ πίστει, ὑπογράψαι τῇ ἐπιστολῇ τοῦ ὁσιωτάτου ἀρχιεπισκόπου Λέοντος ἐπὶ τοῦ παρόντος ἀνεβάλοντο, ἀλλὰ φάσκοντες ἔθος εἶναι ἐν τῇ αἰγυπτιακῇ διοικήσει παρὰ

XXX. Magnificentissimi et gloriosissimi iudices et amplissimus senatus dixerunt:

Quoniam religiosissimi episcopi Aegypti, non ut catholicae fidei adversantes, sanctissimi archiepiscopi Leonis epistolam subscribere distulerunt, sed dicentes in Aegyptiaca dioecesi hanc esse consuetudinem, ut praeter voluntatem

제29조. 고귀하고 명성이 높은 황제의 위원들은 다음과 같이 말하였다. "사실 매우 존경하올 포티우스 주교로부터 서품을 받았지만, 매우 존경하올 에우스타티우스 주교로부터 다시 면직되어, 그들의 주교직을 수행한 후 신부가 되어야 했던 주교들에 대하여 거룩한 공의회는 어떻게 생각하고 있습니까?"

로마의 사도좌의 대리자인, 매우 존경하올 파스카시누스 주교와 루켄티우스 주교와 보니파티우스 신부는 다음과 같이 말하였다. "한 주교를 신부의 지위로 좌천시키는 것은 신성모독입니다. 주교들이 합당한 이유로 주교직의 행사를 방해받는다면, 그들은 신부의 지위를 받아들여서는 안 됩니다. 주교들이 어떠한 탓도 없이 그들의 높은 지위에서 떨어져 나갔다면, 그들은 주교의 품위로 되돌아와야 합니다."

콘스탄티노폴리스의 매우 존경하올 아나톨리우스 대주교는 다음과 같이 대답하였다.

"사람들이 주교의 품위에서 신부의 신분으로 내려갔다고 말하는 그 주교들은 만일 합당한 이유로 단죄된다면, 말할 것도 없이 신부직의 명예에도 합당한 사람이 아닙니다. 그러나 합당한 이유 없이 주교들이 낮은 지위에 속하게 되었다면, 그들의 무죄가 증명된 경우에, 그들의 주교직의 품위뿐만이 아니라 사제직도 다시 되돌려 받아야 하는 것이 마땅합니다."

제30조. 고귀하고 명성이 높은 황제의 위원들과 고귀한 원로원이 이렇게 말하였다.

"매우 존경하올 이집트 주교들은 지금까지, 레오 대주교님의 서한에 서명하는 것을 미루어 왔습니다. 마치 그들이 가톨릭 신앙을 반대하려는 것 같지는 않고, 오히려, 그들이 말하듯이, 대주교의 뜻과 훈령에 반대하여 어떠한 것도 하지 않는 것이 이집트 행정구 안에서의 관

γνώμην καὶ διατύπωσιν τοῦ ἀρχιεπισκόπου μηδὲν τοιοῦτον ποιεῖν· καὶ ἀξιοῦσιν ἐνδοθῆναι αὐτοῖς ἄχρι τῆς χειροτονίας τοῦ ἐσομένου τῆς Ἀλεξανδρέων μεγαλοπόλεως ἐπισκόπου· εὔλογον ἡμῖν ἐφάνη καὶ φιλάνθρωπον, ὥστε αὐτοῖς μένουσιν ἐπὶ τοῦ ὁμοίου σχήματος ἐν τῇ βασιλευούσῃ πόλει, ἔνδοσιν παρασχεθῆναι, ἄχρις ἂν χειροτονηθῇ ἀρχιεπίσκοπος τῆς Ἀλεξανδρέων μεγαλοπόλεως.

Πασκασῖνος ὁ εὐλαβέστατος ἐπισκοπος, τοποτηρητὴς τοῦ ἀποστολικοῦ θρόνου, εἶπεν· Εἰ προστάττει ἡ ὑμετέρα ἐξουσία καὶ κελεύετέ τι ποτε αὐτοῖς παρασχεθῆναι φιλανθρωπίας ἐχόμενον, ἐγγύας δότωσαν, ὅτι οὐκ ἐξέρχονται ταύτης τῆς πόλεως, ἕως οὗ ἡ Ἀλεξανδρέων ἐπισκοπον δέξηται.

Οἱ μεγαλοπρεπέστατοι καὶ ἐνδοξότατοι ἄρχοντες καὶ ἡ ὑπερφυὴς σύγκλητος εἶπον· Ἡ τοῦ ὁσιωτάτου ἐπισκόπου Πασκασίνου ψῆφος βεβαία ἔστω· ὅθεν μένοντες ἐπὶ τοῦ οἰκείου σχήματος οἱ εὐλαβέστατοι ἐπίσκοποι τῶν Αἰγυπτίων, ἢ ἐγγύας παρέξουσιν, εἰ τοῦτο αὐτοῖς δυνατὸν ἢ ἐξωμοσίᾳ καταπιστευθήσονται, ἀναμένοντες τὴν χειπροτονίαν τοῦ ἐσομένου ἐπισκόπου τῆς Ἀλεξανδρέων μεγαλοπλεως.

et mandatum archiepiscopi nihil tale faciant, et petunt concedi sibi dilationem usque ad ordinationem futuri magnae civitatis Alexandrinorum archiepiscopi; iustum nobis et humanum visum est ut ipsis in proprio habitu in imperiali urbe manentibus remissio concedatur, donec ordinatus fuerit Alexandrinorum magnae civitatis archiepiscopus.

Paschasinus reveredissimus episcopus, vicarius sedis apostolicae, dixit: Si praeceperit gloria vestra et iubetis illis aliquid praestari humanitatis, fideiussores dent quod non exeant de ista civitate, quamdiu civitas Alexandrinorum episcopum accipiat.

Magnificentissimi et gloriossimi iudices et amplissimus senatus dixerunt: Sanctissimi Paschasini sit firmum iudicium; unde permanentes in proprio habitu reverendissimi episcopi Aegyptiorum, aut dent fideiussores, si hoc illis est possibile, aut per sacramentum eis credatur, expectantes ordinationem futuri episcopi magnae civitatis Alexandrinorum.

습이기 때문이라는 것입니다. 그들은 위대한 도시 알렉산드리아에서 장차 [새로운] 주교가 서품을 받을 때까지 그들에게 유예를 달라고 청하고 있습니다. 따라서 그들이 설명한 입장을 지키면서 황제의 도시에 머무르고, 위대한 도시 알렉산드리아의 대주교가 서품을 받을 때까지 그들에게 유예를 주는 것이 우리에겐 정당하고 인간적인 것으로 보였습니다."

사도좌의 대리자인 매우 존경하올 파스카시누스 주교는 다음과 같이 말하였다. "여러분들이 그들에게 어느 정도 인간미를 보여야 한다고 지시하고 명령하신다면, 그들은 알렉산드리아가 한 주교를 얻을 때까지 이 도시를 떠나지 않는다는 것을 보증해야 합니다."

고귀하고 명성이 높은 황제의 위원들과 고귀한 원로원은 다음과 같이 말하였다. "파스카시누스 주교님의 판결이 확실합니다. 따라서 매우 존경하올 이집트 주교님들은 자신의 입장을 유지한 채 콘스탄티노폴리스에 머물 것이며, 가능한 한, 혹은 사람들이 주교님들에게 맹세를 근거로 신뢰를 보여준다면, 위대한 도시 알렉산드리아의 미래의 주교가 서품을 받을 때까지 기다릴 것입니다."

XI.

Λέων ἀρχιεπίσκοπος Ῥώμης τῆι ἐν Χαλκηδόνι ἁγιαι συνόδωι.

Πᾶσαν μὲν τὴν ἀδελφότητα ὑμῶν εἰδέναι οὐκ ἀμφιβάλλω τοὺς ὅρους τῆς ἁγίας συνόδου, ἥτις διὰ τὸ βεβαιωθῆναι τὴν πίστιν ἐν τῇ Χαλκηδονίων πόλει γεγένηται, ὅλῃ ψυχῇ με περιπλέκεσθαι, ἐπειδὴ δὲ οὐδὲ εἷς λόγος συνεχώρει ἵν' ἐγώ, ὅστις τὴν ἕνωσιν τῆς καθολικῆς πίστεως παρὰ τῶν αἱρετικῶν τεταραγμένην ἔπασχον, μὴ εἰς τὸ ὑγιὲς ἀποκατασθῆναι χαρείην· τοῦτο δὲ οὐ μόνον ἐξ αὐτοῦ τοῦ ἔργου τῆς μακαρίας συναινέσεως, ἀλλὰ γὰρ καὶ ἐκ τῶν ἐπιστολῶν τῶν ἐμῶν ἃς μετὰ τὴν ἐπάνοδον τῶν διαφεράντων μοι πρὸς τὸν τῆς Κωνσταντινουπολιτῶν ἐπίσκοπον διεπεμψάμην, δύνασθε καταμαθεῖν, εἴπερ τοῦ ἀποστολικοῦ θρόνου τὴν ἀπόκρισιν φανερῶσαι ἠβουλήθη. ἵνα τοίνυν μὴ διὰ τῶν κακοθελῶν ἑρμηνευτῶν ἀμφίβολον δόξῃ, πότερον συνόδῳ τῇ ἐν Χαλκηδόνι διὰ τῆς ὁμοφωνίας ὑμῶν περὶ τῆς πίστεως τετύπωται, ταῦτα πρὸς πάντας τοὺς ἀδελφοὺς ἡμῶν καὶ συνεπισκόπους, οἵτινες ἐν τῇ προλεχθείσῃ συνόδῳ γεγόνασι, γράμματα ἐξαπέσταλκα, ἅτινα ὁ ἐπίδοξος καὶ φιλανθρωπότατος βασιλεύς, καθὼς ᾔτησα, εἰς γνῶσιν ὑμετέραν πέμψαι κατὰ τὸν ἔρωτα τῆς καθολικῆς πίστεως καταξιώσει, ὡς ἂν καὶ πάντες οἱ ἀδελφοὶ καὶ πάντων τῶν ἀπίστων αἱ ψυχαὶ μάθοιεν ἐμὲ μὴ μόνον διὰ τῶν διακόνων μου, οἵτινες ἐτοποτήρησαν, ἀλλὰ γὰρ καὶ διὰ τῆς συναινέσεως τῶν συνοδικῶν ὑπομνημάτων τὴν ἰδίαν μου ὑμῖν ἑνῶσαι γνώμην, ἐν μόνῃ δηλαδὴ τῆς πίστεως αἰτίᾳ, (ὅπερ πολλάκις λεκτέον

XI.

Leo episcopus, sanctae synodo apud Chalcedonem habitae.

Omnem quidem fraternitatem vestram nosse non ambigo, definitionem sanctae synodi, quae ob confirmationem fidei in Chalcedonensi civitate celebrata est, toto corde me fuisse complexum: quia nulla sinebat, ratio ut qui unitatem catholicae fidei dolebam ab haereticis fuisse turbatam, non exsultanter in integrum rediisse gauderem. Hoc autem non solum ex ipso beatissimae consensionis effectu, sed etiam ex epistolis meis, quas post reditum meorum ad Constantinopolitanae urbis antistitem dedi, potuissetis agnoscere, si vobis responsionem sedis apostolicae manifestare voluisset. Ne ergo per malignos interpretes dubitabile videatur utrum quae in synodo Chalcedonensi per unanimitatem vestram de fide statuta sunt, approbem, haec ad omnes fratres et coepiscopos nostros qui praedicto concilio interfuerunt, scripta direxi, quae gloriosissimus et clementissimus princeps, sicut poposci, in notitiam vestram mittere pro catholicae fidei amore dignabitur, ut et fraterna universitas et omnium fidelium corda cognoscant me non solum per fratres qui vicem meam executi sunt, sed etiam per approbationem gestorum synodalium propriam vobiscum unisse sententiam,

XI.

레오 교황이 칼케돈 공의회에 보낸 서한(453년 3월 21일)[49]

로마 대주교 레오가 칼케돈에서 열린 거룩한 공의회에 보냄

의심의 여지없이 저는 여러분들의 형제애를 알고 있으며, 신앙을 확고하게 하기 위해 칼케돈에서 열린 거룩한 공의회의 결정을 온 마음으로 승인하였습니다. 이단자들에 의해 가톨릭신앙의 일치가 혼란케 된 것은 저를 매우 슬프게 하였습니다. 그러므로 제가 이제 그 일치의 복구에 대해서 기뻐하고 그것에 대해서 쾌재를 부르는 것을 막을 것은 없었습니다. 여러분들은 이것을 기쁨이 담긴 저의 승인에서뿐만이 아니라, 제가 저의 사절이 귀환한 후 콘스탄티노폴리스 주교에게 보낸 저의 서한에서도 알아챌 수 있었을 것입니다. 콘스탄티노폴리스 주교는 여러분들에게 사도좌의 답신을 전해 주었을 것입니다. 그러나 유포되고 있는 악의적인 해석으로, 여러분들이 칼케돈 공의회에서 만장일치로 결정한 것을 제가 승인한다는 것에 어느 누구도 의심해서는 안 됩니다. 따라서 저는 언급한 공의회에 참석한 모든 우리의 형제이며 동료 주교들에게 이 서한을 보냅니다. 고명하시고 아주 자비하신 황제께서는 나의 청원에 따라 가톨릭 신앙에 대한 그의 사랑 안에서 이것을 여러분들에게 알려주실 것입니다. 따라서 형제관계에 있는 공동체와 모든 신자들의 마음은, 제가 저를 대신한 형제들을 통해서뿐만이 아니라 공의회의 승인을 통해서 제 자신의 결정을 여러분들의 결정에 일치시켰다는 것을 알게 될 것입니다. 그럼에도 여전히 반복되어야 할

49) 『서한』, 114; PL 54,1027-1031; ACO II, IV, 70이하; 그리스어 원문 ACO II, I, 2, 61이하.

ἐστί), δι᾽ ἥν τὸ γενικὸν συνέδριον καὶ ἀπὸ προστάγματος Χριστιανῶν βασιλεων καὶ ἀπὸ συναινέσεως τοῦ ἀποστολικοῦ θρόνου ἤρεσε συναθροισθῆναι, ὡς ἄν κατακριθέντων τῶν αἱρετικῶν, οἵτινες διορθωθῆναι οὐκ ἠνέσχοντο, μηδεμία περιλιμπάνται ἀμφιβολία περὶ τῆς ἀληθοῦ ς τοῦ δεσπότου ἡμῶν Ἰησοῦ Χριστοῦ σαρκώσεως. ὅθεν εἴ τίς ποτε τολμήσοι τὴν Νεστορίου ἀπιστίαν ἀσφαλίζεσθαι, ἤ Εὐτυχοῦς ἤ Διοσκόρου τὸ ἀσεβὲς δόγμα ἐκδικεῖν, ἀπὸ τῆς τῶν καθολικῶν κοινωνίας ἀποκοπείη, μήτε ἐχέτω τούτου τοῦ σώματος κοινωνίαν, οὗτινος ἤρνηται τὴν ἀλήθειαν, ἀδελφοὶ τιμιώτατοι.

Περὶ τοῦ φυλαχθῆναι ὁμοίως τῶ ν ἁγίων πατέρων τοὺς κανόνας οἵτινες ἐν τῇ τῆς Νικαέων συνόδῳ ἀτρέπτοις δόγμασι συντέθεινται, τὴν παρατήρησιν τῆς ὑμετέρας ἁγιωσύνης ὑπομιμνήσκω ὅπως τὰ δίκαια τῶν ἐκκλεησιῶν, καθὼς παρ᾽ ἐκείνων τῶν τριακοσίων δέκα καὶ ὀκτὼ πατέρων θεόθεν ἐμπνευσθέντων τετύπωται, διαμένοιεν. μηδὲν δὲ ἡ ἀναιδὴς ἀμβιτίων ἐπιθυμήσοι, μήτε δι᾽ ἐλαττώσεως ἑτέρου αὔξησίν τις ἑαυτῶ ι περιποιῆσαι ἐθελήσοι. ἐφ᾽ ὅσον γὰρ δήποτε ἀποδασθεισῶν συναινέσεων ἑαυτὴ ν τῆς ματαιότητος ὑπεροψία ὠχύρωσε καὶ τὰς ἰδίας ἐγχειρήσεις τῷ τῶν συνεδρίων ὀνόματι οἴεται βεβαιωτέρας, ἀνίσχυρον καὶ ἀβέβαιον ἔσται πᾶν ὁτιοῦν ἀπάιδει τῶν κανόνων τῶν προλεχθέντων ὁ ἀποστολικὸς θρόνος σεπτῶς κέχρηται, τῶν ἐμῶν γραμμάτων δι᾽ ὧν τῷ Κωνσταντινουπόλεως ἐπισκόπῳ τὰς ἐπιχειρήσεις παρωσάμην, δυνήσεται ἡ ὑμετέρα ἁγιωσύνη διὰ τῆς ἀναγνώσεως μαθεῖν ἐμὲ βοηθείαι τοῦ θεοῦ ἡμῶν καὶ τῆς πατρικῆς πίστεως καὶ τῶν καθολικῶ ν κανόνων εἶναι φύλακα.

in sola videlicet fidei causa, quod saepe dicendum est, propter quam generale concilium et ex praecepto Christianorum principum et ex consensu apostolicae sedis placuit congregari, ut damnatis haereticis qui corrigi noluissent, nulla penitus resideret de vera Domini nostri Iesu Christi incarnatione dubitatio. Unde si quis umquam ausus fuerit vel Nestorii tueri perfidiam vel Eutychis ac Dioscori impium dogma defendere, a catholicorum communione resecetur nec habeat eius corporis participationem cuius abnegat veritatem fratres charissimi.

De custodiendis quoque sanctorum patrum statutis quae in synodo Nicaena inviolabilibus sunt fixa decretis, observantiam vestrae sanctitatis ammoneo ut iura ecclesiarum, sicut ab illis trecentis decem et octo patribus divinitus inspratis sunt ordinata, permaneant. Nihil alienum improbus ambitus concupiscat nec per alterius imminutionem suum aliquis quaerat augmentum. Quantumlibet enim extortis assentationibus sese instruat vanitatis elatio et appetitus suos conciliorum aestimet nomine roborandos, infirmum atque irritum erit quidquid a praedictorum patrum canonibus discreparit, quorum regulis apostolica sedes quam reverenter utatur, scriptorum meorum quibus Constantinopolitani antistitis conatus reppuli, poterit sanctitas vestra lectione cognoscere me auxiliante deo nostro et catholicae fidei et paternarum constitutionum esse custodem.

Data XII Kalendas Aprilis, Opilione Viro Clarissimo Consule.

것은, 이것은 오로지 신앙의 문제에만 해당된다는 것입니다. 그때문에 보편공의회가 그리스도교 신자인 황제의 명령으로 그리고 사도좌의 동의로 소집되었던 것입니다. 따라서 개선의 여지가 없는 이단자들이 단죄된 후에는 우리 주 예수 그리스도의 참 인성에 관하여 더 이상 의혹이 생겨서는 안 될 것입니다. 친애하는 형제여러분, 따라서 어느 누가 감히 네스토리우스의 이단을 보호하거나 에우티케스와 디오스코루스의 신성모독적인 가르침을 방어하려 한다면, 가톨릭신자들의 친교로부터 제명되어야 하고, 그가 그 진리를 부인하는 몸[성체]에 더 이상 참여할 수 없습니다.

그러나 니케아 공의회에서 위반해서는 안 되는 교령으로 확정된 거룩한 교부들의 결정들이 지켜져야 할 것입니다. 따라는 저는 교회들의 권한은, 318명의 교부들에 의해 하느님의 영감을 받아 확정된 바와 같이 변함없이 남아 있어야 한다는 것을 주교님들이 주의하도록 상기시켜 드립니다. 어느 누구도 허용되지 않은 명예욕으로 남의 것을 탐해서는 안 되며, 어느 누구도 다른 이를 낮춤으로써 자신을 높여서는 안 됩니다. 헛된 교만은 협박에 의한 동의들에 의지하며, 자신의 욕망을 공의회의 이름을 통해서 확인해야 한다고 생각하기 때문입니다. 그러나 언급한 교부들의 규정에 어긋나는 모든 것은 덧없는 것이고 무효입니다. 주교님들은 사도좌가 경외심을 가지고 이 규정을 고수하고 있고, 그리고 제가 하느님의 도우심으로 교부들의 법령들과 가톨릭신앙의 수호자임을 저의 서한으로써 알게 될 것입니다. 그 서한을 통해서 저는 콘스탄티노폴리스 주교의 계획을 거절하였습니다.

[453년] 3월 21일에, 고명한 집정관 오필리오가 있는 자리에서 씀.

XII.

…Ex hoc vero, quod adhuc attigimus, catholicae doctrinae capite illud necessario consequitur divinae maternitatis dogma, quod de B. Virgine Maria praedicamus: ≪ non quod — ut Cyrillus admonet —Verbi natura ipsiusve divinitas ortus sui principium ex sancta Virgine sumpserit, sed quod sacrum illud corpus anima intelligente perfectum ex ea traxerit, cui et Dei Verbum secundum hypostasim unitum, secundum carnem natum dicitur ≫.

Enimvero, si Filius B. Mariae Virginis Deus est, illa pro certo, quae eum genuit, Dei Mater iure est meritoque appellanda; si una est Iesu Christi persona, eaque divina, procul dubio Maria non Christi hominis Genitrix tantummodo, sed Deipara, seu Theotocos vocari ab omnibus debet. Quae igitur ab Elisabeth, cognata sua, ≪Mater Domini mei≫ salutatur, quae ab Ignatio martyre Deum peperisse dicitur, et ex qua Tertullianus Deum natum esse profitetur, illam utique omnes almam Dei Parentem venerentur, cui plenam contulit aeternum Numen gratiam, tantaque adauxit dignitate.

XII.

에페소 공의회 1500주년 기념 회칙
「진리의 빛(*Lux veritatis*)」(1931년 12월 25일)[50)]

...그밖에 또 우리가 다루는 것은 이것입니다. 우리가 복되신 동정녀 마리아에 대해서 말하는, 하느님의 모친성에 대한 교의는 가톨릭 가르침의 중요한 부분에서 반드시 따라오는 것입니다. 그래서 사실 우리는 이것을, 성 키릴루스가 우리에게 훈계하듯이, "말씀의 본질이나 그의 신성이 그 기원의 시작을 거룩한 동정녀에게서 취했기 때문이 아니라, 저 거룩한, 지적인 영혼으로 완성된 몸이 그녀에게서 기인하고, 위격에 따라 하느님 말씀과 결합되었으며, 육에 따라 태어났다."[51)]고 말합니다.

사실상, 가장 복되신 동정녀의 아들이 하느님이라면, 확실히 그분을 낳은 이는 마땅히 그리고 당연히 하느님의 어머니라고 부를 자격이 있습니다. 예수 그리스도께서 오직 한 분의 위격이시고 참으로 신적인 위격이시라면, 마리아는 의심의 여지없이 인간, 그리스도의 어머니일 뿐 아니라, 하느님을 낳으신 여인, 곧 하느님의 어머니(Θεοτόκος)로서 모든 이들에게서 불려져야 합니다. 이러한 의미에서 마리아는 그녀의 친척인 엘리사벳으로부터 "내 주님의 어머니"[52)]라고 인사를 받으십니다. 그래서 순교자 이냐티우스는 마리아가 하느님을 낳으셨다고 말합니다.[53)] 그리고 테르툴리아누스는 그녀에게서 하느님이 태어나셨다고 증언합니다.[54)] 그래서 우리 모두는 영원한 하느님께서 충만한 은총을 그녀에게 내리셨고 그녀를 그러한 품위에 오르게 하신 마리아를 거룩하신 하느님의 어머니로 존경합니다.

---

50) AAS 23, 1931, 493[511]-517.

51) 에페소 공의회, 키릴루스가 네스토리우스에게 보낸 서한, Mansi, I. c., IV, 891.

52) 루카 1,43.

53) 참조: 이냐티우스, 『에페소인들에게 보낸 서한』, VII 18-20: PG V 660.

54) 참조: 테르툴리아누스, 『그리스도의 육화론』, 17: PL II 781.

Ac porro, hanc a prima Ecclesiae aetate traditam veritatem non quispiam ex eo reiicere poterit, quod B. Virgo Maria corpus quidem Iesu Christo praebuerit, non caelestis Patris generaverit Verbum; siquidem, ut suo iam tempore Cyrillus recte dilucideque respondet, quemadmodum ceterae omnes, in quorum sinu terrena nostra concretio non anima procreato humana, matres revera dicuntur ac sunt, ita ipsa itidem ex una Filii sui persona divinam adepta est maternitatem.

Merito igitur, impiam Nestorii sententiam, quam Romanus Antistes, divino Spiritu ductus, superiore anno damnaverat, iterum Ephesina Synodus sollemniter reprobavit. Atque tanta in Deiparam Virginem Ephesina plebs ferebatur pietate, tanto aestuabat amore ut, cum latum a conciliaribus Patribus iudicium intellexi sset, effusa animorum laetitia eosdem conclamaret, atque ardentibus instructa facibus confertoque agmine, domum usque comitaretur. Ac pro certo ipsamet magna Dei Parens, mirando eiusmodi spectaculo suaviter de caelo arridens, suos Ephesi filios eunctosque catholici orbis christifideles, Nestorianae haereseos insidiis perturbatus, materno animo praesentissimoque auxilio suo prosecuta est.

Quo ex divinae maternitatis dogmate, veluti ex arcanae scaturiginis fonte, singularis profluit Mariae gratia eiusque summa post Deum dignitas. Quin immo, ut praeclare scribit Aquinas: ≪ Beata Virgo ex hoc quod est Mater Dei, habet quandam dignitatem infinitam ex bono infinito quod est Deus ≫. Quod satius hisce verbis Cornelius a Lapide enucleat atque explicat: ≪ Beata Virgo est Mater Dei; ergo ipsa longe excellentior est

반면에, 거룩한 동정녀 마리아가 예수 그리스도를 위해 몸을 준비했지만 하늘에 계신 아버지의 말씀을 낳지 않았기 때문에 교회의 가장 초기부터 전해 내려오는 이 진리를 어느 누구도 거부할 수 없습니다. 키릴루스는 이미 당시에 정확하고 명백한 답변을 주었습니다.[55] 사실 이 세상의 우리의 육체가 여성의 품에서 낳게 되지만, 그 여성에 의해 인간 영혼이 낳게 되는 것이 아닐지라도, 모든 여성이 진실로 어머니라고 불려지는데, 마리아도 그녀의 아들의 한 위격에 의해 하느님의 모친성을 얻게 된 것입니다.

에페소 공의회

그러므로 에페소 공의회가 네스토리우스의 불경스러운 견해를 배척한 것은 당연한 것이었습니다. 그 견해는 바로 전 해에 이미 로마 주교가 성령의 이끄심으로 거부한 바 있습니다. 공의회 교부들에 의한 판결이 알려지자 흘러넘치는 기쁨의 환성이 울려 퍼졌으며, 백성들이 교부들을 타오르는 횃불 아래 빽빽이 행렬을 지어 집에 들어갈 때까지 동행했을 때, 동정녀이신 하느님의 어머니에 대한 에페소 백성들의 신심은 높여졌고 사랑은 타올랐습니다. 그리고 우리는 당시 위대하신 하느님의 어머니께서 하늘에서 이 놀라운 사건을 기쁘게 받아들이셨으며, 에페소에 있는 그녀의 자녀들과, 네스토리우스의 음험한 오류로 혼란을 겪었던 온 세상의 모든 그리스도교 신자들을 모성으로 그리고 영원한 도움으로 보호해 주셨다는 것을 확신해도 됩니다.

마리아의 고귀한 품위

하느님의 모친성에 대한 이러한 교의에서, 숨겨져 있었던 용솟음치는 샘물과 같이, 마리아의 고유한 은총과, 하느님 다음으로 가장 높은 그분의 품위가 흘러나옵니다. 심지어 토마스 아퀴나스는 다음과 같이 훌륭하게 기술합니다. "거룩한 동정녀가 하느님의 어머니이기 때문에, 그녀는 하느님이신 무한한 선으로부터 무한한 품위를 지니고 계십니

55) Mansi, IV, 599.

omnibus angelis, etiam seraphinis et cherubinis. Mater Dei est; ergo purissima est et sanctissima, adeo ut sub Deo maior puritas intelligi nequeat. Mater Dei est; ergo quidquid ulli Sanctorum concessum est privilegii (in genere gratiae gratum facientis), hoc illa prae omnibus obtinet ≫.

Cur igitur Novatores atque acatholici non pauci tam acerrime nostram reprobant in Deiparam Virginem pietatem, veluti nos cultum subducamus uni Deo debitum? An nesciunt iidem, neve attente considerant nihil posse Iesu Christo gratius obvenire, qui in Matrem suam magno profecto flagrat amore, quam si eam pro merito veneremur, impense redamemus, eiusque sanctissima imitantes exempla validum patrocinium eius conciliare nobis studeamus?

Nolumus tamen heic rem silentio praeterire, quae haud mediocri solacio Nos afficit, videlicet nostris hisce temporibus Novatores etiam nonnullos Deiparae Virginis dignitatem melius agnoscere, ad eamque studiose reverendam honorandamque allici atque moveri. Quod quidem, dummodo ex intima atque sincera eorum conscientia, non autem ex tecta quadam ratione conciliandi sibi catholicorum animos proficiscatur, ut alicubi evenire comperimus, Eos omnino sperare iubet fore ut — ad rem bonis omnibus orando operandoque enitentibus ac Beata Virgine deprecante, quae errantes filios materno prosequitur animo — ipsimet ad unum Iesu Christi gregem adeoque ad Nos, qui licet immerentes, eins in terris partes agimus auctoritatemque sustinemus, tandem aliquando reducantur.

다."[56] 코르넬리우스 아 라피데(1567-1637년)는 이것을 더 자세히 설명하고 밝힙니다. "복되신 동정녀는 하느님의 어머니이십니다. 그러므로 그녀는 모든 천사들보다, 심지어 세라핌과 케루핌보다 훨씬 높으십니다. 그녀는 하느님의 어머니이기 때문에, 하느님 아래에 그보다 더 큰 순수함을 생각할 수 없을 정도로 가장 순수하시고 가장 거룩하십니다. 그녀는 하느님의 어머니이기 때문에, (자신의 성화를 위한 은총의 영역에서) 당시 성인들에게만 허락된 모든 특권을 모든 이들에 앞서 지니십니다."[57]

비가톨릭신자들의 태도에 대하여

그렇다면 왜 많은 종교개혁자들과 비가톨릭 신자들은 마치 우리가 하느님께만 드리는 공경을 집어치우는 것처럼, 동정녀이신 하느님의 어머니께 대한 우리의 신심을 그렇게 강하게 비난하는 것입니까? 확실히 당신의 어머니께 대한 크나큰 사랑에 불타신 예수 그리스도께, 그녀가 받아 마땅한 공경을 우리가 드리고, 진심으로 그녀의 사랑에 보답하며, 그녀의 아주 거룩한 모범을 본받아 그녀의 효과적인 보호를 얻으려고 애쓰는 것보다 더 마음에 드는 것이 있을 수 없다는 것을 모르거나 생각하지 못합니까?

그러나 현재 심지어 일부 종교개혁자들이 동정녀이신 하느님의 어머니의 품위를 점점 더 인정하고, 그녀를 열성적으로 존경하고 공경하는 데에 우호적이고 마음을 움직인다는 것이 저에게 얼마 큰 위로가 되는지 침묵으로 그냥 넘어가고 싶지 않습니다. 제가 어딘가에서 들은 바와 같이, 이것이 마음속 깊은 진실한 확신에서 이루어졌고, 가톨릭 신자들의 환심을 사기 위한 어떤 은밀한 이유에서가 아니라면, 저는 이들이 언젠가 예수 그리스도의 한 양떼로, 그리고 제가 부당할지라도 이 지상에서 그분의 권위를 대신하고 보호하는 저에게로 되돌아오기를 진심으로 바랍니다. 기도하고 행동함으로써 빛을 내는 마음이 선한 모든 이들과, 길을 잃은 모든 자녀들에게 모성애를 보여주시는 복되신 동정녀께서 그 일을 위해 간청하고 계십니다.

---

56) 토마스 아퀴나스, 『신학대전』, I q. 25 a. 6.

57) 코르넬리우스 아 라피데, *In S. Matth.*, I 6.

At aliud etiam, venerabiles fratres, in Mariae maternitatis munere Nobis recolendum putamus, quod quidem sapit dulcius, sapit suavius. Ipsa scilicet ex hoc quod humani generis peperit Redemptorem, nostrum quoque omnium, quos Christus Dominus fratres habere voluit, quodammodo exsistit benignissima mater.

≪ Talem, ita decessor Noster fr. Leo XIII, nobis praestitit Deus, cui, hoc ipso quod Unigenae sui Matrem elegit, maternos plane incidit sensus, aliud nihil spirantes nisi amorem et veniam; talem facto suo Iesus Christus ostendit, cum Mariae subesse et obtemperare ut matri filius sponte voluit; talem de cruce praedicavit, cum universitatem humani generis, in Ioanne discípulo, curandam ei fovendamque commisit; talem denique se dedit ipsa, quae eam immensi laboris hereditatem, a moriente Filio relictam, magno complexa animo, materna in omnes officia confestim coepit impendere ≫.

Ex quo fit ut ad eam praepotenti quadam impulsione feramur, ut nostra omnia — gaudia scilicet, si laetamur; aerumnas, si angimur; spes, si ad meliora tandem emergere nitimur — fidentes eidem concredamus; ex quo fit ut, si difficiliora inciderint Ecclesiae tempora, si fides labet quod refrixerit caritas, si privati publicique mores in deterius vergant, si aliquod catholico nomini civilique consortioni periculum impendeat, supplices ad

마리아는 우리의 어머니

존경하는 형제 여러분, 한편 우리는 마리아 모친성의 사명에서, 더욱 아름답고 더욱 감미로운 맛을 내는 다른 것을 상기해야 한다고 생각합니다. 곧 그분은 인류의 구속주를 낳으심으로써 어떻게 보면 우리 모두의 아주 인자하신 어머니가 되신 것입니다. 그리스도 주님께서는 우리 모두를 형제로 삼기를 원하셨기 때문입니다.[58] 저의 전임자인 레오 13세 교황은 이렇게 말씀하십니다.

"이러한 의미에서 하느님께서는 마리아를 우리에게 선물로 주셨습니다. 왜냐하면 하느님께서는 그녀를 당신 외아들의 어머니로 선택하셨기 때문이며, 그녀에게 어머니로서의 감정을 충만히 새겨주셨고, 사랑과 온정 외에는 아무것도 불어넣지 않으셨습니다. 따라서 아들이 그의 어머니에게 그러한 것처럼 예수 그리스도께서는 마리아에게 복종하고 순명하시기를 원하실 때에는, 그것을 당신의 행위로 보이셨습니다. 따라서 예수 그리스도께서 당신의 제자 요한 안에서 온 인류를 돌보고 품어 주도록 마리아에게 위탁하시면서, 십자가에서 그녀를 가리켰습니다. 그리고 마침내 마리아는 죽어가는 당신의 아들로부터 무한한 노고의 유산을 넘겨받았고 위대한 정신으로 받아들였으며, 즉시 우리 모두를 위한 어머니의 본분을 시작함으로써 자신이 그러한 어머니라는 것을 증명했습니다."[59]

마리아에 대한 우리의 신뢰

이것에 의해서 우리는 어떤 압도적인 영향으로 마리아께 이끌려 가게 되는 것입니다. 그래서 우리는 즐거울 때는 기쁨을, 고통을 당할 때는 시련을, 더 높은 것을 향하여 애쓸 때는 희망을, 이 모든 것을 신

---

58) 참조: 로마 8,29.

59) 레오 13세, 회칙「*Octobri mense*」, 1891년 9월 22일. ASS XXIV, 1891-92, 196.

eam perfugiamus caelestem opem deprecantes; ex quo denique fit ut in supremo mortis discrimine, cum nulla aliunde spes detur, nullum auxilium, ad eam lacrimantes oculos trementesque manus attollamus, veniam a Filio suo per eam efflagitantes, aeternamque in caelis felicitatem.

Incensiore igitur studio, in praesentibus, quibus afflicimur, necessitatibus eam adeant omnes; ab eaque instanti supplicatione contendant ≪ ut exorato Filio, aberrantes nationes ad christiana redeant instituta et praecepta, in quibus salutis publicae firmamentum consistit, unde et expetitae pacis et verae beatitatis copia efflorescit. Ab ipsa eo impensius contendant, quod bonis omnibus exoptatissimum esse debet, ut Ecclesia mater libertate potiatur tranquilleque fruatur sua; quam non alio illa refert nisi ad summas hominum procurandas rationes, a qua singuli et civitates nulla usquam damna, plurima omni tempore et maxima beneficia senserunt ≫.

At peculiare praesertim beneficium exoptamus, idque maximi quidem ponderis, auspice caelesti Regina, ab omnibus implorari. Scilicet, quae tam ardenti pietate a dissidentibus Orientis populis adamatur ac colitur, ne patiatur ipsa ut ab Ecclesiae unitate adeoque a Eilio suo, cuius Nos in terris vice fungimur, misere iidem aberrant atque adhuc semper abducantur. Redeant ad communera. Patrem, cuius sententiam omnes Ephesinae

뢰하면서 그녀에게 맡깁시다. 또한 더 어려운 시대가 교회에 닥쳐온다면, 믿음이 쇠약해진다면, 사랑이 식어진다면, 사적이며 공적인 도덕성이 가라앉는다면, 가톨릭이라는 이름을 가진 시민 사회에 위험이 생긴다면, 그 경우에도 마찬가지로 우리는 애원하면서 하늘의 도움을 간청하며 마리아께 피신합시다. 마지막으로 죽음의 순간에, 다른 데서부터 아무런 희망도 도움도 주어지지 않을 때, 우리는 눈물을 흘리고 떨면서, 그리고 마리아를 통하여 그분의 아드님으로부터 용서를, 그리고 하늘에서의 영원한 행복을 간청하면서 마리아에게 손을 높이 듭시다.

교회의 보호자

그러므로 우리를 괴롭히는 현재의 이 어려움에서 모든 이들이 더욱 열성적인 노력으로 마리아에게로 향하길 바랍니다. "우리는 그분의 아드님의 자비를 통해 길을 잃은 이들이 그리스도교 규정과 생활방식으로 되돌아오도록 마리아에게 지속적인 간청을 드리도록 합시다. 이것에만 공공의 안녕의 기초가 놓여지고, 그곳에서 염원하는 평화와 진정한 행복이 꽃을 피웁니다. 그리고 우리는 어머니인 교회가 자유를 되찾으며 평온을 누리기를 바라는, 선한 뜻을 가진 모든 이들의 소원이 마침내 이루어지도록 더욱 지속적으로 마리아께 간청합시다. 교회에 중요한 일은 사람들의 가장 큰 관심사를 돌보는 것 외에는 아무 것도 없으며, 교회로부터 개인과 국가는 어떠한 손해를 보는 것이 아니라 언제나 풍부하고 크나큰 혜택을 입게 될 것입니다."[60)]

일치를 촉구함

그러나 우리는 무엇보다도 특별한 은총을, 그것도 아주 중요한 은총을 모든 이들이 천상의 모후이신 보호자께 탄원하도록 간구합시다. 동방의 갈라진 백성들로부터 열렬한 신심으로 사랑받고 존경받으시는 마리아께서 이들이 계속해서 교회의 일치와, 제가 지상에서 대신하는 그녀의 아드님으로부터 갈라져 나가는 것을 허용하시겠습니까? 불

60) ASS XXIV, 1891-92, 203.

Synodi Patres observantissime exceperunt, quemque concordi plausu ≪ custodem fidei ≫ consalutarunt; ad Nos redeant omnes, qui paternum omnino in eos gerimus animum, quique libenter amantissima illa verba facimus Nostra, quibus Cyrillus Nestorium enixe adhortatus est ut ≪ Ecclesiarum pax conservetur, dilectionisque et concordiae vinculum inter Dei sacerdotes indissolubile permaneat ≫.

Atque utinam quam primum laetissimus ille dies illucescat, cum Deipara Virgo in Liberiana Basilica a decessore Nostro Sixto III tessellato opere affabre expressa —quod quidem opus Nosmet ipsi ad pristinum decorem restitutum voluimus — descitos a Nobis filios redeuntes omnes cernat, Nobiscum ipsam uno animo unaque fide veneraturus. Id erit profecto Nobis tam iucundum, quam quod maxime.

Auspicato praeterea ducimus contigisse Nobis quindeciens huiusmodi saecularem celebrationem agere; Nobis dicimus, qui casti connubii dignitatem sanctitudinemque contra ingruentes omne genus fallacias tuiti sumus; quique sacrosancta in iuvene tutis educationem iura et sollemniter catholicae Ecclesiae vindicavimus, et quibus esset rationibus eadem tradenda, quibus principiis conformanda ediximus atque explanavimus. Haec enim quae de utraque re edidimus praecepta eximium habent in divinae maternitatis munere inque Nazarethana illa familia exemplum, quod omnibus ad imitandum proponatur. ≪ Habent revera — ita

행히도 이들이 여전히 계속해서 떨어져 있고 떠나 있어야 합니까? 에페소 공의회 교부들이 그의 판결을 기쁘게 순종하며 받아들였고, 만장일치의 동의로 그를 "신앙의 수호자"로 환영해 준, 모든 이들의 아버지께로 돌아오십시오. 곧 저에게로 돌아오십시오. 저는 그들에게 대한 자부적인 애정으로 가득 차 있으며, 키릴루스 주교가 네스토리우스에게 애써 촉구했던 저 사랑스러운 말들을 기꺼이 제 것으로 삼으려 합니다. "교회들 사이에 평화가 보존되고, 하느님의 사제들 사이에 사랑과 일치의 유대가 풀리지 않고 머물게 하십시오."[61]

본인의 선임자인 교황 식스토 3세가 모자이크 공예로 예술적으로 표현한 리베리아 대성당[저 자신은 참으로 이 성당이 이전의 아름다움으로 복구되는 작업을 원합니다]의 동정녀이신 하느님의 어머니께서 우리에게서 떨어져 나간 모든 자녀들이 다시 되돌아오는 것을 보시는, 저 기쁨에 넘치는 날이 가능한 한 빨리 밝아오기를 바랍니다. 그래서 이들 모두가 우리와 함께 하느님의 어머니에 대한 한 마음과 한 믿음으로 그녀에게 공경을 바치기를 바랍니다. 갈라진 이들의 이러한 귀한은 사실 제가 가장 기뻐하는 일이 될 것입니다.

모범인 성가정

그 외에도 이 1500주년 축하행사를 거행하는 것이 성공적으로 이루어졌다고 생각합니다. 저는 창궐하는 모든 종류의 오류에 반대하여 순결한 혼인의 품위와 존엄성을 지켰다고 말하고 싶습니다.[62] 저는 청소년 교육 분야에서 가톨릭교회의 성스러운 권리들을 장엄하게 옹호하였으며, 그것들을 가르치는 방법과 적응시키는 원리에 대해서 발표하고 자세하게 설명하였습니다.[63] 제가 혼인과 청소년 교육에 대하여 내려 준 이 특별한 규정은 하느님 모친성의 본분과 나자렛의 성가정

---

61) 에페소 공의회, 키릴루스가 네스토리우스에게 보낸 서한, Mansi, IV, 891.

62) 참조: 비오 11세, 회칙 「*Casti connubii*」, 1930년 12월 31일, AAS XXII, 1930, 539-592.

63) 참조: 비오 11세, 회칙 「*Divini illius magistri*」, 1929년 12월 31일, AAS XXII, 1930, 49-86.

decessor Noster, f.r. Leo XIII — patremfamilias in Ioseph vigilantiae providentiaeque paternae praeclarissimam normam: habent matres in Sanctissima Virgine Deipara amoris, verecundiam, submissionis animi perfectaeque fidei insigne specimen: filii vero familias in Iesu, qui erat subditus illis, habent divinum obedientiae exemplar, quod admirentur, colant, imitentur ≫.

At peculiari modo opportunum est ut illae praesertim nostrae huius aetatis matres, quae vel prolis, vel coniugalis vinculi pertaesae, susceptum ab se officium prostratum violatumque habent, Mariam suspiciant intentoque animo meditentur, quae gravissimum maternitatis munus ad tantam evexit nobilitatem. Ita enim spes subest fore ut ad pudendum dedecoris notae magno matrimonii sacramento inustae, caelestis Reginae aspirante consilio, inducantur; et ad mirabiles eius virtutum laudes pro viribus assequendas salubriter excitentur. Quae si omnia ex sententia cedant, si domestica nempe societas — totius humanae convictionis principium atque firmamentum — ad dignissimum huius sanctitatis normam revocetur, procul dubio formidoloso illi, quo conflictamur, maiorum discrimini aliquando tandem occurrere atque mederi poterimus.

Ita enim continget ut ≪ pax Dei, quae exsuperat omnem sensum ≫, omnium ≪ corda et intelligentias custodiat ≫; atque optatissimum Christi Regnum, foederatis animis viribusque, ubique gentium feliciter constabiliatur. Nolumus denique Encyclicis hisce Litteris finem facere, quin rem vobis, venerabiles fratres, significemus omnibus pro certo gratam.

안에서 모든 이들이 본받도록 제시해 주는 모범을 가지고 있음을 보여줍니다. 이미 저의 선임자인 레오 13세 교황은 다음과 같이 말하였습니다. "참으로 가장들은 요셉 안에서 아버지로서의 경계심과 신중함의 아주 빛나는 모범을 얻습니다. 어머니들은 거룩하신 동정녀이신 하느님의 어머니 안에서 사랑과 겸허와 순종의 정신과 완전한 신뢰의 표징이 되는 본보기를 얻습니다. 참으로 가정의 자녀들은 부모에게 순종하신 예수님 안에서 신성한 복종의 모범을 얻습니다. 그것은 그들이 감탄하여 바라보고 공경하며 본받아야 하는 것입니다."[64)]

마리아, 모든 어머니의 모범

그러나 자녀들과 혼인 유대에 싫증나있고, 그 유대로부터 넘겨받은 의무들을 버리거나 어기는 특히 오늘날의 어머니들은, 아주 중요한 어머니의 본분을 그만큼 고귀하게 들어 높이신 마리아를 우러러보며 열심한 마음으로 깊이 생각하는 것이 무엇보다 적절한 것입니다. 따라서 천상의 여왕의 뜻에 고취되어, 어머니들이 위대한 혼인성사에 수치스럽게 찍힌 낙인을 부끄러워하게 되기를 바라며, 이들이 유익하게 자신의 미덕에 대한 놀랄만한 칭찬을 얻도록 자기 능력껏 분발하기를 바랍니다. 이들이 위에서 언급한 모든 것을 인정하고, 곧 전체 인간의 공동생활의 원리이며 기초인 가정 공동체가 아주 품위 있는 이 거룩함의 모범으로 되돌아오게 된다면, 우리는 의심의 여지없이 언젠가는 결국 이 무시무시한 더 큰 위기를 타도할 것이고 그것에 맞서 싸워 바로잡을 수 있을 것입니다.

결론: 마리아의 모친성의 새로운 축제

그러므로 "사람의 모든 이해를 뛰어넘는 하느님의 평화"가 모든 "마음과 생각"을 지켜줄 것입니다.[65)] 그리고 아주 갈망하는 그리스도

64) 레오 13세, 교황 교서 「*Neminem fugit*」, 1892년 1월 14일, ASS XXV, 1892-93, 8.
65) 필리 4,7.

Cupimus scilicet ut liturgicum non desit saecularis huius commemorationis monumentum, quod ad pietatem conferat erga summam Dei Parentem in clero populoque refovendam; quapropter supremo iussimus Consilio sacris ritibus praeposito ut Officium ac Missa de divina Maternitate edantur, ab universa Ecclesia celebranda.

Atque interea caelestium munerum auspicem paternaeque voluntatis Nostrae testem, vobis singulis universis, venerabiles fratres, et clero populoque vestro, Apostolicam Benedictionem peramanter in Domino impertimus.

Datum Romae, apud Sanctum Petrum, die xxv mensis Decembris, in Festo Nativitatis D. N. Iesu Christi, anno MDCCCCXXXI , Pontificatus Nostri decimo.

PIUS PP. XI

XIII.

AD VENERABILES FRATRES PATRIARCHAS, PRIMATES, ARCHIEPISCOPOS, EPISCOPOS ALIOSQUE LOCORUM ORDINARIOS, PACEM ET COMMUNIONEM CUM APOSTOLICA SEDE HABENTES : DE OECUMENICA CHALCEDONENSI SYNODO QUINDECIM ABHINC SAECULIS CELEBRATA.

의 나라가, 정신과 힘을 합하여, 온 세상 어디에서나 실현되기를 바랍니다. 존경하는 형제 여러분, 마지막으로 저는 확실히 모든 이의 마음에 드는 것을 여러분에게 알리지 않고서는 이 회칙을 끝내고 싶지 않습니다. 곧 저는 전례 안에서도 이 세기의 기념축제가 보존되고, 이러한 방법으로 성직자들과 백성들 사이에 고귀하신 하느님의 어머니에 대한 경건한 신심이 증가되기를 바랍니다. 따라서 저는 이 기념축일이 온 교회에서 거행되도록 마리아의 하느님 모친성에 대한 성무일도와 미사경본을 발행할 것을 경신성사성에 지시하였습니다.

존경하는 형제 여러분, 마지막으로 저는 여러분 개개인과 여러분의 성직자와 백성에게 천상 선물의 표시로 그리고 주님 안에서 사랑스럽게 저의 자부적인 뜻을 증명하기 위해 교황 축복을 드립니다.

로마, 성 베드로좌에서, 1931년 12월 25일에,
우리 주 예수 그리스도의 성탄 축제일에, 교황 재위 10년,

교황 비오 11세.

XIII.

칼케돈 공의회 1500주년 기념 회칙 「영원한 왕이신 그리스도(*Sempiternus Rex Christus*)」(1951년 9월 8일)[66]

존경하는 모든 형제들, 총대주교들, 수도대주교들, 대주교들, 주교들과 사도좌와 평화와 친교를 나누는 다른 최고목자들에게 그리스도의 인성에 관하여 1500년 전 칼케돈에서 열린 세계공의회에 대하여 서한을 보냅니다.

---

66) AAS 43, 1951, 625-644.

VENERABILES FRATRES SALUTEM ET APOSTOLICAM BENEDICTIONEM

1. Sempiternus Rex Christus, antequam Petro, Ioannis filio, Ecclesiae polliceretur principatum, percontatus discipulos, quid de Se homines ipsique Apostoli sentirent, singulari laudavit praeconio fidem, cunctas infernas concutiones et procellas victuram, quam ille, caelestis Patris coruscante lumine, hisce declaraverat verbis: ≪ Tu es Christus, Filius Dei vivi ≫ (Matth. 16, 16). Hanc fidem, quae Apostolorum coronas, Martyrum palmas, lilia Virginum parat quaeque est virtus Dei in salutem omni credenti (cfr. Rom. 1, 16), tres potissimum Oecumenicae Synodi efficaciter tuitae sunt et luculenter collustrarunt: Nicaena nempe, Ephesina et Chalcedonensis; ex qua quidem peracta hoc labente anno quindecim revoluta explentur saecula. Decet autem ad laetissimum hoc concelebrandum eventum tum Romae tum toto catholico orbe peragi sollemnia, quae, debitis persolutis Deo gratiis, omnium salutarium consiliorum satori, suaviter commoto animo indicimus.

2. Quemadmodum enim fel. rec. Decessor Noster Pius XI Sacrum Nicaenum Concilium anno MCMXXV in hac alma urbe sollemniter commemorari voluit, iternque Sacrum Ephesinum Concilium anno MCMXXXI per Encyclicas Litteras Lux veritatis in memoriam revocavit, ita et Nos hasce per Litteras parili aestimatione et cura Chalcedonense Concilium recensemus: Synodi quippe Ephesina et Chalcedonensis cum ipsam hypostaticam Verbi Incarnati unionem spectent, indissolubili vinculo inter se conectuntur; utraque iam antiquitus summo pollent honore tum

존경하는 형제 여러분, 교황의 인사와 축복을 보냅니다.

서론

1. 영원한 왕이신 그리스도께서는 요한의 아들 시몬에게 교회의 우위권을 약속하시기 전에, 사람들과 사도들이 그분에 대해서 어떻게 생각하는지 제자들에게 물으신 다음, 저승의 모든 공포와 엄습을 이길 믿음과, 하늘에 계신 아버지의 빛으로 영감을 받아 다음과 같은 말로 선언한 베드로를 특별히 칭찬하셨습니다. "스승님은 살아 계신 하느님의 아드님 그리스도이십니다."(마태 16,16). 사도들의 월계관과 순교자들의 종려가지와 동정녀들의 백합을 만들고, 믿는 사람이면 누구에게나 구원을 가져다 주는 하느님의 힘인 이 신앙을(참조: 로마 1,16), 특히 세 보편공의회가 효과적으로 방어하였으며 명료하게 밝혀주었습니다. 곧 니케아 공의회와 에페소 공의회와, 그리고 올해를 지내면서 1500주년을 맞는 칼케돈 공의회가 그 공의회들입니다. 그러한 아주 기쁜 일들을 기념하기 위해서 로마와 전체 가톨릭 세계에서 축하 행사가 열린다는 것은 합당한 일이며, 우리는 모든 구원을 가져다 주는 결정을 내리신 하느님께 마땅한 감사를 드리면서 이 축하 행사를 환영하며 설레이는 마음으로 선포합니다.

2. 제 전임자인 돌아가신 복되신 교황 비오 11세께서 1925년에 이 영원한 도시에서 거룩한 니케아 공의회를 장엄하게 기념하려고 하였고, 또한 1931년에는 에페소 공의회를 「진리의 빛(*Lux veritatis*)」이라는 회칙을 통해 상기시킨 것과 마찬가지로, 저는 이 교서를 통해 칼케돈 공의회에 똑같은 존경과 관심을 생각하고 있습니다. 에페소 공의회와 칼케돈 공의회가 사람이 되신 말씀의 위격적인 결합과 관계가 있기 때문에, 이 공의회들은 불가분의 유대로 서로 연결되어 있습니다. 두 공의회는 이미 고대에서 동방교회에서도 서방 교회에서도 높은 명성을 누리고 있었습

apud Orientales, quos penes etiam liturgica commemoratione recoluntur, tum apud Occidentales, teste ipso S. Gregorio cognomine Magno, qui eadem extollens haud secus ac duo superiore saeculo celebrata Oecumenica Concilia, Nicaenum nempe et Constantinopolitanum, hanc mentione dignam protulit sententiam: ≪ In his, velut in quadrato lapide, sanctae fidei structura consurgit, et cuiuslibet vitae atque actionis exsistat, quisquis eorum soliditatem non tenet, etiam si lapis esse cernitur, tamen extra aedificium iacet ≫ (Registrum Epistularum, I, 25 [al. 241: PL 77, 478; ed Ewald, I, 36).

3. Hoc sane eventum eiusque rerum adiuncta si intento animo considerentur, duo prae ceteris emergunt et eminent, quae, quantum fieri potest, in apricum proferre volumus : nempe Romani Pontificis primatus; qui e gravissima fidei christologica controversia aperte eluxit, ac magnum pondus atque momentum Chalcedonensis in re dogmatica definitionis. Illum ne morentur, maiorum suorum instituta et exempla secuti, debita vereri observantia ii qui, ob nequitiam temporum, praesertim in Orientalibus regionibus, ab Ecclesiae gremio et unitate sunt seiuncti; hanc, vero, purioribus mentis oculis, ad Christi arcanum penetrantes, integram tandem excipiant qui Nestorianis et Eutychianis erroribus implicantur; eandemque altius et verius ii perpendant qui, nimio novarum rerum studio permoti, in mysterio, quo redempti sumus, dignoscendo sancte et inviolabiliter positos terminos aliquantum audent excutere. Omnes denique, qui catholico nomine censentur, validum inde incitamentum sumant, ut evangelicam incomparabilis pretii margaritam, labis immunem profitentes et servantes fidem, hanc animo et ore colant, addito, quod praecipuum est, suae ipsorum obsequio vitae, in qua quidquid absonum, indecorum, vituperabile est, auxiliante Dei misericordia, facessat et virtutum nitor refulgeat; ita

니다. 동방교회에서는 전례 때에 두 공의회가 언급이 되었고, 서방교회는 다름 아닌 성 대 그레고리우스 교황이 입증하는 바, 그보다 먼저 있었던 두 공의회, 곧 니케아 공의회와 콘스탄티노폴리스 공의회 못지않게 이 두 공의회를 찬양하며 기억할만한 가치가 있는 다음의 문장을 만들어냈습니다. "사각형의 돌과 같은, 그 [공의회] 위에 거룩한 믿음의 건물이 세워져 있습니다. 그 견실한 [공의회의 가르침]을 지키지 않는 사람은 누구나 그의 삶이나 행동거지가 어떠하든, 비록 자신은 돌처럼 보여도 그 건물밖에 있는 것입니다."[67]

3. 그 사건과 그 상황을 주의깊게 살펴보면, 제가 가능한 한 명확하게 설명하고 싶은, 특별히 두 가지 점이 두드러집니다. 하나는, 심각한 그리스도론적인 논쟁에서 명백히 드러난 로마 주교의 수위권이며, 다른 하나는, 교의결정의 일에서 칼케돈 공의회가 갖는 대단한 중요성과 가치입니다. 시대의 상황이 좋지 않음으로써 특히 동방지역들에서 교회의 품과 일치에서 떨어져 나간 이들은 그들의 선조의 명령과 선례에 따라 존중을 받아 마땅한 로마주교의 수위권을 인정하는 것을 주저하지 않기를 바랍니다. 그러나 교의결정은 그리스도의 신비를 순수한 영의 눈으로 파고들면서, 마침내 네스토리우스적인 오류와 에우티케스적인 오류에 빠진 이들을 완전히 끌어내어야 할 것입니다. 이 교의결정은 진리에 대한 더 깊은 인식을 얻기 위해 구원의 신비들을 연구할 때 새로운 것에 대한 지나친 열망으로 신성한 불가침의 한계를 감히 넘으려는 이들을 고려해야 할 것입니다. 결국 가톨릭 신자라고 부르는 모든 사람들은 흠 없는 믿음을 고백하고 보존하며, 중요한 일인 바, 그 믿음에 자신의 삶의 증거를 보태고, 그 믿음에 의하여 하느님 자비의 도우심으로 부적절하고 부당하며 비난받을 만한 모든 것을 멀리하며, 그 믿음 안에서 오히려 덕행의 찬란함이 비추게 하면서, 복음에서 말하는 비교할 수 없는 귀중한 진주를 진심으로 보호하기 위한 강력한 장려책인 이 기념행사를

67) *Registrum Epistularum*, I, 25 [al. 241: PL 77, 478; ed Ewald, I, 36].

enim eveniet ut Illius sint divinitatis consortes, qui humanitatis nostrae fieri dignatus est particeps.

4. Iamvero, ut ex ordine procedamus, quae commemorantur res gestae ab exordio sunt repetendae. Totius controversiae auctor, quae in Chalcedonensi agitata est Synodo, Eutyches fuit, presbyter et in perinsigni Constantinopolitanae urbis coenobio archimandrita. Qui cum Nestorianam haeresim, ex qua duae in Christo asseverabantur esse personae, acerrime impugnaret, in contrarium incidit errorem.

5. ≪ Multum imprudens et nimis imperitus ≫ (Leo M. ad Flavianum, Ep. 28, PL 54, 755 s.) obstinato praeter modum ingenio, haec adfirmabat: duo sunt distinguenda temporis momenta : ante Incarnationem duae erant Christi naturae, humana nempe et divina ; post unionem vero una tantum extitit, cum Verbum hominem absorbuisset; ex Maria Virgine ortum est Domini corpus, hoc tamen non est nostrae substantiae et materiae; siquidem humanum idem est, non tamen consubstantiale nobis neque ei quae Christum secundum carnem peperit (cfr. Flavianus ad Leonem M. Ep. 26: PL 54, 745); quocirca non in vera humana natura Christus est natus, passus, cruci adfixus et e sepulcro resurrexit.

6. Hac in re non animadvertebat Eutyches ante unionem nullo pacto humanam exstitisse Christi naturam, quippe quae ipso tempore Eius conceptionis esse coeperit; post unionem vero absurdum esse opinari unam tantum ex duabus naturis coalescere, quia nulla prorsus

받아들여야 합니다. 그렇게 하면 이들은 우리의 인간 본성을 받아들이기 위해 자신을 낮추신 그분의 신성에 참여하게 될 것입니다.

에우티케스 오류의 기원

4. 이제 일을 순서에 따라 진행하기 위해, 저는 여기에서 기억되는 사건을 처음부터 설명하고자 합니다. 칼케돈 공의회에서 다루었던 쟁점 전체의 장본인은 콘스탄티노폴리스의 유명한 수도원의 신부이자 수도원장인 에우티케스였습니다. 그는 그리스도 안에 두 본성을 주장한 네스토리우스의 이단에 대항하여 싸우면서 상반된 오류에 빠졌습니다.

5. "매우 현명하지 못하고 경험이 부족한"[68] 에우티케스는 아주 완고하게 아래의 주장들을 내세웠습니다. 두 시점이 구별되어야 한다는 것입니다. 육화 이전에 그리스도의 두 본성, 곧 신성과 인성이 있었습니다. 그러나 [두 본성의] 결합 이후에는 단지 한 본성만이 있게 되었는데, 말씀이 인간을 흡수하였기 때문이라는 것입니다. 동정녀 마리아에게서 주님의 몸이 생겨났지만, 그 몸은 우리 몸과 같은 실체와 물질이 아니라는 것입니다. 왜냐하면 그리스도는 비록 인간이기는 하지만 우리와 같은 본질이 아니며 그리스도를 육에 따라 낳으신 분과도 같은 본질이 아니기 때문이라는 것입니다.[69] 따라서 그리스도는 참 인간 본성에서 태어나지 않았으며, 그 본성에서 고난을 겪지 않았고, 십자가에 못 박혔으며 무덤에서 부활하였다는 것입니다.

6. 이때에 에우티케스는 결합 이전에 그리스도의 인성이 전혀 존재하지 않았다는 것을 생각하지 못했습니다. 그리스도의 인성은 그의 잉태 순간에 비로소 생겨나기 시작했기 때문입니다. 그러나 결합 이후에 두 본성이 한 본성으로 합쳐졌다고 생각하는 것은 불합리한 일입니다.

---

68) 레오, 『서한』(플라비아누스에게 보낸 서한) 28: **PL** 54, 755.
69) 플라비아누스, 『서한』(레오에게 보낸 서한) 26: **PL** 54, 745.

ratione duae verae certaeque naturae ad unam reduci possunt, eo vel magis quod natura divina infinita ac immutabilis est.

7. Qui sana mente huiusmodi opinationes consideraverit, facile viderit totum divinae dispensationis mysterium in umbrarum inania et intractabilia defluere.

8. Hoc sane prorsus novum, absurdum, Prophetarum oraculis et Evangelii vocibus, necnon apostolico Symbolo et Nicaenae fidei sancito dogmati repugnantissimum, ex Valentini et Apollinaris caveis depromptum, iis qui recte sapiebant facile patuit. In peculiari quadam Synodo, Constantinopoli coacta, cui Sanctus Flavianus eiusdem urbis Antistes praeerat, Eutyches, qui suos errores per monasteria pertinaciter et late disseminabat, ab Eusebio Dorylaei Episcopo haeresis aperte incusatus, condemnatus est. Quod quasi per iniuriam contra se esset factum, qui Nestorianam impietatem repullulantem reprimeret, ad nonnullorum Antistitum, quorum praepollebat auctoritas, iudicium provocat. Huiusmodi reclamationis litteras ipse Sanctus Leo Magnus, Apostolicae Sedis Antistes, accepit, cuius splendidae solidaeque virtutes, vigil religionis et pacis studium, veritatis et Romanae Cathedrae dignitatis strenua tuitio, modulatissimo eloquio par in agendis rebus dexteritas in inexplebilem sui admirationem cuncta aeva traducunt. Quo nemo alius videbatur efficientior et aptior ad Eutychianum errorem refellendum, quippe qui in allocutionibus et litteris suis pia magnificentia et magnifica pietate extollere et celebrare soleret unius personae geminaeque in Christo naturae numquam satis praedicandum arcanum: ≪ Catholica Ecclesia hac fide vivit, hac proficit, ut in Christo Iesu nec sine vera Divinitate humanitas, nec sine vera credatur humanitate Divinitas ≫ (S. Leonis M. Ep. 28, 5; PL 54, 777).

왜냐하면 두 개의 참된 실재적인 본성이 결코 하나의 본성으로 될 수 없기 때문입니다. 더욱이 신성은 무한하고 변할 수 없기 때문입니다.

7. 건전한 의미에서 그러한 생각을 고려하는 사람은 하느님 구원계획의 신비 전체가 비어 있는 잡을 수 없는 그림자로 사라진다는 것을 쉽게 알 수 있습니다.

8. 판단력이 있는 사람들에게 에우티케스의 의견은 완전히 새로운 어떤 것이고, 불합리하며, 예언자들의 예언과 복음의 말씀 및 사도신경과 그리고 니케아 공의회에서 선포된 신앙교의와 완전히 반대되고 발렌티누스와 아폴리나리스의 굴에서 나온 것으로 여겨졌습니다. 콘스탄티노폴리스 주교인 성 플라비아누스가 주재한 콘스탄티노폴리스의 한 특별교회회의에서, 자신의 오류를 수도원 주변과 여러 곳에서 완고하게 퍼뜨린 에우티케스는 도릴래움의 에우세비우스 주교에 의해 공개적으로 이단혐의로 기소되었으며 그로 인해서 단죄되었습니다. 그것에 반대하여 에우티케스는 매우 영향력이 있는 주교들에게, 다시 살아나는 네스토리우스적인 이단과 싸운 그에 반대하여 이루어진 단죄가 마치 부당한 것처럼 호소하였습니다. 성 대레오 교황도 그와 같은 항소문을 받았습니다. 대레오 교황은 사도좌의 소유자였고, 그의 빛나는 한결같은 덕행, 종교와 평화에 대한 주의깊은 그의 관심, 진리와 로마좌의 품위를 위한 그의 열성적인 보호, 격식에 맞춘 그의 웅변과 같이 중요했던 일들을 이끌어가는 데에 있어서 그의 노련함은 모든 시대의 끝없는 감탄을 불러 일으켰습니다. 경건한 위엄과 고귀한 신심을 지닌 그의 연설과 서한에서, 이제껏 충분히 찬양받을 수 없었던, 그리스도 안에 한 위격과 두 본성의 신비를 그토록 강조하고 찬미한 레오 교황보다 에우티케스의 오류를 배척하는 데 더 능숙하고 적합한 사람은 없었습니다. "가톨릭교회는 예수 그리스도 안에는 참된 신성이 없는 참된 인성이 없고, 참된 인성이 없는 참된 신성이 없다는 이 신앙 안에서 살고 있으며 성장합니다."[70]

---

70) 레오, 『서한』, 28, 5; **PL** 54, 777.

9. Atqui cum archimandrita Eutyches Romani Pontificis patrocinio diffideret, versus ad artes et dolos, per Chrysaphium, quocum arcta erat familiaritate coniunctus, imperatori Theodosio II carissimum, a principe impetravit, ut sua causa recognosceretur et Ephesi alterum cogeretur Concilium eidemque Dioscorus, Alexandrinorum Episcopus, praeesset. Qui illi perquam amicus et Flaviano, Antistiti Constantinopolitano, infensus, dogmatum falsa similitudine captus, clictitabat, quemadmodum Cyrillus, decessor suus, unam in Christo personam, ita unam in Christo post ≪ adunationem ≫ naturam se velle strenuissime defendere. Illuc, rei pacificandae causa, Leo Magnus Legatos mittere non recusavit, qui, praeter alias, duas epistulas deferrent, alteram ad Synodum, alteram ad Flavianum, ubi Eutychiana errata perfectae cumulataeque doctrinae nitore refutabantur.

10. At vero in hac Ephesina Synodo, cui a Leone ≪ Latrocinium ≫ merito inditum nomen, Dioscoro et Eutychete imperitantibus, omnia vi manuque misceri coepta sunt; Apostolicis Legatis primus in assessu locus denegatus; Pontificis Maximi litterae legi prohibitae; per dolos et minas Episcoporum suffragia extorta; praeter alios Flavianus haeresis crimine insimulatus, pastorali munere exutus et in vincula coniectus, ubi terrestri functus est vita. Furentis Dioscori eo postea temeritas processit, ut in fandum nefas in apostolicae potestatis culmen excommunicationis telum intorquere sit ausus. Simulac res in praedatorio conciliabulo inique gestas ab Hilaro

에페소 강도 공의회

9. 그러나 이제 에우티케스 수도원장이 로마 주교에 의한 그의 쟁점 처리를 불신했기 때문에, 책략과 음모에 몰두했습니다. 황제 테오도시우스 2세에게서 총애를 얻은, 그가 신뢰하는 친구인 크리사피우스를 통해 에우티케스는 테오도시우스 황제에게 그의 법적 분쟁이 다시 받아들여지고, 에페소로 새로운 공의회가 소집되도록 요구하였습니다. 그 공의회의 의장직은 알렉산드리아의 주교 디오스코루스에게 맡겨졌습니다. 디오스코루스는 에우티케스의 소중한 친구였으며 콘스탄티노폴리스의 플라비아누스 주교의 적대자였습니다. 그는 교의와 비슷한 허위적인 것에 잘못 이끌려 그것을 자꾸 되풀이하여 말하였습니다. 그의 전임자인 키릴루스가 그리스도 안에 한 위격을 지지한 것처럼, 그는 [두 본성이] 결합된 후에 그리스도 안에 하나의 본성이 있다는 주장을 열성적으로 관철시키려 하였습니다. 평화를 위해 대레오 교황은 그곳에 두 통의 서한을 전달해 줄 사절단을 파견하는 것을 거부하지 않았습니다. 한 통의 서한은 공의회에 보내는 것이었고, 다른 한 통의 서한은 플라비아누스에게 보내는 것이었습니다. 그 서한에는 에우티케스의 오류가 분명하고 완전하며 상세한 가르침의 설명으로 반박되었습니다.

10. 그러나 대레오 교황이 올바로 "강도 공의회"라는 이름을 붙여 준, 이 에페소 공의회에서 사람들은 디오스코루스와 에우티케스에 의해 행사된 압력을 받아, 폭력으로 모든 것을 혼란스럽게 만들었습니다. 교황사절단은 공의회 의장직을 거부당했습니다. 교황의 서한도 읽지 못하게 되었습니다. 주교들의 투표권은 음모와 위협에 의해 강요되었습니다. 다른 주교들과 더불어 플라비아누스 총대주교는 이단 혐의로 기소되었고, 그의 사목직에서 파면되었으며, 투옥된 그곳에서 사망하였습니다. 그런 다음 디오스코루스는 자신의 분노와 대담함으로, 들어보지도 못한 범죄인 바, 교황의 권한을 가진 사절단에게 감히 파문을 선고하기까지 하였습니다. 레오 교황은 부제 힐라리오를 통해 강도 공의회의 적의적인 사

diacono pernovit, Leo cuncta illic decreta factave improbavit ac retractanda edixit, acerbo quidem moerore correptus, cuius et crebra materies erat etiam multorum deiectorum Antistitum ad ipsius iudicium provocatio.

11. Memoratu digna sunt ea quae tunc Flavianus et Theodoretus Cyrensis ad Summum Ecclesiae Pastorem scripserunt. Flaviani haec sunt verba: ≪ Cum velut ex condicto quodam omnia adversum me iniqua procederent, post illam iniustam vocem quam contra me emisit [Dioscorus], sicut ipsi placuit, me appellante thronum Apostolicae Sedis principis Apostolorum Petri et universam beatam quae sub Vestram Sanctitatem est Synodum, statim me circumvallat multitudo militaris et volentem me ad sanctum altare confugere non concessit, sed nitebatur de eccelsia trahere ≫ (Schwartz, Acta Conciliorum Oecumenicorum, II, vol. II, pars prior, p. 78). Theodoreti autem haec: ≪ Si Paulus, praeco veritatis. . . ad magnum Petrum se contuli. . . multo magis nos humiles et pusilli ad Apostolicam Sedem vestram accurrimus, ut Ecclesiarum ulceribus remedium a Vobis accipiamus. Vobis enim primas partes in omnibus tenere convenit. . . Ego Apostolicae vestrae Sedis exspecto sententiam Ante omnia ut a Vobis docear oro an me oporteat in hac iniusta depositione acquiescere, annon: Vestram enim sententiam exspecto ≫ (Theodoretus ad Leonem M.; Ep. 52, 1. 5. 6: PL 54, 847 et 851; cfr. PG 83, 1311 s. et 1315 s).

건에 대한 소식을 듣자마자, 그곳에서 결정되거나 행해진 모든 것을 배척하였고, 에는 듯한 아픔에 사로잡혀, 그에게 판결선고를 해달라는, 면직된 많은 주교들의 항소로 인해 그 공의회의 철회를 명령하였습니다.

플라비아누스와 테오도레투스가 사도좌에 항소함

11. 언급할 가치가 있는 것은 당시 콘스탄티노폴리스 플라비아누스 총대주교와 키루스의 테오도레투스 주교가 교회의 최고 목자에게 서한을 보낸 내용입니다. 플라비아누스는 다음과 같이 말하였습니다. "합의에 의한 것처럼 모든 것이 적대적으로 저를 반대하였기 때문에, 저는 [디오스코루스]가 저를 반대하여 내린 부당하고 자의적인 선고에 대해, 사도들의 으뜸이신 베드로의 사도좌와 그리고 교황 성하 아래에 있는 전체 교회 회의에 항소합니다. 많은 병사들은 즉시 저를 둘러싸고, 거룩한 제단으로 피신하려는 저를 막았으며 교회 밖으로 끌어내려고 했습니다."[71] 테오도레투스는 이렇게 썼습니다. "진리의 선포자인 바오로가 위대한 베드로를 찾아갔다면... 아주 보잘 것 없는 작은 우리는 교회의 상처를 교황성하께서 치유해주시도록 사도좌에 서둘러 요청합니다. 교황성하께서는 모든 것에 수위권을 가지고 계십니다. 무엇보다도 저는 교황성하께서, 제가 이 부당한 면직을 받아 들여야 하는 지의 여부를 가르쳐 주실 것을 요청합니다. 말하자면 저는 교황성하의 결정을 기다립니다."[72]

---

71) Schwartz, ACO, II, vol. II, pars prior, 78.

72) 테오도레투스, 『서한』(레오 교황에게 보낸 서한), 52, 1. 5. 6: PL 54, 847과 851; 참조: PG 83, 1311과 1315이하.

12. Ad tantam labem delendam frequentibus litteris institit Leo Theodosium et Pulcheriam urgere, ut ii nimis adflictis rebus moderentur adeoque intra Italiae fines novum Concilium, Ephesina admissa purgaturum, cogeretur. Cum vero imperatorem Valentinianum III eiusque matrem Gallam Placidiam et coniugem Eudoxiam in Vaticanam Basilicam ingredientes, Episcoporum stipatus corona, excepisset, cum gemitibus et fletu, eis persuasit, ut pro viribus Ecclesiae ingravescenti squalori protinus praestarent remedium. Scripsit Augustus Augusto, ipsae scripsere Reginae. At frustra: Theodosius, astu et fraudibus circumventus, nihil quod perperam actum erat, emendavit. Cum autem ipse improviso interiit, eius soror Pulcheria imperio potita, Marcianum sibi coniugem et imperii socium accivit, qui ambo religionis et sapientiae laude sunt praeclari. Tum Anatolius, qui in Flaviani locum a Dioscoro, violato iure, suffectus erat, Leonis ad Flavianum de Incarnatione Domini epistulae subscripsit; Flaviani exuviae illustri pompa Constantinopolim translatae; deturbati e suis sedibus Episcopi in pristinum restituti; ac communis Eutychianae contagionis detestatio invalescere coepit, ita ut haud amplius videretur indicendum esse Concilium, eo vel magis quod ob barbarorum incursiones Romani Imperii status tutus non erat.

13. Nihilo secius hoc habitum celebratumque est, Imperatore optante, Summo autem annuente Pontifice.

Chalcedon erat urbs Bithyniae, prope Bosporum Thracium, e conspectu Constantinopolis, quae in opposito litore est sita. Huc in

교황의 개입

12. 레오 교황은 그러한 심각한 치욕을 없애기 위해 테오도시우스 황제와 풀케리아에게 서한을 반복해서 보냈으며, 그들이 에페소의 범죄를 보상하기 위해 이탈리아 국경 내에서 새로운 공의회를 소집함으로써 이러한 너무 슬픈 상황을 구해주기를 바란다고 하였습니다. 어느 날 수많은 주교들 사이에 있었던 레오 교황은 발렌티니아누스 3세 황제와 그의 모친 갈라 플라키디아와 그의 부인 에우독시아가 바티칸 대성당에 들어왔을 때 그들을 반겨주었으며, 이 때 교황은 증대하고 있는 교회의 치욕에 그들이 지체 없이 있는 힘을 다해 도움을 줄 것을 탄식과 눈물로 청하였습니다. [서방의] 황제가 [동방의] 황제에게 서한을 보냈으며, 마찬가지로 황후들도 서한을 보냈습니다. 그러나 헛된 일이었습니다. 테오도시우스 황제는 헛된 속임수에 빠져 불법조치들을 취소하기 위해 아무런 일도 하지 않았습니다. 그러나 갑작스런 그의 사망 이후 그의 누이인 풀케리아가 권력을 잡았으며 마르키아누스를 남편과 공동통치자로 삼았습니다. 이 두 사람은 신심과 지혜로 칭찬을 받았습니다. 그 결과 디오스코루스에 의해 불법으로 플라비아누스의 자리에 오른 아나톨리우스 총대주교는 주님의 육화에 대해 레오 교황이 플라비아누스에게 보낸 서한에 서명하였습니다. 플라비아누스 총대주교의 유해는 장엄하게 콘스탄티노폴리스로 옮겨졌습니다. 그들의 자리에서 쫓겨난 주교들은 그들의 권리를 되찾았습니다. 해를 끼치는 에우티케스의 이단에 대한 일반적인 거부가 점차 강해져서 공의회를 소집할 필요가 거의 없어 보였습니다. 특히 야만민족들의 침략으로 인해 로마 제국 안의 상황이 불안전했기 때문입니다.

13. 그럼에도 공의회는 황제의 요청으로 교황의 동의를 얻어 개최되었습니다.

칼케돈 공의회 사도좌의 수위권

칼케돈은 비티니아의 수도로 콘스탄티노폴리스 맞은 편 바닷가에

amplissimam suburbanam basilicam S. Euphemiae Virginis et Martyris octavo Idus Octobres a Nicaena urbe profecti, ubi hac de causa iam congregati erant, una convenere patres, omnes ex Orientalibus regionibus, duobus Afris exceptis domo profugis.

14. In meditullio Evangeliorum posito codice, ante sacri altaris cancellos undeviginti Imperatoris et Senatus procuratores sedebant. Pontificiae Legationis munera obierunt religiosissimi viri Paschasinus Lilybetanus in Sicilia Antistes, Lucentius Asculanus Episcopus, Bonifatius et Basilius presbyteri, quibus additus est Iulianus Coënsis Episcopus, ut iis curam actionemque suam adiutricem impenderet. Romani Pontificis Legati, primi inter Episcopos considebant ; primi nominantur, primi loquuntur, primi actibus subscribunt; delegata, qua praediti sunt auctoritate, aliena roborant aut reiciunt suffragia, ut manifesto contigit in damnatione Dioscori, quam hisce verbis ratam habuerunt: ≪ Sanctissimus et beatissimus Archiepiscopus magnae et senioris Romae Leo, per nos et per praesentem sanctam Synodum, una cum ter beatissimo et omni laude digno beato Petro Apostolo, qui est petra et crepido catholicae Ecclesiae, et rectae fidei fundamentum, nudavit eum [Dioscorum] tam episcopatus dignitate, quam etiam et ab omni sacerdotali alienavit ministerio ≫ (Mansi, Conciliorum amplissima collectio, VI, ro47, Act. III; Schwartz, II, vol. I, pars altera, p. 29 [225], Act. II).

있는 트라키아의 보스포루스와 가까이 있었습니다. 도시 앞에 있는 넓은 대성당, 곧 동정녀이며 순교자인 성 에우페미아 대성당에 10월 8일에 공의회 교부들이 모였습니다. 이들은 니케아에서 왔는데 공의회를 목적으로 이미 그곳에 있었습니다. 고향에서 피난한 두 명의 아프리카 주교를 제외하고는 모두 동방 국가에서 왔습니다.

14. 대성당 중간에 복음서가 놓여져 있었습니다. 제대 난간 앞에는 19명의 황제 대리인과 원로원이 앉았습니다. 교황사절로서 하느님을 경외하는 사람들인 시칠리아 릴리배움의 주교 파스카시누스와 아스콜리의 주교 루첸시우스와 보니파티우스 신부와 바실리우스 신부가 있었습니다. 그들에게 조언과 행동을 돕기 위해 율리아누스 주교가 동행하였습니다. 교황사절들은 주교들 사이에서 첫 번째 자리를 차지하였습니다. 그들은 첫 번째로 이름이 불려졌으며, 첫 번째로 발언하였으며, 첫 번째로 문서에 서명했습니다. 그들에게 위임된 권위에 따라 그들은 다른 이들의 의견을 승인하였거나 배척했습니다. 디오스코루스의 단죄 때의 경우가 바로 그러하였습니다. 그들은 다음과 같은 말로 그의 단죄를 법적으로 유효하다고 선언하였습니다. "위대한 옛 도시 로마의 거룩한 대주교인 레오는 우리와 여기에 있는 지극히 거룩한 공의회를 통하여, 그리고 가톨릭교회의 바위이며 기초이시고 정통 신앙의 토대이신, 가장 복되시며 영예로운 베드로 사도와 함께, 그[디오스코루스]에게서 주교의 품위를 박탈하셨으며 모든 사제 직무를 배제하였습니다."[73)]

---

73) Mansi, *Conciliorum amplissima collecti* , VI, ro47, Act. III; Schwartz, II, vol. I, pars altera, 29 [225], Act. II).

15. Ceterum Pontificios Legatos non solummodo praesidendi auctoritatem exercuisse, verum etiam ab omnibus conciliaribus patribus, nemine adversante, iis praesidendi ius et honorem agnitum esse liquido constat ex synodica epistola ad Leonem missa: ≪ Tu quidem — iidem scribunt sicut membris caput, praeeras in his qui tuum tenebant ordinem benevolentiam praeferens ≫ (Synodus Chalcedonensis ad Leonem M. Ep. 98, PL 54, 951; Mansi, VI, 147).

16. Nostrum non est hic singula synodalia gesta revolvere, sed praecipua tantum, prout veritati in lumine collocandae et religioni fovendae utilia sunt, breviter attingere. Itaque non possumus, cum de Sedis Apostolicae dignitate quaestio agitetur, illius Concilii canonem XXVIII silentio praeterire, quo Constantinopolitanae episcopali sedi, utpote imperiali urbi, alter post Romanam sedem honoris locus tribuebatur. Quamvis ibidem nihil contra divinum iurisdictionis primatum, qui quidem pro explorato habebatur, actum esset, tamen idem canon, absentibus ac dein contradicentibus Pontificiis Legatis conflatus, atque adeo clandestinus et subrepticius, quavis iuris vi destitutus est et a S. Leone multas per litteras reprobatus et damnatus. Cui, ceterum, rescissoriae sententiae acquievere Marcianus et Pulcheria, imo etiam et ipse Anatolius, qui male ausum excusans, ita ad Leonem scripsit: ≪ De his autem quae Costantinopolitanae gratia sedis sancita sunt in Chalcedonensi nuper universali Synodo, pro certo Beatitudo Vestra hoc habeat, nullam esse culpam in me . . ., sed Costantinopolitanae Ecclesiae reverendissimus clerus est, qui hoc habuit studium . . .; cum et sic gestorum vis omnis et confirmatio auctoritati Vestrae Beatitudinis fuerit reservata ≫ (Anatolius ad Leonem M. Ep. 132, 4: PL 54, 1084; MANSI, VI, 278 S.).

15. 그밖에도 교황사절들은 의장의 권위를 행사하였을 뿐만 아니라, 모든 공의회 교부들에 의해 아무런 반대 없이 그들에게 의장의 권리와 명예가 부여되었다는 것은 레오 교황에게 보낸 공의회 서한에서도 명백히 드러납니다. "교황님은 자신의 지체를 이끄는 머리와 같이 당신의 대리자를 통하여 우리를 이끌어주셨습니다."[74)]

16. 이제 여기에서는 공의회 문서들을 일일이 반복하여 읽는 것은 우리의 일이 아닙니다. 단 진리를 분명하게 밝혀주고 신앙심을 북돋아주기 위해 유용한 가장 중요한 것들을 저는 짧게 다루려고 합니다. 그것은 사도좌의 품위에 대한 문제이기 때문에, 따라서 저는 공의회 제28조 규정을 침묵으로 묵과할 수 없습니다. 그 규정으로 콘스탄티노폴리스 주교좌는 황제의 도시로서 로마 다음으로 두 번째 상석을 차지한다고 판결이 난 것입니다. 이 규정에는 당연한 것으로 여겨지는, 하느님으로부터 오는 재치 수위권에 반대하는 내용이 없다 해도, 이 규정은 교황사절이 참석하지 않은 가운데 작성되었으며, 그다음에는 그들의 항의에도 작성되었고, 몰래 암암리에 이루어졌기 때문에 법적이 효력이 없으며, 성 레오 교황으로부터 여러 서한을 통해 배척되고 단죄받은 것입니다. 이러한 무효 선언에 마르키아누스 황제와 풀케리아도, 심지어 아나톨리우스 총대주교조차도 동의하였습니다. 아나톨리우스는 사과를 하기 위해 레오 교황에게 다음과 같은 내용의 서한을 보냈습니다. "콘스탄티노폴리스 교회에 호의적으로 칼케돈 보편 공의회에서 반포된 교령과 관련하여, 교황 성하께서는 그것에 대한 책임이 결코 저에게 없다는 것을 확신하기를 바랍니다... 오히려 이 조치들을 원했던 사람들은 존경을 받는 콘스탄티노폴리스 교회의 성직자들이었습니다... 그러나 이 일처리에 대한 모든 권한과 승인은 복되신 교황성하의 권위에 유보되었습니다."[75)]

---

74) 칼케돈 공의회가 레오에게 보낸 서한, 98: PL 54, 951; Mansi, VI, 147.

75) 아나톨리우스가 레오에게 보낸 서한, 132, 4: PL 54, 1084; Mansi, VI, 278이하.

17. At veniendum denique est ad totius causae cardinem, videlicet ad sollemnem catholicae fidei definitionem, qua Eutychetis perniciosus error repudiatus et damnatus est. In eiusdem Sacrae Synodi actione quarta imperialibus proceribus id poscentibus, ut novum fidei Symbolum conderetur, Paschasinus Pontificius Legatus, communis voti interpres, respondit minime hoc oportere, cum fidei Symbolorum et canonum ab Ecclesia receptorum satis iam esset: inter quae, hac super causa, primas agere partes epistulam Leonis ad Flavianum: Tertio vero [id est post Symbola Nicaenum et Constantinopolitanum eorumque declarationem a S. Cyrillo in Ephesina Synodo peractam] beatissimi atque apostolici viri, universali Ecclesiae papae Leonis, Nestorii et Eutychetis haeresim damnantis, directa scripta, quid vera fides habeat, exposuerunt. Similiter vero et sancta Synodus hanc fidem tenet, hanc sequitur ≫ (MANSI, VII, 10).

18. Iuvat hic memorare praegraves huiusmodi S. Leonis de Verbi Incarnatione litteras ad Flavianum in tertia Concilii actione recitatas esse; ac vixdum anagnostae vox conticuerat, omnes qui aderant uno animo et ore conclamasse: ≪ Haec patrum fides, haec Apostolorum fides. Omnes ita credimus, orthodoxi ita credunt. Anathema ei qui ita non credit. Petrus per Leonem ita locutus est ≫ (SCHWARTZ, II, vol. I, pars altera, p. 81 [277], [Act. III] ; MANSI, VI, 971, [Act. II]).

19. Post haec, summo omnes consensu professi sunt Romani Antistitis documentum cum Nicaeno et Constantinopolitano Symbolis plane et perfecte convenire. Nihilo secius in synodali actione quinta, iterum iterumque Marciani ac Senatus procuratoribus id efflagitantibus, a lecto Consilio

"베드로는 레오의 입을 통하여 말씀하셨다."

17. 그러나 이제부터 전체 문제의 핵심을 다루어야 하겠습니다. 그것은 가톨릭 신앙의 장엄한 결정이며, 그것으로 에우티케스의 치명적인 오류가 배척되고 단죄된 것입니다. 거룩한 공의회 제4차 회기에서 황제의 대리인들은 새로운 신경이 작성되어야 한다고 요구하였습니다. 그러나 교황사절 파스카시누스 주교는 교회에서 인정받은 신경들과 규범이 이미 충분히 있기 때문에 그것이 꼭 필요한 것은 아니라고 대답함으로써 모든 사람의 의견을 표명했습니다. 이러한 것들 중에는 이 현안에서 가장 중요한 것이 레오 교황이 플라비아누스에게 보낸 서한이라는 것입니다. "(니케아 공의회 신경과 콘스탄티노폴리스 신경과, 에페소 공의회에서 성 키릴루스가 제시한 설명 다음에), 세 번째로 전체 교회의 교황인, 사도적인 성 레오가 네스토리우스와 에우티케스의 이단을 단죄하기 위해 작성한 글은 이미 참 신앙이 무엇을 가르치는지 보여주었습니다. 마찬가지로 거룩한 공의회도 이 신앙을 지키고 따릅니다."[76)]

18. 여기에서는 성 레오 교황이 말씀의 육화와 관련하여 플라비우스에게 보낸 이 매우 중요한 서한이 공의회 제3차 회기에서 낭독되었다는 것을 기억해도 좋을 것입니다. 낭독자의 소리가 그치자마자, 모든 참석자들이 만장일치로 다음과 같이 외쳤습니다. "그것은 교부들의 신앙이며, 그것은 사도들의 신앙입니다. 우리 모두는 그렇게 믿습니다. 그렇게 믿지 않는 사람은 파문될 것입니다. 베드로가 레오를 통해 말하였습니다."[77)]

19. 그런 다음 모든 사람이 만장일치로 로마 주교의 문서가 니케아 공의회와 콘스탄티노폴리스 공의회 신경과 완전히 일치한다고 선

---

76) Mansi, VII, 10.

77) Schwartz, II, vol. I, pars altera, 81 [277], [Act. III] ; Mansi, VI, 971, [Act. II].

ex variis regionibus Episcoporum qui in oratorio aedis S. Euphemiae convenerant, nova exarata est fidei definitio; eaque ex prologo quodam, ex Symbolis Nicaeno et Constantinopolitano tum primum promulgato et ex sollemni Eutychianae doctrinae condemnatione constat. Hanc vero fidei regulam conciliares patres unanima consensione comprobarunt.

20. Rei pretium esse nunc, Venerabiles Fratres, putamus, ut in enucleando Romani Pontificis documento, praeclarissimo catholicae fidei vindice, aliquantisper immoremur. Ante omnia contra Eutychem haec asserentem: ≪ Confiteor ex duabus naturis fuisse Dominum nostrum ante adunationem; post adunationem vero unam naturam confiteor ≫ (S. LEONIS M. Ep. 28, 6 [PL 54, 777]), haud sine animi indignatione ita fulgurantis veritatis iubar sanctissimus Antistes opponit : ≪ Miror tam absurdam tamque perversam eius professionem nulla iudicantium increpatione reprehensam...; cum tam impie duarum naturarum ante Incarnationem Unigenitus Dei Filius fuisse dicatur, quam nefarie postquam Verbum caro factum est, natura in eo singularis asseritur ≫ (Ibid). Neque tenuiore impetu Nestorium, qui in devii itineris contraria ruit, idem percellit: ≪ Propter hanc ergo unitatem personae in utraque natura intelligendam, et Filius hominis legitur descendisse de caelo, cum Filius Dei carnem de ea Virgine de qua est natus, assumpserit. Et rursus Filius Dei crucifixus dicitur ac sepultus cum haec non in Divinitate ipsa, qua Unigenitus consempiternus et consubstantialis est Patri, sed in naturae humanae sit infirmitate perpessus. Unde Unigenitum Filium Dei crucifixum et sepultum omnes etiam in Symbolo confitemur ≫ (Ep. 28, 5: PL 54, 771;

언했습니다. 그럼에도 제5차 공의회 회기에서는 마르키아누스 황제의 대리인들과 원로원이 재차 요구를 함으로써 여러 나라에서 온 주교들의 협의회가 구성되었으며, 이 협의회는 에우페미아 대성당 경당에 모여 새로운 신앙정식을 작성했습니다. 이 신앙정식은 서문과 니케아 공의회 신경과, 당시 처음으로 공개적으로 알려진 콘스탄티노폴리스 신경과, 에우티케스의 가르침에 대한 장엄한 단죄로 이루어져 있습니다. 이 신앙규범을 공의회 교부들은 만장일치로 승인하였습니다.

20. 존경하는 형제 여러분, 여기에서는 가톨릭 신앙을 아주 훌륭하게 보호하는 교황의 문서를 자세히 설명하는 것에 잠시 머무르는 것이 저는 가치가 있다고 생각합니다. 먼저 에우티케스가 "나는 우리 주님께서 결합 이전에는 두 본성으로 이루어졌다는 것을 고백하지만, 결합 이후에는 단지 한 본성만을 고백합니다."[78]라고 주장하는 것에 성 레오 교황은 반대하며, 역정을 내시면서 우선 그를 빛나는 진리에 대립시킵니다. "저는 그렇게 어리석고 왜곡된 그의 고백이 어느 재판관으로부터도 비난받지 않았다는 것에 대해 의아하게 생각합니다... 마찬가지로 하느님의 외아드님께서 결합 이전에 두 본성을 가졌다고 말하는 것도 신성모독적입니다. 마찬가지로 "말씀이 육이 된" 이후 외아드님 안에는 단지 하나의 본성만이 남아 있었다고 주장한다면 그것 또한 죄악입니다."[79] 그다음에 레오 교황은 예리한 공격으로 모순된 잘못된 길에 들어선 네스토리우스를 다음과 같이 내리칩니다. "두 본성을 위해 받아들여야 하는 위격의 이 일치로 인해, 하느님의 아드님이 자신이 태어난 동정녀에게서 육을 취하셨을 때, 사람의 아들이 하늘에서 내려오셨다고 합니다. 그리고 다시금, 하느님의 아드님께서는 신성 그 자체로 고난을 겪지 않으면서 십자가에 못 박히고 묻히셨다고 합니다. 신성으로는 아버지와 똑같이 영원하시며 본질이 같으시지만, 인성의 나약함으로 고난을 겪으신 것입니다. 그렇기 때문에 우리 모두는 신경에서 하느님의 외아

78) 레오, 『서한』, 28, 6: PL 54, 777.

79) Ibid.

cfr. AUGUSTINUS, Contra sermonem Arianorum, c. 8 [PL 42, 688]).

21. Praeter utriusque in Christo naturae distinctionem perspicue illinc evincitur distinctio quoque proprietatum et operationum, quae geminae sunt illius naturae: ≪ Salva igitur, ait, proprietate utriusque naturae, et in unam coëunte personam, suscepta est a maiestate humilitas, a virtute infirmitas, ab aeternitate mortalitas ≫ (Ep. 28, 3 : PL 54, 763; cfr. S LEONIS M. Serm. 21, 2 [PL 54, 192]). Et rursus: ≪ Tenet enim sine defectu proprietatem suam utraque natura ≫ (Ep. 28, 3 : PL 54, 765; cfr. Serm. 23, 2 [PL 54, 20I]).

22. Attamen duplex illarum proprietatum et operationum series uni Verbi Personae attribuuntur, quia ≪ Unus idemque est . . . vere Dei Filius et vere hominis Filius ≫ (Ep. 28, 4 [PL 54, 767]). Unde : ≪ Agit enim utraque forma cum alterius communione quod proprium est, Verbo scilicet operante quod Verbi est, et carne exsequente quod carnis est ≫ (Ibid). Usitata hic apparet idiomatum, ut aiunt, communicatio quam Cyrillus contra Nestorium iure vindicavit, solido hoc innixus effato utramque Christi naturam in unica Verbi persona subsistere, Verbi nempe ex Patre ante saecula geniti, secundum divinitatem, et ex Maria, secundum humanitatem, in tempore nati.

드님께서 십자가에 못 박히고 묻히셨다고 고백합니다."[80)]

21. 그리스도 안에 본성들 사이의 차이 외에도 그리스도 안에 각 두 본성의 속성과 활동 사이의 차이도 명백히 입증됩니다. "그러므로 두 본성의 특성은 그대로 보전되었고, 두 본성이 하나의 위격으로 결합함으로써, 드높음은 낮음을, 강건함은 약함을, 영원은 사멸성을 취했습니다."[81)] 그리고 다른 곳에서는 이렇게 나옵니다. "두 본성은 결함이 없이 그 속성을 보존합니다."[82)]

22. 그럼에도 두 속성과 두 활동 모두 말씀의 한 위격에 귀속됩니다. "참으로 하느님의 아들이시고 참으로 사람의 아들이신 분은... 한 분이시며 같으신 분"[83)]이기 때문입니다. "각각 두 모습은 다른 것과 일치하여 자신에게 고유한 것을 행하십니다. 이때에 말씀은 말씀에 속하는 것을 행하시고, 육은 육에 속하는 것을 이루십니다."[84)] 여기에 잘 알려진 이른 바 "속성교환"이 보여집니다. 키릴루스는 네스토리우스에 반대하여 올바로 속성교환을 주장하였습니다. 그는 그리스도의 두 본성이 말씀의 위격 안에 존재한다는 확실한 문장을 근거로 삼았습니다. 그 말씀은 신성에 따라 아버지로부터 모든 시대 이전에 나셨으며, 인성에 따라 시대 안에 마리아에게서 나셨습니다.

---

80) 레오, 『서한』, 28, 5: PL 54, 771; 참조: 아우구스티누스, 『아리우스파 설교 반박』, c. 8: PL 42, 688.

81) 레오, 『서한』, 28, 3: PL 54, 763; 참조: 레오, 『강론집』, 21, 2: PL 54, 192.

82) 레오, 『서한』, 28, 3: PL 54, 765; 참조: 레오, 『강론집』, 23, 2: PL 54, 20I.

83) 레오, 『서한』, 28, 4: PL 54, 767.

84) Ibid.

23. Haec ex Evangelio hausta celsaque doctrina, id haud diffitens quod in Ephesina Synodo decretum fuerat, reicit Eutychem, dum non parcit Nestorio; eidemque absolute perfecteque resonat Chalcedonensis Concilii dogmatica definitio, quae pariter in Christo duas distinctas naturas unamque personam perspicue et presse pronuntiat his verbis: ≪ Sancta et magna et universalis Synodus. . . [eos], qui duas quidem ante unitatem naturas Domini fabulantur, unam vero post unitionem confingunt, condemnat. **Sequentes igitur sanctos Patres, unum eundemque confiteri Filium et Dominum nostrum Iesum Christum consonanter omnes docemus, eundemque perfectum in deitate et eundem perfectum in humanitate, Deum verum et hominem verum, eundem ex anima rationali et corpore, consubstantialem Patri secundum deitatem, consubstantialem nobis eundem secundum humanitatem per omnia nobis similem absque peccato : ante saecula quidem de Patre genitum secundum deitatem, in novissimis autem diebus eundem propter nos et propter nostram salutem ex Maria Virgine Dei genitrice secundum humanitatem; unum eundemque Christum, Filium, Dominum, Unigenitum, in duabus naturis inconfuse, immutabiliter, indivise, inseparabiliter agnoscendum; nusquam sublata differentia naturarum propter unitionem, magisque salva proprietate utriusque naturae, et in unam personam atque subsistentiam concurrente : non in duas personas partitum aut divisum, sed unum eundemque Filium et Unigenitum Deum Verbum, Dominum Iesum Christum » (MANSI, 114 et 115).**

칼케돈 공의회 신앙결정

23. 복음에서 취한 이 고귀한 가르침은, 어떻게든지 에페소 공의회의 결정에 해를 입히지 않으면서, 에우티케스를 배척하고, 또한 네스토리우스도 용서하지 않습니다. 그리스도 안에 두 개의 다른 본성과 하나의 위격을 분명하고 확실하게 표현하는 칼케돈 공의회의 교의 결정은 에페소 공의회의 결정과 전적으로 완전히 일치합니다. 다음은 칼케돈 공의회의 교의 결정입니다. [DH 300] **"거룩하고 위대한 세계공의회는... 주님이 결합되기 전에는 두 본성을 지녔고 결합된 이후에는 한 본성을 지니셨다는 신화로 날조하는 자들을 파문한다.** [DH 301] **우리는 모두 거룩한 교부들을 따라 일치된 마음으로 우리 주 예수 그리스도를 한 분이시고 같은 성자이심을 고백하도록 가르친다. 바로 그분은 신성에서 완전하시고 같은 분이 인성에서 완전하시며, 같은 분이 참으로 하느님이시고 이성적 영혼과 육체로 이루어진 참으로 인간이시나이다. 같은 분이 신성에 따라서는 성부와 본질이 같으시고 인성에 따라서는 우리와 본질이 같으시며, 죄 말고는 모든 점에서 우리와 같으시나이다**(히브 4,15 참조)**. 같은 분이 한편으로는 신성에 따라 시대 전에 아버지에게서 나시고, 다른 편으로는 인성에 따라 마지막 날에 우리를 위해, 우리의 구원을 위해 동정녀**(이시고) **하느님의 어머니이신 마리아에게서 태어나셨나이다.** [DH 302] **한 분이시고 같은 분이 그리스도, 외아들, 주님이시며, 두 본성 안에서 혼합되지 않으시고 변화되지 않으시며 분리되지 않으시고 나뉘지 않으시는 분으로 인식되며, 이 외에도 결합으로 인해 본성들의 구별이 없어지지 않으시고, 오히려 두 본성의 각 속성이 보존되며, 하나의 위격과 하나의 히포스타시스로 결합되시나이다. 외아들이시며, 하느님이시고, 말씀이신, 주 예수 그리스도께서는 두 위격으로 나뉘거나 분리되지 않으시며, 한 분이시고 같은 분이시나이다."**[85]

85) Mansi, 114와 115.

24. Quodsi quaeratur, quanam ex ratione id contingat, ut in oppugnando errore tanto nitore tantaque efficacitate Chalcedonensis Concilii elocutiones praepolleant, inde remur potissimum hoc provenire, quod ibidem, qualibet amota ambiguitate, propriissima nomina adhibentur. Etenim in Chalcedonensi fidei definitione vocibus personae et hypostasis (pròsopon-upòstasis) eadem notio subicitur; nomini autem naturae (fùsis) alia vis inest neque unquam eius significatio pro illis nominibus sumitur.

Quapropter falso olim Nestoriani et Eutychiani opinabantur et aliqui nunc temporis rerum gestarum scriptores dictitant Chalcedonensem Synodum id quod in Ephesina statutum erat emendasse. Quin imo altera alteram perficit, ita ut praecipuae doctrinae christologicae synthesis seu compositio in oecumenicis Synodis Constantinopoli secundo ac tertio celebratis vigentior liqueat.

25. Dolendum sane est, quod veteres quidam Chalcedonensis Concilii adversarii, monophysitae quoque vocati, tam illimem, sinceram, integram fidem, ex verbis quibusdam antiquorum perperam intellectis, respuerunt. Quamvis enim repugnarent Eutycheti absurde loquenti de Christi naturam commixtione, tamen pertinaciter haeserunt pernotae sententiae: ≪ Una natura Dei Verbi incarnata ≫, qua Sanctus Cyrillus Alexandrinus tamquam a S. Athanasio tradita usus est, recto tamen mentis sensu cum naturam ad ipsam personam significandam transferret. A Chalcedonensibus vero patribus quod in illis vocibus labile et incertum erat prorsus fuit ademptum: aequantes enim nomina quae in trinitaria theologia adhibentur

신학적인 전문용어의 명확성과 확실성

24. 이제 칼케돈 공의회의 문장 표현법이 오류를 거부하는 데에 있어 어떻게 그렇게 세련되고 효력이 있었는지 묻는 사람이 있다면, 그 이유는 무엇보다도 거기에서 어떻게 해서든지 모호성을 피하는 가운데 가장 적합한 표현을 사용했다는 사실에서 비롯된 것이라고 저는 생각합니다. 칼케돈 공의회의 신앙 결정에는 [위격이라는] "Persona"(πρόσωπον)라는 단어와 "ὑποστασις"라는 단어를 같은 의미로 사용하기 때문입니다. 반면에 본성[natura]이라는 "φύσις"라는 단어는 다른 의미를 지니며, [위격이라는] 처음 언급된 표현의 의미로는 사용되지 않습니다. 그러므로 당시 네스토리우스파와 에우티케스파가, 그리고 오늘날에는 몇몇 역사가들이 항상 반복해서, 칼케돈 공의회는 에페소 공의회의 결정들을 수정했다고 주장하는 것은 잘못입니다. 정반대입니다. 하나는 다른 하나를 완전하게 보충해줍니다. 콘스탄티노폴리스 제2차, 제3차 보편공의회에서 그리스도론 교의의 주요 요점에 대한 종합, 곧 정리는 더 명확하고 분명하게 나타납니다.

25. 유감스럽게도 고대에서 단성론자들이라고 부르는 칼케돈 공의회의 일부 적대자들은 그렇게 명확하고 진실되며 온전한 신앙을 거부하였습니다. 왜냐하면 그들은 옛날 저자들의 특정 표현들을 잘못 이해하였기 때문입니다. 사실 그들은 모순된 방법으로 그리스도 본성들의 혼합에 대해 말을 한 에우티케스를 거부하였지만, 잘 알려진 다음의 정식에는 완고하게 고집하였습니다. "육이 되신 하느님 말씀의 한 φύσις[natura]". 이 정식은 알렉산드리아의 키릴루스가 성 아타아시우스로부터 전해진 것으로 사용하였지만 올바른 의미에서 그는 "φύσις[natura]"를 "위격(persona)"으로 생각했기 때문입니다. 그러나 칼케돈 공의회 교부들은 그 표현에서 오류에 빠질 수 있고 부정확한 부분을 모조리 제거하였습니다. 곧 그들은 삼위일체 교리에서 사용되었던 전문용어를 주님의 육화에 대한 진술에도 사용하였습니다. 그러므로 그들은 한편으로는 본

iis, quae Dominicam Incarnationem enuntiant, idem fecerunt naturam et essentiam (ousìa), idem personam et hypostasim, a quibus duo superiora nomina omnino distinguenda esse putarunt, dum a praedictis dissidentibus aequiparatur natura personae, non autem essentiae. Usitato igitur et puro sermone dicendum est in Deo unam esse naturam, tres personas; in Christo autem unam personam, duas naturas.

26. Ex nuper allata ratione evenit, ut nunc quoque nonnulli dissidentium coetus in Aegypto, Aethiopia, Syria, Armenia et alibi, in definienda Dominicae Incarnationis doctrina, verbis praecipue a recto tramite deflectere videantur; quod quidem ex eorum liturgicis et theologicis documentis coniectari licet.

27. Ceterum iam saeculo decimo secundo aliquis, qui apud Armenos summa pollebat auctoritate, quidnam ipse hac de re cogitaret, candido aperiebat eloquio : ≪ Dicimus Christum unam naturam non confusione secundum Eutychem, neque diminutione iuxta Apollinarem, sed iuxta Cyrillum Alexandrinum, qui in libro Scholiorum adversus Nestorium ait: Una est natura verbi, quemadmodum et Patres docuerunt. . . Et nos quoque ex Sanctorum traditione id dicimus, minime vero iuxta heterodoxorum sententiam aut confusionem aut commutationem vel alterationem introducentes in unionem Christi, asserentes unam naturam, sed pro hypostasi, quam in Christo et vos dicitis; quod rectum est atque a nobis concessum, quodque idem valet omnino ac nostrum effatum: Unam naturam. . . Nec renuimus dicere " duas naturas ", dummodo non intelligatur per divisionem iuxta Nestorium, sed ut inconfusio demonstretur

질[본성]이라는 “natura”[φυσις]와 “essentia”[ουσια]와, 다른 한편으로는 위격이라는 “persona”[πρόσωπον]와 “hypostasis”[ὑποστασις]를 서로 동일시하였고, 이 두 표현을 전적으로 서로 구분되는 것으로 여기고자 하였습니다. 반면 위에서 언급한, 다른 믿음을 가진 이들은 위격의 “natura”[φυσις]를 본질과 동일시하지 않았습니다. 그러므로 전해 내려오는 명확한 표현방법으로, 하느님 안에는 하나의 본질과 세 위격이 있지만, 그리스도 안에는 하나의 위격과 두 본성이 있다고 말해야 합니다.

26. 또한 이것은 오늘날 이집트와 에티오피아와 시리아와 아르메니아와 그밖의 다른 곳에 있는 다른 믿음을 가진 일부 그룹이 주로 주님의 육화 교리를 설명할 때 표현상으로 올바른 길에서 벗어난 것처럼 보이는 이유이기도 합니다. 그들의 전례 서적과 신학 서적에서 그렇게 추측을 하게 만듭니다.

27. 그밖에도 이미 12세기에 아르메니아인들에게서 아주 높은 명성을 누린 한 사람은 진심으로 이 문제점에 대한 자신의 견해를 다음과 같이 표현했습니다. “우리는 에우티케스가 원했던 것처럼 혼합을 통해서가 아니라, 그리고 아폴리나리스가 가르친 것처럼 감소를 통해서가 아니라, 네스토리우스에 반대하여 자신의 저서(Scholia)에서 다음과 같이 기술하는 알렉산드리아의 키릴루스의 의미에서 그리스도께서 하나의 φύσις[natura]를 갖고 있다고 말합니다. “교부들이 가르친 바와 같이 육이 되신 말씀의 φύσις[natura]는 하나입니다.”... 그리고 우리는 성인들의 전승에 따라 가르치지만, 우리가 하나의 φύσις[natura]를 이야기 할 때 이단자들의 견해에 따라 그리스도의 일치 안에는 어떠한 혼합이나 변화나 변질을 결코 끌어들이지 않습니다. 오히려 우리는 그것을, 여러분도 그리스도 안에서 가르치는 위격으로 생각합니다. 그것은 올바른 것이며 우리에 의해 인정된 것입니다. 그것은 우리의 정식과 완전히 일치합니

adversus Eutychem et Apollinarem ≫ (Ita NERSES IV [+1173] in Libello confessionis fidei, ad Alexium supremum exercitus byzantini Ducem: I. CAPPELLETTI, S. Narsetis Claiensis, Armenorum Catholici, opera, I, Venetiis, 1833, pp. 182–183).

28. Si tum est culmen gaudii et consummatio laetitiae sanctae cum in rem illud deducitur Psalmi : ≪ Ecce quam bonum et quam iucundum habitare fratres in unum ≫ (Ps. 132, 1); si tum Dei gloria maximae omnium utilitati iuncta collucet, cum plena veritas et plena caritas Christi oves consociant, viderint ipsi, quos supra amanter et dolenter memoravimus, an fas sit et expediat se, praesertim ob quandam initio exortam verborum ambiguitatem, adhuc distinere ab Ecclesia una et sancta, fundata in sapphiris (cfr. Is. 54, 11), in Prophetis videlicet et Apostolis, ipso summo angulari lapide Christo Iesu! (cfr. Eph. 2, 20).

29. Contra Chalcedonensem fidei professionem vehementer pugnat etiam, extra catholicae religionis saepta latius diffusum, opinionis commentum, cui locus quidam epistulae Pauli Apostoli ad Philippenses (Phil. 2, 7) temere et perperam intellectus ansam et speciem praebuit — kenotica doctrina vocatum — ex quo in Christo Verbi divinitatis ademptio confingitur : nefandum quidem inventum, quod, aeque atque ei oppositus docetismus reprobandum, integrum Incarnationis et Redemptionis mysterium in exsanguia et vana spectra traducit. ≪ In integra veri hominis perfectaque natura — ita granditer

다. “하나의 위격(φύσις[natura])”... 또한 우리는 “두 개의 φύσις[natura]”라는 표현을 네스토리우스와 같이 구별의 의미에서 이해하지 않고, 에우티케스와 아폴리나리스에 반대하여 혼합되지 않음을 강조하기 위해서라면 그 표현에 반대할 것이 없습니다.”[86]

28. 시편의 말씀, 곧 “보라, 얼마나 좋고 얼마나 즐거운가, 형제들이 함께 사는 것이!”(시편 132,1)라는 말씀이 현실이 될 때, 기쁨과 거룩한 환희가 최고 수준에 도달할 때, 하느님의 영광이 모든 이들의 가장 큰 이로움과 함께 연결되어 아주 밝게 빛난다면, 온전한 진리와 온전한 사랑이 그리스도의 양들과 연결되어 있다면, 제가 위에서 사랑과 아픔으로 기억한 이들은, 특히 처음부터 표현의 애매모호함 때문에, 청옥 위에(참조: 이사 54,11), 예언자들 위에, 말할 것도 없이 사도들 위에, 그리고 몸소 모퉁이돌이 되신 예수 그리스도(참조: 에페 2,20) 위에 세워진 하나이며 거룩한 교회와 여전히 오랫동안 거리를 두는 것이 옳은 일인지 유익한 일인지 자신을 살펴보시길 바랍니다.

몇 가지 새로운 오류

29. 칼케돈 공의회 신앙고백과 전적으로 모순된 것은 가톨릭교회 밖에 널리 퍼져있는 고안해 낸 견해이며, 이것은 사도 바오로의 필리피서에서 경솔하게 잘못 해석된 부분에 명목과 구실을 부여하였습니다(필리 2,7). 이른바 신성포기(kenosis)의 가르침인데, 그에 따르면 그리스도 안에 말씀의 신성 “제거”가 자의적으로 주장되고 있습니다. 그것은 신성모독적인 허구이며, 그것과는 상반된 배척당할만한 가현론의 오류와 마찬가지로 육화와 구원의 신비 전체를 핏기 없는 공허한 유령으로 만

---

86) NERSES IV [+1173], *Libello confessionis fidei, ad Alexium supremum exercitus byzantini Ducem*: I. Cappelletti, *S. Narsetis Claiensis, Armenorum Catholici*, opera, I, Venetiis, 1833, 182-183.

Leo Magnus docet — verus natus est Deus, totus in suis, totus in nostris ≫ (Ep. 28, 3: PL 54, 763. Cfr. Serm. 23, 2 [PL 54, 201]).

30. Quamvis nihil prohibeat quominus humanitas Christi, etiam psychologica via ac ratione, altius investigetur, tamen in arduis huius generis studiis non desunt qui plus aequo vetera linquant, ut nova astruant et auctoritate ac definitione Chalcedonensis Concilii perperam utantur, ut a se elucubrata suffulciant.

31. Hi humanae Christi naturae statum et conditionem ita provehunt ut eadem reputari videatur subiectum quoddam sui iuris, quasi in ipsius Verbi persona non subsistat. At Chalcedonense Concilium, Ephesino prorsus congruens, lucide asserit utramque Redemptoris nostri naturam « in unam personam atque subsistentiam » convenire vetatque duo in Christo poni individua, ita ut aliquis « homo assumptus », integrae autonomiae compos, penes Verbum collocetur. S. Leo autem non solum eandem amplectitur sententiam, verum etiam indicat et ostendit fontem, ex quo pura huiusmodi instituta derivat: ≪ Quidquid, ait, a nobis scriptum est, ex apostolica et evangelica probatur sumptum esse doctrina ≫ (Ep. 152 [PL 54, 1123]).

드는 것입니다. 대레오 교황은 장엄하게 이렇게 가르칩니다. "참 인간의 완전하고 온전한 본성 안에, 그분의 것 안에서 온전히, 우리의 것 안에서 온전히, 참 하느님이 태어나셨습니다."[87]

30. 그리스도의 인성을 심리학적인 방법으로도 더욱 깊이 연구하는 것은 전혀 금지되어 있지는 않음에도, 이러한 유형의 난해한 연구에서 새 것을 세우기 위하여 더욱 값싸게 옛 것을 버리고, 자신들이 짜 맞춘 것을 지지하기 위하여 칼케돈 공의회의 권위와 결정을 그릇되게 사용하는 사람들이 없지 않습니다.

31. 이들은 그리스도의 인성이 고유한 권리를 가진 어떤 주체로 간주되도록 보이게 하여, 마치 인성이 말씀 자신의 위격 안에 존재하지 않은 것처럼 그리스도의 인성의 상태와 조건을 부각시킵니다. 그러나 칼케돈 공의회는, 에페소 공의회와 전적으로 부합하여, 우리 구속주의 두 본성이 "하나의 위격과 히포스타시스"로 결합된다는 것을 명백히 말하고 있으며, 아울러 온전한 자율을 가지고 있는 어떤 "취해진 인간"이 말씀 곁에 위치하도록 그리스도 안에 두 개별 존재를 세우는 것을 금지합니다.[DH 3905] 성 레오 교황은 같은 견해를 피력하며, 순수한 이 가르침을 얻게 된 출처를 정확히 제시합니다. "우리가 기술한 모든 것은 사도들과 복음의 가르침에서 취한 것이라고 입증됩니다."[88].

87) 『서한』, 28, 3: PL 54, 763. 참조: 『강론집』, 23, 2: PL 54, 201.
88) 『서한』, 152: PL 54, 1123.

32. Re quidem vera, Ecclesia a priscis temporibus et scriptis documentis et sermonibus et liturgicis precibus aperte absoluteque profitetur Unigenitum ex substantia Patris Dei Filium, Dominum nostrum Iesum Christum, Verbum incarnatum, in terris natum esse et passum, crucis stipiti adfixum atque, postquam e sepulcro resurrexerat, ad caelos ascendisse. Praeter haec, Sacrarum Scripturarum eloquia uni Christo, Filio Dei, humana eidemque, Filio hominis, tribuunt divina.

33. Evangelista siquidem Ioannes declarat: ≪ Verbum caro factum est ≫ (Io. r, 14); Paulus autem de Eo scribit: ≪ Qui cum in forma Dei esset humiliavit semetipsum, factus obediens usque ad mortem ≫ (Phil. 2, 6-8); vel: ≪ At ubi venit plenitudo temporis, misit Deus Filium suum factum ex muliere ≫ (Gal. 4, 4); ac Divinus ipse Redemptor indubitabiliter pronuntiat: ≪ Ego et Pater unum sumus ≫ (Io. 10, 30); et rursus : ≪ Exivi a Patre et veni in mundum ≫ (Io. 16, 28). Superna origo Redemptoris nostri item ex hoc Evangelii loco coruscat: ≪ Descendi de caelo, non ut faciam voluntatem meam, sed voluntatem eius, qui misit me ≫ (Io. 6, 38). Atque ex eo: ≪ Qui descendit, ipse est et qui ascendit super omnes caelos ≫ (Eph. 4, 10). Quem quidem sermonem ita S. Thomas Aquinas commentando collustrat: ≪ Qui descendit, ipse est qui ascendit. In quo designatur unitas personae Dei et hominis. Descendit enim Filius Dei assumendo humanam naturam, ascendit autem Filius hominis secundum humanam naturam ad vitae immortalis sublimitatem. Et sic est idem Filius Dei, qui descendit et Filius hominis qui ascendit ≫ (S. THOMAS Comm. in Ep. ad Ephesios, c. IV, lect. III, circa finem).

복음과 사도들의 가르침

32. 실제로 교회는 초기부터 서면으로 된 문서와 설교와 전례 기도문에서 우리 주 예수 그리스도께서 아버지의 본질에서 나신 하느님의 외아들이시며, 육이 되신 말씀이시고, 세상에 태어나셨으며, 고난을 겪으셨고, 십자가에 못 박히셨으며, 부활 후에 무덤에서 하늘로 올라가셨음을 명백하고도 절대적으로 고백해 왔습니다. 더욱이 성경의 말씀들은 한 분이신 그리스도이신 하느님의 아드님에게 인간적인 속성을 돌리고, 사람의 아들에게 신적인 속성을 돌립니다.

33. 요한 복음사가는 이렇게 말합니다. "말씀이 육이 되었습니다."(요한 1,14) 그러나 바오로는 그리스도에 대해 이렇게 기록합니다. "그분께서는 하느님의 모습을 지니셨지만... 당신 자신을 낮추시어 죽음에 이르기까지 순종하셨습니다."(필리 2,6-8) 또는, "때가 차자 하느님께서 당신의 아드님을 보내시어 여인에게서 태어나게 하셨습니다."(갈라 4,4) 그리고 하느님이신 구세주께서 몸소 명백히 다음과 같이 설명하십니다. "나와 아버지는 하나이다."(요한 10,30) 그리고 다시금, "나는 아버지에게서 나와 세상에 왔다."(요한 16,28) 우리 구세주께서 하늘에서 기원하심은 마찬가지로 복음의 말씀에서 밝힙니다. "나는 내 뜻이 아니라 나를 보내신 분의 뜻을 실천하려고 하늘에서 내려왔기 때문이다."(요한 6,38) 마찬가지로 다음의 말씀도 있습니다. "내려오셨던 그분이 바로 만물을 충만케 하시려고 가장 높은 하늘로 올라가신 분이십니다."(에페 4,10) 이 구절을 성 토마스 아퀴나스가 다음과 같이 설명하고 밝혀줍니다. "내려오셨던 바로 그분이 또한 올라가셨습니다. 이로써 하느님의 위격과 인간의 위격의 일치가 표현된 것입니다... 곧, 인간본성을 취하심으로써 하느님의 아들이 내려오시고, 사람의 아들은 인간 본성에 따라 고귀한 불멸의 생명으로 올라갑니다. 이로써 내려오시는 하느님의 아드님과 올라가시는 사람의 아들은 한 분이시며 같은 분이십니다."[89]

---

89) 토마스 아퀴나스, *Comm. in Ep. ad Ephesios* c. IV, lect. III, circa finem.

34. Hanc eandem sententiam praeclare Decessor Noster Leo M. hisce verbis enuntiaverat: ≪ Quia iustificandis hominibus hoc principaliter opitulatur, quod Unigenitus Dei etiam Filius hominis esse dignatus est, ut omooùsios Patri Deus, id est unius substantiae, idem homo verus et secundum carnem matri consubstantialis exsisteret; utroque gaudemus, quia non nisi utroque salvamur : in nullo dividentes visibilem ab invisibili, corporeum ab incorporeo, passibilem ab impassibili, palpabilem ab impalpabili, formam servi a forma Dei; quia etsi unum manet ab aeternitate, aliud coepit a tempore; quae tamen in unitatem convenerunt, nec separationem possunt habere nec finem ≫ (S. LEONIS M. Serm. 30, 6 [PL 54, 233 s.]).

35. Tantummodo igitur si sancta et indemni fide credatur unam in Christo esse personam, Verbi scilicet, in quam duae naturae, prorsus invicem distinctae, divina et humana, diversae quoque proprietatibus et operationibus, confluunt, redemptionis nostrae magnificentia et pietas apparent numquam satis enarrandae.

36. O celsitas misericordiae et iustitiae Dei, quae sontibus subvenit et filios sibi comparavit! O incurvati deorsum caeli, ut, hiemalibus abscedentibus brumis, flores apparerent in terra nostra (cfr. Cant. 2, 11 s.) et fieremus novi homines, nova creatura, novum figmentum, gens sancta subolesque caelestis! Nimirum Verbum carne sua vere est passum, in cruce sanguinem suum fudit Aeternoque Patri perquam effluens satisfactionis pretium pro nobis noxiis exsolvit: ex quo fit, ut salutis spes certa illis

34. 본인의 선임자인 대레오 교황은 똑같은 생각을 다음과 같은 말로 정확하게 표현하였습니다. "하느님의 외아드님이 몸소 사람의 아들이 되어 주셨고 따라서 참 인간으로서 하느님 아버지와 호모우시오스, 곧 본질이 같으시며, 육으로는 그분의 어머니와 같은 본질로 존재하셨다는 것은 인간의 의화에 특별히 기여하기 때문에, 우리는 이 [하느님과 인간임] 두 가지 점에 기뻐합니다. 우리는 단지 그것을 통해 구원되기 때문입니다. 그래서 우리는 보이는 것과 보이지 않는 것을, 육체적인 것과 육이 없는 것을, 고난을 겪을 수 있는 것과 고난을 겪을 수 없는 것을, 만져볼 수 있는 것과 만져볼 수 없는 것을, 종의 모습과 하느님의 모습을 결코 나누지 않습니다. 한 분이 영원으로부터 존재하셨고, 다른 한 분은 시대 안에서 시작하셨을지라도, 이 두 분은 일치로 결합하셨으며 분리되거나 끝이 있는 것이 아니기 때문입니다."[90]

35. 그러므로 그리스도 안에 하나의 위격, 곧 말씀의 위격이 두 본성 안에 있으며, 신적인 본성과 인간적인 이 두 본성은 서로 구별되며, 그 속성과 활동 안에서 구분되지만 합류한다는 것을 우리가 거룩하고 흔들리지 않은 믿음으로 고백할 때만, 이루 말할 수 없는 우리 구원의 탁월함과 경건함이 드러날 것입니다.

36. 오, 죄인들을 구하러 오셨고 이들을 자녀로 만들어주신 하느님 자비와 정의의 고귀함이여. 오, 하늘은 아래로 기울어, 겨울추위는 사라졌으며, 우리 땅에는 꽃들이 모습을 드러냅니다(참조: 아가 2,11이하). 그래서 우리는 새로운 인간, 새로운 창조, 새로운 작품, 거룩한 백성, 천상의 후손이 될 것입니다! 말씀은 참으로 육으로 고난을 겪고, 십자가에서 피를 흘렸으며, 영원한 아버지에게 우리의 죄에 대해 넘겨받은 속죄

90) 레오, 『강론집』, 30, 6: PL 54, 233이하.

adfulgeat, qui fide non ficta et caritate non segni Ipsi adhaereant et, partae ab Eo gratiae auxilio, iustitiae fructus producant.

37. Tam insignium et gloriosorum Ecclesiae annalium evocata memoria sponte naturaque sua efficit, ut ad Orientales amantiore paternae voluntatis Nostrae affectu, cogitationes Nostras convertamus. Sacrosancta enim Chalcedonensis universalis Synodus ipsorum praecipuae est monumentum laudis, cuncta haud dubie duraturum per aeva : ibidem siquidem, praeeunte Apostolica Sede, ab ingenti orientalium Episcoporum cohorte doctrina de unitate Christi, in cuius unam personam distincte et inconfuse naturae duae, divina et humana, conveniunt, cum impio ausu adulterata esset, et vigilanter defensa fuit et mirabiliter declarata. At, proh dolor, multi in orientalibus plagis, ab unitate mystici Corporis Christi, cuius hypostatica unio est spectatissimum exemplar, longam per saeculorum seriem misere abscesserunt. Nonne id sanctum, salutare Deique voluntati congruens est, ut omnes tandem aliquando ad unicum redeant ovile?

38. Quod ad Nos attinet, volumus eos id perspectum habere cogitationes Nostras esse pacis, et non adflictionis (cfr. Ier. 29, 11). Ceteroqui satis constat hoc et opere Nos demonstrasse : quodsi, cogente necessitate, hac in re gloriamur, in Domino gloriamur, qui bonae cuiuslibet voluntatis est dator. Etenim Decessorum Nostrorum vestigia secuti, adsiduam operam navavimus, ut ad Catholicam Ecclesiam reditus Orientalibus facilior evadat : eorum legitimos ritus tutati sumus; studia quae eos spectant proveximus; leges iis providas promulgavimus; Sacrum Consilium in Romana Curia pro

대가를 치루었습니다. 따라서 왜곡되지 않은 믿음과 열렬한 사랑으로 그분께 머물러 있고, 그분을 통해 얻은 은총의 힘으로 정의의 열매를 맺는 이들에게 확실한 구원의 희망이 비추게 되는 것입니다.

귀환을 호소함

37. 교회역사에서 이렇게 영광스럽고 명예로운 사건들에 대한 기억을 떠올리면서 자연스럽게, 저는 더욱 친밀한 자부적인 애정으로 동방 그리스도인들에게 생각을 돌리게 됩니다. 거룩한 칼케돈 보편공의회는 의심의 여지없이 세기를 거쳐 탁월한 영광의 기념비입니다. 그곳에서는 사도좌의 주재로 불경스럽게 감히 왜곡된 그리스도의 일치에 대한 교리, 곧 그리스도의 한 위격 안에 신적이며 인간적인 두 본성이 구별되지만 혼합되지 않고 결합된다는 가르침이 수많은 동방의 주교들에 의해서 적극적으로 변호되었고 경탄할만하게 설명되었습니다. 그러나 유감스럽게도 동방국가에서는 불행히도 많은 사람들이 수세기 동안, 위격적인 결합이 가장 빛나는 본보기가 되는 그리스도의 신비체의 일치로부터 멀리 떨어져 있었습니다. 결국 언젠가는 모든 이가 그리스도의 한 양떼로 되돌아가는 것이 거룩하고 이로우며 하느님의 뜻에 맞는 것이 아니겠습니까?

38. 저와 관련하여, 저의 생각은 평화를 위한 생각이지 고통을 위한 생각이 아니라는 것을(참조: 예레 29,11) 그들이 분명히 알기를 바랍니다. 그밖에도 제가 이것을 행동을 통해 증명한 것은 잘 알려져 있습니다. 그리고 필요에 의해 어쩔 수 없이 제가 그 일을 자랑한다면, 모든 선의를 주시는 주님 안에서 자랑합니다. 저의 전임자들의 모범을 따라 저는 동방의 그리스도인들이 가톨릭교회로 더 쉽게 되돌아오도록 끊임없이 노력했습니다. 저는 그들의 합법적인 전례를 보호했으며, 그들과 관련된 연구들을 장려하였고, 최선을 다해 법률을 반포하였으며, 로마 교황청

Ecclesia Orientali constitutum magna sollicitudine affecimus; Armenorum Patriarcham Romanae purpurae decore insignivimus.

39. Cum recens autem furebat bellum et inopia, inedia, morbi bello parta erant, Nos, nullo discrimine facto hos inter ac illos, qui vocitare Nos patrem solent, ubique allevare ingravescentia mala studuimus: viduis, pueris, senibus, aegrotis auxiliari connisi sumus; o beatiores sane, si adaequare optatis opes valuissemus. **Hanc igitur Apostolicam Sedem, cui praeesse est prodesse**, hanc divinitus erectam inconcussam veritatis rupem, ii qui calamitosa ob tempora ab ea seiuncti sunt, prae oculis habentes atque imitati Flavianum, novum Ioannem Chrysostomum in rebus asperis pro iustitia obeundis, Chalcedonenses conciliares patres, membra excellentissima mystici Corporis Christi, Marcianum fortem, mitem sapientemque principem, Pulcheriam, lilium regia et intemerata pulchritudine candens, ne tardent debito colere obsequio : ex quo ad Ecclesiae unitatem reditu in commune chistiani orbis emolumentum uberem bonorum fontem effluxurum esse prospicimus.

40. Profecto Nos minime latet inveteratum praeiudicatarum opinionum cumulum tenaciter praepedire, quominus in novissima Caena a Christo suppliciter Aeterno Patri adhibitae pro Evangelii asseclis preces: ≪ Ut omnes unum sint ≫ (Io. 17, 21) ad felicissimum effectum adducantur. At novimus quoque tantam esse vim precum, si orantes, veluti agmine facto, secura fide et conscientia munda effervescant, ut mons quoque tolli et in mare praeceps agi possit (cfr. Marc. 11, 23). Optamus igitur et cupimus ut omnes, quibus cordi est studiosa revocatio ad christianam amplectendam unitatem — nemo quidem qui Christi est tantum negotium parvipendat —

에 동방 교회를 위해 설립된 성성을 특별한 관심을 가지고 돌보았으며, 아르메니아 총대주교를 로마의 자홍색 장식으로 꾸며주었습니다.

39. 최근에 전쟁이 일어나, 그 결과 빈곤과 굶주림과 질병이 지배했을 때, 저는 늘 저를 아버지라고 불렀던 이들과 저들 사이에 차별을 두지 않고 어느 곳에서나 계속 증가하는 재해를 줄이려고 노력했습니다. 저는 과부들과 어린이들과 노인들과 병자들을 돕기 위해 애를 썼습니다. 원하는 대로 저의 원조를 맞출 수 있었더라면 얼마나 더 행복했을까요. [교회를] **이끈다는 것은** [교회를] **위해 존재한다는 것을 의미하는 이 사도좌에**, 하느님에 의해 세워진, 흔들리지 않는 진리의 이 바위에 마땅히 순종하는 것을, 시대의 불행함으로 사도좌에서 떨어져 나간 이들은 주저하지 않기를 바랍니다. 그들은 정의를 위해 곤경을 견디어 낸, 제2의 요한 크리소스토무스인 플라비아누스와, 그리스도 신비체의 영광스러운 지체들인 칼케돈 공의회 교부들과, 용감하고 온화하며 현명한 황제인 마르키아누스와, 위엄 있고 흠이 없는 아름다움을 빛내는 백합인 풀케리아를 바라보고 본받기를 바랍니다. 교회의 일치에로 되돌아오는 데에서, 저는 전체 그리스도교의 유익을 위해 축복의 풍성한 원천이 흘러나올 것으로 예상합니다.

40. 확실히 그리스도께서 최후의 만찬 때에 복음의 제자들을 위해 영원한 아버지께 간절히 바친 기도, 곧 "하나되게 하소서."(요한 17,21)라는 기도가 성공적으로 이루어지는 것을 못하게 하도록, 깊게 뿌리박힌 많은 선입견이 완고하게 막는다는 것을 제가 모르는 바가 아닙니다. 그러나 저는 기도의 힘이 너무 커서, 기도하는 사람들이 마치 소집된 군대와 같이, 확고한 믿음과 순수한 양심으로 불타오르면, 산 자체가 옮겨져 바다로 던져질 수 있다는 것도 알고 있습니다(참조: 마르 11,23). 그러므로 그리스도교적 일치를 포용하도록 하는 간절한 호소에 마음을 두고 있는 모든 이들이 질서와 일치와 아름다움의 창조주이신 하느님

comprecationes supplicationesque Deo fundant, a quo auctore ordo, unitas, pulchritudo exoriuntur, ut optimi cuiusque digna laude vota in rem haud sero deducantur. Explanat profecto iter, quo assequenda est huiusmodi meta, tranquillior sine ira et studio indagatio, qua magis quam exactis aetatibus vetera gesta retexi atque perpendi nunc solent.

41. Verumtamen aliud est, quod instantissime efflagitat, ut sub unico signo christiani nominis acies contra inferni hostis turbulentissimos impetus, quam primum coalescant et militent. Quem non terret invidia et feritas, qua osores Dei, in multis terrarum orbis plagis, quidquid est divinum et christianum delere minantur aut evellere contendunt? Contra confoederatos horum cuneos pergere non possunt disiuncti et dispersi morari quotquot, baptismi sacro charactere insigniti, officio suo ad bonum certandum Christi certamen deputantur.

42. Vincula, cruciatus, tormenta, gemitus, cruor eorum qui, noti vel ignoti, innumera multitudo, recens et nunc quoque ob virtutis constantiam et christianae fidei professionem perpessi sunt et perpetiuntur, voce quadam in dies resonantiore ad sanctam huiusmodi amplexandam Ecclesiae unitatem omnes compellunt.

43. Spes reditus fratrum et filiorum, iam diu ab Apostolica hac Sede dissidentium, fortior facta est ex tot aliorum fratrum filiorumque asperata et cruentata martyriis cruce : nemo salutare Dei opus impediat aut neglegat! Ad huius reditus utilitates et gaudia paterno hortatu compellimus et devocamus eos quoque qui Nestoriana et Monophysitica errata placita

께 간절히 기도하여, 마음이 선한 모든 이들의 칭찬할만한 간청이 멀지 않아 실현되는 것이 저의 내적인 바람입니다. 그리스도인인 어느 누구도 그러한 중요한 일을 과소평가해서는 안 됩니다. 확실히 이와 같은 목표를 향한 길은 차분하고 객관적인 연구에 의해 닦여지며, 지나온 시대보다 더 많이 고대의 행적들을 검토하고 평가하게 될 것입니다.

하느님과 그리스도의 적에 반대하여 조화를 이루는 연합

41. 그러나 또 다른 동기는 그리스도인이라는 이름을 가진 군대들이 하나의 군기아래 쇄도하는 지옥의 적의 공격에 맞서서 가능한 한 즉시 연합하여 싸울 것을 아주 절실하게 요구합니다. 하느님을 증오하는 자들이 세상의 여러 지역에서 신적인 것과 그리스도교적인 모든 것을 멸망시키겠다고 위협하고 근절시키려 애쓰는 반감과 야만성을 누가 두려워하지 않겠습니까? 연합된 이 전투 대형에 반대하여, 거룩한 세례의 인장을 받아 그리스도의 선한 전투로 맞서도록 의무적으로 부름 받은 모든 이들은 더 이상 분리되고 흩어져서는 안 됩니다.

42. 알려지거나 알려지지 않았든, 최근에도 수많은 사람들이, 심지어 오늘날에도 미덕에 대한 그들의 항구함 때문에, 그리고 그리스도교 신앙에 대한 고백 때문에 고통을 겪고 수난을 당하고 있으며, 이들의 쇠사슬, 고문, 학대, 신음, 피, 이것들은 모든 이들에게 이 거룩한 교회의 일치를 포용하도록 매일 더 큰소리로 촉구합니다.

43. 오랫동안 이 사도좌와 갈라져 있는 형제들이 다시 돌아오리라는 희망은 수많은 다른 형제들에게서 나온 순교자의 피로 뿌려지고 적셔진 십자가를 통해 더욱 강해졌습니다. 아무도 하느님의 구원 사업을 방해하거나 간과해서는 안 됩니다! 이 귀환의 열매와 기쁨을 위해 저는 자부적인 권고로, 네스토리우스적이며 단성론적인 오류에 연루

sequuntur. Persuasum iis esto apostolatus Nostri coronae gemmam a Nobis reputari fulgentissimam, si data sit Nobis copia caritate et honore eos afficiendi qui, eo Nobis cariores sunt, quo maius eorum diuturnus discessus in Nobis desiderium exacuit.

44. Hoc denique est Nobis in votis, ut, cum, sollerti opera vestra, Venerabiles Fratres, sacrosanctae Chalcedonensis Synodi celebrabitur memoria, inde omnes ad adhaerendum firmissima fide Christo Redemptori nostro et Regi urgeantur, Nemo humanae philosophiae fallacia illectus et humani eloquii ambagibus deceptus Chalcedone sancitum dogma — nempe in Christo veras perfectasque duas esse, divinam et humanam, naturas simul iunctas, non confusas et in una Verbi subsistentes persona — aut dubitando concutiat aut male innovando corrumpat. Arcto potius vinculo iuncti cum Auctore salutis nostrae, qui est ≪ Via conversationis sanctae, Veritas doctrinae divina, et Vita beatitudinis sempiternae ≫ (S. LEONIS M. Serm. 72, I [PL 54, 390]), omnes in Eo suam redament reparatam naturam, colant redemptam libertatem, et, excussa senilis mundi stultitia, ad spiritualis infantiae vetustatis nesciam sapientiam laetissimi transeant.

45. Haec flagrantissima optata suscipiat Unus Trinusque Deus, cuius natura est bonitas, cuius voluntas potestas, deprecantibus Deipara Virgine Maria, Sanctis Apostolis Petro et Paulo, Euphemia Chalcedonensi Virgine et Martyre triumphatrici. Vos autem, Venerabiles Fratres, Nostris vestras preces hac de causa adiungite et quae vobis scripsimus facite ut quam plurimis in notitiam perveniant. Quam ob rem grate iam nunc affecti,

된 이들 또한 불러 초대합니다. 이들이 오랫동안 멀리 떨어져 있어서 제 마음 안에 이들에 대한 그리움이 커져갈수록 점점 더 소중한, 그들에게 대한 사랑과 존경을 증명할 수 있다면, 저는 그것을 본인의 사도직의 영예에서 빛나는 진주로 여길 것이라는 것을 확신해 주시길 바랍니다.

44. 마지막으로, 존경하는 형제 여러분, 저는 모든 사람들이 열정적인 노력으로 거룩한 칼케돈 공의회를 기념하면서, 우리 구세주이시며 왕이신 그리스도께 대한 확고한 믿음을 갖기를 바랍니다. 어느 누구도 철학적 궤변에 빠지고 인간의 말의 모호함으로 기만되어, 칼케돈 공의회에서 선포된 교의, 곧 그리스도 안에는 참되고 완전한 두 본성, 곧 신성과 인성이 있으며, 이 두 본성은 결합되어, 혼합되지 않고 말씀의 한 위격 안에 존재한다는 교의를 의혹을 가지고 혼란스럽게 하거나 교활하게 수정하여 왜곡해서는 안 됩니다. 오히려 "거룩한 생활양식의 길이며, 신성한 가르침의 진리이며, 영원한 행복의 삶"[91]이신 우리 구원의 창시자와 밀접하게 연결되어, 모든 이들은 그 분 안에서 자신의 구속된 본성을 사랑하고, 다시 얻은 자유를 존중하며, 노쇠한 세상의 어리석음을 뿌리치면서, 큰 기쁨을 가지고, 나이를 모르는 영적인 유아기의 지혜로 넘어가야 할 것입니다.

45. 하느님의 어머니 동정녀 마리아와 성 베드로와 성 바오로와 동정녀이시며 승리의 순교자이신 칼케돈의 성 에우페미아의 전구로 이러한 강렬한 바람을 삼위일체이신 하느님께서 받아들여주시길 바랍니다. 그분의 본성은 너그러우시며, 그분의 의지는 강하십니다. 그러나 존경하는 형제 여러분, 이러한 의견에 대해 여러분의 기도를 저의 기도와 합

91) 레오, 『강론집』, 72, I: PL 54, 390.

vobis et universis sacerdotibus et christifidelibus, pro quorum spirituali emolumento vestra excubat cura, Apostolicam Benedictionem peramenter impertimus; qua auspice, Christi Regis non grave neque asperum iugum alacriores suscipiatis et Ei magis magisque humilitate sitis similes, cuius gloriae vultis esse consortes.

Datum Romae, apud S. Petrum, die VIII mensis Septembris, in festo Nativitatis Mariae Virginis, anno MCMLI, Pontificatus Nostri tertio decimo.

쳐 주시고, 여러분에게 보내는 서한이 가능한 많은 사람들에게 알려지도록 신경을 써 주십시오. 이미 지금 그것에 대해 여러분에게 감사를 드리며, 여러분과, 여러분이 주의 깊게 그들의 영적인 유익을 돌보는 모든 사제들과 신자들에게도 진심으로 교황의 축복을 내립니다. 그 축복은 여러분이 왕이신 그리스도의 무겁지 않고 거칠하지 않은 멍에를 지고 가도록, 그리고 여러분이 그의 영광에 참여하기를 원하는 그와 점차 겸손에서 비슷하게 되도록 도와줄 것입니다.

로마, 성 베드로 대성당에서
1951년 성모 마리아 탄생축일, 9월 8일에
교황 비오 12세

연대표

407년	9월 14일	요한 크리소스토무스 주교의 사망.
408년		테오도시우스 2세 황제가 동로마 황제가 됨.
410년	8월 25일	서고트 왕 알라리쿠스가 로마를 침략함.
412년		키릴루스가 알렉산드리아의 총대주교가 됨.
419년 또는 420년		예로니무스의 사망.
422년	9월 10일	첼레스티노가 교황이 됨.
423년		서로마 황제 호노리우스의 사망.
		서기관장 요한(primicerius notariorum)의 권력 장악.
425년		발렌티니아누스 3세가 서로마 황제가 됨.
428년		몹수에스티아의 주교 테오도루스의 사망.
	4월 10일	네스토리우스가 콘스탄티노폴리스의 총대주교가 됨.
	년말	네스토리우스가 테오토코스에 반대하여 강론함.
		알렉산드리아의 키릴루스가 네스토리우스에 반대하여 이집트 주교들에게 부활절 서한을 보내고 수도자들에게 서한을 보냄.
429년	5월	반달족의 왕인 가이세리크와 반달족이 아프리카에 정착함.
	여름 말	네스토리우스에게 보낸 키릴루스의 서한(키릴루스 서한집, 서한 2)과 네스토리우스의 답신(서한 3).
430년	1월 혹은 2월	네스토리우스에게 보낸 키릴루스의 두 번째 서한(서한 4).
	6월 15일	네스토리우스의 답신(서한 5).
		라인강 유역에 훈족의 공격.
		반달족이 히포를 점령함.
	8월 11일	로마 교회회의는 네스토리우스에게 10일 이내에 철회를 요청함(첼레스티노 서한 11-14).

	8월 28일	아우구스티누스 주교의 사망.
	11월 초	알렉산드리아 교회회의. 사절단이 12개의 파문문이 들어 있는 키릴루스의 세 번째 서한을 네스토리우스에게 전달함.
	11월 19일	테오도시우스 2세 황제가 431년 6월 7일에 에페소에서의 공의회를 소집함.
431년	2월	히포의 항복 조약.
	5월 7-15일	첼레스티노 교황이 자신의 대리자를 공의회에 파견함(서한 16-19).
	6월 22일	7일 일찍 에페소에 도착한 키릴루스 주교가 동방인들의 항의에도 공의회를 개최함. 제1회기: 네스토리우스의 단죄.
	6월 26일	동방인들의 “공의회”: 키릴루스 주교와 에페소의 멤논 주교의 면직.
	7월 10일	로마 사절단이 도착함. 제2, 3회기: 첼레스티노 교황 서한의 낭독과 수용.
	7월 16/17일	제4, 5회기: 키릴루스 주교와 멤논 주교의 면직 판결에 대한 무효 선언. 안티오키아의 요한 주교가 소환되나, 출두하기를 거절함. 황제와 교황에게 서한을 보냄.
	7월 22일	제6회기: 니케아 공의회 신경 낭독. 이외의 다른 것을 사용하는 것을 금지.
	8월 초	테오도시우스 2세 황제에 의해 공의회가 해산됨.
	9월 3일	네스토리우스가 안티오키아 안에 혹은 근처의 한 수도원으로 가도록 지시.
432년		놀라의 파울리누스 주교의 사망.
		아일랜드에 파트리치우스가 도착함.
	3월 15일	첼레스티노 교황의 사망.

	7월 31일	교황 식스토 3세 선출.
	년말	동방인들과 키릴루스 사이에 협상.
433년		요한 카시아누스 주교의 사망.
	4월 23일	안티오키아의 요한 주교에게 보낸 키릴루스의 서한(서한 39).
434년		아틸라가 훈족의 왕이 됨. 발칸 반도에 훈족이 공격, 콘스탄티노폴리스가 위협을 받음.
435년		아르메니아에서 네스토리우스파의 선전 활동. 플로클루스가 "아르메니아인들에게 보낸 서한"을 작성함.
436년	1-8월?	네스토리우스가 페트라(아라비아)와 그 후 오아시스(이집트)로 추방됨.
438년		테오도시우스 황제 법전.
439년		반달족 가이세리크에 의해 카르타고가 점령됨.
440년	8월 19일	교황 식스토 3세의 사망.
	9월 20일	교황 레오 1세 선출. 아틸라와 테오도시우스 2세 황제와의 전쟁.
441년 혹은 442년		안티오키아의 요한 주교의 사망; 돔누스 2세 주교가 후계자가 됨.
444년	6월 27일	알렉산드리아의 키릴루스 주교의 사망. 디오스코루스가 알렉산드리아의 총대주교가 됨.
446년	7월 12일	콘스탄티노폴리스의 프로클루스 총대주교의 사망. 플라비아누스가 후계자가 됨.
447년		에우티케스의 가르침에 관하여 콘스탄티노폴리스에서 동요가 일어남.
448년	년초	에우스티케스가 콘스탄티노폴리스에서 "네스토리우스주의"에 대하여 레오 교황에게 하소연하며 서한을 보냄.

	4월	키루스의 테오도레투스에 반대하는 조치.
	6월 1일	레오 교황이 에우스티케스에게 답신을 보냄(서한 20).
	10월	베리토스에 있는 에데사의 이바스 주교에 반대하는 소송.
	11월 8-22일	콘스탄티노폴리스에서 상임 교회회의가 열림, 에우티케스의 단죄.
	11월 말	면직된 에우티케스가 레오 교황과 페트루스 크리솔로구스와 여러 교회에 항소함(레오 교황의 서한집, 서한 21).
449년	1-2월	플라비아누스가 레오 교황에게 서한을 보냄(레오 교황의 서한집, 서한 22).
	2월 18일	레오 교황이 플라비아누스와 테오도시우스 황제에게 서한을 보냄(서한 23-24).
	3월 30일	테오도시우스 2세 황제가 449년 8월 1일에 에페소로 공의회를 소집함.
	5월 13일	테오도시우스 황제가 레오 교황을 공의회에 초대함.
	6월 13일	플라비아누스에게 보낸 레오 교황의 교서9서한 28).
	8월 6일	테오도시우스 황제가 디오스코루스에게 공의회 의장직을 맡김.
	8월 8-22일	에페소 강도 교회회의: 두 본성에 대한 가르침이 배척됨, 에우티케스의 복직, 플라비아누스의 면직과 추방.
	8월-9월	플라비아누스와 테오도레투스와 도릴래움의 에우세비우스가 레오 교황에게 항소함.
	9월 20일-10월 13일	로마 교회회의는 에페소의 결정들을 무효 선언하고, 이탈리아에서 제국 공의회를 요구함.
449-450년		이탈리아에서 공의회를 개최하자는 요구의 레오 교황의 서한(서한 54, 55-58, 69-71).
450년	7월 28일	테오도시우스 2세 황제의 사망. 풀케리아가 통치를 넘겨받음. 에우티케스가 콘스탄티노폴리스에서 체포됨.

8월 24-25일 풀케리아가 마르키아누스를 남편으로 삼으며 공동 통치자로 선택함. 동로마 황제가 교회를 통해 처음으로 도유됨.

11월 22일 마르키아누스와 풀케리아가 새로운 공의회에 레오 교황을 초대함(서한 76-77).

451년 아틸라가 갈리아를 침입함.

5월 23일 마르키아누스가 9월 1일에 니케아로 공의회를 소집함.

6월 24일 레오 교황이 자신을 대신하여 공의회 의장직을 수행할 릴리배움의 파스카시누스 주교를 위임함(서한 88 이하).

카탈루냐 평원에서 아틸라를 상대로 애티우스가 승리함.

9월 22일 니케아에서 개최하기로 계획된 공의회가 칼케돈으로 옮김.

10월 8일 칼케돈 공의회 개회.

제1회기: 에페소 공의회의 문서가 낭독됨. 플라비아누스의 복권.

10월 10일 제2회기(actio 3.): "니케아-콘스탄티노폴리스 공의회 신경" 및 키릴루스와 레오 교황의 서한이 낭독됨.

10월 13일 제3회기(actio 2.): 디오스코루스의 면직.

10월 17일 제4회기: 레오 교황의 서한이 받아들여짐. 디오스코루스에 의해 물러난 주교들이 공의회에 오도록 승인됨.

10월 22일 제5회기: 신앙정식 초안에 대한 협상; 새로운 정식을 받아들임.

10월 25일 제6회기: 마르키아누스 황제와 풀케리아가 참석한 자리에서 신앙정식의 장엄한 승인:

제7회기: 27개의 규정이 선포됨.

	10월 26-30일	제8-15회기: 테오도레투스와 이바스와 안티오키아의 돔누스 주교에 관한 협상. 규정 "제28조"에 대한 심의.
	10월 30/31일	제16/17회기: "제28조"에 대한 계속된 심의. 공의회에 보낸 레오 교황의 서한이 낭독됨(서한 93).
	11월 초	레오 교황에게 보낸 공의회 서한(서한 98).
	12월 18일	레오 교황에게 보낸 마르키아누스 황제와 콘스탄티노폴리스의 아나톨리우스 총대주교의 서한(서한 99, 100). 이들은 레오 교황에게 공의회 결정들을 전하고 "제28조" 규정에 반대하는 사절단의 항의를 하소연함.
451년?		네스토리우스의 사망.
452년	1월 27일	칼케돈 공의회에 대하여 갈리아 주교들에게 보낸 레오 교황의 서한(서한 103).
	년초	아틸라가 이탈리아에 침입함.
	5월 22일	"제28조" 규정에 반대하여 레오 교황이 마르키아누스 황제와 풀케리아와 아나톨리우스와 키오스의 율리아누스에게 서한을 보냄(서한 104-107).
	7월	레오 교황과 아틸라가 만토바에서 협상함. 아틸라는 이탈리아에서의 퇴각을 약속함.
453년	2월 15일	마르키아누스 황제가 레오 교황에게 칼케돈 공의의 승인을 요청함(서한 110).
	3월 21일	레오 교황은 칼케돈 공의회의 참석자들과 마르키아누스 황제와 키오스의 율리아누스 주교에게 서한을 보내, 제28조 규정을 제외한 공의회 결정들을 승인함. 풀케리아의 사망.
457년		마르키아누스 황제의 사망.
461년	11월 10일	레오 교황의 사망.

로마 주교	콘스탄티노폴리스 총대주교
시리치오 (384–399) 아나스타시오 I. (399–401) 인노첸시오 I. (401–417) 조시모 (417–418) 보니파시오 I. (418–422) 첼레스티노 I. (422–432) 식스토 III. (432–440) 레오 I. (440–461)	넥타리우스 (381-397) 요한 크리소스토무스 (398-404) 타르수스의 아르자키우스 (404–405) 아티쿠스 (406–426) 시신니우스 I. (426–427) 네스토리우스 (428–431) 막시미아누스 (431–434) 프로클루스 (434–446) 플라비아누스 (446–449) 콘스탄티노폴리스의 아나톨리우스 (449–451) 겐나디우스 I (458–471)
알렉산드리아 총대주교	**안티오키아 총대주교**
테오필루스 I. (384–412) 키릴루스 I. (412–444) 디오스코루스 I. (444–451) 프로테리우스 (451–457) 티모테우스 II. 아일루루스 (457–460, 475–477) 페트루스 III. 몽구스(477) 티모테우스 III. 살로파키올루스(477–482)	**멜레티우스파** 플라비아누스 I. (384–404) 포르피리우스 (404–408) 알렉산데르 I. (408–418) **안티오키아의 에우스타티우스파** 파울리누스 II. (362–388) 비탈리우스 II. (388–393) **유사파** 도로테우스 I. (378–381) **이교 후** 안티오키아의 테오도투스 (418–427) 요한 I. (427–443) 돔누스 II. (443–450) 막시무스 (450–459)

I. 에페소 공의회(431년)

1. 옛 사료들과 판본들

첫 번째 두 세계공의회, 곧 니케아 공의회와 콘스탄티노폴리스 공의회의 고유한 공의회 문서들이 없다는 것은 잘 알려져 있는 사실이다. 에페소 공의때에 비로소 상황이 변한다. 그럼에도 에페소 공의회 문서의 공식적인 공고는 없고, 다만 여러 개인적인 문서 모음집들이 있는데, 일부는 알렉산드리아에서, 그리고 키릴루스의 주변 인물 중에서, 일부는 친네스토리우스계에서 유래한다; 참조: B. Altaner, *Patrologie*, Freiburg [6]1960, §50 n. 17.

우리는 알렉산드리아 모음집에서 그리스어로 된 세 개의 증언들을 가지고 있다. 바티칸 모음집(*Collectio Vaticana*), 세구에리아나 모음집(*Collectio Segueriana*), 아테네 모음집(*Collectio Atheniensis*) 모음집이 있는데, 그것들은 일부 중복된다.

이 문서들은 6세기에 점차 라틴어로 다시금 번역되었다. 따라서 루스티쿠스 로마 부제는 564/5년에 번역서를 만들었는데, 그것은 카시눔 모음집(*Collectio Casinensis*)에 들어 있으며, 이레네오의 비극엔 반대하는 시노드(*Synodicon adversus tragoediam Irenaei*)라는 이름으로 알려져 있다. 주요 사료는 물론 네스토리우스의 친구인 백작(comes) 이레네오의 비극(Tragoedia)인데, 그는 일련의 원본 문서들을 보관했었다. 베로나 모음집(*Collectio Veronensis*)은 분명히 로마에서 편찬되었다. 그 모음집은 우리에게 교황 첼레스티노의 많은 서한들을 전해 주고 있다. 마리우스 메르카토르의 작품들과 수많은 원본 문서들을 활용하는 팔라티노 모음집(*Collectio Palatina*)은 추측컨대 콘스탄티노폴리스나 트라키아에서 한 스키티아 수도자에 의해 만들어진 것 같다.

바티칸 모음집에는 Labbe-Cossart III, Hardouin I, Mansi IV-V에 있는 것처럼 옛 공의회 모음집들이 실려 있는데, 다른 모음집에 없는 문서들을 다른 사료에서 연대기적으로 끼워 넣었다. 루스티쿠스의 "Synodicon"은 미녜(Migne)의 그리스 교부학(Patrologia Graeca) 84에 있으며, 키루스의 테오도레투스의 작품들과 연결되어 만시(Mansi)의 편집으로 재인쇄되었다. 이 모든 옛 판본들은 이제는 슈바르츠(Ed. Schwartz)의 기념비적인 작품으로 대체되었다. 이 책에는 개별 모음집들이 그 자체로 편집되었고, 각 개별 모음집들의 출처, 내용, 본문, 경향에 대한 바람직한 모든 자료가 첨부되어 있다. 그러므로 앞으로 슈바르츠가 1914년 슈트라스부르크에서 편집하기 시작한 세계공의회 문서(*Acta Conciliorum Oecumenicorum*)에 의지해야 할 것이다. 물론 여러 권으로 된 이 작품을 다루는 것은 그리 간단하지는 않다. 다양한 모음집들이 특별한 문서 다발로 편집되었기 때문에, 항상 여기저기를 뒤적여야 한다. 페이지를 매기는 것이 항상 같은 형태로 되어 있지 않다. 색인도 통일되어 있지 않아서 그것을 이용하는 데에 어려움들이 있다. 그러나 그러한 수고에 풍부한 보상을 받을 것이다.

제1권(Tomus I)은 다섯 권으로 되어 있으며, 에페소 공의회의 문서들이 있다: vol. I, fasc. 1-6: *Coll. Vaticana*; fasc. 7: *Coll. Segueriana, Atheniensis*, usf.; vol. II: *Coll. Veronensis*(라틴어역); vol. III-IV: *Coll. Casinensis*(루스티쿠스의 *Synodicon*); vol. V: *Coll. Palatina* usf.

이 공의회 문서 외에도 원사료로서 고대 교회사가들의 작품들도 고려된다; Socrates, *Historia Ecclesiae*. VII, 29-34; Evagrius, *Historia Ecclesiae*. I, 2-7; Liberatus, *Breviarium causae Nestorianorum et*

Eutychianorum (PL 68,969–1052; ACO II, V), 이것은 560년경 유스티니아누스의 교회정책에 반대하여 만들어진 작품이다; 그 밖의 다른 사료들은 다음 책을 참조하라. *Chalkedon* III, 826–828.

2. 개론서

여전히 헤펠레의 공의회사가 중요한 참고서로 남아 있으며(K. J. von Hefele, *Conciliengeschichte*, I–VII, 1855–1874; VIII–IX: 1887–1890 von Joseph Hergenröther), 특히 프랑스어로도 번역되었다. 그렇지만 서술은 상당히 편파적이며 많은 개별 문제들이 오늘날 다르게 여겨지고 있다.

그 다음에 중요한 작품들은 포괄적으로 교회사를 서술한 작품들이다. J. P. Kirsch, *Die Kirche in der antiken griechisch-römischen Kulturwelt*, Freiburg I. B. 1930; A. Fliche – V. Martin, *Histoire de l'Église* IV, Paris, 1937; 여기에서 관심이 있는 제7–8장은 G. Bardy의 작품에서 나온 것이며, 그는 뒤센느의 교회 고대사(L. Duchesne, *Histoire ancienne de l'Église* III, Paris, 1911) 서술에 많은 부분 지지하지만, 항상 자신의 입장을 자기 것으로 만들지는 않는다. 뒤센느의 작품은 월등히 자료들을 숙달하고 있고 생생하게 묘사한다는 점에서 탁월하다. 그러나 반키릴루스적인 입장을 옹호하고, 신학적인 문제를 설명하는 방식 때문에 반대 의견이 나오고 있다.

교의사적인 작품들에서 공의회 문제들을 설명하는 작품들은 다음과 같다. J. Tixeront, *Histoire des dogmes* [6]III, Paris, 1922; G, L, Prestige, *Fathers and Heretics*, London, [2]1948; J. N. D. Kelly, *Early Christian Doctrines*, London, [2]1960. 이 작품들 외에도 중요한 연구는 다음과 같다. Alois Grillmeier, "Die theologische und sprachliche Vorbereitung der christologischen Formel von Chalkedon", *Chalkedon* I,

5-202.

바티폴의 책은 이 공의회 시기에 범위가 넓은 세 개의 장을 할애하였으며, 사실 로마 수위권과 동방과의 관계의 역사의 관점에서 서술하였다. 비슷한 시각으로 서술된 작품은 카스파르의 작품인데, 이 시기를 세계관을 전제로 다루고 있다. E. Caspar, *Geschichte des Papsttums* I, Berlin, 1930.

마지막으로 고대 교회의 공의회의 역사와 신학에 관한 몇몇 정보들은 다음 모음집의 논문에 있다. *Das Konzil und die Konzile*, Stuttgart, 1962, 53-87.

3. 개별 문제들

네스토리우스의 단편들은 다음에 책에 모아져 있다. F. Loofs, *Nestorius*, Halle, 1905. 네스토리우스의 가르침에 대해서는 오래전부터 학자들 간에 토론이 진행되고 있다. 다른 한편에서 해석한 작품은 다음과 같다. M. Jugie, *Nestorius et la controverse nestorienne*, Paris, 1912. 이 작품은 분명히 전통적인 입장을 대변하고 있지만, 반면 루프스의 작품은 네스토리우스의 원칙적인 정통신앙성의 편을 들고 있다. F. Loofs, *Nestorius and his place in the history of christian doctrine*, Cambridge, 1914. 비슷한 시각의 학자들은 A. Harnack과 J. F, Bethune-Baker와 L. Duchesne이다. 중간의 입장을 취하는 사람은 다음과 같다. E. Amann, *DThG* XI, 76-157; P. Th. Camelot, *De Nestorius à Eutychès: l'opposition de deux christologies*, Chalkedon I, 213-242.

이 책을 완성한 후에 우리는 다음의 중요한 연구에 대한 소식을 접하게 되었다. A. Grillmeier, "Das Scandalum oecumenicum des Nestorius in kirchlich-dogmatischer und theologie-geschichtlicher Sicht",

Schoalstik 36, 1961, 321–336. 그릴마이어는 네스토리우스가 아리우스주의와 아폴리나리스주의를 방어하면서 모든 점에서 전승을 확인할 수 없었다고 강조한다. 다른 한편으로 그는 헤라클리데스의 책에 따라 콘스탄티노폴리스 총대주교인 네스토리우스가, 사람들이 지금까지 인정하려고 하는 것보다 더 현실적인 사상가였다고 인정한다. 그릴마이어는 네스토리우스의 가르침의 체계에 미친 카파도키아 신학의 영향을 지적하고 있다. 앞으로 네스토리우스의 신학에 대한 판단은 다음의 논문과 같이, 더욱 강한 변화를 주어야 할 것이다. R. Leys, *LThK* ²7, 885–888. 그러나 "헤라클리데스의 책"은 여기에서 다루어진 사건들이 지나고 20년 후에야 생겨났기 때문에, 여기에서 제시된 네스토리우스의 상에 대한 본질적인 변화를 꾀하지 않는 것이 타당하다고 우리는 생각한다.

루프스가 주장한 해석은 최근에 다시 강하게 받아들여졌다. M. V. Anastos, "Nestorius was orthodox", *Dumbarton Oaks Papers*, 16, Washington, 1962, 117–140. 119면의 각주 1에 가치가 있는 참고문헌들이 개괄되어 있다.

알렉산드리아의 키릴루스의 신학에 관해서는 위에서 언급한 개론서를 참조하며, 그 밖에도 다음의 글들을 참조하라. *Chalkedon* I, 164–182, 345–387, 425–580; H. du Manoir, *Dogme et spiritualité chez s. Cyrille d'Alex*, Paris, 1944; J. Liébaert, *La doctrine christologique de s. Cyrille d'Alex. avant la querelle nestorienne*, Lille, 1951; H. M. Diepen, *Douze Dialogues de Christologie ancienne*, Rom, 1960; *Aux origines de l'anthropologie de s. Cyrille d'Alex.*, Brügge, 1957.

에페소 공의회 1500주년 기념으로 비오 11세 교황의 회칙이 나왔다. 1931년 12월 25일자 회칙「진리의 빛(*Lux veritatis*)」(AAS 23, 1931, 493–517). 그 당시에 출간된 신학적인 연구들 중에 여기에서는 다음의 작품들을 언급하고자 한다.

R. Devreesse, "Les Actes du Concile d'Ephèse", *RevScPhThéol* 18, 1929, 223-242; 408-431; P. Galtier, "Le centenaire d'Ephèse. Rome et le Concile", *RechScRel* 21, 1931, 169-199; 269-298; J. Lebon, "Autour de la définition de la foi au Concile d'Ephèse", *EphTheoLov* 8, 1931, 393-492; A. d'Alès, *Le dogme d'Ehèse*, Paris, 1931.

그 밖에도 중요한 글은 다음과 같다. G. Jouassard, "Marie à travers la Patristique: Maternité divine, Virginité, Sainteté", *Maria. Etudes sur la Sainte Vierge*, ed. H. du Manoir I, Paris, 1949, 69-157. 주아사르는 122-136면에서 에페소의 사건 경과에 관한 상세한 개요를 제공해 준다.

다른 관점에서 이것을 다루는 글은 다음과 같다. E. Amann, "L'affaire de Nestorius vue de Rome", *RevScRel* 23, 1949, 5-37; 207-244; *RevScRel* 24, 1950, 28-52; 235-265.

공의회와 교황과의 관계에 대해서는 위에서 언급한 바티폴과 갈티에르의 작품과 더불어 다음의 책을 참조: V. Grumel, Le Concile d'Ephèse. "Le pape et le Concile", *Echos d'Orient* 30, 1931, 293-313; M. Jugie, "Le Décret du Concile sur les formules de foi et la polémique anticatholique en Orient", *Echos d'Orient* 30, 1931, 257-270.

II. 칼케돈 공의회

1. 옛 사료들과 판본들

우리는 칼케돈 공의회의 열일곱 번 회기들에 대해 상세히 그리스어로 기록된 회의록 원문을 가지고 있으며, 이것들은 공의회가 끝난 후 곧바로 다른 문서들과 함께 발표되었다. 마찬가지로 우리는 교황들과 황제들과 주교들의 세 개의 서한 모음집도 있다.

수기본들에는 제3회기(10월 13일)와 제2회기(10월 10일)의 순번이 뒤바뀌어져 나온다는 것을 유념해야 한다. 그 밖에도 수기본들은 회기들을 Πραχις(라틴어로 번역하면, Actio, 소송 혹은 분리심의)라는 표현을 쓴다, 이 표현들은 회기들의 시간의 경과와 항상 똑같이 맞지 않으며, 마찬가지로 몇몇 회기들은 "actio" 라고 기재되어 나오지도 않는다는 것을 알아야 한다.

여러 라틴어 모음집들은 그리스어 문서의 번역본 혹은 레오 교황의 원본 서한을 보존해왔다. 그래서 *Collectio Novariensis de re Eutychis*는 아마도 레오 대 교황의 권유로 450년부터 그 문서들이 모아졌다. 그 밖에도 *Collectio Vaticana*는 오늘날의 형태로 6세기 초에서부터 유래한다. 마지막으로 루스티쿠스에 의해 작성된 공의회 문서 번역본이 있다(참고. 497면)

에페소 공의회의 문서들과 마찬가지로 이 문서들을 제외한 모든 문서들이 고대 공의회 모음집에 있다. Labbe-Cossart IV; Hardouin II; Mansi VI; E. Schwartz, *Acta Conciliorum Oecumenicorum*, Tomus II in 6 Volumina, Berlin, 1933-1938. Vol. I: 그리스어 서한들과 문서들; Vol. II, 1: *Collectio Novariensis*; II, 2: *Collectio Vaticana*; Vol. III: 그리스어 문서의 라틴어 번역본(루스티쿠스); Vol. IV: 레오 교황의 서한들; Vol. V: *Collectio Sangermanensis*(서한들과 다른 문서들도 들어 있음); Vol. VI: 칼케돈 공의회의 문서들과 색인들에 대한 프로소포그래피(prosopography, 특정인물에 대한 체계적 연구)와 지도. 그 밖에도 회기들의 경과에 따라 *Acta Conciliorum Oecumenicorum*은 수기본에서 잘못 기입된 순번을 보존하고 있다.

앞서 언급한 에바그리우스와 리베라투스의 작품들은 고대 사료에 속하며, 그 밖에도 *Gesta de nomine Acacii vel breviculum historiae*

*Eutychianistarum*도 고대 사료에 속하는데, *Collectio Avellana* n. 99(ed. O. Guenter in CSEL 35, 440–453)에 전해져 내려온다. 이 작품은 후대의 교황 젤라시오에 의해 486년경 편집되었다(PL 59,928–934). 아주 중요한 사료는 레오 교황의 서한들이다(PL 54, 발레리니 형제의 편집본). 에우티케스와 칼케돈 공의회와 관계된 레오 교황의 서한들은 다음의 책에 모아져 있다. C. Silva–Tarouca, *S. Leonis Magni epistulae contra Eutychis haeresim*(Textus et Documenta Theologiae 15. 20; Rom, 1934년부터 간행됨).

문헌집에 대한 다른 정보는 다음을 참조: *Chalkedon* III, 826–828.

2. 개론서

위에서 "Ephesinum"이라 불리는 작품을 참조; 그 밖에도 개요는 다음을 참조: *Chalkedon* III, 829–831.

3. 개별 문제들

키루스의 테오도레투스에 관해서는 다음을 참조: M. Richard, "L'activité littéraire de Théodoret avant le concile d'Ephèse", *RevScPhThéol* 24, 1935, 83–106; M. Richard, "Notes sur l'évolution doctrinale de Théodoret", *RevScPhThéol*. 25, 1936, 459–481; J. Montalverne, *Theodoreti Cyrensis doctrina antiquior de Verbo "inhumanato"*, Rom, 1948; H. Diepen, "Theodoret et le dogme d'Ephèse", *RechScRel* 44, 1956, 243–248; *Chalkedon* III, 845–846 n. 457–488.

레오 대교황에 대해서는 다음을 참조: 위에서 언급한 바티폴과 카스파의 작품; A. Stuiber, *LThK* ²6, 945이하; P. Batiffol, *DThC* 9, 218-301; T. Jalland, *The Life and Times of St. Leo the Great*, London, 1941; A. Lauras, "Saint Léon le Gr. et la Tradition", *RechScRel* 48, 1960, 166-184; P. Stockmeier, *Leo I. d. Gr. Beurteilung der kaiserlichen Religionspolitik*, München, 1959; Tomus Leonis의 사료에 대해서는 다음을 참조: J. Gaidioz, "S. Prosper d'Anquitaine et le Tome à Flavien", *RevScRel* 23, 1949, 270-301. 레오 교황 선종 1500주년 기념으로 발행된 요한 23세의 회칙, "Aeterna Dei Sapientia", 1961년 11월 11일, *AAS* 53, 1961, 785-803. 레오 교황에 대한 다른 문헌들은 다음을 참조: *Chalkedon* III, 847이하.

1951년 그리스도교계는 여러 출판물을 통해 칼케돈 공의회 1500주년을 기념했다. 첫 번째로 거론할 수 있는 것은 교황 비오 12세의 회칙이다. 「*Sempiternus Rex*」, 1951년 9월 8일, AAS 43, 1951, 625-644.

이어서 세 권으로 된 중요한 모음집을 들 수 있다. A. Grillmeier / H. Bacht(Hrsg.), *Das Konzil von Chalkedon. Geschichte und Gegenwart*, Würzburg, 1951-1954; 개정된 사진 재판본, 1962. 제1권은 칼케돈 공의회의 역사적이며 교리적인 전제들과 가르침의 내용에 할애하고 있다. 제2권은 공의회를 둘러싼 논쟁들과 교회생활과 신학의 역사를 위한 공의회의 성과를 다룬다. 제3권은 현대 신학과 교회일치 안에 끼친 칼케돈 공의회의 영향을 다룬다. 제2권의 마지막에는 상세한 연대표가 있으며, 제3권의 마지막에는 방대한 참고문헌 목록이 들어 있다. 아돌프 쉔메처가 이 두 작업을 담당함.

제1권에서 여기에 현안문제들에 대하여 특별히 유익한 논문들은 다음과 같다.

A. Grillmeier, *Die theologische und sprachliche Vorbereitung der christologischen Formel von Chalkedon*, 5-202.

P. Th. Camelot, *De Nestorius a Eutychès: l'opposition de deux christologies*, 213–242.

M. Goemans, *Chalkedon als "Allgemeines Konzil"*, 251–289.

A. M. Schneider, *Sankt Euphemia und das Konzil von Chalkedon*, 291–302.

P. Goubert, *Le rôle de Sainte Pulchérie et de l'eunuque Chrysaphios*, 303–321.

H. Rahner, *Leo der Große, der Papst des Konzils*, 323–339.

P. Galtier, *Saint Cyrille d'Alexandrie et saint Léon le Gr. à Chalcédonie*, 345–387.

I. Ortiz de Urbina, *Das Glaubenssymbol von Chalkedon – sein Text, sein Werden, seine dogmatische Bedeutung*, 389–418.

1951년경 출판된, 칼케돈 공의회의 신학적 문제점들에 대한 수많은 출판물 중에서 다음의 책들도 언급될 수 있다. R. V. Sellers, *The Concil of Chlcedon*, London, 1953; M. J. Nicoals, "La doctrine christologique de S. Léon le Grand", *RevThom* 51, 1951, 609–662; H. du Manoir, "Le quinzième centenaire du Concile de Chalcédoine", *Nouv RevThéol* 73, 1951, 785–803; H. du Manoir, "Saint Léon et la définition dogmatique de Chalcédoine", *L'Année Théolg*, 1951, 291–304. 다양한 신학적인 방향에 대한 문제는 다음을 참조: P.–Th. Camelot, "Théologies grecques et théologie latine à Chalcédoine", *RevScPhThéol* 35, 1951, 401–412.

마지막으로 참조할 책은 다음과 같다. H. Diepen, *Douze Dialogues de Christologie ancienne*, Rom, 1960.

위에서 언급한 *Chalkedon* III(828–865)안의 저서목록은 칼케돈 공의회와 연결된 모든 문제에 대한 참고문헌목록의 정보를 풍부히 제공해 주고 있다.

인명 · 내용 색인

가현론(Docetismus) 25, 148, 473

갈라 플라키디아(Galla Placidia), 테오도시우스 1세 황제의 딸 166, 272, 455

겐나디우스(Gennadius Constantinopolitanus, patriarcha), 콘스탄티노폴리스 총대주교 254, 496

경륜(oeconomia) 41, 118, 205, 297, 299, 329, 395

공의회들 13–16, 110–111, 248–249

괴만스(Goemans, M.) 274, 506

교부들의 권위 134

교부들의 영감, 공의회의 영감 154, 274–275

교의 발전 212–215, 248–252

교황직 83이하, 134–137, 140–144, 154, 163–168, 242–247, 257, 269–274

교황직과 공의회 157, 174–176, 179, 186–188, 193–196, 238–247, 269–277

교황직과 황제 166이하, 170–177, 264–269

교회규율 223이하

교회의 교도직 110

규정(제28조) 229–238, 272

규정들: 222–238

그레고리우스(Gregorius Nazianzenus iunio, episcopus), 소(少), 나지안주스 주교 21, 30이하 48, 50, 139

그레고리우스(Gregorius Nyssenus, episcopus), 니사 주교 31

그레고리우스(Gregorius Taumaturgus/Neocaesariensis, episcopus), 기적가, 네오카이사리아 주교 31

그리스도론 13–16

그리스도의 신비 21–25

그리스도의 영혼 27–32

그릴마이어(Grillmeier, A.) 29, 250, 257, 499–500, 505

기이넨(Geenen, G.) 262

네스토리우스(Nestorius Constantinopolitanus, Patriarcha), 콘스탄티노폴리스 총대주교 19이하, 37–51, 59–64, 78–84, 89, 96이하, 103이하, 106–108, 125, 218이하.
네스토리우스주의(Nestorianismus) 130, 138, 163, 195, 213이하 219, 260
넥타리우스(Nectarius Constantinopolitanus, patriarcha), 콘스탄티노폴리스 총대주교 496
논누스(Nonnus Edessenus, episcopous), 에데사 주교 222
니케아 공의회(제1차) 13이하, 22이하, 98이하, 110, 132, 155, 159, 184, 190이하, 201, 210, 217, 224이하, 232, 235, 243이하, 247, 250, 271, 275, 283, 293, 389, 423, 443, 445, 449
니콜라우스 1세(Nicolaus I, papa), 교황 275
다마소(Damasus I. papa), 교황 31, 268
단성론(Monophysitismus) 54, 57, 111, 117, 212이하, 253–257, 259이하, 264, 469, 485
단의설(Monotheletismus) 260
단활설(Monenergismus) 260
데 로씨(de Rossi, G.) 105
돔누스(Domnus I. Antiochenus, episcopus), 안티오키아 주교 125, 127, 130, 156–159, 163, 243, 495이하
둘치티우스(Dulcitius), 교황 서기관 156이하, 163, 385
뒤센느(Duchesne, L.) 46, 52, 63, 75, 94, 107, 109, 111, 125, 132, 160이하, 184, 186, 214이하, 499이하
디디무스(Didymus Alexandrinus, patriarcha), 알렉산드리아 총대주교 20
디오도루스(Diodorus Tarsensis, episcopus), 타르수스 주교 32, 34이하
디오스코루스(Dioscorus Alexandrinus, patriarcha), 알렉산드리아 총대주교 125, 127, 130, 134, 137, 141, 155–157, 160–165, 170, 176, 178–183, 185–189, 193–195, 205, 207, 209, 212, 216, 218, 239, 246, 251–254, 258, 266, 275, 423, 451, 453, 455, 457, 493–496
디이펜(Diepen, H.) 90, 102, 186, 222, 501, 504, 506
딜(Diehl, E.) 164
라부르(Labourt, J.) 123

라불라스(Rabulas, Rabulla Edessenus, episcopus), 에데사 주교 201, 123
라테란 공의회(제4차) 248
라테란 교회회의(649년) 261
라테란 교회회의(680년) 261
레나투스(Renatus, presbyter), 신부 143, 156, 385
레오 1세(Leo, I. imperator), 황제 253이하
레오 1세(Leo, I. Magnus, papa), 교황 15, 40, 49, 95이하, 130이하, 134이하, 136–168, 170–176, 178, 180, 184–188, 190–197, 201–214, 218, 220, 222, 230, 234–236, 238–247, 249, 251이하, 254, 256–258, 261, 265–277, 365이하, 421이하, 421–496, 503–505
레오 교황 교서(Tomus Leonis) 144이하, 365이하
레온티우스(Leontius Byzantinus, episcopus), 비잔틴 주교 259
로고스(말씀) 24–30
로마 교회회의 (484년) 257
로마 교회회의(377년과 382년) 31
로마 교회회의(430년) 61
로마 교회회의(449년) 218
로마에 항소 132, 161이하, 270이하
루셀로(Rousselot, P.) 27
루첸시우스(Lucensius Asculanus, vicarius), 아스콜리 주교, 교황사절 175, 179, 183, 198, 235, 457
루프스(Loofs, F.) 19이하, 41이하, 48, 63, 500이하
르봉(Lebon, J.) 257, 259, 502
리챠드(Richard, M.) 47, 504
리츠만(Lietzmann, H.) 29
리키니아 에우독시아(Licinia Eudoxia), 테오도시우스 2세 황제의 여동생, 발렌티니아누스 3세 부인 166, 455
마르키아누스(Marcianus, imperator), 황제 170–177, 192, 195–199, 216, 224이하, 241, 243–247, 253이하, 266, 269, 272, 387, 455, 459, 463, 483, 494이하
마르틴(Martin, Th. O) 230

마리나(Marina), 공주 60
마리스(Maris persianus, episcopus), 페르시아 주교 123, 221이하
마리아: 테오도코스, 테오토코스 19이하, 40-47, 51, 58-63, 73, 82, 90, 93이하, 99, 101-105, 107, 126, 201, 210, 220, 490
마리우스 메르카토르(Marius Mercator) 39이하, 497
마케도니우스파 13
막시무스(Maximus Alexandrinus, patriarcha), 알렉산드리아 총대주교 50
막시무스(Maximus Antiochenus, episcopus), 안티오키아 주교 215, 496
막시무스(Maximus Confessor) 고백자 261
막시무스(Maximus), 수도원장 129
막시미아누스(Maximianus Constantinopolitanus, patriarcha), 콘스탄티노폴리스 총대주교 90, 92, 496
메르체니어(Mercenier, F.) 20
멜리토(Melito de Sardes, episcopus), 사르데스 주교 22
멤논(Memnon Ephesinus, episcopus), 에페소 주교 72, 78, 84-91, 491
묄러(Moeller, Ch.) 259이하
미셸(Michel, Al.) 273
미카엘 3세(Michael, III, imperator), 황제 275
밀티아데스(Miltiades, apologetae), 호교론자 22
바르 사우마(Bar Sauma), 수도자 137, 156, 160이하, 191, 226, 228
바르디(Bardy, G.) 63, 214, 217, 499
바술라(Basula, diaconus), 부제 70
바시아누스(Basianus Ephesinus, episcopus), 에페소 주교 220, 226
바실리스쿠스(Basiliscus, imperator), 찬탈자 황제 255, 267이하
바실리스쿠스의 Enkyklion 254, 267이하
바실리우스(Basilius de Seleucia, episcopus), 셀레우키아 주교 181
바실리우스(Basilius Magnus Caesariensis, episcopus), 카이사리아 주교 31, 139, 226, 251
바티칸 공의회(제1차) 86, 100, 110, 249, 258
바티폴(Batiffol, P.) 79, 141, 147, 153이하, 159, 163, 165, 179, 196, 233, 251, 269,

272, 500, 502, 504이하
발렌스(Valens, imperator), 황제 67, 169
발렌티니아누스 3세(Valentinianus III, imperator), 서로마 황제 166, 266, 272, 387, 455, 490
발타사르(Balthasar, H. U) 261
백케스(Backes, I) 262이하
보니파티우스(Bonifatius, presbyter), 신부, 교황사절 175, 198, 235, 417, 457
보수에(Bossuet) 109
본성(Physis): 본성과 위격(persona) 56–58, 259
부활절 서한 51
비오 11세(Pius XI, papa), 교황 102, 105, 437, 441, 443, 501
빌페르트(Wilpert, G.) 105
삼성송(Trishagion) 183, 256
삼위일체론 13, 29, 56, 212, 268, 469, 487
성경과 전승 132, 249이하, 275
성령신성부인론파(Pneumatomachen) 13, 393
성직자의 특권 예외 규정 224
세 주교 파문 논쟁 260
세계적임(공의회) 13, 95, 165, 187, 196, 223
세례신경 147
세베루스(Severus Antiochenus, patriarcha), 안티오키아 총대주교 256이하, 397
소크라테스(Socrates, Scholasticus, historicus), 교회사가 15, 38이하, 47
소프로니우스(Sopronius Constantinus, episcopus), 콘스탄티나 주교 220
수도자, 수도직 46–51, 71, 129–132, 137이하, 156, 160, 191, 198, 223–229, 252이하, 256, 399, 401–405, 409, 411, 413
숙첸수스(Succensus, episcopus), 디오카이사레아 주교 118이하
슈나이더(Schneider, A. M.) 120, 506
슈바르츠(Schwartz, E.) 47, 161, 184, 389, 397, 498
슈톡마이어(Stockmeier, P.) 265, 505
스테파누스(Stephanus Ephesinus, episcopus), 에페소 주교 222, 226

스토아 인간론 27이하
시메온(Simeon Stylites), 고행수도자 106
시신니우스(Sisinnius Constantinopolitanus, patriarcha), 콘스탄티노폴리스 총대주교 37, 496
식스토 3세(Sixtus III, papa), 교황 77, 95, 104이하, 140, 437, 492
신경: 니케아 신경 28, 88, 104, 134, 184
신앙 정식: 184–186, 189이하, 192–215
신칼케돈주의 259이하
신학 205–215, 259–264
아가토(Agatho, papa), 교황 261
아나스타시우스(Athanasius de Selanik, episcopus), 테살로니카 주교 165
아나스타시우스(Athanasius Nicaenus, episcopus), 니케아 주교 222
아나톨리우스(Anatolius Constantinopolitanus, patriarcha), 콘스탄티노폴리스의 총대주교 161, 167이하, 170–174, 178, 186, 189–194, 204, 231, 241–247, 254, 276, 419, 455, 459, 495이하
아르카디아(Arcadia), 공주 60
아르카디우스(Arcadius, episcopus), 주교, 에페소 공의회의 교황사절 70, 88
아르카디우스(Arcadius, imperator), 황제 63, 227
아르테몬(Artemon, haereticus), 이단자 22
아리우스(Arius haeresiarcha) 13, 29, 48, 103, 148, 303
아리우스주의 29
아리우스파 28, 30
아만(Amann, E.) 43, 45, 214, 253, 500
아스테리우스(Asterius de Amasea, episcopus), 아마세아 주교 29
아에티우스(Aetius Constantinopolitanus, archdiaconus), 콘스탄티노폴리스의 부제장 230, 234–236
아우구스티누스(Augustinus Hipponensis, episcopus), 히포 주교 69이하, 97, 125, 142, 175, 207, 491
아카키우스 이교 269
아카키우스(Acacius Beroensis, episcopus), 베로아 주교 60, 67, 98, 106

아카키우스(Acacius Constantinopolitanus, patriarcha), 콘스탄티노폴리스 총대주교 255–258
아카키우스(Acacius Melitenus, episcopus), 멜리테네 주교 73, 80, 117이하, 121
아코이메트 수도원 253
아타나시우스(Athanasius Alexandrinus, patriarcha), 알렉산드리아 총대주교 20, 26–31, 57, 67, 148, 205, 226, 359
아티쿠스(Atticus Nicopolitanus, episcopus), 니코폴리스 주교 185
아폴리나리[우]스(Apollinaris Laodicenus, episcopus), 라오디케아 주교 25, 29–33, 49, 115, 123, 127이하, 148, 303, 449, 471, 473
아폴리나리스주의 53, 60, 62, 206, 501
안드레아스(Andreas de Samosata, episcopus), 사모사타 주교 62
안트로포토코스(Ανθροποτόκος) 인간의 어머니 126
안티오키아 신학 59, 126, 152, 213
알렉산데르(Alexander Alexandrinus, patriarcha), 알렉산드리아 총대주교 20, 496
알렉산데르(Alexander Hierapolitanus, episcopus), 히에라폴리스 주교 116이하
알렉산데르(Alexander, papa), 교황 139
알렉산드리아 교회회의(362년) 28
알렉산드리아 교회회의(430년) 62
알렉산드리아 신학 26, 62, 147, 213, 251, 502
알트하임(Altheim, F.) 250
암브로시우스(Ambrosius Mediolanensis, archiepiscopus), 밀라노 대주교 154
암필로키우스(Amphilochius de Side, episcopus), 팜필리아 지역의 시데 주교 220
양자론(Adoptianismus) 22
에바그리우스 스콜라스티쿠스(Evagrius Scholasticus), 역사가 15, 171, 178, 197, 397, 503
에우노미우스(Eunomius Nicomediensis, episcopus), 니코메디아 주교 222
에우노미우스(Eunomius, haereticus), 이단자 29, 127, 222
에우도키아(Aelia Eudocia), 황후 60, 63, 130, 169
에우세비우스(Eusebius Caesariensis, episcopus), 카이사레아 주교 20, 22
에우세비우스(Eusebius Dorylaeensis, episcopus), 도릴래움 주교 40, 47, 49, 131,

134, 158, 160, 164, 171, 180, 183, 236, 270, 449
에우스타티우스(Eustathius Beritensis, episcopus), 베리토스(베이루트) 주교 124, 182, 191, 221, 419
에우티케스(Eutyches, haereticus), 수도자, 이단자 14, 115, 120, 127, 129–138, 140, 142–149, 152–159, 165, 170, 175, 177, 179, 188, 190이하, 194이하, 201, 205, 211이하, 218이하, 228, 239, 245이하, 251, 254–258, 267, 270이하, 365, 367, 369, 381, 383, 385, 395, 397, 425, 445, 447, 449, 451, 461, 463, 467, 469, 471, 473, 492이하
에우티케스주의(Eutychianismus) 117, 214
에우티케스파 추종자 195, 469
에우페미아(Euphemia, martyr), 순교자, 성녀 178, 186, 196, 239, 387, 457, 487
에울로기우스(Eulogius, Tribunus), 호민관, 서기관 155
에페소 공의회(431년) 66–112
에페소 공의회(449년): 강도 공의회 155–162
에피파니우스(Epiphanius de Salamina, episcopus), 살라미스 주교 20
엘피디우스(Elpidius, comes), 황제 자문위원회 장관 155, 157
여부제 서품 224, 409
영지주의자(gnostici) 25
예딘(Jedin, H.) 110이하
예로니무스(Hieronymus Stridonensis, presbyter), 스트리돈, 신부 227, 490
오르티즈 데 우루비나(Ortiz de Urbina, I.) 389, 397, 506
오리게네스(Origenes Alexandrinus, presbyter), 알렉산드리아, 신부 20, 26
요한 다마셰누스(Johannes Damascenus, monachus, presbyter), 신부, 교회학자 261이하
요한 카시아누스(Johannes Cassianus, monachus, presbyter, abbas), 빅토르 수도회 원장 49, 142, 492
요한 크리소스토무스(Johannes Chrisostomus Constantinopolitanus, patriarcha), 콘스탄티노폴리스 총대주교 32, 37이하, 48–50, 96이하, 139, 165, 227, 483, 490, 496
요한(Johannes Antiochenus, patriarcha), 안티오키아 총대주교 21, 62, 72, 74이하, 84, 87이하, 95이하, 103, 106–108, 115, 120, 123, 125, 133, 182, 202이하,

208, 251, 341, 349, 491이하, 496
요한(Johannes Constantinopolitanus, patriarcha), 콘스탄티노폴리스 총대주교 187, 286
요한(Johannes Germaniciensis, episcopus), 게르마니키아 주교 220
요한(Johannes Hierosolymitanus, patriarcha), 예루살렘 총대주교 227
요한(Johannes, comes), 장관 89, 95
용어상의 문제 58
우라니우스(Uranius de Himeria, episcopus), 히메리아 주교 124
우르사키우스(Ursacius Singidunensis, episcopus, arianus), 싱기두눔 주교, 아리우스파 67
위격(Persona, Hypostasis) 14, 26, 30, 33–35, 44이하, 53, 55–58, 60, 62, 91, 99, 102이하, 107이하, 118, 122, 126, 128, 133, 145이하, 149–153, 201, 203, 207이하, 210이하, 212이하, 215, 249–252, 259이하, 262이하, 285, 289, 297, 315, 317, 323, 325, 327, 331, 345, 353, 357, 371, 377, 397, 427, 429, 449, 451, 463, 465, 467, 469, 471, 473, 475, 477, 479, 481, 487
위격적 결합. 그리스도의 신비 57, 102이하, 146, 207, 211, 215, 249, 443, 481
유베날(Juvenal Hierosolymitanus, patriarcha), 예루살렘 총대주교 60, 72, 78–80, 88, 155–157, 159, 181, 183, 189이하, 217, 229, 231, 253
유스티누스 1세(Justinus I, imperator), 황제 258
유스티누스(Justinus, apologetae), 호교론자 22
유스티니아누스(Justinianus I, imperator), 황제 268이하
율리아누스(Julianus de Kios, episcopus), 키오스 주교, 교황사절 143, 153, 165, 171, 175, 244, 246, 457, 495
율리아누스(Julianus Halicarnassus, episcopus), 할리카르나스 주교, 단성론자 257
율리아누스(Julianus Hypaepenus, episcopus), 히파이파 주교 187
율리아누스(Julianus, episcopus, haereticus), 주교, 펠라기우스파, 이단자 49
율리아누스(Julianus, imperator), 황제, 배반자 20
율리오(Julius, ps. papa), 위(僞) 교황 31
율리우스(Julius de Puteoli, episcopus), 푸테올리 주교, 교황사절 143, 161, 163, 385
이냐시우스(Ignatius Antiochenus, episcopus), 안티오키아 주교 246

이레네우스(Irenaeus Lugdunensis, episcopus), 리옹 주교 22, 25, 26
이레네우스(Irenaeus, comes), 백작 52
이바스(Ibas Edessenus, episcopus), 에데사 주교 123이하, 163, 221이하, 226, 493, 495
인노첸시오 1세(Innocentius I, papa), 교황 165, 271, 496
자립적 존재(subsistentia) 30, 34
전승과 교도권 174
제국교회의 신학 264–269, 272
제노(Zeno, imperator), 황제 254이하, 267이하
조르즈 주아사르(Georges Jouassard) 48, 50, 58, 101, 104, 234, 502
주지이(Jugie, M.) 88, 276, 500, 502
참나무 교회회의(Eichensynode) 51
채드위크(Chadwick, H.) 161
첼레스티노 1세(Caelestinus I, papa), 교황 16, 49이하, 59, 61–63, 68–71, 74, 78, 80, 85, 87–89, 95이하, 104, 110, 175, 194, 210, 270, 272, 274, 303, 307, 309, 337, 389, 490이하, 496이하
첼레스티우스(Caelestius, hereticus), 주교, 이단자, 펠라기우스파 49, 87, 303
총대주교직(Patriarchat) 230–238
카리시우스(Charisius, presbyter, oecumenicus), 신부, 필라델피아 교회 경리 담당자 88, 339
카믈로(Camelot, P. Th.) 23, 30, 67, 141, 273이하, 500, 506
카스파르(Caspar, E.) 70, 165, 268, 272, 276, 365, 500
카파도키아인 205
카프레올루스(Capreolus Cartaginiensis, episcopus), 카르타고 주교 69, 87
칸디디아누스(Candidianus, comes), 장관 156
칼케돈 공의회: 14, 113–277
칼케돈(Chalkedon), 수도 178
칼케돈의 타종교간의 결혼 문제 223
켈리(Kelly, J. N. D.) 185, 499
콘스탄티노폴리스 공의회(제1차) 13, 50, 67, 210, 231이하, 267, 391, 445, 461,

494, 497
콘스탄티노폴리스 공의회(제2차) 100
콘스탄티노폴리스 공의회(제4차) 258
콘스탄티노폴리스 교회회의 131, 144, 147
콘스탄티누스 4세, 황제(Constantinus, IV, imperator) 261
콩가르(Congar, Y.) 276
크렌(Cren, P. R.) 181
크리사피우스(Chrysaphius), 환관 130, 137, 155, 169이하, 451
크리스토토코스(Cristoto,koj) 41, 60
클라우저(Klauser, Th.) 85
클레멘스(Clemens Alexandrinus, episcopus), 알렉산드리아 주교 22
클레멘스(Clemens, papa), 교황 139
키릴루스(Cyrillus Alexandrinus, patriarcha), 알렉산드리아 총대주교 15, 20, 26이하, 31, 37, 39, 41, 43, 45, 47, 50–62, 65이하, 70–75, 78–104, 106–111, 115–137, 141, 147, 150, 152이하, 157, 163, 167이하, 175이하, 180, 182, 184–186, 190, 194, 201–219, 251–259, 267, 270, 281, 291, 303, 307, 321, 341, 349, 389, 427, 429, 437, 451, 465, 469, 471, 490–494, 501이하
키릴루스(Cyrillus Hierosolymitanus, episcopus), 예루살렘 주교 20
키릴루스의 파문문(Anathematismen) 62, 91, 97, 100–103, 107이하, 116이하, 126, 149, 163, 186, 207, 212, 218, 255, 267, 313, 315, 317, 319, 321, 325, 327, 491
키릴루스파 129
타티아누스(Tatianus, apologetae), 호교론자 22
테르툴리아누스(Tertulianus, apologetae), 호교론자 142, 147이하, 207, 427
테오도레투스(Theodoretus Cyrensis, episcopus), 키루스 주교 55, 62, 87, 90, 107이하, 125–130, 133, 137, 163–165, 171, 180, 189, 203이하, 206, 210, 218–221, 251, 270, 453, 493, 495, 498, 504
테오도루스(Theodorus Mopsuestenus, episcopus), 몹수에스티아 주교 25, 32–37, 88, 121, 123, 125, 490
테오도시우스 1세(Theodosius I, imperator), 황제 60, 267이하, 415

테오도시우스 2세(Theodosius II, imperator), 황제 37, 62이하, 66–68, 71, 78, 84이하, 91, 97, 106, 110, 130, 136이하, 142이하, 153, 157, 162, 165–170, 172이하, 180, 192, 230, 265이하, 272, 451, 455, 490–493
테오도코스(Θεοδόκος) 하느님을 잉태하신 분 20
테오도투스(Theodotus de Ancyra, episcopus), 앙키라 주교 73, 80
테오토코스(Θεοτόκος) 하느님의 어머니(하느님을 낳으신 분) 19이하, 35, 40–42, 46이하, 49, 51, 58–60, 63, 73, 82, 90, 93이하, 97, 99, 101–104, 107, 120, 126, 201, 210, 220, 490
테오필루스(Theophilus Alexandrinus, eipiscopus), 알렉산드리아 주교 50, 97, 227, 496
토마스 아퀴나스(Thomas de Aquino) 262이하, 429, 431, 477
트렌토 공의회 100, 110이하, 248이하
티모테우스 살로파키올루스(Timotheus Salophaciolos, patriarcha), 알렉산드리아 총대주교 496
티모테우스 아일루루스(Timotheus Ailuros, presbyter), 신부, 알렉산드리아 총대주교 253이하, 258
틱세롱(Tixeront, J.) 499
틸레몽(La Nain de Tillemont, L. S.) 52, 67, 90, 158
파스카시누스(Paschasinus de Liybaeum, episcopus), 릴리배움 주교, 교황사절 174, 178, 183, 186–193, 196, 198, 221이하, 235, 271, 417, 419, 421, 457, 461, 494
파울루스(Paulus de Emesa, episcopus), 에메사 주교 106, 341, 343, 349, 351
파울루스(Paulus Samosatenus, episcopus Antiochenus et adoptianista), 사모사타 출신, 안티오키아 주교, 양자설파 40, 46
팔라디우스(Palladius de Amasia, episcopus), 아마시아 주교 79이하
페트루스 몽구스(Petrus Mongus Alexandrinus, patriarcha), 알렉산드리아 총대주교 50, 256, 268, 496
페트루스 크리솔로구스(Petrus Chrysologus Ravennatensis, episcopus), 라벤나 주교 134, 165, 493
페트루스 풀로(Petrus Fullo Antiochenus, patriarcha), 콘스탄티노폴리스 출신의 수도자,

안티오키아 총대주교 253이하, 256
페트루스(Petrus Alexandrinus, presbyter), 알렉산드리아 신부 79이하
펠라기우스주의(Pelagianismus) 49, 87, 301
펠릭스 2세, 교황(Felix II, papa) 257
포티우스(Photius Constantinopolitanus, patriarcha), 콘스탄티노폴리스 총대주교 275
포티우스(Photius de Tirus, episcopus), 티루스 주교 124, 191, 221
폴리카르푸스(Polycarpus Smyrnensis, episcopus et martyr), 스미르나 주교, 순교자 25
풀케리아(Pulcheria), 테오도시우스 황제의 누이, 여황제 60, 63, 130, 143, 153, 161이하, 165이하, 169–171, 175, 198, 208, 243이하, 246, 455, 459, 483, 493–495
프레스티제(Prestige, G. L.) 45, 499
프로소폰(prosopon) 44, 60, 99, 107, 152, 213이하, 289, 321, 357, 468, 471
프로스페르(Prosper Aquitanus, episcopus), 아퀴타니아 주교 142
프로엑투스(Projectus, episcopus), 주교, 교황사절 86, 88, 97
프로클루스(Proclus Constantinopolitanus, patriarcha), 시지쿠스 주교, 콘스탄티노폴리스 총대주교 47이하, 88, 120–123, 125, 496
프로테리우스(Proterius Alexandrinus, patriarcha), 알렉산드리아 총대주교 253, 496
플라비아누스(Flavianus Constantinopolitanus, patriarcha), 콘스탄티노폴리스 총대주교 125, 130이하, 133, 135–137, 139–144, 153–167, 170, 174이하, 178–185, 188, 194, 197, 201–204, 206이하, 251, 261, 270, 272, 365, 395, 447, 449, 451, 453, 455, 461, 483, 492이하, 496
플라비아누스(Flavianus de Philippi, episcopus), 필리피 주교 72, 81
필리푸스(Philipus, presbyter), 신부, 교황사절 70, 85이하, 88, 97, 303
하르낙(Harnack, A.) 38, 153, 500
하아케(Haacke, Rh.) 254, 264
행정구(dioecesis=διοίκησις) 229–232, 237, 239, 242, 405, 417, 419
헤노티콘 255, 268

헤라클리우스(Heraclius, imperator), 황제 260
헤펠레-레클르크(Hefele-Leclercq) 123, 238, 399, 499
호르미스다스(Hormisdas, papa), 교황 258
호프만(Hofmann, F.) 264
황제 교황주의(Cäsaropapismus) 268
황제와 공의회 66-70, 136-138, 155-158, 169-177, 194-199, 254-259, 264-269,
황제와 교황 264-269
훈족 63, 143, 249, 490, 492
힐라리오(Hilarius, diaconus, papa), 부제, 교황사절, 교황 143, 156이하, 158-167, 451

□ 역자 후기 □

이 총서의 첫 번째 권인『니케아 · 콘스탄티노폴리스 공의회』에서 신앙의 정통성을 보증하는 요소이자 결정적인 용어가 '호모우시오스(ὁμοούσιος, 동일본질)'였다면, 두 번째 권인『에페소 · 칼케돈 공의회』에서는 '테오토코스(Θεοτόκος, 하느님을 낳으신 분)'이다. 곧 니케아 · 콘스탄티노폴리스 공의회에서 예수 그리스도가 어떻게 성부 하느님과 같은 본성을 지니신 분이신가에 관한 것이었다면, 이번 에페소 · 칼케돈 공의회에서는 예수 그리스도가 어떻게 하느님의 아드님과 같은 분이시고, 지상의 예수와 하느님의 아드님이 어떻게 같은 한 분이신가에 관한 것이라고 말할 수 있다. 이러한 그리스도의 일치성에 대한 문제는 그리스도의 신원, 곧 정체성에 관한 문제이며 동시에 우리의 구원과 관련되어 있어서, 삼위일체론과 특히 그리스도론에서 가장 중요하게 다루어지는 부분이다. 따라서 클라우스 샤츠가 자신의『보편공의회사』에서 언급하듯이, 6세기이후 에페소 공의회와 칼케돈 공의회는 니케아 공의회와 콘스탄티노폴리스 공의회와 함께 '네 거룩한 시노드'라 하여 사복음서에 견주되며 존중받기 시작했다.

그런데 예수 그리스도의 일치성에 대한 신학적인 물음을 해결하기 위해서 에페소와 칼케돈 공의회 교부들은 "natura"[φύσις]와 "essentia"[ουσια]와, "persona"[προσοπον]와 "hypostasis"[ύποστασις]들을 혼용하거나 동일시함으로써 그 당시 다양한 오류와 이단을 낳게 한다는 것을 깨닫고 이 용어들의 모호함을 제거하였다. 따라서 이 용어들을 정확히 이해하기 위해서는 해당 용어를 사용한 사람들이 어떤 의미로 사용했는지를 파악하는 것이 중요하다.

그리하여 역자는 이 용어들의 중요성에 착안하여 해당 용어들에 대한 원어를 병기하였다. 아울러 부록 원문 · 번역문에서는 본래의 원어인 그리스어를 실어서 라틴어와 비교하여 볼 수 있도록 하였다. 가독성을 중시하지 않고 이렇게 작업한 것은 오로지 우리나라에서 신학을 연구할 신학도들을 염두에 두었기 때문이다. 그리고 덴칭거의 『신경편람』(=『덴칭거』, 한국천주교중앙협의회, 2014)이 '신앙과 도덕'에 관한 문서만을 선별하여 제공해주었다면, 이 공의회사 총서는 부록의 원문 · 번역문을 통하여 『신경편람』이 인용한 원본 전체를 제공해 주고 있다. 역자는 독자들의 편의를 위해 『덴칭거』와 중복되는 부분을 굵은 글씨로 표시하였다. 이는 문헌의 전체 맥락을 이해하는 데에 큰 도움을 줄 것이다. 또한 『덴칭거』에는 칼케돈 공의회 규정 두 조항만 소개된 반면, 이 책에는 전체 규정이 소개되어 있어서 교회 규율과 관련된 초기 교회의 모습을 더 자세히 볼 수 있을 것이다. 마지막으로 1970년부터 세계 모든 교회에서 매년 1월 1일을 '천주의 성모 마리아 대축일'로 기념하게 하는 계기를 마련해 준 에페소 공의회 1500주년 기념 회칙, 「진리의 빛(*Lux veritatis*)」(1931년 12월 25일)과 칼케돈 공의회 1500주년 기념 회칙, 「영원한 왕이신 그리스도(*Sempiternus Rex Christus*)」(1951년 9월 8일)를 역자가 추가하여 번역하였다.

교의사적 중요성 외에도, 이 책의 저자 피에르 토마 카믈로는 초대교회로부터 전해오는 전통(Traditio)을 우리에게 다양하고도 많은 정보를 소개해 주고 있다. 공의회가 이루어지는 대성당 주례석에 항상 복음서가 놓여져 있었는데, 이것은 그리스도께서 몸소 공의회에 참석하고 계신다는 것을 암시한다. 또한 "사제들의 회합은 성령의 현존을 증명한다."(Spritus Sancti testatur praesentiam congregatio sacerdotum)는 첼레스티노 교황의 말도 전해주고 있다. 또한 칼케돈 공의회에서 "공의회는 주교들의 일이지 성직자들의 일이 아니다."(Concilium est episcoporum, non clericorum)라는 이집트 주교들의 발언도 소개해 주고 있다. 그리고 교황 식스토 3세(432-440년)가 에페소 공의회의 결정들을 승인하면서, 공의회가 열린 에페소에 있는 "대성당"이 마리아에게 봉헌된 것과 마찬가지로, 리베리오 교황(352-366년)의 명령으로 세워진 '바실리카 리베리아나'라고 부르는 '산타 마리아 마죠레' 대성당을 개축하면서 그 대성당을 마리아에게 봉헌하였고, 아치형 후진의 모자이크를 육화 교의와 테오토코스인 마리아를 주제로 만들었다는 교회 건축사와 관련된 내용도 우리에게 전해주고 있다.

역자가 추가로 번역한 교황 비오 11세 회칙, 「영원한 왕이신 그리스도(*Sempiternus Rex Christus*)」에서, "[교회를]이끈다는 것은 [교회를]위해 존재한다는 것을 의미하는 사도좌(Apostolicam Sedem, cui praeesse est prodesse)"라는 문장을 발견한 것은 역자에게 큰 수확이었다. 그것은 교황뿐만 아니라 모든 사목자들에게도 해당되는 유익한 말임이 틀림없다.

끝으로 졸저를 꼼꼼히 교정해 주신 곽진상 젤마노 총장 신부님과, 아리송한 신학용어와 문장에 대해 함께 고민하고 토론하는 시간을 내어준 동료 신부님들께 깊은 감사의 말씀을 드린다.

2020년 5월 20일

황치헌 요셉 신부.

□ **역자 소개** □

황치헌 요셉 신부

수원가톨릭대학교 신학 학사
오스트리아 인스부룩 대학 신학부 석사
천주교 수원교구 사제서품
수원교구 철산 본당 보좌
수원교구 이천 본당 보좌
독일 뮌헨 대학 신학부 박사(세계교회사 전공)
수원교구 송전 본당 주임
수원가톨릭대학교 현재 교수
본 대학교 학생처장 및 도서관장,
대학원장 및 교무처장,
하상신학원 원장,
기획관리처장 역임
현재 수원가톨릭대학교 대학원장

저서

『미사통상문을 위한 라틴어』, 수원가톨릭대학교출판부, 2012, 2018^2.

공역서

하인리히 덴칭거, 『신경, 신앙과 도덕에 관한 규정 · 선언 편람』, 페터 휘너만(편), 한국천주교중앙협의회, 2017.

역서

이냐시오 오르티츠 데 우르비나, 『니케아 · 콘스탄티노폴리스 공의회』, 수가대 세계공의회사 총서 1, 2018.

□ **저자 소개** □

피에르 토마 카믈로(Pierre-Thomas Camelot, 1901-1993)

프랑스, 신학자, 도미니코 수도회 회원(릴 교구 신부로 1926년 사제서품, 1935년 도미니코 수도회 입회), 1942－1970년까지 솔수아 신학부 교부학과 교회사 교수, 1950－1956년 학장, 1970－1973년 이라크, Syro-chaldéen de Mossoul 신학교 원장.

주요 저서, 역서

Virgines Christi, la virginité aux premiers siècles de l'Eglise, Paris, 1944.

Foi et gnose, Introduction à l'étude de la connaissance mystique chez Clément d'Alexandrie, Paris, 1945.

Contre les païens, et sur l'incarnation du Verbe(traducteur), Paris, 1947

Polycarpe de smirne, lettre, Ignace d'Antioche(traducteur), paris, 1951.

Stromates, texte en grec avec sa traduction française en regard(préfacier), Paris, 1954.

La Trinité, Oeuvres de saint Augustin 15. － 1(traducteur) Paris, 1955.

Somme théologique(traducteur), Paris, 1955－1956.

Spiritualité du baptême, Paris, 1960.

Vatican II, la Constitution dogmatique sur l'Église "Lumen gentium" [21 *novembre* 1964]. *L'Église de Vatican II*... 1(traducteur), Paris, 1966.

Vatican II, la Constitution dogmatique sur l'Église "Lumen gentium" [21 *novembre* 1964]. *L'Église de Vatican II*... 2(traducteur), Paris, 1966.

L'Église, Paris, 1970.

L'Église 2, *De saint Augustin à l'époque moderne*, Paris, 1970.

Les Conciles œcuméniques 1, Paris, 1988.

독일어 역본

Pierre-Thomas Camelot, O. P.
EPHESUS UND CHALCEDON, Geschichte der ökumenischen Konzilien
Gervais Dumeige S. J.
Heinrich bacht S. J.(ed.)
Karl Heinz Mottausch(tr.)
Matthias-Grünewald-Verlag, 1963, Mainz

표지그림

식스토 3세(432-440년)는, 공의회가 열린 에페소에 있는 "대성당"이 마리아에게 봉헌된 것과 마찬가지로, 리베리오 교황(352-366년)의 명령으로 세워진, '바실리카 리베리아나'라고 부르는 '산타 마리아 마죠레' 대성당을 개축하면서, 그 대성당을 마리아에게 봉헌하였다. 아치형 뒷면의 모자이크는 육화 교의와 동정녀 마리아를 찬미한다.
https://upload.wikimedia.org/wikipedia/commons/b/b3/Apse_mosaic_SM_Maggiore.jpg.

론디니움
브리타니아
갈리아
아우구스타
트레베로룸
일곱 속주
부르디갈라
이탈리아
안노나리아
메디올라눔
로마
에메리타
아우구스타
엘비라
히스파니아
이탈리아 수부르비카리아
카르타고
아프리카
아
로마 제국 행정 구역
A. D. 400
라틴어 / 그리스어 사용 지역 구분